中国文化产业史

张廷兴　董佳兰　丛曙光·著

经济日报出版社

图书在版编目（CIP）数据

中国文化产业史 / 张廷兴，董佳兰，丛曙光著 . --

北京：经济日报出版社，2016.10

ISBN 978-7-5196-0019-8

Ⅰ . ①中… Ⅱ . ①张…②董…③丛… Ⅲ . ①文化产

业—文化史—中国 Ⅳ . ① G129

中国版本图书馆 CIP 数据核字（2016）第 235368 号

中国文化产业史

主　　编	张廷兴　董佳兰　丛曙光
责任编辑	杨保华
出版发行	经济日报出版社
地　　址	北京市西城区白纸坊东街 2 号 710（邮政编码：100054）
电　　话	010-63567683（编辑部）　010-63516959（发行部）
网　　址	www.edpbook.com.cn
E - mail	edpbook@126.com
经　　销	全国新华书店
印　　刷	北京市媛明印刷厂
开　　本	710×1000 毫米　1/16
印　　张	29.25
字　　数	499 千字
版　　次	2017 年 1 月第一版
印　　次	2017 年 1 月第一次印刷
书　　号	ISBN 978-7-5196-0019-8
定　　价	78.00 元

前言:
以史为鉴,推动我国文化产业走向世界

《中国文化产业史》作为专门的研究著作,作为文化产业管理各专业学习所使用的教材,主要任务是理清中国文化产业的相关发展脉络,建构相关的知识框架,研讨中国文化产业发展规律及对其发展的认识;还要研究我国文化产业发展的历史影响因素和现实影响因素。因此,势必涉及古代和国外的产业发展。只有这样,才能形成作为文化产业史的完整的、全面的认知体系。另一个任务就是充分总结、认识各个发展阶段的特点,使读者把握文化产业发展的规律,做到知古通今,古为今用,为创新我国文化产业的发展提供经验教训和借鉴。

要完成这样的任务,我们在编写过程中,必须面对和一直思考的难题有很多。主要有以下三个:

第一,我国文化产业的时间界定,即如何解决好历史与现在的问题。联合国教科文组织给文化产业的定义是:"文化产业就是按照工业标准,生产、再生产、储存以及分配文化产品和服务的一系列活动。"从这个定义中,我们看到,文化产业必须包含三个要素,缺一不可:一是工业革命,机械化生产,批量复制;二是文化走向市场;三是国家纳入发展视野。所以,文化产业作为一个概念,是工业革命的产物,也是一个典型的舶来品。从本质上讲,文化产业具有一种与中国传统主流文化格格不入的东西,它是市场经济,它是机械化生产,它生产的是商品,是特殊意义的商品。

当然,中国文化历史悠久,灿烂多彩,发展过程中有很多经济的因素。如原始社会艺术起源的经济学观点、艺术品交换与艺术等价物的出现、青铜器和玉器及其生产、王室的艺术消费、民间艺术工匠的酬劳和商品的买卖等。但是,这些与现代意义上的文化产业不同。文化产业具有三态,即文态、形态和业态。文态,指的是文化遗产的文脉精神;形态,是指文化遗产的建筑、器物等实物体现景观;业态,则是指根据现代消费需求创造性地布局、开拓出的消费业态。

进入 21 世纪以来,中国的文化从"搭台"进入"唱戏"时代,进入了经济、社会运行体系中。

因此,中国文化产业史必须解决中国文化产业的定义问题,以此确立它的起止时间。我们确立了我国文化产业史的起始,即 1840 年以后,闭关锁国状态被打破,工业文明开始进入我国,国外文化产业开始对我国文化消费发挥作用。

我国政府真正把文化作为产业提出,是从改革开放初期开始。当时,广州东方宾馆开设了我国第一家音乐茶座,各大城市以歌舞厅为主体的经营性文化场所如雨后春笋般涌现,形成了蓬勃发展的文化市场。娱乐业成为文化产业的先导,从无到有,极大地刺激了社会文化消费的增长。

2000 年,文化部在《关于支持和促进文化产业发展的若干意见》中将文化产业表述为"从事文化产品生产和提供文化服务的经营性行业",其特征是以产业为手段来发展文化、以文化为资源进行生产经营,向社会提供文化产品和文化服务,以满足人们日益增长的物质和精神文化生活需要。根据这个定义,我们既可以把中国的文化产业当做工业文明的成果,又可以涵盖农业文明进程中的手工业生产。因此,在撰写本书的时候,我们提出了第一个原则,就是既要照顾到中国作为历史悠久的文化大国其文化商品源远流长的特性,又要突出现代文化产业发展的状况。

第二,我国文化商品、产品的历史进程描述,即必须解决好中国文化产业作为产业与世界文化产业的联系和相互影响。

一方面在悠久的历史发展进程中,我国文化与文明的成果灿烂辉煌,给世界文化的发展以深远的影响。我国历朝历代都很注重与其他民族、国家的文化交流和商贸发展,因此中国文化产业史在描述我国文化产业发展和进程的时候,必须重视历史上与国外相关产业、商品方面的相互联系和影响这方面的描述,否则就是不全面、不真实的。

另一方面,我们还要注意 1840 年以后,特别是进入改革开放新时期以来,随着新技术的推广和应用,世界经济越来越一体化,我国文化商品、企业势必与世界文化产业的发展相互融入,呈现出既要引进又要"走出去"的态势。所以,在撰写的时候,必须要有世界的眼光和视野,必须注意我国文化产业发展进程中,特别是现代文化产业发展过程中的吸纳、借鉴和合作的事实,必须有中国文化产业走向世界的志向、目标和心胸,这样才能更好地描述我国现代文化产业的国外源头与借鉴和合作,总结国外的重要发展规律。

只有这样,才能建构起我国文化产业发展的框架,真正做到"古为今用,洋为中用"。

第三,如何做到学术规范,即史论结合,既述又作。作为专门的研究著述,必须符合专门史的一般要求,即《中国文化产业史》要研究我国文化产业的大致分期,要描述和分析与文化产业发展相关的一些重大理论与重大事件,要论述各个时期的发展特点。但是,最重要的是总结发展规律及其启示意义,以突出著述的出发点和落脚点。所以必须有大量的论述。

因此,述和论的关系,就是一个难点。我们查阅了大量的资料,尽量做到在述的方面,不要遗漏重要的一些事件与相关的问题;在论的方面,不光注意到相关研究成果,还要处理好观点与材料的关系。

总之,我们编写的《中国文化产业史》,尽量做到了贯通古今、贯穿中外,同时又重点突出改革开放三十多年来的文化产业发展进程。既有历史进程的描述,又有历史发展的经验教训的总结。尽量做到以史为鉴,推动我们文化产业做大做强,走向世界。

此书由张廷兴拟定大纲,撰写第一、二、三章;董佳兰撰写第四、五、六、七章;丛曙光撰写第八、九章。

在撰写过程中,我们参阅和引用了大量的文献资料和研究成果,在著述中尽量随文标注。还有一些文献资料和研究成果,由于辗转而来,出处不明,不好标注。如果涉及版权,请原作者和本书著者联系,以便按照著作权的相关规定,给予一定的稿酬。特此说明,并表示衷心的感谢。

特别感谢山东人民出版社袁丽娟主任和麻素光编辑、北京人文在线范继义编辑、经济日报出版社杨保华编辑,你们的辛劳为本书增色,并使本书得以及时出版。

目　录

第一章　中国文化产业发展的基本进程

第一节　我国古代文化产业的范围

一、文化产业多起源说

文化产业(Culture Industry),是从英美与日韩等国引进的一个概念和说法,指通过工业化和商品化方式进行的文化产品和文化服务的生产、交换和传播,它以满足人们的文化需求为主要目标。

我们编写这本《中国文化产业史》照顾到了文化产业的各种起源与说法。具体起源说法有以下几个:

1. 美国说

半个多世纪前,大约于 1950 年发端于美国的文化产业,成为西方主要发达国家由工业时代向后工业时代演进的基本方向。

2. 哲学研究领域的概念起源

在 20 世纪 40 年代的德国,作为法兰克福学派的代表人物,霍克海默和阿多诺在其合著的《启蒙辩证法》(Die Aufklarung der Dialektik,1947)中,对"文化产业"进行了说明。他们对"文化产业"的研究,并不是为了对产业本身及其发展方向进行肯定,而是为了对"文化产业"的现象进行社会批判,带有很强的否定色彩。

第一,文化产业伴随着权力,因此所有文化产业的本质都具有压迫性质。这种特性本质上是对人类的物质、精神生活进行控制,是根据权利关系通过人为的社会化而形成的。人们即使认识到了这种关系的存在,也只能接受它。它是不可被替代或是不可避免的,即文化产业具有意识形态的功能。路易斯·阿尔都塞

（Louis Althusser 1918～1990）提出，在资本主义国家有两种功能的政治：一种叫"压迫政治"，以司法、警察、军队等为代表；另一种叫"意识形态政治"，以学校、文化、言论部门、政治等为代表。文化产业便是意识形态的机器。

第二，文化产业往往以非压迫的方式出现。民众在文化产业的环境中无意识地进行模仿，自然、不自觉地接受了权力压迫的形式，并受其约束。文化产业消除了人的个性，使大众成为"丧失了个别性的常人"。

第三，在文化产业各种相互的矛盾中，支配阶级拥有话语权。只要看一看东西方文化产业的产业构成中有多少特殊阶级的话语权，就不难发现文化产业是为谁服务的了。

第四，文化产业向着产业化方向发展，依附于科技，成了廉价商品，像科学技术一样追求生产力，以达到利润最大化。文化产品类型也日趋单调，文化产业丧失了艺术的超越性精神。

第五，文化产业的拜金主义和商业化造成了人与人关系的疏远。

与我们今天所说的"文化产业"的说法相比，霍克海默和阿多诺提出的"Culture Industry"更多地被翻译为"文化工业"，其概念与"大众文化"概念类似。[①]

3. 教科文组织说

直到1978年，联合国教科文组织才有了一个专门小组对文化产业进行研究。之后，随着进一步发展，文化产业被越来越多的人认同，才逐渐被置换成一个中性概念，"文化工业（Culture Industry）"也从此真正变为了"文化产业（Culture Industries）"，成为一种广泛意义上的文化经济类型："文化产业就是按照工业标准，生产、再生产、储存以及分配文化产品和服务的一系列活动。"

这个定义是从文化产品的工业标准化生产、流通、分配、消费的角度来进行界定的，不包括舞台演出和造型艺术的生产与服务等创意型的产业。

4. 经济实践领域的多头起源

按照"工业化"的基本特征，文化产业是工业文明的成果，所以从工业文明与机械化生产算起，它应该有大约五六百年的历史了。

那么，文化作为产业，作为工业化商品，它的标志有哪些呢？

第一，报业史标志。世界报业史指的是报纸行业的发展历史。一般认为，中

---

① 王海笑博客：《"文化产业"的起源——德国法兰克福学派对文化产业起源及发展的影响》，http://blog. sina. com. cn/s/blog_681c799a0100pndd. html。

国唐代的"报状"和罗马帝国的《每日纪闻》是世界最早的官报。但是遗憾的是,这些都不是工业机械化生产的产物,更不是文化商品。

17世纪初期,资本主义在欧洲初具规模。作为资本主义发达地区之一,尼德兰地区于1568~1648年完成了反对西班牙统治的历史上第一次资产阶级革命。许多欧洲国家建立了邮政制度,运输、交通、印刷业日益发达,信息成为民众或者特定阶层的必需,这就使定期出版物成为可能。阿姆斯特丹、巴黎、伦敦成为人口达25万人的大城市,公民对本国和外国事务的兴趣增加。新兴资产阶级与以教会和王公贵族为代表的封建势力之间矛盾日趋尖锐,刺激人们去获得更多信息,出现了维也纳、奥格斯堡、科隆、汉堡、但泽等信息传播中心。新闻出版物由不定期的单页传单发展到每周或每月印刷出版的小册子和"新闻书",其内容主要为外国消息,并且印刷出版物须经政府检查或事先授予特权。这些机械印刷的、用以出售的小册子,应该是文化产业出现的标志。

在我国,1840年以后,外文报刊大量发展,但是主要以外国人为读者。真正以中国人为读者的商业性报刊《申报》,是1872年4月30日由英国商人美查创办的,它也是以赢利为主要目的中国第一份商业报纸。因其创办地在上海,上海别称"申",故报纸名为《申报》,原先全称《申江新报》,为近代中国发行时间最久、具有广泛社会影响的报纸。前后总计经营了77年,共出版25600期。1949年5月27日,中国人民解放军接管上海防务后,因为《申报》为中国国民党党产而宣布停刊。

接着,便是中国人自己办的中文报刊《昭文新报》等出版,该报于清同治十二年闰六月(1873年8月)创办于汉口,创办人艾小梅自任主编。内容多为轶闻趣事,间有诗词小品,与当时以刊载官方文书为主的《京报》《宫门钞》有根本的不同。初为日报,后改为五日刊,不久停办。

第二,版权标志。西方学者一般认为著作权最早产生于15世纪后期,它"是由英王以缴纳特权费为条件授予商人的一种垄断的印刷权"[①]。其实在比这早两百多年的13世纪前期,中国南宋就已有了比较成熟的著作权和版权保护法规,那就是两浙转运司于嘉熙二年(1238)为祝穆《方舆胜览》所发布的《榜文》,以及淳祐八年(1248)国子监发给段昌武开雕《丛桂毛诗集解》的《执照》。两书分别将这两个文件刊印在书上,得以保存至今。

---

① 《简明不列颠百科全书》第9册,中国大百科出版社1985年版,第538页。

关于著作权的叫法,目前各国尚不一致。有的国家称版权,有的国家称著作权。"版权"一词,英文为"Copyright",直译为"复制权",强调复制的权利,最早出现于英国1709年的"安娜法令"。当今英美法系的国家均使用"版权"一词。法国人认为著作权包括人格权和财产权,故采用"Droit d'auteur"一词,直译为"作者权",而不采用"版权"的名称。受其影响,其他大陆法系国家,如德国、前苏联等也都使用"作者权"的说法。日本立法体系采取德国式,在其19世纪末的立法中采用了"著作权"说法,以强调著作人的权利。

对于我国,"著作权"和"版权"的名词都是舶来品,最早使用"著作权"一词的是《大清著作权律》。清末变法修律,设立修订法律馆,任命沈家本为修律大臣,主持制定法律。沈聘请日本法学家冈田朝太郎、松冈正义、志田钾太郎等为修律顾问,帮助修订律例,在制定著作权法时自然引进了"著作权"一词。"版权"一词,较早见于严复先生的论著,官方文件见于1903年10月8日签订的中美《续议通商行船条约》。由于日本和英美的双重影响,"著作权"和"版权"这两个法律术语均在我国延续下来,如有的出版商在书中标明"有著作权,翻印必究",有的则声明"版权所有,翻印必究"。①

在我国图书雕版印刷出版历史上,侵权事件屡有发生。一是原稿盗印,即不征得作者同意,私自将其文稿雕印出售。二是改题盗刻,即在盗印的同时,或改题书名,或另署作者名。三是改头换面盗刻。这类盗版是将原书略加改编,或斩头去尾,或稍加增删。四是翻刻,指一书已经雕刻印行,在未得到原作者或雕版人允许的情况下,基本原样不动地重新翻雕出售。这类翻刻多是"畅销书"。②

我国文化产品的生产由来已久,从使用与交换这个角度看,要追溯到我国古代的手工业、商业的起源与发展。但是,根据现代工业生产的标准,形成目前学术界的普遍看法却是19世纪中叶的事。而作为学科研究是在20世纪90年代我国文化建设进入新的历史发展时期之后,在国家推动社会主义文化大发展、大繁荣的背景下才应运而生的。

二、我国古代手工业的发展情况

我国古代冶金、陶瓷、纺织、印刷等手工业,历史悠久,丰富发达,尽管均采用

---

① 中文百科在线:著作权,http://www.zwbk.org/MyLemmaShow.aspx? lid = 162117。
② 任燕:《论宋代的版权保护》,《法学评论》2011年第5期。

作坊式的生产模式,而不是现代化的机械生产。手工业为社会提供了一定数量的生活必需品和基本的生产工具,它与农业一起,以众多的发明创造和精湛的手工技术,创造了中国灿烂的古代文明。它也推动着社会分工、商品货币关系乃至整个社会经济的发展,它还孕育着资本主义的萌芽。

在原始社会,手工业种类很少,只有石器制造、骨角制造、陶器制造、纺织品制造、酿酒、编织等。奴隶社会增加了冶铜业(即青铜业),封建社会又增加了冶铁、制糖、棉纺织业等。每一门手工业,又经过了多个发展阶段。例如,在纺织手工业的发展过程中,先有丝织业,后有棉纺织业,其后棉纺织业日益发展,又分为轧花、纺纱、织布、印染等部门。

北京周口店龙骨山山顶洞人文化遗址,距今1.8万年,均发现有石器工具、骨角器、装饰品和动物化石原始装饰品。从旧石器时代开始以来,在我国五千多年的历史长河中,手工业一直在不断发展壮大。除了生活用品以外,大部分都是一些文化商品;即使是生活用品,也打上了深深的文化烙印,成为文化商品。生产者主要分为官营和民间两大类型。

1. 官营手工业

我国官营手工业的最初起源,一般认为是由殷商的专业氏族演化而来,当时称为"百工",有金属工(铜工、铁工等)、木工、玉石工、陶工、纺织工、皮革工、营造工、武器工等。西周时期,手工业由官府统一经营管理,工匠集中在官府设立的作坊内,使用官府供给的原料,在工官的监督管理下,制作加工官府指定的产品。主要生产武器等军用品和供官府、贵族消费的生活用品。它凭借国家权力,拥有雄厚资金,征调优秀工匠,使用上等原料,生产不计成本,配以细密分工和协作,产品大多非常精美。他们职业世袭,世代为官府劳作。

2. 民间手工业

我国民间手工业就是民间私人经营的作坊,产品出售供民间消费,其中家庭手工业是农户的一种家庭副业,产品主要供自己消费和缴纳赋税,剩余部分才拿到市场上出售。在中国漫长的自给自足的自然经济时代,家庭手工业占有相当的比重。

明代官府采取了以银代役、雇请佣工的变通政策,使手工业者的数量得以增多,私营手工业商品生产也发展起来,到嘉靖、万历时期,私营手工业在制瓷、矿冶、纺织等诸多行业中超过官营手工业,渐居于主导的地位。除两京外,当时已形成某些手工业的重要产区,如松江的棉纺织业、苏杭的丝织业、芜湖的浆染业、铅山的造纸业和景德镇的制瓷业。工商业城镇也开始兴起。松江地区有"买不尽松江布,收不尽魏塘纱"的说法,仅此一地,即能"日出万匹"。

清代施行"摊丁入亩",班匠银归并于地丁银中带征,彻底解除了工匠的人身依附,使民营手工业进一步发展。不仅作为农村副业的棉麻纺织、养蚕缫丝得到了普遍的推广,而且全国各大小城市和市镇之中,也大都存在着磨坊、油坊、机坊、纸坊、酱坊、弹棉花坊、糖坊、木作、铜作、漆作、铁作等大小手工作坊。以丝染业为例,康熙五十九年(1720 年),苏州有染坊 64 家;乾隆五年(1740 年),苏州东城"比户习织者,不啻万家"。这一时期手工业中雇佣劳动和手工工场的发展,展现了传统手工业的兴盛。

在小手工业者的个体经营过程中,他们所使用的劳动力全部是家庭成员,制作加工也主要在家庭进行。另一些手艺工匠,只有少量简单工具,无资力开设作坊,仅凭手工技艺为雇主加工原料,或从事修补作业,取得一定报酬。私人作坊手工业,主要存在于城市或工矿资源所在地。使用工匠、学徒的小作坊,店主自己也参加劳动,甚至是主要劳作者。帮工和学徒是为学习技术和谋生而劳动,店主经营生产的目的,也是以维持生活为主,这种作坊一般是工商结合,以类相从,居肆经营。①

我国古代手工业的种类主要包括:

1. 冶铁业

我国是世界上最早掌握冶铁技术的国家之一,利用水力鼓风冶铁比欧洲早了一千多年。商周青铜铸造业本来为权贵所用,到西周已经逐步生活化,并出现了一些动物形状的器皿。春秋战国时期出现了金银错新技术,青铜雕塑艺术也有创新,并已有建筑雕塑图案。

2. 纺织业

古代纺织业在商周已出现斜纹提花织物和刺绣。春秋战国的纺织品纤维已经相当细密。曹魏已在襄邑、洛阳设有专门的织造机构;吴国缫丝质量高,蜀锦、邺锦、回纹锦十分有名。隋唐丝麻织品遍布全国各地,北方以莱州、亳州著名,南方以吴越、宣州著名。明清时期棉纺织业成为农民的主要副业,棉布成为广大人民的主要衣料,以生产商品为目的的纺织业兴起,苏州等地丝织业出现资本主义萌芽。

---

① 中国古代民间手工业,见"互动百科",http://www.baike.com。

3. 陶瓷业

我国古代陶瓷业更为出名,成为国外称呼中国的代称。最早是生活用的器皿,后来增加了艺术性和观赏性,成为著名的艺术品,为我国经济的发展和对外经济文化交流作出了贡献。在商和西周遗址里出现了原始瓷器。秦多集中于凤翔,兵马俑就是制陶与雕塑结合的精品。三国两晋南北朝时期,南方盛产青瓷,北方创制出白瓷、黑瓷。隋唐时期出现了唐三彩,以越州的青瓷、邢州的白瓷、巩县的唐三彩最为出名,还出现了秘色瓷。明清两代江西景德镇制瓷业分工很细,有春土、澄泥、造坯、字画等十几道工序。

4. 造纸业

西汉前期已有了纸。甘肃天水放马滩出土的绘有地图的纸是目前世界上所知的最早的纸。东汉蔡伦改进造纸术,后经质量提高,纸逐渐取代竹简锦帛,成为最主要的书写工具。洛阳、长安、建业、扬州都是当时的造纸中心。造纸术还传到了朝鲜、日本、越南等国家和地区。

5. 漆器业

我国是世界上用漆历史最悠久的国家。河姆渡遗址曾出土过红漆碗。商朝漆器出现了浮雕式花纹,并镶有绿松石和钻花金箔。周朝漆髤工艺大量用于车的制造。战国出现了采用夹纻技术的漆器。秦朝专设官吏管理漆园的种植和漆器的制作生产。湖南长沙马王堆汉墓出土的漆器都是汉代漆器当中的精品。

6. 玉雕业

玉器雕刻业,最早出土的是红山文化的玉龙,已经有8000多年的历史了。到了商周,玉器加工有了很大发展,玉器雕刻精美、数量多,仅安阳妇好墓就出土玉器七百多件。

三、我国古代商业的兴起与繁荣

1. 起源于殷商

商业起源于殷商末期。周武王灭商后,商朝遗民为了维持生计,东奔西跑地做买卖,日子一长,便形成一个固定职业。周人就称他们为"商人",称他们的职业为"商业"。这种叫法一直延续到今天。商朝人使用的货币是贝,有海贝、骨贝、石贝、玉贝和铜贝。铜贝的出现,说明商代已经有了金属铸造的货币。

2. 先秦商业与货币

先秦时期,指秦朝以前,从传说中的三皇五帝到战国时期这个阶段。狭义的先秦史研究的范围,包含了我国从进入文明时代直到秦王朝建立这段时间,主要指夏、商、西周、春秋、战国这几个时期的历史。这个时期,各地就已经出现了许多商品市场和大商人。春秋时期著名的大商人有弦高、孔子的弟子子贡和范蠡;战国时期著名的商人有白圭、吕不韦。战国时期各国铸造流通的铜币种类增多,形状各异,有的模仿农具,有的模仿各种工具,也有的模仿贝的形状。货币的数量大、种类多,反映了商业较过去发达与城市的繁荣。

3. 秦汉的市

秦始皇统一中国后,统一货币为圆形方孔钱,即"秦半两"。两汉时期是我国封建社会第一个繁荣时期。伴随着农业、畜牧业、手工业的发展,都城长安和洛阳以及邯郸、临淄、宛(南阳)、成都等已经成为著名的商业中心。每个城市都设有专供贸易的"市",市区与住宅区严格分开,周边有围墙。市内设有出售商品的店铺、官府设有专职官员市令或市长进行管理,按时开市、闭市,闭市后不许再有经营活动。张骞出使西域之后,陆上路线从长安出发,经过河西走廊,出玉门关或阳关,再经过今天的新疆进入中亚和西亚,这就是陆上"丝绸之路"。汉武帝之后开辟了与南海诸国及印度半岛等地交往的水上交通线,从事经常性的贸易往来,形成了海上"丝绸之路"。这两条"丝绸之路",说明那时的商贸业务已经与周边国家相互关联,非常兴盛。

4. 唐代城乡贸易

隋唐是我国封建社会的第二个大繁荣时期。由于农业经济的发展和手工业的进步,加之贯通南北的大运河的凿通,隋唐时期商品流通范围扩大。唐代还出现了柜坊和飞钱。柜坊专营货币的存放和借贷,飞钱类似于后世的汇票。长安、洛阳、扬州、益州成为繁荣的商业城市。唐朝允许外商在境内自由贸易,胡商遍布各大都会。长安的西市就有西域以及波斯、大食商人,"胡风""胡俗"流行。长安城的人口不下百万,农村集市也有了进一步发展。尤其是在水陆交通要道附近,集市不断增多,有些还发展成重要的市镇。唐朝前期陆上"丝绸之路"畅通无阻,出现商旅不绝的繁忙景象。安史之乱后,对外商业交通的重点,由西北陆路转移到东南海道。广州成了南方最大的对外贸易港口和外国商船聚集之地。

5. 宋代商业繁荣

商业全面繁荣是在宋代。商品种类繁多,国内贸易、边境贸易和对外贸易都很繁荣。政府放松对商品交易的限制,打破了市坊制度,店铺可随处开设,买卖时间也一改日中为市的限制,早晚都可经营。繁荣的大都会有开封和临安(杭州)。

开封到北宋时已发展成为超过百万人口的特大城市,商业也空前繁荣。城内既有繁华的商业街区,又有专业交易场所。北宋画家张择端的《清明上河图》形象地反映了开封城内商业的繁华景象。南宋定都临安,全盛时期临安的人口也达百万。城内店铺林立,贸易兴隆,早市、夜市昼夜相连,酒楼、茶馆、瓦子等错落有致。商家还注重商品的包装与商品广告。在与辽、西夏、金相邻的边境地区设権场,进行双边贸易,互通有无。从东南亚、南亚、阿拉伯半岛至非洲,有几十个国家与中国进行贸易。

6. 元代海河两运

元代重新疏浚了大运河,从杭州直达大都;又开辟了海运,海运从长江口的刘家港出发,经黄海、渤海抵达直沽(天津);元政府还在各地遍设驿站,横跨欧亚的陆上"丝绸之路"也重新繁荣起来,这些都促使元代商业继续繁荣。

7. 明清商帮

明清时期,小农经济发达,农产品商品化,城镇经济空前地繁荣和发展。北京和南京是全国性的商贸城市,汇集了四面八方的特产。在全国各地涌现出许多地域性的商人群体,叫做商帮,其中人数最多、实力最强的是徽商和晋商。徽商凭借雄厚的商业资本,经营大宗商品交易和长途贩运;并且插手生产领域,支配某些手工业者的生产活动;还经营典当等金融行业,获取高额利润。徽商从明初至清末兴盛了数百年,出现了拥有百万乃至千万以上资产的大富商。晋商兴起从经营盐业开始,他们积累起巨额商业资本之后,逐渐扩大经营范围,贩卖丝绸、铁器、茶叶、棉花、木材等。到清代乾隆年间,晋商开始兴办金融机构票号,经营存款、放贷、汇兑,也可以为官府代理钱粮。经过长期的经营和积累,晋商的财力不断壮大,到清代时,资产达百十万者不可胜数,许多人甚至走出国门,到日本、东南亚、俄罗斯等地做生意。[①]

四、戏曲的演出与传承

1. 戏曲的萌芽期

我国古代戏曲只需口耳相传,便可以满足社会需求,不是大范围组织的规模演出,属于自然状态,故属于起源。

从春秋战国到汉代,在娱神的歌舞中逐渐演变出娱人的歌舞。《诗经》里的

---

① 商业,见"百度百科",http://baike.baidu.com。

"颂",《楚辞》里的"九歌",就是祭神时歌舞的唱词。从汉魏到中唐,又先后出现了以竞技为主的"角抵"(即百戏)、以问答方式表演的"参军戏"和扮演生活小故事的歌舞"踏摇娘"等,这些都是萌芽状态的戏剧。

2. 戏曲的发展

汉代的俳优,唐代的"参军戏",为娱乐帝王贵族的滑稽表演,又与杂技、舞蹈等相结合。唐代中后期,我国戏剧飞跃发展,戏剧艺术逐渐形成。宋代的"杂剧",金代的"院本"和讲唱形式的"诸宫调",从乐曲、结构到内容,都为元代"杂剧"打下了基础。

3. 戏曲的成熟

到了元代,"杂剧"在原有基础上大大发展,成为一种新型的戏剧。它具备了戏剧的基本特点,标志着我国戏剧进入成熟的阶段。

元杂剧是在民间戏曲的肥沃土壤上,继承和发展前代各种文学艺术的成就,经过教坊、行院、伶人、乐师及"书会"人才的共同努力,而改进和创造出来的综合性舞台艺术。在形式上,元杂剧形成了"一本四折一楔"的通常格式,每折用同一宫调的若干曲牌组成套曲,必要时另加"楔子"。结尾用两句、四句或八句诗句概括全剧的内容,叫"题目正名"。每折包括曲词、说白(宾白)和科(动作说明)三部分。曲词也叫曲文、唱词或歌词,用来叙述故事情节、刻画人物性格。全部曲词都押同一韵脚。说白是用说话形式表达剧情或交代人物关系,分对白(角色之间的对话)、独白(角色独自抒发个人感情和愿望的话)和旁白(角色背着台上其他剧中人对观众说的话)、带白(插在曲词中的说白)等。科是动作、表情等。一本剧通常由正末或正旦一人来唱,其他角色有白无唱。正末主唱的称"末本",正旦主唱的称"旦本"。

元杂剧作家,在短短的几十年内,创作的剧本至少在五六百种以上,保留到现在的也还有150多种。著名的有关汉卿《窦娥冤》、郑光祖《倩女离魂》、白朴《梧桐雨》、马致远《汉宫秋》,还有王实甫《西厢记》等一大批名作。有作者姓名可考的剧本500个,无名氏剧本50余个。这些剧作流传至今的尚有160多个。

4. 戏曲的演变

戏曲到了明代,在宋元时代的"南戏"即南曲戏文的基础上,出现了"传奇剧",其不受四折的限制,也不受一人唱到底的限制,有开场白的交代情节,多是大团圆的结局,风格上大都比较缠绵,如高明《琵琶记》、汤显祖《牡丹亭》。清代的传奇创作,最著名的是洪昇的《长生殿》和孔尚任的《桃花扇》。

五、文化活动与商品的生产经营

我国古代就有大量的文化活动,如出版、信仰、仪式、庆典、集市、庙会、茶楼、民间艺术等文化、教育、精神需求的事象以及娱乐场地,其中有许多文化商品的生产与经营行为,主要分布在工农业生产、民众日常生活、天文历法、古代地理、教育科举、风俗礼仪、饮食器用、音乐文娱、文史典籍等各个领域。

1. 书籍的产生与发展①

中国书籍的产生和发展在纸张发明之前,曾用甲骨、青铜、玉石等作为记事材料。古代流传下来的许多甲骨文书、青铜器铭文和石刻文字,就其本身的作用来说,只是一种档案性质的史料,而不是以传播知识为目的的书籍。早在春秋战国时期,竹帛已成为著书的主要材料。中国古代最早出现的正规书籍,就是写在竹、木简上的简策和缣帛上的帛书。汉代许慎的《说文解字》序文中说得更明确:"著于竹帛谓之书。"中国的书籍至此有了雏形。

春秋战国时期,知识已不能再为奴隶主阶级及其史官所垄断,私家讲学的风气逐渐兴起,出现了私人著书、编书和藏书,孔子就是代表人物之一。他打破了由史官垄断文献典籍的局面,成为私人著书立说的创始者。他整理编定了《诗》《书》《礼》《乐》《易》和《春秋》六部书作为教材。这六部书除《乐》外,都借助于儒家师徒的传抄授受流传下来,成为今天能够见到的中国最早的书籍。由于"学术垄断"的局面被打破,出现了私人著书、编书、藏书的情况,许多门类的著作相继问世。孔子在整理编定这几部书时,曾利用了当时所能见到的古代史料,孔子自称"述而不作",实际上就是做编辑工作,主要包括史料收集、整理、顺序、取舍、删节、修改及写序等。这些做法,与今天的编辑工作已有类似之处。

战国时期,诸子蜂起,百家争鸣,出现了许多著名的思想家和大量的著述。科学技术方面,出现了中国最早的医书《内经》,还有天文、历法、农业、畜牧业、历史、地理等著作,文学方面有屈原的《离骚》等名著问世。《墨子·天志上》说:"天下之士君子之书不可胜载。"这一期间还出现了集体编著,如《论语》《墨子》《孟子》《庄子》等,一般由宗师的讲述、言行及弟子的笔录、解释组成,历经几度编辑,整理成书。战国末年出现的《吕氏春秋》(亦名《吕览》),署名吕不韦,为论文汇编集,由多人编撰,成为杂家类著述。

---

① 中国出版史,见"百度百科",http://baike.baidu.com。

公元前213年，秦始皇焚书坑儒，使得秦以前的书籍有很大一部分被毁失传。

汉代开国后，政府重视书籍的收集、保藏和整理工作，几次下令征集民间藏书，并设立国家图书馆，设置专门抄写书籍的职官。经刘向、刘歆等编辑整理、校定书籍达13000多卷，并编撰成中国历史上第一部图书分类目录《七略》。公元105年，宦官蔡伦在总结前人经验的基础上，发明了用树皮、麻头、破布、旧渔网为原料，并以沤、锉、捣、抄的工艺技术，制造出达到书写实用水平的植物纤维纸，并逐渐推广到各地。纸的发明和普遍使用，促使书籍制度由简策时代转变到卷轴时代。据古籍记载，西汉时已有了书籍贸易，出现了中国出版发行事业的萌芽。

唐代学校兴起，文化发达，书籍的数量也日渐增加，唐代编撰的《隋书·经籍志》著录的书籍共6520部，56881卷。随着封建社会文化的发达，人民群众对于书籍的需求量日益增多，单靠手工抄写书本，已经不能满足社会的需要，这就促使人们寻求提高书籍产量的方法。经过长时期的摸索和实践，终于发明了雕版印刷术，即将文字反刻在一块整的木板或其他质料的板材上，在这整版上加墨印刷的方法，也叫整版印刷术，是现代活字印刷术的先驱。中国古代大量的文献典籍能够流传和保存下来，雕版印刷术具有不可磨灭的功绩，它不仅对中国，也对世界科学文化的传播和人类社会的发展，起到了不可估量的作用。唐代中期以后，在今四川等地，从事雕版印刷的民间出版业已很普遍。早期印刷的出版物大都是一些为市民广泛需要的历书、字书和佛教经文等，如四川、淮南、江东盛行印本私历，洛阳重雕佛经，江西雕印道书《刘宏传》。成都书肆除卞家外，又有过家印佛经、樊赏家印《中和二年历书》。中和三年，柳玭在成都书肆看到阴阳杂记、占梦、相宅、九宫五纬之流及字书小学等雕版印本。可见，正式的出版业开始出现。

宋代至清代中期，是中国古代出版事业全面发展的时期。北宋庆历年间（1041~1048），平民毕昇发明了用胶泥制的活字印刷术，这是印刷技术的重大改进，比朝鲜、德国用铅活字印书早400年左右。元代的王祯又发明了木活字印刷。明代中期，在苏州、无锡一带盛行铜活字印书，还出现了用多色套印技术印制精美的彩色木刻画册。以后又出现了套版印刷术，当时在世界印刷史上处于领先地位。在这期间，政府主办的出版事业日益兴盛，编辑、出版了许多集大成的总集和类书、丛书；私人刻书也很多；民营的出版业发展迅速。刻书地点几乎遍及全国，出书品种和数量都大大超过了前代。

1840年鸦片战争以后，中国逐步沦为半殖民地半封建社会。由于西方资本主义的文化侵略和现代印刷术的传入，中国旧有的出版体系已不能适应新形势发展的需要,一些采用现代印刷术,以资本主义方式经营的出版、印刷单位逐渐发展起来。在图书类型方面,出现了新式教科书,并大量翻译了西方的图书、报纸和杂志。

1919 年五四运动以后,特别是 1921 年中国共产党成立后,中国萌发了新型的人民出版事业。马克思主义的著作开始被介绍到中国来,革命的出版机构开始建立,图书的内容开始向革命化、大众化、普及化的方向发展。革命的出版事业经过长时期的艰苦斗争,经历了曲折、复杂的历程,终于取得了胜利。

1949 年 10 月中华人民共和国诞生后,中国的出版事业开始进入一个崭新的、繁荣的历史时期。

文化典籍资源是指在人类文明发展过程中不断积累流传下来的典籍,是文化资源的重要组成部分,也是现代创意文化产业发展的重要资源。这些资源不光可以用于经典的出版发行,更重要的是提供了影视、动漫改编的大量丰富多彩的内容。我国古代流传下一的文化典籍主要包括:

(1)文学典籍:小说如《三国演义》《水浒传》《西游记》《红楼梦》《警世通言》《醒世恒言》;戏曲如《西厢记》《牡丹亭》等;诗歌如全唐诗、全宋词、元明清散曲;诗品如《本事诗》《二十四诗品》《后山诗话》《冷斋夜话》《石林诗话》等;文则如《文章精义》《诚斋诗话》《沧浪诗话》《诗林广记》等;词话如《漳南诗话》《四溟诗话》《艺苑卮言》;曲律如《唐音癸签》《诗薮》《姜斋诗话》等。

(2)史学典籍:包括《春秋》与《春秋》三传、《史记》《汉书》《史通》《通典》《资治通鉴》《通鉴纪事本末》《天下郡国利病书》等。清朝乾隆年间编辑《四库全书》时,诏定二十四部史书为正史,称"二十四史"。这二十四史是《史记》《汉书》《后汉书》《三国志》《晋书》《宋书》《南齐书》《梁书》《陈书》《魏书》《北齐书》《周书》《隋书》《南史》《北史》《旧唐书》《新唐书》《旧五代史》《新五代史》《宋史》《辽史》《金书》《元史》《明史》。1921 年,徐世昌以大总统的名义,下令把《新元史》列入正史,于是就又有了"二十五史"之说。"四史"指《史记》《汉书》《后汉书》和《三国志》。"二十五史"之外还有《春秋》《左传》《尚书》《国语》《战国策》《列女传》《唐才子传》等。

(3)语言典籍:如《尔雅》《小尔雅》《释名》《说文解字》《广雅》《埤雅》《历代钟鼎彝器款识法帖》《通雅》《说文解字句读》《说文释例》《白氏六帖事类集》《唐宋百孔六帖》《古韵标准》《修辞鉴衡》等。

(4)哲学典籍:如《易经》《管子》《论语》《中庸》《孟子》《荀子》《易传》《大学》

《老子》《庄子》《墨子》《韩非子》《孙子兵法》《吕氏春秋》《黄帝四经》《淮南子》《梦溪笔谈》《周易外传》等。

（5）科学技术典籍：包括医学典籍，如《黄帝内经》《黄帝八十一难经》《伤寒论》《伤寒杂病论》《中藏经》《本草纲目》等；算术典籍，如《孙子算经》《九章算术》《五经算术》《数书九章》《算学启蒙》等；农业技术，如《洛阳牡丹记》《荔枝谱》《蚕书》《救荒本草》《农政全书》《三农记》等；地质典籍，如《山海经》《水经注》《大唐西域记》《元和郡县志》《徐霞客游记》等。

（6）民间文化典籍：包括神话、传说、故事等，如20世纪80年代开始编纂的民间文学十套集成《民间歌谣集成》《民间故事集成》《中国谚语集成》等。

（7）民族文化典籍：如藏族的《格萨尔》、蒙古族的《江格尔》、柯尔克孜族的《玛纳斯》、彝族的《阿诗玛》、蒙古族的《嘎达梅林》等。

2. 天文历法方面的精神消费

在天文历法方面，产生了许多迷信的或者精神的消费市场，诸如看相、算命、预测、风水堪舆等等。如文曲星，星宿名之一，星相旧时迷信说法是主管文运的星宿，文章写得好而被朝廷录用为大官的人是文曲星下凡；天罡，指北斗七星的柄，道教认为北斗丛星中有36个天罡星、72个地煞星，小说《水浒》受这种迷信说法的影响，将梁山泊108名大小起义头领附会成天罡星、地煞星降生；云气，古代迷信说法，龙起生云，虎啸生风，即所谓"云龙风虎"；又说真龙天子所产生的地方，天空有异样云气，占卜测望的人能够看出。

属相，即生肖。古代术数家拿十二种动物来配十二地支，子为鼠，丑为牛，寅为虎，卯为兔，辰为龙，巳为蛇，午为马，未为羊，申为猴，酉为鸡，戌为狗，亥为猪，后以为某人生在某年就肖某物，如子年生的肖鼠，亥年生的肖猪，称为十二生肖。十二生肖常被涂上迷信色彩，一遇休戚祸福，往往牵扯起来，特别是在婚配中男女属相很有讲究，有所谓"鸡狗断头婚""龙虎不相容"等说法。

生辰八字，指一个人出生的年、月、日、时，各有天干、地支相配，每项两个字，四项共八个字。根据这八个字，可推算出一个人的命运。旧时遇有大事，都需推算八字。旧俗订婚时，男女双方互换庚帖，上有生辰八字。双方各自卜问对方的生辰八字命相阴阳，以确定能否成婚，吉凶如何。

相面，指从相貌、身材断定福祸的一种迷信。相面可以称作是民间文化或者是民间技术。

风水。晋代的郭璞，在其名著《葬书》中有云："葬者，乘生气也，气乘风则散，界水则止,古人聚之使不散,行之使有止,故谓之风水,风水之法,得水为上,藏风次之。"可见风水之术也即相地之术,核心即是人们对居住或者埋葬环境进行的选择和宇宙变化规律的处理,以达到趋吉避凶的目的。风水又有阳宅和阴宅之分。

3.古代教育消费

古代学校和科举制度,产生了许多文化商品的生产、经营、购买行为,也产生了许多庆贺、中榜等文化活动。

校,夏代学校的名称,举行祭祀礼仪和教习射御、传授书数的场所;庠,殷商时代学校的名称;序,周代学校的名称。

先秦学校分为两大类:国学和乡学。国学为天子或诸侯所设,包括太学和小学两种。太学、小学教学内容都是以"六艺"(礼、乐、射、御、书、数)为主,小学尤以书、数为主。乡学,与国学相对而言,泛指地方所设的学校。

太学是中国封建时代的教育行政机构和最高学府。魏晋至明清或设太学,或设国子学(监),或两者同时设立。

书院是唐宋至明清出现的一种独立的教育机构,是私人或官府所设的聚徒讲授、研究学问的场所,宋代著名的四大书院是江西庐山的白鹿洞书院、湖南善化的岳麓书院、湖南衡阳的石鼓书院和河南商丘的应天府书院。明代无锡的"东林书院"也很出名。

科举,指历代封建王朝通过考试选拔官吏的一种制度。由于采用分科取士的办法,所以叫科举。从隋代至明清,科举制实行了 1300 多年。到明朝,科举考试形成了完备的制度,分院试(即童生试)、乡试、会试和殿试四级,考试内容基本是儒家经义,以"四书"文句为题,规定文章格式为八股文,解释必须以朱熹《四书集注》为准。

童生试,也叫"童试",是明代由提学官主持、清代由各省学政主持的地方科举考试,包括县试、府试和院试三个阶段,院试合格后取得生员(秀才)资格,方能进入府、州、县学学习,所以又叫入学考试。应试者不分年龄大小都称童生。

乡试是明清两代每三年在各省省城(包括京城)举行的一次考试,因在秋八月举行,故又称"秋闱"(闱,即考场)。主考官由皇帝委派。考后发布正、副榜,正榜所取的叫举人,第一名叫解元。

会试是明清两代每三年在京城举行的一次考试,因在春季举行,故又称"春闱"。考试由礼部主持,皇帝任命正、副总裁,各省的举人及国子监监生皆可应考,录取三百名为贡士,第一名叫会元。

殿试,是科举制最高级别的考试,皇帝在殿廷上,对会试录取的贡士亲自策问,以定甲第。实际上皇帝有时委派大臣主管殿试,并不亲自策问。录取分为三甲:一甲三名,赐"进士及第"的称号,第一名称状元(鼎元),第二名称榜眼,第三名称探花;二甲若干名,赐"进士出身"的称号;三甲若干名,赐"同进士出身"的称号。二、三甲第一名皆称传胪,一、二、三甲统称进士。

及第,指科举考试应试中选,应试未中的叫落第、下第。"登科"是及第的别称,也就是考中进士。

据统计,在我国1300多年的科举制度史上,考中进士的总数至少有98749人。历史上获状元称号的有1000多人,但真正参加殿试被录取的大约750名左右。科举考试以名列第一者为元,凡在乡、会、殿三试中连续获得第一名,被称为"连中三元"。历史上连中三元的至少有16人。

4. 传统节庆活动

传统节庆活动是我国几千年农耕社会最重要的文化活动,也伴随着节日用品、节日饮食,产生了大量的经济商品活动。

春节是我国传统习俗中最隆重的节日,又称元日、元旦、元正、新春、新正等。一方面是庆贺过去的一年,一方面又祈祝新年快乐、五谷丰登、人畜兴旺,多与农事有关。迎龙舞龙为取悦龙神保佑,风调雨顺;舞狮源于震慑糟蹋庄稼、残害人畜的怪兽的传说。随着社会的发展,接神、敬天等活动已逐渐淘汰,燃鞭炮、贴春联、挂年画、耍龙灯、舞狮子、拜年贺喜等习俗至今仍广为流行。

元宵,我国民间传统节日,又称正月半、上元节、灯节。元宵习俗有赏花灯、包饺子、闹年鼓、迎厕神、猜灯谜等。宋代始有吃元宵的习俗。元宵即圆子,用糯米粉做成实心的或带馅的圆子,可带汤吃,也可炒着、蒸着吃。

寒食,我国民间传统节日。节日里严禁烟火,只能吃寒食。在冬至后的第105天或106天,在清明前一二日。相传,春秋时晋公子重耳流亡在外,大臣介子推曾割股啖之。重耳于是令每年此日不得生火做饭,追念子推,表示对自己过失的谴责。因寒食与清明时间相近,后人便将寒食的风俗视为清明习俗之一。

清明,按农历算在三月上半月,按阳历算则在每年四月五日或六日。此时天气转暖,风和日丽,"万物至此皆洁齐而清明",清明节由此得名。其习俗有扫墓、踏青、荡秋千、放风筝、插柳戴花等。

端午,又称端阳、重午、重五。端午原是月初午日的仪式,因"五"与"午"同音,农历五月初五遂成端午节。一般认为,该节与纪念屈原有关。屈原忠而被黜,投水自尽,于是人们以吃粽子、赛龙舟等来悼念他。端午习俗有喝雄黄酒、挂香袋、吃粽子、插花和菖蒲、斗百草、驱"五毒"等。

乞巧,又称女儿节或七夕。相传,天河东岸的织女嫁给河西的牛郎后,云锦织作稍慢,天帝大怒,将织女逐回,只许两人每年农历七月初七夜晚在鹊鸟搭成的桥上相会。也有传说天上的织女嫁给了地上的牛郎,王母娘娘将织女抓回天庭,只许两人一年一度鹊桥相会。每年七月初七晚上,妇女们趁织女与牛郎团圆之际,摆设香案,穿针引线,向她乞求织布绣花的技巧。在葡萄架下,静听牛郎织女的悄悄话,也是七月七的一大趣事。

中秋,又称团圆节。农历八月在秋季之中,八月十五又在八月之中,故称中秋。秋高气爽,明月当空,故有赏月与祭月之俗。圆月带来的团圆的联想,使中秋节更加深入人心。唐代将嫦娥奔月与中秋赏月联系起来后,使中秋节更富浪漫色彩。历代诗人以中秋为题材作诗的很多。中秋节的主要习俗有赏月、祭月、观潮、吃月饼等。

重阳,《易经》将"九"定为阳数,两九相重,故农历九月初九为"重阳"。重阳时节,秋高气爽,风清月洁,故有登高望远、赏菊赋诗、喝菊花酒、插茱萸等习俗。唐人有"遍插茱萸少一人"的诗句。

腊日,这是古代岁末祭祀祖先、祭拜众神、庆祝丰收的节日。腊日通常在每年腊月举行,南北朝时腊日已固定在农历十二月初八,有吃赤豆粥、祭拜祖先等习俗。佛教的腊八粥后也渗入腊日习俗。

除夕,农历十二月三十日晚,家家在打扫一清的屋里,摆上丰盛的菜肴,全家团聚吃"年饭"。此夜大家通宵不眠,或喝酒聊天,或猜谜下棋,嬉戏游乐,谓之"守岁"。零点时,众人争相奔出,在庭前拢火燃烧(古称"庭燎",取其兴旺之意),并抢先放出三个"冲天炮",以求首先发达,大吉大利。此时,爆竹声、欢叫声响成一片。

5. 古代礼仪商品

中国古代的交往,传统文化中有"五礼"之说,包括吉礼、凶礼、军礼、宾礼、嘉礼,均属于文化活动,也滋生了大量的应时应节应礼的文化商品。

吉礼,是五礼之冠,主要是对天神、地祇、人鬼的祭祀典礼。

凶礼,就是跟凶丧有关的一系列礼节,这方面不仅仅包括丧葬的内容,还有其他一些跟灾难有关的礼节。

军礼,是旧时指军中的礼仪。西周五礼之一,用于征伐,是军事活动方面的礼节仪式。

宾礼，是接待宾客之礼，即邦国间的外交往来及接待宾客的礼仪活动。

嘉礼，是饮宴婚冠、节庆活动方面的礼节仪式。其主要内容有六：一曰饮食，二曰婚冠，三曰宾射，四曰飨燕，五曰脤膰，六曰庆贺。嘉礼的用意在亲和万民，其中饮食礼用以敦睦宗族兄弟，婚冠礼用以对成年男女表示祝贺，宾射礼用以亲近故旧朋友，飨燕礼用以亲近四方宾客，脤膰礼用以亲兄弟之国，庆贺之礼则用在国有福事时。

古代祭祀也使用大量的祭品和纸扎，属于文化商品。如牺牲，古代祭祀用的牲畜，色纯为"牺"，体全为"牲"。三牲，一指古代用于祭祀的牛、羊、猪，后来也称鸡、鱼、猪为三牲；一指夏、商、周三代所用牺牲的总称。

太牢为古代帝王祭祀社稷时，牛、羊、豕三牲全备之称。古代祭祀所用牺牲，行祭前需先饲养于牢，故这类牺牲称为牢；又根据牺牲搭配的种类不同而有太牢、少牢之分，少牢只有羊、豕，没有牛。由于祭祀者和祭祀对象不同，所用牺牲的规格也有所区别：天子祭祀社稷用太牢，诸侯祭祀用少牢。

家祭，古人在家庙内祭祀祖先或家族守护神的礼仪。唐代即有专人制订家祭礼仪，相沿施行。

社日，古代农民祭祀土地神的节日，在春分前后。

古代婚丧嫁娶，都需要一些文化商品，多为吉祥与讲究的文化商品，如古代男子成年时（二十岁）加冠的礼节。冠礼在宗庙中进行，由父亲主持，并由指定的贵宾给行冠礼的青年加冠三次，先后加缁布冠、皮弁、爵弁，分别表示有治人、为国出力、参加祭祀、成婚的权利。

中国古代婚礼有六种手续和礼仪，即纳采、问名、纳吉、纳征、请期、亲迎。

纳采为"六礼"中的第一礼。男方欲与女方结亲，男家遣媒妁往女家提亲，送礼求婚。得到应允后，再请媒妁正式向女家纳"采择之礼"。初议后，若女方有意，则男方派媒人正式向女家求婚，并携带一定礼物，故称"纳采"。当儿女婚嫁时，由男家家长请媒人向物色好的女家提亲。男家在纳采时，需将大约达30种有象征吉祥意义的礼物送给女家；女家亦在此时向媒人打听男家的情况。《仪礼·士昏礼》中有记载："昏礼，下达纳采。用雁。"后世纳采仪式基本循周制，而礼物另有规定。

问名，即在女方家长接纳提亲后，女家将女儿的年庚八字带返男家，以使男女门当户对和后卜吉凶。男家行纳采礼后，再托媒人询问女方的名字和出生年月及时辰,以便男家卜问,决定成婚与否,吉凶如何。或以为问名是男方遣使者问女方生母的姓氏,以便分辨嫡庶。后问名范围扩展到议门第、职位、财产以至容貌、健康等多个方面。问名也须携带礼物,一般用雁。我国广东、海南及西南少数民族,则常用槟榔。

纳吉,即男方将女子的名字、八字取回后,在祖庙进行占卜。卜得吉兆后,备礼通知女方家,决定缔结婚姻。

纳征,即男家纳吉往女家送聘礼。旧时南方地区,讲究的聘礼为礼饼一担,如海味(款式与数量按经济情况):发菜、鲍鱼、蚝豉、元贝、冬菇、虾米、鱿鱼、海参、鱼翅和鱼肚等;还有三牲鸡、猪肉、鱼、龙眼干、品枝干、合桃干、连壳花生、茶叶、芝麻;帖盒内有莲子、百合、青缕、扁柏、槟榔两对、芝麻、红豆、绿豆、红枣、合桃干、龙眼干,还有红豆绳、利是、聘金、饰金、龙凤烛和一副对联。在纳征时,女家需回礼,其中主要有茶叶、生果、莲藕、芋头和石榴(各一对)、鞋、扁柏、姜、茶煎堆、松糕等。

社交是人与人之间在相互接触中相互作用、相互影响的过程和联系,有外事交往、商旅往来、宗教传播、人口迁徙、战争征服、使节互访;有异性之间的交往;有亲朋好友、邻里乡党之间的交往,如贫贱之交、金兰之交、刎颈之交、忘年之交、竹马之交、布衣之交、患难之交;有团体之间的交往,包括民族、团体、村落、社区、组织。社交需要一定的场合及象征性的礼物、礼品,多属于有文化内涵的商品。如以文会友,是古代文人交往、交友的礼俗。文人相交,轻财物而重情谊、才学,故多以诗文相赠答,扬才露己,以表心态。唱酬是通行的方式,即以诗词相酬答。在宴饮等聚会时,更是不可有酒无诗,流行尽觞赋诗之俗。总之,古代的交往交流,多在一些消费的场合,举办一些仪式,消费一些商品。

6. 古代娱乐业

包括音乐舞蹈、琴棋书画、文房四宝、游乐游戏、集会宴饮等。

中国音乐起源于远古时期的祭祀、宗庙及大典仪式,撞巨钟、击鸣鼓、弹琴瑟、吹竽笙。河南舞阳县发现了18支音孔的骨笛,经考证距今有8000多年。

春秋战国时期音乐已相当发达,种类繁多,有吹奏乐、弹拨乐(古琴)、打击乐等,编钟、编磬已能演奏五音阶和七音阶音乐。五音阶即宫、商、角、徵、羽。

仪式音乐用于祭祀、宗庙、大典、宗教寺庙的仪式。其中的雅乐,是古代帝王祭祀天地、祖先及朝贺、宴享等大典时所用的乐舞。周代雅乐是指"六舞",即云门、咸池、大磬、大夏、大镬、大武。以后历代统治者都把这奉为乐舞的最高典范,认为它的音乐"中正和平",歌词"典雅纯正",故称之为"雅乐"。各个朝代均循礼作乐,歌功颂德,此类乐舞统称为"雅乐"。

宫廷舞乐又称燕乐、宫中乐,为帝王在宫中饮宴、游乐时舞女跳舞、歌姬歌唱、乐师演奏的。《春江花月夜》相传为陈后主(陈叔宝)所创,原词已佚。隋炀帝、温庭筠等都曾作有此曲。唐代张若虚所作的《春江花月夜》最为出名。《霓裳羽衣曲》为唐代宫廷乐舞,其由来传说不一。有的说,唐玄宗登三乡驿,望见女儿山,归而作之;有的说,此曲是《婆罗门曲》之别名;有的说,唐玄宗凭幻想写成前半曲,又将西凉都督杨敬述进《婆罗门曲》改编成后半曲合而制之。白居易有首诗,对此曲的演唱进行了详尽的描述。《十面埋伏》为琵琶大曲,明代后期已在民间流传。乐曲描写公元前202年楚汉战争在垓下最后决战之情景,运用了琵琶特有的表现技巧,表现古代战争中千军万马冲锋陷阵之势,十分生动,是传统琵琶曲的代表作品之一。

声乐即音乐活动,如在青楼、饭馆等处演奏。独奏器乐是不需要伴奏就能独立演奏曲子的器乐。

俗乐,即民乐,民俗庆典中的音乐,是对古代各种民间音乐的泛称,用于婚丧嫁娶等活动。宫廷音乐寻根究底,几乎都来自民间音乐,只不过改变了它的内容和情调而已。有著名琴曲《广陵散》《酒狂》《高山》《流水》《梅花三弄》等,琵琶曲《阳春古曲》《平沙落雁》《霓裳曲》,丝竹曲《春江花月夜》《老八板》,广东音乐《旱天雷》《雨打芭蕉》《步步高》等。

文房四宝是旧时对笔、墨、纸、砚四种文具的总称。文房,即书房。北宋苏易简著有《文房四谱》一书,叙述了四种文具的品类及故实等。这些文具,制作历史悠久,名手辈出,且品类丰富,风格独特。著名的有安徽泾县的宣纸、安徽歙县的歙墨、广东端州的端砚、浙江吴兴的湖笔。

7. 古代书法

书法,中国传统艺术之一,是以汉字为表现对象、以毛笔为表现工具的一种线条造型艺术。中国古代书法源远流长,历史悠久。汉字经历了篆、隶、楷等发展阶段,技法日精,在文字书写的点画篇章之间,表达出作者的性格、情感、意趣、素养、气质等精神因素,遂成为一门独立的艺术,用笔、结构、章法为书法之大要。从商周甲骨文、两周金文、秦篆、汉隶,以及魏晋到唐宋楷、行、草,书体繁复,流派众多,涌现了王羲之、颜真卿、怀素等伟大的书法家,留下了《兰亭序》《自叙帖》等珍贵书法遗产。

殷商周时期有甲骨文、金石文,甲骨文是殷商时期刻写在龟骨、兽骨、人骨上,用以记载占卜、祭祀等活动的文字,它已具备了中国书法用笔、结字、章法的三个基本要素。西周大盂鼎铭文有291字,体势严谨,字形、布局质朴平实,用笔方圆兼备;毛公鼎铭文内壁铸有498字的铭文,书法结构匀称准确,线条遒劲稳健,布局妥帖,字体极其成熟。东周石鼓文为战国时代秦国刻石,内容记述秦王游猎之事,它的字体对后来秦朝小篆产生了很大影响。

秦统一中国后,将小篆作为标准字通行全国。小篆,字体略长,笔画圆匀,不露锋芒,富于图案美。泰山刻石是秦相李斯所书,画如铁石,字若飞动,骨气丰匀,方圆妙绝。

隶书,字体宽扁,左右舒展,平衡对称,整齐安稳。汉代隶书又称分书或八分,笔法纯熟,书体多样,并且出现了破体的隶变,逐渐发展为行书;真书也已萌芽。马王堆帛书用笔沉着遒健,含蕴圆厚;曹全碑娟秀清丽,结体扁平匀称,舒展超逸。在隶书成为汉代通行的主要字体的同时,又出现了一种写得简便、潦草的字体,叫做"草书",主要是用来起草文稿和写信。唐朝以后又出现了"狂草",漫无章法,随心所欲。

魏晋是篆、隶、真、行、草诸书体咸备、俱臻完善的时代。书法大家有钟繇、王羲之。钟繇博采众长,兼善各体,尤精小楷;其楷书字体方正,笔画规矩严整。楷草之间还有一种字体在流行,就是"行书",工整清晰,像云水那样慢流。王羲之《兰亭序》贵越群品,古今莫二;而王献之兼精楷、行、草、隶各体;王洵笔峭劲秀丽,自然流畅。

唐代书法极盛。初唐书法家有虞世南、欧阳询、褚遂良、薛稷、陆柬之等,此后有创造性的还有李邕、张旭、颜真卿、柳公权、释怀素、钟绍京、孙过庭。唐太宗李世民和诗人李白也是值得一提的大书法家。楷书四大家,是唐朝欧阳询(欧体)、唐朝颜真卿(颜体)、唐朝柳公权(柳体)和元朝赵孟頫(赵体)。欧阳询,早年专学"二王"(羲之、献之)书法并吸取六朝北派诸家的长处,勤学苦练,融会贯通,险劲瘦硬,与虞世南、褚遂良、薛稷并称为"唐初四大书法家"。"颜体"肥硕丰润,刚健雄强、雍容大度。"柳体"体势劲媚,骨力道健。

此后,著名的书法家有宋代苏轼、黄庭坚、米芾、蔡襄、赵佶、蔡京、陆游等;元朝赵孟頫、鲜于枢、智妙酩布等;明代宋克、宋璲、宋广、詹希元、杜环、李东阳、吴宽、沈周、张弼、张骏、祝允明、文徵明、王宠、徐祯卿、徐渭、邢侗、张瑞图、董其昌、米万钟、黄道周、倪元璐等。

清代著名书法家更多,如王铎、傅山、朱耷、许友、赵书风、戴易、郑簠、王时敏、朱彝尊、王澍、张照、刘墉、梁同书、王文治、梁巘、翁方纲、钱沣、永瑆、铁保、郑燮、金农、汪士慎、桂馥、邓石如、林则徐、翁同龢、张廷济、朱为弼、徐同柏、赵之琛、何绍基、赵之谦、杨守敬、康有为等。

六、衣食住行等日常生活中的文化消费

1. 饮食与器用

(1)南北方饮食差异。北方人吃面,南方人吃米。南方人认为面只能拿来做点心,永远吃不饱。北方人则认为吃大米既奢侈,也不顶饿。主食的不同,造成了南北方整个饮食结构以及吃法的巨大差异,北方崇尚简朴,南方追求华美。北方饮食粗糙,而南方做工精细。故八大菜系,南方占了绝大部分。

①北方的主食。馒头是我国北方较常见的发面干粮,各地因做法有别,名称也不同。发面后切成"面剂子",再揉卷做成圆形面团,上锅蒸熟的称"馍馍",或称"馍馍""馒头""馍";发面后不切"面剂子"细加工的,称"卷子";发面切"面剂子"做成面饼再包上熟黄米的称"馍馍糕";发面切"面剂子"做成面饼再包上糖的称"糖馍馍";馍馍上嵌入大红枣的称"枣馍馍"…… 饼与火烧是北方又一类较常见的白面食品,有大如锅盖的锅饼,有美味可口的油葱饼,有宜于出门携带充饥的硬面"火烧",还有烧饼、暄饼、蒸饼、烤排、瓢子饼、单饼、锅子饼、薄饼、三页饼、挎包火烧、肉火烧、芝麻火烧、六角旋饼、麻汁酥饼、吊炉烧饼、缸炉火烧、糖酥火烧、油酥火烧、酥肉饼、焦烧饼、贡饼、盘丝饼、馅饼(加各种馅料)、鸡蛋灌饼、糖饼、芝麻南瓜饼、老婆饼、冬瓜饼(川式)、枣饼、玉米饼、萝卜饼、鸡丝锅饼、山东煎饼、肉煎饼、芝麻烧饼、千丝饼、土豆饼、豆沙饼、豆腐鸡蛋饼、京酱肉丝卷饼、韭菜盒子、春卷、韭菜摊饼、花生煎饼,等等。

面条,是北方白面食品的另一大类,有宜于冬季食用的爆锅面、炸酱面,有宜于夏季食用的凉面、麻汁面,还有香美可口的炒面。捞面是北方常见的大众面食,用杠子压成一尺宽的长幅面片,叠起来用刀切成细条,煮熟后辅以炒虾仁、溜鱼片、焦炒面筋等。龙须面是传统风味筵席面点品种之一,至今已有 300 多年的历史。面细如发丝,犹如交织在一起的龙须,故名龙须面。西北地区各省面的种类更多。岐山臊子面有 3000 多年的历史,最早始于周代。制作时以大肉"臊子"(即肉丁)加豆腐、黄花、木耳,烹汤浇面而成。岐山臊子面以"薄、盘、光、酸、辣、香、煎、稀、汪"的特点闻名遐迩。杨凌蘸水面,面白薄筋光,油汪蒜辣香,汤面分盆装,越嚼口越香。杨凌蘸水面的面和汤是分开的,吃的时候从大面盆里夹出宽厚且长

的面条拉到碗里的汤中，然后夹着面条一口一口地咬着吃。荞面以陕北、韩城、西安校场门白荞面最为有名。制作时选用新鲜荞麦现做，一般凉食，亦可加羊肉臊子热吃，特点是清香利口，条红筋韧。刀削面是以刀削出的面叶，中厚边薄，形似柳叶，入口外滑内筋，软而不黏，越嚼越香，深受喜食面食者欢迎。干拌面是把面条放进沸水锅烫熟后捞出，用熬好的酱油，加上猪油，不用汤，拌以醋、花生酱等调味品做成，其特点是香辣多味。吉林延边冷面、四川凉面、北京过水面、上海凉(拌)面、武汉热干面、兰州清汤牛肉拉面、北京炸酱面、北方打卤面、北京锅挑、山东福山抻面(拉面)、河南鱼焙面、广州云吞面、山西焖面、上海阳春面、四川宜宾燃面、陕西岐山臊子面、河南汝州炒面、贵州肠旺面、新疆拌面(拉条子)尤为出名。

包子，分素包子和荤包子两类，又分烫面包、发面包和冷水面包子三种。平时吃的素包子是指不放肉的包子(拌馅可用豆腐丁代替)，荤包子主要是指肉丸包子、灌汤包等。

饺子又称"扁食"。虽然全国各地皆有饺子，但因地理位置和出产的物品不同，其风味也不同。风味饺子主要有胶东沿海一带的鲅鱼饺子(用鲜鲅鱼肉为馅)、青岛的对虾仁饺子、济宁的羊肉饺子、博山的蛤蟆饺子以及因拌馅的菜不同而分的荠菜饺子、白菜饺子、芸豆饺子、萝卜饺子、三鲜饺子等。另外还有包好后放在笼屉里蒸熟的各种烫面饺子。

此外，油条(也称"香油馃子")也是我国北方著名食品。

②南方的主食。工序较多，做工精细。从口味上说，东南一带偏于甜淡，中南、西南重于麻辣。

白米饭为南方主食。一味米饭，与五味调配，几乎可以供给全身所需营养。大米性平、味甘，有补中益气、健脾养胃、益精强志、和五脏、通血脉、聪耳明目、止烦、止渴、止泻的功效。留有胚与糊粉层的大米饭含有人体90%的必需营养元素，且各种营养素十分均衡，所以是最佳主食。米饭的面世，可追溯至粥。由于烹煮粥水控制水量的要求比米饭低，上古的华夏民众慢慢掌握不同水量时的烹煮效果，就发展出较饱满的米饭。其他还有南瓜饭、黑木耳饭、芋头饭、淮山药饭、海鲜饭、石锅拌饭、菠萝饭、扬州炒饭等。

广西米粉很有名，分有干湿两类，但最常用于现成煮就的以湿粉居多。湿粉是每天新加工出来的新鲜米粉。从形状上米粉又可分成扁粉和圆粉：圆粉就是我们常见的米粉，圆条形；扁粉跟广州的河粉或者茂名地区所说的粉皮基本一致，由于口感相较圆粉更顺溜爽滑，柔软入味，所以也受到不少人的青睐。一碗米粉除了米粉为主食之外，还有配菜、调料、配料几部分。配菜是烧卤肉类、卤蛋、豆腐皮、时令蔬菜等；调料则是肉类卤后的汤加上中药、香料熬煮密制所得的卤水以及烧热的熟油；配料则是爆香黄豆或炒油花生米，此外还有酸豆角、芫荽、葱花、蒜末、泡椒、辣椒酱、花椒粉、米醋等。在广西吃米粉，配料除黄豆、花生外，一般都在桌上一列摆开来任食客随意添加。

桂林米粉洁白光亮，细滑，柔韧。制作时采清澈漓江水，将桂林优质大米泡涨，研磨化为浆并滤干，揣成粉团煮热，然后压榨出根根米粉，再在水中团成一团，经过反复揣揉，嚼起来很劲道。米粉本身淡而无味，关键在卤水，店家熬制卤水都有各自的绝招。一般是用豆豉、八角、桂皮、甘草、草果、小茴香等香料坐锅，放入猪肉、猪骨、牛肉、下水等，再加入三花酒、罗汉果等配料，先用武火煮旺，再用文火慢慢熬，才能制出香气扑鼻、味道纯美、营养丰富的卤水。

柳州的招牌米粉则是"螺蛳粉"，据说人们走在柳州的市区里随处都能闻到一种奇异的螺蛳腥香味。螺蛳粉用的是陈年米，"越陈越好"，放久的米失去了油性，没有了胶质，加工成米粉后，吃起来弹性却很好。由于存放陈米的技巧很讲究，因此螺蛳粉店都不自己加工螺蛳粉，而是从加工粉店购买。要把螺蛳粉做得正宗，主要看熬制的螺蛳汤以及配料酸竹笋、酸豆角、油炸腐竹干、水菜秆、辣椒油等的调配。螺蛳粉有很浓的螺蛳味，柳州产的酸竹笋有一种轻微的"臭"味，汤面还漂着一层红红的辣油。大概是为了压住汤的腥味，加的辣椒特别多，汤面上常常是一片血红，味道鲜美，螺香扑鼻，使人胃口大开。

广西首府的南宁，是各地特色米粉的聚集之地，如南宁卷筒粉、贵州牛肉粉、桂林马肉粉、罗秀米粉等。南宁本地的最著名的米粉是"老友粉"，其特殊的酸、辣、香的口味与南宁气候环境有着密不可分的关系。南宁属湿润的亚热带季风气候，主要气候特点是炎热潮湿，因天气炎热，故而这种小吃食劲酸劲辣，加之豉香浓郁，可令人胃口大开！南宁各处都能品尝到正宗的老友粉，价钱不高，物美价廉，常常让食客吃得汗流浃背，辣得痛快而欲罢不能。

云南米线是著名的汉族小吃，也是当地人最喜爱的食物。云南人把米线的吃法发挥到了极致：烹调方法有凉、烫、卤、炒；配料更是数不胜数，大锅米线还有焖肉、脆哨、三鲜、肠旺、炸酱、鳝鱼、豆花等。著名的有过桥米线、鳝鱼米线、大锅米线、豆花米线、砂锅米线等。关于其起源有多种说法：一种是古代中国五胡乱华时期北方民众避居南方而产生的类似面条的食品；另一说法是秦始皇攻打桂林的时候，由于当时北方的士兵在桂林作战，吃不惯南方的米饭，所以当时的人就用米磨成粉状并做成面条的形状,来缓解士兵的思乡之情。

食品烹调上讲究"五味调和",五味指酸、咸、甜(甘)、苦、辣(辛)五种味道。中国烹饪之美可以归纳为色、香、滋、味、形、器、养七个字,它既有视觉的、嗅觉的,又有味觉的、触觉的美的品尝与享受,从而满足人们的审美需求。还有一些实际的讲究,如淘米时要轻洗,不宜次数太多,也不宜用力搓,否则会增加维生素和无机盐的丢失;但是对于存放过久的米,则要多淘洗几遍。煮饭、煮粥、煮豆、炒菜都不宜放碱。

食品最好的叫珍馐美味。珍更多的是山珍的意味,是山林野兽或者果蔬制作的食物。旧有"八珍"之说,指古代八种珍贵的食品,其具体所指随时代和地域变化而不同。陶宗仪《南村辍耕录》卷九云:"所谓八珍,则醍醐、麆沆、野驼蹄、鹿唇、驼乳麋、天鹅炙、紫玉浆、玄玉浆也。"后世以龙肝、凤髓、豹胎、鲤尾、鸮炙、猩唇、熊掌、酥酪蝉为八珍。

(2)菜系。中国"八大菜系"的烹调技艺各具风韵,其菜肴之特色也各有千秋。

广东菜系流派,有广州、潮州、东江三个流派,以广州菜为代表。烹调特点突出煎、炸、烩、炖等,口味特点是爽、淡、脆、鲜。名菜有三蛇龙虎凤大会、烧乳猪、盐焗鸡、冬瓜盅、咕咾肉、陶陶姜葱鸡、松子鱼、满汉全筵、明烤炉乳猪、八仙宴、全蛇宴、红烧大裙翅、八宝冬瓜盅、东江酿豆腐等。

浙江菜系由杭州、宁波、绍兴等地方菜构成,最负盛名的是杭州菜,特点是鲜嫩软滑、香醇绵糯、清爽不腻。名菜有西湖醋鱼、叫化童鸡、东坡肉、龙井虾仁、蟹汁桂鱼、芙蓉水晶虾、八宝鸭、脆皮鱼、珍宝蟹、砂锅鱼头王、双味鸡、蒜香蛏鳝、西湖莼菜汤等。

山东菜系由济南和胶东两部分地方风味组成,杂以孔府菜、博山菜特点,味浓厚,嗜葱蒜,尤以烹制海鲜、汤菜和各种动物内脏为长。名菜有爆炒腰花、油爆大蛤、九转大肠、糖醋鲤鱼、豆腐箱及各种海鲜。

江苏菜系由扬州、苏州、南京、淮安等地方菜发展而成。烹调以炖、焖、煨著称;重视调汤,保持原汁。名菜有鸡汤煮干丝、清炖蟹粉、狮子头、水晶肴蹄、鸭包鱼、盐水鸭肫、炖苏核、炖生敲、生炒甲鱼、丁香排骨、清炖鸡子、金陵扇贝、芙蓉鲫鱼、菊花青鱼、菊叶玉版、金陵盐水鸭、叉烤鸭、叉烤鳜鱼等。

湖南菜系注重香辣、麻辣、酸、焦麻、香鲜,尤以酸辣居多。名菜有腊味合蒸、东安仔鸡、麻辣仔鸡、红煨鱼翅、汤泡肚、冰糖湘莲、金钱鱼等。

四川菜系有成都、重庆两个流派,以味多、味广、味厚、味浓著称。名菜有宫保鸡丁、一品熊掌、鱼香肉丝、干烧鱼翅。

福建菜系由福州、泉州、厦门等地发展起来,并以福州菜为代表。特点以海味为主要原料,注重甜酸咸香、色美味鲜。名菜有雪花鸡、金寿福、烧片糟鸡、橘汁加吉鱼、太极明虾、佛跳墙、鸡汤氽海蚌、淡糟香螺片、荔枝肉、醉糟鸡、太极芋泥、锅边糊、肉丸、鱼丸、扁肉燕等。

安徽菜系由皖南、沿江和沿淮地方风味构成,皖南菜是主要代表。特点以火腿佐味,冰糖提鲜,擅长烧炖,讲究火工。主要有清炖马蹄、黄山炖鸽、腌鲜鳜鱼、红烧果子狸、徽州毛豆腐、徽州桃脂烧肉、清香炒悟鸡、生熏仔鸡、八大锤、毛峰熏鲥鱼、火烘鱼、蟹黄虾盅等。

(3)各地小吃。各地小吃也很有文化风韵。

广州小吃可分七大类:油器类(油炸食品),有油条、咸煎饼、笑口枣等;粥品类,有艇仔粥、"伍湛记"及第粥、瑶柱白果粥等;粉面类,有云吞面("欧成记"为代表)、沙河粉(可制成炒粉或汤粉)、猪肠粉、桂林米粉、濑粉等;糕点类,有萝卜糕、马蹄糕、伦教糕等;甜品类,各种红豆沙、绿豆沙以及糯米麦粥、八宝粥、芝麻糊、杏仁糊、汤丸等,尤其以双皮奶和姜汁撞奶糊最为有名;粽子类,有甜粽和咸粽两种;杂食类,包括炒田螺、猪红汤、牛骨汤、酸辣瓜菜等。

杭州特色小吃有鲜肉小笼、幸福双、猫耳朵、糯米素烧鹅、虾爆鳝面、片儿川面等。

济南小吃有甜沫、酥锅、老济南打卤面、米饭把子肉、泉城大包、孟家扒蹄、黄家烤肉、炸鸡、奶汤蒲菜、油旋、烧烤等。

南京小吃有葱油饼、五色小糕、鸡丝浇面、薄皮包饺、熏鱼银丝面、桂花夹心小元宵、糯米藕、桂花糖芋苗、五香鹌鹑蛋、梅花糕、蒸儿糕、牛肉粉丝汤、炒螺丝、糕团小点、蒸饺、盐水鸭、状元豆腐、牛肉锅贴、鸭血粉丝、煮干丝等。

长沙小吃有糯米粽子、麻仁奶糖、浏阳茴饼、浏阳豆豉、白沙液、浏阳河小曲、芙蓉三鲜火锅、湘宾春卷、油炸臭豆腐、元宵、年糕、馓子、结麻花、姊妹团子、龙脂猪血、绿豆沙、汤面、米粉、乾煎鸡油八宝饭、萝卜丝饼、薯丁粑粑、糖油粑粑、嗍螺、口味虾、红烧猪脚、麻辣烫等。

四川小吃有三顾冒菜、兔儿面、廖排骨、侃膳斋棒棒鸡、祥和祥小吃、藤椒抄手、棒棒鸡、客家凉粉、钵钵鸡、夫妻肺片、赖汤圆、龙抄手、钟水饺、串串香、麻辣烫、肥肠粉、担担面、宜宾燃面、绵阳米粉、宜宾泡粑、宜宾红桥猪儿粑、黄粑、屏山包谷粑、泸州小笼包子、泸州糍粑、泸州高粱粑粑、高汤水饺、泸州醪糟汤圆、锅魁、梅花饺、枣糕、五香糕、窨沙珍珠丸、泸州白果鸡、弥陀风雪糕、两河桃片、凉糕、白糕、葡萄仿、冰糖蹄花、萝卜半汤鱼、纳溪泡糖、广元蒸凉面、罗江豆鸡、水煮牛肉、火鞭子牛肉、三大炮、灯影牛肉、川北凉粉、奶汤面、炖鸡面、梓潼酥饼、白橙糖、鳝鱼鸡蛋卷、桃米炒蛋、樱桃蜜饯、窝丝糖、酥心脆糖、寿星橘蜜饯、平都牛肉松、蜜橙皮、鱼香肉丝、渣渣面、腊肉、冰粉、凉虾等。

福建小吃有糍团、鱼丸、扁肉燕（肉燕、扁食）、炒面、拌面、扁肉（扁食）、捞化、白粿、糯米粿、蛎饼、春卷、光饼、米豆腐、酒酿、年糕、米糕、鼎边糊、手抓面、土笋冻、马耳、包糍、番薯丸等。

安徽小吃有豆腐老鼠、咸鸭烧黄豆、腊八豆腐、芥菜圆子、徽式炒面、醉蟹、芜湖芥菜圆子、甜酒酿、三河米饺、鱼咬羊、梅干月饼、徽州饼、虾米豆腐干、绩溪菜糕、芙蓉糕、徽州状元饭、苞芦松、葛粉圆子、豆豉、秤管糖等。

（4）古代食器、炊具、酒器。

古代食器种类很多。主要的有簋（guǐ），形似大碗，人们从甗（yǎn）中盛出食物放在簋中再食用。簠（fǔ），是一种长方形的盛装食物的器具，用途与簋相同。豆，像高脚盘，本用来盛黍稷，供祭祀用，后渐渐用来盛肉酱与肉羹了。皿，盛饭食的用具，两边有耳。盂，盛饮之器，敞口，深腹，有耳，下有圆形之足。盆、盂，均为盛物之器。案，又称食案，是进食用的托盘，形体不大，有四足或三足，足很矮。箸，夹食的用具。

古代炊具有鼎，最早是陶制的，殷周以后开始用青铜制作，腹呈圆形，下有三足，可以烹煮；镬（huò）是无足的鼎，与现在的大锅相仿，主要用来烹煮鱼肉之类的食物；甑（zèng）是蒸饭的用具，与今之蒸笼、笼屉相似。

古代酒器也有很多种。尊，敞口，高颈，圈足；壶，一种长颈、大腹、圆足的盛酒器，不仅装酒，还能装水；彝、卣（yǒu）、罍（léi）、缶（fǒu），都是形状不一的盛酒器；爵，古代饮酒器的总称，下有三足，可升火温酒；角，口呈两尖角形的饮酒器；觥（gōng），是一种盛酒、饮酒兼用的器具，像一只横放的牛角，长方圈足，有盖，多作兽形；杯，椭圆形，是用来盛羹汤、酒、水的器物，小杯为盏、盅；卮，也是一种盛酒器。

（5）节日饮食、礼仪饮食。中国是一个具有悠久历史的饮食文化大国，节日饮食、礼仪饮食历来受重视。

每年立春这一天各地都有"咬春"和"尝春"的习惯。尝春就是吃盛在盘子里的五种辛辣生菜，旧时称"五辛盘"，又称为"春盘"。据史料记载，早在南北朝时期

"尝春"就在民间广为流行。但现在已不多见，现在常见的是吃春卷和吃饺子、面条等，叫"迎春饺子打春面"。

春节是一年之中最隆重的传统节日。年夜饭，除了饺子之外，还有年糕、团圆饼之类，食品种类非常丰富。饺子于除夕夜包好，里面还要包进硬币、花生仁、栗子、大枣、糖块之类的吉祥物。另外，还有吃年糕和"十全菜"的习俗。吃年糕寓意年年高升，吃"十全菜"（用 10 种菜蔬制成的菜）则寓意十全十美、万事如意。正月初七为"人日"，据说这一天主人丁兴旺，故许多地区民间多在此日吃长寿面，祝人们健康长寿。

正月十五日是上元节，又称元宵节，俗称"灯节"。民间多于此日忙着"滚元宵"。滚元宵的方法是将做好的元宵馅分成指顶大的小丸，蘸水，放于盛有糯米面的簸箕中反复摇滚沾成元宵。煮好的元宵，不仅自己吃，民间还喜欢用自家的元宵赠送邻里。

农历二月二日，俗谓"龙抬头日"。这一天，农家盛行吃炒蝎子豆、煎饼、炒面棋子等。

旧俗寒食日午餐吃冷食，为纪念介子推，又有蒸"春燕"的说法，即用白面制成燕子状蒸而食之。蒸春燕形式多样，有立式，有单飞式，有老燕背雏，有双燕齐飞等，生动形象，栩栩如生。人们以此相互馈赠邻里亲友。

五月初五为端午节，家家户户用糯米或黄米包粽子。粽子又称"角黍""筒粽"，传说是为纪念屈原而流传的。粽子种类繁多，从馅料看，北方多包小枣的北京枣粽；南方则有豆沙、鲜肉、八宝、火腿、蛋黄等多种馅料，其中以浙江嘉兴粽子为代表。

农历八月十五日为中秋节，各地盛行赠送月饼和吃月饼的习俗。月饼有从集市和店铺购买的，但许多农村则是自己动手制作的。

九月九日重阳节，民间盛行吃花糕、饮菊酒的食俗。桂花糕已有 300 多年历史，相传在明朝末年，是新都县城有个叫刘吉祥的小贩以糯米粉、糖和蜜桂花为原料制作而成的汉族美味糕点。

冬至日，民间盛行吃馄饨或水饺的习俗，各地皆有"冬至饺子夏至面"之说。吃饺子是怕冻掉耳朵。

农历腊月初八俗称"腊八"，又叫"腊八节"，各地有吃腊八粥的习俗。以糯米、黍米、杂豆、麦、枣、栗等煮粥，以备早餐之用，谓之腊八粥，不仅味美醇香，而且更益于身体健康。

2. 建筑与园林

中国古代建筑的类型很多,主要有宫殿、坛庙、寺观、佛塔、民居和园林建筑等。其中宫殿与园林建筑的成就最为突出。

(1)宫殿。历代帝王为了满足其骄奢淫逸的生活和维护其统治的威严,往往大兴土木,营建各种宫室殿堂。秦始皇统一六国后兴建的阿房宫,就已达到惊人的规模。西汉初年修建的未央宫,宫城周围达8900米。汉高祖刘邦曾因见到这座宫殿建筑的奢华而动怒,主持这一工程规划的萧何说:"天子以四海为家,非壮无以重威。"这说明统治阶级已经认识到,规模宏大的宫殿建筑也可以作为巩固其政权的一种工具。秦汉以后,宫殿建筑始终在中国古代建筑中占有重要的位置。可惜许多宫殿建筑都已成为废墟。

现在保存下来的规模最大、最完整,也是最精美的宫殿建筑,首推北京的故宫。整个故宫规模宏大,极为壮观。仅以宫殿的核心部分紫禁城为例,它东西长760米,南北长960米,占地超过720000平方米。根据宫廷建筑的一般习惯,故宫中的乾清门,就是外朝和内廷之间的分界线。外朝以"三大殿"太和殿、中和殿、保和殿为主,前有太和门,两侧有文华殿和武英殿两组宫殿。内廷以"后三宫"乾清宫、交泰殿、坤宁宫为主,它的两侧是供嫔妃居住的东六宫和西六宫,也就是人们常说的"三宫六院"。整个故宫的设计思想更是突出体现了封建帝王的权力和森严的封建等级制度。主要建筑除严格对称地布置在中轴线上外,还特别强调其中的"三大殿","三大殿"中又重点突出举行朝会大典的太和殿(俗称金銮殿)。从故宫建筑群的整个建筑艺术来说,它体现了我国古代建筑艺术的特殊风格和杰出成就,是世界上优秀的建筑群之一。而这一杰作,从明代永乐年间创建后500多年中,不断重建、改建,动用的人力和物力是难以估计的。这宏伟壮丽的故宫,是我国古代劳动人民智慧和血汗的结晶。

(2)园林。中国现存的著名古典园林数量不少,多数是明、清两代的遗物。中国古典园林精华萃于江南,重点则在苏州,大小园墅数量之多、艺术造诣之精,举世罕见。主要有拙政园、留园、狮子林、沧浪亭、网师园、怡园、耦园、艺圃、环秀山庄、拥翠山庄、鹤园、畅园、壶园、残粒园、王洗马巷某宅庭院等,最为著名的拙政园、留园、狮子林、沧浪亭和网师园,都是全国重点文物保护单位。此外,在江南其他地方和北方地区,至今也保存着一些著名的古典园林。北京的颐和园和北海,以及河北承德的避暑山庄,就是北京地区最著名的古典园林。不论是南方的还是北方的古典园林,也不论是封建帝王的皇家宫苑,还是官僚、地主、富商的私人花园,都具有浓厚的诗情画意,都是用人工的力量来建造自然的景色,集建筑、山池、园艺、绘画、雕刻以至诗文等多种艺术于一体,集合了具有浓厚的民族风格的各种建筑物,如亭、台、楼、阁、廊、榭、轩、舫、馆、桥等,配合了自然的水、石、花、木等,组成体现各种情趣的园景。

每一处住宅、宫殿、官衙、寺庙等建筑,都是由若干单座建筑和一些围廊、围墙之类环绕成一个个庭院组成的。一般地说,多数庭院都是前后串连起来,通过前院到达后院,形成一院又一院层层深入的空间组织,就像一幅中国画长卷。

(3)中国的四合院。四合院,又称四合房,是中国汉族的一种传统合院式建筑。其格局为一个院子,四面建有房屋,通常由正房、东西厢房和倒座房组成,从四面将庭院合围在中间,故名四合院。

正式的四合院,一户一宅,平面格局可大可小。房屋主人可以根据土地面积的大小、家中人数的多少来建造,小到可以只有一进,大可以到三进或四进,还可以建成两个四合院宽的带跨院的。院内北屋为主房,东西为厢房,厢房的后墙为院墙,拐角处再砌砖墙。大四合院从外边用墙包围,墙壁高大,不开窗户,以显示其隐秘性。

四合院除了内宅、外宅的主要院落之外,还会形成一些小的院子,如正房两旁耳房前的小院,以及外院两侧被屏门隔开的小院。内宅的院落中有正南北十字形的甬道,并在院子里栽上树,除了松树、柏树和杨树等因多种在坟地而不能栽种外,其他各种树木都有种植。过去北京有民谚“桑松柏梨槐,不进府王宅”,说的就是在庭院种树的禁忌。比较常见的树木有枣树、柿树等,花木主要有牡丹、芍药、玉兰、丁香、海棠、紫藤、石榴等。在四合院内种枣树、石榴树寓意“早”生贵子、多子多孙;种柿树表示事事如意;种丁香、海棠,表示主人有身份和有一定的文化修养。此外,民间还有养鱼的习俗,多用直径为60～70厘米的鱼缸养着各色的鱼并种着荷花,冬天鱼缸还能用来存放食品。夏天时分,天气炎热,还可在庭院中搭设天棚遮阳。

有些家庭为了遮挡正房房门,还在院落一进门处的正对面,修建一个影壁,也即是一堵砖墙。在正对大门的这一面,一般都画有花卉、松竹图案或者大幅的书法“福”“禄”“寿”等。也有一部分影壁,绘上吉祥的图案,如“松鹤延年”“喜鹊登梅”“麒麟送子”“五谷丰登”“吉祥如意”“福如东海”等。

(4)独具特色的民族建筑。中国自古以来就是一个多民族国家。中国的少数民族建筑蔚然大观,类型众多,如傣族的竹楼,壮族的吊脚楼,哈尼族的蘑菇房,彝族的土掌房,纳西族的丽江古城,仡佬族的石板房,彝族的土司庄园,瑶族的歇山顶茅屋,苗族的大船廊、木鼓房、铜鼓坪、芦笙堂、妹妹棚、跳花场,侗族的鼓楼、花桥、戏楼、祖母堂,布依族的凉亭、歌台。

藏族最具代表性的民居是碉房。碉房多为石木结构,外形端庄稳固,风格古朴粗犷。外墙向上收缩,依山而建者,内坡仍为垂直。碉房一般分两层,以柱计算房间数。底层为牧畜圈和贮藏室,层高较低;二层为居住层,大间为堂屋、卧室、厨房,小间为储藏室或楼梯间。若有第三层,则多作为经堂和晒台之用。因外观很像碉堡,故称为碉房。

土家族爱群居,爱住吊脚木楼,建房都是一村村、一寨寨的,很少单家独户。所建房屋多为木结构,小青瓦,花格窗,司檐悬空,木栏扶手,走马转角,古香古色。一般居家都有小庭院,院前有篱笆,院后有竹林,青石板铺路,刨木板装壁,松明照亮,更衬托出田园宁静生活。

土掌房是一种彝族民房建筑,多建于斜坡上。以石为墙基,用土坯砌墙或用土筑墙,墙上架梁,梁上铺木板、木条或竹子,上面再铺一层土,经洒水抿捶,形成平台房顶,不漏雨水。房顶又是晒场。有的大梁架在木柱上,担上垫木,铺茅草或稻草,草上覆盖稀泥,再放细土捶实而成。多为平房,部分为二层或三层。

哈尼族的蘑菇房状如蘑菇,由土基墙、竹木架和茅草顶成。屋顶为四个斜坡面。房子分层:底层关牛马、堆放农具等;中层用木板铺设,隔成左、中、右三间,中间设有一个常年烟火不断的方形火塘;顶层则用泥土覆盖,既能防火,又可堆放物品。

鼓楼是侗乡具有独特风格的建筑物,流行于湖南、贵州、广西壮族自治区交界地区。座座鼓楼高耸于山寨之中,巍然挺立,气概雄伟。飞阁垂檐层层而上呈宝塔形,瓦檐上彩绘或雕塑着山水、花卉、龙凤、飞鸟和古装人物,云腾雾绕,五彩缤纷。从江县高增侗寨鼓楼高达20余米,13层。

蒙古包为蒙古等游牧民族传统的住房。古称穹庐,又称毡帐、帐幕、毡包等。蒙古语称"格儿",满语为"蒙古包"或"蒙古博"。游牧民族为适应游牧生活而创造了这种居所,易于拆装,便于游牧。

(5)大量的宗教建筑。宗教建筑包括寺、庙、祠、观、庵、塔等。

道教宫观是神仙的象征性住所,是向神灵祈祷的地方,道教活动场所主要称为宫、观、庙,还有院、殿、祠、堂、坛、馆、庵、阁、洞、府等。最为有名的是世界文化遗产地之一的武当山道教建筑群。武当道教得到封建帝王的推崇,明朝达到鼎盛。永乐皇帝"北建故宫,南修武当",明朝皇帝直接控制的武当道场,被称为"皇室家庙"。武当山古建筑群主要包括太和宫、南岩宫、紫霄宫、遇真宫四座宫殿,玉虚宫、五龙宫两座宫殿遗址,以及各类庵堂祠庙等共200余处。

佛教建筑包括佛寺、佛塔和石窟。我国佛教建筑在初期受到印度影响,塔庙里以塔为中心,周围建以殿堂、僧舍。塔中供奉着舍利、佛像等,是寺院的中心建筑。晋唐以后,殿堂逐渐成为主要建筑,佛塔被移于寺外,多建寺前、寺后或另建塔院,形成了以大雄宝殿为中心的佛寺结构。寺院坐北朝南,主要殿堂依次分布在中轴线上,层次分明,布局严谨。西藏的佛寺建筑,一般有庞大的建筑群,体现出汉藏文化融合的风格,北京的雍和宫、拉萨的布达拉宫、承德的外八庙等是这种建筑的典型。

中国伊斯兰教清真寺建筑形制和艺术形式分为两大体系:一是以木结构为主,体现中国传统建筑风格的清真寺,属中国特有形制的伊斯兰教建筑;二是以阿拉伯建筑风格为主,揉以中国地方或民族某些特色的清真寺。现存中国清真寺绝大多数为元、明、清以来创建或重建。明代所建之寺,在整体布局、建筑形制、建筑装饰、庭院处理等方面已具有鲜明的中国特色。

总之,中国古代建筑经过长时期的努力,同时吸收了中国其他传统艺术,特别是绘画、雕刻、工艺美术等造型艺术的特点,创造了丰富多彩的艺术形象,如富有装饰性的屋顶,屋顶举折和屋面起翘、出翘,形成如鸟翼伸展的檐角和屋顶各部分柔和优美的曲线;屋脊的脊端都加上适当的雕饰,檐口的瓦也加以装饰性的处理;大量采用琉璃瓦,为屋顶加上颜色和光泽。再如雕梁画栋、钩心斗角、藻井的装饰、门窗和花墙的精雕细刻,门前的华表、刁斗、牌坊、照壁、石狮等。

(6)我国古代家具。古代家具主要有席、床、屏风、镜台、桌、椅、柜等。

席子,是最古老、最原始的家具,最早由树叶编织而成,后来大都由芦苇、竹篾编成。

床,原极矮,指的是坐具。古人读书、写字、饮食、睡觉几乎都在床上进行。还有几、案、屏风等。还有一种矮榻。魏晋南北朝以后,床的高度与今天的床差不多,成为专供睡觉的家具。

唐宋以来,高型家具广泛普及,有床、桌、椅、凳、高几、长案、柜、衣架、巾架、屏风、盆架、镜台等,种类繁多,品种齐全。各个朝代的家具,都讲究工艺手法,力求图案丰富、雕刻精美,表现出浓厚的中国传统气派,成了我国传统文化的一个组成部分。其独特风格与样式,也对世界不少国家产生过深远影响。

3.服饰与女红

中国古代服饰以朴质、素雅为主,其文化含义表现在家居服饰、婚丧服饰、儿童服饰以及纺织、印染、缝制、贸易、洗晒与保藏等方面。

制作、缝补衣服等针线活,叫做"女红",女红是衡量一个女子才华和德行的重要标志。未出阁女儿做女红是正事、大事。

传统布料主要以棉、毛、皮、丝、绸为主。这些材料大都因地制宜、自制自用,成品为麻布、丝绸、棉布、毛呢、皮革等。家织土布需要的纺织工具有轧花机、弹棉弓、捻线纺轮、脚踏或手摇纺车、绕线架、撷染架、踞织机等。工厂棉织布,早些年统称为"洋布",俗称"洋布子""市布子";以商标或纺织材料、工艺分,则有花旗布、仁丹士林布、细布、斜纹布、平纹布、平绒、条绒(灯芯绒)、线哔叽、咔叽布、华达呢、礼服呢等。

毛皮用以御寒,多以羊毛、羊皮、狗皮为服装原料。羊皮又以羔皮为上乘,因为羔皮毛细软而密韧。

旧时的衣料布,绝大部分是青色、蓝色和蓝印花布。染坊工匠将白布下染缸浸染,第一次染出的颜色为淡蓝色、浅蓝色,俗称"月白色";晾干后再浸染一次,蓝色就深一层,愈染愈深,由月白依次渐深的颜色为二蓝(俗称"天蓝")、深蓝(俗称"毛蓝""老蓝")、鸦青(俗称"缸青")。最深的蓝色近于黑色,称为"青"。一般老年人穿深色,年轻人穿浅色。

蓝色花布是民间传统手工印染工艺品。它纹样生动活泼,散发着浓厚的乡土气息。蓝色花布有扎染花布、蜡染花布和蓝印花布等几种。

作为女子,不仅要刺绣自己的衣裳、嫁妆,还要制作荷包、汗巾等绣品,以便出嫁时送给男方的亲友。因此,绣花也就成为衡量女子是否心灵手巧的一个重要标准。在刺绣针法上,刺绣主要用斜针、平针、散针绣和打子绣、套扣绣、盘金绣等多种针法。

上身穿的衣服,有褂、衫、袄、袍等;所谓"下衣",指的是下体所穿的衣服,有裤、裙、袜、衩等。此外,还有帽子、头巾、鞋袜等。

饰物主要是首饰。首饰指的是头、颈、手上的饰物。具体种类有项链、颈钳、玉坠、耳环、吊环、簪子、梳子、项圈、手镯、钏、戒指、银帽、银花等。这些首饰,有的用白银铸造,有的用黄金或黄铜铸造,有的是珠子的,有的是玉、石的,有的是塑料、玻璃的,有的是仿材料的。

婚礼服饰、丧葬服饰和儿童服饰、节日服饰都赋予了文化含义。如定亲彩礼中少不了龙凤手镯、戒指、簪子等饰品和几身几套的服装料子,回礼中要有手帕和女婿的衣服、皮带以及鞋袜、女红等。传统女子婚服,指一直到解放以前还在时兴的、民族风格鲜明的服装,主要有凤冠霞帔、红袄衫裙、绣鞋、盖头等。

民间通过给儿童戴饰物来祈求长命,旧时最常见的是挂长命锁。长命锁也叫"百家锁"。民间取锁的双关义"锁住孩子,不让跑掉(夭折)",以为给小孩挂长命锁可以压惊辟邪、驱鬼禳灾、祈福祷寿,故不论贫贱富贵,都要为孩子配上一副长命锁。旧时这种做法很流行,根据家庭经济状况,可分为金锁、银锁、铜锁、铁锁或镀铜、镀金、镀银几种。百,取"圆满、完全、百岁"之意,为的是用百家福寿锁住小儿的生命。早先的长命锁多为银制,呈旧式锁状,一般正面镌刻着"长命富贵""长命百岁"等字样,背面镌刻着麒麟图案,表示"麒麟送子",也有镌刻"龙""虎""寿"等字样的。有的家庭太贫穷,干脆不买实物,用乳名替代,给孩子起名叫"金锁""银锁""铜锁""玉锁""铁锁""大锁""锁住""小锁子"。

百家衣,也叫"和尚服",是婴儿常服的一种。在婴儿百日时,由亲朋好友敛百家布片拼缝在一起做成,故名百家衣。婴儿平时穿的上衣也是这种红布缝成的斜襟的、无领的、系带而不钉扣子的和尚服式。显然,这种风俗是与和尚有关系的。和尚大部分是因为从小灾病多,父母觉得不好养活,才交给佛门寄养的,他们吃百家饭,穿百家衣,得以成人。所以,民间认为如果穿他们的衣服,叫他们的名字,就相当于出了家,交给了佛门,鬼神邪魔再来加害时,就有佛法保护,尘世中就找不到他们的影子了。因此,百家衣成了男婴的护身衣。

4. 行旅与馆舍

行路,最宽大的道路是"官道"。能走大车的道路,俗称大车道、大道。公路也叫"马路""油漆路""大道""大路",铁路也叫"火车道""铁道";乡间小路俗称"道""小道""毛道";通过城镇的路,称为"街道",城市街道又有马路、大马路、大街等名称。

民间十分看重修桥建路,把它看成是积德行善的高尚行为。俗语"修桥补路积阴德",说的便是这个意思。旧时乡间河沟架桥、铺延路面,多由当地豪绅捐助,百姓以工代捐建成。现今的乡镇道路建设,也主要靠群众捐献,出义务工无偿修建、改造。

石杠,即在河中按脚步的距离放置大石块,是民间最原始的桥,称为"踩着石头过河"。此类桥多见于乡间村路之上,现已多被水泥石拱桥所替代。

过水桥,是低矮的石桥或用石头铺砌的路面,雨季,洪水由桥面漫过,又称"漫水桥""滚水桥"。

石板桥,以石墩放置石板于其上,俗称"石桥""石桥桥"。发券做成桥洞的,称为"洞子桥",发券的顶弧高出水面的,称为"罗锅桥"。

草桥,以木石为架,先铺草或枝蔓再垫上泥土做成的小桥,山区、湖区多见。

独木桥,"双桥好走,独木难行",但山区过沟、湖区过港汊多用此桥,一粗长木或木板搭在其间即成。马踏湖湖中居民,常架独木桥作为出入通道。

板桥,通体由木材架成的桥,古时即多见,抗战时期和解放战争时期多建板桥,如沂河之上临沂、沂水段都建有大型木板桥,其中沂水河木桥全长320米,共120孔。

板凳桥,是架在季节河上的临时桥梁,以板凳作为桥墩,上搭木板为桥面,装拆极为方便,一般在深秋洪水过后架设,初夏洪水到来之前拆下储存待来年使用。

浮桥,排船加铁索为桥,近年黄河上鄄城旧城镇、梁山蔡楼、惠民清河镇、济南泺口镇等处都有这样的浮桥。

航运的主要交通设施是码头、渡口和船闸。海港码头有客货码头和渔港码头之分。小的渔港码头随处可见,因地势不同称"口""旺""湾""嘴""角"等。

在乡间、城镇、平原、山地还常见到成群结队赶毛驴的"驮户",或驮客,或载货,络绎于途。载客的毛驴,鞍辔鲜明,被套整齐,驴头扎红布条,脖挂白铜响铃,跑起来叮当有声,轻快神气。专门载人的毛驴,被称为"走驴"或"响驴",也有人称之为"快驴子"。

手推独轮车,是一种带一个轮子单人前推的运输工具,也叫车子、小车、小车子、拥车子、小推车。旧时手推车的车轮(俗称"车脚子")是用坚硬的枣木、杏木或槐木制作的。车轴、车耳多用耐磨细滑的柿子木(车轴也有用楠木)制成,轴碗里涂以松香,载重推转起来,轴耳相互摩擦,发出强烈的"吱吱"的声音,晨昏人静时,其声可闻数里。在没有现代运输工具的情况下,手推车对农家生活、农业生产、大规模的战争中的辎重运输,起过举足轻重的作用。

大车属于畜力运输工具,俗称"车",是农用、旅行兼用的铁木结构的双轮畜拉车。本是农用的畜拉车,作为旅行车时,往往于车上临时再搭席棚或布棚。拉车的牲口可以是马、骡,也可用牛、驴。

轿子俗称"轿",本是封建社会官府专用的交通工具,清代官吏还按品级分四抬、八抬,并配以"肃静""回避"等掌扇执事牌,民间也流传着拦轿、轿前喊冤的悲壮故事。后来这种轿子在民间渐渐被用于婚丧之事,并逐渐演变为"太太""小姐"

的专乘。一般人家婚嫁,均用"花轿"。花轿以大红为吉色,大红轿衣满身刺绣,饰以黄、金、银、绿、紫、蓝等颜色的重珠、缨穗,光芒闪耀,五彩缤纷。新娘置身轿中,俨然"金屋藏娇",既华贵又神秘。花轿姗姗于途,鼓乐声喧,成为女子一生中最耀眼的一次喜庆仪式。

水上交通工具是船只,海上、河里、湖区的船只各不相同。海上的船只,木帆船时代客、货船都用"大风船""排子"。大船不能靠码头时,用舢板接上接下。轮船俗称"火轮船"。旧时行船皆有号子相伴,有"起锚号""摇橹号""拉篷号""撑篙号""行号""呀哟号""太平号""打冲号""拉纤号""绞缆号""老号""拔棹号"等20余种。

旧时旅店有两种,一是车马店,一是家庭店。车马店,也称"马车店""大车店""骡马站""客栈",都是独资或合资的民营店铺,一般无车马等运输工具,个别经营范围大的,备有大车、院场、马棚、草料。其营业范围包括代理销售、代揽回货、代雇运输工具等。大型店兼营旅馆接待过往贸易客商。家庭店有沿路开设的,多为夫妻二人操作,故又称"夫妻店",其中不备被褥等卧具,只代客热饭,是一种简陋小店,叫"鸡毛站"。家庭店在城镇开设的,叫旅馆,有的以姓名之,如刘家店、毛家铺、李二旅馆,有的以美名称之,如客来顺、平安旅馆,主营住宿业务。其中有些旅馆兼营饮食,往往住店与吃饭合并收费,叫"起伙店"。

信,书名叫"尺牍",在纸张发明之前,古人用竹木或帛,制成尺把长的版面,用以书写记事、叙情表意、传递消息,因此有尺素、尺函、尺牍、尺书等多种称谓。书信是应用性质的文体,分家书或社交往来信件两种。用来铺陈情事、嘘寒问暖、酬应唱和或叙旧论事、铭谢庆贺、馈赠借贷,作用很大。

以上这些衣食住行用的器品,均成为现下文化市场上的文化产品,也是历史文化博物,具有很高的文化商品价值。

第二节　我国古代文化产品的发展情况

一、旧石器时代的石器、制陶与编织

我国旧石器时代早期距今 200 万 ~ 10 万年,遗址分布在西南、黄土高原、华北地区、黄河中游,以渭河和汾河流域最为集中。当时制作石器的技术已经比较成熟,人类会制造各类工具,能控制和管理火,猎取鹿、野马等大型动物,采集植物的果实、块茎等。北京人遗址最为突出,不仅出现了一批比较稳定的石器,还出现了较先进的雕刻器、石锥。我国现已发现200多处旧石器时代的人类化石和遗物。

旧石器时代人类的文化成就主要有三个方面:一是石器工具的制作与使用,它是区分人与动物的最主要依据;二是用火,用火是人类进化过程中的一个里程碑;三是原始艺术的产生,如岩画、石刻和雕刻品。

我国旧石器时代中期的代表是丁村文化。后期文化分布范围扩大,几乎遍布黄土高原,在蒙古高原和华北平原的发现也日益增多,还延伸到黑龙江、嫩江、青藏高原、华南地区、台湾。有的以大型石器为特征,有的以小型石器为特征。石器工艺进步,出现了典型的细石器文化;器型多样化,拥有各种各样的刮削器、尖状器、雕刻器、锥、锯等,个别还出现箭头、复合工具;掌握了骨、角材料的特性,采用锯、切、削、磨、钻等专门工艺精心制作了骨针、鱼叉、骨锥、骨刀、角铲等;装饰品的出现,反映了当时先进的工艺水平和日益丰富的精神生活。

母系社会是按母系计算世系血统和继承财产的氏族制度,是氏族社会的第一阶段。在母系氏族制后期,也就是新石器早期,打制工具有较大改进,并发明了弓箭。生产部门主要从事采集和狩猎。人们学会缝制兽皮衣服,产生了原始的审美观念和宗教。同时,出现了族外婚,形成以一个老祖母为核心的氏族制。血缘关系是维系氏族成员的纽带,同一个氏族内成员互相保护,并按性别和年龄进行分工。青壮年男子担任狩猎、捕鱼和防御野兽等任务;女性担任采集食物、烧烤食品、缝制衣服、养育老幼等繁重任务;老人和小孩从事辅助性的劳动。

古代有些姓氏来源于图腾,并从女字。如简狄吞玄鸟之卵而生契(商朝祖先),今天仍有人称鸡卵为"鸡子",商人以子为姓。姜嫄履巨人迹而生周朝祖先弃,周人以姬(迹)为姓。秦人祖先女修吞玄鸟之卵而生大业,为嬴氏。这是他们的母系与某种图腾的结合而生人类的见证,是其无父无夫的反映。古老的姓氏中,如姜、姚、妫、姞、安、晏、娄、嫪、妘等,多从女字旁,而姓本身是由女、生组成,这是姓氏从女、世系按母系血缘计算的反映。

在原始的生产分工中,男子从事渔猎活动,妇女从事采集活动,采集活动比渔猎活动的收获稳定,可供氏族成员糊口度日。妇女在长期的采集活动中,发现了植物生长成熟的条件,经过反复实践、反复认识,对作物生长的规律有了认识,终于发现了农业。在北方,从狗尾草中培养出了谷子,在南方,从野生稻中培植成了稻子,时间在六七千年前,形成了刀耕火种的锄耕农业。农业的发展,也带来了动物的驯养,逐渐驯养出了狗、马、牛、羊、鸡、猪等牲畜,出现了畜牧业。同时,出现了制陶业、编织等,这些活动主要由妇女从事,而男子还在很大程度上保留在渔猎生产中,参加农业、畜牧业活动不多。农业、畜牧业,再加上古老的采集活动,就使妇女成为生活资料的主要寻求者和加工者。同时,妇女还是管理住所、保护火种、抚育子女、制陶、纺织和缝纫等工作的承担者,这些活动与男子的渔猎生产活动比较起来,既稳定又重要,领域也宽广,从而奠定了妇女在整个社会经济活动中的主导地位。

二、新石器时代的玉器、陶器与骨器

从距今约 10000 年的时间开始,我国的大部分地区陆续进入新石器时代。磨制石器的使用、陶器制造的开始、农业的出现、居民村落的普及、氏族制度的形成,是这个时代的主要标志。新石器时代延续了五六千年左右的时间,到距今 4000 年左右结束。

这是人类由蒙昧走向文明的过渡阶段。在我国境内,迄今共发现新石器时代文化遗迹 7000 多处,正式发掘的有 1000 多处,主要的文化遗迹遍布于黄河流域、长江流域、东南地区、西南地区、北方地区等几个大的区域。新石器时代的主要早期文化遗存有裴李岗文化、老官台文化、兴隆洼文化、彭头山文化;主要中期文化遗存有仰韶文化、大汶口文化、红山文化、河姆渡文化;主要晚期文化遗存有龙山文化、齐家文化、良渚文化、石峡文化。

从约公元前 6000 年起,黄河中游已形成较发达的粟作农业文化。仰韶文化是距今 5000～7000 年的中国新石器时代的一种彩陶文化,1921 年首次在河南省三门峡市渑池县仰韶村发现。仰韶时期的人们过着定居生活,拥有一定规模和布局的村落;原始农业为主要经济形式,同时兼营畜牧、渔猎和采集;主要的生产工具是磨制石器;生活用具主要是陶器;埋葬制度已经初步形成。

1971 年 5 月,内蒙古赤峰市翁牛特旗三星他拉村在北山植树时,意外掘出一件大型碧玉雕龙。从此,人们开始意识到,中国玉雕艺术的源头可能发生在红山文化时代的西辽河流域。红山文化处于母系氏族社会的全盛时期,经济形态以农业为主,兼以牧、渔、猎并存,细石器工具发达,还有磨制和打制的双孔石刀、石耜、有肩石锄、石磨盘、石磨棒和石镞等。玉雕工艺水平较高,玉器有猪龙形缶、玉龟、玉鸟、兽形玉、勾云形玉佩、箍形器、棒形玉等。玉器制作为磨制加工而成,表面光滑,晶莹明亮,造型生动别致,多猪、龟、鸟、蝉、鱼等动物形象,极具神韵,发展中具

备了专业化、系统化、规范化。到目前为止,红山文化的玉器已出土近百件之多,其中出土自内蒙古赤峰红山的大型碧玉 C 型龙,周身卷曲,吻部高昂,毛发飘举,极富动感。还发现相当多的冶铜用坩埚残片,说明当时冶铜业已经产生。红山文化陶器以压印和篦点的"之"字形纹和彩陶为特色,种类有罐、盆、瓮、无底筒形器等。彩陶多为泥质,以红陶黑彩见长,花纹十分丰富,造型生动朴实。

大汶口文化是新石器时代后期父系氏族社会的典型文化形态,因首先发现于大汶口而得名。以泰山地区为中心,东起黄海之滨,西到鲁西平原东部,北至渤海南岸,南及今安徽的淮北一带;河南省也有少部分这类遗存的发现。大汶口文化出现了夫妻合葬和夫妻带小孩的合葬,它标志着只知其母不知其父的母系社会的结束,开始或已经进入了父系氏族社会。其陶器有泥质、加砂陶,早期以红陶为主,晚期灰、黑比例上升,并出现白陶、蛋壳陶。手制为主,晚期发展为轮制陶器,烧成温度 900～1000℃。器型有鼎、鬶、盉、豆、尊、单耳杯、觚形杯、高领罐、背水壶等。许多陶器表面膜光,纹饰有划纹、弦纹、篮纹、圆圈纹、三角印纹、镂孔等。彩陶较少但富有特色,彩色有红、黑、白三种,纹样有圈点、几何、花叶等,故也被称为"黑陶文化"。

长江下游的新石器时代较早的文化有河姆渡文化,范围在杭州湾和舟山群岛一带,骨器制作比较进步,有耜、鱼镖、镞、哨、匕、锥、锯形器等器物,一些有柄骨匕、骨笄上雕刻花纹或双头连体鸟纹图案,精美绝伦。并发现了大量人工栽培的稻谷,河姆渡可能是中国乃至世界稻作文化的最早发源地。艺术品中最为人称道的是"双鸟朝阳"纹象牙雕刻件,该器长 16 厘米,宽 5.9 厘米,厚约 1 厘米,形似鸟窝。器物正中阴刻 5 个同心圆,外圆上部刻火焰纹,两侧各有一只圆目利喙的鸷鸟相对而视,象征对生命、生殖的崇拜。

马家滨文化稍后一些,主要分布于太湖流域。石器的磨制技术较高,器类以锛为主,体型较厚。有孔石斧大都呈舌形,体型也较厚。还发现有铲、喇叭形器等木器。陶器有夹砂陶和泥质陶两种,均为手制。一般陶色不甚纯正。器表以素面的为多,纹饰有堆纹、弦纹、镂孔、圆窝纹、刻点纹、绳纹、篮纹等。还出土有陶质炉、算、三足壶形器等其他文化所未见的器物。大都火候不高,陶质较软,制陶技术还处于较低的阶段。

在草鞋山遗址发现了公元前 4000 多年的 3 块残布片,花纹有山形斜纹和菱形斜纹,组织结构属绞纱罗纹,嵌入绕环斜纹,还有罗纹边组织。这是中国目前最早的纺织品实物。

这些器物都是生活必需品,但是,都体现了人们的文化意识和审美观念。由此看来,早期产品商品化之始就包含了两个方面的内容,即物质产品商品化和艺术产品商品化。

这个时期,人类的体质与思维能力有了进步,集团内部语言有了发展,某些禁忌和规范已经形成。人们以集体的力量和简陋的工具与自然界进行斗争时,一方面逐步认识到人们的生产活动与某些自然现象的联系;另一方面又受着自然界的沉重压迫,对自然界的千姿百态、千变万化不能正确地理解。于是,恐惧与希望交织在一起,对许多自然现象做出歪曲的、颠倒的反映,把自然现象神化,原始宗教从而产生。万物有灵即多神崇拜,是显著特征。这种原始思维,也在器物的形状与文饰上有所反映,使其更具文化的品质。

三、三皇五帝时代的各种文化起源传说

随着生产的发展,产品出现了剩余,集体劳动逐渐被个体劳动所取代,由此产生了私有制,随之也出现了阶级、国家,原始社会解体后进入了奴隶社会。4000 年前人类学会了制造青铜,进入了青铜时代。3000 年前,随着铁器的使用,人类进入铁器时代。

所谓传说时代,主要指传说中的三皇五帝时代。三皇的说法有许多种,一说为伏羲、女娲、神农;一说为伏羲、神农、燧人;一说为轩辕、神农、赫胥;一说为伏羲、神农、祝融;等等。有盘古开天辟地、女娲补天造人的神话,有燧人发明钻燧取火、神农开创农业及医药、伏羲教民渔猎畜牧创造八卦文字的传说。三皇之后的首领,黄帝、颛顼、帝喾、尧、舜为五帝。传说颛顼设立了官吏,使各司其职,避免了社会的混乱,说明国家权力和国家机构已处于萌芽之中。帝喾又称高辛氏,据说能观测天象并根据日月星的四时运行规律来安排农业生产,使百姓安居乐业。尧所属的部落是传说中的陶唐氏,因此称为唐尧。继尧而为部落联盟首领的舜,出自一个叫有虞氏的古老氏族,所以又称虞舜。五帝时期,古黄河水患严重,大禹以疏导之法成功治水,被推为王。他们都被战国秦汉时人视为华夏族远古时期有所发明创造、有功于文明进步的英雄人物。

中国在传说中的神农、黄帝时代出现世袭的专职巫。巫是能以舞降神的人。古人认为,巫能够与鬼神相沟通,能调动鬼神之力为人消灾致富,如降神、预言、祈雨、医病等,久而久之成为古代社会生活中一种不可缺少的职业。

战争与融合的传说,最为激荡。传说当时在以黄河流域为中心的广大地区,

散居着众多的氏族部落。在黄河中上游的关中平原和河东盆地一带,有姬姓的黄帝部落和姜姓的炎帝部落,他们世世通婚,结成部落联盟,称为"华夏"或"诸夏"。在黄河下游的山东、河南东部到江苏北部一带,生活着以风、嬴、偃诸姓为主体的夷人部落群。其中属于风姓的太昊都陈(今河南淮阳),蛇首人身,以龙为官名,可能是属于龙图腾的部落;属于嬴姓的少昊都奄(今山东曲阜),以鸟为官名,可能是鸟图腾的部落。据说夷人分为九支,称"九夷"或"九黎",他们有过一个著名的首领叫蚩尤。另外在陇西有被称为"诸戎"的部落群,北方和西北地区居住着"群翟"部落群,南方有被称为"三苗"和"苗蛮"的部落群。他们之间保持着密切的联系,也经常发生战争和冲突。以黄帝、炎帝为首的部落不断向东发展,而东方的夷人部落则向西拓进,双方发生了一系列冲突和战争。传说黄帝与蚩尤大战于"涿鹿之野",最终蚩尤战败被杀,东方的夷人也归顺了黄帝。后来炎帝想与黄帝争夺中原盟主地位,于是炎、黄之间又展开了军事冲突,在阪泉经过三次大战,黄帝取得了胜利,成为诸华夏的首领。

尧舜时期,按军事民主制的传统,部落联盟最高军事首领,必须通过一定的民主形式,由众多的部落首领共同推举,得到氏族成员的承认,才能确立,这就是我国古代一度相当盛行的民主选举首领的禅让制。据古文献记载,尧为部落联盟首领,年老时,选择舜为继承人,四岳十二牧会议同意,尧传位给舜。

各种文化起源的传说也很多。传说仓颉为黄帝的史臣,黄帝命令他造出文字,使天下人有文字记载当时的大事和道理。仓颉为了造字,上观天空星星之变,下察地上龟迹鸟羽及山川之形,终于创造出象形文字。

四、夏商周三代的巫师、百工与傩舞

夏商周文化最大的特色即为宗法制度。宗法制度的标志为嫡长子继承制、土地分封制与严格的宗庙祭祀制度。在宗法制度下,"礼仪"对每个氏族成员有极大的强制性和约束力,规定了地位的高下。"国"与"天下"是以"家"做原型扩大的,天下只有一个共主。

商周时代人们认为灵魂不死,人死后的灵魂依然继续关心影响人世之事,这导致占卜的流行。而是否能够得到鬼神的保护在于祭祀典礼是否恰当。商朝卜问的工具多为龟甲或骨头,而周人卜问的工具已经转为由阴阳符号组成的八卦及扩充而来的64卦表示吉凶。到了西周晚期,统治者与士人已对天命产生怀疑。士人逐渐看重"民心",而获取民心就要施行"德政",这后来就成为儒家主张"德

治"的依据。

因为青铜器和玉器是商周时代的礼器,故中国的青铜冶炼技术在商周时期达到了一个先进成熟的阶段。"物勒工名",说的是器物的制造实行了生产的责任制,生产出来的产品由生产者本人或督造者的机构、司造的各级官吏标上自己的铭记。

周代手工业种类增加,分类更细致,因此有"百工"之说。

商周时期发展成熟的阴阳五行学说也成为中国最早对自然现象的归纳方法。五行八卦学说更成为中国人的思维模式之一。商代已经有专司天文的人员,并在夏代天干记日的基础上发展出干支记日法。周代发明了圭表测影的方法后更确定了部分节气与十二时辰。

在数学方面,商代已开始使用十进位制,术数为"士"的必修科目。

夏商西周时期,手工业的最高职官,文献上称为司空。中下层巫师中除了分离出专门的科学家、哲人、官吏以外,很多人地位迅速下降,成为专门的艺人。

在西周还出现了玉器买卖的中介人。

《尚书》是我国历史上最早的一部庞大而系统的典籍,其中《尧典》记述了狩猎的舞蹈场面:有人敲打着石头掌握节奏,有人披着兽皮翩翩起舞。这可能是打猎之前的祈祷仪式,也可能是打猎归来后的庆祝活动。后来许多农事活动被搬演成舞蹈。《吕氏春秋·古乐篇》中记载,在葛天氏部落里,三个人手执牦牛尾,一边踏着节拍起舞,一边唱着八段曲子,颂天地,敬鬼神,祭祖先,祝愿人丁兴旺、草木茂盛、五谷丰登、牲畜满圈。除此之外,酬神还愿、驱鬼逐疫跳傩舞,求雨跳雩舞,男女欢爱跳万舞。《诗经》中的许多诗篇就是歌舞场面的记载。

"傩"是一种驱鬼除疫活动,"傩"是由原始宗教——巫文化发展而来的。远古先民处在恶劣的生存环境中,生产能力低下,生命受到威胁,难免会产生出自然崇拜、图腾崇拜、祖先崇拜等泛神论,以调和阴阳、祈福避灾、保护自身,有利于生存和发展。"傩"的功能就在于通过祭祀、驱鬼活动,达到现实功利性的满足与趋吉避凶心理的平衡。

五、秦汉时期的俳优、雕塑与书肆

1.优人表演盛行

优人也叫优子,是古代以乐舞、戏谑为业的艺人。许慎《说文解字》:"俳,戏也。""优,饶也……一曰倡也。"段玉裁注:"以其言戏之,谓之俳;以其音乐言,谓之倡,亦谓之优;其实一物也。"《韩非子·难三》有言:"俳优侏儒,固人主之所与燕也。"由此可见,春秋战国时期已经出现这些艺术表演者。他们以科诨为特色,包容音乐、戏剧、歌舞等成分的表演艺人;只有男性,无女性;社会地位低下,常常被与侏儒、狎徒相提并论,甚至被看成"亵狎"之人。他们有的献艺于王者前,有的服务于军队,更多的是游走于民间。司马迁《滑稽列传》就记载了优孟、优旃、郭舍人的故事。

汉代人的生活中离不开百戏、角抵、杂技表演,他们的墓室里也有不少俳优陶俑。陶俑俳优一般都是袒胸露背,大腹便便,腹大如鼓,四肢张扬,乐不可支,著名的有四川资阳出土的吹笙俑、成都天回山出土的伴唱俑与坐式说唱俑、郫县宋家林出土的立式说唱俑等。俳优的表演往往在汉代百戏的杂技中做穿插用,就像现代杂技中的小丑,俳优和杂技演员互相配合,有时还编排出一些简单的情节来。

秦汉时代,宫廷盛行蓄养俳优之风。据刘向《说苑·反质篇》记载,秦始皇统一天下后,修离宫数百所,倡优成千。《史记·滑稽列传》:"优旃者,秦倡侏儒也。善为笑言,然合于道。"这里的优旃是秦始皇时代宫中的名优。据《汉书·徐乐传》记载,汉代乐舞百戏受到中央王朝的重视,汉武帝时,"俳优侏儒之笑,不乏于前"。据东汉桓谭《新论》:"昔成帝时,余好为乐府令,凡所典倡优伎乐,盖且千人。"

达官贵戚畜养俳优也风气炽盛。宗室刘去"数置酒,令倡俳裸戏笑中,以为乐"①。东汉时,大将军梁冀生活奢靡,与诸子弟相随游猎诸苑中,纵酒倡乐。而民间,地主豪强巨富商贾畜养俳优更十分盛行。达官显宦庭扣钟磬,堂无琴瑟,于厅堂帷幄之下,华筵盛张,艺人歌舞声容,为他们宴饮助兴。《乐府诗集》中,《公莫舞》《巾舞歌》《公无渡河曲》又叫《箜篌引》,《公无渡河》的详细记载,足以说明,围绕着长巾作舞,汉代文艺家曾将其创作为巾舞歌、相和曲。而巾舞在其间,各占比重不同。由于是瑟调,它比较侧重表现汉代妇女柔顺委婉的性格。

特别是一批东汉晚期的画像石、画像砖的出土,更加佐证了这些歌舞相和的生活情境。这些石砖,以丰富多彩的写实风格和夸张技巧,表现了这一时期舞乐百戏的情景,使我们形象地了解到墓主生前的享乐和豪奢。

2.雕塑产业兴盛

汉代民间雕塑产业是随着厚葬之风发展的。西汉和东汉的雕塑作品,主要包括石刻、玉雕、陶塑、木雕和铸铜等。当时,雕塑艺术应用范围非常广泛,表现技巧

---

① 《汉书·景十三王传》。

迅速提高。汉代雕塑艺术应用范围是十分广泛的,有大型纪念雕像,有园林装饰雕塑,各种丧葬明器、画像石、墓室雕刻以及各种石雕工艺品。各种形式的石刻建筑也是汉代首创。

原存陕西省长安县常家庄的牵牛石像和斗门镇内的织女石像,两者东西相隔约三千米。据《汉书·武帝纪》记载,它们是汉武帝元狩三年(公元前120年)在上林苑发谪吏穿昆明池时建立的,按左牵牛、右织女的格式,设置在昆明池东西两岸,故而又称汉昆明池石刻。

汉画像石,是汉代地下墓室、墓地祠堂、墓阙和庙阙等建筑上雕刻画像的建筑构石。所属建筑,绝大多数为丧葬礼制性建筑,还有一些则是石祠。如山东嘉祥武氏祠的画像、山东沂水鲍宅山凤凰刻石和河南南阳赵寨砖瓦场画像石墓的楼阁门阙图像、河南南阳东南唐河县汉郁平大尹冯君孺画像等。画像石所表现的内容极为广泛,凤飞龙翔、女娲伏羲、忠臣孝子、伏兵跃马、斗鸡走犬、跳丸弄剑、百灵嬉戏等场面靡不毕现,反映了汉人安邦乐居、其乐融融的社会生活,表现了气魄深沉雄大的大汉帝国风貌。

3. 书肆贸易

中国古代书籍的流传,最初是由人们辗转抄录,自抄自用;后来,有人抄书出卖,书籍开始成为商品。书籍的需求增多,就出现了以售书为业的书店。西汉著名文学家扬雄所著的《法言·吾子》中说:"好书而不要诸仲尼,书肆也。"古人称书店为"书肆",可见两千年前中国就已有了书籍贸易,出现了书籍发行的萌芽。说得比《法言》更具体的,是《后汉书·王充传》:"(王充)家贫无书,常游洛阳市肆,阅所卖书,一见辄能诵记,遂博通众流百家之言。"这一记载说明当时城市里的书摊已很普遍,书籍品种已有不少。

有了书店,就要有可供出售的书籍,于是就出现了以抄书为业的人。魏晋南北朝时,抄写宗教经典的人很多,称为"经生"。唐朝著作中也有雇人抄书出售的记载。

六、魏晋南北朝的园林、书法与佛教艺术

魏晋南北朝是中国历史上政权更迭最频繁的时期。长期的封建割据和连绵不断的战争,使这一时期文化的发展受到特别严重的影响。其突出表现是玄学的兴起、佛教的勃兴及波斯、希腊文化的进入。在从魏至隋的300余年间,在30余个大小王朝交替兴灭过程中,上述诸多新的文化因素互相影响,交相渗透。在经济

发展方面,江南迅速开发,中原发展相对缓慢,南北经济开始趋于平衡。文化方面,科学技术成就突出,如祖冲之的圆周率的计算、郦道元的《水经》等;佛儒道三教开始出现合流的迹象,文学、绘画、石窟艺术等都打上了佛教的烙印。

1. 私家园林

从魏晋开始,南北朝的园林艺术向自然山水园发展,以山水为骨干是园林的基础。构山要重岩覆岭,深溪洞壑,崎岖山路,涧道盘纡,合乎山的自然形势。山上要有高林巨树、悬葛垂萝,使山林生色。叠石构山要有石洞,能潜行数百步,好似进入天然的石灰岩洞一般。同时又经构楼馆,列于上下,半山有亭,便于憩息;山顶有楼,远近皆见,跨水为阁,流水成景。豪富们纷纷建造私家园林,把自然式风景山水缩写于自己的私家园林中,如西晋石崇的"金谷园"就是当时著名的私家园林。①

2. 书法绘画艺术

书法艺术大放光彩。东汉末年,书法成为一种艺术。著名学者蔡邕是当时有名的书法家;曹魏时的钟繇开始把字体由隶书转化为楷书,这是汉字书法的一种进步;东晋大书法家王羲之,世称"书圣",代表作有《兰亭序》《黄庭经》等;其子王献之书法造诣也极高,与王羲之合称"二王";东晋女书法家卫铄,世称"卫夫人",她师从钟繇,得其真传,王羲之曾随卫夫人学习书法;王羲之之妻郗璿,也是一位书法家。因北魏碑志艺术最有代表性,人们习称这种书体为魏碑,《龙门二十品》是魏碑书法艺术的精品。

魏晋南北朝时期,书法市场出现。如顾恺之的"展览收费",展览收费就是艺术市场的一种形式。

魏晋南北朝的绘画往往带有宗教色彩。三国时的曹不兴是我国佛像画的始祖。东晋顾恺之是这一时期最著名的画家,代表作有《女史箴图》《洛神赋图》等。

3. 石窟艺术

魏晋南北朝时期,佛教教义为穷苦百姓找到了一条精神解脱的道路,也适合统治者加强思想控制的需要,因而迅速传播。当时出现许多名僧,如法显等。法显的《佛国记》是研究中国与印度、巴基斯坦等国的交通和历史的重要史料。伴随佛教而来的西域、印度文化,在语言、艺术、天文、医学等许多方面对我国文化产生了积极影响。随着佛教的兴盛,石窟艺术发展辉煌。魏晋以后,因佛教广泛传播

---

① 私家园林,见"百度百科",http://baike.baidu.com/。

而修造的石窟寺遍布南北各地。山西大同的云冈石窟、河南洛阳的龙门石窟等，成为闻名世界的艺术宝库。

4. 音乐与舞蹈

音乐与舞蹈艺术方面，直接从西域引进了《龟兹乐》《疏勒乐》《康国乐》；异域传来的天竺乐、扶南乐、高丽乐等也很流行。舞蹈在这一时期带有明显的民族融合色彩，有名的舞是《大面》和《城舞》。《大面》又称《兰陵王入阵曲》，对后世戏剧的发展有一定影响。

七、唐代的诗歌、书画与雕版印刷

1. 诗歌市场

唐代是我国诗歌的鼎盛时期，诗歌市场的繁荣是多方面因素共同作用的结果：第一，社会各界对诗歌普遍喜好，涌现了一大批李白、杜甫这样的伟大诗人，为诗歌市场的繁荣创造了极其有利的条件。第二，在技术上，雕版印刷术的出现，利于诗歌作品的传播。第三，在文化上，唐代社会文化知识很为普及，有利于诗作在民间的广泛流传。第四，诗歌的发展与填词有很大关系，艺人作为投资品购买诗歌导致了诗歌的商品化，促进了诗歌的发展。

初唐有王勃《送杜少府之任蜀州》、杨炯《从军行》、卢照邻《长安古意》、骆宾王《在狱咏蝉》等，还有王昌龄的《从军行》以及陈子昂的《登幽州台歌》等。盛唐最为著名的诗人是李白，他的作品很多，且多为经典，如《蜀道难》《行路难》《将进酒》等；另一位当属杜甫，《兵车行》《茅屋为秋风所破歌》以及"三吏""三别"等均十分有名。这时期还有高适《燕歌行》、岑参《白雪歌送武判官归京》等。中唐有白居易《长恨歌》《琵琶行》，韦应物《滁州西涧》，刘禹锡《竹枝词》《杨柳枝词》《浪淘沙》，韩愈《八月十五夜赠张功曹》《山石》《调张籍》等。晚唐有李商隐《无题》，杜牧《过华清宫》《江南春》《赤壁》《泊秦淮》，温庭筠《商山早行》，韦庄的《古离别》等。

2. 雕版印刷

雕版印刷术发明后，有了印本书，正式的出版业也开始出现。唐代中叶以后，在今四川、江苏、浙江、安徽、陕西、河南等地，从事雕版印刷的民间出版业已很普遍。唐代末期，四川成都成为中国西部雕版印刷中心，刻书业非常兴盛，当时成都书店中出售的书籍，已大都是印本书。

用雕版印刷的书籍，最初只在民间流行，出版一些市民广泛需要的历日、韵书、歌曲、小学字书和佛教经文等。直到 10 世纪 30 年代,即五代后唐时,政府才正式采用雕版印刷儒家经书。公元 932～953 年,先后刻印了 12 种经书及《经典释文》等。这是中国历史上最早出现的由政府主办的出版事业,这些书是由当时国家的教育管理机关和最高学府国子监主持刻印的,后世称为"监本"。

3. 报纸

中国古代的报纸始于唐朝。最先问世的是唐朝政府发行的官报(内容是宫庭动态,读者是首都官吏)。《开元杂报》出版于唐玄宗开元年间,是已知的最早的一份官报。唐人孙樵所写的《读开元杂报》一文,是关于这份古代官报的最早记载。英国伦敦不列颠图书馆收藏的《敦煌邸报》(内容是通报归义军节度使的使臣到朝廷索要符节的经过情节),发行于唐僖宗光启三年(公元 887 年),1900 年在敦煌莫高窟被发现,是我国现存的最古老的报纸,也是世界现存的最古老的报纸。

4. 绘画

唐初,唐太宗在巩固政权的同时也十分注意文治建设。统治者颇注意利用绘画来为巩固政权服务,歌颂王朝的威德、表彰功臣勋将及一些重大的政治事件,已成为画家们创作的题材。阎立本在高祖武德九年(626 年)画的《秦府十八学士图》及后来所画的《永徽朝臣图》都是描绘当时的文臣谋士,贞观十七年(643 年)画的《凌烟阁功臣图》,更是继汉麒麟阁及云台画功臣后为表彰功臣勋将而进行的重要创作。阎立德画的《外国图》《职贡图》,阎立本画的《王会图》等,歌颂了唐王朝的强大及和边远民族政权的友好往来,阎立德的《文成公主降蕃图》及现存阎立本的《步辇图》更直接描绘了唐蕃盟好、文成公主入藏的重大历史事件。

高宗李治至玄宗李隆基统治时期,在政权昌盛、社会富庶的基础上,文化也出现了丰富多彩、百舸争流的局面。吴道子及其画派体现了佛教美术民族化的巨大成就,钱国养、殷季友、法明等人的肖像画,张萱、杨宁的绮罗人物画,陈闳、韦无忝、曹霸、韩幹的鞍马画,二李(李思训、李昭道父子)、卢鸿、郑虔等人的山水画,冯绍正、薛稷、姜皎等人的花鸟鹰鹤画等,都很出名。许多唐朝画作反映了当时帝王后妃们的游乐生活,如《明皇击梧桐图》《明皇纳凉图》《明皇按乐图》《明皇斗鸡射鸟图》《武惠妃舞图》《唐后行从图》等,从现存张萱的《虢国夫人游春图》《捣练图》中也可见其艺术风貌。

阎立本的名作《步辇图》,真实地记录了 1300 多年前汉族的文成公主和藏族的松赞干布联姻的重要历史事件。《江帆楼阁图》传为唐代画家李思训的手笔,是古代绘画中早期青绿山水画的代表作品。《送子天王图》,又名《释迦降生图》,描绘的是释迦降生后,他的父亲净饭王抱他去拜谒天神的情景,作者吴道子。《虢国夫人游春图》(虢国夫人是唐玄宗的宠妃杨玉环的三姐,生活奢侈豪华)作者是盛唐画家张萱,擅长人物画,尤工仕女、婴儿画。特别是其所画仕女,丰颐厚体的形象,开盛唐"曲眉丰颊"的画风。《牧马图》是中唐时期画马名家韩幹的作品,为小幅设色绢本画,其对人物与马匹神情气色的渲染,寓意着辽阔的原野风貌,充满着浓厚的生活气息,令人玩味不尽;这幅画成为我国古代早期画马图中的代表作品。被元代画家称为"稀世名笔"的《五牛图》,是唐代画牛名家韩滉的作品,它为纸本着色画卷,以传神之笔描绘了独立成章的五头牛,或缓步而行,或低头吃草,或踯躅而鸣,或回顾舐舌,或翘首而驰,从不同的角度表现了牛的生活形态和习性,造型生动,形貌真切,浑厚朴实。《簪花仕女图》是唐著名画家周昉描绘的五个宫廷贵族妇女在庭院中游乐的场面,周昉笔下的仕女形象,脸颊丰腴、圆润,浓丽丰肥。

隋文帝下诏修建寺院,宗教美术又重新活跃,并有大规模创作活动,长安、洛阳、江都等地寺庙都有名家手笔。敦煌莫高窟现有隋窟70余座,题材和风格都在进行新的探索。

壁画艺术在隋唐时达到极盛。当时宫殿、衙署、厅堂、寺观、石窟、墓室都有壁画装饰。唐代壁画继承了汉魏的传统又有巨大发展,壁画题材由图绘人物及佛道故事扩大到表现山水、花竹、禽兽等方面,内容及技巧上均大大超过前代。

大幅的经变画,特别是大量的西方净土变相,以巨大的场景画出楼台殿阁、七宝莲池、歌舞伎乐等一切美好的景物,是唐代繁荣富庶的社会经济的曲折反映。弥勒经变、法华经变、观音普门品等壁画画出了行旅、嫁娶、农耕、收获等大量生活场景,壁画中创造的佛、菩萨、弟子、天王等形象,凌空飞舞,栩栩如生。

5. 书法

唐太宗李世民喜好书法,倡导书学,并竭力推崇王羲之的书法,这对唐代书法的发展和繁荣起了重要的作用。历代盛称的唐初四家——欧阳询、虞世南、褚遂良与薛稷代表了初唐风格。这一时期的书法家还有钟绍京、陆柬之、王知敬与唐太宗。盛唐时期,书法风格雄浑肥厚,出现了张旭、怀素、颜真卿和柳公权等著名的书法家,他们分别在狂草和楷书方面开创了新的境界。篆书以李阳冰声名最大,隶书则有韩择木、蔡有邻、李潮、史惟则四家。名家还有徐浩、卢藏用、苏灵之、张从申等人。中唐柳公权《玄秘塔》《神策军》《蒙诏帖》《送梨帖跋》等,骨峻气遒。晚唐有杜牧、高闲、裴休等。

唐代书画市场有了新发展。唐代一些帝王对绘画锐意搜求,太宗、玄宗时屡派搜访书画使并接受民间献纳书画,御府所藏,颇具规模,贵族士大夫如司马窦瓒、薛稷、陈闳、韩愈、裴度、李德裕及张彦远的曾祖张嘉贞等也都富有收藏。李白、杜甫、白居易等诗中屡次涉及对书画的赞美,可见当时人们对绘画的浓厚兴趣。在技术方面,以质量轻、面积小、便于收藏和携带的纸和绢为底作画,有力地促进了画品所有权的让渡,有利于画品的市场化。画壁、画屏和画幛等具体物质形态的绘画作品兴起,相继进入市场。古画辗转售卖的现象也比比皆是,甚至出现了专业卖书画人。这就使得书画市场具有了更大的公开性和商业性,有着广泛社会需求的通俗画市场迅速发展,呈现繁荣景象。

6. 参军戏

唐代的歌舞参军戏有了大的发展。五胡十六国后赵石勒时,一个参军官员贪污,就令优人穿上官服,扮作参军,让别的优伶从旁戏弄,参军戏由此得名。参军戏内容以滑稽调笑为主。两个演员相互问答,以滑稽讽刺为主,在科白、动作之外还加进了歌唱及管弦伴奏。其中一个叫参军,即那被讽刺的对象,比较愚笨迟钝;戏弄参军的叫苍鹘,比较伶俐机敏。至晚唐,参军戏发展为多人演出,戏剧情节也比较复杂,除男性角色外,还有女性角色出场。参军戏对宋金杂剧的形成有着直接影响。

7. 话本

唐代也已经有了从事"说话"的人。说话就是讲故事,是一种说唱艺术。唐代元稹曾说过:"尝于新昌宅说'一枝花话',自寅至巳,犹未毕词也。"[①]说话也有话本。敦煌卷子写本就有唐代的说话话本,如《庐山远公话》《叶净能诗》《韩擒虎话本》。

八、宋代的印刷、书画与演艺

1. 宋代印刷出版很发达

宋统一中国后,教育文化发达,开封京城有太学和武学、律学、算学、医学、画学等专科学校,杭州城内乡校、家塾、书舍遍及里巷,福州"学校未尝虚里巷,城里人家半读书"。由于学生众多,自然需要课本与各种图书。

开宝四年(971年)政府派人到成都监雕《大藏经》,这部大书包括佛教经典1076部,5048卷,卷子装潢480函,共刻版13万块,历时13年,世称《开宝藏》。北

---

① 《全唐诗》卷405,《酬翰林白学士代书一百韵·注》。

宋初年,政府还组织编纂出版了四部著名的大书《太平御览》《册府元龟》《文苑英华》各1000卷,《太平广记》500卷。988～994年,政府又命国子监重行校刻"九经"和开雕《史记》等四史及《说文解字》等许多书籍。南宋政府在临安(今杭州)建都不久,就下令把各地方官署所刻书版集中到国子监继续印行,并新刻印了许多过去没有刻本的书籍。

宋代政府主办的出版业很兴盛,中央出版书籍的机构除国子监外,崇文院、秘书监、司天监和校正医书局等也都出版书籍。地方的出版机构很多,各官署、州学、军学、郡学、县学和书院等都出版书籍。国子监出版的书籍允许民间出版业租版印行,但要缴纳"赁版钱"。地方租版印造的书籍,还规定必须在书前印明工料费和赁版费,以防书商随意抬高书价。对于民间出版的书籍,也采取了保护版权的措施,经出版者向政府申请即可得到保护。如发现有他人翻版,就"追版劈毁,断罪施行"。有的宋版书上刻有"已申上司,不许复版"等字样的"牌记",可以说是书籍"版权页"的起源。

宋代的民营出版业发展迅速,刻书地点几乎遍及全国。汴京东京开封府是北宋政治经济文化中心,出版机构有国子监、崇文院、秘书监、国史院、进奏院、刑部、大理寺、编敕所等。

杭州。宋代的藏书家叶梦得云:"天下印书以杭州为上,蜀本次之,福建最下。"因为杭州刻印精良,北宋有不少监本是交付杭州雕镂的。南宋建都后有国子监、德寿殿、修内司、左廊司局、太医局、临安府及府学等处刻书,民间书坊出书也很多。

成都府。宋代初期在该地创刊第一部佛教大藏经《开宝大藏经》(又称《宋开宝刊蜀本大藏经》《开宝藏》)5048卷,为后来各种佛藏的祖本。始于开宝四年(971年),至太平兴国八年(983年)雕成13万块经版。

福州。北宋福州官员及和尚募缘在东禅寺等觉院开雕大藏版一副,名《崇宁藏》。开元禅寺又雕造《毗卢藏》,两藏各6000余卷,现仅存少数零本。政和四年(1114年)黄裳又奏请在闽县报恩光孝观建《飞天法藏》,共540函,5481卷,赐名《政和万寿道藏》,以镂版进于东京(今河南开封)。福州一地刻了两部《佛藏》,一部《道藏》,成为佛道经典出版中心。

湖州。致仕官员王永从兄弟捐舍家财开雕湖州思溪园觉禅院大藏经5480卷,至南宋绍兴二年(1132年)基本刻完,其版片在淳祐以后移藏于资福禅寺。又刊《唐书》及《五代史》,开雕年月不详,南宋淳熙二年(1175年)竣工,共5940卷。

嘉熙三年(1239年)安吉州(即湖州)思溪法宝资福禅寺刊佛经5940卷,清末杨守敬自日本购回一部(原缺600多卷),现藏北京图书馆。

平江府(今苏州)。除刻有唐代诗人李白、杜甫、白居易、韦应物等人的著名诗文集外,善男信女僧俗募缘,自绍定四年(1231年)起在陈湖碛砂延圣院设立经坊,开刊大藏经,称《碛砂藏》。

建宁。位于福建北部,自宋代至明代末期为出版中心之一,附属的建阳县之麻沙、崇化两坊,号为"图书之府",印本行销四方,远及高丽和日本。

此外,刻书较多者有严州(今建德),存约80种,称"严州本"。建康府(今南京)存有66种,书版约20000块。次为庆元府(今宁波),所刻称为"明州本";绍兴府刻称"越州本"。衢州、婺州(今金华)也是著名刻书处,盛行翻版。南宋时期的15路地方,几乎无处不刻书,连海南岛琼州,也刻了医书。

宋代刻本内容丰富,史有"十七史"及古史、宋人记当代的私史,地理书有总志及地方志数百种。子部除古代诸子外,又刊印《算经十书》、古农书等科技书。政府重视医药书籍,一再校正刊行中医经典著作,又颁布太宗《太平圣惠方》、徽宗《圣济总录》。士大夫如苏轼、沈括等,更喜欢把自己用过及家传良方刊行多至50种,小儿科、妇产科、针灸科、本草等书籍也一再刊行。集部如韩愈、柳宗元等人的诗文集有多种版本,《苏东坡集》有23种版。其他印刷品尚有称为"交子""会子""关子"的大量纸币;作为运销交易凭证的"茶盐引"及民间的印契、版画等。

2. 官报与小报

封建官报在宋朝有了较大的发展,当时称为"邸报""朝报""邸钞""进奏院状""状报","邸报"是其中最流行的称呼。"邸报"的发行机构是各地派驻首都的进奏院。"邸报"由门下省编定,给事中判报,通过进奏院的各地进奏官"报行天下"。"邸报"的内容主要是皇帝的诏书命令,皇帝的起居言行,封建政府的法令、公报,有关官吏任免赏罚的消息和大臣的章奏文报。"邸报"的新闻发布工作受到严密控制。宋朝的"定本"制度,即要求进奏院要把编好的样本送枢密院审查。宋朝的"邸报"大部分是手抄的,其中的小部分可能使用雕版印刷。

"小报"起始于北宋末年,流行于南宋,是一种非官方的报纸。"小报"的内容以"邸报"所不载的大臣章奏和官吏任免消息为主,也发表过一些要求抵御金兵入侵的议论。"小报"的发行人是一部分进奏官、中央部门的中下级官员和书肆的主人,它的印行受到当时政府的查禁。

3. 宋代绘画丰富多彩

宋代民间绘画、宫廷绘画、士大夫绘画各成体系,彼此间又互相影响、吸收、渗透,构成宋代绘画丰富多彩的面貌。

宋代由于手工业的发达,促成了雕版印刷的发展与普及,出现了汴京、临安、平阳、成都、建阳等雕版中心,不少书籍及佛经都附有版画插图,现存宋金雕印的弥勒像、陀罗尼经咒、《佛国禅师文殊指南图赞》《赵城藏》等,绘刻精美。

翰林图画院集中了社会上的优秀画家,体现了当时较高的水平,创作出如郭熙的《早春图》《关山春雪图》,张择端的《清明上河图》《西湖争标图》,王希孟的《千里江山图》,李唐的《采薇图》《万壑松风图》,马远的《踏歌图》《水图》等一大批成功的作品。

上层文人士大夫对绘画的收藏、品评和参与,提升了宋代绘画的层次。欧阳修、陈与义、苏轼等皆有画论,仲仁、扬无咎的墨梅,文同的竹,苏轼的古木怪石,米芾、米友仁父子的云山,赵孟坚的水仙等名骚一时,燕肃、晁补之、宋道、宋迪、蔡肇、张舜民等人的画也大有名气。

一批技艺精湛的职业画家,将作品作为商品在市场上出售,汴京及临安都有纸画行业。汴京大相国寺每月开放五次庙会,百货云集,其中就有售卖书籍和图画的摊店;南宋临安夜市也有细画扇面、梅竹扇面出售;汴京、临安等地的酒楼也以悬挂字画美化店堂,作为吸引顾客的手段。市民遇有喜庆宴会,所需要的屏风、画帐、书画陈设等都可以租赁。适应年节的需要,岁末时又有门神、钟馗等节令画售卖,为市甚盛。北宋时,汴京善画“照盆孩儿”的画家刘宗道,每创新稿必画出几百幅在市场一次售出,以防别人仿制;再如专画楼阁建筑的赵楼台、画婴儿的杜孩儿,也在汴京享有盛名。吴兴籍军人燕文贵常到汴京州桥一带卖画。山西绛州杨威,善画村田乐,每有汴京贩画商人买画,他即嘱其如到画院门前去卖,可得高价。

市场的发展还造就了一种特殊的中介人牙侩。牙侩,又叫牙人。绘画价格的决定因素由画家的声望、画家的生死、艺术水平、画幅面积、书画时尚、传世作品数、其他因素等所决定。

4. 宋代演艺业非常活跃

宋代出现了一种新型的属于市民自己的文化艺术中心,即“瓦子”,或称“瓦舍”。《梦粱录》中称:“瓦舍者,谓其来时瓦合,去时瓦散之意,易聚易散也。”瓦子要能起到城市商业、娱乐区的功能,就离不开艺术表演设施,这就是“勾栏”,即在集市瓦舍里设置的演出棚。

勾栏的建造形制借鉴了当时神庙戏台的一些特点,设立戏台和神楼,又考虑了对观众的安置建造全封闭的形制,四周围起,上面封顶,演出可以不受气候和时令的影响。在其内部,一面建有表演用的高出地面的戏台,戏台上设有乐床。其后是戏房,戏房通往戏台的通道称为"古门道"或"鬼门道",也就是上下场门,其他面则是从里往外逐层加高的观众席,叫腰棚。其中正对戏台而位置较高的看台又叫神楼。观众席里又有最上等的座位叫青龙头,位于靠近戏台左侧的下场门附近。勾栏实行商业化的演出方式,对外售票。它的出现标志着中国剧场的正式形成。倘若是因陋就简,当场卖艺,则被称为"作场";而一些高级的剧场,设有布棚,又被称为"看棚";倘若表演区域用栏杆隔起,向观众售票,又叫做"勾栏"。

勾栏采取临街作场的收钱方式,其卖艺的收费方式是多样的:第一,勾栏外有戏曲海报,指明艺人姓名、戏曲名目等情况,招徕生意。第二,勾栏入口处并无人收钱。第三,收钱在演艺当中进行。第四,赏钱有很大的随意性,但自愿入座特定席位者须首先纳赏。第五,由于勾栏观赏者大多为市民百姓,每次收的赏钱估计也不会很多。第六,勾栏演出完全是商业化的。

北宋以来,城市逐步发展起来,宋朝东京大街小巷纵横,店铺鳞次栉比,经营工商业及其他服务行业的人口众多,城市商业贸易繁荣,带来了文化消费的昌盛。散落在城市的一些科举不得意的读书人便为艺伎填词谱曲,甚至还亲自参加演出,使得宋杂剧的艺术性大大提高。

宋杂剧表演时分为三部分:首先表演的是"艳段",是杂剧开场前的加演部分,为了招揽观众就先来一段说唱文学。再有一部分,称为"杂扮",又名"杂旺""纽元子""技和",这是杂剧的中间或末尾部分与剧情无关的穿插部分,多以滑稽逗笑取胜,常兼之杂耍、杂技、幻术等,甚至为了吸引观众还分发糖果。而真正的戏剧部分才是正杂剧。杂剧内容大抵以故事世务为滑稽,本是鉴戒,或隐为谏诤。南宋吴自牧《武林旧事》载有官本杂剧剧名280个。如《急慢酸》,宋代市语称读书人为"酸",此杂剧讲的是性子急与性子慢的不同性格的两个读书人的故事。再如《眼药酸》,则是讲一个卖眼药的读书人的故事。

艺人由教坊来管理。教坊本是宋朝统治机构掌管娱乐活动的机构,专门训练一批艺人,或为官府的重大庆典活动服务,或为帝王公侯表演,以后随着城市功能越来越扩大,教坊的文娱活动也更多地向市民开放了。宋代的统治者很看不起艺人,将艺人与妓女们同等看待,将他们都统一交教坊管理。

5. 润笔费

古代人们用毛笔写字,但使用毛笔之前,通常会先用水泡一泡,把笔毛泡开、泡软,这样毛笔较容易吸收墨汁,写字时会感觉比较圆润,这叫"润笔"。后来"润笔"被泛指为请人家写文章、写字、作画的报酬。润笔之风至唐大盛,最出名的是韩愈,专为名公巨卿写碑铭,"一字之价,辇金如山";杜牧撰《韦丹江西遗爱碑》,得采绢三百匹。

宋代在中国历史上首次出现了成文的稿费制度,宋太宗为了奖励宫廷诗人,设专款作为润笔钱,并"降诏刻石于舍人院"。舍人院立石是中国最早的成文稿酬制度。宋代宫廷作文取润笔有几个特点:其一,须达到一定级别才有资格获得润笔物;其二,润笔标准化、成文化、公开化;其三,润笔均沾,并且较为丰厚。这种制度将商业制度首次正式引入宫禁,在当时官员俸禄微薄的情况下,客观地改善了宫廷文人的经济待遇,有力推动了民间文学市场和宫廷艺术经济的发展,促进了文化市场的发展。赵翼在《陔馀丛考》中说:宋代王寓在宣和七年(1125 年)八月二十一日,一晚上写了四道制文,宋徽宗给了他特优的酬劳,赏赐了不少堪称无价之宝的御用之物。

宋代文学家商业意识也很强,他们多主动索要润笔,即使是亲朋好友之间,也照样可以收取润笔,直至主动索要,甚至出现因为付得太少或不合意的纠纷。向文人墨客求取诗、词、赋、碑、铭、志、序、记、画等,酬谢他们的润资的形式很多,除了银两,还可以用粮食、物品、布帛来支付。

九、元代的南戏、杂剧与散曲

元代是我国戏剧发展成熟与辉煌的时期。元杂剧与宋元南戏都具有很高的艺术性,其产业化程度也达到了很高的水平。

1. 宋元南戏

南戏也叫戏文、南曲戏文、温州杂剧、永嘉杂剧,产生于浙江的温州以及福建的泉州、福州一带。这些地区地处东南沿海,在宋代都是工商业发达、城市经济繁荣的地区,如《梦粱录》载:"若商贾,止到台、温、泉、福买卖。"而且这些地区的民间表演技艺十分兴盛,如温州自隋唐以来就以"尚歌舞"著称,南宋陈淳在《上傅寺丞论淫戏书》中记载了福建漳州一带民间伎艺的流行情况,谓每"当秋收之后,优人互凑诸乡保作淫戏,号'乞冬'。群不逞少年,遂结集浮浪无赖数十辈,共相唱率,号曰'戏头',逐家聚敛财物,豢优人作戏,或弄傀儡。筑棚于民居丛萃之地,四通八达之郊,以广会观者。至市廛近地,四门之外,亦争为之,不顾忌"①。一本戏分为多出,《张协状元》有53出,《宦门子弟错立身》有14出。

作者全为一些穷困潦倒而流落民间的下层知识分子,他们大都为生计所迫而从事南戏的编撰活动。他们聚集在一些大中城市里,组织起一个个编剧团体,即书会。故当时把这些编撰南戏剧本的穷书生称为书会才人。如《张协状元》是由温州的九山书会编撰的,《宦门子弟错立身》和《小孙屠》都是由杭州的古杭书会编撰的。南戏现共有238个南戏剧目,现在全本流存的有《张协状元》《定宦门孔子弟错立身》《小孙屠》《荆钗记》《白兔记》《拜月亭》《杀狗记》《金钗记》《赵氏孤儿》《破窑记》《牧羊记》《东窗记》《黄孝子记》《苏秦衣锦还乡记》《冯京三元记》《琵琶记》等16种南戏。

2. 元杂剧

元代的剧坛,群星璀璨、名作如云。最初以大都(今北京)为中心,流行于北方。元灭南宋后,发展成为全国性的剧种。

元代杂剧业兴起,是有其原因的:一是元代城镇经济的相对繁荣,提供了物质条件和群众基础。二是蒙古贵族的兴趣偏好引导与俗文化的兴起。三是元代初年社会矛盾的尖锐和政治统治的宽松,从不同的侧面促成杂剧的兴盛。四是元代文人社会地位低下,促使大批文人投身于杂剧创作,形成大量专业编剧。五是大批著名演员的出现和表演艺术的提高。

元杂剧的剧本体制,绝大多数是由"四折一楔"构成。四折,是四个情节的段落,像做文章讲究起承转合一样。楔子的篇幅短小,通常放在第一折之前,类似于后来的"序幕"。元杂剧在艺术上是以歌唱为主、结合说白表演的形式。每一折由同一宫调的若干支曲子联成一个套曲。全套只押一个韵,由扮演男主角的正末或扮演女主角的正旦演唱。这种"一人主唱"可以极大地发挥歌唱艺术的特长,酣畅淋漓地塑造主要人物形象。念白部分受参军戏传统的影响,常常插科打诨,富于幽默趣味。将音乐结构与戏剧结构统一起来,表明元杂剧的艺术成熟和完善。

元代出现专业编剧群体。元蒙统治者废除科举制度,大批知识分子混迹于社会,与百姓、娼妓等底层在勾栏瓦舍打发光阴、寻求生路,成为书会才人,成为新兴剧种一批又一批的专业创作者。由于作家们长期生活于闾巷村坊,对现实有着深切了解和感受,创作出了大量反映现实生活苦难和爱情的优秀剧作,深受民众欢

---

① 明何乔远《闽书》引。

迎。

元曲第一家关汉卿长期"混迹"在勾栏妓院,在戏剧天地纵横驰骋,发挥着自己的心智和才能。他自称是"普天下郎君领袖,盖世界浪子班头",并形容自己犹如"蒸不烂、煮不熟、捶不扁、炒不爆、响当当一粒铜豌豆"。他写作勤奋,一生共著杂剧 67 部,今存 18 部,其中"旦本"戏 12 个。他那贴切现实、充满血肉之感的笔触,诉说着社会民众的困苦与无奈,也表现着民众的强烈反抗情感,使他成为当时的梨园领袖,在国际上与莎士比亚相提并论。他最脍炙人口的作品是《窦娥冤》,其他作品也一直畅演不衰,直到今天,仍被改编为各种剧种,活跃在现代舞台上。

最为经典的是《西厢记》,作者王实甫。他在唐代元稹的小说《莺莺传》和诸宫调的基础上,刻画了张生的热烈执著、莺莺的含蓄蕴藉、红娘的锋利俏皮,诠释了两情相悦的爱情。后人称《西厢记》"天下夺魁"。

元曲四大家还有白朴和马致远。白朴写的《梧桐雨》,描写了唐明皇、杨贵妃的爱情故事。马致远写的《汉宫秋》描写的是汉元帝、王昭君不幸的爱情故事,作品用凄婉的绝唱烘托了民族纷争中的社会景象;即使帝妃之情,也无不灌注着沉痛的政治感受和浓郁的故宫禾黍之悲,借助历史故事的铺陈,刻写自己的亡国之痛。纪君祥也因《赵氏孤儿》而传名古今中外,此剧取材于历史记载并加以虚构发展。春秋时期晋国奸臣屠岸贾诬陷赵盾,致使赵家 300 余口被诛杀。为保护赵氏根苗和晋国同龄的幼婴,草医程婴献出了亲生骨肉,原晋国大夫公孙杵臼抛却身家性命,守门将军拔剑自刎。20 年后,程婴把事情真相告诉了赵氏孤儿,孤儿把复仇的利剑刺向了血债累累的屠岸贾。此剧显现了民族百死不辞的复仇精神,隐含着怀恋亡灭的前朝(赵宋)、不满元蒙统治的民族意识。

3. 元代散曲

它产生于民间的俗谣俚曲,后来文人改编编写,名妓会制乐府、唱曲,将民间的歌曲大量修改、传唱。宋金之际,北方少数民族相继入主中原,他们带来的胡曲番乐与汉族地区原有的音乐相结合,孕育出一种新的乐曲,散曲便应运而生,后人将它们收集到《阳春白雪》《太平乐府》《乐府新声》《乐府群玉》《雍熙乐府》和《文湖州集词》等散曲选集和别集里。

散曲内容多为写景抒怀、男女恋情、叹世归隐、酬唱赠答,适合文化市场的需求。风格更是以俗为美,披阅散曲,俗语、蛮语(少数民族之语)、谑语(戏谑调侃之语)、嗑语(唠叨琐屑之语)、市语(行话、隐语、谜语)、方言常语比比皆是,使人一下子就沉浸到浓郁的生活氛围之中。

十、明代的刻书、书画与戏曲

在明代中叶以后,城市工业生产中产生了资本主义萌芽,出现了工场手工业的经营方式,即工场主雇佣较多的工匠,有细致的劳动分工,扩大了生产规模。如矿冶、纺织、制瓷等部门在江南地区的手工业工场,都有比较复杂的生产设备、手工机械设备,吸收了大量的雇佣劳动者,他们生产出来的商品数量很大。

1. 刻书业

明初,明洪武元年(1368 年)八月下令免除书籍税,使刻书业蓬勃发展。明嘉靖以后司礼监经厂有 1200 多人进行出版印刷。官、私刻书数量之大、品种之多,超越宋、元两代。当时两京 13 省无不刻书,尤其是在南京、北京、杭州、湖州、苏州、徽州和建宁。

南京国子监接收了元代杭州西湖书院所藏南宋国子监旧版百余种,又取地方所刻书版及监中新刻,共约 300 种。南京各部院衙门、应天府也各刻书,书坊多至百余家,号称“南监本”。杭州不少刻书的技术工人也随西湖书院的书版到了南京,南京即代替杭州成为当时全国最主要的出版中心。16 世纪中期,以南京为中心的江南一带大量出版插图本的小说、戏曲书籍。邻近的安徽徽州及福建建阳等传统雕版地区的熟练印刷工人,也纷纷来到南京。南京又成为木刻画彩色套印的中心。出版的繁荣促进了图书贸易的兴盛,当时南京的三山街和内桥一带,书坊林立,图书的销售量很大。

明代官刻本开始有内府刻本,由司礼监的宦官掌管。北京明代永乐十九年(1421 年)迁都北京。政府出版事业归太监司礼监经厂库掌握,先后刻有经书约 200 种,称“经厂本”。北京国子监所刻,多据南监为底本,约 90 种,重要者有《二十一史》等。礼部每三年刊行《登科录》与《会试录》,兵部刊历科《武举录》。钦天监每岁奏准印造《大统历日》,颁行国内外。官刻多为大字巨册,版式宽阔,行格疏朗,大黑双边,正文、小注断句处都加圈,用上好洁白棉纸和佳墨精印,装帧华美,但多校勘不精,错讹较多。明代中央政府各部门都刻书,钦天监、太医院也刻有本专业的图书。明代政府编纂的《永乐大典》是中国古代最大的类书。全书辑录古籍 7000～8000 种,22937 卷,约 3.7 亿字,手写本,装成 11095 册。

明代地方官刻本也很普遍。各省布政司、按察司、府县、儒学、书院、监运司等,都刻印了不少书籍。各藩王府也刻书,称为“藩府本”或“藩刻本”。藩府所刻的书,多以中央赏赐的宋元善本作为底本,加上他们具有优厚的物质条件,藩王本人也有一定的学识,因此所刻书中有不少为明代官刻本中的上品。以南昌宁王府与其子孙弋阳王府为最多,蜀藩次之。

湖州,以套印驰名,凌、闵两家共刻 144 种。苏州,多地主文人,藏书、刻书之风最盛。在万历(1573~1620)以前刻书 177 种,为全国各府之冠。书坊亦不少。常熟县著名藏书家、出版家毛晋,先后刊书版逾 10 万块,约 600 种。

徽州,自宋以来即为纸墨产地,明代私家及书坊刻书不少。

建宁,宋元时书坊多在建安县,明代多在建阳麻沙、崇化两处,书坊百余家,出书总数为全国之首。崇化有书市,每月以一、六日为集,客商贩者如织,为各省所无。

除翻刻古书外,又大量出版本朝人著作。明代初期有所谓"制书"(或称"颁降书"),以太祖自己编写的最多,最重要者有《大诰》三篇。为适应科举需要,又大量出版八股文章。永乐帝重视地方志,两次颁降修志凡例。明代地方志约有 1500种,现只存一半。明代人凡中一榜或戴过纱帽的必有一部刻稿,诗文别集约近6000 种。通俗文学《三国》《水浒》《西游记》等,为人民所喜爱,一再刊版。《琵琶记》有 70 余种版本。明代科技书、医药书出版亦多,又介绍了欧几里得《几何原本》、熊三拔《泰西水法》等西方科技书。南京有《洪武南藏》《永乐南藏》及其几次的补雕本。北京有《永乐北藏》与西藏文的《番藏》,杭州径山有线装本《嘉兴藏》,又有《正统道藏》。北京南堂出版了天主教会书。

明代书坊刻印的书,品种繁多,大多以供应人民大众日常所需的实用书为主,也翻刻了不少宋元旧书,唐宋人的文集出有新版;还出现一些专刻小说、戏曲的书籍铺。明代中后期,有些书坊将编辑、出版、发行合为一体,根据市场需要出版群众急需的图书,不仅增强了书坊本身的竞争力,也促进了出版事业的发展。

明末最大的出版业——常熟毛晋的汲古阁,聘请有学识的编辑(经部 13 人、史部 17 人)参加编校工作,还雇用 20 名专事印刷的工人。30 年间刻书约 600 多种,书版 10.9 万多页,校刻 3000 万字以上。有不少宋代刻本,靠汲古阁翻刻才得以流传下来。其所刻的书大部分有毛晋写的跋语,介绍书的作者、版本情况及优点,加上校勘精良,刻印精致,因此受到人们称誉,销行很广。

明代著名藏书家胡应麟在《少室山房笔丛》中谈到,明代的"刻书之地"有三:苏州、杭州和建阳;"聚书之地"有四:北京、南京、苏州和杭州。"刻书"和"聚书"之地不完全一致,说明明代已有些书店专营"聚书"发行而不兼营"刻书"出版,出版和发行已有了专业分工。

2. 明朝的官报

明朝的官报由通政司负责传发,清朝的官报由通政司和提塘官负责传发,官报的内容经常受到皇帝和当权大臣的控制。清朝末年,通过官书局等单位,创办了一批近代化的政府官报,其中主要的有《官书局报》《政治官报》等。16世纪中叶以后,明朝政府允许民间自设报房,在封建政府的监督下,编选一部分从内阁有关部门抄来的一部分邸报的稿件公开发售,这一类报房大多设在北京。它们所发行的报纸,通称"京报"。报房出版的"京报"有报头。崇祯十一年(1638年)以后,普遍使用活字印刷。出版和派送京报,从明朝中叶起,成为一项公开的职业。

3. 明代绘画

明代画派繁兴。在绘画的门类、题材方面,传统的人物画、山水画、花鸟画盛行,文人墨戏画的梅、兰、竹及杂画等也相当发达。民间绘画尤其是版画,至明末也呈现出繁盛局面。

朝廷征召的许多画家,皆隶属于内府管理,多授以锦衣卫武职。画史称他们为画院画家,实际上是宫廷画家,如商喜《明宣宗行乐图》、谢环《杏园雅集图》、倪端《聘庞图》、刘俊《雪夜访普图》等。

明代中期,随着工商业的发展,作为纺织业中心的苏州,逐渐成为江南富庶的大都市。经济的发达促进了文化的繁荣,一时人文荟萃,名家辈出,文人名士经常雅集宴饮,诗文唱和,很多优游山林的文人士大夫也以画自娱,相互推重。他们继承和发展了崇尚笔墨意趣和"士气""逸格"的元人绘画传统,其间以沈周、文徵明、唐寅、仇英最负盛名,画史称为"吴门四家"。他们开创的画派,被称为"吴门派"或"吴派"。

明代后期,徐渭进一步完善了花鸟画的大写意画法。陈洪绶、崔子忠、丁云鹏等开创了变形人物画法。以张宏为代表的苏州画家在文人山水画方面另辟蹊径,创作出了富有生活气息的绘画作品。

民间创作的卷轴画,主要内容有风俗画、历史故事、神像画、水陆画及肖像画等,许多不知名的民间画工所绘制的肖像画,一直流传了下来。木刻年画至明代逐渐普遍,到明末已初步形成苏州桃花坞、天津杨柳青南北两大创作基地,为清代年画的繁兴创造了条件。

4. 明代书画市场

明代书画市场十分活跃,书画作伪也更加普遍,并出现各式各样的作伪手段和方法,如改款、添款、加盖印章、临仿、凭空伪造、代笔等等。伪作不仅造前代名家,也造当代甚至同时人的画迹,如沈周、文徵明、唐寅、仇英、董其昌等人的作品,均有时人的大量伪作流布。明后期以来,还出现了地区性造假,专门制作某类或某些名家赝品,其中以"苏州片"最著名,一直延续到近现代。

绘画市场交易形式也非常多样,主要有三种:第一是买画者到画家府第诣门购求。第二是类完全靠卖画谋生、名气亦不大、急于成交的画家,往往带着画到处兜售,甚至去收藏家中求售。第三是画商经手,市肆交易。这种店肆交易既有由裱画店、杂货店等寄售的,也有由画商自己经营交易的。

5. 明代戏曲

一是明杂剧。据明沈泰编的《盛明杂剧》,两集共 60 种,加上其他的收集,大概 160 种左右。

二是明清传奇。明清传奇在形式上承继南戏体制,且更加完备。一个剧本,大都只有 30 出左右,常分为上、下两部分;作家还特别注意结构的紧凑和科浑的穿插。传奇的音乐也是采取曲牌联套的形式,但比南戏有所发展,一折戏中不再限于一个宫调;曲牌的多少,也取决于剧情的需要;所有登场的角色都可以演唱。

明清传奇包括众多的地方声腔,其中流传最广、影响最深远的是昆山腔和弋阳腔。昆山腔经过嘉靖时期魏良辅的改革,创立了委婉细腻、流利悠远的"水磨调",讲究字清、板正、腔纯;将弦索、箫管、鼓板三类乐器合在一起,建立了规模完整的乐队伴奏。而一出《浣纱记》的演出,使昆山腔光大流布,成为全国性剧种。

明代戏曲经过长期的舞台实践,角色分工更加细密。比如昆山腔就有 12 个角色,主角不限于正生、正旦,净、丑也不只是调笑了。

明后期的舞台,开始流行折子戏。所谓折子戏,是指从有头有尾的全本传奇剧目中摘选出来的出目。它只是全剧中相对独立的一些片断,但在这些片断里,场面精彩,唱作俱佳。折子戏的脱颖而出,是戏剧表演艺术强劲发展的结果,又是时间与舞台淘洗的必然。观众在熟悉剧情之后,便可尽情地欣赏折子戏的表演技艺了。《牡丹亭》中的"游园""惊梦"、《拜月亭记》中的"踏伞""拜月"、《玉簪记》中的"琴挑""追舟"等众多的折子戏,已成为观众爱看、耐看的精品。

明初期三大剧作为《宝剑记》《鸣凤记》《浣纱记》。《宝剑记》演林冲逼上梁山的故事。作者李开先(1502—1568),字伯华,号中麓,山东章丘人,进士出身,官至太常寺少卿,因上书抨击朝政而得罪权贵,40 岁罢官回乡。家蓄声伎,以征歌度曲自娱。《鸣凤记》作者不详,演绎明代嘉靖年间,夏言、杨继盛夫妇及邹应龙等忠臣义士与严嵩集团生死搏斗的故事。"双忠""八义"经过五个回合的搏斗,终于斗倒严嵩，迎来"朝阳丹凤一齐鸣"的胜利。《浣纱记》作者梁辰鱼（1521—1594），字伯龙，号少伯，江苏昆山人。他是个风流浪漫的文人，善歌唱，声如金石，好游侠，足迹遍及吴、楚间。魏良辅改革昆曲后，他首先响应，用昆曲新声编写了《浣纱记》传奇。此剧写的是春秋时期吴越兴亡故事，以范蠡和西施之间的爱情为线索，反映了吴越之间错综复杂的斗争。

汤显祖，江西临川人，他潜心于戏剧及诗词创作，作品《还魂记》《紫钗记》《南柯记》和《邯郸记》合称"临川四梦"，其中《牡丹亭》是他的代表作。这些剧作不但为中国人民所喜爱，而且已传播到英、日、德、俄等很多国家，被视为世界戏剧艺术的珍品。汤显祖的专著《宜黄县戏神清源师庙记》也是中国戏曲史上论述戏剧表演的一篇重要文献，对导演学起了拓荒开路的作用。

沈璟为吴江（今属江苏）人，常与当时著名曲家王骥德、吕天成、顾大典等探究、切磋曲学，并在音律研究方面有所建树，作品有《红蕖记》《双鱼记》《桃符记》《一种情》（即《坠钗记》）、《埋剑记》《义侠记》和《博笑记》等17种。

周朝俊的《红梅记》写不可一世的奸臣贾似道杀害了只是偶尔赞美了一下书生裴禹为美少年的侍妾李慧娘。此后，他又霸占了裴禹钟爱的姑娘，还把裴禹本人囚禁起来。李慧娘的鬼魂救出了落难的公子，致使裴禹和贾似道政治命运发生逆转，贾似道贬官被杀，裴禹高中，与意中人完婚。这部作品使得鬼魂的李慧娘形象扎根于民众。

李玉在明末写了《一捧雪》《人兽关》《永团圆》《占花魁》，入清后又作《千钟禄》《清忠谱》。以作剧为谋生手段的李玉社会地位不高，却常怀忧国忧民之思。在他所著的40部作品里，题材广泛，但多取材于时事或近代史事。《清忠谱》《万民安》（已佚）反映当时苏州两次大规模的市民运动；《一棒雪》是一部直接抨击明末奸臣严世蕃的作品；《千钟禄》表现的是明代最上层的一场争夺战，演绎了一则燕王朱棣攻占南京后建文帝假扮成和尚逃亡的故事。剧中那些忠臣义士以身家性命为代价，来掩护这个不曾给他们带来任何好处的皇帝；而这个天子处在颠沛流离的困厄之中，第一次目睹并感受着黎民苍生所承受的苦难。于是，愚忠观念、政治忧患、悲怨情怀在艺术上组合成一种苍茫雄浑的格调。

6. 明代民歌与音乐

明代民歌在南北地区都广为流行。明人卓人月以为："我明诗让唐，词让宋，曲让元,庶几'吴歌''挂枝儿''罗江怨''打枣竿''银绞丝'之类,为我明一绝耳。"①不少作品以男女情爱为主题,具有浓郁的民间生活气息。民歌的繁荣,说明民众对民歌的喜欢,也说明歌舞市场的繁盛。沈德符一语中的,说这些民歌主要用于歌舞宴饮场合,肯定都是市场行为:

> 元人小令,行于燕赵,后浸淫日盛,自宣、正至成、弘后,中原又行"锁南枝""傍妆台""山坡羊"之属。李崆峒先生初自庆阳徙居汴梁,闻之以为可继"国风"之后,何大复继至,亦酷爱之。今所传"泥捏人"及"鞋打卦""熬髭髻"三阕,为三牌名之冠,故不虚也。自兹以后,又有"耍孩儿""驻云飞""醉太平"诸曲,然不如三曲之盛。嘉隆间,乃兴"闹五更""寄生草""罗江怨""哭皇天""乾荷叶""粉红莲""桐城歌""银纽丝"之属,自两淮以至江南,渐与词曲相远,不过写淫媟情态,略具抑扬而已。比年以来,又有"打枣竿""挂枝儿"二曲,其腔调约略相似。则不问南北,不问男女,不问老幼良贱,人人习之,亦人人喜听之。以至刊布成帙,举世传诵,沁入心腑。其谱不知从何来,真可骇叹! 又"山坡羊"者李、何二公所喜,今南北词俱有此名,但北方惟盛"爱数落山坡羊",其曲自宣、大、辽陈三镇传来,今京师妓女,惯以此充弦索北调。其语秽亵鄙浅,并桑濮之音,亦离去已远,而羁人游婿,嗜之独深,丙夜开樽,争先招致。……俗乐中之雅乐,尚不谐里耳如此,况真雅乐乎?②

十一、清代的印刷、绘画与演艺市场

1. 刻书业

清代前期的官刻图书主要集中在内府刻印。康熙十九年(1680 年)开始设立修书处于武英殿左右廊房,掌管刊印装潢书籍。乾隆间刻《十三经注疏》《二十四史》,称为"武英殿版",简称"殿版"。康熙、乾隆两代所刻最精,殿版开化纸,纸墨精良,为清代印本之冠。殿本约有 382 种,嘉道以后衰落。北京国子监只作为武英殿与明代北监旧版藏版之所,道光十四年(1834 年)存贮版刻 64 种,近 15 万块。

地方官刻主要是印地方志,其他书籍刻印不多,不及宋、明两代。地方志,就是对一个地方地理、历史、人文的记载、记述。清朝政府重视编纂地方志。清廷早在顺治十七年(1660 年)就开始命令河南巡抚贾汉复督修方志。康熙十一年

---

① 陈鸿绪《寒夜录》引。
② 《万历野获编》卷二十五《时尚小令》。

（1672 年）大学士卫周祚建议各省纂修通志，以备编纂《大清一统志》之需，康熙帝采纳后诏令各地设局修志，责成学正检查志书的质量，后来又限期成书。雍正元年（1728 年），清廷严谕各省县修志。清代形成了 60 年一修地方志书的传统。清代地方志约存 7000 种，以康熙、乾隆志最多。丛书近 3000 种（包括子目约 7 万种），多为江浙人所编，内有不少地方丛书。地方志市场流通很小，不具有市场文化产品的特点，但是它以公费的形式拉动了刻印业的发展。

太平天国后，统治阶级提出"维世道，正人心"的口号，同治二年（1863 年）曾国藩首创金陵书局于南京。此后仿效者十余省，各于省会设立官书局，著名的有浙江官书局、武昌崇文书局、广州广雅书局。各局所刻共约千种左右，称"局本"。为普及起见，"价均从廉"，故纸墨质量均差。因时代较近，浙江局、广雅局版片至今各存十五六万块。清代南京、杭州的书坊已衰落，主要集中于北京，有字号可考者百余家（一说 300 家），多在宣武门外琉璃厂一带。苏州书坊约有 50 家，其次为广州及佛山。

清代私刻书籍中，曾盛行用精楷写刻，一直到乾隆、嘉庆时期，楷体字写刻书仍有不少，后称这类书为软体字写刻本。当时有许多书均由名家精心缮写刻印，形式精美，形成一代特色。清代考据、校勘和辑佚学大兴，一些学者和藏书家多精于校勘，所刻的书不仅数量多、门类广，质量也好，在清代雕版书籍中最有价值。清代私刻书中还有许多丛书，收了不少辑佚书，对于研究古代历史有重要的参考价值。

清代坊刻业更为兴盛，刻书的数量很多。除翻刻古书外，大量刊印清人诗文集、俗文学弹词、宝卷、鼓词、子弟书、民歌等小册子，多至数万种。

满文书多刻于内府及北京书坊，现存 180 种。佛藏有汉文《龙藏》，梨木双面版 79036 块，为中国现存唯一完整的《大藏经》版。此外，还有晚清由金陵刻经处和各地寺庙刊刻的未完成的缩本《大藏经》经论多种。乾隆帝晚年完成了《满文大藏经》的刊印。

清代政府编纂的《四库全书》是中国古代最大的一部丛书，收集了古代到当时的著作 34000 余种，7.9 万余卷，手写本，分装 3.6 万余册。

清代雍正四年（1726 年），武英殿用铜活字印刷陈梦雷主编的《古今图书集成》一万卷，约一亿字，共印 64 部，这是中国古代出版史上规模最大的一次金属活字版印刷工作。

乾隆三十八年（1773 年），清代管理武英殿刻书事务的四库馆副总裁金简，统计《佩文诗韵》,得单字六千数百(生僻字不收),于乾隆三十八年(1773 年)奏准刻枣木活字 25 万个,依韵目分贮于八层抽屉的木柜中,字名"聚珍"。还曾辑刻《武英殿聚珍版丛书》138 种(内有四种为雕版)及其他单行本数种。并于 1776 年撰《武英殿聚珍版程式》,叙述聚珍版排字校对刷印的工艺方法和过程。乾隆中叶到清末 130 余年间,木活字印刷流行多省,并有"子板""合字板"等名称。

清代专营发行的书店比明代更为普遍,以北京和苏州两地最多。乾隆后期,北京琉璃厂书店的兴盛名闻全国。道光年间,有首诗描述琉璃厂书业之盛况:"都门当岁首,街衢多寂静。惟琉璃厂外二里长,终朝车马时驰骋。厂东门,秦碑汉帖如云屯,厂西门,书籍笺索家家新。"

2. 清代绘画

清代卷轴画延续元、明以来的趋势,文人画风靡,山水画勃兴,水墨写意画法盛行。宫廷绘画在康熙、乾隆时期也获得了较大的发展,并呈现出明显不同于前代院体的新风貌。民间绘画以年画和版画的成就最为突出,呈现空前繁盛的局面。清初以郑燮《竹石图》竹子、金陵八家、"四僧"、四王画派、新安派为代表。康、雍、乾,是清代社会安定繁荣的时期,皇室除了罗致一些专业画手供奉内廷外,还以变相的形式笼络一些文人画家为其服务。宫内除了设立如意馆等机构以安置御用画家外,还用入值"南书房"的形式,以延纳学士、朝官身份的画家。有不少的学士、朝官,实际上已经成为宫廷画家,他们经常画些奉旨或进献之作。这些作品大多署有"臣"字款,多为描绘帝后、大臣、少数民族上层首领的人物肖像画以及表现帝后生活的宫廷生活画,记录当代重大历史事件的历史纪实画,供装饰、观赏用的山水、花鸟画等。

自嘉、道至清末,随着封建社会的没落衰亡,中国逐步沦为半殖民地半封建社会,绘画领域也发生了新的变化。被视为正宗的文人画流派和皇室扶植的宫廷画日渐衰微,而辟为通商口岸的上海和广州,这时已成为新的绘画要地,出现了海派和岭南画派。

上海自近百年来,成为中国最大的工商业城市,文人、画家纷纷聚集此地。为适应新兴市民阶层需要,绘画在题材内容、风格技巧方面都形成了新的风尚,被称为海派,其代表画家有赵之谦、虚谷、任熊、任颐、吴昌硕。

民间画像较明代有所提高,在写实技法、表现形式等方面均有进一步发展。存世作品也相当多。版画创作在康、乾时期曾兴盛一时,由官家主持的"殿版"版画,出现了许多宏帙钜制,多由著名画家起稿。典型代表作有焦秉贞的《耕织图》、郎世宁等外国画家绘制的《乾隆平定准部回部战图》、上官周主绘的《南巡盛典图》以及《皇清职贡图》等。民间版画也很繁荣,由名画家绘图的木刻画像、画谱,计有数十种之多,著名的有刘源《凌烟阁功臣图像》、上官周《晚笑堂画传》、王概《芥子园画传》、任熊《剑侠传》《于越先贤像传》《高士传》和《列仙酒牌》等。金农《佛像图》佛像神情安然飘逸,衣纹用笔粗犷古拙,身后背景以其独特的书法来完成。

清代木版年画最为兴隆,获得前所未有的发展。制作地区遍及大江南北的一些城镇乡村,并形成杨柳青、桃花坞、杨家埠、绵竹、佛山等富有地方特色的年画。天津的杨柳青是北方的年画中心,主要继承北宋雕版印刷、宋元明绘画和清代画院的传统,多绘喜庆吉祥题材,内容通俗,画面耐看,构图饱满,色彩鲜明,造型简练,富有装饰性。山东潍县杨家埠年画,属于杨柳青年画系统,注重原色,对比鲜明,风格淳朴,更适合广大农村需要。江苏苏州桃花坞是南方年画中心,主要描绘传统的喜庆吉祥题材,也表现一些繁华的都市风貌。风格既有仿古的传统面貌,也有讲究透视、明暗的仿西洋画法。四川绵竹年画,始创于明末清初,盛行于光绪(1870~1908)年间,造型质朴、色彩艳丽。广东佛山年画始于明永乐(1404~1424)年间,盛于清乾隆至抗日战争期间,多绘门画,销行于华南、南洋等地。

清代绘画将定价一直计较到银几钱,随着绘画市场的成熟,绘画市场的价格也日益精确。绘画时尚、画家之特长对画价也有影响,画家所擅长的画种往往价格较高。

3. 清代戏曲

清代地方戏是古典戏曲的第三个阶段,它和近、现代戏曲有着共同的艺术形式。清康熙末叶,各地的地方戏蓬勃兴起,被称为花部,进入乾隆年代开始与称为雅部的昆剧争胜。乾隆六下江南,所到之处,必有歌舞供奉。在乾隆初年,自北京而南,历山东、安徽以至江南,其间所有的城市,已无不有当地之民间戏剧,而尤以商业繁荣之姑苏及扬州为尤甚。地方官绅、富商明知皇帝恒以禁制倡乐为言,但又深知其嗜女乐的底细,为了讨得皇帝欢心,曾进献集庆班、四喜班、如意班入行宫演出,所演剧目有《绣户传》《西王母献图》《华封人三祝》《东方朔偷桃》等多种。自京口启行,逦迤至杭州,途中皆有极大之剧场,日演最新之戏曲,未尝间断。两淮盐务,例蓄花雅两部以备大戏,由初始的乱而无序的民间之状态,已堂而皇之地步入皇室贵族的殿堂。

至乾隆末叶,花部压倒雅部,占据了舞台统治地位,直至道光末叶。这150多年就是清代地方戏的时代。1840~1919年的戏曲称近代戏曲,内容包括同治、光绪年间形成的京剧以及 20 世纪初出现的一段戏曲改良运动。

李玉于明亡以前所作戏剧，以"一笠庵四种曲"即《一捧雪》《人兽关》《永团圆》《占花魁》最为有名，合称"一人永占"。此外，《清忠谱》写作年代不详，但吴伟业的序作于清初，剧本大概也是清初所作；《万里圆》（又名《万里缘》）《千钟禄》（又名《千忠戮》）都作于清初。李玉剧作中写得较好的是《千钟禄》，述明初燕王（即后来的永乐帝）与建文帝争夺帝位，攻破南京后，建文帝假扮成僧人逃亡的故事。

李渔自幼聪颖，素有才子之誉，世称李十郎，家设戏班，至各地演出，从而积累了丰富的戏曲创作和演出经验，提出了较为完善的戏剧理论体系，被后世誉为"中国理论始祖""世界喜剧大师""东方莎士比亚"。李渔在杭州的寓所叫"武林小筑"，并在此暂居下来。他毅然选择了一条前人从未走过的、被时人视为"贱业"的"卖文字"之路，开始了他作为中国历史上第一位"卖赋糊口"专业作家的创作生涯。李渔所创作的《风筝误》《奈何天》《比目鱼》《蜃中楼》等 10 多部戏剧，雅俗共赏，深受人们喜爱。

由于作品被反复盗印，他非常生气，在他的《闲情偶寄》里说道："至于倚富恃强，翻刻湖上笠翁之书者，六合以内，不知凡几。我耕彼食，情何以堪？誓当决一死战，布告当事，即以是集为先声。总之天地生人，各赋以心，即宜各生其智，我未尝塞彼心胸，使之勿生智巧，彼焉能夺吾生计，使不得自食其力哉！"不法书商不择手段牟取暴利的行径极大地影响到他的声誉和经济收入，他一边请求官府为他主持公道，传札布告，一边与女婿沈心友四处奔走，上门交涉。

李渔在居杭期间，就编辑出版过自己创作的戏曲、小说等通俗文学作品。寓居金陵后，为了防止别人私自翻刻他的著作，成立了芥子园书铺。他写的大部分书都是在这里印行的。书铺刻印了被他称为"四大奇书"的《三国志演义》《水浒全传》《西游记》《金瓶梅》；编辑出版了《古今史略》《尺牍初征》《资治新书》《千古奇闻》，特别是由他倡编并亲自作序、女婿搜集整理、在中国美术界影响颇广、一直被誉为中国画临摹范本的《芥子园画传（谱）》，深受人们欢迎。书铺同时还印行、销售他自己精心设计的各种笺帖，以及其他文化用品，成为当时著名的出版商。

康熙五年（1666 年），56 岁的李渔应朋友之邀，由北京前往陕西、甘肃游历，先后在临汾、兰州得到颇具艺术天赋的乔、王二姬，再配以其他诸姬，一个初具规模的李氏家班就组建起来了。对戏曲一直情有独钟的李渔，自任家班的教习和导演，上演自己创作和改编的剧本。他以芥子园为根据地，带领家班四处游历、演剧,"全国九州,历其六七",不辞辛劳,赴全国各地巡回演出。李氏家班红遍了大江南北,影响波及大半个中国。

清代有著名的"南洪"和"北孔"。"南洪"指的是洪昇的《长生殿》,取材于唐明皇与杨贵妃的恋爱故事,它是在广阔的社会政治背景下诉说众人皆知的李杨爱情故事。帝妃间"真心到底"的海誓山盟与天上人间的不尽思念,是洪昇对至情理想的讴歌;与此同时,剧中展示的社会动乱、民生疾苦的长幅画卷里,又分明寄寓着洪昇的民族兴亡感和对帝王"溺情误国"的批判。

"北孔"指的是孔尚任的《桃花扇》。桃花扇是侯方域、李香君定情之物,孔尚任以此记录着男女主人公的沉浮命运。侯方域关联到史可法、左良玉等军国重臣和迎立福王、史可法被排挤等重大事件。李香君关联着弘光群丑的偷安宴游之景。后来,侯方域被捕入狱,李香君被迫做了宫中歌妓。直到清兵席卷江南,南明小朝廷覆灭。当这对夫妻不期而遇,已是国破家亡。一个道士撕破了这柄扇子,他们一起出家,也结束了爱情。

清代还有"东张西蒋"和折子戏的光芒。"东张"即张坚,有传奇四种:《梦中缘》《梅花簪》《怀沙记》《玉狮坠》。《梦中缘》成就最高,描述了一生二女的悲欢故事,歌颂真情种,抨击假道学。"西蒋"即蒋士铨,诗作与袁枚、赵翼并称"三大家"。其剧作31种,现存16种,《藏园九种曲》包括《一片石》《空谷音》《桂林霜》《四弦秋》《雪中人》《临川梦》《香祖楼》《第二碑》《冬青树》。《冬青树》演文天祥、谢枋得殉难的故事。这些作品体现了昆曲舞台的兴盛,张坚、蒋士铨以及唐英、沈起凤、夏纶等人使之通俗化、地方化,或者昆曲梆子化,最重要的是折子戏代替了全本演出,即昆曲艺人从大量传统剧目中筛选摘取出若干片段,精心加工提高,产生出折子戏的演出形式,形成独特的表演体系,使昆曲艺术又延续了200多年。

清中叶以后,地方戏兴盛起来。地方戏是对昆曲之外多种剧种的统称。其中,占主导地位的是乾隆年间(1736~1795)被称为"花部"或"乱弹"的梆子、皮黄、弦索等新兴剧种。"花、雅"之分,沿袭了中国历代统治者分乐舞为雅、俗两部的旧例。所谓雅,就是正的意思,当时奉昆曲为正声;所谓花,就是杂的意思,指地方戏的声腔花杂不纯,多为野调俗曲。

花部乱弹作品直接来自民间,主要靠梨园抄本流传或艺人口传心授,刊刻付印的极少。保存至今能看到早期面貌的剧本,只有乾隆年间刊刻的戏曲选本《缀白裘》。其中梆子、皮黄等剧种,通俗易懂,以七字句、十字句为主的排偶唱词,代替传统的长短句,以唱腔板式(如慢板、愉板、流水板、散板等)的变化,表现戏剧情绪的变化。它可以根据作品的内容,需要唱就唱,不需要唱就不唱。从此,一个戏不必都以唱为主了。不同的作品也可以分别处理成唱功戏、做功戏、武打戏等。

花部诸腔戏的兴起,与其本身所具有的群众性、通俗性有关。从剧目上来看,花部诸腔戏多是演出一些为下层人民所喜闻乐见的剧目。一是搬演历史故事,如水浒戏,是元明时期就有的,地方戏艺人本着一股对已处末世的封建统治的挑战精神,将一个个逝去的草泽英雄重新举到了台上,如《打渔杀家》,还有大量的三国戏、隋唐戏、杨家将戏、呼家将戏、"列国志""明英烈""东西汉""说岳"。二是生活小戏,如《张古董借妻》是一个民间生活小戏:不务正业的张古董利欲熏心,竟把老婆借给结拜兄弟以骗取钱财。谁料这对假夫妻被强留在岳父家中过夜,而张古董却如热锅上的蚂蚁,被困于城门。他去告状,碰上了一个糊涂官,结果把妻子判给了结拜兄弟。三是喜剧。社会民众在生活中充满着艰辛劳苦,但在舞台上却创造着欢乐和热闹。四是武戏。在历史故事剧中得到突飞猛进般地发展,刀枪剑戟,十八般开艺,在舞台上尽情施展。

乡间演戏,或禁或弛。乾隆初年,所禁者乃充满"媟亵之词"的淫戏,"忠孝节义"、历史掌故、神仙传奇则不在禁之列,且"凡各节令皆奏演",并不时用演戏招待域外来宾,故"内廷内外学伶人总数超过千人"。查禁地方戏,每每出现于各级官吏的奏折中,如两淮盐政伊龄阿于乾隆四十五年所上奏折:

> 查江南苏、扬地方昆班为仕宦之家所重,至于乡村镇市以及上江、安庆等处,每多乱弹。系出自上江之石牌地方,名目石牌腔。又有山陕之秦腔,江西之弋阳腔,湖广之楚腔,江广、四川、云贵、两广、闽浙等省皆所盛行。所演戏出,率由小说鼓词,亦间有扮演南宋、元明事涉本朝,或竟用本朝服色者,其词甚觉不经,虽属演义虚文,若不严行禁除,则愚顽无知之辈信以为真。亦殊觉非是。

从艺术形式上来看,花部诸腔戏的唱腔明快激烈,字多腔少,而且曲白皆通俗易懂,符合下层劳动人民的欣赏水平和艺术情趣。因此,劳动人民把这些土生土长的地方戏曲看成是自己最好的娱乐形式。焦循《花部农谭·序》中曾说:"郭外各村,于二八月间,递相演唱,农叟渔夫,聚以为欢,由来久矣。"这就表明花部诸戏有着深厚的群众基础,这也是花部诸戏兴起和发展的主要动力。

清代,中国少数民族的戏曲剧种也纷纷出现,如贵州侗族的侗戏,布依族的布依戏,云南白族的吹吹腔剧(白剧之前身),傣族的傣剧以及分布在云南、广西两省的壮族壮剧等。而 15 世纪便在西藏地区形成的藏剧,此时已呈繁荣蓬勃之貌。

藏戏源于藏族古代祭神仪式和民间歌舞说唱文学,17 世纪开始从寺院宗教仪式中分离出来,发展成以唱为主,唱、诵、舞、表、白、杂艺相结合的综合性戏剧,常常在雪顿节演出,形成规模盛大的藏戏节,流播于西藏、青海玉树、甘肃、四川甘孜等地及印度、不丹、锡金等藏族聚居地区。藏戏在流行过程中形成了不同的艺术流派,积累了"十三大本"保留剧目。其剧目多取材于佛经故事、历史传说,带有浓厚的宗教神话色彩,多演出于寺院、广场。

壮剧主要分布于壮族聚居的广西。因流行地区语音、艺术风格的差异,分为北路和南路。北路于清同治、光绪年间产生于隆林、田林一带,是在当地民歌、唱诗和坐唱"板凳戏"的基础上形成的。南路于清末产生于德保的马隘、汉隆一带,是在当地民间歌舞基础上受提线木偶戏和邕剧影响而形成的。表演上受汉族戏曲影响较大,已形成生、旦、净、末、丑完备的行当体系和表演程式。壮族还有一种师公戏(木脸戏),乃是在跳神仪式——师公舞的基础上形成的面具戏,以当地民歌为主要曲调,吸收粤剧等汉族戏曲的表演方法,且形成了一定的程式。

侗戏大约在道光年间形成于贵州的黎平、榕江、从江一带,后来流播到广西的三江、湖南的通道等侗族聚居区。侗戏源于侗族的叙事大歌"嘎锦"和说唱故事"摆古",同时也受到汉族戏曲的巨大影响。其剧目分为自编和移植两大类,唱腔则取材于各种侗歌,并吸收了一些汉族戏曲的腔调。侗戏以唱为主,动作比较简单,唯有丑角表演颇有特色。

傣戏于清末产生于云南省盈江县的盏西、干崖一带,后流传到潞西、瑞丽、陇川、保山、腾冲、龙陵等县的傣族聚居区。傣族文化悠久,有本族的语言、文字和丰富多彩的诗歌(包括民歌、山歌、对歌)、音乐(包括乐曲和佛曲)、舞蹈,傣戏就是在这样的基础上融汇提高而成的。早期的傣戏多系歌舞小戏,后来根据傣族民间传说和叙事诗编演出大型剧目和连台本戏。[①]

清代的声腔剧种。清代戏曲舞台热闹红火,花部诸腔荟萃,主要包括皮黄、梆子、弦索、民间歌舞戏、多声腔剧种等五大系统。皮黄指西皮和二黄,主要包括京剧、汉剧、徽剧、陕南与鄂北的汉调二黄、湖南常德汉剧的北路(西皮)和南路(二黄)、湘剧中的南北路、祁剧中的南北路、桂剧中的南北路,广东湖州一带的广东汉剧、福建的闽西汉剧、广东粤剧所唱的梆黄(即西皮、二黄)、云南滇剧所唱的襄阳腔(即西皮)和胡琴、广东西秦戏、山西上党梆子和山东莱芜梆子中的皮黄声腔等。梆子系统包括同州梆子和蒲州梆子、中路梆子、北路梆子、河北梆子、河南梆子、上

---

① 清代形成的少数民族戏曲有哪些? 见"百度知道"http://zhidao.baidu.com/。

党梆子、莱芜梆子、山东高调梆子、平调梆子、章丘梆子、枣梆等。川剧中的弹戏、滇剧中的丝弦也作为一种梆子声腔存在。弦索系统是由明末清初在山东、河南一带兴起的"山坡羊""耍孩儿""柳枝腔""罗罗腔""傍妆台""锁南枝""驻云飞"等民间俗曲为基础，并接受其他地方戏的影响演变而成的，因以弦索乐器伴奏而得名，曾有河南调、儿女调、姑娘腔、巫娘腔等称谓，至清末已形成柳子戏、大弦子戏、丝弦、越调等。民间歌舞戏系统包括湖南、湖北、安徽、陕南一带的花鼓戏，江西、湖北、广东等地的采茶戏，四川、贵州、云南等地的花灯戏，蔚县、定县、雁北、祁太、太原、泽州等地的秧歌，晋北、陕北、河南、宁夏等地的道情等。

　　清代宫廷戏剧。据《清升平署档案》所记，皇宫剧团有两个，一是南府剧团，一是景山剧团。据赵翼《檐曝杂记》卷一云，清代宫廷演出，凡是节令与庆典，皆演大戏。

　　清代北京的演艺市场情况。清代北京每年正月元旦至十六在正阳门外（即丽正门）的琉璃厂，设有商品交易的市场与表演各种歌舞杂耍的场子。每年正月十三至十六在大栅栏、廊房巷一带又设有灯节。一到夜晚，那里灯月交辉，热闹非凡，到处有艺人表演大头和尚、南十番、打十不闲、打稻秧歌、太平鼓的声音。宗教节日，有的寺观钵堂上设有戏场，演出啰啰腔、凤阳花鼓、十番等。在大栅栏一带，还有广和楼、同乐轩、天乐馆等戏园与杂耍馆。戏园的规模已相当大，观众可分坐楼上楼下。舞台上已可容纳众多演员同台演出。一般主要由保和班、宜庆班、三庆班等名戏班演出昆曲或弋阳腔。杂耍馆的规模较小，主要由来自各地的艺人演出秦腔、四平腔、小曲、八角鼓、十不闲、莲花落、弹词、鼓词等，观众比较复杂。供一般城市平民娱乐的地方，主要是广场上搭设的乐棚或街头临时摆设的场子。表演的项目有霸王鞭、鼓词、打盏儿、十不闲、独脚班、打花鼓、八角鼓、莲花落、道情、乱弹、小曲等。①

　　目连戏是指以目连救母为题材的剧目总称。内容梗概是这样的：傅相一家三代，都是佛教徒。傅相死后，他的妻子刘青提（又叫刘四娘）破戒杀牲，大开五荤。刘氏死后被打入阴曹地府，受尽苦刑的惩处。其子傅罗卜（即目连）前往西方求祈佛祖。佛祖赐"盂兰盆经"和锡杖，以救其母。目连游遍地狱，尽历艰险，寻母劝善，最后一家超升团圆。作为宗教剧，目连戏是中国戏剧史上最具代表性的。剧中离合悲欢，喜怒哀乐，天地阴阳，雷电神鬼，三教九流，士农工商，种种离奇古怪，

---

　　① 《明清音乐调查》，新榜网，2008 年 8 月 3 日，http://lishi.xooob.com/lszl/20088/330117.htm。

应有尽有。在表演上有高跷、耍扇、逗笑、舞刀、弄枪、打铁叉、叠罗汉等绝活特技。在音乐上,除百余支传统曲牌之外,还有民歌、佛曲、梵音等,故艺人们把目连戏称为"戏娘"。

京剧的诞生。1790 年,为了给 80 岁的乾隆皇帝做寿诞,一个浙江盐务大臣带着皖南艺人组成的戏班"三庆班"入京演出。至嘉庆、道光(1796 ~ 1850)时,出现了京都舞台"四大徽班"称盛的局面。以徽班为基础,拉开了京剧兴盛的大幕。

徽班是演出团体,进京后他们演出的剧目和演唱的声腔,必须克服审美地域性,去迎合与全国各地有着紧密关联的京都观众。这就迫使他们在艺术上精益求精,善于融会贯通。同期,又有一批湖北艺人相继来京,加入徽班。徽汉艺人的合作,加速着这种融合。于是,唱二黄调为主的徽班兼容湖北汉调、皮黄腔,自此以后皮黄戏为主的戏班,立足帝都。这期间,杰出的艺人余三胜(1802 ~ 1866)、张二奎(1814 ~ 1864)、程长庚(1811 ~ 1880)是徽汉合流,并汲取昆腔、京腔(高腔)、梆子等诸腔杂调,衍变为京剧(即京调皮黄戏)的代表人物。

皮黄戏的艺术水平在高明艺人的推动下迅速提高,它激起了清廷皇室的狂热偏好。咸丰(1851 ~ 1861)末年戏班开始被传入宫内演戏,有一个叫"升平署"的机构管理着进宫演出的事。昨日还在茶楼会馆表演,今朝便要为封建最高统治和京师百官献艺。京剧将民间精神与宫廷趣味相融合,将南方风情与北方神韵相交汇,流行全国。

民歌与说唱艺术。根据有关记载,各地都有特色民歌。如北京郊区农民的"插秧歌""桔埠水歌"(明·刘侗、于奕正《帝京景物略》),四川邛州农民的"秧歌"(明《邛州志》),江南吴地的"山歌"(明·冯梦龙《山歌》)、棹歌(清·王奕《词谱》),湖南衡山的"采茶歌"(清·刘献廷《广阳杂记》),广东潮州的"秧歌",南雄、长乐等地妇女中秋拜月时唱的"踏月歌""月歌"(清·李调元《南越笔记》),广西僮族的"痕花歌"(明·邝露《赤雅》),侗族的琵琶歌(明·田汝成《炎徼纪闻》)等。

清康熙乾隆前后,小曲等加上了简单对白、自白,成了岔曲、单弦、鼓子、三弦、渔鼓、俚曲、弹词、鼓词等说唱形式。

4. 文化市场的出现

早在清光绪三十一年(1905 年),京津就出现了"劝业会场",在占地两百余亩的综合性园林游乐场里,分为商务区、公园区、商品陈列馆、省立图书馆和咨议局大楼。场内的游乐设施有荷花池、月牙池、鹤亭、鹿亭、八角音乐亭和抛球房,商业和办公设施建有劝工陈列所、教育品制造所、学办处、办公洋楼和茶房等,成为我国历史上一座系统陈列工业工艺产品的场所,相当于我们今天所言的"文化产业集聚区"。劝业会场作为当时我国最早系统陈列工业工艺产品的场所之一,经常展览书画名家作品。1905 年 10 月 7 日至 10 月 14 日,劝业会场就举办了首届天津劝业展览会,到场观众约有 15 万人次,交易金额约为 3 万余元。

5. 娱乐形式的增加

鸦片战争以后增加了许多从西方传入的娱乐形式,如咖啡馆、酒吧、公园、游乐场、博览会,舞会、电影院、画展、音乐会,杂志、报纸、广播电台等。

6. 品牌产品出现

在饮食、医药、烟草等行业,都产生了具有国际影响力的品牌,如天津的狗不理、北京的达仁堂、上海的大婴孩等都是当时的知名品牌。

十二、近现代书报杂志、戏曲与电影

1. 书报业的发展

1840 年后,现代印刷术逐渐传入中国并流传开来,报纸杂志的出版也逐渐增多。外国教会、封建官僚及具有资产阶级民主思想的知识分子,都想通过出版书刊来宣传各自的政治主张。广大人民群众对于新知识的需要日益强烈,原有的官刻、私刻、坊刻的旧出版体系已不能适应新形势发展的需要。于是,政府办起了官书局,私坊刻书也进一步分化。新式印刷出版发行机构便应运而生。最初是一些外国传教士和外国商人,后来是国内一些民族资本家,陆续开设新式印刷厂,采用新式印刷技术,创立出版和发行机构。

鸦片战争以后,香港、宁波、上海逐渐成为帝国主义势力的中心,外国传教士也以这些地方作为活动基地开展出版工作。1843 年英国传教士麦都思在上海开设的墨海书馆,是中国大陆最早置有中文活字印刷设备的出版机构。

1887 年在上海成立的广学会(原名"基督教及普通学识传布会")是英美基督教(新教)传教士和外国外交官、商人在中国组成的文化机构,传播基督教和介绍"西学",宣扬殖民主义。广学会在不到 40 年的时间内先后编译出版了有关宗教及社会科学、自然科学各类书籍 2000 多种;还办有《万国公报》《大同报》等十几种中文报刊。1893 年广学会的售书收入仅 800 余元,1897 年维新运动前夕增至 1.5 万余元,1903 年达 25 万元。英国商人美查 1872 年在上海创办申报馆,最初由报馆兼营图书出版,后来分设申昌书局、图书集成局和点石斋石印书局。其中点石斋以翻印古书为主要业务,先后在各地设分店20处,是光绪中期规模最大的出版印刷机构。

外国人在中国开办的出版机构,利用现代印刷技术出版书报杂志。当时印刷所用的纸张几乎全部依赖进口。据统计,光绪二十九年(1903年)进口纸张的价值为268.4万两白银,到宣统三年(1911年)达560.5万两,1903～1911年进口纸张所用的银子共达3416.5万两,这些纸大部分用于出版书报杂志。

这一时期,中国民族资本兴办的出版事业也逐渐活跃起来,特别是中日甲午战争失败及戊戌政变前后,一些有识之士鼓吹维新变法,学习西洋的科学技术;1904年前后,废科举兴学校,需要大量新式教科书,这些都对中国民族资本兴办出版事业的发展起了巨大的推动作用。

1897年创办于上海的商务印书馆,是中国近代出版事业中历史最久的出版机构。1912年成立的中华书局等知识分子办的出版机构,侧重于整理、出版中国古籍,介绍西方资产阶级民主思想和科学技术知识,对中国初期的民主革命和文化启蒙运动,曾起过重要的促进作用。它们在服务读者和企业经营管理方面,也积累了丰富经验。另一方面,也有很多私营出版业为了投机牟利,出版了大量追逐市场的低级趣味和内容荒诞的书刊。

五四运动到第二次国内革命战争时期(1919～1937),特别是1921年中国共产党成立以后,在中国萌发了新型的人民出版事业。1920年9月,在上海创办的《新青年》杂志,从第八卷起,改为上海共产主义小组的机关刊物,同时脱离群益书社,独立出版,成立了新青年社,开始系统地出版马克思主义经典著作等书刊。1920年春,恽代英在武汉创办的利群书社,和同年7月毛泽东在长沙创办的文化书社,都对马克思主义的传播和新文化运动的推动起了积极的作用。1921年9月1日,在上海成立的人民出版社,是中国共产党成立后创办的第一家出版社,由党的宣传主任李达负责。1923年11月,上海书店成立,由毛泽民任经理,主要任务是出版发行中共中央所有对外宣传的刊物和书籍。1926年2月,上海书店被军阀孙传芳封闭,11月在武汉又成立了长江书店,由苏新甫任经理,同时还在汉口创办了长江印刷所,印刷出版革命书刊。

20世纪20年代末,一些革命知识分子在上海等地创办了一些新书店(有的是左翼文艺团体出版书刊),如创造社、太阳社、南强书店等,出版发行了不少进步书刊。20世纪30年代先后创立于上海的生活书店、读书出版社、新知书店(1948年合并成生活·读书·新知三联书店),在中国共产党领导下,积极出版了大量的革命书刊。

1931 年在江西瑞金建立中央苏区,成立了中华苏维埃共和国临时中央政府。当时,苏区中央执行委员会人民委员会下设中央出版局和中央印刷局,中央政府还办了中央印刷厂,中央军委也开办了军委印刷所,出版了一些报纸、干部学习文件、通俗政治读物及文化课本等小册子。

1937 年 1 月,中共中央从陕北的保安迁至延安,由张闻天、秦邦宪、凯丰等组成中央党报委员会,下设出版科、发行科。4 月 24 日,发行科以新华书局(10 月改称新华书店)的名义发行书报杂志。

1939 年 9 月 1 日,新华书店单独建制,由新成立的中共中央出版发行部(后改名为中央出版局)直接领导。店址由清凉山迁至北门外,书店内部也健全了机构,充实了干部,逐步沟通了与晋绥、晋察冀、晋冀鲁豫等根据地的发行网点的联系。1942 年,陕甘宁边区新华书店在延安成立,并在边区各县陆续建立了发行网点。

1945 年 11 月,东北日报社建立了东北书店,综合经营出版印刷发行业务。解放战争时期,共发展 16 个分店、185 个支店和 100 多个分销处,形成了遍及东北全区的发行网。

随着解放战争的节节胜利,西北、华北、华东、中原(后改中南)解放区迅速扩大,新华书店的发行网点不断增加,各解放区新华书店先后成立了总店或总管理处。重庆在新中国成立以后又建立了西南新华书店。

1948 年 8 月,中共中央宣传部决定建立全国出版工作的统一集中领导机关。1949 年 2 月,中央宣传部成立出版委员会,领导筹划全国新华书店的统一集中。1949 年 10 月中宣部出版委员会在北京召开的全国新华书店出版工作会议讨论通过了关于统一全国新华书店的各项决议。

据极不完全的统计,1940 年 ~1949 年 8 月,各解放区书店出版的书籍约 5300 种,印行 4474 万册。至 1949 年 9 月底,全国新华书店分支店已达 735 处,印刷厂 29 处,职工 8100 多人。

中华人民共和国成立后,人民政府依法没收了国民党政府和官僚资本的图书出版业,废除了国民党政府钳制图书出版事业发展的法令。从此,中国图书出版事业为人民所掌握,开始进入一个新的历史时期。①

---

① 出版史,见"百度百科",http://baike.baidu.com/。

2. 剧团

民国时期剧团内部分配制度大致有两类，一类延续清代戏班的包份制和分账制，另一类实行工资制。

包份制，即每个演员按技艺高低固定薪饷，不管演出多少场次、角色大小，"份银"一包到底。

分账制，即以把式的演出技艺评出底分，再以收入的多少配入底分计算分红定报酬。这一来，艺人们觉得付有所入，演有所值。"分红制"极大地调动了艺人的演出积极性。①

工资制是将工资、奖金与生活供给相结合的一种分配制度。工资制的进步性，保证了名角的较高收入和演员的生活需要。但也存在着局限性，工资制依赖于演出形势，演员的收入还是相当有限。

3. 稿酬

稿酬制度是近代社会的产物。新闻出版事业进入近代以后逐渐发展，文人"耻言利"的传统观念受到西方观念的猛烈冲击，促进了中国近代稿酬制度的产生。

至19世纪末20世纪初，撰稿取酬已成文化人圈子中常见的现象。不少文人开始通过卖文取得稿酬，并且相当乐观。

4. 印刷业的改革

民国时期，各地印刷业很多，形态业态改变也很大。其一是传统刊刻，也就是雕版印刷；其二是铅印印刷（又称凸印）；其三是平版印刷（又称平印或石印）；其四是凹版印刷。传统的雕版印刷主要用于刻印古籍、小说、通历、年画等。铅印则主要印刷报刊，如西安具备一定规模的就有陕西省印刷局、新中国出版社西安分社、第二战区印刷厂三家官营机构和酉山书局、茂记印刷厂、秦华印刷厂等少数几家私营印刷厂。陕西省印刷局相继印刷出版过《秦中书局报》《秦中书局汇报》《关中公报》《秦报》《秦中官报》《陕西官报》等报纸和《古文辞类纂》及学校教材等。

民国时期，宁波地区印刷书局开始取代原来的书坊，迅速发展起来，还成立了具有现代经营理念的出版印刷公司。比较有名的书局有宁波钧和印刷公司、四明印局、宁波华升书局、振华印局、宁波宏久印刷局、天胜公司、宁波工商印刷厂、宁波竞新书社等。而由于成都有雕版印刷的传统，加之社会对雕版印刷书籍的需

---

① 中国文化产业史，见"百度文库"，http://wenku.baidu.com/。

求，以及雕版印刷比机械印刷成本低廉、简便灵活等原因，成都的书业久盛不衰，在当地印刷业中占有重要地位。出版了内容包罗万象的各种书籍，为便利民众生活、保存古籍、传播四川近代文化、支持私塾教育作出了重要贡献。

5.书画业的概况

民国时期的绘画市场总体来说比较活跃，也出现了不少新情况。当时的画家大致可分为两类，一类是长期受中国传统文人画影响的新兴"文人画家"，另一类是留学归来、并蓄中西的留洋画家。为了招徕顾客，争夺市场，以商业美术为主要形式的工商业广告制造业也应运而生。民国时期收取润笔，送人字画的艺术市场相当发达，几乎当时所有的画家都曾挂榜卖画。书画买卖交易量很大，一方面大小画家都立榜鬻画。另一方面，战乱仍频，民间以购藏名家字画作为保值手段。

由于书画市场的繁荣，艺术市场的经营机制也有了一些重大变化，其中最为重要的是艺术经纪人的积极参与。当时的名书画家通常都有一些固定的代理人，代售代销或低进高出从中牟利。

6.鸳鸯蝴蝶派与电影产业

鸳鸯蝴蝶派主张文学的娱乐性、消遣性和趣味性。所谓鸳鸯蝴蝶派，是由清末民初言情小说发展而来，20世纪初叶在上海"十里洋场"形成的一个文学流派。它是以才子佳人情节为主的市民小说，包括言情、社会、黑幕、娼门、家庭、武侠、神怪、军事、侦探、滑稽、历史、宫闱、民间、公案等各种内容。著名作家有包天笑、徐枕亚、张恨水、吴双热、吴若梅、程小青、孙玉声、李涵秋、许啸天、秦瘦鸥、冯玉奇、周瘦鹃等。

这类文人为中国电影写出了许多可供改编的文学作品，鸳派文学的叙事手法适应了中国早期电影尤其是故事片对情节的曲折性、引人入胜的要求，鸳派文学的通俗娱乐性质尽可能满足了广大市民的欣赏需要，加上鸳派作品比较重视文学的市场价值，注重情节性、趣味性，汲取了中国传统叙事文学中注重矛盾、冲突等优点，创作了《金粉世家》《啼笑因缘》等优秀的作品，这些作品具有天然的改编成电影的价值，成了鸳派与电影合作的天然基础。鸳派中产生了许多电影从业人员，像程小青、严独鹤等鸳派重要文人都不同程度地参与了明星公司的电影事业。

关于这个时期的影片主要有《十月围城》《新少林寺》《夜半歌声》《喜福会》《半生缘》《我血我情》《辛亥革命》《末代皇帝》《一个陌生女人的来信》《渔光曲》《风云儿女》《一江春水向东流》《小城之春》等。

7.报刊的消闲娱乐

1906 年,当时中国最大的通商口岸上海出版的报刊有 66 家之多,此时全国出版的报刊总数达到 239 种。这些报刊在发表政论新闻的同时,也发表诗歌和娱乐性质的文章,后来这些内容演变成了"副刊",副刊的发展导致文学刊物的出现和单独出版。其中,梁启超创办的《新小说》(1902 年),李宝嘉主编的《绣像小说》(1903 年),吴沃尧、周桂笙编辑的《月月小说》(1906 年),吴摩西编辑的《小说林》(1907 年)是此时四大文学刊物。这些依赖通商口岸、现代都市和印刷出版工业及大众传媒体制而出现的都市文学刊物,适应了都市市民大众的"消闲""娱乐"要求,使那些由于种种原因而脱离了传统的"学优而仕"的人生事业格式的知识分子变成了依靠报纸杂志、读者市场和稿酬谋生的"作家"。

民国时期创刊的杂志 140 余种,主要有《东方杂志》《良友画报》《中国近代女性学术丛刊》《申报画刊》《新青年》《教育研究》《新教育》《教育杂志》《建国教育》《奉天教育》《燕京学报》《北京大学日刊》《生活周刊》《少年中国》《向导》《中流》《建设》《英语周刊》《东方医学杂志》《国际时报》《民政部旬刊》等。文学期刊有《文学周报》《创造月刊》《剧学月刊》《小说日报》《半月》《万象》《游戏世界》《文学》《语丝》《文艺复兴》等。其中,《新青年》《良友》《语丝》《新月》《生活》《独立评论》《观察》《东方杂志》等最为著名。

第三节　新中国文化事业的发展

一、百花齐放、百家争鸣

中华人民共和国成立后,随着社会主义基本制度在我国的建立和大规模经济建设的逐步展开,党和国家开始关注文化事业的发展。1949 年 7 月 2 日,第一届全国文学艺术工作者代表大会开幕,正式代表及邀请代表共计 824 人,会议提出了文艺为人民服务、为工农兵服务的宗旨,成立了中华全国文学艺术界联合会及各类文艺协会,中国的艺术创作进入了一个新的历史时期,由此拉开新中国文学艺术历史之激动人心的序幕。1952 年开始的社会主义改造,通过"改人、改戏、改制",使很多旧艺人在党的教育下,摒弃了旧社会的一些不良习气,成为新中国的社会主义文艺工作者,国家将所有的民间文艺团体、戏班子、艺人和国有文艺团体组成国家、省、地区三级设置的国营文艺团体,文艺工作者的社会地位发生了翻天覆地的变化。话剧出现了歌颂、回忆、斗争,即歌颂党、领袖、社会主义、人民和美好生活,回忆战争岁月、回忆苦难年代、回忆过去生活,和帝国主义、资本主义、旧思想、旧观念做斗争的一大批优秀作品。1951 年毛泽东同志为中国戏曲研究院题词"百花齐放、推陈出新",为推进戏曲、杂技等传统艺术的发展指明了方向。1952年 10 月举办了全国第一届戏曲观摩演出大会,23 个剧种演出了 82 个剧目,展现了戏曲改革的初步成果。这个时期的音乐作品渗透着昂扬情调和音乐美质,不但润泽了几代中国人的心灵,时至今日仍被尊为"红色经典",畅演不衰。继承和发展民族民间舞蹈遗产成为舞蹈工作者的指导方针,涌现出一大批在原有民间舞蹈基础上加工改编的优秀作品。毛泽东 1956 年在中共中央政治局扩大会议上,正式提出在科学文化工作中,实行"百花齐放、百家争鸣"的方针,鼓励内容与形式的创新,鼓励各种艺术流派的自由发展。"百花齐放、百家争鸣"具体说就是:在文艺创作上,允许不同风格、不同流派、不同题材、不同手法的作品同时存在,自由发展;在学术理论上,提倡不同学派、不同观点互相争鸣,自由讨论。"百花齐放"是指文学艺术上的不同形式和风格,可以自由发展;"百家争鸣"是指学术上的不同学派,可以自由争论。

　　1956 年之后,尽管期间虽然经历了许多的曲折,如极左干扰和艺术创作上的"大跃进",但是在探索中国特色社会主义文化发展道路上,取得了许多的成果,艺术创作仍然成绩斐然。话剧开始"民族化"的探索,戏曲逐渐形成整理改编传统戏、新编历史剧和创作现代戏三者并举的剧目政策,推出了一批优秀剧目,在表演和唱腔上都有创新。歌剧舞剧也涌现了一批优秀作品,出现了新中国文学艺术创作的第一个高峰。文艺作者的眼界开阔了,思想活跃起来了,创作了一大批以反映时代变化和新人物、新思想为特色的文艺作品。成果如老舍《茶馆》(话剧)、郭沫若《蔡文姬》(历史剧)、吴晗《海瑞罢官》、杨沫《青春之歌》(长篇小说)等。期刊方面,仅 1956 年~1957 年出现的文艺期刊就有 18 种,原有的刊物质量也有提高。电影方面,仅 1959 年,杰出的故事片就有《五朵金花》《女篮五号》《青春之歌》《红日》《北国江南》等。这一大批以革命战争、民主改革为题材,启发人民政治觉悟,鼓励人民劳动热情的优秀作品,极大地丰富了人民群众的精神文化生活。

　　20 世纪 60 年代前后,文学艺术蓬勃发展。1961 年到 1962 年,为了纠正反"右"扩大化和"大跃进"对文化艺术界带来的冲击,中央召开了各类文艺工作座谈会,制定了"文艺 8 条""剧院(团)工作 10 条""电影工作 32 条"等,提出调整、改进文艺工作的意见。条例要求即使在批评被认为是错误观点的时候,也应严格区分政治问题与学术、艺术问题的界限,严格划分敌我矛盾和人民内部矛盾,不应用对敌斗争的方法去处理学术和艺术上的不同观点,指出文艺不仅应鼓舞人民的革命热情,提高人民的思想觉悟,而且也应使他们得到正当的艺术享受和健康娱乐,凡是能满足以上任何一种要求的作品,都是为人民服务、为社会主义服务的。经过调整,文艺工作得到逐步恢复。小说《青春之歌》《烈火金刚》《平原枪声》《苦菜花》《林海雪原》《三家巷》《苦斗》《铁道游击队》《欧阳海之歌》《晋阳秋》《红岩》《三里湾》《红旗谱》,叙事诗《阿诗玛》《格萨尔王传》,散文有《茶花赋》《长江三日》等,文化审美含量高、影响广泛,受到广大人民的喜爱。戏剧创作演出方面,全国各地挖掘出大量的传统剧目,不少剧目经过整理加工获得了新生。电影创作方面,涌现了《上甘岭》《英雄儿女》《冰山上的来客》等一批优秀作品,至"文革"前夕,我国共摄制了影片 600 多部、纪录片约 1000 部、新闻片 1800 部左右、科教片 640 多部、美术片 127 部。在音乐创作方面,涌现出《歌唱祖国》《我们走在大路上》《我为祖国献石油》《唱支山歌给党听》等一大批优秀歌曲。大型音乐舞蹈史诗《东方红》和《长征组歌》成为划时代的佳作。《江姐》《洪湖赤卫队》《刘三姐》《红珊瑚》等歌剧堪称中国歌剧艺术史上的华彩乐章。舞蹈艺术创作方面,涌现出《红绸舞》《鱼美人》《荷花舞》《红色娘子军》《小刀会》等许多被群众喜爱的作品。美术作品创作方面,艺术家们面向大众、深入表现生活,形成了精神内涵深广、形式丰富多样的鲜明中国美术特色。《蛙声十里出山泉》《祖国万岁》《洪荒风雪》《开国大典》《征服黄河》等,都是这一时期的杰出精品。

在这期间,一些学术问题被当成政治问题,背离了双百方针,使社会主义文学艺术和科学受到极大危害。如 1964 年对电影《早春二月》《舞台姐妹》《北国江南》《逆风千里》《林家铺子》《不夜城》《红日》《革命家庭》《两家人》《兵临城下》《聂耳》等进行批判,对戏剧《李慧娘》《谢瑶环》等也进行批判。1966 年,有《南征北战》《平原游击队》《战斗里成长》《上甘岭》《地道战》《分水岭》《海鹰》等在经过甄别后,从 68 部战争题材影片中获得解放。《小兵张嘎》《南征北战》《地道战》《地雷战》《黄继光》《邱少云》《罗盛教》《董存瑞》得到了广泛的好评。

"文化大革命"是对文化的一场浩劫和灾难。在艺术创作中,宣扬唯心主义史观和教条主义,排斥和否定文学艺术内容多样性,提出了所谓"三突出原则",严重地违背了艺术创作规律和"双百"方针。丰富多彩的中国传统剧种、剧目和文艺形式,大都被打成"毒草",勒令停止演出,唯有几个革命样板戏"一花独秀","八亿人民八台戏"成了当时文艺领域的真实写照。在电影方面,除了极少数革命题材的电影被保留外,"文革"前拍摄的电影基本被否定。在美术方面,国画的传统内容受到批判,并收集所谓迎合西方资产阶级和修正主义的"黑画"进行展览批判。在出版方面,除了"马恩列斯毛"的著作外,几乎所有的中国和外国经典文学艺术作品、历史哲学法律等人文和社会学科的书籍都被作为封资修的东西打入冷宫,禁止出版发行和阅读。背诵领袖的语录、诗词,学唱样板戏成了群众性文化活动的主要内容和主要形式。公共图书馆、博物馆几乎停业闭馆,公共文化设施被挪为他用,大批珍贵文化遗产、图书典籍被当做"四旧"和文化糟粕遭到扫荡和摧毁。对外文化工作遭到严重破坏,机构被撤销,干部队伍被解散,外国优秀文化的借鉴作用被全盘否定,与外国签订文化协定和年度交流执行计划也全部中断,从而严重影响了文艺的发展、繁荣和艺术的进步。

　　"文革"时期的文学艺术意识形态色彩强烈,因而显得有些公式化、高大全。《艳阳天》《金光大道》《万年青》《大刀记》《分界线》《万山红遍》等是"文革"小说中的上乘之作;电影代表作有《闪闪的红星》《创业》《海霞》《春苗》《决裂》等。戏曲有京剧《红灯记》《沙家浜》《智取威虎山》《海港》《奇袭白虎团》《龙江颂》《平原作战》《磐石湾》《红色娘子军》《杜鹃山》,芭蕾舞剧有《红色娘子军》《白毛女》《沂蒙颂》《草原儿女》,交响音乐有《沙家浜》,钢琴伴唱有《红灯记》,钢琴协奏曲有《黄河》等。

　　尽管文艺创作严重违背了创作规律,但是群众文化活动要求做到人人能读书、能写诗,人人会唱歌、会画画、会舞蹈、会表演、会创作,村村成立宣传队,对于普及民众文化艺术也起到了一定的作用。

　　"文革"后,经过拨乱反正,邓小平提出建设有中国特色的社会主义文化,必须坚持为人民服务、为社会主义服务的"二为"方向和坚持百花齐放、百家争鸣的"双百"方针;20 世纪 80 年代初,以"五讲四美"为内容的精神文明建设开展起来。在这种形势下,文艺领域再次呈现繁荣景象,出现了"反思文学""伤痕文学"以及以改革实践为题材的文学作品。①

---

① 中国 20 世纪 50—70 年代的文学,见洪子诚:《中国当代文学史》,北京大学出版社 2010 年版。

二、大力发展文化事业，提升人民文明素养

1. 整饬社会风尚

社会风尚是一个社会精神文明和思想道德水平的外在表现。1950 年 4 月 13 日,中华人民共和国第一部基本法律《婚姻法》颁布实施,废除了封建婚姻制度,经过广泛宣传学习,在人民群众中树立了男女权利平等、婚姻自由等新时代的道德观念。采取有力措施扫除旧社会遗留下来的诸如卖淫嫖娼、吸毒贩毒、设庄赌博等严重毒化着社会环境和人们的身心健康的社会痼疾。

1949 年 12 月 23 日第一次全国教育工作会议确定了教育为国家建设服务、为工农服务的方针,改变了旧中国教育由少数人垄断、脱离实际、脱离生产的状况,并根据国家急需建设人才培养需要,按照"以培养工业建设人才和师资为重点,发展专门学院和专科学校,整顿和加强综合性大学的方针"对高等学校进行了院系调整,初步形成了学科专业设置比较齐全的高等学校体系。

2. 倡导文化学习

1949 年,在 326 万多地方党员中,农民出身的占 83%,工人出身的仅占 5.87%,而且文化程度普遍偏低,文盲、半文盲占 69%,小学文化程度占 27.66%,中学文化程度占 3.02%,大学文化程度仅占 0.32%。

1953 年,文化部发布了《关于整顿和加强文化馆、站工作的指示》,明确了文化馆(站)为群众服务。1956 年,又下发了《关于群众艺术馆的任务和工作的通知》,对群众艺术馆的性质、任务、编制、经费等做出了明确规定,并正式成立了中央群众艺术馆。随着大规模经济建设的开展,一大批文化设施在各地纷纷建立。到 1965 年,全国已有县级文化馆 2598 个、城乡影剧院 2943 个、县级以上图书馆 562 个、群众艺术馆 62 个、乡镇文化站 2125 个,为人民群众参与文化活动提供了保障。

在书刊出版方面,按照"发展人民出版事业,并注重出版有益于人民的通俗书报"的方针,统一全国新华书店为国营书刊发行机构,成立人民出版社等十多家专业出版社。为了维护公民的阅读权益,提高全民族的科学文化素质,国家实施了一系列具有重大文化积累价值的基础性图书出版工程。在"文革"前 17 年间,我国出版了大量经典著作和有重要影响的优秀图书,出版物品种、数量得到快速增长。1965 年全国出版图书 20143 种,总印数 21.71 亿册,全国年人均图书 3 册,比 1950 年的图书品种数增长了约 1 倍,图书供给量增长了 7.8 倍。一些有相当影响、意义重大的辞书工具书,如《新华字典》《现代汉语词典》等陆续出版。

为发挥科学技术在建设事业中的重要作用,在接收旧中国"中央研究院""国立北平研究院"的基础上组建了中国科学院,大力加强科研队伍建设,并于 1950 年 8 月成立了中华全国自然科学专门学会联合会和中华全国科学技术普及协会,为团结广大科技工作者推广学术研究和学术交流、普及科学知识、提高人民科学技术水平发挥了重大作用。

3. 解决世界观的问题

与此同时,党和政府还提倡运用马克思主义观点研究和解释历史,以此消除旧思想和资产阶级唯心主义的影响,帮助人民分清什么是人民革命、什么是改良主义。为此,相继开展了对电影《武训传》、胡风文艺思想和俞平伯《红楼梦研究》以及杨献珍的"综合经济基础理论"等的讨论和批判,对于在广大知识分子和人民群众中传播普及辩证唯物主义世界观具有一定的积极意义。

三、社会主义文化管理体制

1956 年,在对私有制进行社会主义改造中,我国逐步建立了与计划经济体制相适应的文化管理体制。

一是加快对旧戏曲的改造,建立新型艺术管理体制。中华人民共和国成立后,之前遗留下来的各种民间戏曲团体和戏班子数量庞大。1951 年 5 月,政务院发布《关于戏曲改革工作的指示》,提出"改戏、改人、改制"的号召,提出了用新戏曲逐渐代替旧戏曲的方针。在延安时期建立的文工团基础上,将所有的民间文艺团体、戏班子、艺人组成国营文艺团体。在学习借鉴前苏联等国家经验的基础上,组建了中国京剧院、中央歌剧院、中央乐团、北京人民艺术剧院等一大批完全有别于旧戏班子的新型文艺院团。文艺工作者的社会地位发生了翻天覆地的变化,促进了新中国文艺事业的发展。

二是通过对国外古典艺术品种的引进,建立和丰富了我国的艺术门类体系。在苏联等社会主义国家的帮助下,我国引进了芭蕾舞、交响乐、歌剧、油画等许多西方古典艺术门类,建立了艺术教育体系,培养了大批优秀文艺人才。

三是按照统筹兼顾、分工合作的原则,在加快公营、公私合营出版机构改组和调整中,成立了人民出版社、人民教育出版社、人民文学出版社等专业出版社。到 1957 年底,全国图书出版社达到 103 家。

四、大力弘扬民族艺术，积极借鉴西方艺术

保护和扶持传统艺术的发展，又积极地借鉴外来艺术的长处为我所用。我国不仅有以京剧、昆曲等为代表的各种传统的戏曲、曲艺、民族音乐等中国独有的艺术形式，也有交响乐、芭蕾舞、歌剧、话剧等来自西洋的艺术，而且这些艺术品种都在中国扎根生长并已经形成了中国风格、中国流派。比如我们中国的芭蕾舞，已经在国际上占有重要一席。音乐剧、现代舞、流行音乐等各种现代艺术都为中国大众，特别是青年人所熟知，并有专业的艺术团组。造型艺术也是这样，中国画、书法等传统艺术在世界艺坛独树一帜。油画、水彩、版画、雕塑等外来艺术形式，也都得到了长足的发展，并且也达到了较高的水平。

也是中国民族歌剧发展最重要的时期。歌剧（opera）是将音乐（声乐与器乐）、戏剧（剧本与表演）、文学（诗歌）、舞蹈（民间舞与芭蕾）、舞台美术等融为一体的综合性艺术。以《白毛女》为主流派风格的中国民族歌剧的确立标志着中国民族歌剧发展的态势是相当积极和繁荣的，同时中国民族歌剧的艺术风格也发生了新的变化。

中国近现代出现的新的戏曲音乐被称为"新歌剧"，是为了区别于传统戏曲。它既不同于传统戏剧，又别于西洋歌剧。以延安文艺座谈会之后的新秧歌运动为起点，一大批秧歌剧，如《兄妹开荒》《夫妻识字》为新歌剧的创作开辟了正确的道路。此后，《白毛女》《刘胡兰》《赤叶河》又获成功。中华人民共和国成立之后，进一步探索新歌剧的创作经验。《刘三姐》《小二黑结婚》《王贵与李香香》《草原之歌》等相继问世。1956 年后，遵循"百花齐放，百家争鸣"方针，创作了《红珊瑚》《红霞》《洪湖赤卫队》《江姐》《阿依古丽》等大量作品。

五、扩大对外文化交流

由于西方帝国主义的封锁，我国在文学艺术、新闻出版、广播电影、遗产保护等领域，重点与社会主义国家、亚非拉发展中国家和少数西方国家开展了广泛的文化交流与合作，扩大了新中国在国际社会中的影响力，为社会主义和平建设争取有利的国际环境发挥了重要作用。

至 1966 年，我国与各国共签订 41 个文化合作协定和 155 个文化交流执行计划，平均每年文化交流项目达 100 余起，参与文化交流达 2000 人次。各类文化代表团互访频繁，交流项目不断增加，为增进中国与各国人民的相互了解、友谊和理

解发挥了重要作用。

第四节　世界现代文化产业的发展及其特点

现代文化产业是城市工业化水平发展到一定阶段的必然产物。对于城市的起源,《周易·系辞》有过一段这样的表述:"列廛于国,日中为市,致天下之民,聚天下之货,交易而退,各得其所。"在中国传统观念中,"市"是商品交换之所,这与马克思的理论不谋而合。马克思在《德意志意识形态》中指出:"某一民族内部的分工,首先引起工商业劳动和农业劳动的分离,从而也引起城乡的分离和城乡利益的对立。"自给自足的小农经济,造就了"日出而作,日落而息"循环往复的生活方式。而农业社会罕有的工商业气息,带来了精神风貌的焕然一新。历史上冶金、陶瓷、纺织手工坊式的生产模式,地方戏剧、武术、美食的经营、传承,只需口耳相传,便可以满足社会需求。这种文化产业属于自然状态下的,不属于批量机械化生产。

在西方新马克思主义的思潮中,法兰克福学派独树一帜,影响深远。作为该学派的代表人物,阿多诺把文化产业的起源追溯到 17 世纪,认为那是以娱乐为手段旨在达到逃避现实生活和调节世俗心理之目的的产物。它的特点是批量的、千篇一律的文化产品,它把情感标准化,缺乏真正的新意或创意,具有商品社会一切产业的基本特点,是为了交换或者为了在市场上销售而生产出来的。

工业技术,机械制造,新的合成材料,使用机械装置、声光电磁等生产背景下的文化商品的生产,才是真正意义上的文化产业。

工业革命又称产业革命,指资本主义工业化的早期历程,即资本主义生产完成了从工场手工业向机器大工业过渡的阶段,是以机器生产逐步取代手工劳动、以大规模工厂化生产取代个体工场手工生产的一场生产与科技革命,后来又扩充到其他行业。有人认为工业革命在 1750 年左右已经开始,但直到 1830 年,它还没有真正蓬勃地展开。大多数观点认为,工业革命发源于英格兰中部地区。18 世纪中叶,英国人瓦特改良蒸汽机之后,由一系列技术革命引起了从手工劳动向动力机器生产转变的重大飞跃。随后传播到英格兰、整个欧洲大陆,19 世纪传播到北美地区。

在世界范围内,西方资产阶级革命废除了封建制度,消除了不利于资本主义发展的种种束缚,为工业革命创造了重要的政治前提;消除了农业中的封建制度和小农经济,为资本主义大工业的发展提供了充分的劳动力和国内市场,如英国的圈地运动;资本主义原始积累过程,提供了资本主义大工业所必需的大批自由劳动力和巨额的货币资本,包括殖民扩张;资本主义工场手工业长期的发展,为大机器生产的出现准备了技术条件。

一般认为,蒸汽机、焦炭、铁和钢是促成工业革命技术加速发展的四项主要因素。在瓦特改进蒸汽机之前,整个生产所需动力依靠人力和畜力。伴随蒸汽机的发明和改进,工厂不再依河或溪流而建,很多以前依赖人力与手工完成的工作自蒸汽机发明后被机械化生产取代。工业革命是资本主义发展史上的一个重要阶段,它实现了从传统农业社会转向现代工业社会的重要变革,它使机器代替了手工劳动、工厂代替了手工工场。

资产阶级的革命,可以分为两个阶段。第一个阶段叫工业革命,18世纪60年代开始于英国,英国工业革命从18世纪60年代开始,到19世纪40年代基本完成。首先从棉纺织业开始,18世纪80年代因蒸汽机的发明和使用使工业革命得到了进一步发展。继英国之后,法、美等国也在19世纪中期完成工业革命。第二阶段叫科技革命,19世纪70年代开始,资本主义制度在世界范围内确立,资本积累和对殖民的肆意掠夺积累了大量资金,大量的殖民地出现。

世界现代文化产业的发展分为四个阶段。

一、起始阶段及其特点

这一阶段指的是20世纪初到20世纪中期。

(1)无线电、放映机、胶卷技术。文化产业与科学技术的重大变革往往是分不开的,第一、二次技术革命使电报、电影、无线电、电视等电子媒体广泛进入西方生活。在这个阶段,传媒业获得长足的发展,成为西方文化产业发展中的领头羊。

(2)电台、收音机、电影好莱坞。1920年,美国历史上最早的KDKA电台开始运作,并成功成为20世纪三四十年代西方文化产业的龙头。随后,大量影视企业开始出现,美国形成了"五大影视巨头"(福克斯电影公司、迪士尼公司、派拉蒙电影公司、哥伦比亚电影工业公司、环球城市制片公司)。这五大影视巨头垄断好莱坞长达半个世纪,发行电影占美国电影市场的90%,并成功占据全球影视市场。

(3)无政府主义政策。美国出台了世界上最早的以文化产业为中心的一系列政府法令,取消了对文化产业的一切政府管制,强调其自由发展,如1927年的《广播法》(Radio Act)和1934年的《通信法案》(Communications Act)。这些法令授予美国联邦通信委员会独立管理美国通讯业的权力。注重产业经济效益,忽视了产业文化文明的功能。文化是人的成长,文化是人类文明结晶。

二、发展阶段及其特点

这一阶段指的是第二次世界大战结束到 20 世纪 70 年代。

(1)信息技术推动——互联网。第二次世界大战结束后,第三次工业革命带来了以计算机为代表的信息技术革命,进一步推动了美国通讯业的快速发展,互联网成为继印刷、无线电和电视之后的第四大通讯媒介。

(2)电视业发展迅猛。1972 年,美国电视台激增,美国的电视频道覆盖率高达80%,美国成为当时拥有最多电视数量的国家。1972 年,美国发射第一颗电视通信卫星。1980 年,美国电视收入高达 114.88 亿美元。同时,迪士尼公司使美国卡通片横扫全球卡通片市场,造就美国卡通片最为辉煌的时期。

(3)欧洲跟进。在美国正如火如荼地垄断全球文化市场的同时,欧洲文化产业开始崛起,成为美国文化产业的一大威胁。

(4)法规推动。美国国家基金会于 1965 年出台《人文艺术法令》,标志着美国政府第一次介入美国文化产业的发展,以间接方式加大了对文化产业的经费支持。另外,2005 年颁布的《版权法令》也极大地促进了文化的发展。

三、扩张阶段及其特点

这一时期指的是 20 世纪 80 年代到 21 世纪初。

(1)美国并购潮。冷战结束之后,没有任何一个国家能与美国强大的经济、政治和军事力量相匹敌。这个阶段,美国文化产业开始开拓海外市场。经历了半个世纪的快速发展,美国文化企业间开始积聚力量进行激烈的竞争,并购或吞并弱势企业,形成更强大的合力,扩展国外市场。

(2)信息技术的推动。信息技术的快速发展将整个世界联系在一起,文化产业发展也因此迎来黄金时期。

(3)集团化跨国经营。这个阶段中,美国文化产业发展的主导趋势是产业集群化已经形成,大规模文化产业集团主导着世界整个文化体的重组,并跨产业、跨国界运作。

(4)宽松政策支持。美国国家出台各种政策大力支持美国文化产业向海外市场扩张,其中以 1996 年的《电子通讯法令》最为典型,该法令取消对文化生产的一切管制,使得 1980 年美国文化企业并购、吞并现象达到高潮。

(5)WTO 的自由市场。美国政府继续支持美国文化企业的海外市场扩张行动。积极推动包括文化商品在内的所谓贸易和投资领域自由化,为其文化商品输出提供保障。在中国加入世贸组织的双边谈判中,美国坚决要求中国开放文化市场,要求中国在视听服务行业允许设立外资企业,让外资企业从事视听产品的制作和发行,并强烈要求中国取消进口配额,接纳美国各类影视制品。

四、巅峰阶段及其特点

这一阶段指的是 21 世纪初到现在 15 年的时间。

(1)文化产业成为很多国家的支柱产业。各国高度重视,产业意识强,文化产业以快于 GDP 平均发展的速度增长,在许多国家已经成为国民经济的重要支柱产业。

(2)品牌建设。以国家标志性品牌为核心,全面打造本国文化产业的国际竞争力。

(3)全面发展。文化艺术产业、图书出版产业、电影电视产业、传媒集团产业、音乐唱片产业、旅游游乐产业均得到突飞猛进的发展。

(4)融合性强。资金、科技、市场融入文化产业,即大量的科技与资金涌入文化产业。网络、手机终端的文化产业成为科技与市场争夺的高地,资金资本成为产业大亨。

(5)创意成为主要内容。从世界各地吸收大量优秀的文化资源成为创意的主要内容。

(6)延伸产业链条。针对电视、电影人物、电影场景推出众多的玩具、生活用品,甚至旅游景点,如位于洛杉矶的环球影城、迪士尼乐园等。

(7)法律法规完善。以《专利法》《商标法》和《反不正当竞争法》等为主的一套完整的知识产权法律体系已经形成,并得到各国政府的认可。

第五节　改革开放以来我国文化产业发展进程

以党的十一届三中全会为标志,我国进入了社会主义事业发展新的历史时期。我们党总结了国际国内历史经验,确立了党在社会主义初级阶段的基本理论、基本路线、基本纲领,做出了改革开放的战略抉择,在应对国际国内风云变幻中,经受了巨大考验,中国特色社会主义展示出蓬勃生机,文化建设踏上繁荣发展的新征程,文化产业也被当做文化发展繁荣的两翼之一,得到了重视和推动。

一、我国文化产业发展的背景

我国的文化产业是伴随着改革开放后我国政治、经济、社会和文化发展兴起的,文化产业发展是我国经济发展的直接结果,是历史发展的必然结果。

1. 市场经济体系的确立,为文化产业奠定了基本的发展基础

1992 年,邓小平同志视察南方重要谈话和党的十四大胜利召开,明确了中国经济体制改革的目标就是建立社会主义市场经济体制。我国建立社会主义市场经济体制,涉及经济基础和上层建筑的许多领域,必然需要一系列相应的体制改革和政策调整。文化事业的发展也必须与经济体制改革相适应,实现由计划经济体制下的发展模式向社会主义市场经济体制下的发展模式即文化产业转变。在我国,广大人民群众对社会主义文化特性的认识正在逐步深入,从实践层次的各种文化公司到科研院所研究文化产业的理论学术界,无不努力学习西方先进的产业理念和先进的企业管理。各个工商企业、行业、产业的发展也已经度过了所谓"原始积累"的初创阶段,产业化的中国运作模式正在从理论到实践在中国广袤的大地上全面兴起,并不断完善。文化作为一种上层建筑和意识形态,也将遵循其自身发展规律,遵循社会主义市场经济规律,适应市场经济的各种要求向前发展。

市场经济体制孕育了文化产业广阔的发展空间。市场经济模式将文化产品纳入了大众消费领域,使文化的经济价值在产业化的过程中获得了最大的实现。

在社会主义市场经济的环境中,部分文化产品具有了商品的特性,有的本身已经成为商品,其生产、分配、交换和消费等各个环节都融入市场经济的大流通循环中。文化生产也要遵照着市场经济的所有规则,全面注重成本核算,不断提高经济效益和社会效益。文化活动与经济活动相互渗透,经济活动的发展中有文化的作用,如企业文化、社区文化、劳动者素质的提高和品牌文化、服务文化等;文化反过来推动经济的发展。文化产业本身也是经济的一个组成部分,文化产业的充分健康发展,将进一步优化国家产业结构,繁荣市场经济,扩大群众就业,提高人民生活质量,进一步全面实现社会的进步。

特别是社会主义市场经济体制的建立,加速了我国文化体制改革,要求文化产品必须遵循社会主义市场经济规律,努力适应市场经济要求。同时文化产业本

身也是国民经济的组成部分,可以优化国家产业结构,有利于繁荣经济,扩大就业,提高人民生活质量,有利于全面实现社会进步。

随着社会生产力的发展和人类物质生活的逐步富裕,人们的闲暇时间比过去大大增加。现在,我国一年中已经有114天是法定休息日。闲暇时间的增多,大大增加了人们文化消费、精神消费的需求。

2. 先进文化为文化产业指明了前进的方向

发展先进文化,就是牢牢把握中国先进文化的发展趋势,着眼于世界科学文化发展的前沿,不断发展健康向上、丰富多彩的,具有中国风格、中国特色的社会主义文化,满足人民群众日益增长的精神文化需求,引导广大人民群众不断提高专业文化素养,普及发展群众文化。

发展文化产业必须结合中国国情,必须符合先进文化的发展要求,不断发展健康向上、丰富多彩的,具有中国风格、中国特色的社会主义文化,满足人民群众日益增长的精神文化需求,引导广大人民群众从思想上、精神上正确武装和不断进步。随着居民收入水平的增长,文化娱乐支出比重的增加和文化消费时间的增多,文化消费总量迅速提高,居民对文化产品的选择性日益增强。只有发展文化产业,不断形成多门类、多层次、多类型的文化生产和服务体系,才能从数量、质量、多样化等方面满足群众的文化需求。也就是说,在社会主义市场经济体制下,文化产业是专业文化和群众文化的经济支撑,是文化事业发展的物质基础,是解放和发展文化生产力的有效途径。所以,必须大力发展文化产业。

文化产业的繁荣发展也要通过加强自身的造血功能,从市场上获得旺盛的生命力和充足的发展后劲,从企业管理的机制中得到动力,从社会主义市场经济规律中得到机会,从产业发展的模式中找到发展壮大的契机。伴随着文艺演出市场、电影电视市场、图书音像市场、文化娱乐市场、文化旅游市场、艺术培训市场、艺术品市场等在内的文化市场体系初步建立,文化产业已经成为改革开放30多年来各个行业中我国发展速度最快的产业之一。

3. 现代高新技术为文化产业发展提供了强大的技术支持

高科技对传统文化的支配和渗透,使文化本身的发展出现了巨大的变化,可以说文化产业是高新技术与文化紧密结合的产物,体现了文化与经济互相渗透的趋势。20世纪以来,高科技如数字化、信息化、网络化对传统文化的支配、渗透及影响,已经使文化本身的发展出现了巨大的变化,如印刷复制、录音录像、电子排版、网络传输、数字化、手机终端等技术在文化领域的广泛应用,使文化艺术品可以批量生产。过去,京剧只能在剧场里演,演一场只能有有限的观众观看。从科学技术基础条件上看,形成不了产业。现在,同样是一场京剧,电视可以转播,可以录音、录像,然后用现代化、工业化的方式,大量生产录音带、录像带、CD、VCD、DVD 等,这使得文化事业有可能成为文化产业。高科技的发展,特别是信息产业的渗透,使文化产业出现了更加丰富的形态。最典型的莫过于互联网的出现使其成为继报刊、广播、电视后的第四媒体,并由此产生了在线电影、在线出版、网上论坛、微博、微信等一系列新型的文化形态。文化产业的发展可以提高人民生活质量,促进知识的传播和普及,它是知识经济时代的先导性产业,已经成为提供知识、教育、审美、交流和休闲娱乐的重要载体。

4. 产业实践为文化产业发展探索了一些道路

随着社会主义市场经济体制的建立,我国文化产业发展迅猛,取得了良好的社会效益和经济效益,一方面满足了人民群众日益增长的精神文化需求,另一方面产生了巨大的经济效益,文化产业已经成为国民经济的支柱产业之一。我国政府加强文化体制改革,出台了一系列政策促进文化产业的发展,各地政府也结合当地实际情况制定文化产业政策和文化产业规划,推动文化产业项目,积极推动区域经济发展。

5. 全球化竞争将文化产业推向了社会经济发展的前沿

经济全球化引发了文化资本和文化要素的全球流动,文化产品的生产、消费、流通日趋国际化,文化已经成为综合国力的重要组成部分。世界各国非常重视文化产品在国际市场的占有率,更重视文化对其他国家和民族的影响。文化成为世界各国关注的焦点,文化实力已经成为综合国力的主要内容,文化发展已经成为当今世界的新型战略课题。为此,中央和地方制定了相关文化产业发展规划,开展了文化产业理论研究和讨论,有关部门先后举办了国际文化产业研讨会。国家也设立了相应的机构,管理相关事宜。在 1998 年国务院机构改革方案中,文化部主要职责之一就是"拟定文化产业规划和政策,指导、协调文化产业发展",在其内设机构中专门设立了"文化产业司",其任务是研究拟定文化产业发展规划和文化产业发展政策、法规,扶持和促进全国各地文化产业的发展和建设,协调文化产业运行中的重大问题。

从国际上看,世界多极化在曲折中发展,经济全球化步伐加快,科学技术突飞猛进,综合国力竞争日趋激烈。在这个大背景下,人们对文化及其在经济和社会发展中的特殊作用表现出了更多的关注,在探讨重大经济、政治社会问题时,都要涉及文化因素。所以,文化实力已经成为综合国力的主要内容,文化发展已经成为当今世界各国政要、文化工作者、产业投资者的新型战略发展课题。据统计,日本文化娱乐消费占国民生产总值的 4%,日本的娱乐业产值仅次于汽车工业。美国和西欧一些国家的文化消费已经占家庭消费的 30% 左右。美国文化产业的产值已经占 GDP 总量的 18% ~25%。400 家规模最大的美国公司中,有 72 家是文化产业企业,美国音像业的出口贸易额已经超过航天工业,居于第一位。另外,文化产业已成为国际贸易中的重要组成部分,1980 ~1998 年,在人文艺术、娱乐、文化活动、旅游服务等领域的世界贸易额,从 953.4 亿美元迅速增加到了 3879.3 亿美元。

而随着我国加入 WTO,外国的文化资本和文化产品会越来越多地进入我国,国际文化交流与合作更加活跃,国际上不同文化的相互渗透和整合将更加激烈,西方发达国家力图凭借其经济实力和文化传播方面的优势,将大量精神文化产品、社会政治理念、价值观念等输入我国,并力图占领我们的文化市场。对此,我们必须保持中华文化的主权和独立,抵御外来文化的消极影响,特别是消除腐朽文化的侵蚀。为此,我们必须大力发展自己的文化产业,提高文化产品的市场竞争力和市场占有率。我们要把中国丰富的、独特的、珍贵的文化资源加以开发、包装,使之转化为全世界亿万人都能享受的文化商品,把中国的文化价值观、审美观传播到全世界,以防止在经济全球化的条件下出现美国文化价值观、审美观一统天下的局面。

6. 我国文化传承与发展现代化的要求

伟大的中华民族在人类文明发展的历史长河中,创造了博大精深的中华文明,留下了光辉灿烂的文化瑰宝,代表着世界四大文明之一,儒教文化与印度文明、古希腊文明、古埃及文明并称世界舞台,而且传承数千年保持至今,具有极大的独特性、丰富性、完整性;我国文化类型极其丰富,为我们积累了难以估价的文化资本,是绝无仅有的文化经济资源。文化资本已经成为衡量一个国家或地区综合能力的重要指标,启动这些文化资本,就有可能形成具有中国特色的文化产业,从而在全球的市场竞争中占有比较优势。中国文化具有对先进文化文明的消化吸收能力,任何文化都可以被中国文化所吸收、所同化、所中国化,这是任何其他文化所无法比拟的。

二、起步阶段 (1979～1985 年)

党的十一届三中全会召开后,党和国家的工作重心实现了从"以阶级斗争为纲"到"以经济建设为中心"的历史性转折。文化战线拨乱反正,正本清源,彻底否定"文化大革命"的错误路线,挣脱"两个凡是"的精神枷锁,大胆解放思想,积极改革开放,投身到新时期的文化艺术实践活动中,文化领域万马齐暗的沉闷局面迅速得到改变。

1979 年,话剧迅速挣脱政治桎梏,发挥了它介入现实短平快的特点,率先创作了一批及时反映政治潮汛和重大社会主题的作品,在人民群众中产生了巨大反响。一批"文革"前改编的优秀传统戏又重新登上舞台,赢得了广大观众的喜爱。舞蹈艺术也从长期的停滞状态中全面复苏,一批打动人心的新作相继呈现在舞台之上。在舞蹈风格上不拘一格,大胆糅合了中国传统舞蹈和西方现代舞蹈的表现方法,从而在舞蹈创作上树立了一种新的舞台形象。在音乐创作领域,首先出现的是"文革"前优秀抒情歌曲的"解放"和再流行,流行音乐的创作和演唱由此进入了一个由传统抒情歌曲向现代流行音乐发展的过渡期和转型期。

20 世纪 70 年代末,国外盒式录音带和录音机开始涌入我国,这一新兴录音设备和制品,由于使用方便而深受消费者的欢迎;1979 年,上海市创作出了我国第一部电视报道剧《永不凋谢的红花——张志新》、第一条国内企业电视广告"参桂补酒"和第一条外商广告"雷达表";20 世纪 80 年代初,我国开始建立录音制品出版社,与此同时,海外录像机和录像带大量传入我国;1983 年,上海市和广州市在全国城市中首先进行录像的生产和经营,自此开始,音像业在我国城市中迅速地得以发展;1984 年出现了第一家营业性的卡拉 OK 厅,以后又出现了第一家音乐茶座、第一家营业性舞厅等,建立了最早的文化演出公司,恢复了外国音乐的广播节目,群众的文化消费市场逐步得到恢复。

伴随着 20 世纪 80 年代大众传媒的发展以及西方传播学进入我国,尤其是进入科研机构和大学课堂,不仅引发了我国新闻界的一场大论辩,而且也使我国的传媒界发生了巨大的变化。这场讨论的焦点主要集中在"新闻媒介究竟是以传递信息为主还是以宣传为主""信息传播在当今社会中的重要地位"等方面。

伴随着经济体制的改革,文化体制的弊端也日益突出,越来越不适应我国改革开放的总体要求。这个阶段文化体制改革的主要成绩有:一是调整艺术部门和艺术团体的布局,改革全国专业艺术表演团体数量过多、布局不合理的状况,在大中城市,专业艺术表演团体要精简,重复设置的院团要合并或撤销,对市县专业文艺团体设置也提出了调整的要求;二是模仿经济体制改革的经验,在文化单位推行以承包经营责任制为主要内容的改革,解决"统得过死"和"吃大锅饭"等体制弊端,同时实行了以文补文、多业助文等改革措施,以解决文化单位出现的经济困境;三是实行"双轨制"改革,一轨为国家扶持的少数全民所有制院团,另一轨为多种所有制的艺术团体。文化市场的发展和地位得到承认。文化不仅仅只是政治宣传,只具有教化的功能,而且也是一种娱乐品,更是一个经济门类;文化行业不只会花钱,而且还能赚钱。

三、逐步扩展阶段 (1985～1992 年)

1985 年,国务院转发国家统计局《关于建立第三产业统计的报告》,把文化艺术作为第三产业的一个组成部分列入国民生产统计的项目中,正式确认了文化艺术可能具有的"产业"性质,以营业性舞会和音乐茶座为发端的文化市场日益活跃。文化的产业化趋势进一步加强,文化市场日趋活跃,出现了文化制造业、文化服务业和文化消费场所,各类演艺公司、广告公司等文化企业发展迅猛,成为文化市场的主导。

为克服我国文化部门中普遍存在的政企不分、政文不分、效率低下等问题,进行了文化企业和事业单位的领导建制的转换试验,如在剧团实行院长、团长负责制,在报社、出版社实行社长负责制等;许多城市文化部门开始在实践中寻求改革"大锅饭"分配模式的途径,如 1987 年沈阳市电影公司对其所属的 12 家电影院实行了"三挂钩"承包经营。随着改革开放的全面展开,我国居民的生活水平大幅度提高,文化需求也日益增长。1986 年,全国出版社增加到 446 家,出书品种 5.2 万种,总印数 52.03 亿册。还出现了 1986～1987 年的崔健摇滚乐、1988 年风行的卡拉 OK、1989 的汪国真诗歌、1990 年的电视连续剧《渴望》、1991 年的电视连续剧《编辑部的故事》等文化作品。顺应我国城镇居民消费性的文化需求,1985 年以后,另一引人注目的现象则是各种文化娱乐设施如雨后春笋般地出现。据不完全统计,至 1990 年,京、津、沪、黑、吉、辽、皖、苏、浙、闽、川、粤等 19 个省、市、自治区的城镇有歌厅、舞厅、卡拉 OK 厅共 6966 家,台球厅 37201 家,电子游戏厅 17039家。1992 年,单是上海市就有娱乐场所 2000 多家。

1988 年,文化部、国家工商局联合发布了《关于加强文化市场管理工作的通知》,不仅在政府文件中首次出现了"文化市场"的字眼,而且对众说纷纭的文化市场的范围、管理原则和任务等也做了界定,结束了文化市场管理无法可循的局面。1991 年,国务院批转《文化部关于文化事业若干经济政策意见的报告》,正式提出了文化经济的概念。1992 年,江泽民在十四大报告中明确提到要完善文化经济政策。同年,《中共中央国务院关于加快发展第三产业的决定》把"文化卫生事业"当作了加快第三产业发展的重点。同年出版的国务院办公厅综合司编著的《重大战略决策——加快发展第三产业》一书,明确起用了"文化产业"的说法,这可能是我国政府主管部门第一次使用"文化产业"概念。1992 年,我国全面建立社会主义市场经济体系,文化产业由自发开始走向自觉,不仅"文化产业"概念被明确提出,而且文化产业政策和文化产业管理进一步明确,加大了对文化产业的支持力度。

四、全面扩张阶段 (1992 ~ 2000 年)

20 世纪 90 年代是我国市场经济体制的逐步建立时期。文化产业化、商品化全面扩张,具有了一定程度的商业化、娱乐化规模。

各级文化部门加大对艺术创作的扶持和宏观引导,组织了中国艺术节、中国戏剧节、全国杂技比赛、全国声乐比赛等具有导向性的艺术活动,为艺术创作展示提供了大舞台。我国文艺各个门类百花竞放,异彩纷呈,一批思想性、艺术性、观赏性俱佳的艺术精品脱颖而出。"文华奖"、国家舞台艺术精品工程、国家重大题材美术创作工程等都起到了很大推动作用。在政府的扶持下,传统艺术得到弘扬,一些古老的剧种展现出新姿。昆曲艺术重放异彩,京剧艺术得到保护与发展。

我国文化市场也出现了空前繁荣的局面。话剧创作或以军旅生活为重要表现内容,或展示重要历史人物和事件,或记录当代先进人物和事迹。都市话剧、探索话剧、小剧场话剧生机勃勃,独立制作人也应运而生。针对戏曲艺术面临的生存困境,文化部和各地文化主管部门采取了许多有力措施,全力扶持困境中的戏曲艺术创作和生产。这一时期,少数民族戏剧、民间戏剧以及濒危的"天下第一团"(指一个剧种只存一个剧团)都得到了有效的保护。不仅许多青年演员表现出艺术才华,而且创作出一批优秀的剧目,在社会上产生了很大的影响。舞蹈创作方面,一批真正具有现代意识的作品开始呈现舞台,一批富有浓厚的民族情怀与乡土气息的作品也相继问世。中国的流行音乐也得到了进一步的发展。

一些文化市场和文化产业比较发达的城市如北京、上海、广州等,文化中介市场得到快速发展。上海市建立了多家正规的中介服务的文化实体,如上海市演出公司、上海市对外文化交流公司、上海市演出总公司、上海文大演出中心、上海广电演出有限公司等,逐步覆盖了演出市场的大部分领域,向要素市场的专业化、规范化和国际化跨出了一大步。

社会、市场对文化的新的需求使其重新充满了生命活力,各门类艺术走向综合的趋势,各种新颖的艺术形式不断出现,在国内外的影响力也日渐扩大。广大艺术工作者贴近实际、贴近生活、贴近群众,为文化产业的发展提供了多种多样的产品。

国家舞台艺术精品工程,国家重大历史题材美术创作工程,国家昆曲艺术抢救、保护和扶持工程,国家重点京剧院团专项资金的实施和设立,使得话剧、儿童剧、戏曲、杂技、舞蹈、音乐、音乐剧、舞剧、歌剧、美术等艺术门类的创作达到了空前的繁荣和发展,不仅推出了一批优秀剧目、凝聚和培养了大批艺术人才,同时也引导、规范并繁荣了演出市场,培养了一批名牌院团和名牌剧目,整体提高了我国演艺业的发展水平。

文化产业已被一些城市,特别是中心城市列入发展战略和规划之中。1996年,国务院发布《关于进一步完善文化经济政策的若干规定》,全面地提出了一整套文化经济政策。北京市提出要"重新认识文化产业的巨大潜力,迅速壮大北京的文化产业","使其成为北京的支柱产业,使北京成为全国重要的文化产业基地"。

1996年十四届六中全会通过的《中共中央关于加强社会主义精神文明建设若干重要问题的决议》提出了文化体制改革的任务和一系列方针。《决议》认为,"改革文化体制是文化事业繁荣和发展的根本出路","改革的目的在于增强文化事业的活力,充分调动文化工作者的积极性,多出优秀作品,多出优秀人才"。《决议》充分反映了国人当时在文化体制改革上的认识水平。

1998年,文化部设立了文化产业司,标志着我国政府正式将文化产业纳入政府工作体系。

这个时期以国有大型文化单位改革为标志,文化产业化全面展开,不仅非公有经济纷纷进入文化领域,而且一批国有大型文化单位进行了改革和转型,出现了以广州日报为标志的报业集团和以北广传媒为标志的传媒集团以及众多大大小小的文化传播公司。

出现了文化企业集团化的趋势,如上海的文汇新民联合报业集团、北京紫禁城影视公司、上海东方明珠股份有限公司、湖南广播电视中心等,都是我国文化企业集团化过程中的产物和成功案例。

1999 年,国务院发展计划委员会主任曾培炎在《关于 1998 年国民经济和社会发展计划执行情况与 1999 年国民经济和社会发展计划草案报告》中,明确提出要"推进文化、教育、非义务教育和基本医疗保健的产业化",文化产业第一次被正式纳入国家发展计划的政策视野。

据 1999 年 5 月北京市统计局统计,文化行业与旅游行业所创造的增加值约为281.2 亿元,占全市 GDP 的 14%。1996 年,分布于我国各大中城市的报纸共 2202种,与 1978 年的 186 种相比,增长近 12 倍。为适应居民消费性的、多样化的文化需求,报纸的种类也大大地增加了,由原来以党委机关报为主发展到多种报纸并存,出现了经济类、国际时事类、文化类、休闲类、生活服务类、法制类、文摘类、观点类、学习类等报纸,出现了周末报、体育报、星期刊、都市早报、都市晚报、都市快报等。报业的经济利润也十分可观,1996 年全国报业广告总收入为 77.6 亿元,占全国广告营业额的 21.2%,其中《广州日报》《新民晚报》《羊城晚报》等的广告收入高居榜首,均超过 5.5 亿元。

1998 年,分布于我国大中小城市的广播电台、电视台分别为 1244 家、880 家,分别增长 10.7 倍、22.2 倍;电视人口覆盖率从 49.5% 增至 87.5%,增长 37.9 个百分点。有线电视网已遍布我国绝大部分城市,初步形成了一个规模宏大、覆盖全面的有线广播电视专用传输网。我国的互联网业发展也非常迅速。

2000 年 10 月,中国共产党第十五届五中全会通过的《中共中央关于制定国民经济和社会发展第十个五年计划的建议》,第一次在中央正式文件里明确提出了"文化产业"这一概念,明确提出要"完善文化产业政策,加强文化市场建设和管理,推动有关文化产业发展"。"文化产业"概念的提出,标志着我党对于文化产业的承认和对其地位的认可,具有重要的意义,特别是对于文化体制改革具有决定性的作用。它打破传统计划经济体制下的国家统包统管文化事业的模式,发挥市场在合理配置文化资源中的基础性作用和发展文化事业中的积极作用,在全社会逐步形成共识。在实践中,公益性文化事业与经营性文化产业的分野日渐清晰;在观念上,"两手抓,两加强"的文化改革与发展的基本思路逐渐形成。

由于当时我国面临加入 WTO 的新情况,我国文化产业面临着新的机遇和挑战。随着"入世"的临近,通过制度创新和技术创新推动文化产业结构升级,扩大文化市场的准入范围,允许国外文化资本和文化艺术产品、文化服务进入,已不可避免。我国"入世"后面临的最大困难和挑战正在于人力资源的战略准备严重不足,而境外文化产业集团抢滩我国文化市场提出的人才本土化要求,引发了一场人才争夺战。

五、创新和改革深化发展阶段（2000～2004 年）

进入新世纪,特别是党的十六大以来,在科学发展观的引领下,在中国特色社会主义文化发展规律的探索中,我们党逐步形成了一系列新的文化发展理念,初步回答了社会主义市场经济条件下文化为什么要发展、实现什么样的发展、怎样发展和发展为了谁、发展依靠谁等一系列重大问题。特别是明确将发展公益性文化事业作为满足人民群众基本文化需求、保障人民基本文化权益的主要途径,把发展文化产业作为满足人民群众多样化文化需求、促进经济又好又快发展的重要途径,深刻反映了我国对新的历史条件下文化发展规律的认识和把握,解决了长期困扰人们的文化发展与市场的关系问题。

一是注重维护全体公民的基本文化权益,满足全社会多层次、多方面的文化需求,在服务社会中创造效益。通过"文化下乡""高雅艺术进校园"、为进城务工人员送戏等措施,丰富了基层群众的文化生活,推动了高雅艺术的普及。2002～2008 年,全国各级艺术院团在农村演出场次达 202 万场、观众人数超过 32.5 亿人次。许多演出场馆相继推出低票价政策,满足不同人群看演出的需求。

二是重视文化产业的发展。从党的十六大到十六届六中全会的短短四年时间里,党中央对发展我国的文化产业给予了充分的重视,并把发展该产业提到了前所未有的高度。

2001 年中共中央批转了中宣部、广电总局、新闻出版总署《关于深化新闻出版广播影视业改革的若干意见》。《意见》总结了近些年来文化体制改革的经验教训,集中反映了当时的认识和思考。《意见》提出文化体制改革要以发展为主题,以结构调整为主线,以集团化建设为重点和突破口,着重在宏观管理体制、微观运行机制、政策法律体系、市场环境、开放格局五个方面积极进行探索创新,以进一步壮大实力、增强活力、提高竞争力。

2001 年,全国政协与文化部所组成的文化产业联合调查组对国内二省所属的八个市和一直辖市进行了实地考察,在总结各省经验基础上界定了文化产业,认为文化产业是指从事文化产品生产和提供文化服务的经营性行业。文化产业是文化建设的重要组成部分,有关文化产业和文化事业两者共同构成了文化建设的内容。文化产业主要包括文化艺术、文化出版、广播影视、文化旅游等四个领域。

2002 年 2 月,国务院公布新制定或修改的《出版管理条例》《电影管理条例》

和《音像制品管理条例》开始实行,明确了我国出版、电影和音像文化市场的准入条件和范围,为国内和境外资本参与设置了渠道与界限。

2002 年 11 月,党的十六大报告指出:"发展文化产业是市场经济条件下繁荣社会主义文化、满足人民群众精神文化需求的重要途径。完善文化产业政策,支持文化产业发展,增强我国文化产业的整体实力和竞争力。"

十六大报告明确了文化产业的发展方向,明确提出了"积极发展文化事业和文化产业","完善文化产业政策,支持文化产业发展,增强我国文化产业的整体实力和竞争力"的正确决策,把文化产业发展定性为"繁荣社会主义文化、满足人民群众精神文化需求的重要途径"。这是我党在文化产业上的重大理论突破和重大理论创新,不仅区分了"文化产业"与"文化事业",而且将发展文化产业作为党和政府的重要任务,并被确立为一项重要国策。

2003 年 6 月在北京召开了全国文化体制改革试点工作会议,按照党的十六大关于深化文化体制改革的要求,专门研究部署文化体制改革试点工作。全国有包括北京、重庆、广东、深圳、沈阳、西安、丽江在内的九个省市和 39 个宣传文化单位参加了改革试点,从理论和实践的结合上进行探索,为制定文化体制改革总体方案、推动文化体制改革做准备。会后中办、国办立即下发了《文化体制改革试点中支持文化产业发展的规定》《文化体制改革试点中经营性文化事业单位转制为企业的规定》等文件,就全国文化体制改革试点中的有关情况,从财政税收、投资和融资、资产处理、工商管理、价格等方面,做出了适用于文化体制改革试点单位和地区的具体的政策规定。

2003 年国家广电总局发布《广播电视有线会费频道业务管理暂行办法(试行)》《外商投资电影院暂行规定》和《境外卫星电视频道落地管理办法》。这些政策的出台一方面使我国文化产业的市场规则更趋完善,另一方面也是我国逐步履行入世承诺、转变政府监管模式的重要基础。

2003 年 8 月 12 日上午,中共中央政治局进行了第七次集体学习。本次集体学习安排的内容是"世界文化产业发展状况和我国文化产业发展战略",学习由胡锦涛同志主持。胡锦涛同志指出,发展文化事业和文化产业,是社会主义文化建设的重要组成部分。

2003 年 9 月 4 日,文化部制定并下发的《关于支持和促进文化产业发展的若干意见》中,延续了文化产业联合调查组对文化产业的界定,把文化产业界定为:文化产业是指从事文化生产和提供文化服务的经营性行业。文化产业是与文化事业相对应的概念,两者都是社会主义文化建设的重要组成部分。文化产业是社会生产力发展的必然产物,是随着我国社会主义市场经济的逐步完善和现代生产方式的不断进步而发展起来的新兴产业。同年,中宣部、文化部、国家广电总局、出版总署下发了关于文化体制改革试点工作的意见。

2003年10月,党的十六届三中全会通过的《中共中央关于完善社会主义市场经济体制若干问题的决定》,从深化文化体制改革的角度,对如何发展我国的文化产业,进行了详细的阐述。《决定》指出:"转变文化行政管理部门的职能,促进文化事业和文化产业协调发展。"进一步强调深化文化体制改革,完善文化产业政策,促进各类文化产业共同发展,增强文化产业的整体实力和国际竞争力。文化体制改革的目标进一步深化和明确,提出文化体制改革的总目标是按照社会主义精神文明建设的特点和规律,适应社会主义市场经济发展的要求,逐步建立党委领导、政府管理、行业自律、企事业单位依法运营的文化管理体制。提出了文化事业和文化产业的改革方向和目标:公益性文化事业单位要深化劳动人事、收入分配和社会保障制度改革,加大国家投入,增强活力,改善服务;经营性文化单位要创新体制,转换机制,面向市场,壮大实力。要求健全文化市场体系,建立富有活力的文化产品生产经营体制。完善文化产业政策,鼓励多渠道资金投入,促进各类文化产业共同发展,形成一批大型文化企业集团,增强文化产业的整体实力和国际竞争力。《决定》第一次明确提出文化体制改革要形成一批大型文化企业集团。

2004年3月,十届全国人大二次会议《政府工作报告》指出,"积极推动文化体制改革和机制创新,加大对公益性文化事业扶持力度,完善文化产业政策,发挥市场机制作用,促进文化事业和文化产业共同发展",再次突出强调了文化体制改革和文化建设的极端重要性。

2004年3月29日,国家统计局颁发了《文化及相关产业分类》标准,将"文化及相关产业"界定为社会公众提供文化娱乐产品和服务的活动,以及与这些活动有关联的活动的集合。这是我国文化产业的一件大事,它不仅首次从统计上对文化及相关产业作了科学、权威的规范和界定,而且为建立科学、系统、可行的文化产业统计制度,为推动当前文化体制改革和文化产业发展奠定了重要的基础。《文化及相关产业分类》对文化产业进行了分类,包括核心层、外围层和相关层,主要包括文化产品制作和销售活动、文化传播服务、文化休闲娱乐服务、文化用品生产和销售活动、文化设备生产和销售活动、相关文化产品制作和销售活动等。

2004年9月十六届四中全会通过的《中共中央关于加强党的执政能力建设的决定》中,进一步明确提出解放和发展文化生产力,强调要"深化文化体制改革,解放和发展文化生产力。根据社会主义精神文明建设的特点和规律,适应社会主义市场经济的要求,进一步革除制约文化发展的体制性障碍"。

2004年2月,国家广电总局发布《关于促进广播影视产业发展的意见》,明确指出要加大广播影视市场的开放力度,逐步放宽市场准入,吸引、鼓励国内外各类资本广泛参与广播影视产业的发展,不断提高传媒产业的社会化程度。国家发展与改革委员会与商务部也联合公布了《外商投资产业指导目录(2004年修订)》,该目录放宽了外资准入范围,首次将广播电视节目制作、发行和电影制作列为对外开放领域。2004年10月,国家广电总局发布43号令,即《电影企业经营资格准入暂行规定》,规定了境内公司、企业和其他经济组织经营电影制作、发行、放映、进出口业务及境外公司、企业参与经营电影制作、放映业务的准入条件。随后,又和商务部联合公布了《中外合资、合作广播电视节目制作经营企业管理暂行规定》(第44号令),提出外资媒体公司可以入股国内广播电视节目制作经营企业,但中方投资人持股比例不应少于51%。文化部制定下发了《关于鼓励、支持和引导非公有制经济发展文化产业的意见》。到2004年,我国文化产业的绝大部分领域都已经对国内资本和国外资本实施了一定程度的开放(出版和电视节目的播出环节除外)。这种开放在推动我国文化产业市场化过程的同时,为完善文化市场秩序、吸引各类资本、提升我国文化产业整体竞争力发挥出积极的作用。但是,对于新闻出版单位的出版环节仍然强调国有资本的控制地位。新闻出版总署2004年7月下发的《关于进一步规范新闻出版单位出版合作和融资行为的通知》中就明确规定,新闻出版事业单位不搞融资和股份制改造。出版和广播电视的播出环节的开放还将存在一个渐进的发展过程,这一方面是由我国文化产业的特殊属性决定的,另一方面也是渐进式改革模式在文化产业领域的必然体现。

文化部积极拓宽人才培训渠道,创新人才培养机制。在北京大学和上海交通大学设立两个国家文化产业创新与发展研究基地,培养研究与经营人才。利用社会力量,与北京卓达集团合作,建立了我国第一个国家文化产业人才培训基地。在各种力量的推动下,从2004年开始,教育部开始将文化产业专门人才的培养纳入正规高等教育体系。

新兴文化产业的出现与发展是文化产业结构升级的需要。宽带通讯网、数字电视网和下一代互联网等信息基础设施的"三网合一"趋势,将打破广电与电信的分隔。以网络游戏、动漫产业为代表的新兴文化产业,将传统文化产业与高新技术、信息产业相结合,产生了新的产业集群,培育出新的消费人群,创造出巨大的社会经济效益。2004 年我国生产的动漫达到 2.8 万分钟,加上为他国家代加工的 3 万多分钟,约占世界年产量的 1/3。中国动漫产业的市场规模每年将达 200 多亿元,衍生产品市场 100 亿元左右。对于这些新兴的文化产业,国家和有关部门给予了高度重视。2004 年启动了"中国民族网络游戏出版工程",增强了我国自主研发的网络游戏在游戏市场上的竞争力。建设了北京、上海、广东、四川四个国家级网络游戏动漫产业发展基地。

六、高速发展期阶段 (2005 年至今)

一是关注民生文化权益,公共文化服务体系初具规模。随着文化建设理念的不断深化,社会文化工作逐步从"唱唱跳跳"的一般性活动组织向公共文化服务体系建设转变。以基本阵地、基本队伍、基本内容、基本活动方式为重点,以重大文化工程为抓手,公共文化服务体系建设扎实推进。公共文化设施建设得到加强,初步形成了覆盖城乡的公共文化服务网络。至 2008 年底,全国共有公共图书馆 2819 个,文化馆(含群艺馆)3217 个,文化站 37938 个,村(社区)文化室 247332 个,公共博物馆 1893 座,全国已有 1007 个博物馆、纪念馆陆续向社会免费开放,观众人数突破 1.54 亿人次。文化部等部门相继实施创建文化先进县活动、全国万里边疆文化长廊建设工程、知识工程、蒲公英计划、全国文化信息资源共享工程、送书下乡工程、流动舞台车工程,推动了基层文化建设,扩大了公共文化服务的覆盖面。城乡群众文化生活丰富多彩,广场文化、社区文化、企业文化、校园文化、军营文化日益繁荣,农民自办文化蓬勃开展。老年人、未成年人、残疾人、进城务工人员等特殊群体的文化需求得到重视。中国老年合唱节、中国少儿歌曲创作推广活动受到群众的热烈欢迎。国家大力扶持少数民族文化建设,在文化设施建设、文艺人才培养、对外文化交流、文物保护等方面对少数民族地区实行优先政策,积极开展对口支援,取得了良好的效果。

二是文化市场和文化产业蓬勃发展。基本形成了由娱乐市场、演出市场、音像市场、电影市场、网络文化市场、艺术品市场等组成的统一、开放、竞争、有序的文化市场体系。以综合行政执法、社会监督、行业自律、技术监控为主要内容的文化市场监管体系初步建立,许可证制度、备案制度、文化经营活动审批制度、进口文化产品内容审核制度相结合的文化市场准入机制不断完善。各类资本发展文化产业的积极性日益高涨,初步形成了以公有制为主体、多种所有制共同发展的文化产业格局。国有资本在文化市场中的控制力明显提高,国有文化单位结构不断优化,整体实力和竞争力有所增强。同时,民营文化企业不断壮大,成为我国文化产业的一支生力军。据初步统计,至 2007 年底,仅文化系统行业管理的经营性文化产业机构就达 32 万家,形成了由娱乐业、演出业、音像业、网络文化业、文化旅游业、文物和艺术品业等构成的文化产业体系。据统计,2005～2012 年,我国文化产业法人单位增加值年均增长超过 23%,高于同期 GDP 年均增速。文化产业在我国国民经济中的比重也不断增加,日益成为经济发展新的增长点。科技创新是文化发展的重要杠杆,也是文化产业发展的催化剂。高新技术广泛应用于文化产业领域,带来了传统文化产业的转型升级和新兴文化产业的快速发展。

三是文化遗产保护成效显著,为产业发展提供了资源基础。文化遗产保护领域不断拓宽,保护体系逐渐完善,保护成效日益凸显,保护意识不断增强。物质文化遗产保护稳步推进。以《文物保护法》为基础,我国建立起比较完善的文物保护法律体系和工作体系,文物事业正在步入法制化、规范化的轨道。先后开展三次文物普查,第三次文物普查共调查登记不可移动文物 40 多万处,其中新发现的达 25 万多处。国务院先后公布 6 批全国重点文物保护单位,共计 2351 处,历史名城 109 座,历史文化名镇、名村 251 个。长城、丝绸之路、大运河、大遗址、工业遗产、乡土建筑的保护逐渐提到工作议程。博物馆体系日臻完善,初步形成了门类丰富、特色鲜明的博物馆发展新格局。非物质文化遗产保护工作取得了突破性进展。1979 年,文化部、国家民委、中国文联等部门共同开展“中国民族民间十部文艺集成志书”编纂工作,被誉为“当代中国的文化长城”。2003 年,文化部、财政部、国家民委、中国文联共同实施“中国民族民间文化保护工程”,非物质文化遗产保护进入新的历史阶段。2005 年 6 月,第一次全国非物质文化遗产普查正式启动。国家、省、市、县四级非物质文化遗产名录体系初步建立。目前,国务院已公布了两批 1028 项国家级非物质文化遗产名录项目。文化部公布了三批 1488 名国家级非物质文化遗产项目代表性传承人,命名了闽南、徽州、热贡和羌族文化生态保护实验区,优秀传统文化的传承和文化生态保护取得良好成效。世界文化遗产申报和保护取得突破。至 2012 年我国已拥有世界文化遗产 42 处,总数居世界第三。昆曲、古琴艺术、新疆维吾尔木卡姆艺术以及与蒙古国联合申报的蒙古族长调民歌等已被联合国教科文组织列入“人类口头和非物质遗产代表作”名录。2009 年 2 月,文化部联合有关部门,共同举办了中国非物质文化遗产传统技艺大展,参与民间艺人1176名,展出珍贵实物2322件,参观人数20多万,销售总额突破1000万元。国务院自2006年起设立"文化遗产日",全社会文化遗产保护意识不断增强。古籍保护工作得到加强。从2001年起,文化部、财政部共同组织实施"中华再造善本工程",第一期工程共影印出版了宋元时期的中华古籍善本758种、8990册,第二期已于2008年启动。2007年,国家又实施中华古籍保护计划,目前国务院已经颁布两批6870部《国家珍贵古籍名录》及113家全国古籍重点保护单位。

第四,对外及对港澳台文化交流积极活跃,为文化产品"走出去"创造了条件。目前,我国同世界上160多个国家和地区保持着良好的文化交流关系,与145个国家签订政府间文化合作协定和近800个年度文化交流执行计划。"中法文化年""中俄国家年""中日文化体育交流年"等大型文化外交活动,极大提升了中国文化的国际影响力,文化外交日益成为我国对外战略中继经济、政治外交之后的第三大支柱。对外文化交流渠道日益拓展,逐步形成了"政府主导、社会参与、多种方式运作"的活动机制。全国各地已与120个国家建立了1500对友好省州和友好城市关系,与148个国家的458个民间团体和组织建立友好合作关系。"中国春节""相约北京""亚洲艺术节""中国文化年""吴桥国际杂技节""中国上海国际艺术节""北京国际音乐节""成都国际非物质文化遗产节"影响深远。海外文化阵地建设不断加强,目前已在82个国家设立96个使领馆文化处(组),已建成海外中国文化中心7个、孔子学院140多所。中国国际广播电台、中央电视台国际频道在海外的传播能力显著增强,覆盖面进一步扩展。中国文化产品和服务"走出去"初见成效,许多具有浓郁民族风格的中国文化产品走出国门,市场份额不断增加,提高了中华文化的影响力。

五是文化体制改革不断深化。一批经营性文化事业单位完成转企改制,全国有40个省级、147个地市级、240个县级演出公司、展览公司、电影公司、音像公司、影剧院等文化单位完成改制,并进一步完善了法人治理结构,建立了现代企业制度。2009年全国已有77家国有艺术院团完成了转企改制工作。在项目策划、剧目制作、市场推广、品牌运作等方面创造了大量新鲜经验。一大批国有和民营企业,在国家政策的扶持下,积极参与国有院团体制改革,多种所有制市场主体参与艺术创造、活跃演艺市场的局面正在加快形成。

六是政策力度大。传统文化产业重新焕发生机,动漫、网络游戏等新兴文化产业快速发展。一批具有较强实力、竞争力、影响力和自主创新能力的文化产业骨干企业迅速成长,文化产业规模化、集约化、专业化水平不断提高。文化部先后命名了三批 137 家国家文化产业示范基地。文化部与中国美术家协会共同命名了三批 10 家"文化(美术)产业示范基地"。有 22 个省、自治区、直辖市评选出了 429 个省级文化产业示范基地。文化产业政策体系逐步完善,为促进文化产业发展提供了强有力的制度保障。

2005 年发布的《关于文化体制改革中经营性文化事业单位转制为企业的若干税收政策问题的通知》(财税〔2005〕1 号)《关于文化体制改革试点中支持文化产业发展若干税收政策问题的通知》(财税〔2005〕2 号),为积极推进文化产业改革试点工作提供了财税保障。经过几年的探索,文化体制改革工作已经步入总结阶段,改革经验向政策、法规转化,产业也随之进入一个更加规范有序的阶段。

2005 年 4 月,国家知识产权局等 9 部委共同举办了"保护知识产权宣传周",并在北京召开了"中国知识产权与经济发展高级研讨会",鼓励和支持中国文化企业"走出去",主动参与国际竞争。

2005 年,文化部首次颁发经营许可证给手机网游公司,标志着手机网络游戏已经正式纳入国家管理的网络文化产品之列。

《中共中央关于制定国民经济和社会发展第十一个五年规划的建议》提出:"党委领导、政府管理、行业自律、企事业单位依法运营的文化管理体制和富有活力的文化产品生产经营机制。"

2005 年 7 月 20 日,国务院颁布了新修订的《营业性演出管理条例》(第 430 号国务院令),进一步从制度上解决了营业性演出中的问题,保障了演出市场的健康有序发展和消费者的合法权益。

2005 年 8 月,中宣部、文化部、广电总局、新闻出版总署、商务部等部门联合发出《关于加强文化产品进口管理的办法》、文化部等五部委联合发出《关于文化领域引进外资的若干意见》,进一步规范文化市场引进外资的工作。2005 年 8 月,国务院出台了《关于非公有资本进入文化产业的若干规定》(国发〔2005〕10 号),进一步放宽了市场准入,明确国家鼓励、限制和禁止投资的领域,支持和引导非公有制经济大力发展文化产业,从宏观角度规范了文化市场以及市场投资主体。

2005 年 10 月,党的十六届五中全会公报中指出,深化文化体制改革,积极发展文化事业和文化产业,创造更多更好适应人民群众需求的优秀文化产品。

2005 年 10 月 8 日,针对当前电视剧使用语言上的一些问题,广电总局发布《广电总局关于进一步重申电视剧使用规范语文的通知》。

2005 年 12 月,文化部、财政部、人事部、国家税务总局发布了《关于鼓励发展民营文艺表演团体的意见》,进一步调动社会力量和民间文艺工作者参与文化建设的积极性,加强知识产权保护,打击侵权盗版行为。

2005 年初,文化部制定下发了《关于促进商业演出展览文化产品出口的通知》和《商业演出展览产品出口指导目录管理办法》,使具有出口优势的项目优先得到海外市场信息和销售渠道,相继推出一批在国际文化市场上能够站得住脚的品牌文化项目。2005 年 4 月,文化部、财政部还专门设立了支持国产音像制品走出去的专项资金。在政府政策引导和支持下,一批有实力的文化公司积极开拓国际市场,取得可喜成绩。三辰卡通集团有限公司以蓝猫为形象的卡通节目,在不到五年的时间里,外销到美国、韩国、印尼、以色列等 13 个国家,输出节目 6.6 万多分钟。天创国际演艺制作交流有限公司投资制作的武术剧《功夫传奇》2005 年赴美国、加拿大巡演 210 场。为不断完善文化产业链,给文化企业搞好服务,国家相关部门和各级政府还通过文化产业博览会等形式,为文化产品交易、文化信息交流和文化项目合作搭建平台,如中国(深圳)国际文化产业博览会、中国国际音像博览会、中国国际网络文化博览会、中国国际艺术博览会、中国国际数码互动娱乐产品及技术应用博览会,另外还有中国东北文化产业博览会、中国西部文化产业博览会和中国中部文化产业博览会等区域性文化产业博览会。2005 年 11 月,在四川成都举办的第四届中韩日文化产业论坛,签署了《中韩日文化产业论坛成都宣言》,还组织中韩日 30 余家企业进行商务洽谈,并就 10 余个项目达成合作意向。

2006 年 1 月 12 日,中共中央、国务院出台了《关于深化文化体制改革的若干意见》,对 2003 年以来的改革试点进行了全面总结,发出了文化体制改革全面推开的信号。

2006 年 9 月 13 日,我国发布了《国家"十一五"时期文化发展规划纲要》,确定了之后五年文化发展的指导思想、方针原则和目标任务,明确指出:"抓好文化产业体系建设,重塑市场主体,优化产业结构,确定重点发展的产业门类,培育文化产品市场和要素市场,发展现代流通组织和流通形式,形成以公有制为主体、多种所有制共同发展的文化产业格局。"这进一步明确了文化体制改革和文化产业发展的方向,进一步推动了我国文化产业的更好、更快发展。

2006 年 10 月,党的十六届六中全会上通过《中央关于构建社会主义和谐社会若干重大问题决定》,《决定》指出,要"完善文化产业政策,培育国有和国有控股骨干文化企业,鼓励非公有资本依法进入文化产业,以重大文化产业项目带动发展,推动集约化经营,提供价格合理、形式多样的文化产品和服务,增强文化产品国际竞争力"。

2006 年,文化部、商务部、广电总局、新闻出版总署就曾经共同制定了《文化产品和服务出口指导目录》,并且在这个基础上,开展了双年度的《国家文化出口重点企业目录》和《国家文化出口重点项目目录》的评选认定工作,通过中央财政向出口业绩优秀的文化单位提供了资金支持。

2007 年 10 月,党的十七大发出"推动文化建设大发展大繁荣","兴起社会主义文化建设新高潮"的时代号召,明确地指出:"大力发展文化产业,实施重大文化产业项目带动战略,加快文化产业基地和区域性特色文化产业群建设,培育文化产业骨干企业和战略投资者,繁荣文化市场,增强国际竞争力。运用高新技术创新文化生产方式,培育新的文化业态,加快构建传输快捷、覆盖广泛的文化传播体系。"

2007 年文化部在《关于支持和促进文化产业发展的若干意见》中明确了政府在文化产业发展过程中发挥的作用:第一,注重对文化产业的科学规划。第二,通过立法促进文化产业的发展。第三,制定财税政策体系,支持经营型文化产业的发展。第四,培育和管理文化市场的发展。第五,重视规范舆论导向。

2009 年 4 月,这四个部委和中国进出口银行联合制定了《关于金融支持文化出口的指导意见》《关于进一步支持文化出口重点企业和重点项目的指导意见》,以协调海关、税务、银行等多个部门,落实对文化出口重点企业和项目的扶持措施。

2011 年初出台的国家"十二五"规划提出,要将文化产业发展成为国民经济支柱产业。2011 年 10 月 15~18 日举行党的十七届六中全会,会议审议通过了《中共中央关于深化文化体制改革、推动社会主义文化大发展大繁荣若干重大问题的决定》,再次强调"加快发展文化产业、推动文化产业成为国民经济支柱性产业"。这对文化产业的发展具有里程碑性的意义,随着各扶持政策的细化落地,文化产业向支柱性产业发展,未来五年文化产业增加值预计将翻番。

近年来,我国提出了文化领域的科技创新战略,大力实施文化科技创新工程,积极推进三网融合。随着越来越多的科技因素、科技力量、科技成果融入文化领域,科技创新对文化产业发展的引领与支撑作用不断增强。2012 年,中宣部等五部门联合认定了包括北京中关村国家级文化和科技融合示范基地在内的 16 家首批国家级文化和科技融合示范基地。基地内不但具备较为完善的文化科技创新服务体系和专业的配套服务体系,还可以为文化企业提供公共技术服务平台和专业化创业服务通道等,文化与科技融合创新后的成果转化效率也得到了进一步提升。文化与科技的融合,同样改变着文化消费的形态。近年来,网络化、数字化技术的迅猛发展和智能终端设备的层出不穷,深刻改变了人们获取知识、传递信息、鉴赏文化、娱乐消费的渠道和方式。文化消费已经不仅仅依赖印刷品、电视、剧场等传统的文化载体,而呈现出随时、随地、移动化等特点。移动阅读、网络电视、手机动漫等正被越来越多的人,尤其是年轻人所接受和使用,文化产品的消费群体和市场空间得到迅速扩大。

产业的发展和消费力释放,还将在我国的城镇化进程中得到进一步体现。文化产业与城镇化的同步推进,将带来公共文化服务与文化产业的扩散效应,实现利益关系调整的新突破。在文化产业环境下,新型城镇化将找到新的发展动力和模式,县域经济发展也将找到新的突破口。

文化与金融的"牵手"则为产业发展壮大了资本实力,如上海首支影视专业基金正式发起,总规模达 30 亿元。中国文化产业投资基金也与国内知名民营舞台剧品牌"开心麻花"正式签约,成为"开心麻花"的股东。据不完全统计,目前我国文化产业基金已超过 120 家,如包括中国文化产业投资基金、建银文化产业基金在内的综合性文化产业基金,中国新影视整合基金、汇力新影影视基金在内的影视产业专项基金,陕西文投艺术品投资基金在内的艺术品投资基金以及聚宝计划基金在内的网络游戏专项基金等,总规模已超过 1400 亿元。与此同时,各金融机构的文化类金融产品及业务创新也不断涌现:文化产业信贷规模快速增长,一些定制化、个性化银行产品及服务不断发展;文化企业发行的债券类型涵盖了中期票据、短期融资券、可转让公司债券、中小企业集合票据等市场上主流的债券品种;艺术品投资信托也吸引着社会资金进入文化市场。上海文化产权交易所、深圳文化产权交易所积极规范开展文化产权交易,探索推动文化无形资产评估。随着出版发行、广电网络等国企股改上市和影视、动漫、旅游、演艺等民企公开发行股票,社会资本纷纷进入政策许可的文化产业领域。截至目前,全国共有 41 家文化企业在 A 股和香港 H 股市场上市,证券市场的文化企业板块初步形成。

文化产业结构战略性调整取得重大突破,整体规模和实力迅速壮大。在政策红利和资本合力的双重助推下,我国的文化产业呈现出百花齐放的发展态势,大大小小的文化企业如雨后春笋般涌现。在市场逐步走向规范的过程中,我国以公有制为主体、多种所有制共同发展的文化产业格局初步形成,统一开放竞争有序的现代文化市场体系建设取得阶段性成果。目前,全国已有民营文艺院团1万多家,混合所有制及民营广播影视制作经营企业5000多家,民营企业在印刷复制企业中占80%以上,在出版物发行企业中占70%以上。民营文化企业已成为推动我国文化产业过程中不可或缺的重要力量。培育实力竞争主体企业是文化市场血脉中活跃的"细胞",是市场竞争中的主体。

近年来,各地各有关部门加快构建现代文化产业体系,做大做强了一批骨干文化企业。第五届中国"文化企业30强"企业总主营收入首次超过2000亿元,比上届增长28%。这其中既有文化艺术、广播影视、出版发行等传统文化企业,也有动漫游戏、网络文化、主题公园等新兴业态的文化企业;既有中国出版集团公司、中国电影股份有限公司等老字号的国有或国有控股企业,也有北京光线传媒股份有限公司、深圳华强文化科技集团股份有限公司等民营企业。反映了当前我国文化产业多种门类、多种所有制竞相发展的良好格局。

十年间,我国文化体制改革取得历史性突破,基本完成了出版、影视制作、发行、广电传输和一般国有文艺院团、首批非时政类报刊出版单位等国有经营性文化单位转企改制。全国共注销经营性文化事业单位法人近7000家,核销事业编制近30万个,重塑了一大批新型市场主体,国有或国有控股文化企业的实力活力竞争力大大增强。企业活力来于充分的市场竞争。2012年,万达文化产业集团成立,文化产业年收入将超过200亿元,成为全国最大的文化企业;2012年,中国出版集团总资产突破100亿元,营业收入首次出现了10亿元量级增长,实现利润5.85亿元,比上年增长36.18%;2012年,完美世界游戏出口已覆盖100多个国家和地区,占客户端网游海外出口36%的市场份额……这些文化企业在实践中开拓着国内、国际两个市场,为成长为世界级的"文化航母"积蓄着力量。还有诸多文化企业因其"高成长性"而备受瞩目:作为地方出版集团后起之秀,黑龙江出版集团近年来实施精品战略,先后有38种图书获国家大奖或进入国家重大出版项目,集团目前已成为全国发展最快的出版产业集团之一;武汉传神信息技术有限公司"跨界"文化和语言服务两大产业,其打造的"云翻译服务平台"已在影视等文化领域得到了应用推广。

为了让更多的文化企业更好地了解国际贸易规则,一批国家级、国际化、综合性文化贸易平台影响日益广泛,第九届中国(深圳)国际文化产业博览交易会总成交额达1665.02亿元,出口成交额达123.82亿元,总参观人数达479.17万人次,分别比上届增长15.98%,7.46%和36.45%。借助贸易平台,越来越多的优秀文化企业和优秀文化产品走出了国门,走向了世界。

2012年是文化产业迅猛发展的一年。2012年10月11日晚,中国作家莫言斩获2012年诺贝尔文学奖,一改百年来我国无人得此奖的历史。2012年夏天,《中国好声音》红遍了大街小巷。《中国好声音》的全名是《中国好声音——The Voice of China》,源于荷兰节目《The Voice of Holland》,由浙江卫视联合星空传媒旗下灿星制作强力打造。2012年3月《著作权法》修订案草案完成第一稿,7月6日,经过修改的修订案第二稿完成,10月30日备受瞩目的第三次修订案领导小组第二次会议在京召开,对第三稿进行了热烈讨论。《舌尖上的中国》为中国中央电视台播出的美食类纪录片,主要内容为中国各地美食生态。2012年2月28日,文化部发布"十二五"时期文化产业倍增计划,涉及11个职能相关的细分行业。计划提出"十二五"期间文化部门管理的文化产业增加值年平均现价增长速度高于20%,2015年比2010年至少翻一番。

我国国有文艺院团体制改革不断取得突破性进展,一批国有院团转制前后演出场次、演出收入增长明显。目前,2102家国有文艺院团中,已有2061家完成改革任务,完成率超过98%。

微电影,即微型电影,又称微影。无数人对微电影的前景持乐观态度,是基于对手机这个微电影主要战场或者说是主要平台的认可。据未经证实的统计数据称,包括了广告类微电影在内的微电影产业,在2012年产值已达100亿元。

"过云楼"是江南著名的私家藏书楼,位于苏州市干将路,世有"江南收藏甲天下,过云楼收藏甲江南"之称,现为苏州市文物保护单位。2012年6月4日,"过云楼"藏书以2.162亿元花落江苏凤凰集团。

2012年8月,一股始料未及的"复古风"席卷大江南北。从开封欲斥资千亿重现汴京盛景,到大同投资百亿再造古城,直至最近的湖南"克隆"凤凰古城计划纷纷出笼。

2013年6月18日财政部印发《大遗址保护"十二五"专项规划》通知,重点保障150处大遗址。

2012年,党的十八大报告鲜明地提出了"扎实推进社会主义文化强国建设"的战略目标。2013年两会上,"文化走出去""加大文化投入比例""设立全民阅读节""保护文化遗产地"……每一个提案议案、每一个观点都让人们感受到代表委员对文化强国的殷切期盼和高涨热情。

2013年度中央财政下拨48亿元,支持文化产业,比2012年增加41.18%。重点支持文化体制改革、骨干文化企业培育、现代文化产业体系建设、金融资本和文化资源对接、文化科技创新和文化传播体系建设、文化企业"走出去"等六大方面；同时充分考虑了我国文化产业发展的不平衡性，在坚持扶优扶强的基础上，向中西部地区、特色文化产业和新兴文化业态适当倾斜。在继续实施一般项目的基础上，扩大重大项目实施范围，新增文化金融扶持计划、实体书店扶持试点、环保印刷设备升级改造工程、重点新闻网站软硬件技术平台建设等四个重大项目，着重解决我国文化产业发展面临的关键性、瓶颈性问题。

中华人民共和国文化部、中华人民共和国商务部、中华人民共和国国家新闻出版广电总局、中国国际贸易促进委员会主办的文博会，以全国各地政府组团为主，主要展示我国影视制作业、出版业、发行业、印刷复制业、广告业、演艺业、娱乐业、文化会展业、数字内容及动漫产业等九大文化产业的发展成果。

年度中国文化产业高端峰会由国内文化产业界的学术精英发起，以年度文化产业焦点性话题和热点议题为主题，以文化产业学术圈和决策层的有机互动为宗旨，致力于推动国家文化产业理论与学术创新，是每年中国文化产业界的智库盛会。峰会聚集了具有国内一流水准、享有较高社会声誉且致力于中国文化产业前沿问题研究的一批著名专家和学者，被誉为"中国文化产业的达沃斯论坛"。

国家文化部、中国国际贸易促进委员会、亚太总裁协会（APCEO）、甘肃省人民政府主办和支持的第二届（2013）国际文化产业大会，重点关注电影、文化旅游、艺术品收藏与投资、创意设计、动漫、网络文化等领域的热点话题，探讨搭建国际交流平台的多元化方式。

国家新闻出版广电总局主办的中国国际动漫节，展示了动漫与其他行业融合发展的产业趋势。动漫科技展示体验区集中展示并让参观者互动体验动漫与科技相融合的最新成果；中小学生"第二课堂"体验区，推出漫画教学、模型比赛、科技体验等活动；漫画阅读区块，提供电子媒介、普通文本、特殊纸质等多种阅读方式，展现新媒体环境下的漫画出版阅读新模式。将动画交易、投资洽谈、衍生品授权三项专业活动整合成统一的动漫产业交易会，实现资源互通、优势互补、效率提升。

中国国际动漫游戏博览会（以下简称CCG EXPO）是由中华人民共和国文化部和上海市人民政府共同主办，上海市文化广播影视管理局、上海东方传媒集团有限公司（SMG）和（上海）国家动漫游戏产业振兴基地共同承办的动漫游戏类综合展会，至2015年已经成功举办了11届。2012年，上海动漫产业年产值突破70

亿元,比2011年增长11.1%,继续保持稳健的增长势头。其中,上海动漫产业共出品动画电影11部,累计票房4.5亿元,数量与票房在全国均独占鳌头。

2014年2月26日,国务院颁布了关于推进文化创意和设计服务与相关产业融合发展的若干意见。将进一步促进文化、艺术、创意设计、动漫影视、新媒体等文化创意产业,与旅游休闲、时尚服务、建筑装潢、工业制造、农业生产等特色经济领域的融合发展,由此带动产业升级和价值增值。

第六节　我国文化商品的种类

一、文化商品丰富多彩

1.民间艺术

雕塑类:浮雕、铜雕、石刻、石雕、玉雕、木雕、根艺、微艺、金属雕、蛋雕、瓷刻、微雕、彩石镶嵌、奇石、泥塑、蝉塑、面塑、沙雕等。

书画剪纸类:木版年画、农民画、唐卡、漆艺、漆线雕、内画、烙画、卵石画、布贴画、玻璃画、树皮画、布糊画、麦秆画、剪纸、风筝、彩蛋等。

编制刺绣类:织锦、刺绣、抽纱、花边、绢艺、布艺、绒线花、缂丝、挂件、拓片、编艺等。

服装饰品类:各民族传统服装、唐装、头饰、首饰、香包、蓑衣、蜡染、扎染、蓝印花布制品等。

民间陶瓷类:钧瓷、汝瓷、定瓷、官瓷、各种艺术陶瓷、沙陶、黑陶、紫砂、壶艺、砚石、黄沙澄泥烧制的各种艺术品等。

文房四宝类:各类纸墨笔砚,如端砚、歙砚、湖笔、宣纸。

民族民间乐器类:古筝、葫芦丝、马头琴、琵琶、二胡等。

2.大众文化及相关产业类

图书音像类、影视动漫类、文教娱乐类、文艺演出类、视觉艺术品类、工艺美术类、网络游戏类、珠宝玉器类、体育设备及器材类、旅游文化类(旅游景点、景点文艺演出与产品推介、旅游商品等)。

3.文体用品类

学生用品、教育用品、体育用品、文具礼品、纸制品、美术用品、益智玩具、户外休闲用品等。

4.书画古玩类

各流派书画、古玩、奇石、花鸟、珠宝玉石、水晶、玉石雕件及各类石质工艺品、人造假山、雕塑、收藏等。

二、民俗文化产品

1.古村落

作为拥有 7000 年农耕文明史的国度,我国各地遍布着各具地域与民族特色的古村落。不同历史时代和不同地域、不同民族所形成的传统村落,大量地承载着不同历史时期、不同地域和不同民族的文化信息,是宝贵的物质文化与非物质文化遗产资源,在世界人类文化遗产中也有着十分重要的地位。周围的山川传说、村名由来、村庄历史、独到的民俗事象,在历史长河里具有特别的影响。村古建筑、民居群,如古宗祠、古民居、古巷道以及古井、古戏剧、古剧场、古石碑,院落、房屋、风水、美学、礼教、布局、排列。民风民情明礼、诚信、好学,历代名人辈出;各式启学蒙馆、大馆,私塾;民间信仰;民间艺术的发源地或者主要产区。与景观相配套,如自然景观有独到之处,庙宇道观相映衬。在周边影响力,如庙会、集市、乡镇驻地等。

完整的传统民族文化,包括礼仪风俗、文化娱乐、体育游戏、饮食起居、道德规范、生产活动等,还包括移民文化、家族文化、名人文化、历史文化遗迹、革命传统文化以及人文及历史建筑群,包括民居、街道、庙宇、台阁、院落、祠堂宗庙。节会如举办农民艺术节、民间手工艺大展赛,通过艺术节,搭建一个平台,架起城乡互动的桥梁,围绕统筹城乡经济社会发展的战略性思路,让城市文化伴随时代特征和现代文明进入农村,丰富农村文艺舞台,启迪农民群众的思想观念,让农村文化带着浓郁的乡土气息和淳朴的民间特色走进城市、走进市民、走进市场。

民俗产品具有较强的审美性,如编织、刺绣、雕刻、绘画软塑、剪纸、根雕、内画、泥人、面人、风车、风筝、皮影都极富乡土艺术韵味;民间艺人也会现场表演拿手绝活,教学手艺。

遗憾的是,中国每天消失 80～100 个村落。过去十年,中国总共消失了 90 万个自然村。2012 年 4 月由国家四部局——住房和城乡建设部、文化部、国家文物局、财政部联合启动了中国传统村落的调查,全国汇总的数字表明,我国现存的具有传统性质的村落近 12000 个。随即四部局成立了由建筑学、民俗学、规划学、艺术学、遗产学、人类学等专家组成的专家委员会,评审《中国传统村落名录》,进入名录的传统村落将成为国家保护的重点。

第一批列入中国传统村落名录的村落 646 个,第二批列入中国传统村落名录村落 915 个,加起来共 1561 个。旅游业的开发是人们认识古村落的最佳途径。比较著名的旅游古村落有安徽西递村、宏村、呈坎村,江西婺源古村落群、理坑村、流坑村,浙江诸葛八卦村,广东梅县围龙屋群落、南社村、大旗头村,广西阳八寨,四川中路村,贵州西江寨,山西李家山村、郭峪村,福建永定土楼群落、螺坑村,河南郭亮村,重庆合川涞滩古镇,福建培田古村,浙江乌镇,山西皇城相府,云南和顺古镇,河南开封朱仙镇,江苏光福古镇,江苏周庄,四川甲居藏寨,新疆阿勒泰图瓦村,广东雷州邦塘古村落、连南千年瑶寨、从化钟楼古村、三水大旗头村等。

2. 古街巷

古街巷多融历史文化、人物故事、建筑知识、民俗风情为一体。古商业街集中了富商住宅、老字号商店和机会、娱乐建筑;宗教街道宗教文化影响大、大众宗教信仰广泛,其建筑物具有审美感。古民居主要包括名人宅院、大家宗祠和四合院。一些建筑经过精心修葺,装修雕琢精湛。有关部门在对一些古街巷的改造中,恢复了沿街的传统店铺,增添了地方戏曲和民间娱乐等特色文化设施。

如武汉沿江大道,建筑错落精妙。武汉关(武汉海关大楼)处在江汉路步行街和沿江大道交汇处,沿江大道在此恰好有个大弯,设计师巧妙地利用突出的江面地段,将大楼放置在这个拐角处。最令人津津乐道的还是大楼顶上的钟楼。钟楼第三层外墙上嵌有四面大时钟,至今仍是武汉人生活中不可缺少的声音。

王府井指的是王府井大街,南起东长安街,北至中国美术馆,全长约 1600 米,是北京最有名的商业区,号称"日进斗金"的寸金之地。王府井到处富丽堂皇、流光溢彩,尽显泱泱大气,有逛不够的商场,看不够的美景,数不清的游人,顾不及的变化。

上海的南京路是世界闻名的商业街区,既是上海开埠后最早建立的一条商业街,也是 1949 年以前亚太地区最繁华的商业街。在当时堪称万商云集,引领举国乃至远东之商业潮流,四大百货公司更是创造亚洲百货业无数第一。

香港居住着不同种族的欧美及亚洲人士。原本兰桂坊是邻近中环商业中心的破落小巷,后渐渐成为外地居港人士的聚集地,再加上当时大量回流的海外留学生与社会经济急速成长,兰桂坊瞬间变成一个逃避社会压力的烟花场。尔后,这里渐渐发展成目前所见的各种多元化的酒吧、食肆,因而改写了兰桂坊的地位。

传说中成都锦里曾是西蜀历史上最古老、最具有商业气息的街道之一,早在秦汉、三国时期便闻名全国。今天的锦里依托成都武侯祠,以秦汉、三国精神为灵魂,明、清风貌为外表,川西民风、民俗为内容,扩大了三国文化的外延。在这条街上,浓缩了成都生活的精华,有茶楼、客栈、酒楼、酒吧、戏台、风味小吃、工艺品、土特产,充分展现了三国文化和四川民风民俗的独特魅力。

阳朔西街位于广西阳朔县城中心,全长517米,宽8米,大理石路面呈弯曲的S形,房屋建筑古色古香,地方特色浓厚。阳朔西街荟萃各种旅游纪念品、小吃于街市,其充满了异国情调的夜景更是风情万种,风俗浓郁。这里闲散、悠闲的生活,让很多游客久久不想离去。

澳门福隆新街。从曾经的"花街"到如今的美食街,福隆新街本身就恰似一出戏。它的浮浮沉沉见证着历史,更带来深思。沿街而行,会闻到各式各样美食的香味,因为这里现时已开设了大大小小的餐馆、酒家、小食店和糖水铺,不少老饕都会专程来此享受美食。

喀什恰萨巷所处恰萨街区历史悠久,古街巷肌理特色鲜明,格局风貌保存完整,传统手工艺作坊较多,具有浓郁的西域民族风情。恰萨街区是反映喀什古城形成和发展变迁的关键地区,街区内的地形、道路走向因地制宜,街巷名称体现出古城扩建的历史演变过程。

在西安德福巷,到处是咖啡和茶座。在这一家挨着一家装饰得有些欧陆风情的氛围中,可以找寻一些浪漫的记忆与滋味。

天津新意街,又名意式风情区,前身为意大利在境外唯一的租界,是天津市河北区的一处具有意大利风情的旅游风景区,亦是亚洲唯一一处具有意大利风格的大型建筑群。美丽的海河之滨,坐落着一座座洋房,明快的现代格调、浓郁的异国风情,成就了这个意大利建筑群的恢宏与大气。

哈尔滨中央大街步行街是目前亚洲最大、最长的步行街,始建于1898年,初称"中国大街"。1925年改称为沿袭至今的"中央大街",现在发展成为哈尔滨市最繁华的商业街。欧洲最具魅力的近300年的文化发展史,在中央大街上体现得淋漓尽致,其涵盖历史的精深久远和展示建筑艺术的博大精深,为世上少见。

宁波老外滩坐落于宁波三江口北岸,曾是"五口通商"中最早的对外开埠区,比上海外滩还早20年,是目前国内仅存的几个具有百年历史的外滩之一。江北外滩一带的建筑有着浓郁的欧陆风格。此外,还有一些民房,如严氏山庄、朱宅、老商铺"宏昌源号"等,这些建筑具有中西合璧的风格,与中国传统民居形成鲜明对比,极具观赏价值。

南锣鼓巷是我国唯一完整地保存着元大都里坊风貌的传统民居区,是最富有老北京风情的街巷。周边胡同里各种形制的府邸、宅院多姿多彩,厚重深邃。绝无仅有的北京胡同原貌、趣味盎然的各色时尚小店构成了南锣鼓巷独特的魅力与风情。

青岛八大关由十条幽静清凉的大路纵横其间,主要大路以我国八大著名关隘命名,即韶关路、嘉峪关路、函谷关路、正阳关路、临潼关路、宁武关路、紫荆关路、居庸关路。这八条马路纵横交错,形成一个方圆数里的风景区,是最能体现青岛"红瓦绿树、碧海蓝天"特点的风景区。

3. 民间文学艺术

指由群众口头创作、口头流传,在世代流传的过程中不断修改、加工、保存和发展的具有某一民族、地区或社会群体特征的文学艺术作品,是一个国家的民族文化遗产,包括民间文学、音乐、舞蹈等。民间文学是劳动人民集体创作、流传下来的文学,如神话、传说、故事、平话、歌谣、谚语、说唱、民间戏曲、民间曲艺等。民间音乐是广泛流行于民间的歌曲和器乐曲,其中民间民歌如汉族的《走绛州》《走西口》《小白菜》《茉莉花》《绣荷包》等,朝鲜族的《阿里郎》,维吾尔族的《阿拉木罕》等;民间民乐如汉族的《塞上曲》《春江花月夜》,蒙古族的马头琴曲,哈萨克族的冬不拉曲,哈尼族的"把乌"曲,白族和纳西族的洞经音乐等。民间舞蹈是具有鲜明的民族风格和地方特色的传统舞蹈形式,如汉族的龙舞、绸舞、狮子舞、秧歌舞,蒙古族的安代舞,土家族的摆手舞,傣族的孔雀舞和象脚鼓舞,朝鲜族的扇舞和扁鼓舞等。

4. 传统节庆

传统节庆是随着生产、生活、信仰活动逐渐演化成的节日。我国的传统节庆是在岁时节令的基础上发展形成的,有农事节日,如立春、立夏、立秋、冬至等;有庆贺节日,如中国人最重视的春节、元宵节、中秋节、重阳节,傣族的"泼水节",彝族的"火把节",壮族的"三月三"等;有祭祀节日,最重要的就是清明节、中元节、腊八节等;有社交节日,如汉族的重阳节、苗族的跳月节、清水江苗族龙船节、瑶族的盘王节等;还有一些特色性节日,如河南少林武术节、河北吴桥杂技节、山东潍坊风筝节、湖南岳阳龙舟节等。

地方节庆文化应该以民俗文化唱主角。地方节庆文化展示的是一方水土,民俗文化是其主要代表,何况许多节庆文化本来就是当地民俗的展示和繁衍发展。

5. 民间风情

包括各个民族的婚礼习俗、服饰习俗、饮食习俗以及居住习俗等。婚礼习俗如汉族的媒妁、订婚和结婚仪式,回族的"花儿会",傣族的"丢包"等;服饰习俗包括服装、鞋子、饰品、发式,如满族妇女的发髻和旗袍,傣族妇女的窄袖短衣和筒裙,回族男子的白帽子,蒙古族男子的布袍、荷包和蒙古刀,维吾尔族男子的长袍和女子的黑色背心以及四楞小花帽等;饮食习俗更是数不胜数,我国素有"美酒之乡""茶叶之国"的美称;居住习俗则是人们根据天气和地理环境不同而形成的不同习俗,如北京的四合院、黄土高原的窑洞、东北的土炕、蒙古的蒙古包等。

6. 土特产

土特产是由于地理环境、历史时期、经济条件、文化技术水平、民族风俗和审美观念的不同,而表现出不同风格特色的资源,包括民间工艺、地方特色食品、地方特产等。民间工艺是以手工为主,就地取材,适合生活需要、具有民族风格和地方特色的传统工艺,主要包括雕刻工艺、烧造工艺、织染工艺、编扎工艺、绘画工艺、木作工艺、剪扎工艺等。[①] 地方特色食品,如北京烤鸭、天津狗不理包子、上海城隍庙小吃、孝感麻糖、四川麻婆豆腐等。地方特产,如杭州的丝绸、海南省的八九灯笼椒酱、河南开封大京枣、新疆的哈密瓜等。

三、历史文化产品

我国是一个历史悠久的文明古国,浩浩荡荡5000年的历史,孕育了悠久的历史文化,形成了丰富的历史文化资源,如历史文化名城、历史文化遗存、历史文化建筑、非物质文化遗产、物质文化遗产。

1. 历史文化名城

根据《中华人民共和国文物保护法》,历史文化名城是指"保存文物特别丰富,具有重大历史文化价值和革命意义的城市"。许多历史文化名城是我国古代政治、经济、文化的中心,是重要城市。在这些历史文化名城的地面和地下,保存了大量历史文物,体现了中华民族的悠久历史。迄今,中国政府已将109座城市列为中国历史文化名城。它们有的曾被各朝帝王选为都城,有的曾是当时的政治经济重镇,有的曾是重大历史事件的发生地,有的因出产精美的工艺品而著称于世,有的则因拥有珍贵的文物遗迹而享有盛名。目前已公布三批及10座增补城市,

---

① 赵玉忠:《文化市场概论》,中国时代经济出版社2004年版,第165～166页。

共计109座,其中山西平遥古城、云南丽江古城、安徽皖南古村落、澳门历史城区四处被列入世界文化遗产。

2. 历史文化遗存

指古代人类在特定环境和阶段进行开拓性社会实践活动所创造的大量文化成果,从历史、美学、人种学或人类学角度看,具有突出、普遍价值的人造工程或人与自然的联合工程以及考古遗址地带。包括四类:出土文物类,即从历史、艺术或科学角度看,具有突出、普遍价值的建筑物、雕刻和绘画,具有考古意义的成分或结构的铭文、洞穴住区及各类文物的综合体,如中国目前已发现的最重的青铜器后母戊鼎、春秋穿鼻的牛尊、唐代妇女三彩陶俑、气势庞大的西安市临潼区骊山脚下的秦始皇兵马俑。古都遗存类,如安阳的殷墟和甲骨文,西安的秦始皇陵、丝绸之路起点、乾陵无字碑、唐大雁塔,洛阳的白马寺和龙门石窟,北京的故宫、鼓楼、钟楼,南京的太平天国、中华民国都城、中山陵,开封的清明上河图,杭州的岳王庙、宋城。壁画、雕刻类,如石窟甘肃敦煌莫高窟、甘肃麦积山石窟、河南洛阳龙门石窟、山西大同云冈石窟等。皇家陵寝类,中国皇家陵寝主要有西安临潼的秦始皇陵、陕西汉唐陵、河南宋陵、南京明孝陵和北京明十三陵、清代关外三陵和河北清东陵、清西陵、西藏琼结县藏王墓、北镇辽代皇家墓葬、宁夏银川西夏王陵。其中有九处列入世界文化遗产。

3. 历史文化建筑

主要指古人利用自然界材料,经过设计、施工修建而成的供人类生产、生活和活动使用的一定形体的地物。主要包括:具有防御功能的长城、城墙和城楼;具有居住功能的官殿、官署和民居;具有宗教功能的庙宇、道观和教堂;具有祭祀、纪念或标志功能的坛、塔、坊、庙、祠、华表、鼓楼等;具有观赏、休闲功能的亭、台、楼、阁、厅、堂、廊等;具有贸易、服务功能的店铺、当铺、客栈、茶馆、酒楼、戏院等;具有交通、水利功能的桥、堰、运河等。其中有12处列入世界文化遗产。

4. 自然人文文化

自然人文文化资源主要包括自然文化遗产和自然景观。它们具有三个性质:从美学或科学角度看,具有突出、普遍价值的由地质和生物结构或这类结构群组成的自然面貌;从科学或保护角度看,具有突出、普遍价值的地质和自然地理结构以及明确划定的濒危动植物物种生境区;从科学、保护或自然美角度看,具有突出、普遍价值的天然名胜或明确划定的自然地带。

我国自然文化遗产中拥有各类世界遗产十处,其中自然遗产七处、文化和自然双重遗产四处、文化景观一处。

5. 名人文化资源情况

名人文化资源是指不同时期出现的，与名人名士相关的，具有纪念意义、现实意义和教育意义的著作、传记、故居等，主要包括名人故里故居、名人著作、名人传记以及名人活动遗址等。

6. 宗教文化

宗教是一种特殊的社会文化体系，它能够适应不同时代社会的发展，也能够适应同一时代不同性质社会制度，并且适应人类政治、经济、文化的发展要求。

宗教文化在中国广泛流传，主要包括世界三大宗教——佛教、伊斯兰教、基督教，土生土长的中国宗教——道教，以及中国少数民族宗教、民间宗教。

宗教文化主要包括宗教活动、典籍和建筑。

宗教自己的庆祝、纪念等活动，如佛教的浴佛节（农历四月初八）和成道节（农历十二月初八），伊斯兰教的开斋节、古尔邦节和圣纪节，基督教星期天举办主日崇拜以及圣诞节、受难日、复活节和感恩节，道教的财神诞日、妈祖诞日、祭药王日等。

宗教典籍，如基督教的《圣经》、伊斯兰教的《古兰经》。佛教的典籍非常多，如《大藏经》《金刚经》《心经》《楞严经》《华严经》《法华经》《六祖坛经》《无量寿经》《佛说阿弥陀经》等；道教也同样拥有大量典籍，如《道德经》《南华经》《正一经》《太平经》《太清经》《三皇经》《灵宝经》《上清经》《全真经》《清静经》等。

宗教建筑，如天主教教堂、清真寺、佛教寺院石窟佛塔、道教道观等。

7. 革命文化

革命文化资源是指与重大历史事件、革命运动和知名人士有关的，具有重要纪念意义、教育意义和史料价值的革命遗址、根据地、纪念物和革命文学。

我国主要的根据地有延安革命根据地、瑞金苏维埃革命根据地、井冈山革命根据地、左右江革命根据地、晋冀鲁豫抗日革命根据地、湘鄂西革命根据地等。

革命遗址主要有：战争遗迹，如台儿庄战役、湖北省咸宁的北伐汀泗桥战役遗址、山东威海的刘公岛甲午战争纪念地、湖南平江的平江起义旧址；事件遗迹，如南京发屠杀遗址、天津市塘沽区大沽口炮台、辽宁抚顺的平顶山惨案遗址；会议遗址，如广州的国民党"一大"旧址；军队驻扎、办公遗址，如广西百色、龙州的中国工农红军第七军、第八军军部旧址，四川通江的红四方面军总指挥部旧址，陕西西安的八路军西安办事处旧址等。

知名人士墓地和革命烈士陵园,如福建福州的林则徐墓、福建厦门的陈嘉庚墓、山东泰安的冯玉祥墓、江苏南京的雨花台烈士陵园、上海徐汇的龙华革命烈士纪念地等。

纪念碑、纪念塔和纪念堂主要有:纪念堂,如北京的毛主席纪念堂、广州中山纪念堂等;纪念碑,如人民英雄纪念碑、百团大战纪念碑、辛亥秋保路死事纪念碑等;纪念塔,如八一南昌起义纪念塔、江苏徐州淮海战役烈士纪念塔、上海人民英雄纪念塔、河南郑州二七纪念塔等。

革命文学是大力宣扬文学是宣传的武器,要为革命斗争服务,要实现大众化,革命作家要努力改造世界观,为千千万万劳动群众服务的文学作品。如鲁迅的《狂人日记》、郭沫若的诗集以及大量的小说《林海雪原》《红日》《红岩》《吕梁英雄传》《红雨》《海岛女民兵》《西沙儿女》《难忘的战斗》《沸腾的群山》等。

四、当代文化品类

当代文化资源包含的方面十分广泛,涉及新闻媒体、广播电视、文学艺术、网络文化、校园文化资源、企业文化资源、社区文化资源等各个方面。

1. 校园文化

主要有学校建筑环境文化,如北京大学的未名湖和博雅塔、清华园的荷塘和成功湖、武汉大学的樱花等,各个大学都具有各自的历史文化和建筑风格;还有学校经过发展,逐渐积淀下来的精神遗产,包括学风、校风、校训、教育方针和管理体制等。

2. 现代城市建筑与公用设施文化

指在现代城市建设中形成的具有观赏价值、纪念意义的建筑和场地,包括:体育馆,2008 年体育馆的建设特别突出,如国家鸟巢体育场、"水立方"游泳馆、北京工人体育馆、首都体育馆以及各个京城大学的学校体育馆等;广场,如天安门广场以及一些地方性的广场;公园,公园是每个城市都不可缺少的,如北京有北海公园、朝阳公园、石景山公园等;其他如高架桥、表演场地、电影院、图书馆、博物馆等。

3. 商业文化

是指商品设计、生产、包装、装潢及其发展过程中所显示出来的文化附加值等可重复利用的资源。商品文化资源中品牌资源是最重要的部分,如品牌名称、品牌标志、商标等。品牌代表着企业的形象,能吸引更多的品牌忠诚者,是一笔可利用的巨大的无形财富。现在我国的企业品牌性发展逐渐被重视起来,出现了很多国际性的品牌,如李宁体育用品、联想计算机、伊利、蒙牛乳制品、海尔电器等。

新闻媒体、广播电视、文学艺术、网络文化等,本书都设立专章叙述,这里不再详细分析。

第七节　文化产业的发展规律及其启示意义

透过古今中外文化产业的发展历史进程,我们可以看到,文化产业发展既不同于以往的文化事业,也不同于其他传统物质性产业,它除了具备一般产业的特性外,还在生产对象、流通渠道和价值追求诸方面具有独特的产业性质。

一、市场化规律及其启示意义

作为一种产业,文化产业也必须与其他产业一样,进行市场化运作,实现它的市场效益。

1.遵循市场需求规律,大力培育文化消费市场

文化需求属于高层次需求,根据马斯洛需求层次理论,满足情感、尊重和自我实现等需求排在生理需求之后。虽然我国居民收入有所提高,但社会保障体系的不健全让民众还无暇过多顾及文化需求,增加的收入可能更多用于衣食住行等基本需求方面。另外,近年来日益高涨的房价、医疗费用等,也不断挤压文化需求。

所以,必须培育文化消费市场。中国人的传统观念认为文化消费是"玩"或"不务正业",看书、旅游等精神文化类别的项目,享用起来总没有衣食住行用等"理直气壮",导致文化消费意识比较薄弱。长期以来,许多人已经形成了可以忍受低水平但免费的文化产品和服务的文化消费习惯;即便要忍痛掏钱,也总是把目光投向盗版及便宜低廉的图书、音像制品上,甚至直接到网上下载,免费享受的心态相当普遍。一些高端消费者,舍得买奢侈品,买名车,一些中端消费者舍得打牌玩乐吃喝,却多不舍得花钱看电影,买图书。实则还是消费观念的问题。据统计,世界上读书最多的国家,如以色列人和德国人。以色列人每人每年读书64本,德国一个普通家庭每月用于买书的支出为50欧元以上,而我国每人每年读书4.5本,一年中一本书都不曾阅读的人有50%左右。

政府引导应该从城市经营入手,通过产业合理布局,服务功能分区,集中建设

管理,注入本地文化内涵,实现区域内分低、中、高档次区隔,覆盖不同需求层次的消费者;相关部门应出台利于娱乐场所健康发展的政策和规定,打造多个高规格、功能全、品位高、服务强的,能够与发达地区和国际接轨的休闲娱乐中心。

2.提高文化产品质量,满足民众不断增加的文化需求

目前,我国文化市场品种少、档次低。据《中国文化产业年度发展报告(2013)》,2012年中国文化产业总产值预计突破4万亿元。但是,无论是传统的印刷、广告、演艺、娱乐、会展,还是新兴的移动多媒体、动漫游戏等文化创意产业,置身于具体的文化消费市场,基本也就只有为数不多的书店、歌城、酒吧、网吧等,文化市场消费品种单一、档次不高、特色不突出,很难吸引大量的消费人群。产业市场结构仍旧是相对传统的,以内容原创为主打的新兴产业仍需突破。

要生产出吸引和打动消费者的文化产品就需要自由的环境来激发创作者的创造性,这正是中国文化产品所缺乏的,而创意的欠缺又与不注重思辨能力培养的教育方式密不可分。好的文化产品需要小规模和个性化创作,而目前单一的文化生产方式和对文化生产的行政限制都在成为文化产业的束缚。

要政府引导、市场主导,推出和提供物美价廉的文化消费产品。在大力加强公共文化服务,加大加快博物馆、纪念馆、美术馆、图书馆、文化馆免费开放力度的同时,要创新商业模式,拓展大众文化消费市场,引进质优价廉的文体项目和演艺活动;还要大力开发文化旅游产业,突出特色文化品牌,拓展和提升历史文化旅游产业、生态休闲文化旅游产业、红色文化旅游产业;发展以文化娱乐、演艺、工艺美术文化创意等为主的现代文化产业。

3.完善法规建设,保护产权,反对盗版

文化要走向繁荣当然需要产业化,需要利润来刺激,但文化不同于普通产业,文化企业以小型企业为主,属于知识经济范畴,核心资产多为知识产权等无形资产,文化产品提供的是精神和智慧享受,消费者的消费方式也主要是视听等,因而不能用传统产业思维强推,而只能是创造一个利于文化发展的空间。

知识产权是指人们就其智力劳动成果所依法享有的专有权利,通常是国家赋予创造者对其智力成果在一定时期内享有的专有权或独占权。它有两类:一类是著作权(也称为版权、文学产权),另一类是工业产权(也称为产业产权)。著作权指的是自然科学、社会科学以及文学、音乐、戏剧、绘画、雕塑、摄影和电影摄影等方面的作品组成版权。版权是法律上规定的某一单位或个人对某项著作享有印刷出版和销售的权利,任何人要复制、翻译、改编或演出等均需要得到版权所有人

的许可,否则就是对他人权利的侵权行为。知识产权的实质是把人类的智力成果作为财产来看待。著作权是文学、艺术、科学技术作品的原创作者依法对其作品所享有的一种民事权利。

在经济全球化条件下,各国加剧了对文化资源的争夺,发达国家在经济上的支配性力量衍生出文化霸权,对发展中国家文化资源的产权造成了极大冲击。由于缺乏文化产权意识,我国大量蕴含着巨大社会价值和经济价值的传统文化资源被西方国家无偿或低价开发成现代文化产品,获取高额利润。研究文化产权问题不仅是在保护本国利用自身文化资源获取经济效益的权力,也是在保护和掌控自己对自身文化进行阐释的权利。

文化产品的产权通常比普通产品更难界定和保护,因而需要国家完善知识产权保护机制和加强执法,构建更多的知识产权交易系统,促进信息的流通和文化繁荣。与美国、英国等文化产业大国相比,中国拥有自主知识产权(版权)的文化产品明显不足。2006年中国引进出版物版权12000多种,其中图书10000多种;输出出版物版权仅2000种左右,基本为图书,进出口比例约为5∶1。图书版权贸易长期以来处于逆差地位的状况并未得到扭转。近年来,美国每年通过版权贸易赢利5000多亿美元,占GDP的5%,而中国的版权贸易仅占GDP的1%左右,不到1000亿元人民币,赢利更是微乎其微。

网络文化产品的侵权事件也屡屡发生。一个热门的网络文化产品,按照网络快餐文化的特征,其流行时间非常有限,而被抄袭的速度却又非常之快,如果通过司法手段进行维权,则必然旷日持久,且只能选取其中几个侵权行为特别严重的进行维权。即使维权成功,这股流行风潮也早已过去,那时候或许能够获得少许赔偿,但营销的黄金时期已经过去,为数众多的"山寨"者却已经获得了他们想要的商业利益。

4. 坚持政府主导,市场化运作

要解放思想,转变观念,引资借力,依靠社会投资为主,市场化运作,产业化经营,实现经济效益和社会效益的双赢。

周口是黄河文明的重要发祥地之一,古代传说中的"三皇"伏羲氏、女娲氏、神农氏都曾在这里繁衍生息。为进一步打造文化旅游品牌,周口围绕文物资源异常丰富的淮阳、鹿邑、川汇,重点做了"三点一线"旅游资源的开发。在每年举行的淮阳伏羲皇故都朝祖会上,仅一个月的时间就接待国内外游客300多万人次,带来了6000多万元的经济收入。

周口市民间文艺有40多种,其中仅表演类就有龙灯、狮子、高跷、旱船等20多种。当地文艺工作者在保留原有艺术特色的基础上,对这些民间文艺不断挖掘、整理和创新。在2001年全国舞龙大赛中,他们排演的"锣龙"获文化部最高奖"山花奖"。在有关部门的大力支持下,许多民间艺术团体带着盘鼓、高跷、旱船和花轿等拿手好戏到北京、南京、杭州、深圳等大城市去闯市场,同时也促进了南北文化的交流。更难能可贵的是,这些民间艺人们开阔了眼界、增长了胆量,有的人甚至把绝活练到了国外,使得古老的民间艺术这朵奇葩在异国他乡闪烁出璀璨异彩。

5.加大改革力度,建立现代文化市场体系

随着社会主义市场经济体制不断完善,无论是文化资源配置,还是文化产品生产、传播和消费,都越来越离不开市场。构建统一开放、竞争有序的现代文化市场体系,成为在社会主义市场经济条件下文化改革发展的重要内容和决定性因素。

党的十六大以来,中央高度重视现代文化市场体系建设,大力推进文化资源与市场对接,文化产业多元化投资格局开始形成,现代文化产品流通组织形式初具规模,资本、产权、版权、人才、技术、信息等文化生产要素市场加快发展,条块分割、地区封锁、城乡分离的传统文化市场格局初步被打破,市场在文化资源配置中的积极作用开始突显。但是,与社会主义文化大发展、大繁荣要求相比,现代文化市场体系建设整体水平还不高,文化产品和要素市场发育还不完善,文化产品流通和服务渠道还不畅通,文化消费潜力还未充分激发出来。

一要明确划定政府和市场的边界,依据市场规则、市场价格、市场竞争推动资源配置。要完成出版、影视制作、发行、广电传输和一般国有文艺院团、首批非时政类报刊出版单位等国有经营性文化单位转企改制,重塑一批新型市场主体,显著增强国有文化企业的活力、实力和竞争力。要继续推进国有经营性文化单位转企改制,加快公司制、股份制改造,推动文化企业跨地区、跨行业、跨所有制兼并重组,提高文化产业规模化、集约化、专业化水平。

二要降低社会资本进入门槛。要繁荣发展文化市场,离不开多元投资主体。只有吸引更多社会资本进入文化领域,才能更好地释放文化市场能量。要在已放宽社会资本准入的基础上,进一步降低门槛,减少不合理的准入限制,在国家许可范围内,引导社会资本以多种形式投资文化产业,参与国有经营性文化单位转企改制,以技术、品牌、知识产权等生产要素作价参股,或采取投资、控股、收购、兼

并、承包、租赁、托管等形式参与国有文化企业重组,参与重大文化产业项目实施和文化产业园区建设,并在投资核准、信用贷款、土地使用、税收优惠、上市融资、发行债券、对外贸易和申请专项资金等方面,给予与国有资本投资同等支持,努力构建政府主导下的多元化投资格局。

三要构建统一开放、竞争有序、线上线下有机结合的现代文化市场体系,保障企业能够自主经营、公平竞争,消费者能够自由选择、自主消费,商品和要素能够自由流动、平等交换。要在坚持出版权、播出权特许经营的前提下,允许制作和出版、制作和播出分开,鼓励文化企业不断丰富和创新文化产品和服务。发展图书报刊、电子音像制品、演出娱乐、电影电视剧、动漫游戏等传统文化产品市场,建设以网络为载体的新兴文化产品市场,培育大众性文化消费市场,开拓农村文化市场。继续打造综合性、专项性、区域性文化产品和服务交易平台,拓展文化产品和服务消费领域。发展连锁经营、物流配送、电子商务等现代流通组织和流通形式,加快建设一批大型现代文化流通企业和若干国家级文化产品物流基地,鼓励文化企业利用电子商务等先进物流技术开展第三方物流服务,构建以大城市为中心、中小城市相配套、贯通城乡的文化产品流通网络,努力实现文化产品低成本、高效率流通和配送。要加强各类文化行业协会等行业组织建设,健全行业规范,完善行业管理,更好地履行协调、监督、服务、维权等职能。积极发展版权代理、文化经纪、评估鉴定、技术交易、推介咨询、投资保险、担保拍卖等各类文化市场中介服务机构,制定和完善文化中介机构管理办法,引导其规范运作,为各类文化市场主体提供全方位服务。要有序发展文化产权、版权、人才、技术、信息等要素市场,建立健全文化资产评估体系和文化产权交易体系,发展以版权交易为核心的各类文化资产交易市场。要推进文化资本市场建设,促进金融资本、社会资本与文化资源有效对接,充分利用国内外多层次资本市场解决文化企业融资难问题。要推进文化产权市场建设,加快制定完善著作权、企业品牌等无形资产评估、登记、质押、投资、托管、流转、变现等管理办法,鼓励和支持文化企业依法进行股权、版权、商标、品牌等方面的交易。要优化文化市场发展政策环境,一是保护多元文化市场主体公平竞争、依法自由发展;二是加大公共财政投入和政策扶持力度,健全推广公共文化服务政府采购制度,优化资源配置方式,在扶持优势企业和精品生产的同时,向中小文化企业和重点消费群体倾斜;三是完善文化企业人才评价、技术创新鼓励政策,健全以市场为基础、兼顾经济效益和社会效益的文化产品评价体系,改革评奖制度,全方位调动文化精品创作生产的积极性和创造性,推动优秀文化产品大量涌现。

二、主导化规律及其启示意义

由于文化产业的文化性质及产业性特征,政府必须强化其主导地位,真正建立起政府主导、市场运作的机制。

1.建立健全现代市场体系

党的十八届三中全会通过的《决定》提出,要以推进文化体制机制创新为突破口,加快完善文化管理体制和文化生产经营机制,建立健全现代文化市场体系。

要将政府主导、市场运作由过去的党委、政府大包大揽转变到以管方向、作引导、搞监督、营造环境和提供协调服务上来;做好产业定位与产业规划,文化产业项目要集中成片、成园、成区,加强文化产业园区建设,加强顶层设计和规范管理,避免同质化导致的重复建设和资源浪费,吸引其他地区企业入驻,提高园区内产业集聚度,建设文化产业公共服务平台,提供信息、人才、融资、技术、孵化等公共服务,降低企业创业成本,提升企业运营效率;做好产业立法;推动文化企业跨地区、跨行业、跨所有制兼并重组,提高文化产业规模化、集约化、专业化水平。

2.实施分类推动政策

我国以财政补贴拉高文化产业发展速度的模式已不能再继续,只有形成文化市场,才能进入更健康的发展阶段。通俗产品完全在市场机制中优胜劣汰,对高雅文化给予一定的政府鼓励,如对非营利性出版机构实施免税等;实行严格的知识产权保护。

3.发挥人才的创造能力

我国以文化产业政策为名的文件多如牛毛,但并未换来文化强国的地位。要推动文化产业的发展,关键在于发挥文化人才的创造能力。美国非常拒斥文化产业政策这种说法,认为其会损害个人创造力,导致政府的过度干预,应完全让私人部门自行运作。

4.推进文化建设

应坚持城乡文化一体化发展,实施文化区域发展总体战略,注重和扶持农村地区文化产业发展,保护和利用好各地独特的历史文化资源,满足人民群众精神文化需求,丰富人们的精神世界和促进人的全面发展,以此为文化产业的发展打好基础。

三、社会化规律及其意义

作为一种产业,文化产业具有鲜明的社会化特点,即人人都可以参与文化产业的生产经营与消费,而不仅仅局限于某些企业和群体。

要鼓励完善文化市场准入和退出机制,鼓励各类市场主体公平竞争、优胜劣汰,促进文化资源在全国范围内流动。

要积极发展混合所有制经济,降低社会资本进入文化产业的门槛,探索以"众筹模式"为代表的文化产业融资模式,鼓励非公有资本以直接投资、间接投资、项目融资、兼并收购、租赁等形式,参与国有文化企事业单位改制经营。

要加快建立多层文化产品和要素市场,加快培育大型连锁经营文化流通企业和文化产品物流配送基地,构建发达贯通的文化产品流通网络。

要鼓励金融资本、社会资本、文化资源相结合,打破行业、区域、所有制的壁垒,让资本在企业并购中有效发挥作用,为优势企业快速做大、做强创造条件。

要重点扶持民营文化企业发展,降低市场准入门槛,规范完善市场秩序,保障小微文化企业的合法权益。

要优化文化消费环境,通过培育群众文化消费意愿、提高文化产品和服务的营销水平、保护消费者合法权益等,提高文化消费在国民消费中的比重。

四、科技化规律及其意义

文化产业本身就是现代工业文明的产物,它与现代科技的发展密切关联,因此,必须利用现代科技大力发展文化产业,创新文化产业的新业态。

要积极推动文化技术创新、业态创新、产品创新、组织创新、商业模式创新和市场创新,建立"电视屏幕""电脑屏幕"和"手机屏幕"融合的文化产业业态。

要大力发展动漫游戏、数字出版、数字媒体、创意设计、网络服务、文化会展、文化旅游、智能语音等新兴文化产业,加快演艺娱乐、印刷发行、工艺美术等传统产业优化升级。

要大力发展文化生产性服务业,加强文化产品流通、市场销售以及售后服务建设,推动文化组织向文化价值链演进,增强文化产业的盈利能力。

要加强文化产业的协同发展,积极推动文化与旅游、制造、建筑、设计等产业融合,依靠文化创意增强物质产品和现代服务业的附加值和文化含量,提升品牌价值。

要做好加强知识产权保护、完善促进文化企业创新的税收政策等工作,加快形成以知识产权为核心的产业竞争力结构。

要强化激励保障,用好文化人才,使发明者、创新者能够合理分享创新收益,打破阻碍技术成果转化的瓶颈。

五、创意化规律及其意义

文化产业是在文化的基础上,由生产者、服务者加工、设计、生产出来的一种文化商品,创意成为文化产业与其他产业最突出的特征。

世界上许多国家的文化创意产业及其相关产业,一般倾向于在大城市集聚,如洛杉矶、纽约、伦敦、巴黎、柏林、罗马、东京以及香港、首尔、孟买、墨西哥等城市。这些城市之所以成为文化创意产业的集聚地,主要不是预先规划出来的,而是在历史文化积淀的基础上逐渐发展起来的。

文化创意产业的发展来自人的创造力以及与技术、经济、文化的交融。例如,数字艺术产业以数字媒体内容设计和制作为中心,涵盖影视特效、电脑动画、游戏娱乐、广告设计、多媒体制作、网络应用、电子教育等领域。但是,并不是这些领域都能成功发展创意产业。如果艺术家创造力不强,企业家缺乏激发创造的动力,创意产业就无法形成。

只有创新城市发展才能发展文化创意产业,即不仅要提供效率基础结构(如公共服务与运输、电讯等基础设施建设),而且要提供创意基础结构(包括高品质的大学、研发设施、风险投资及知识产权保护等法律保障、能够吸引有创造力的人的条件环境),所以只有建设智慧城市、文化城市、新一线城市、生态绿色城市,才能集聚智慧人才,提供创意机遇,大力发展创意文化产业。

第二章　中国报刊产业史

第一节　报刊的起源与发展

一、报纸的起源

一般认为,中国唐代的《报状》和罗马帝国的《每日纪闻》是世界最早的官报。

中国在汉代(前206～220年)就有各郡国在京都设邸,传抄诏令奏章、宫廷消息、政治新闻。唐代出现"朝报"的名称,此种官报后来以"邸报"的名称继续存在于宋、元、明、清各朝,1911年辛亥革命后成为《政府公报》。由于它的官方公报的性质,其延续存在2000多年而始终未能演变成为现代的报纸。

罗马帝国执政官于公元前1世纪下令颁布官报《每日纪闻》。它是一种手抄布告,公布于罗马和各省公共场所,内容为公民投票、官吏任命、政府命令、条约、战争和宗教新闻等。公元476年西罗马灭亡,《每日纪闻》随之终刊。

二、报业的发展

1.世界范围内报纸的发展①

在一些商业城市里,最晚从14世纪起就有人向王公贵族和商人提供关于商情、船期、外国情况的有各种名称的不定期手抄传单,收取一定费用。现代报纸从它萌芽时期起就是作为商品出现的。15世纪中叶,德国约翰内斯·谷登堡发明活版印刷术,欧洲各国印刷商开始出版活页印刷品,报道国内外重大事件。

---

① 世界报业史,见"百度百科",http://baike.baidu.com/。

荷兰 1605 年在安特卫普创办了不定期半月刊《新闻报》，奥地利 1609 年在斯特拉斯堡出版月刊《重要历史事件精选》。法国第一份周刊《各地见闻》于 1631 年 1 月在巴黎创刊；同年 5 月，T. 勒诺多获得印刷发行报纸的特权，创办周刊《公报》（1762 年改名为《法兰西公报》），由外交部接管；1672 年以刊登文艺作品为主的《文雅信使报》创刊，1724 年改名为《法兰西信使报》。英国 1622 年 5 月出版《意大利、日耳曼、匈牙利、波希米亚、莱茵伯爵领地、法国和低地国家的一周新闻》。1644 年，J. 弥尔顿在英国议会出版委员会发表了著名的《论出版自由》。1665 年《牛津公报》问世，每周出版两次，这是第一张符合报纸各项条件的新闻印刷出版物。第 24 期后改称《伦敦公报》，作为正式宫廷报纸一直发行到 20 世纪。

1702 年英国伦敦出版了英国第一张日报《每日新闻》，其出版宗旨是"每天提供公正新闻"。它很快成为伦敦权威报纸，出版了 6000 期。1704～1713 年，D. 笛福出版《评论》，初为双月刊，后改为三周刊。1719 年，他在《每日邮报》上发表《鲁滨逊漂流记》，这是世界上第一部由报纸连载的小说。1785 年，J. 沃尔特创办《每日天下记闻》，1788 年改名《泰晤士报》。1855 年《每日电讯报》创刊。随着英国进入产业革命，报业也进入扩张时期。1821 年，英国有报纸 267 家，1861 年增加到 1102 家。经过激烈竞争，到 1880 年，日报伦敦有 18 家、英格兰 96 家、威尔士 4 家、苏格兰 21 家、爱尔兰 17 家。此外，还有专业报纸 157 家，其中宗教报纸 44 家、禁酒报 35 家、幽默报 33 家、时装报 24 家、体育报 21 家。

1777 年，法国第一张日报《巴黎新闻》在巴黎创刊，以报道社会、艺术、戏剧新闻为主，回避谈论政治。1789 年，法国大革命爆发，法国的新闻出版物约有 1000 种，巴黎报纸达 300 多种，著名的有《法兰西爱国者报》《人民之友报》《杜歇老爹报》《论坛报》。1848 年第二共和国建立后，法国涌现 450 种报刊，著名的有《人民之友报》《火炬报》《罗伯斯比尔报》《红色便帽报》《断头台报》等。1836 年《新闻报》出版。1866 年《费加罗报》改为日报。

在奥地利，1848 年创办报刊 200 多家，其中 90 家为日报，最著名的是《新闻报》。柏林成为普鲁士地区报业竞争的场所，报纸发行量从 1847 年的不到 10 万份，增长到 1870 年的 900 万份。1871 年德意志帝国建立，创刊的重要报纸有 1871 年的《柏林日报》、1883 年的《柏林地方通讯报》和 1898 年的《柏林晨邮报》。

在亚洲，日本于 19 世纪 70～80 年代实行明治维新，走上资本主义道路，商业大众化报纸陆续诞生，重要的有《东京日日新闻》（1872）、《读卖新闻》（1874）、《朝日新闻》（1879）。到 1910 年，日本有报纸 250 家。

1704 年,美国波士顿邮政局长创刊的《波士顿新闻通讯》,被认为是美国的第一张连续出版的报纸。1833 年在纽约创刊的《太阳报》,主要刊登审判、自杀、失火等社会新闻,发行量很大。19 世纪上半叶创刊的重要报纸还有 1835 年的《纽约先驱报》、1841 年的《纽约每日论坛报》、1851 年的《纽约每日时报》(1857 年改名《纽约时报》)。到 19 世纪中叶,美国约有日报 400 家、周报 3000 多家。1880 年,全美国用于广告的费用不超过 4000 万美元,到 1904 年就超过了 1.4 亿美元。1895 年,W.R. 赫斯特购得《纽约新闻》,与《世界报》展开激烈竞争。两报竞相刊登耸人听闻的新闻和滑稽连环画《黄孩子》,人称"黄色报纸"。这一做法在美国迅速得到仿效,到 1900 年,美国 21 个大城市的报纸中有 1/3 成为"黄色报纸"。19 世纪下半期创刊的美国重要报纸还有《亚特兰大宪法报》(1868)、《华盛顿邮报》(1877)、《圣路易邮报》(1878)、《洛杉矶时报》(1881)等。

2. 我国报纸的发展①

新闻出版业认为"邸报"是我国最早的报纸。"邸"本来是指古代朝觐京师的官员在京的住所,早在战国时就出现了,也有人说始于西汉。颜师古说:"郡国朝宿之舍,在京师者率名邸。邸,至也,言所归至也。""邸"后来作为地方高官驻京的办事机构,为传递沟通消息而设,由此而有"邸报"之称。"邸报"又称"邸抄",另有"朝报""条报""杂报"之称,是用于通报的一种公告性新闻,专门用于朝廷传知朝政的文书和政治情报,属于新闻文抄。

(1)外来者办的报刊。我国现代意义上的报纸,是从欧美殖民者和移民在亚洲、非洲、拉丁美洲、大洋洲出版的报纸开始的。

18~19 世纪欧美资本主义国家向海外扩张,掠夺殖民地。殖民当局和移民、传教士为了他们各自的利益,在殖民地创办主要用宗主国文字出版的报纸,成为这些地区报业的开端。

在亚洲,1780 年英国人在印度创办英文报《孟加拉公报》。1834 年英国移民在锡兰(斯里兰卡)创办英文报《锡兰观察家报》。印度尼西亚荷兰殖民当局于 1744 年出版荷兰文报《巴达维亚新闻》。1898 年美国占领菲律宾后,美国人在菲创办英文报《马尼拉时报》。新加坡英国移民于 1824 年出版英文报《新加坡纪事报》,1845 年出版英文报《海峡时报》。1844 年英国传教士在泰国出版《曼谷纪事

---

① 　参考方晓红:《中国新闻史》,南京师范大学出版社 2009 年版;杨师群《中国新闻传播史》,北京大学出版社 2007 年版。

报》。

在我国,近代中国报业起始于 19 世纪初,最早均由西方传教士所创办。

鸦片战争前,外国人办的外文报刊集中在澳门、广州出版。首先问世的是葡萄牙人在澳门创办的一批葡文报刊,其中最早的是 1822 年 9 月创刊的葡萄牙执政党的机关报《蜜蜂华报》。英国鸦片商马地臣于 1827 年 11 月创办了《广州纪录报》,这是在华英文报刊的第一种。其次是英商自由贸易派于 1835 年 9 月创办的《广州周报》。这些报纸主要刊登行情、船期和广告,也刊登中外新闻和言论。《广州周报》注重刊载有关中国的材料,受到林则徐的重视。该报诬蔑中国人愚昧落后,批评清政府的闭关政策。当时影响最大的英文杂志,是美国传教士裨治文等于 1832 年 5 月创办的《中国丛报》,前后出版 20 年,主要向西方国家提供中国及邻近国家的情报,除大量发表有关中国各方面情况的文章外,也经常就对华政策问题进行讨论。

1840 年以后,外文报刊在中国大量发展。至 1894 年,新出版的外文报刊,除葡文报外,累计有 100 种左右,绝大多数是英文报,办报人多是英国人。其次是法文、德文、日文报刊。出版地点也由原来的广州、澳门,向香港、上海、天津和其他内地城市扩展。

在香港,最早出版的是 1841 年 5 月创刊的《香港公报》。1842 年,《中国之友》创刊。翌年,《广州纪录报》改名《香港纪录报》,迁港继续出版。1845 年,《德臣报》创刊。1881 年《香港电讯报》创刊。

在上海,1850 年 8 月《北华捷报》创刊,它是上海第一张近代报刊。1864 年,《字林西报》创刊(《北华捷报》转为该报附刊),它是上海租界工部局的喉舌和英国在华利益的代言人,是一份历史悠久、影响很大的报纸。影响较大的还有《晋源报》《华洋通闻》和《文汇报》等。第一张法文报纸为 1870 年创办的《上海新闻》,第一张德文报纸为 1886 年创办的《德文新报》,第一张日文报纸为 1890 年创办的《上海新报》。

在天津,1886 年英国人 A. 密基创办了华北第一张英文报纸《中国时报》。1894 年英商裴令汉购得该报产权,创办了《京津泰晤士报》,它是英国在华北的喉舌,1938 年 9 月被侵华日军禁止发行而停刊。

此外,在汉口、福州、厦门、烟台等地,也出版了一批英文报刊,如《汉口时报》(1866)、《福州每日广告报》(1873)、《厦门航运报道》(1872)、《芝罘快报》(1894)等。

这些外国人办的外文报刊,大多为该国在华利益服务,鼓吹干涉中国内政,当时曾遭到包括王韬、郑观应等报人在内的中国新闻界的反对。

《察世俗每月统记传》(Chinese Monthly Magazine)由米怜于 1815 年 8 月 5 日创刊,是世界上第一个以华人为对象的中文近代报刊,在新闻史上也普遍被视为以中文出版的第一种现代报刊(月刊),内容主要是宗教,次为新闻、新知识。该刊每期五至七页,约 2000 字,初印 500 册,后增至 1000 册,免费在南洋华侨中散发,于 1821 年停刊,共出版 80 多期。宣扬宗教是《察世俗每月统记传》的根本任务,同时《察世俗每月统记传》也介绍了一些西方历史、地理、风俗、科学等方面的内容。

《蜜蜂华报》(Abelha da China)是一致被学者评定为中国境内出版的第一份近代报纸、中国第一份由外国人创办的报纸和澳门第一份报纸。《蜜蜂华报》以周刊形式出版,葡文刊载,创刊于 1822 年 9 月 12 日(清朝道光二年),于 1823 年 12 月 26 日停刊,共出版了 67 期。

《香港船头货价纸》是我国历史上第一份中文商业报纸、最早的经济类报纸和最早的以单页报纸形式两面印刷的中文报纸,约于 1857～1864 年在香港出版,由英文孖剌报馆发行,实为英文《孖剌报》的中文版。两版一张,两面印刷,每逢星期二、四、六出报。主要刊载行情、船期和广告,也登少量新闻。以香港商店为发行对象,由报馆派送,每月取银一元。该报曾以小册子形式在日本翻印,取名《官版香港新闻》;并被译为日文,名《香港新闻纸》,在日发行。后改名为《香港中外新报》。

《东西洋考每月统记传》于 1833 年 8 月 1 日创刊于中国广州,其创办人和主编是普鲁士传教士郭士立。该报本质上已完全脱离宗教刊物范畴,完全不具宗教性质,旨在宣扬西方文化的优越性。在编辑上,该报文字通俗、文风简短,尽可能与中国文化相吻合。最后一期出版于 1838 年 7 月。该报目的十分明显,是要传西学入中国,表明西方文化是与东方文化并存于世的两大文化,而不是如中国人所想象的是蛮夷之邦。

《字林西报》是英国人在中国出版的历史最久的英文报纸。英国商人奚安门 1850 年 8 月 3 日在上海创办《北华捷报》周刊。1856 年增出《航运日报》和《航运与商业日报》副刊。1864 年《航运与商业日报》扩大业务,改名《字林西报》,独立发行。《北华捷报》作为《字林西报》所属周刊,继续刊行。该报曾发表大量干预中国内政的言论,主要读者是外国在中国的外交官员、传教士和商人。1951 年 3 月停刊。

1854 年 5 月 11 日,《中外新报》(Chinese and Foreign Gazette)在宁波创刊,为中文杂志型半月刊,1856 年(咸丰六年)后改为月刊。美国传教士玛高温(Daniel Jerome Macgowan)、应思礼曾任主编,每期四页,其内容分为宗教、科学、文学、新闻等类,到 1861 年 2 月 10 日停刊。所载内容包括新闻、宗教、科学和文学,以报道国内外新闻为主。国内新闻以新闻发生的地点如宁波、余姚、厦门、香港、南京、天津、上海、广东等为题。有相当一部分内容是报道太平军和捻军动态的。该刊登载过一则英法联军攻打京津遭到强烈抵抗的消息。

关于《万国公报》,中国近代有两个名叫《万国公报》的刊物。一是 1868 年 9 月 5 日在上海由林乐知等传教士创办的一份刊物,这也是一份对中国近代发展影响巨大而深远的刊物之一。原名《教会新报》(Church News),早期为周刊,以林华书院的名义出版,由上海美华书馆负责印刷。起初为宗教性质刊物,着重刊登阐释教义的文章以及沟通教徒教友情况的"各地教友来信"等。二是康有为在"公车上书"之后不久,也创办了一份名为《万国公报》的报纸,自 1895 年 8 月 17 日开始正式刊行,为双日刊,每册有编号,无出版年月,从 46 期开始改名为《中外纪闻》。该报是资产阶级早期政治团体的机关刊物,它除选登"阁抄"、译载新闻外,又载"格致有用之书",探讨"万国强弱之原",提出言政敷治的建议,在中国近代政治史、新闻史上有一定地位。

日本人在华创办的第一份报纸最早可以追溯到 1882 年上海的《上海商业杂志》,但直到 1894 年甲午战争爆发前,日本人所办的报刊仅有 5 种,且全部都在上海发行,均为商业目的。1894 年甲午战争清政府战败,越来越多的日本人涌入中国,推动了日系报刊的发展,如《亚东时报》《同文沪报》和《汉报》等,都对中国维新派的活动表现出积极支持的态度,主张中国进行维新改革,结果为清政府所忌,或予收购,或予查禁。

1912 年中华民国成立之后,有超过 30 余种的日系报纸从晚清时代延续到民国时代,其中北京的《顺天时报》、奉天的《盛京时报》都在当时具有代表性和影响力。

(2)国人办的报刊。《申报》创办于 1872 年 4 月 30 日,1949 年 5 月 27 日上海解放时停刊,前后总计经营了 77 年,共出版 25600 期,对近代中国产生了广泛的影响。1982 年上海市委和市出版局做出决定,委托上海书店以影印的方式保存并出版全套《申报》。

《申报》的创办人是同治初年来华经营茶叶和布匹的英国人安纳斯托·美查（E·Major）。美查（1830—1908），英国商人、报业资本家，上海《申报》的主要创办者。19世纪60年代初到中国上海，与其兄从事进出口贸易，初经营茶叶，后办起了点石斋印书局，成为上海最早采用现代技术的石印法书馆。点石斋印书局因承印《康熙字典》而大获其利后，1871年美查和他的三位友人每人出股银400两，合计1600两作为股本，创办了《申报》。美查根据生意场上的经验，深知要使华文报纸得以生存和发展，在内容上就必须符合华人的要求，因此他嘱咐馆内同事说："这报是给华人看的，文字应从华人方面着想。"《申报》除刊登国内外重要新闻、通讯，发表著名人士文章、宣言之外，还增加篇幅辟出专栏和副刊，如"经济专刊""教育消息""商业新闻""科学周刊""通俗讲座""医学周刊""电影专刊"以及"读者顾问""图画周刊"和副刊《自由谈》等。

《自由谈》在1911年8月24日创刊，至1949年5月停刊，共出版了39年。开始时刊登记叙风花雪月、奇闻轶事、诗词歌赋的文章以及小说连载。1932年约请鲁迅和茅盾两大名家，以千字左右的杂感文刊登。此举引来许多老作家和左翼青年作家撰稿投登。陈望道、夏丏尊、周建人、叶圣陶、老舍、沈从文、郁达夫、巴金、张天翼等都寄上作品，章太炎、柳亚子、吴稚晖也为《自由谈》写过文章。《自由谈》还培养出一批文学界的新人，如姚雪垠、刘白羽、周而复、林娜（司马文森）、柯灵、黑丁、荒煤、罗洪等。

1946年5月，国民政府强迫史泳赓出让51%股份给政府，实行官商合办，彻底改变了74年《申报》的民营性质。同时，在此基础上，改组申报董事会，调整报社工作机构，政府委派杜月笙任董事长、陈冷任发行人、潘公展任社长兼总主笔、陈训念任总经理兼总编辑，而史泳赓则转任副董事长。

1949年5月25日，解放军接管上海苏州河南岸市区，中共委派工作组进入报馆。由于此时《申报》已为中国国民党官方报纸，因而终刊必在意料之中。5月27日，《申报》出至第25599号后宣布终刊。翌日，中共中央华东局兼上海市委机关报《解放日报》在申报馆原址上出版第一期。

申报馆除了出版《申报》外，还充分利用自己的人力、物力经营副业。一是创办文艺杂志。1872年11月11日，申报馆出版发行我国最早的文艺期刊《瀛寰琐记》，1875年后又先后出版《四溟琐记》和《环宇琐记》，这些都是我国近代早期著名的文艺期刊。二是出版白话新闻报。1876年3月30日，《申报》创办了通俗易懂的白话小说《民报》。三是编印画报。1877年5月《申报》出版了《瀛寰画报》，专门刊载各国时事风俗、山川地理,有图有文,实为中国画报之祖。1884 年 5 月又出版了时事画报《点石斋画报》,选择新闻中可喜可惊之事,绘制成图,并附事略,因而深受读者欢迎。四是印书。《申报》创刊不久就开始印书,出版过 160 多种孤本名著,特别是 1885～1888 年出版的由 1628 册图书组成的《古今图书集成》,更是为保存中国古代文化做出了贡献。此外,申报馆还开办了点石斋石印书局、图书集成铅印书局、申昌书局、隧昌火柴厂、江苏药水厂、肥皂厂等,并由此在 1889年组成“美查有限公司”,总资产达白银 30 万两,是创刊基金 1600 两的 180 多倍,实现了美查“赢利”的目的。

1873 年在汉口创办的《昭文新报》,是中国人最早在境内办的中文报纸。创办人艾小梅自任主编,内容多为轶闻趣事,间有诗词小品,与当时以刊载官方文书为主的《京报》《宫门钞》旨趣颇异。初为日报,后改为五日刊,不久停办。

《循环日报》1874 年 2 月 4 日创刊于香港,是我国历史上第一家宣扬资产阶级政治改良主义思想的报纸,也是中国人自办成功的最早的中文日报,它的创办人和第一主编是我国近代著名报刊政论家王韬。该报在国人早期的自办报纸中,出版时间最长、影响最大,是我国第一家鼓吹变法自强的报纸,以“强中以攘外,诹远以师长,变法以自强”为宗旨。

1871 年,伦敦会属下的香港英华书院停办,该校原设有一个印刷所,自制活字体铅字。1873 年,清代改良派思想家王韬和香港伦敦会印务所经理黄胜合资一万墨西哥鹰洋购买英华书院的印刷设备,包括中文活字钢模,迁往荷李活道 29 号,创立中华印务总局。《循环日报》由中华印务总局印刷出版。内容上共分三栏,首栏选录京报,次栏为羊城新闻,最后一栏为中外新闻。每日报首有论说一篇,多出自王韬之手。《循环日报》分新闻版、广告版和政论,新闻包括国内新闻、本地新闻和商务行情。

1875 年《循环日报》出版小印张线装《循环月刊》,内容是《循环日报》的精选。1878 年《循环日报》出版晚报,也是中国最早的晚报。《循环日报》后米还出版《循环世界》副刊、《大字英华字典》(1914 年)等。

《循环日报》不但流行于香港,也流行于中国、越南、新加坡、日本、英国、澳大利亚和美国等地。《循环日报》至 1947 年停刊。1959 年曹聚仁、林蔼民重新恢复《循环日报》,及至 1960 年停刊并改名为《正午报》。

1896 年《苏报》在上海创刊,后来成为资产阶级革命的积极鼓吹者。创办人是胡璋,由其妻日本人生驹悦出面向日本驻沪总领事馆注册。1903 年,爱国学生章士钊担任《苏报》主笔,《苏报》增设"学界风潮"和"舆论商榷"两个专栏,用来报道学生运动和大造革命舆论,并大力宣传邹容的《革命军》。同年 6 月 29 日,《苏报》又以显著位置刊出章太炎的著名政论《康有为与觉罗君之关系》,对革命发出热情的礼赞。这些言论,引起清政府的震恐。两江总督魏光焘派人到上海,会同租界当局对《苏报》进行迫害。陈范、章士钊等先期走避,后章太炎、邹容等 6 人被捕。章太炎被判监禁三年,邹容被判监禁两年。1903 年 7 月 7 日《苏报》也被查封。

《北洋官报》是一份清末创办最早、最有影响的地方政府官报。1901 年 8 月,袁世凯在天津河北狮子林集贤书院旧址内创办了北洋官报局,并派人到日本选购最先进的印刷设备,聘请日本精铜版、石版、照相制版及印刷者任技师,又从上海雇活字版印刷工人从事印刷。筹备就绪后,北洋官报局成立。天津称"北洋官报"总局,另在保定设分局,局内分编撰、翻译、绘画、印刷、文案、收支六股,全局共 150 多人。《北洋官报》内容以政府公报为主,也比较系统地介绍外国社会的情况,介绍新思想、新知识,评论中国的不足,提出革新措施,成为洋务派的宣传工具。报纸刊登内容包含圣谕广训直解,上谕,本省政治、学务、兵事,近今时务,农学、工学、商学、兵学、教案、交涉、外省新闻,各国新闻等。设有宫门钞、奏议录要、析法摘要、文牍要录、畿辅近事、外省新闻、各国新闻等。

《大公报》于 1902 年(壬寅年)由英敛之在天津创办,是中国迄今发行时间最长的中文报纸。1936 年 4 月 10 日上海版发刊,1966 年 9 月 10 日停刊。版本包括泰兴《大公报》、香港《大公报》、天津《大公报》、上海《大公报》。《大公报》一度支持过国民党的内战政策,1948 年后因立场有所改变受到当局迫害,重庆版一度被强行接管。中华人民共和国成立后,《大公报》重庆版、上海版先后停刊。天津版改名《进步日报》,旋又恢复原名,迁至北京出版,主要报道财政经济和国际问题。1966 年 9 月 10 日停刊。香港版出版至今。

《大公报》坚持四不方针:"不党"是指"纯以公民之地位发表意见,此外无成见、无背景。凡其行为利于国者,吾人拥护之;其害国者,纠弹之";"不卖",是指"不以言论作交易,不受一切带有政治性质之金钱补助,且不接受政治方面之入股投资";"不私"是指"除愿忠于报纸固有之职外,并无私图。易言之,对于报纸并无私用,愿向全国开放,使为公众喉舌";"不盲"是指不"随声附和",不"评诋激烈,昧于事实"。

香港大公报副刊很多。除了天天和读者见面的《大公园》《小公园》《新园地》

《世界新潮》之外,每日并出两大版《娱乐》《星踪》《神州新姿采》《寰球特写》《摄影》《文学》《科学》等各种定期及不定期特刊,信息量巨大。

《大公报》与时并进,不断充实内容,更新版面,受海内外广大读者欢迎,发行网遍及全球五大洲逾百个国家和地区。每日来往穗港的直通火车、飞翔船以及内地各大城市的主要宾馆均有《大公报》发售。在菲律宾马尼拉出版的《大公报》菲律宾版,是菲律宾发行量最大的华文报纸。此外,《大公报》还有海外版,行销欧美各地。

《大公报》互联网电子版除发布当日大部分版面内容外,还发放即时新闻,让网上读者随时获取最新讯息。电子版的日点击率达二百万,以欧美地区读者居多。

《民报》是中国同盟会的机关报。1905 年 6 月创刊于东京,前身为宋教仁在东京创办的《二十世纪之支那》。同盟会成立后,将其改为《民报》并作为会刊。孙中山为其撰写发刊词,提出了“三民主义”,即“民族主义、民权主义、民生主义”。该报的创办及宣传壮大了革命派的声势,也壮大了同盟会的队伍,成为进步舆论的中心,但是其宣传对帝国主义抱有幻想,过分强调排满而陷入了狭隘的民族主义,后期该报大谈佛法,进步性锐减。该报最高发行量达到 1.7 万份。一到五期编辑兼发行人挂名张继,实际由胡汉民主持;第六期始编辑发行人改署名为章炳麟,至 1907 年 12 月,章因脑病乞休,改由陶成章主编;第 23、24 两期,章恢复工作。1910 年由汪精卫负责。

(3)中国共产党革命报刊。从五四运动到 1921 年 7 月 1 日,伟大的中国共产党成立,中国革命面目一新。在党的领导和影响下,革命报刊也蓬勃地发展起来。

《新青年》是 20 世纪 20 年代中国一份具有影响力的革命杂志,在五四运动期间起到重要作用。自 1915 年 9 月 15 日创刊至 1926 年 7 月终刊共出版九卷 54 号。由陈独秀在上海创立,群益书社发行。该杂志发起新文化运动,并且宣传倡导科学(“赛先生”,Science)、民主(“德先生”,Democracy)和新文学。

《新青年》是综合性的文化月刊,1915 年 9 月 15 日在上海创刊。初名为《青年杂志》,1916 年 9 月 1 日出版第二卷第一号改名为《新青年》。1917 年初,《新青年》编辑部迁到北京。《新青年》从第四卷第一号(1918 年 1 月)起实行改版,改为白话文,使用新式标点,提倡白话文。十月革命后,《新青年》成为五四运动的号角,成为宣传马列主义、宣传反帝反封建思想的阵地。到中国共产党成立之前,《新青年》刊登的关于马克思主义、十月革命和中国工人运动的文章达 130 余篇。

从 1920 年 9 月的第八卷第一号起,《新青年》成为中国上海共产主义小组的机关刊物,它与当时秘密编辑发行的《共产党》月刊互相配合,为中国共产党的成立做了理论上正式的准备。1923 年 6 月改为季刊,成为中共中央正式理论性机关刊物。1917 年 1 月 1 日第二卷第五号胡适发表《文学改良刍议》,推广白话文,以打破旧思想及推动文学改革为目标。1918 年 5 月 15 日第四卷第五号鲁迅发表第一篇白话小说《狂人日记》。1918 年 10 月第五卷第五号李大钊发表《庶民的胜利》《布尔什维克的胜利》等文章,传播马克思主义思想。1919 年第六卷第一号陈独秀发表《本志罪案之答辩书》,第一次将科学与民主称为"赛先生"与"德先生"。

《中国女报》于 1907 年 1 月 14 日在上海创办,秋瑾任主编兼发行人。秋瑾就义后,与《女子世界》合并,改名《神州女报》。

《劳动周刊》是中国共产党领导下的第一张全国性的工人报纸,为 1921 年 8 月中国劳动组合书记部在上海创办的机关刊物。

《工人周刊》曾被誉为"北方劳动界的一颗明星",1921 年 7 月由北京的党组织用工人周刊社的名义出版。1922 年 5 月,中国劳动组合书记部由上海迁到北京,《工人周刊》便取代《劳动周刊》成为书记部的机关报,由邓中夏、罗章龙等负责编辑。1924 年改为中华全国总工会的刊物。

《真报》于 1922 年 10 月 10 日在汉口出版,主编林育南,许白昊、施洋等参加编辑工作。

《先驱》1922 年 1 月 15 日创刊于北京,半月刊。一、二、三期在北京出版,由刘任静、邓中夏编辑。从第四期起迁上海出版,成为中国社会主义青年团临时中央的机关报。

《中国青年》1923 年 10 月 20 日创刊于上海,为团中央的机关报。恽代英、萧楚女先后长期担任主编。《中国青年》出版四年,是当时影响最大的革命报刊之一。1927 年 10 月被迫停刊。

《向导》周报是党中央的第一份政治机关报,1922 年 9 月 13 日在上海创刊。共出版 201 期。首任主编蔡和森,继任主编彭述之,1927 年 4 月迁汉口后,由瞿秋白接任主编。1927 年 7 月 18 日被迫停刊。

《中国农民》1926 年 1 月在广州创办,月刊。该刊以国民党的名义出版,但却是由共产党人主持。毛泽东、林伯渠等共产党员经常为其撰稿。毛泽东著名的文章《中国农民各阶级的分析及其对于革命的态度》和《中国社会各阶级的分析》就是在《中国农民》上发表的。

《政治周报》是国共合作时期国民党报刊中影响最大的一份。1925年12月5日创刊于广州,是国民党中央机关报。前四期由毛泽东主编,从第五期起,由共产党员沈雁冰主编,1926年3月张秋人接任主编。直至1926年6月终刊。

《热血日报》1925年6月4日在上海创刊,瞿秋白主编。该报是四开四版铅印报纸。设有"社论""本埠要闻""国内要闻""国际要闻""紧急消息""舆论之制裁"等栏目,并办有副刊《呼声》。

《中国工人》是1924年工人运动恢复后最重要的工人报刊。1924年10月创办于上海,中共中央主办,邓中夏主编。1925年中华全国总工会成立,《中国工人》成为全总的机关报。它以指导工人运动、总结工人运动经验教训、介绍国际工人运动为主要内容。

1931年12月11日,《红色中华》在江西瑞金创刊。初为中央工农民主政府机关报。自第50期起,改为中国共产党、中央工农民主政府、中华全国总工会和中国共产主义青年团合办的中央机关报。铅印,四开一张。第1~49期为周刊,第50~147期为三日刊,第148期以后为双日刊。主要编辑人先后有周以栗、王观澜、沙可夫、瞿秋白、李一氓、任质斌等。社论多由当时中共中央和中央工农民主政府各部门负责人撰写,其中有周恩来、任弼时、陈潭秋、张闻天、秦邦宪、项英等。此外,参加撰稿的还有李富春、谢觉哉、蔡畅、陆定一、邓颖超等。

《红色中华》在瑞金时期共出240期,1934年10月3日因长征开始,暂时休刊。1936年1月,《红色中华》在陕北瓦窑堡复刊,限于物质条件,改为油印。"西安事变"后,根据中共中央决定,于1937年1月29日改名《新中华报》。

(4)民营报纸的革新。20世纪20年代后期至20世纪40年代,随着中国民族资本工业的成长和壮大,中国资产阶级独立报业也日渐成熟并迅速崛起,张季鸾、胡政之、邵飘萍、沈钧儒、史量才、陈铭德、邓季惺等一批集经营与笔政才能于一身的杰出专业报人脱颖而出,他们都非常重视报纸的经营管理,办出了不少具有全国乃至国际影响力的民营报纸。其中最典型的如天津的《大公报》、北京的《京报》、上海的《申报》《新闻报》、南京的《新民报》等,都有过十万以上的发行量。

《申报》自史量才1912年接办后,进行了一系列改革,逐步向企业化方向发展。为了采集翔实的新闻,史量才在国内外建立了完善的新闻搜集网。著名记者黄远生、邵飘萍都先后被《申报》聘为北京特别通信记者,他们的新闻与通讯都为《申报》增色不少。为了适应时代的需要,《申报》在报纸内容的充实和版面的扩大方面也下了很大的功夫。增刊的发行,同样也以满足社会需求为主要目的,由此获得了良好的社会与经济效益。在报社设备与办报条件方面,《申报》采取了引进先进设备、扩大报馆规模、改善报人待遇等措施。加上发行工作的改善,《申报》的发行量直线上升,成为实力雄厚的大报。为了扩大报社收入,史量才注重广告业务的拓展。《申报》广告形式经常出新,广告版面也越来越大。广告所获得的利润成为《申报》的重要财源。

《新闻报》是上海报界发行量最大的一份报纸。自美国人福开森于 1899 年买下之后,就委托中国人汪汉溪经营。汪汉溪主持《新闻报》20 余年,并使之成为《申报》的劲敌。《新闻报》以代表工商界利益自居,非常注重商业经济新闻。它于 1922 年首辟"经济新闻"专栏,颇得商界青睐。狠抓发行与广告也是它很重要的一个特点。另外,《新闻报》薄利多销,比《申报》批价低,并努力向外埠发展,受到商界、市民欢迎。

1926 年,吴鼎昌与胡政之、张季鸾组成新纪公司,买下《大公报》,吴鼎昌以资金入股,胡政之和张季鸾以劳力入股,共同主持《大公报》,从此开始了《大公报》的新纪公司阶段。新纪公司《大公报》在经济上完全独立,不受任何方面的资助。吴鼎昌任社长,胡政之任总经理兼副总编辑,张季鸾任总编辑兼副总经理,一切行政都由胡政之主持,言论方针由张季鸾掌握,吴鼎昌不加干涉。《大公报》于 1926 年 9 月 1 日继刊。对于重要新闻,注意突出其地位,标题醒目,有时配有图片。版面编排注重长短新闻搭配,且使用大小不同、字体多样的铅字。1936 年 4 月 1 日,《大公报》增设上海办,在津沪两个南北商业金融中心同时发行,成为名副其实的全国性大报。

另外,一些民营小报在经营方面也各有特色。《世界晚报》《世界日报》《世界画报》等世界系列报纸,由成舍我于 1924 年以 300 元微薄资金在北京创办。他自己采访,自己写稿,自己编辑,让最少的资金发挥最高的效益。同时他聘请擅写小说的张恨水主编副刊《夜光》,张恨水的言情小说雅俗共赏,有些读者每天必读,有人买报,不为新闻,只为小说。《世界日报》的副刊之一《明珠》也由张恨水主编。《明珠》连载了《金粉世家》,轰动一时。此外,张恨水还特约一些擅写文章的作者,给《明珠》写稿。另一个副刊《世界日报副刊》则聘刘半农为主编,致力于新文学和新思想的介绍,鲁迅常为该刊写稿。经过张恨水等人的努力,两个副刊办得颇有声色,对正刊的发展起到了不可估量的作用。

(5)抗战时期的报刊。抗战时期,国难当头,民族危亡与阶级斗争的激烈,使得此阶段的报刊事业呈现出极强的政治性。时事政治的变动、发生、发展成为民众在特定时期的信息需求,因此,报道时事政治信息,评论、争论时事政治性的问题成为报刊的主打内容,而风花雪月之类的言情、学术探讨之类的言理、货源货价之类的言商均相对退居次要的地位。

抗日战争时期至解放战争中期,国民党一直在宣传领域中苦心经营,系统地建立起党报网络,还在国统区的其他地方,利用党政和军事力量,采取出地方版的方法,把各种党报大力扩大,极力强化自己的报刊事业。据 1944 年 6 月 7 日国民党中宣部统计,国统区的报纸共有 1000 多家,其中国民党党部、军队、三青团的报纸共计 670 多家,占全国报刊总数的一半以上。据曾虚白《中国新闻史》统计,1946 年全国报纸共 984 家,至 1947 年 8 月底止,报纸总数增至 1781 家。其中国民党党报有 1170 多家,占全国报纸的 66%。

就山东一个省而言,1938 年 9 月,国民党山东省政府机关迁到惠民,以惠民为中心的鲁北地区又成为宣传抗战文化的中心,出版的报刊有山东省政治部的《抗战建国半月刊》、专署政治部的《动员日报》、中央第三政治大队第四支队的《战报》等。1939 年 1 月,国民党山东省政府转入鲁南,出版铅印的《山东公报》和石印的《山东民国日报》,这是当时山东国统区具有代表性的两份报纸。

日伪报业有济南的《山东新报》《山东新民报》《山东新民晚报》《新鲁报》;青岛有《青岛新民报》《大青岛报》《青岛时报》,1941 年底,在日本侵略者授意下,《青岛新民报》与《大青岛报》合并为《大青岛新民报》;烟台有《烟台日报》《鲁东日报》《东海日报》;威海有《威海卫新民报》。1940 年 1 月 1 日,伪山东省文化教育委员会还在济南出版了《文教月刊》,16 开本,每期 10 万字。此外,在山东沦陷区发行的报纸还有《天津庸报》《实报》《晨报》《北京新民报》等。

共产党在山东创办的报纸有《大众报》《烽火报》《大众日报》《群众报》《泰山时报》《鲁南时报》《湖西日报》《渤海日报》《滨海农村》《前线报》《民兵》《冀鲁豫日报》等。

《文汇报》1938 年 1 月在上海创刊。抗日战争胜利后,《文汇报》因为立场鲜明地反对内战,令当时的国民政府十分不满,迫使《文汇报》于 1947 年 5 月 24 日停刊。在各界爱国人士的帮助之下,《文汇报》报社同仁一路辗转,于 1948 年 9 月 9 日在香港复刊。1949 年,上海《文汇报》也复刊,所以就形成了两家《文汇报》,但两家报纸没有任何隶属关系。

当时,在《文汇报》刊登广告的大多是坚持抗日立场或有抗日倾向的报刊,其中有中共领导和支持的抗日报刊《每日译报》《译报周刊》《华美》周刊、《上海妇女》和《上海人报》等数种，其他抗日报刊更有《孤岛》《自修》《新语》《大美画报》《杂志》《自学》旬刊、《读物》《中国画报》《良友》《大地》旬刊、《涛声》《大英夜报》《导报》《国际日报》《中美日报》《大美晚报》《循环报》和《申报》（挂洋商招牌的）等20余种。另外，这一时期，上海"孤岛"出现的一批专载地方新闻并以地方命名的小报，如《锡报》《苏州公报》等，也在《文汇报》上刊登过广告。

现在的上海《文汇报》编辑和记者的总数是260人，在北京、江苏设有办事处，浙江、武汉、西安、广东、山东都有记者站。同时在世界各地14个国家和地区也设有记者站，在联合国有两组记者，在美国的首都华盛顿，巴黎、东京、德黑兰，墨西哥、尼泊尔、菲律宾都有记者。

《文汇报》设有要闻、国际、财经、体育、教卫、文化等新闻版，及时、准确、客观地传播新闻，评论世间万象，高扬主旋律，坚持多样化，积极反映丰富多彩的政治、经济、文化和社会生活。拥有"文汇时评"和"笔会""环球视窗""国内视窗""经济观察""每周讲演""论苑""学林""文艺百家""书缘""上海人才""教育家""近距离""视觉""健康生活""汽车广场"等一批品牌专栏和专副刊，体现了丰厚的历史人文积淀。派驻全球多个国家、地区和国际机构的记者即时追踪国际风云变幻，全方位报道国内外重大新闻。《文汇报》以强大的名家专家资源塑造主流媒体的时代形象，为当今各界读者及时提供权威资讯和深度新闻读解。

现在的香港《文汇报》是一份面向香港全社会的综合性大报，也是一份以社会精英为读者定位的香港主流报纸，日均出版60版左右，除在香港地区发行外，还即日运销中国大陆各省、自治区和直辖市。零售港币6元。香港《文汇报》立足香港，背靠祖国，面向世界，除香港外，每日还在美洲、欧洲和东南亚等地区同步出版海外版，读者遍及五大洲100多个国家和地区。2003年5月，香港《文汇报》珠江三角洲新闻中心成立，下设广州办事处、深圳办事处和珠海记者站，《文汇报》副总编辑张建华兼任中心总编辑。2006年，香港《文汇报》在广东省境内发行两叠24版的"商务精华版"《文汇报》，周一至周六发行。

《群众》是中国抗日战争时期和第三次国内革命战争初期在国民党统治区公开出版的中国共产党机关刊物，由中共中央南方局领导，署名编辑兼发行人为潘梓年，实际主持者是许涤新。1937年12月11日在汉口创刊，以宣传中共抗日救国十大纲领和中共全面抗战的路线为宗旨。1938年10月因日军进犯武汉，被迫停刊。同年12月在重庆复刊。《群众》经常发表介绍马克思列宁主义的译著和论文。1942年中国共产党整风运动开始后，曾刊出毛泽东的《反对党八股》《整顿学风党风文风》等重要文章。1943 年 1 月改为半月刊。抗日战争胜利后,1946 年 6 月 3 日迁至上海出版,复为周刊,担负着中国共产党机关报的任务,报道国共谈判情况,宣传中国共产党反对内战、反对独裁、主张和平民主的立场,对国民党统治区的民主运动起了促进作用。在国民党当局压制下,1947 年 3 月 2 日出至第 14 卷第九期被迫停刊。1947 年 1 月曾创办香港版,开展对海外的宣传工作,并以伪装封面在国民党统治区发行。1949 年 10 月 20 日出至第 143 期停刊。

《新华日报》最早在抗日战争时期和解放战争初期(1938 年 1 月 11 日~1947 年 2 月 28 日)是中国共产党的大型机关报,它是由周恩来等老一辈无产阶级革命家在河北涉县一二九师司令部亲自创办的,是中国共产党第一张在全国公开发行的报纸,并一直持续至 1947 年 2 月 28 日。《新华日报》于 1949 年 4 月在南京复刊,1952 年成为中国共产党江苏省委机关报。2001 年 9 月 28 日,经中宣部、国家新闻出版总署批准,省委、省政府研究,以《新华日报》为主报的新华报业传媒集团正式组建。

《晋察冀日报》为中共中央晋察冀分局机关报,该报初名《抗敌报》,于 1937 年 12 月 11 日创刊于山西五台,注重评论和典型报道,设有"社论""军区要闻""一周时事""国际风云""边区生活"等栏目,还有《海燕》《老百姓》等副刊。值得一提的是,在邓拓的倡议下,形成了"八头骡子办报"的"游击办报"方式和精神,充分发挥了党报的鼓动和组织作用,宣传了中国共产党的各种方针政策,指导了晋察冀边区的反扫荡斗争。1945 年 9 月 12 日迁至新解放的大城市张家口,成为中国共产党在解放区创办的第一份城市报纸,后与晋冀鲁豫《人民日报》合并。

1941 年 5 月 16 日,为适应形势需要,中共中央决定将《新中华报》《今日新闻》合并,出版《解放日报》。这是中国共产党在抗日根据地出版的第一份大型中央机关报,也是抗战到解放战争初期革命影响最大的报纸,社址设在延河之滨的清凉山上。毛泽东为该报撰写了发刊词,指明:"团结全国人民战胜日本帝国主义一语足以尽之。"创刊初期,发表了大量西方通讯社和中央社的消息。《解放日报》的第一任社长是博古(秦邦宪),以后是廖承志,历任总编是杨松、陆定一、余光生。1947 年 3 月 27 日终刊,共出 2130 期。

《中央日报》是国民党内实力最雄厚的党报,于 1928 年 2 月在上海创刊,成为蒋介石集团的重要舆论工具。"七七"抗战爆发后,《中央日报》立刻采取应变措施,除留下一部分人继续坚持出版至南京沦陷外,另一部分人员携带器材分水陆两路向南、向西迁移。1938 年 1 月 10 日,《中央日报》长沙版创刊,同年 9 月 1 日又创设了重庆版,至抗战胜利,《中央日报》已发展成为一个拥有 12 家分社的庞大报团系统。

《扫荡报》,原名《扫荡日报》,中国国民党中央军事委员会政治部于 1932 年 6 月 23 日在江西南昌创办。它是国民党军事系统的中心,也是蒋介石的一个忠实宣传工具。其主题内容是向官兵阐扬、灌输蒋介石提出的"攘外必先安内""抗日必先剿匪"的反动主张。"九·一八"事变后,调整宣传中心,提出"国家利益高于一切"的口号,并扩充设备,加强新闻报道,扩大发行量。1938 年 10 月 1 日,部分人员入川筹组重庆版创刊。1950 年 7 月 7 日终刊。

《大公报》于 1902 年在天津创办。在它的百年历史中,抗战时期是其光辉的一页。在抗日战争时期,《大公报》积极进行爱国宣传,以文报国,以笔抗日,发表了大量旗帜鲜明的文章和社评,激发了全国人民的爱国热情,促进全国上下团结抗日。在整个抗战时期,报社历尽艰辛,六迁其址,甚至有在防空洞出报的日子,但却没有在日寇占领区出过一张报纸,表现出崇高的民族气节和坚定的抗战决心。为此,周恩来总理称赞"《大公报》是一份爱国、抗日的报纸"。1941 年,美国密苏里大学新闻学院授予《大公报》该年度最佳新闻事业服务荣誉奖章。

抗日战争时期在中国共产党领导的陕甘宁抗日民主根据地(当时称"陕甘宁边区")首府延安出版了许多报刊。初期有中共中央机关刊物《解放》(延安)周刊、陕甘宁边区政府机关报《新中华报》和陕甘宁边区党委机关刊物《团结》。《解放》周刊发行到国民党统治区,曾在西安、汉口设立分销处。

1939 年 2 月 7 日,《新中华报》改组为中共中央机关报,兼陕甘宁边区政府机关报,结束了在这以前延安没有中共中央机关报的状况。1939 年 10 月,中共中央主办的党内刊物《共产党人》(月刊)创刊,出至 1941 年 8 月,共 19 期。1939 年 1 月,八路军政治部创办《八路军军政杂志》(月刊),出至 1942 年 3 月,共 39 期。1939 年 4 月,全国青年联合会延安办事处宣传部创办《中国青年》(半月刊、月刊),出至 1941 年 3 月,共三卷五期。1939 年 6 月,中共中央妇女运动委员会创办《中国妇女》(月刊),出至 1941 年 3 月,共二卷十期。1939 年 7 月,原在西安出版、后被国民党当局查封的中共陕西省委机关刊物《西北》(周刊)在延安复刊。1940 年 2 月,中共中央职工运动委员会创办《中国工人》(月刊),出至 1941 年 3 月,共 13 期。1940 年 3 月,陕甘宁边区文化协会创办《中国文化》(月刊),出至第三卷第三期,于 1941 年 8 月停刊。1940 年 3 月 25 日,大众读物出版社创办通俗报纸《边区群众报》,出至 1948 年改为《群众日报》。1943 年 4 月,八路军陕甘宁边区留守兵团政治部创办《部队生活》(前身为《连队生活》)。同年,新华社出版专门刊登新闻电讯稿的《今日新闻》,中共中央宣传部出版《文摘》,八路军政治部宣传部出版《前线画报》。1941 年,延安报刊进行了一次调整,将《新中华报》和《今日新闻》合并,于 5 月 16 日创办中共中央大型机关报《解放日报》(延安)。延安报刊在宣传抗日战争时期中国共产党的路线、方针、政策,传播马克思列宁主义、毛泽东思想,指导和反映陕甘宁边区及敌后各个抗日民主根据地的抗战与建设等方面,发挥了重大作用。

延安报刊的重要社论、文章和消息,通过新华通讯社和延安新华广播电台播发,许多报刊也发行到敌后各抗日民主根据地,有些还传播到国民党统治区,更加扩大了影响。

《人民日报》是中国共产党中央委员会机关报,毛泽东主席亲笔为《人民日报》题写报名。1948 年 6 月 15 日在河北省邯郸市创刊,由《晋察冀日报》和晋冀鲁豫《人民日报》合并而成,为华北中央局机关报,同时担负党中央机关报职能。1949年 3 月 15 日,《人民日报》随中央机关迁入北平。同年 8 月 1 日,中共中央决定《人民日报》为中国共产党中央委员会机关报,并沿用 1948 年 6 月 15 日的期号。

《人民日报》是中国第一大报,1992 年被联合国教科文组织评为"世界十大报纸"之一。创刊以来,它坚持正确的办报方向,积极宣传党的理论和路线方针政策,积极宣传中央重大决策部署,及时传播国内外各领域信息,为中国共产党团结带领全国人民夺取革命、建设、改革的伟大胜利做出了重要贡献。

(6)画报。画报是一种图文并茂记录历史真实事件的媒介形式,1949 年以前的画报记录了从清末到新中国成立这段时期国内外政治、经济、科学、艺术、市井趣闻等诸多方面的内容,堪称一部部各具特色的近现代史。尤其是它以图画记录历史的显著特色,让历史更加直观、生动、鲜活。

至中华人民共和国成立前,北京、天津、上海三地最具代表性的有 121 种画报。最著名的有《点石斋画报》《良友》《北洋画报》,其他如北京的《丁丁画报》《美美画报》《戏世界》《晴雨画报》《星期画报》《霞光画报》,天津的《银镫画报》《醒狮画报》《天津乐报画报》《中南报星期六画报》《玲珑画报》《青春画报》《小快报》,以及上海的《春色图画半月刊》《歌星画报》《都会大观园》《咖啡味》等 20 余种画报。还有少见的那些诞生于战火硝烟中的画报,如太行山根据地的《战场画报》、极其著名的《晋察冀画报》。在"敌后之敌后"出版的《冀热辽画报》,是在仅有几户人家的山沟里印制出来的,创刊号仅 500 册。

　　《点石斋画报》作为《申报》副刊,主要由"奇闻""果报""新知""时事"构成,接受对象偏向于文化程度较低的群体。创办人美查任用的是中国职员,面向的是中国读者,所以文字、图像有时过于夸张。

　　《中华》画报,八开大本,七色印刷,健康清新的东方佳人封面体现了都市摩登的时髦。《中华》画报的文字编辑为周瘦鹃和严独鹤,两位都是编画报的行家,胡伯翔是丹青妙手,《中华》封画大都出自他手,其他著名画报也常见他的画作。郎静山为《中华》美编,是我国成名最早的摄影家,12 岁即从习照相,成年后入申报馆,任摄影记者,致力于艺术摄影,兴办摄影社团,举办影展,刊印影集,声名远播欧美,被誉为"郎氏风格"。《中华》常有名家新作,如徐悲鸿的《枇杷图》、黄少强的《朱门积雪》、刘海粟的《瀑》、刘开渠的人物塑像以及陆志庠、黄士英的漫画等。沈逸千的连载《边疆歌谣图说》,图配歌谣,形式活泼,歌谣民风朴实优美。

　　《良友》画报 1926 年 2 月创刊,一炮打响,创刊号初版 3000 册,两三天即售空,再版 2000 册不足应付,又再版 2000 册,总共 7000 册。第一期封面是一幅套色照相——一个手捧鲜花、笑靥迎人的少女,这就是日后红极一时的电影明星胡蝶女士。1945 年 10 月,《良友》停刊,20 年间,以八开本刊行,共出 172 期。《良友》共载彩图 400 余幅,照片达 32000 余幅,近现代中国社会的发展变迁、世界局势的动荡不安、中国军政学商各界之风云人物、社会风貌、文化艺术、戏剧电影、古迹名胜等无不详尽记录,可称为百科式大画报。当年就有评论说:"《良友》一册在手,学者专家不觉得浅薄,村夫妇孺也不嫌其高深。"《良友》在世界五大洲都有销路,当年凡是有华侨居住的地方都有《良友》,赢得了"良友遍天下"的美誉。各国大图书馆也竞相收藏《良友》,作为了解中国的窗口。

　　《北洋画报》创刊于 1926 年 7 月 7 日,抗日战争爆发后停刊,先后出版 1587期,并于 1927 年 7~9 月另出版副刊 20 期。内容包括时事、社会活动、人物、戏剧、电影、风景名胜及书画等,以照片为主,兼有文字,其宗旨在于"传播时事、提倡艺术、灌输知识";副刊专载长篇小说、笔记、名画、漫画等。刊期初为周刊,继改为三日刊,最后为隔日刊。书目文献出版社 1985 年影印出版了北京图书馆所藏全套《北洋画报》,加上新编索引共 33 卷。主要记录 20 世纪 20~30 年代社会生活的众生百态,军阀、政要、富绅、名伶、贵妇、名媛,照片、图片、书画、诗文,南北东西、中国外国,政治、军事、经济、文化,内容丰富多样,形式轻松活泼,原汁原味地反映出当时的社会风尚。其时的社会重大事件、重要人物,都能在其中找到图文线索,如溥仪出走津门、陆小曼与徐志摩成婚等。该刊对研究现代史和从"九·一八"事变至抗日战争爆发前夕的华北政局具有很大的参考价值。

　　3. 第二次世界大战以后的世界报业

　　第二次世界大战以后,出现了一系列社会主义国家。亚洲、非洲、拉丁美洲100多个国家先后摆脱殖民统治,取得了民族独立。世界各国在政治、经济、军事、文化等方面的互相联系、互相影响、互相制约的关系日益密切。科学技术的进步异常迅速,各种信息大量增加,信息传递加速。电视、半导体、人造卫星、计算机、卫星通信等的出现,引起新闻采访、写作、编辑、印刷、出版等方面的重大变革。所有这些,都促使世界报业从质量到数量发生了革命性的变化。

　　大批社会主义国家的报纸基本上都是由政党、政府、群众团体、企业投资创办,用来向人民群众进行信息传播、宣传教育、丰富文化生活、引导舆论、组织人民进行社会主义革命和建设。

　　除苏联报纸和蒙古人民共和国的《真理报》以外,其他社会主义国家主要的报纸有的是从战前或战争时期该国共产党创办的报纸演变而来的,有的是在战后创刊的。前者有越南《人民报》(1930)、捷克斯洛伐克《红色权利报》(1920)、南斯拉夫《战斗报》(1922)、保加利亚《工人事业报》(1927)、罗马尼亚《火花报》(1931)、阿尔巴尼亚《人民之声报》(1942)、匈牙利《人民自由报》(1942),后者有朝鲜民主主义人民共和国《劳动新闻》(1945)、德意志民主共和国《新德意志报》(1946)、中国《人民日报》(1948)、波兰《人民论坛报》(1948)、老挝《人民之声报》(1950)、古巴《格拉玛报》(1965)。

　　在发达资本主义国家,大企业的报业垄断趋势在第二次世界大战后进一步加强。

　　1953年美国全国有日报1758家。1986年报团增加到156个,拥有日报1186家。最大的10家报团是甘尼特公司、奈特－李德尔报业公司、纽豪斯报业公司、时报镜报公司、道·琼斯公司、芝加哥论坛公司、纽约时报公司、斯克里普斯－霍华德公司、汤姆森报业公司、媒介新闻公司。

　　英国较大的报团按发行量大小排列有新闻公司(默多克报团)、培格曼持股基金会(马克斯韦尔报团)、同盟报业公司(斯蒂文斯报团)、联合报业公司(罗瑟梅尔报团)、霍林格公司(布莱克报团)、皮尔逊公司(考德雷报团)、伦罗公司(罗兰特报团)、国际汤姆森组织(汤姆森报团)。最大的三个报团1987年控制了全国性日报发行量的73%和全国性星期日报发行量的82%。

　　随着电视的兴起,美国和西欧一些国家的报团除兼并报纸外,也兼并或经营电视台、广播电台,并开始多样化经营。一些大报团走上国际垄断的道路。R.默多克除在澳大利亚、英国、美国拥有报团、电视台外,还在澳大利亚经营投资公司、运输业,开采天然气和近海石油,并在美国 20 世纪福克斯电影公司中握有控制股份。英国的马克斯韦尔报团在美国、法国、澳大利亚、巴拿马拥有电视、出版、机械、运输等企业。

第二次世界大战以后,美国、西欧报业最严重的问题是许多报纸在报业集团的竞争压力下消失,报纸数量减少。西欧一些国家的政府不得不向报纸提供补助,使之能够维持下去,以保持舆论的多样化。

日本战后有 126 家日报,发行总量 6500 万份,每千人报纸拥有量居世界前列。最大的五家报纸《朝日新闻》《每日新闻》(日本)、《读卖新闻》《日本经济新闻》和《产经新闻》的发行量,占全国报纸总发行量约 60%。

4. 当代世界报业总况

(1)报网高度融合,全面整合资源。在积极建设报纸网络版和新闻网站的基础上,国外各大报纸也适应新媒体发展趋势,整合报网资源,共生联动。在采编方面,整合采编资源,根据网络和报纸的不同特点安排新闻流程。在经营方面,报纸广告和网络广告也进行了合理整合。

创刊于 1851 年的《纽约时报》是美国最具影响力、发行量最大的报纸之一。纽约时报公司一直将数字化作为一项发展战略,坚持"网络是成功的平台"理念,将信息技术和互联网业务的开发与应用放在重要位置。1995 年纽约时报就成立了数字媒体公司,1996 年 1 月建立网站。

《纽约时报》网站点击率一直居美国报纸网站之首,多次被评为"全美最佳报纸网络版"。现公司网站扩展到 50 多家,其财经网站尤其成功。《纽约时报》还积极与其他网站合作,将主报新闻打包出售,目前是谷歌网站最大的内容提供商之一。前几年,《纽约时报》推出了数字化报纸,让其他国家的订户得以在网络上下载甚至打印与印刷版相同的版本,与纽约读者同时阅读到当天的《纽约时报》。

《纽约时报》在报网互动方面的一条成功经验是,让广告客户在印刷版和网络版上享有同样的宣传推广机会,凡在报纸上登广告的客户,在网上登广告就可以享受折扣。现在网络版的广告有 25% 来自印刷版广告。纽约时报公司将报纸和网站编采队伍合二为一,要求所有记者既要给报纸供稿,又要会做视频报道,及时上网发布消息,让公司内部资源共享。1999 年,该报网站遇到挫折,公司认识到不能用办印刷媒体的思维来办新媒体,于是对网站的组织结构、财务和产品进行改革,将网络版的运作与印刷版完全分开,实行独立核算、独立经营,两年后扭亏为盈。

2005 年 2 月,纽约时报集团以 4.1 亿美元收购了生活类资讯网站 About. com,进军更广阔的互联网领域。

美国《华尔街日报》自 1996 年创建网站以来,赢得了商业成功和极高的专业评价。当很多报纸的网站还只是报纸的电子版,尝试各种赢利模式的时候,《华尔街日报》及其网站就已经彼此嵌入了。《华尔街日报》网络版除了涵盖报纸所有版面内容外,还有来自其他道琼斯产品资源的新闻报道和专栏文章。遍布全球的 1600 多名采编人员每天为网络版提供 1000 多篇稿件,严肃、独立、独家的内容,保证网络版用户始终保持高度忠诚,成为全球付费用户最多的网站。网站用户不但在美国东部时间零点就能获知当天报纸全部文章的标题及部分文章全文,还能在东部时间七点之后浏览全部文章和下载 PDF 版,比报摊更早,而报纸读者却只能浏览网站上少数几篇免费文章。

《华尔街日报》网站月平均访问量逾 2000 万。提高报纸网络版的点击率可增加网络经济收益,这是对报纸收益的分担和补偿。《华尔街日报》的导读栏中用图片直观地提示每个栏目的网络版链接,报纸上看到的是“精简本”的报道,而在网络版上可以找到更详尽、更完整的版本。

《华尔街日报》为其注册用户提供报纸刊登的各类统计数据,用户需付费通过网站的在线市场数据中心获得报纸以外的统计数据服务。这些数据包括美国股市、国际市场、交易所交易基金、互惠基金、债券、利率及信贷市场、商品及期货、汇市等,可按日期或关键字进行查询。

英国《金融时报》大力发展网站,网站新闻更新迅速,但其深度分析报道还是在报纸上。为节约开支,该报将所有采编人员重新整合,要求编辑记者既为报纸也为网站写稿编稿。报网人员一视同仁,享受同等薪酬待遇。这使得采编工作方式更加灵活,新闻资源得到充分利用。

《金融时报》在报网互动上还采用“网络 + 报纸”的捆绑销售模式,在亚洲市场,60% 的客户选择这种方式。2001 年,《金融时报》率先进行了手机报尝试,现在手机报在欧洲地区已占据重要位置。目前,《金融时报》正与欧洲一家大型移动通信运营商建立合作机制,大力发展手机新闻业务。《金融时报》重视网站与报纸读者的互动,通过网站了解读者的阅读爱好,将信息反馈给报纸。另外,该报网站是收费的,注册用户每月可免费阅读 30 篇文章,超过此数就要交一定费用。收费标准分两档,一年交75英镑可以查看该报五年前的资料,交195英镑可以进入该报网站查看全世界1.8万家上市公司的信息库和500多家报纸的旧闻。网站现已成为报社比较重要且稳定的收入来源,对促进主报发行也很有帮助。

英国《每日电讯报》发行量91万份,在英国大报中排名第一,近年来强力推进数字化转型,力图在报纸数字化时代争取到更多、更年轻的读者,它推行"一个内容三个介质"(一拖三:报纸、网站、短信)的联合工作模式。

《每日电讯报》现在实现了全天候的运转节奏。每天早晨,印刷版投递到用户手中;下午是电子报,主要针对青少年,用户可以打印,也可以在线阅读。网站也全天更新。早晨版是以时政为主的印刷版内容,中午版是以体育和文化为主的轻松内容,晚上则强化娱乐新闻。

《日本经济新闻》。作为日本乃至全球最重要的财经媒体之一,日发行量超过300万份。1984年,日本经济新闻社建立了Nikkei Telecom数据库,将旗下报纸的新闻信息集合在数据库中供读者付费检索、下载,成为日本国内数据库检索、下载服务的开创者。《日本经济新闻》网站目前开设有三个数据库,均取得较大成功:最早开办的Nikkei Telecom汇总各类经济类报纸、杂志的新闻消息,各大企业异动、人事相关信息等商务信息,针对顾客在商务工作领域中的需求,为付费会员提供个性化服务;NEEDS收录了世界5000万家企业信息、报刊政府统计等经济数据,服务范围涵盖企业财务、股市、债券、宏观经济、POS等领域,以国内外金融机关、一般企业、政府、大学等为主要顾客群;NIKKEI NET通过宽频提供新闻速报、股价等数据服务功能。日本经济新闻网站上的内容只用主报文章、网站记者采访的新闻和时事通讯社的消息,其他渠道的外来信息一律不用,而主报文章通常也只有1/3上网,想看这些文章的全文就得买报纸。网站提供会员制服务,会员可免费阅读网站信息,但成为会员要支付一定费用。网络流量费及数据库收入构成了该网站的主要收入来源。

作为线下产品,《日本经济新闻》向读者发送I-mode手机报。I-mode诞生于1999年2月22日,是世界上最成功的无线互联网服务之一,能够使用户以低廉的费用上网。

日经Media Marketing株式会社、日经调查株式会社、QUICK株式会社、QUICK电子服务株式会社等几个公司是属于日本经济新闻集团旗下的独立子公司,与日本经济新闻旗下各类报刊的联系已不很紧密,以独立开发与社会经济金融活动有关的各类产品为特点,信息来源呈现多样化特征,从各个角度开拓日经集团在经济金融领域的数字化市场。

（2）多种经营。面对新媒体的冲击，各大报纸纷纷投入巨资开发平面媒体的电子版，创办新闻网站。目前国外各大报纸基本上都已拥有了自己的网站。同时，一些报业集团也开始涉足广播、电视等其他媒介。1997年，甘尼特公司以17亿美元买下多媒体数字娱乐公司；2000年，为了腾出资金投资电子媒介，霍林格国际公司在一年内卖掉20家加拿大日报。

（3）网络媒体对报业产生了巨大冲击。2008年12月中旬，美国第二大报业集团美国论坛报业宣布申请破产保护，成为网络普及以来首家申请破产的美国报业巨头。其旗下拥有23家电视台和12家报纸，其中《洛杉矶时报》和《芝加哥论坛报》在全美的销量分列第四和第八位。

2009年2月24日，创办于1865年、旧金山湾区最大且历史最悠久的《旧金山纪事报》的母公司宣布报社可能面临倒闭。《旧金山纪事报》是美国第12大报纸。2007年以来报纸发行量下降8%，2008年该报亏损超过5000万美元。

2009年2月22日，美国费城报业公司申请破产保护。

2009年2月，知名网站 Real Clear Politics 网站评出了随时可能倒闭的美国十大报纸，包括《纽约每日新闻》和《洛杉矶时报》等知名报纸，其中《洛基山新闻》和《西雅图邮报》已经停刊。

2009年4月起，《基督教科学箴言报》停止平面印刷报纸的发行，仅在网络上发行。

（4）付费阅读与免费阅读相结合。国外报纸在推行电子报时纷纷采取付费阅读的方式。《华尔街日报》网站由于提供财经新闻服务，成为较早实施订阅收费服务并获得成功的网站之一。但是，各大报纸网站的收费之路并不平坦。一些报纸网站由于收费带来浏览量下降的负效应，在实行一段时间的收费政策后被迫停止收费。《纽约时报》网站最初上线时采取对国内用户免费、对国外用户收费的策略。但该举动大大削弱了《纽约时报》在国际上的地位和影响力，因此一年半后纽约时报集团就宣布网站对全球用户统统免费。接下来，《纽约时报》的思路转向对高价值产品收费的模式。2005年，阅读普通新闻仍然免费，网站推出的报刊的社论及专栏作家的独家报道、历史档案等"时报精选"则是收费的。这项服务每年为集团实现了1000万美元的收入，但同样面临着流量减少和遭受知识界批评的压力，最后又以重新免费收场。在两次碰壁后，《纽约时报》网站又再度考虑向用户收取每月5美元的包月浏览费。

突出服务性功能,为读者提供个性化服务。在数字化进程中,国外各大报纸还积极拓展服务渠道,丰富产品形式,为读者提供个性化的服务。在网站方面,通过智能搜索、RSS 订阅等方式就可以将巨内容化整为零,转换成微内容。《华尔街日报》就是这样的典型。该媒体具有超大容量的信息库与利用检索引擎进行精确搜索相结合的优势,可帮助用户以最有效和便捷的方式获得最有用的金融信息和分析。编辑以 24 小时为周期,根据最新消息的重要程度和用户在订阅时填写的个人信息,陆续给用户邮箱发送新闻推荐邮件。同时,利用网络的海量特点,把报纸不能刊载的更为详细的事件性信息和意见性信息放在网络版。

第二节　我国报刊产业化进程

进入改革开放时期,我国报业稳定发展。至 2014 年,仅在邮局发行订阅的报纸杂志就有 7000 多种。产业化、集团化、国际化进程加快。

一、报业的产业化

所谓报业产业化,指的是我国报业从完全由财政拨款的事业单位、单纯的舆论宣传工具,逐步演化为一个既坚持正确舆论导向,又在市场经济中充满竞争活力、更具民众基础和亲和力、具有自我造血功能的文化产业。从经济来源上看,由财政拨款的事业单位,转变为依靠产品的社会效益和经济效益所带来的利润、实现自我生产和发展的市场主体。传媒产业化的一个重要标志,就是财政"断奶"。在传统计划经济体制下,报纸是各级党委和政府的附属机构,按行政区域划分一地一报,经费由国家财政拨款,发行靠邮局,订阅靠公费,基本没有零售,没有竞争,也无须讲求经济效益,并未形成一个经济学意义上的产业。随着改革开放的逐步深入,停止报纸财政拨款成为现实。1981 年,在广州市委的批准下,《广州日报》与市财政脱钩,率先实现了"自筹自支,自负盈亏"的新的财务制度,标志着我国报社从传统的机关式的传导部门向实体企业发展的重大转变,意味着我国报业开始被纳入社会主义市场经济轨道。在此之后,越来越多的地方机关报与财政脱钩,走向市场。而财经类、都市类、专业类、娱乐类等完全市场化运作的报纸也如雨后春笋般涌现。从 2005 年起,中央财政对《人民日报》《光明日报》《经济日报》《中国日报》《求是》等五家承担国家政策性宣传任务的中央媒体的补贴方式也发生转变,尝试以新体制取代此前一成不变的财政拨款模式。

一方面,更好地服务于中国特色社会主义核心价值观,服务于党和政府的工作,是各级党委机关报的分内之责。所谓"更好地服务",就是要讲究宣传和传播学规律,研究社会公众心理,以润物细无声的形式宣传社会主义主流价值观、实现党和政府的宣传意图。

另一方面,更好地服务于公众,满足其获取资讯和表达观点以及寻求解决某些问题与矛盾的方法等需求。根据传媒业的价值链,读者是走向市场后的报纸最根本的"衣食之源",唯有读者满意度不断提高、阅读率和发行量不断增加,报纸的影响力方能不断扩大,也才能吸引更多商业广告。《广州日报》的追求获得了良好回报,目前日均发行量突破了 185 万份。

与此同时,报纸还更好地服务于中国特色社会主义商业市场,增强造血功能。目前,报纸要生存发展,广告是主要收入来源。为了在确保新闻质量的前提下,更好地为广告客户服务,让报纸广告成为品牌的孵化器,《广州日报》从 1991 年起每年全资举办"全国报纸优秀广告奖广州日报杯"(后更名为"广州日报杯华文报纸优秀广告奖"),并已将其打造成中国报纸广告的权威奖项。同时,《广州日报》的广告额连续多年高居国内同行业之首。

二、报业的集团化

报业集团就是以报业和带有报业外延性质的实业为主体,兼营其他非报业经济实体的经济联合体。报业集团是企业集团的一种形式,如从报纸的采访、编辑、印刷、发行、广告、网站等方面,衍生到印刷厂、广告公司等其他非报业方面的实体,如单位的物业公司、发行公司、餐饮、娱乐等各个方面形成的集团公司。

一方面,报业所有权的集中使媒介企业的经济实力更加雄厚。强大的经济实力有利于报社技术设备的更新,报社可以投入大量的资金进行人才的培训,提高从业者的业务能力与素养,更加公正客观地报道事实。

另一方面,报业集团的垄断化经营对新闻自由有一定的影响,因为新闻自由要求新闻来源多样化,而垄断则使新闻出自一家,代表的观点极其有限,发出的声音大同小异。另外,垄断报团的老板可以控制一个地区的新闻,使公众没有选择的余地,从而限制了意见范围和论争领域,助长了千篇一律,并迫使人们接受占统治地位的少数人的准则,从而有可能对对民主具有重要意义的思想多元化构成严重威胁。

1.报业集团发展因素

在政治上,西方国家的垄断资本为了维护资产阶级统治,需要控制报业,维持"新闻自由",维护垄断资本在经济上、政治上的统治地位,要求它在社会、文化等各个领域宣扬资产阶级的意识形态。资产阶级为了更好地维护统治,就必然要控制最重要的舆论工具——报纸。为了能够更全面、更好地控制报纸,统治阶级不得不建立起规模巨大的、宣传步调比较一致的垄断报业组织,如美国的《华盛顿邮报》和《纽约时报》就分别倾向于民主党和共和党。

在经济上,资产阶级为了追求高额利润而控制报业、发展报业,经过长期的经营实践,资产阶级使报纸发展成为可获得丰厚利润的资本主义企业,进而将这种企业发展成为报业集团,通过报业集团获得了大量的利润。

在管理上,垄断报业集团可以实行科学的管理,从而增强自身的竞争力:第一,大报业公司拥有规模巨大的印刷设备,可以印刷出版多种报刊,充分利用机器设备,及时收回投入资本,获得较大利润。第二,商业报纸的主要收入是广告。报纸的发行量越大,广告就越多,进而广告的费率就越高,一些资本小、销售量小的报纸经营日见困难,久而久之就被大的报业集团吞并。第三,报业集团在经营管理、广告、发行以及新闻采访、稿件供应等方面都比分散的独立报纸处于更有利的地位。一些报纸组建报业集团后可以充分利用各种资源,实现资源共享,节约开支。第四,在人力资源的利用上,属于集团的各报记者可以相互为集团内的报纸提供各种新闻。有些报业集团虽然人数并不多,但是报业集团可以利用产业遍及各地的优势,集中使用各地记者的力量,发挥异地采访的作用,以节约成本。

2.报业集团发展模式

(1)跨行业多种经营。国外的许多报业集团都是跨行业的,有信息业、娱乐业、旅游业,甚至有工业和房地产业等。例如美国时报—镜报报业集团跨越美国的东西部地区,向世界上很多国家的报纸、杂志提供各种各样的信息。除此之外,还出版了一些专业类刊物,如有关健康、食品、商业、环境等的刊物。美国的奈特·里德报业集团办了40个电子网站,办了两家造纸厂,公司还有自己的技术研究所。德国的贝塔斯曼集团不断扩大自己的实力,通过几次努力,把产业的触角扩大到出版社、造纸业、音乐出版、电影制作、广播电视等领域。媒介大亨默多克的产业不仅在新闻方面,而且在航空和旅店业方面都有巨大投资。

(2)跨地区全方位发展。目前,许多国家的报业集团都是跨地区的,甚至是跨国家性质的。这种现象不仅出现在美国,在西方大多数国家都是如此。如奈特·

里德报业集团公司是美国全国第二家最大的报业出版商,既出版报纸又出版电子网络版。集团公司出版发行了36家日报,其中34家在美国出版。奈特·里德报业集团的经营区域贯穿美国的东、中、西各部分,拥有巨大的产业。另外,默多克麾下著名的新闻集团从澳洲到欧洲,再到美洲、南美洲和非洲,到处都有其产业。如今在英国控制的媒介有《泰晤士报》《星期日泰晤士报》《今日报》《太阳报》《世界新闻》等全国性报纸及地方性报纸30余家,占英国全国报纸总发行量的1/3。此外还拥有英国天空广播公司(40%的股份)和路透社的部分股权。它还在1985年创办了"福克斯电影电视公司"。在亚洲,默多克拥有香港最大的英文日报《南华早报》的股份,同时收买了《远东经济新闻》51%的股权。默多克新闻公司的触角正在伸向世界各地,它的发展方向正在向各个领域延伸,是典型的跨国全方位发展。

(3)由家族式管理变成股份制管理模式。这些报纸在开创之初都是家族所有,但是到了20世纪末,现代化的管理模式已经渐渐影响到了各行各业。由此,一些家族式的报业集团都改制为股份制模式,由董事会聘请总经理,用现代化的管理理念来管理报业集团,开拓报业集团的产业。

3.我国报业集团化进程

集团化即集中化。"集中化",是一个经济学概念。意思是,某一个产业发展到一定阶段后,由于"两极分化",产业资源会由劣势企业或企业集团向优势企业或企业集团集中。这个集中的过程,就是集中化。

集中化是任何产业发展都会经历的过程:当一个市场存在需求而供给不足的时候,会诱发大量投资者进入,此时的市场是一个增量放大的市场,虽然有竞争,但总体看是一种"均衡受益"的竞争,投资者都可以分得一块蛋糕,市场呈现万家欢乐的局面。但随着更多的投资者不断跟进,竞争密度加大,市场会逐步出现两极分化:一部分优势企业壮大起来,一部分企业则陷入困难甚至倒闭的境地。此时企业间的竞争是一种"损益性竞争",也就是你赢我输、你死我活的竞争。在损益竞争阶段,产业的利润被摊薄,新的投资者望而却步,增量不再产生。但在已有市场内,企业或者企业集团,为了获得更多利润,竞争会进一步加剧,优势企业会加速兼并劣势企业,市场结构会发生根本性变化,即垄断竞争开始出现,少数几家企业最终形成比较稳定的垄断竞争局面。这时候,企业的规模做大了,但单位产品的利润变薄了,整个行业的利润出现"均值回归"——也就是与成熟产业的利润平均值趋同,暴利时代从此一去不复返。改革开放以来,我国家电业、食品饮料行业、日用化工品行业等都经历了这样一个产业演化的过程。

因此,集中化是整个产业市场化水平提高的重要标志,是不以人的意志为转移的客观规律。

报业逃避不了这个规律。集中化是我们必须面对、绕不过去、必须穿过的一个关口。

为了追求更大的市场份额、获得更大的利益,从本世纪初,传媒业出现了重组和整合的趋势。《人民日报》吸纳青岛集团 2500 万元、文化传播集团 1500 万元,自己出资 1000 万元共 5000 万元,于 2001 年创办《京华时报》。2003 年该报发行就已占据北京早报市场第一位,广告收入 3 亿多元,进入全国广告 16 强。湖北日报传媒集团前些年重组了《三峡晚报》,使集团经营区域由武汉向省域副中心扩散。后来又重组了荆州的《科技导报》。这些都是企业的市场行为。

三、报业国际化

1. 被国际化

新闻集团(News Corporation)默多克进入中国市场,已经创造了三个奇迹:一是合资凤凰卫视。早在 1996 年,经过 20 多轮谈判,默多克的 STAR TV 公司就与刘长乐今日亚洲公司各控股 45% 成立了凤凰卫视。如今的凤凰卫视已形成一定的品牌,凤凰卫视也成为默多克在中国最成功的投资。二是抢占珠三角市场。三是结盟湖南广电。

维亚康姆集团(Viacom)共有 19 家电视台和 1300 家电影院,在创新、推进与传播娱乐、新闻、体育和音乐方面,一直走在世界的前列。著名的美国哥伦比亚广播公司就是它的子公司。维亚康姆通过节目交换的形式进入中国。所以,我们虽然没有看到外国人在表演,但它实际上是外资节目。

贝塔斯曼集团(Bertelsmann)是德国的企业,也是世界上最国际化的媒介集团。它进入中国市场主要有两个模式:第一个是书友会模式。与中国科技图书公司合作成立中国第一家"贝塔斯曼书友会"。第二个模式是与中国本土出版社出版期刊或图书,包括《车迷》《车》《父母》。

这是三大传媒巨头进入中国市场的大致情况。这告诉我们:在一些我们喜闻乐见的电视频道背后,在一些杂志图书背后,其实是国际资本在主导。国际化对中国传媒市场、报业市场来说,都并不是主动接纳的,而是被国际化的。

2. 我国报业国际化的条件

第一，中国经济的持续发展为中国传媒业走向世界提供了巨大动力，也为中国传媒业的国际化奠定了坚实的基础。中国的国力增长很快，世界也很需要了解中国的信息，这就给中国媒体走向世界带来了机遇。在这样的背景下，大量中国电影在全球销售，很多报刊出版海外版，对外电台和对外电视频道的落地等逐步推进，图书已经开始较多地输出版权，参与国际市场的竞争，单纯的电视产品也有电视台和海外电视台的节目交换。

第二，WTO 对中国报业的影响与中国报业面临的机遇。我国至今未在与任何国家达成的协议中做出开放中国报业市场的承诺，WTO 对报业的新闻报道这一核心业务也没进行要求，因此，目前还不会有新的市场抢入者出现，中国报业现阶段及今后一段时期内的竞争格局将不会改变。但在报业链条的其他环节，如广告、印刷、发行业务，都有市场开放的义务。我国政府承诺从 2003 年起放开书刊批发业务，到 2005 年所有信息技术产品实行零关税，这些都直接冲击了报业，这就决定了中国报业一方面要应对国内市场的竞争，另一方面还要积极把触角伸向国外，开拓海外传媒市场。

第三，随着世界经济一体化的发展，中国报业必将在市场上与传媒跨国公司展开竞争与合作。只有报业集团实现跨媒体、跨行业、跨区域甚至跨国经营，才能使中国报业在国际竞争中立于不败之地。

第四，网络、手机版给中国报业带来了机遇。近十年来，电子版、手机报、网络报等新的报纸形式的出现为中国报业实现国际化带来了福音。

3. 我国报业国际化的进程

早在 1987 年，《人民日报》就创办海外版，开始了中国报业开拓海外市场的积极尝试。1994 年，《新民晚报》获准在美国印刷发行，1996 年创办了美国版，成为中国大陆首家跨国办报的地方报纸。该报又与香港《星岛日报》合作办了《新民晚报》澳洲版。2000 年 7 月 1 日，哈尔滨日报报业集团与美国《国际日报》合作出版《国际日报·华夏商务》专刊。2002 年 3 月 8 日，旨在展现大都市风采、报道新天津巨变的《今晚报·美国版》在美国洛杉矶成功出版、发行。以上各报跨国办报，为我国报业走出国门开展国际合作进行了进一步的有益探索。汕头特区报社则是在 1999 年底便开始与美国华文报纸《国际日报》合作出版《国际日报·中国新闻》专刊，走向世界，成为我国第一份与国外新闻媒体合作并在国外发行的报纸。2001 年 4 月，汕头特区报社又开始与泰国最有影响的华文报纸《京华中原联合日报》合作，从 2002 年 2 月 1 日起增加到每天八大版，并独立成叠在泰国出版。

国内已有少数报业集团迈开了国际化的步伐。它们利用固有的品牌优势和读者资源，开拓海外华文市场。上海《新民晚报》从 1996 年开始，在美国出版《新民晚报·美国版》，在澳大利亚出版《新民晚报·澳洲专版》，在华侨中有一定的影响力。羊城晚报报业集团与侨鑫集团合作创办《澳洲新快报》，打入澳大利亚华文报纸市场。2006 年天津日报的上星，使欧洲的华文读者仅两分钟时间即可在本地读到两分钟前刚出版的《天津日报》。此外，《今晚报》《云南日报》《浙江日报》等也纷纷走出国门，以各种方式抢滩国外的华文媒体市场。目前，经由中图输出的报纸已经有 300 多种，杂志有 5000 多种。我国的一些品牌报刊，如《读者》《女友》等，都在开拓海外华人市场方面取得了一定的成就。

第三节　著名的报业集团

一、国外著名的报业集团

1. 默多克报业集团

公司的创建者鲁珀特·默多克，1931 年 3 月 11 日出生于澳大利亚的墨尔本。其父基思·默多克是澳大利亚先驱和新闻周刊的董事长。1952 年其父去世后，鲁珀特继承了阿德莱德的小报《新闻报》，1956 年收购了《珀斯星期日周刊》，1960 年买下《悉尼每日镜报》和《悉尼日报》，1964 年创办了全国性大报《澳大利亚人报》。20 世纪 60 年代其"新闻有限公司"成为澳大利亚著名的报团。

除出版业外，默多克从宣传媒介到电视台、石油钻探、牧羊业等都有涉足。早在 20 世纪 70 年代，在澳大利亚已拥有悉尼电视第十台、墨尔本电视第十台和安塞航空公司 50% 的股权，并经营欢乐唱片公司和图书公司等。1969 年默多克打入英国报业市场。同年 12 月购得《世界新闻》，几个月后买下《太阳报》，他把《太阳报》这张政治报纸变成了迎合低级趣味的出版物。1981 年，他以 1200 万英磅买下汤姆森报团的《泰晤士报》《星期日泰晤士报》和《泰晤士报》三个附属刊物，一跃成为英国最大的报团。1983 年首先在伦敦买下一家卫星电视公司 69% 的股权。20 世纪 70 年代默多克进入美国市场。1973 年买下《圣安东尼快报》《圣安东尼新闻报》及《明星周刊》，1976 年又购入《纽约邮报》。之后，纽约杂志公司和《芝加哥太阳时报》也被收归门下。1986 年下半年,又以 3.25 亿美元买下著名的 20 世纪福克斯影片公司。1994 以 16 亿美元购得 NFL(National Football League,全美橄榄球联盟)比赛的独家转播权,同时进入有线电视领域,开办 FX 娱乐电视网。1996 年,开办有线福克斯新闻频道,向 CNN 发起挑战;开办福克斯体育电视网,与隶属迪士尼公司的 ESPN 较量。1997 年,以 28 亿美元的总价完成对 12 个"新世界电视台"的购买,以 19 亿美元买下"家庭频道"。1998 年默多克又以巨资收购了英国曼联足球俱乐部。还与派拉蒙电影公司合作发行电影《泰坦尼克号》。

在亚洲,默多克拥有香港最大的英文日报《南华早报》的股份,同时收买了《远东经济新闻》51% 的股权。

2. 汤姆森集团公司

汤姆森集团公司在英格兰、苏格兰两地各拥有 27 种日报,在威尔士有 13 种日报,在北爱尔兰拥有 4 种日报,此外,还有 50 多种杂志,其中包括著名的漫画杂志《笨拙》。该集团还握有北海油田的大量股票,拥有两家旅游公司和一家航空公司,并经营地产业。

公司的创建者罗伊·汤姆森(1894 ~ 1976)生于加拿大,1963 年加入英国国籍,1965 年受封为爵士。他早年在加拿大经商,以后又经营数家广播电台与报纸。20 世纪 50 年代进入英国报业世界。1953 年收购了苏格兰人出版公司,包括《苏格兰人报》和《爱丁堡晚报》。汤姆森在此基础上,逐渐扩大实力,一度成为英国战后最大的报团。晚年经营石油,获巨额利润。

汤姆森公司是全球专业信息服务和出版领域最大、最领先的跨国企业,为全球法律、税务、金融、高等教育、企业培训、科学研究与发展、医疗卫生等领域 130 多个国家 2000 多万用户提供服务。汤姆森公司出版业务分四大块:一是法律法规,主要为法律、税收、会计、知识产权和商业从业人员提供综合信息和解决方案。法律法规是汤姆森集团最主要的业务组成部分。公司内现有 1.7 万人从事这部分工作,分布在北美、欧洲和亚太等 30 多个国家和地区。2001 年汤姆森集团法律法规的收入达到 28 亿美元。二是教育,即为个人和继续再教育机构以及类似业务提供综合性学习产品、服务和解决方案。汤姆森集团教育业务的重点在于提高国际性和利润率,同时将大量资金投入最强的学术领域和终身学习市场领域。汤姆森教育业务主要包括学生教育、成人教育和专业教育,其 84% 的销售集中于北美市场。2001 年汤姆森集团教育领域的收入达到 19 亿美元,是集团第二大块业务。三是金融,为全球金融机构和 17 万金融从业人员提供综合信息和业务流程解决方案。金融是汤姆森集团第三大块业务,2001 年汤姆森集团金融领域的收入达到 16 亿美元。汤姆森集团内现有 9200 人从事这部分工作,分布在全世界 70 多个国家和地区。四是科技与健康,即为医疗、医学、科技等领域的研究人员和从业人员提供综合信息、服务和解决方案。科技与健康是汤姆森集团第四大块业务,2001 年汤姆森集团科技与健康领域的收入达到 6.97 亿美元。汤姆森集团现有分布在全世界 130 多个国家和地区的 3800 多人从事这部分工作。

3. 甘尼特公司

其是美国最大的报业公司,也是跨国界、跨国界的传媒集团。总部设在弗吉尼亚州波士顿附近的麦克林,在美国首都和 43 个州,以及英国、比利时、德国、意大利和中国香港都有业务。

1906 年,弗兰克·甘尼特与其合伙人一起出资购买了一家报纸的一半资产。甘尼特公司从一开始就实行以并购为主的发展战略。在随后的 25 年中,甘尼特依靠不断地并购报纸,在美国东北部获得扩展。1966 年,甘尼特佛罗里达公司的总裁艾伦·纽哈斯创办了自己的第一份报纸《今日佛罗里达报》,并在 33 个月后开始赢利。

到 1979 年,甘尼特作为一个多样化、国际化的传媒集团已现雏形,在美国 33 个州和关岛拥有 78 家日报、21 家周报、一个全国性新闻通讯社、7 家电视台和 14 家电台,以及美国和加拿大的户外广告业务等。1982 年 9 月 15 日推出了美国第一份真正意义上的全国性日报《今日美国报》,刊登全国及国际新闻、各地天气预报、金融和体育消息等,以满足大量流动人员的信息需求。1983 年,甘尼特公司财政收入为 17 亿美元,纯利润为 1.9 亿美元。

2000 年,甘尼特在国内收购了拥有《亚利桑那共和报》和《印第安纳波利斯明星报》的中部报业有限公司等多家报业集团,使该公司几乎囊括了美国所有有利可图的中型报纸。在国外,甘尼特公司并购了英国第八大出版集团——新闻传播集团。

该公司在美国现有日报 101 种,综合发行量达 760 万份,其中旗舰日报《今日美国报》期发行量近 220 万份,是美国发行量最大的报纸,销售到全球 60 多个国家。该公司还拥有 500 多家非日报出版物和一份周末日报杂志《美国周末》(USA WEEKEND),该周刊随同公司内外近 600 家报纸发送,发行量达 2370 万份。

甘尼特公司拥有 22 家电视台,覆盖率达全美国 17.8% 的家庭。该公司的互联网站在美国有 130 多个,在英国有 80 多个。此外,该公司还经营有新闻社、广告公司、直销公司等。

2003 年,该公司位列《财富》总收入 500 名单的 275 位,居印刷出版类的第一位。

二、我国著名的报业集团

1. 国内报业集团现状

1998 年 5 月 18 日,我国首家以省报为龙头的报业集团——南方日报报业集团挂牌成立。

至 2002 年 12 月,我国共组建了 39 家报业集团:有光明日报报业集团和经济日报报业集团两家中央级报业集团;有北京日报、天津日报、河北日报、山西日报、辽宁日报、吉林日报、黑龙江日报、解放日报、文汇新民、大众日报、安徽日报、新华日报、浙江日报、福建日报、南方日报、海南日报、河南日报、湖南日报、湖北日报、云南日报、四川日报、重庆日报和甘肃日报 23 家省级报业集团。

到 2008 年,经国家新闻出版署批准的 16 家报业集团中有七家是以省级党报为龙头的,分别为南方日报报业集团、北京日报报业集团、浙江日报报业集团、河南日报报业集团、大众报业集团、解放日报报业集团、四川日报报业集团。

我国的报业集团产生的方式有两种:一种是内生型,另一种是组合型。

内生型是从单体报社脱胎而来,以一报为主,通过办子报、子刊,自身规模和实力不断壮大,后来挂牌组建为报业集团。主报是集团的核心,从单报演变成集团后大体上仍沿用主报的管理模式。主报的最高决策机构也是集团的最高决策机构,对下属各子报刊的管理基本上以行政手段为主,各子报刊的经营自主权基本从属于主报(集团)。这种管理体制和运营模式下,主报处于绝对优势,各子报刊的实力大多不强。

第二种方式是组合型,即"强强联合"式。它是通过行政手段,把曾经完全独立运作、五脏俱全、规模大又具有强势、企业文化和管理理念差异都很大的报社整合到一起。随着"强强联合"产生的报业集团的概念和特征突显出来,其对创新体制和机制、整合资源、优化结构的压力较大,其中确立集团化管理思路、实现资源合理配置、实现专业化经营、按集团的管理规律重新设计内部管理架构和运行机制,都是不得不面对的问题。

至 2011 年 4 月底,中国大陆传统媒体上市公司共有 20 家(借壳上市尚未完成的除外),其中报业六家,广电八家,出版发行六家。中国的报业集团上市公司有成都商报社博瑞传媒、解放报业集团新华传媒、人民日报社华闻传媒、电子信息研究院赛迪传媒、广州日报社粤传媒、北京青年报社北青传媒等。

报业上市公司到 2013 年,增加了浙报传媒。四家净利润增长的公司为浙报传媒、华闻传媒、博瑞传播、粤传媒。究其主要原因,浙报传媒因为完成收购杭州边锋和上海浩方,游戏业务增长高于预期;华闻传媒因股权投资收益、拆迁补偿金,以及购入资产增加净利润等;博瑞传播因户外广告、网游以及小贷业务等新兴业态净利润增加;粤传媒则因为开源节流及新媒体快速增长。两家净利润下滑的公司为北青传媒和新华传媒,皆因广告收入大幅下滑所致。一家亏损的公司为赛迪传媒,主要因为公司铁道媒体业务基本停滞,收入大幅减少,加之 IT 媒体广告收入持续下滑。七家报业上市公司中,只有博瑞传播、浙报传媒两家实现收入与净利润同步增长,这两家公司恰恰是报业转型发展的领跑者,新兴业态对收入与净利润的贡献已初见成效。

近几年,随着新兴媒体的迅速崛起,媒体产业结构和商业模式发生了深刻变革,报业经营面临前所未有的压力与风险。面对互联网新媒体经济的大潮,作为资本市场的先行者,报业类上市公司明显加快了战略变革的步伐,正由完全依靠传统纸媒业务的单轮驱动向传统纸媒业务、新兴媒体业务和多元化业务的多轮驱动转变,发展战略呈现显著变化,并集中表现在传统纸媒业务的转型升级、新媒体业务的加速布局及非报业务的多元化拓展上。报业类上市公司正由单一的传统纸媒运营商向全媒体运营商和文化产业战略投资者转变。[①]

继续挖掘报业潜力。浙报传媒继续做大做强传媒主业,增强新闻传媒平台的影响力,抢占舆论制高点;博瑞传播把传统纸媒业务作为公司持续发展的基础,坚持以商业模式重构和业务升级为手段,加快产业的横向拓展,增强传统纸媒经营业务的抗风险能力。

转换商业服务模式。通过新闻、资讯、娱乐、服务等四个板块,为用户提供其愿意付钱的产品或服务。

盯住区域拓展。积极推动县市报媒体本地化拓展,围绕转型升级,以"本地化、社区化"为基点,向县市区和县级以下中心镇渗透、延伸,深挖县市报增长潜力,促进都市报落地发展。

多方面营销。通过推进整合营销服务促进广告经营转型,以"在场、在线、在

---

① 任义忠:《报业类上市公司发展战略变革探析》,载《青年记者》,2014 年第 5 期。

播"的立体营销方式升级客户体验。或者积极依托数据库资源,重点发展旅游、房产、养生、理财等领域的整合营销,为其未来基于数据库营销的媒体服务创新寻找新的发展模式。

与各种媒体,分享机会与空间。这些媒体包括:第一,平面媒体:包括全国性、综合性主流报纸;通过兼并收购扩张本地综合报市场;专业类期刊,尤其是杂志市场;图书出版业。第二,电视,包括城市本地新闻节目提供和专业类电视节目提供。第三,广播,包括广播媒体改革后带来的新闻等信息类内容提供。第四,新媒体,包括互联网和移动网络,宽带技术仍需发展,盈利模式尚未成熟,特别是手机终端。

作为平面媒体的报业,更要强化全面、及时、准确的信息收集能力,以及与无线网络运营商的合作能力。

关键制约因素与发展特点。制约因素主要是行政格局的限制——必须接受上级宣传主管部门的直线领导,这是国内传媒产业化发展的特殊性。而对突破行政格局的扩张,主管宣传部门通常持审慎的态度,对主流报纸严格监管,这也形成了发展特色:行业政策壁垒保护了产业发展,专业领域的积累比较深厚,发展成熟度高,运营模式非常稳定。

在集团体系建设方面也非常成熟:一是建立了战略性业务拓展体系;二是建设了产品创新体系;三是巩固了营销运作管理体系;四是提升了品牌运作管理体系;五是成熟的组织与人力资源运作体系;六是科学的投融资运作决策体系;七是构建了风险管理体系。

2013 年,依然是我国报业的艰难困苦之年,虽然很多地方受到房地产逆市飞扬的利好,但是中国报业广告实收额继续延续着前一年 15% ~20% 的下降速度。当然在整体堪忧的外部大环境下,报业也出现了一些亮点。

新闻出版总署和国家广电总局合并为国家新闻出版广电总局,有利于优势报业集团的发展,从国家管理层面实现了"条"的整合,顺应了传媒业融合的大趋势,将有力地促进报业和广电业的相互进入和融合,必将有利于市场化能力强、品牌影响力大、人才储备多的大型报业集团的快速发展壮大。

从全世界传媒业的发展趋势来看,传媒业的混业经营是大势所趋,但是由于我国对传媒业一直采取的是"条块分割"的管理体制,这种管理体制也必然导致传媒业的区域分割和行业分割,使得传媒业市场尤其是报业市场高度碎片化。报业市场存在着中央、省级、地市级等三级管理体制,有一些县还有县级报,这种情况就导致报业呈现小、散、弱的局面,不利于进一步发展壮大。

2.北京日报报业集团

经中宣部、国家新闻出版总署批准,于2000年3月28日正式组建。目前拥有九报(即《北京日报》《北京晚报》《北京晨报》《北京娱乐信报》《京郊日报》《北京商报》《首都建设报》《北京社区报》《竞报》)、三刊(《新闻与写作》《大学生》《支部生活》)、一社(同心出版社)、一网(京报网),资产总额30多亿元。其中主要报纸的日发行量超过200万份,占北京地区报纸发行总量的60%以上。京报集团在法国巴黎、美国华盛顿、日本东京和俄罗斯莫斯科设有驻外记者站,在上海设有办事处,并在美国《侨报》《国际日报》,澳大利亚《澳华时报》,加拿大《今日中国》和法国《欧洲时报》开辟有北京新闻版。

经营模式为办报与经营并举。目前,北京日报报业集团旗下拥有新闻大厦、印务中心、新闻培训中心及新闻发展总公司等物业及经营实体,产业呈多元化发展。

3.上海文汇新民联合报业集团

成立于1998年7月25日,由创刊60年的《文汇报》和创刊69年的《新民晚报》联合组建而成。集团实行党委领导下的社长负责制,集团现有员工3000余人,其中具有副高级以上业务职称的300多人。集团2003年净资产28.2亿元,年度利润总额约四亿元,是全国经营业绩最佳的新闻媒体之一。2013年10月28日,由解放日报报业集团和文汇新民联合报业集团整合重组的上海报业集团正式成立。

集团现拥有17家报刊,包括《文汇报》《新民晚报》《SHANGHAI DAILY》(即英文《上海日报》)、《东方早报》《上海东方体育日报》五份日报,《文学报》《文汇读书周报》《上海星期三》《新民晚报社区版》《行报》《外滩画报》六份周报,《新民周刊》《新闻记者》《今日上海》《上海滩》《新读写》《私家地理》六份刊物,另有文汇出版社、文新传媒网站以及彩信手机报等,形成了日报与周报、早报与晚报、中文报与英文报、半月刊与月刊、纸质媒体与新媒体相结合的结构合理、品种较为齐全的媒体产业群。

集团在十几个国家、地区及联合国派有常驻记者,在全国七大城市设有办事处或记者站,在全国20多个省市区聘有特约记者,在国内及海外建有20个卫星传版印刷点,在世界近20个城市发行了海外版。

4. 南方报业传媒集团

1949 年 10 月 23 日创刊于广州。在半个多世纪的发展历程中，《南方日报》以其不可替代的权威性、公信力和高品质的主流新闻和深度报道，确立了华南地区主流政经媒体地位，是广东唯一主打高端读者群的权威政经大报。南方报业传媒集团的前身为南方日报报业集团，于 1998 年 5 月 18 日正式挂牌运作。2005 年 7 月 18 日，南方日报报业集团更名为南方报业传媒集团。更名后的南方报业传媒集团，一方面强化了"南方"以文化为脉络，由报刊向多媒体发展，形成品牌集群和人才集群，在创业中持续创新的传统；另一方面确立了"南方"以资产为纽带，组建传媒集团公司，形成规范的公司治理结构，在改革中加速发展现代企业制度。

集团现拥有"十一报"(《南方日报》《南方周末》《南方都市报》《21 世纪经济报道》《南方农村报》《南都周刊》《风尚周报》《理财周报》以及与光明日报报业集团合办的《新京报》、与西江日报社合办的《西江日报》、与云南出版集团合办的《云南信息报》)，"八刊"(《南方月刊》《城市画报》《名牌》杂志、《南方人物周刊》《21 世纪商业评论》《商旅周刊》《南方第一消费》《鞋包世界》)，五个网站(南方网、南方报业网、奥一网、凯迪网、番茄网)和一个出版社(南方日报出版社)。

5.《时尚》杂志社

《时尚》杂志社由国家旅游局主管，中国旅游协会主办，1993 年创刊。

主办刊物有《时尚》《时尚先生》《时尚家居》《时尚旅游》《时尚健康·女士》《时尚健康·男士》。

合办刊物有《时尚芭莎》《华夏地理》《钟表·时尚时间》。

广告、发行总代理有《好管家》《座驾》《男人装》《美食与美酒》。

同时，为了给读者和客户提供更优质的服务，《时尚》杂志社也积极对外合作并向集团化方向发展，目前已拥有北京时之尚广告有限责任公司、北京时尚方向广告有限公司、北京时尚书刊发行有限公司、上海时尚书刊发行有限公司、广州尚迅书刊发行有限公司、北京时尚博闻图书有限公司、北京时尚在线网络有限公司、北京时尚兴裕制版有限公司，在期刊编辑、广告、出版、印刷、发行等方面组合了较强的规模，形成了一个松散的时尚传媒集团。

6. 大众报业集团

大众报业集团(大众日报社)是以中共山东省委机关报——《大众日报》为旗帜和核心，报刊种类齐全、宣传力量强大、经济实力雄厚、产业功能完备的现代化报业集团。现拥有十一报五刊一网站，即《大众日报》《农村大众》《齐鲁晚报》《生活日报》《鲁中晨报》《半岛都市报》《经济导报》《城市信报》《现代交通报》《山东法制报》《新晨报》及《青年记者》《成长先锋》《半岛新生活》《山东人事》《山东劳动保障》和大众网。2009 年大众报业旗下高校山东文化产业职业学院成立并且正式面向山东招生,2010 年面向全国招生。

《大众日报》创刊于 1939 年 1 月 1 日,是我国报业史上连续出版时间最长的党报。它的成长壮大受到党和国家三代领导人的亲切关怀:在创刊一周年前夕,毛泽东同志题词纪念;创刊 50 年之际,邓小平同志题词祝贺;创刊 60 年时,江泽民同志题词——"永远与人民大众在一起"。近年来,山东大众报业集团紧紧抓住新闻宣传和改革创新两个着力点,不断推动集团事业发展。集团坚持"围绕主业办产业,办好产业为主业"的基本思路,初步培育起以报纸为依托的广告、发行、印刷、信息、酒店等产业,经济实力不断增强。

在国家新闻出版广电总局所属的中国新闻出版研究院发布的《2013 年新闻出版产业分析报告》中,大众报业集团在全国 47 家报刊出版集团总体经济规模综合排名中名列第三,比前一年上升三个位次,经济效益排名第二,提前实现"十二五"进入全国报业四强的发展目标。

7. 成都报业集团

创刊于 1956 年 5 月 1 日的《成都日报》倡导"创造全新新闻价值"的办报理念,始终坚持正确的舆论方向;集团内 1994 年创刊的《成都商报》现已发展成为西部地区发行量最大的城市综合性日报,其报业运营独具特色,在全国新闻界产生了广泛的影响。

成都日报报业集团成立于 2002 年 9 月,以报刊出版业为主,净资产达 7 亿元,从业人员 3000 人。目前集团所属各报刊发行总量超过 100 万份。成都日报报业集团的组建,将进一步推进对新闻宣传和报业经营新模式、新机制、新办法、新平台的探索和实践,使成都报业站上一个全新的起点。

它涉及传媒投资、房地产、医药、教育、酒店物业、新闻纸、公共信息网络等多个产业,是具有雄厚经济实力的现代传媒集团。集团下属《成都日报》社、《成都商报》社、《成都晚报》社、《先锋》杂志社、《公司》杂志社、《青年作家》杂志社、《时代教育》报刊社和成都时代出版社等报刊社(即三报、四刊、一社),以及博瑞投资集团等。

成都报业集团抓住中央、省、市大力推进文化体制改革和文化产业发展的良好政策机遇,围绕"新闻、资讯、娱乐"三大核心内容,巩固报刊出版业的基础地位,深入涉足广电和数字传媒等新兴领域，稳步发展多元化产业，力求将报业集团打造成"内容为核心、渠道为基础"的一体化、国际化的现代综合传媒集团。

国家新闻出版广电总局所属的中国新闻出版研究院发布的《2013 年新闻出版产业分析报告》显示，2013 年成都日报报业集团位居全国报刊出版集团总体经济规模第一名。

8. 浙江日报集团

《浙江日报》是中共浙江省委机关报，于 1949 年 5 月 9 日在杭州创刊。从 2000 年 6 月 25 日起，《浙江日报》实行改版、扩版和彩印。

浙江日报集团于 2002 年底注册成立国有独资、对国有资产负责的浙江日报报业集团有限公司，实行宣传业务与经营业务相对分离、分线运行。集团公司下属有钱江报刊发行有限公司、浙江日报广告中心、钱江晚报广告中心、浙江报业开发总公司、浙江新干线传媒投资有限公司、之江物业有限公司、浙江浙报房地产有限公司等子公司。2002 年，集团营业总收入达 5.27 亿元，总资产近 10 亿元。下属报刊有《钱江晚报》《今日早报》《新民生报》《美术报》《浙江老年报》《浙江法制报》。

浙江日报集团拥有 35 家媒体、500 万读者资源。旗下的浙报传媒控股集团有限公司有独资、控股子公司 33 家，经营业务包括传媒及相关文化产业、资本运营等领域。集团总资产超过 40 亿元，年营业收入近 30 亿元，媒体数量和产业规模均居全国报业集团前列。

2011 年 9 月，集团所属浙报传媒集团股份有限公司成功上市，成为全国第一家媒体经营性资产整体上市的报业集团和浙江省第一家上市的国有文化企业。

2013 年 3 月，浙报传媒斥资 32 亿元收购拥有 3 亿注册用户、2000 万活跃用户的边锋浩方网络游戏平台，成为浙报集团打造全媒体产业价值链的里程碑，开启了以新闻资讯为核心的综合文化服务创新之路。

第三章　中国出版产业史

第一节　书出现的条件与出版的历程

一、书出现的条件

1993 年 10 月,郭店楚简出土于沙洋县纪山镇郭店一号楚墓。这是一次轰动全世界的考古大发现。郭店楚简共 804 枚,其中有字简 726 枚,简上字数 13000 余个,为先秦时期的 18 篇典籍:《老子》(甲、乙、丙)《太一生水》《缁衣》《鲁穆公问子思》《穷达以时》《五行》《唐虞之道》《忠信之道》《成之闻之》《尊德义》《性自命出》《六德》《语丛》(四篇)。这些楚简不光保留下了秦始皇"焚书坑儒"政策下的学术典籍,也使我们看到了两千多年以前的"书"。

书的出版,必须有三个先决条件:文字、纸张、印刷术。史前文化时期,没有文字,我们的祖先是用结绳来记事的。原始社会末期才逐渐出现象形文字。到了三千年前的商朝,有了最早的文字实物——甲骨文,还出现了刻(或铸)在青铜器上的金文、刻在石鼓上的石鼓文。我国最早出现的正式的书是用竹片和木板做成的木简或竹简,也出现在商朝。春秋末年,人们把字写在丝绸上面,叫帛书。到了东汉,蔡伦发明了一种既轻巧又便宜的材料纸。在公元 6 到 8 世纪,毕昇发明了活字印刷术,并出现了用纸装订的书。到了近代,又有用石印的书,现代主要是铅印的和电子排版书。目前,世界上有些国家已经实现了图书资料储存的电子化。

1. 文字的产生

我国古代文字的起源有三种说法——结绳记事、契刻记事、图画符号,其他为传说,如伏羲、仓颉、黄帝等造字传说。

　　线条艺术出现在大约 25 万年前的旧石器时代,如人类创作的岩穴绘画,就是最初的文字符号,它只是一种辅助记忆的工具,由简单的线条图构成,用以模拟所指的物体。例如用牛头的线条图表示牛。这些以线条构成的符号都是象形文字,每一个符号指代一个特定的物体。把几个象形文字组合起来表达某个意思,这就形成了表意文字。

　　苏美尔人大约于公元前 4000 年创造了图画文字——楔形文字,也有人称其为"钉头字"或者"箭头字"。公元前 3000 年左右,苏美尔人的文字进一步得到完善,刻有笔画的泥板经晒干或烘干后,就成了可以长久保存的泥板文书,目前已发现 25 万多块这样的泥板文书。此时,书写技术被神庙等组织中少数人所垄断,只供僧侣和抄写员使用,用来记录契约、合同书、财产清单、公文和法律条文等。后来,被商人用作记账的手段,在社会上流行开来。随着贸易的频繁往来,楔形文字很快被传播到周边国家,为西亚各国采用,并促进了腓尼基字母的形成。大量祭祀歌曲、占卜文书和文学作品也通过楔形文字得以保存下来。

　　2. 竹简

　　最早的书写材料都取自于自然界,如石块、树皮、树叶、兽皮、兽骨及动物的甲壳等。春秋战国时期,知识日渐普及,著书立说,大行其道,为应需要,简书和帛书相继产生。

　　我国古代的竹简是用经过刮削的竹条、木板为书写材料,编连诸简,成为一策(册)的,并以尾简为中轴从左向右收卷,成为一札。流传下来的竹简,有汉景帝末年的鲁壁藏书;有汲冢书,包括晋咸宁五年(279)太康二年(281)竹书纪年、穆天子传两种;有敦煌简牍等。新中国成立后,考古界发现了一些战国竹简,如随县楚简、郭店楚简、秦简秦律十八种(1975 年出土于湖南云梦县睡虎地秦墓)。此外,还发现了汉简(1972 年～1973 年)文书账册,《孙膑兵法》《孙子兵法》(1973 年同时出土于山东临沂银雀山汉墓),汉赋等经济书(1983 年出土于湖北江陵张家山汉墓),三国吴纪年简牍(1996 年出土于长沙走马楼,有 10 万枚余)。

　　3. 帛书

　　即将文字写在丝、绢、缯、缣等丝织品上。春秋时期开始出现,盛行于战国时期至三国时期。

　　1973 年发现的马王堆帛书,有 20 多种书,10 余万字,包括:《易经》《老子》(甲乙本),《战国纵横家书》,《五星占》《彗星图》(29 种),《五十二病方》《导引图》,城邑图、地形图、驻军图、帛画,涵盖哲学、历史、天文、医药、地图、绘画等多个方面。

帛书有折叠式和卷轴式(标准的卷轴有卷、轴、缥、带)两种。它方便、轻便、容量大,但价格昂贵。

4. 其他书写介质

古埃及人用莎草纸。古埃及人用沾有灰烬的削尖的苇条之类的东西,在上面书写、画画。埃及莎草画已有几千年的历史。古埃及法老陵墓里出土的莎草画,经历几千年仍没有腐烂。这种纸也曾被大量出口到希腊以及美索不达米亚等地区。到了公元 9 世纪,不知何原因,莎草纸的制作及莎草画神秘消失了。

古巴比伦用泥版。在公元前 3000 年,古代中东美索不达米亚地区出现了泥版书。泥版书起源于西亚,后来传到希腊克里特岛、迈锡尼等地。

19 世纪,考古学家对两河流域的遗址进行系统发掘,发现大量泥版书。泥版书是用一种木制硬笔在泥土板上刻写的,书成后经过焙烧或晒干,就成为坚硬的泥版书。经鉴定,在出土的 50 多万块泥版书中,有 300 多块记载着数学内容。这些泥版书多数产生于公元前 1800 年到公元前 1600 年之间。

古印度用贝叶。贝叶经是用铁笔在贝多罗(梵文 Pattra)树叶上所刻写的佛教经文。贝叶经源于古代印度,在造纸技术还没有传到印度之前,印度人就用贝树叶子记载东西,佛教徒们也用贝叶记载佛教经典和画佛像,贝叶经的名字由此而来。

西双版纳发现的贝叶经,有巴利文本和傣文本。内容除小乘佛教经典外,还有许多传说、故事、诗歌和历史记载等。在东南亚各国,还有用缅甸文、泰文等拼写的巴利文贝叶经。

古欧洲用羊皮纸。传说在帕加马帝国的欧迈尼斯二世(前 197～前 159)时期,中东地区帕加马人因埃及人停止供应莎草纸而被迫发明羊皮纸。羊皮纸是将绵羊、山羊、羚羊之皮去薄制成。后出现的羔皮纸是用小牛或其他动物的皮精制而成,质地比羊皮纸好。西方学者认为羊皮书产生于公元前 8 世纪左右。已知较早的羊皮书卷是公元前 6 世纪至公元前 4 世纪成书的《波斯古经》。全书 21 卷,约 35 万字。羊皮书最初是书卷型。公元 2 世纪至 4 世纪逐渐演变为书本型。

5. 纸张

西汉时期,中国出现了植物纤维纸,东汉时期的蔡伦在造纸术的总结、改进、推广等方面的功绩是不容忽视的。纸张的发明促进了建安文学和魏晋学术的繁荣,使书法、绘画艺术进入新的境界,对汉字字体的变化产生影响,使文化教育更为普及,还为实行科举制奠定了基础。

造纸术沿着丝绸之路经中亚、西欧向整个世界传播,为世界文明的传承和发展做出了不可磨灭的贡献。

6. 印刷术

(1)雕版印刷。人们从长期使用印章和捶拓碑碣文字的过程中,受到启发,将雕版与印刷技术结合使用,形成了便捷快速的生产图书方法。我国雕版印刷的发明有两条路:一条是民间坊刻,早期印刷品多为历书和民用杂书;另一条为主线,是佛教信徒们因为传经的需要,多方探索反复实践的结果。

我国唐代初年已有雕版印刷的实物旁证。目前发现的世界上最早的有明确刊印日期的一件印刷品是唐朝咸通九年(868 年)印制的《金刚经》,它的扉页为《祇树给孤独园》,有图有文,文图并茂,工艺精美,它是用木板雕版印制的,迄今有1200 年的历史。

隋文帝开皇十三年,有一道诏书提到:"隋皇佛弟子姓名……费像遗经,悉令雕版。"从这里可知,在公元 593 年就已经有了雕版印刷。隋唐时期,雕版印刷佛经盛行,如 1906 年在我国新疆吐鲁番发现了刻印的《妙法莲华经》,1966 年在韩国发现了我国汉字译本《无垢净光大陀罗尼经》。可见,雕版印刷术约在隋唐时代出现,并很快被推广利用,成为五代、两宋以后生产图书的主要方式。

我国古代的印版有石版与木版之别。雕刻石版的匠人属于石匠行,雕刻精妙的如北海的《三希堂法帖》、快雪时晴堂内的《快雪时晴法帖》,除供人鉴赏外,还专供内府拓印流传。北京房山右元什藏经洞,洞内藏石版数千,原是印经书之用。至于木版,则是千百年来印书、印布告、印画的主要手段。木版多选用纹理细腻的硬材质木料的横断面,经过特殊处理,不裂耐腐,称为短版。

(2)活字印刷。活字印刷术是中国古代四大发明之一。它是先制成单字的阳文反文字模,然后按照付印的稿件,把单字挑选出来,排成一版而施行印刷的方法。采用活字印刷,一书印完之后,版可拆散,单字仍可再用来排其他的书版。这个方法直到 20 世纪一直是世界各国印制书籍、报纸、杂志的主要方法。

北宋仁宗庆历年间(1041～1048),我国就发明了活字印刷术,比德国的谷登堡要早 400 年。关于毕昇的胶泥活字印刷,沈括(1031～1095)在《梦溪笔谈》卷十八《技艺门》中有较详细的记载。

(3)彩色套印。元朝末年,出现了彩色套印,印刷成品更是鲜丽动人。套色印刷很复杂。我国的木版水印对雕版技术的要求更为独特。

民国后,随着石印、坷罗版、照相制版的引进,木版雕刻技术渐渐退出历史舞台。

7. 装潢

图书除了文字、纸张、印刷之外,装潢也很重要。自竹木简策之后,我国图书的装潢技巧,即不断改良提升,其演进的方向,大都依据简便实用、美观大方的原则。历代以来,图书装潢型制约有卷轴、册叶、经折装、蝴蝶装、包背装、线装等多种演进过程。近代的图书,虽然采用机械操作装订成平装、精装等形式,但有些影印出版的古书,还常用线条来增加古意。

二、世界图书出版的产业历程

1. 机械印刷的发明

约翰内斯·古登堡,又译作"谷登堡""古腾堡""古滕贝格",1397 年出生于德国美因茨,1468 年 2 月 3 日逝世,是西方活字印刷术的发明人。他研究出了特别的作为字母的合金和铸造法。他生前排印的杰作之一就是《古登堡圣经》,是现存西文第一部完整的书籍,也是最早的机械金属活字印刷品。他的发明导致了一次媒界革命,迅速地推动了西方科学和社会的发展,是与东方的毕昇相比肩的历史巨人。

古登堡使用的字母由铅、锌和其他金属的合金铸成。它们冷却得非常快,而且能够承受印刷时的压力。古登堡的发明在德国、意大利、法国、英国等地受到欢迎。在 50 年中用这种新方法就已经印刷了三万种印刷物,共 1200 多万份印刷品。

15 世纪末,印刷出版中心从德国转到文艺复兴的发源地意大利。1500 年,仅威尼斯一个城市就有印刷所 150 余个,该城在 15 世纪共出版印刷书 4500 种,占意大利全部印刷书品种的 37%。N. 詹森和马努蒂乌斯是两位对西方出版有贡献的威尼斯印刷商。前者 1470 年完善了德国人创造的拉丁文罗马体,对此后拉丁语系各国的文字规范化有重大影响。后者自 1490 年开始印刷出版古希腊作家的古典系列丛书。自 1497 年起,每年出版 6 种 8 开本拉丁文教科书,这种版本被后人称为"阿尔丁"版本,是西方学术精装图书长期固定的版式。

1494 年在纽伦堡印刷出版的配有锁链和铜角的精制印本,是 15 世纪精装书的标准形式。

文艺复兴时期的意大利人文主义学者将 1500 年之前的印刷书统称为古版书,其拉丁文原意是"摇篮期出版物"。古版书中 75% 是拉丁文著作,45% 为宗教书籍。经神学院认可的宗教著作《效仿耶稣基督》是外国第一部印刷畅销书,在1471 年~1500 年共再版 99 次。谷登堡印刷的通俗百科全书《万灵药》则是著名的非宗教古版书。

2. 德国、法国、英国等国的印刷情况

受文艺复兴的影响,法国出版业 16 世纪前期后来居上。巴黎、里昂成为新的出版中心。印刷商在印刷宗教图书中大力普及罗马体以取代不易辨认的哥特体,同时还印刷出版很多法文著作。其中最杰出的人物是法兰西斯一世的挚友、曾任皇家印刷商的 R. 艾斯蒂安。他于 1531 年印刷出版第一部法文、拉丁文双解词典——《拉丁词典》,1532 年印刷出版了法国作家 F. 拉伯雷著的《巨人传》,对法文的推广有很大影响。直到 17 世纪末,其子孙 5 代一直从事印刷和出版,该家族成为欧洲当时著名的出版家族。法兰西斯一世命艾斯蒂安将印刷的每种图书捐赠一册给皇家图书馆,建成了第一个版本图书馆。1539 年,他颁布的法令中有一项禁止任何图书版本与其他版本相混淆的规定,以制止当时印刷商之间越来越多的非法竞争和非法翻印活动。这是国外首次带有版权性质的法律条文。

英国印刷商 W. 卡克斯顿把拼音活字印刷术引入英国,并首次用尚处于演变状态的英文印刷图书,打破了拉丁文图书在英国一统天下的局面。到 1530 年共印刷图书 800 余种,绝大多数是面向平民的英文小开本图书。对英文的规范化和图书的民众化做出了贡献。为促进和保护本国出版业,亨利八世于 1523～1534 年间,三次下令对非英国的印刷工匠人数进行限制,并最终禁止自由进口图书。

16 世纪起源于德国的宗教改革,促进了德国和荷兰的图书出版业。1517 年之后,新教创始人马丁·路德的著作最畅销。他翻译的德文《圣经》为现代德语奠定了基础。

当时的西班牙称霸海洋,西方印刷术首先自西班牙输出欧洲。在 C. 哥伦布发现美洲之后不久,西班牙人 J. 克伦伯格于 1502 年在墨西哥开设了欧洲以外的第一家印刷所。此后,印度(1557)、智利(1584)、日本(1590)、菲律宾(1593)陆续开设了印刷所。印刷商均是欧洲的传教士或殖民者,印刷书主要是拉丁文基督教著作。

3. 检查制度

新教和非宗教图书的出版发展引起了教会和欧洲各国君主的恐慌。他们通过各种检查制度对出版业进行限制和镇压。

1542 年,罗马天主教廷恢复了"宗教法庭"(亦称"异端裁判所")。翌年该法庭规定:所有图书的书名页必须印有主教授予的"准印许可";未经教会同意,任何图书均不得印刷或出售。1559年,罗马天主教廷颁布了首批《禁书目录》。首先遭到宗教法庭酷刑惩罚的是德国的新教徒印刷商,其中不少人因印刷出版新教图书而被判处火刑。

亨利八世于1525年后颁布了针对异教图书和煽动性图书的多道法令,最重要的是1538年以反对"猥亵印刷书"为名,规定在英国印刷出版任何图书均须先得到枢密院或皇家机构授予的执照。1557年,信奉天主教的玛丽女王将颁发出版执照的特权授予在一名主教掌管之下的书业公会,并规定每种图书在出版前还须向书业公会注册,这使这个原来的出版行业组织变成官方机构。1586年,法院限定除牛津和剑桥两家大学印刷所外,全国只允许在伦敦一个城市设立印刷所,并将全国印刷所总数削减到23家。1644年,英国诗人J.弥尔顿为此发表了著名的文章——《论出版自由》抨击反动的检查制度。1679年,英国议会废除了"执照法"。

在德国,由于德皇的审查委员会的监督,作为欧洲图书贸易中心的法兰克福书市名存实亡了。17世纪初爆发了三十年战争,只有莱比锡公国政府和莱比锡大学保持了出版繁荣,其他的则一蹶不振。

法国在君主制的统治下,限制里昂的印刷出版,此后法国出版业集中到巴黎。1618年,路易八世在法令中规定设立类似英国书业公会的"行业联合会",对出版业实行专制。到17世纪末,巴黎的印刷所只剩下36家。1538年为皇帝私人设立的印刷所到1620年扩充为官方的皇家印刷所,并因一贯坚持以法文印刷高水平图书而维持发展下来,现为法国的国家出版局。

4. 教育普及下的出版繁荣

1638年,英国人S.戴在北美剑桥开设了第一家印刷所(哈佛大学出版社前身),1640年印刷出版了美国第一部印刷书——《诗篇大全》。此后,波士顿(1663)、费城(1685)和纽约(1693)也相继有了印刷所。教育普及与检查制度的废除使得西方出版业获得恢复和发展。英国图书出版由16世纪的年平均数100种增长到18世纪中期的600种,德国则达到750余种。部分连续出版物演变而成了定期出版物——期刊和报纸,数量逐渐增多,并开始与图书分道扬镳。

中欧的魏玛公国早在1619年就开始实施儿童义务教育制度。普鲁士于1717年效仿之后,欧洲多数国家也在18世纪相继实行。教科书开始成为主要出版物。随着教育的普及,广大中等收入的民众(包括妇女)中识字的人数猛增使得各种通俗文学著作的市场日益扩大。在英国、法国和德国,散文体小说的出版发展得很快。当时的英国图书出版业提出了"百万民众文学"的口号。最早成立出版公司的 J. 贝尔为扩大图书销售而首创出版低价通俗丛书——《大不列颠诗人全集》,该丛书 1777 年出版,1783 年出齐,共 109 册,每册 6 先令。在美国和加拿大则是出版价廉故事书和小册子,其中最著名的是美国文豪 B. 富兰克林于 1732 年以理查笔名主编的《穷理查历书》。该书内容丰富,连续畅销几十年。

欧洲的图书出版开始了新的分工。一部分有魄力并且资金充足的书商和印刷商把主要精力转向稿本的选择、修改和版本设计等编辑工作。他们是国外首批现代意义的出版商。在英国和美国,由书店发展而成的出版机构多称为出版公司,由印刷所增设编辑部门而发展成的出版机构则称为出版社。其他印刷商(或书商)则集中力量专门从事图书的印刷(或销售)工作。对图书出版的控制又从书商手中过渡到出版商手中。

这种西方图书出版业结构的变化始于英国议会 1709 年通过并于 1710 年生效的第一部版权法。它首次明确了作者和出版者的权益,由书业公会负责全国的版权登记,为出版业创造了合理竞争的环境。

西方教育普及的同时,教会神权和宫廷皇权的统治在西欧迅速衰落。当无法强制实行书刊检查后,他们只好采用对作者和出版者给予津贴或赏赐的方法来鼓励带政治倾向和宗教色彩的图书出版。如英国桂冠诗人 J. 德莱顿因 1697 年所著《维吉尔》而获教皇赏赐 1200 英镑,英国著名出版商 B. B. 林托特因出版《伊利亚特》而得到教皇赏赐 5300 英镑。当时一位店主一年才能赚 50 英镑,一名工人一年仅挣 15 英镑。

1800 年,德国年度出版图书增长到 2569 种,1825 年英国年度出版图书达到6000种。

继英国之后,瑞典(1766 年)、丹麦(1770 年)、法国(1789 年)等国也废除了书刊检查制度。法国国民议会对出版自由作出了迄今最明确的阐述:"思想与观点的自由交流是人类最珍惜的权利之一;为此每位公民享有言论、写作和印刷的自由。"1791 年美国通过的宪法第一修正案,正式确定了出版自由的原则。俄国则直到 1905 年资产阶级推翻沙皇统治后才取消这一制度。

图书出版发行体系趋于完善。纸币、邮票产品、商标等的生产日益增加,印刷已逐渐独立于出版业,发展成单一生产型的制造行业。出版商与书商也进一步向专业化方向发展,部分出版社演变成专业图书出版社。如英国的朗曼出版集团公司、美国的哈珀与罗出版公司是教科书出版社;美国的利平科特出版公司、约翰·威利父子出版公司和德国的施普林格出版公司是学术图书出版社;法国的拉鲁斯出版社、德国的布罗克豪斯出版公司是工具书出版社。自 19 世纪中期起,美国和德国出现了图书批发商(或图书代理商),大大方便和简化了出版商和书商之间的多头联系,也传递了较全面的出版信息和市场行情。

1848 年,马克思与恩格斯合著的《共产党宣言》在英国伦敦出版。到 1871 年,该书已用 50 种文字出版了 770 种版本。1867 年,马克思的主要理论著作《资本论》德文版第 1 卷在德国汉堡出版,德文版第 2 卷于 1885 年出版,德文版第 3 卷于 1894 年出版。

大学图书馆和公共图书馆在欧美发展迅速并有巨大增长;利用日益兴旺的报刊刊登图书广告成为扩大图书销售的有效方式。

1886 年在瑞士伯尔尼和乌拉圭首都蒙得维的亚分别通过两项国际版权协议。前者由 13 个欧洲国家签署,称为《伯尔尼公约》。后者由包括美国在内的美洲国家签署,称为《泛美公约》。

全国性和国际性图书出版行业组织的成立,标志着西方图书出版体系基本形成了。1825 年,德国首先成立了非官方的全国图书出版组织——德国书商协会。随后英国、法国等地也成立了出版商或书商的非官方全国性组织。1896 年在巴黎成立了国际出版商联合会。西方主要国家政府除设立专门的政府出版机构[如英国的皇家出版局(1786 年成立)和美国的政府印刷局(1860 年成立)]从事出版政府机构的出版物外,民间出版业事务完全由非官方的行业组织来处理。为保证图书出版的正常发展,避免行业内部的自杀性削价竞争,德国(1887 年)和英国(1899 年)的图书出版行业组织制订了本国出版商和书商之间的"实价书协议"。

到 19 世纪末,图书出版业已成为西方社会的一个重要产业。一些规模较大的西方出版公司雇员已超过 1000 人,并在外国开设了子公司。年度出版新书较多的国家有英国(1890 年,5735 种)、法国(1890 年,13643 种)、德国(1890 年,18875种)、俄国(1880 年,10562 种)、日本(1891 年,22568 种)和美国(1890 年,4559 种)。

5.战争与革命对世界图书出版的影响

1914 年爆发的第一次世界大战,对欧洲图书出版业是一次沉重的打击。一是纸张短缺,质量不好,价格上涨,出版商只能降低图书制作质量,粗制滥造,许多小出版商破产或被兼并。同时,经济下滑,物价上涨,吃饭成了主要的需求,精神需求衰落,民众购买能力下降。只有美国和日本未受战争直接影响,图书出版业得以正常发展。美国出版业开始向外扩张,使得美国文学作品在国外得到传播。美国出版商 E.J. 霍尔德曼在 20 年代出版每册售价仅 5 美分、称为"小蓝皮丛书"的系列小册子 1260 种。他本着薄利多销的原则（限定每次最少购买 20 种），采取在报纸上刊登广告这一直接销售方式，共售出图书 1 亿多册。日本图书则开始输往朝鲜和中国。

为了摆脱萧条，出版商大量出版发行廉价纸皮书。英国出版商 A. 莱恩于 1935 年，以《企鹅丛书》为名，出版各国文学小说的普及本纸皮书。它以精美的彩色封面设计、低廉的售价、可以装入衣袋内三大优点，受到人们的欢迎。欧美各国相继仿效，出现许多专门的纸皮书出版社。作为大众读物的纸皮书出现后，广大中等以下收入的民众，由借书阅读者变为购书者。在亚非拉国家，纸皮书则成为主要的图书品种，并促进了当地图书出版业的发展。

苏联在十月革命成功后，推出了国家管理的出版事业新的社会主义经营管理模式。1917 年成立了全俄中央执行委员会出版部，1918 年成立了共产党人出版社，1919 年成立了俄罗斯联邦国家出版社。到 20 年代初，苏联共有出版社 3000 余家，其中私营出版社 1000 余家。到 30 年代初，私营出版社全部被淘汰，其他出版社也大量合并，仅剩余 200 余家。但图书的发行量猛增到 8.5 亿册，是 20 年代初的 3 倍。书店和发行机构已陆续国有化。1923 年成立隶属外贸部的苏联国际图书公司，独家经营苏联的国际图书贸易工作。

第二次世界大战使除美国外的主要出版大国再次遭受战火的破坏。美国图书出版业在第二次世界大战期间，再次利用英国同业的困境，加速了对外扩张。1943 年，"战时图书委员会"在纽约成立，专门为美国和盟国军队提供"军内版"纸皮书。到 1947 年，这种图书共出版 1324 种，发行量为 1.2 亿册。民间出版商则大力向英国图书的海外市场如印度、澳大利亚和加拿大等国出口图书。到战争结束时，邻国加拿大的图书市场已基本上被美国控制。

三、中国古代的图书出版①

1. 夏商周时代

夏商周时代文化活动是以官府为中心的，商周的巫、史是主要的文化掌握者，文化活动实际上被局限在一个非常狭小的集团范围之内。文字使用、传播的范围非常有限。

---

① 中国出版史，见"百度百科"，http://www.baidu.com/。

　　商代的甲骨文已是一种相当完备的文字,传统文字学所谓的"六书"在甲骨文中大多具备,是其文字发展进入成熟阶段的重要标志。这说明在它之前的夏代,也应有文字的发明与使用。从考古来看,龙山时代在夏朝之前,文字应该比陶符文字更为发展和进步。2013 年 7 月 11 日,浙江平湖庄桥坟遗址考古发现,在出土的器物上有刻画符号和部分原始文字,这是迄今为止我国发现最早的原始文字。这些文字比甲骨文还要早。

　　从史籍记载来看,最早提及仓颉者,是战国时期的荀卿。其后在《吕氏春秋》和《韩非子》中也有记载,在荀子"故好书者众矣,而仓颉独传者,一也"的基础上,又有所引申,其主要观点是"仓颉作书"。汉代后,在《淮南子》和《论衡》中,都提到了"仓颉造字"。尤其是汉代的纬书,也记载了仓颉"生而能书,又受河图录书,于是穷天地之变,仰视奎星圜曲之势,俯察鱼文鸟羽,山川指掌,而创文字"(《春秋元命苞》)。《吕氏春秋·审分览·君守》称:"奚仲作车,苍颉作书,后稷作稼,皋陶作刑,昆吾作陶,夏鲧作城,此六人者,所作当矣。"西汉《淮南子·修务训》记载:"史皇产而能书。"高诱注:"史皇仓颉,生而见鸟迹,知著书,故曰史皇,或口颉皇。"许慎《说文解字·叙》也称:"黄帝之史仓颉见鸟兽之迹,知分理之可相别异也,初造书契,百工以乂,万品以察。"

　　还有资料记载,夏商周时代不光创制了文字,还有了史官与史册。《淮南子·氾论训》载:"夏之将亡,太史令终古,先奔于商,三年而桀乃亡。"《吕氏春秋·先识览》载:"夏太史令终古出其图法,执而泣之。夏桀迷惑,暴乱愈甚。太史令终古乃出奔于商。"《尚书》多士篇载周公对商朝遗民说的一段话:"惟尔知,惟殷先人,有册有典,殷革夏命。"

　　公元 992 年,翰林学士王着受宋太宗赵匡义之命编著刻印《淳化阁帖》十卷,其中在卷五内,有《仓颉书》28 字,《夏禹书》12 字。另外在湖南衡山岣嵝峰有《岣嵝碑文》77 字,总共 117 字。①

　　商代的文字是甲骨文。它是汉字的鼻祖,是汉字的早期形式,也被认为是汉字的书体之一,也是现存中国王朝时期最古老的一种成熟文字。

　　甲骨文,又称"契文""甲骨卜辞"或"龟甲兽骨文"。甲骨文记录和反映了商朝的政治和经济情况,主要指商朝后期(前 14 世纪 ~ 前 11 世纪)王室用于占卜记事而在龟甲或兽骨上契刻的文字。

---

① 夏朝文字,见"百度百科",http://baike.baidu.com/。

甲骨文在河南省安阳市西北小屯村、花园庄、侯家庄等地发掘。1899 年甲骨文首次被发现,继而多次被挖掘。1936 年 6 月 12 日,在小屯村北宫殿区发掘出一个甲骨坑,保存着带字甲骨 17096 片;1973 年在小屯村南地,又发掘出甲骨 7150 片,其中刻字甲骨 5041 片;1991 年秋,在花园庄东地发掘出一个仅 2 平方米的甲骨坑,但其叠压厚度却达 0.8 米,出土 1583 片甲骨,其中刻字甲骨有 579 片。1976 年发掘出中国历史上第一个女将军妇好的墓,出土的很多器物上都刻有铭文,是唯一能与甲骨文历史文献相印证的。从已发现的殷墟甲骨文里,出现的单字数量已达 4000 个。其中既有大量指事字、象形字、会意字,也有很多形声字。这些文字和我们如今使用的文字,在外形上有巨大的差别。但是从构字方法来看,二者基本上是一致的。据学者胡厚宣统计,共计出土甲骨 154600 多片,其中大陆收藏 97600 多片,台湾收藏 30200 多片,香港藏有 89 片,总计中国共收藏 127900 多片,此外,日本、加拿大、英国、美国等国家共收藏了 26700 多片。到目前为止这些甲骨上刻有的单字约 4500 个,迄今已释读出的字约有 2000 个。①

殷商时期,国王在处理大小事务之前,都要用甲骨进行占卜,祈问鬼神,事后将所问之事契刻于甲骨上。甲骨文的主体部分是卜辞,商朝的人大都迷信鬼神,大事小事都要卜问,有些占卜的内容关于天气,有些是农作收成,也有问病痛、早生贵子的,最多记载的是打猎、作战、祭祀等大事的卜问。我们可以从中了解商朝人的生活情形,也可以得知商朝历史发展的状况,具有很重要的史料价值。

最早的甲骨文随着殷亡而消逝,金文取而代之,成为周代书体的主流,因铸刻于钟鼎之上,有时也称为钟鼎文。据考察,商代铜器上便刻有近似图画之金文,其后继续演进,至商末,金文与甲骨文一致。此种金文至周代而鼎盛,绵延至秦汉。据统计,金文约有 3005 字,其中可知 1804 字。

除了钟鼎文献,周代的书籍非常多,据《礼记》记载,周代是史官主管藏书。据《吕氏春秋·先识》记载,"夏太史终古见桀迷惑,载其图法奔商;商内史向挚见纣迷惑,载其图法奔周;晋太史屠黍见晋公骄无德义,以其图法归周"。这表明我国在夏代已有图书典籍,商代当然也有典籍图书,而且这些图书最终又都被收入到周王室图书档案馆里。《左传·昭公二十六年》记载:"王子朝及召氏之族、毛伯得、尹氏固、南宫嚣奉周之典籍以奔楚。"老聃就是一任史官,因政变动乱"免"去周司空职位,"归居"征藏史,随王子朝奔楚,后王子朝在楚被暗杀,老子携带周典籍

---

① 甲骨文,见"百度百科",http://baike.baidu.com/。

反周,"王朝交鲁"。有人推断,这些史籍被孔子保留,所以才有了孔子大量的著述。孔子的后代汉孔安国,从"孔壁"中发现了古书也可证明此为史实。据汉《纬书》说孔子将3240篇古籍"约"掉了3120篇,仅剩120篇。①

2.春秋战国时期

中国的正规书籍大约产生在春秋末年以前。后世尊为"六经"的《诗》《书》《易》《礼》《春秋》《乐》,或尊为"五经"的《诗》《书》《易》《礼》《春秋》,相传就是经过孔子(前551～前479)整理编定的。例如《诗经》,在其成为儒家经典以前,只称为"诗"或"诗三百"。据《左传》记载,周景王元年(前544)吴季札到鲁国观乐,鲁国为他所歌的《诗》,其分类名目、先后次第等,已和现在的《诗经》差不多。而这一年,孔子8岁,足见在孔子删《诗》之前,早已有一部诗歌总集在流传了。孔子晚年喜读《易》致令"韦编三绝",表明孔子之前《易》也早已成书。《论语》中记录孔子多次引用《诗经》和《书经》,表明《诗》《书》确实早已成书,并为孔子尊崇和征引。至于《春秋》,亦非孔子所作,而是根据旧有的鲁国《春秋》编成。所有这些,可以证明在孔子生活的春秋末期以前,中国的正规书籍早已产生。

进入战国时期,奴隶制社会急剧向封建社会转化,在思想界形成百家争鸣的局面。先秦诸子孔子、孟子、墨子、荀子、老子、庄子、列子、韩非子、商鞅、申不害、许行、告子、杨子、公孙龙、惠子、孙武、孙膑、张仪、苏秦、田骈、慎子、尹文、邹衍、晏子、吕不韦、管子、鬼谷子等争相游说和著书立说,产生了大批私人著作。可分为阴阳、儒、墨、名、法、道、纵横、杂、农、小说、兵、医十二家。如早期的儒、道、墨家之说。战国中期以后,儒家有孟子、荀子;道家有尹文子、慎子、庄子;法家有商鞅、吴起、申不害、韩非;名家有公孙龙、惠施;阴阳家有邹衍、邹爽等。他们都有自己的著作。此时,科学技术方面出现了医书《内经》、药物书《本草》;文学方面出现了屈原的不朽名著《离骚》。在天文、历法、农业、畜牧、历史、地理等方面,也出现了专著。

3.秦始皇的政策

(1)书同文。春秋战国时期的兵器、陶文、帛书、简书等民间文字,则存在着区域差异。这种状况妨碍了各地经济、文化的交流,也影响了中央政府政策法令的有效推行。于是,秦统一中原后,秦始皇下令李斯等人进行文字的整理、统一工

---

① 王振今:《周朝图书史料失踪的秘密》,东方财富网博客,2010年1月19日,http://blog. eastmoney. com/bosenzhao/blog_110332189. html。

作。从那时候起,采用了比较方便的书法,规定了统一的文字。这叫作"书同文"。

李斯以秦国文字为基础,参照六国文字,创造出一种形体匀圆齐整、笔画简略的新文字,称为"秦篆",又称"小篆",作为官方规范文字。

(2)焚书坑儒。在秦始皇三十四年(前213),秦始皇采纳李斯的建议,下令焚烧《秦记》以外的列国史记,对不属于博士馆的私藏《诗》《书》等也限期交出烧毁;有敢谈论《诗》《书》的处死,以古非今的灭族;禁止私学,想学法令的人要以官吏为师。此即为"焚书"。"坑儒"一词出处是西汉孔安国(孔子12世孙)《〈尚书〉序》:"及秦始皇灭先代典籍,焚书坑儒,天下学士逃难解散。"在此之前《史记·卷121·儒林列传》的说法是"及至秦之季世,焚诗书,坑术士,六艺从此缺焉"。[①]

《史记·秦始皇本纪》记载:"始皇闻亡,乃大怒曰:'吾前收天下书不中用者尽去之。悉召文学方术士甚众,欲以兴太平,方士欲练以求奇药。去不报,徐市等费以巨万计,终不得药,徒奸利相告日闻。卢生等吾尊赐之甚厚,今乃诽谤我,以重吾不德也。诸生在咸阳者,吾使人廉问,或为訞言以乱黔首。'于是使御史悉案问诸生,诸生传相告引,乃自除犯禁者四百六十馀人,皆坑之咸阳,使天下知之,以惩后。益发谪徙边。始皇长子扶苏谏曰:'天下初定,远方黔首未集,诸生皆诵法孔子,今上皆重法绳之,臣恐天下不安。唯上察之。'始皇怒,使扶苏北监蒙恬于上郡。"看来他禁止的是术士,侯生、卢生与徐福、韩众等人都是一伙方士,专门从事星占、神仙、房中、巫医、占卜等术。焚烧的是诗书,按照李斯的建议,一是除《秦纪》、医药、卜筮、农家经典、诸子和其他历史古籍,一律限期交官府销毁,令下三十日后不交的,处以鲸刑并罚苦役四年;二是谈论《诗》《书》者处死,以古非今者灭族,官吏见知不举者,与同罪;三是有愿习法令者,以吏为师。据《史记》所载,当时法令规定应焚之书共三类:史官收藏的除秦国史料以外的其他六国的所有史料;儒家的《诗》《书》;"百家语"。

4. 汉代经学的倡扬

经学是指中国古代研究儒家经典学说,并阐明其含义的学问。孔子晚年编订和整理了一些传统的文献,形成了《诗》《书》《礼》《易》《乐》《春秋》六经,后来成为十三经:《周易》《尚书》《诗经》《周礼》《仪礼》《礼记》《春秋左传》《春秋公羊传》《春秋谷梁传》《论语》《孝经》《尔雅》《孟子》。

搜集整理经文著作。文景时期开始展开了大量献书和古籍的收集工作,部分

---

① 焚书坑儒,见"百度百科",http://baike.baidu.com/。

年长的秦博士和其他儒生,或以口述方式默诵已遭焚毁的经典,或把秦时冒险隐藏的典籍重新拿出,使之传世。因为文字、传述和解释体系的不同,产生了不同的学派,但其版本上则基本相同,后来统称为今文经。汉景帝末年,鲁恭王兴建王府,坏孔子宅,从旧宅墙中发现一批经典;汉武帝时,河间献王刘德从民间收集了大批的古典文献,其中最重要的就是《周官》,皆收入秘府(即官方皇家图书馆);汉宣帝时又有河内女子坏老屋,得几篇《尚书》。这些出土的文献都是用战国古文字书写,与通行的五经相比,不仅篇数、字数不同,而且内容上也有相当差异,此后即统称为古文经。

独尊儒术。汉武帝即位,召集全国文士,亲自出题考试,并亲自阅卷,重用《公羊》学大师董仲舒、公孙弘,并下令非儒学的诸子百家一概被罢斥,儒学从此取得了独尊的地位。实行"罢黜百家,独尊儒术"建议,使得经学日益兴盛和发展起来。

专门设置经学博士。汉武帝时,官学有五经(《易》《书》《诗》《礼》《春秋》)博士。后来博士逐渐增加,《易经》分四家,《书经》分三家,《诗经》分三家,《仪礼》分两家,《公羊春秋》分两家,共十四家,称为五经十四博士。

用篆文(战国时文字及秦小篆)写的经书叫作古文经。传授古文经的学说叫作古文经学。凡是博士教弟子的经书,都是用汉朝通行的隶书写的,因此叫作今(汉)文(字)经。自汉武帝至西汉灭亡,百余年间,经学极盛,大师前后多至千余人,有些经书的解释增加到一百余万字。

经学是中国古代学术的主体,仅《四库全书》经部就收录了经学著作17713部、20427卷。经学中蕴藏了丰富而深刻的思想,保存了大量珍贵的史料,是儒家学说的核心组成部分。大量的著述,以及讲学、学习、温课、考试的需要,推动了我国古代印刷业的发展。

造纸术也受到了推动。纸是汉族劳动人民长期经验的积累和智慧的结晶,是人类文明史上的一项杰出的发明创造。中国是世界上最早养蚕织丝的国家。汉族劳动人民以上等蚕茧抽丝织绸,剩下的恶茧、病茧等则用漂絮法制取丝绵。漂絮完毕,篾席上会遗留一些残絮。当漂絮的次数多了,篾席上的残絮便积成一层纤维薄片,经晾干之后剥离下来,可用于书写。这种漂絮的副产物数量不多,在古书上称它为赫蹏或方絮。此外,中国古代常用石灰水或草木灰水为丝麻脱胶,这种技术也给造纸中为植物纤维脱胶以启示。纸张就是借助这些技术发展起来的。①

5.造纸术的发明

经学书写成了问题。竹简和木简太笨重,丝帛大贵,丝绵纸不可能大量生产,都有缺点。最迟在公元前 2 世纪时的西汉初年,纸已在中国问世。最初的纸是用麻皮纤维或麻类织物制造成的。直到东汉和帝时期,经过了蔡伦的改进,形成了一套较为定型的造纸工艺流程:原料的分离,就是用沤浸或蒸煮的方法让原料在碱液中脱胶,并分散成纤维状;打浆,就是用切割和捶捣的方法切断纤维,并使纤维帚化,而成为纸浆;抄造,即把纸浆渗水制成浆液,然后用捞纸器(篾席)捞浆,使纸浆在捞纸器上交织成薄片状的湿纸;干燥,即把湿纸晒干或晾干,揭下就成为纸张。魏晋南北朝时已经开始利用桑皮、藤皮造纸。到了隋朝、五代时期,竹、檀皮、麦秆、稻秆等也都已作为造纸原料。唐朝利用竹子为原料制成的竹纸,标志着造纸技术取得了重大的突破。从唐代到清代,中国生产的用纸,除了一般的纸张外,还有各种彩色的腊笺、冷金、错金、罗纹、泥金银加绘、砑纸等名贵纸张,以及各种宣纸、壁纸、花纸等。

造纸术的发明对我国图书事业影响巨大。特别是汉代刘向、歆父子对图书进行了整理。西汉成帝河平三年(前 26 年),杰出的学者刘向、刘歆父子受命主持了我国历史上第一次大规模整理群书的工作。在每一部书整理完毕时,刘向便撰写一篇叙录,记述这部书的作者、内容、学术价值及校雠过程。这些叙录后来汇集成了一部书,这就是我国第一部图书目录《别录》。刘向死后,刘歆继续整理群书,并把《别录》各叙录的内容加以简化,把著录的书分为六略,即六艺略、诸子略、诗赋略、兵书略、术数略、方技略,再在前面加上一个总论性质的"辑略",编成了我国第一部分类目录《七略》。六艺略,著录易、诗、书、礼、乐、春秋、论语、孝经、小学九类图书,这些都是儒家经典或与儒家经典有关的著作,它们被安排在最突出的位置,单独为一略,体现了汉武帝罢黜百家之后,儒家经典在政治上和学术上的指导作用;诸子略,著录儒、道、阴阳、法、名、墨、纵横、杂、农、小说等十家著作,西汉去古未远,诸子书保存颇多,而西汉后期虽尊儒学,但对诸家学说基本上还是兼收并蓄的,不像后世那样极端,所以诸子列第二大类;诗赋略,著录了屈原赋之属、陆贾赋之属、孙卿赋之属、杂赋、歌诗五类文学作品;兵书略,著录了兵权谋、兵形势、阴阳、兵技巧四类军事文献,包括了战略思想、战术技巧各个方面;术数略,著录了天

---

① 　纸张,见"百度百科",http://baike.baidu.com/。

文、历谱、五行、蓍龟、杂占、形法六类图书,这里既有天文、历法、数学、物理方面的科学知识,也有荒诞不经的迷信,如占卜吉凶、相宅看风水之类的名堂;方技略,著录了医经、经方、房中、神仙四类著作,大体上是医学、科学及方士、巫术两方面的杂拌。

以上六略 38 类先秦两汉典籍,据《汉书·艺文志》著录,有 13269 卷,现存 115 种。其中先秦 60 种,秦 1 种,汉 54 种。

汉代书籍商品性日益明显。西汉杨雄《法言·吾子》,最早记录"书肆"一词。杨雄在其所著《法言·吾子》中说,"好书,而不要诸仲尼,书肆也",最早提及书肆这一名词。书肆是适应民间教育事业普及和文化学术思想发展的产物。《后汉书·王充传》:"家贫无书,常游洛阳市肆,阅所卖书,一见辄能诵忆,遂博通众流百家之言",记录了王充关于书肆的故事。

此后,各朝代还出现了书林、书铺、书棚、书堂、书屋、书籍铺、书经籍铺等名称,它既刻书又卖书,这些名号,除统称书肆外,宋代以后统称为书坊。书店一名,最早见于清明乾隆年间。在中国近代史上,书店也叫书局。

《三辅黄图》记载了汉平帝元始四年,王莽扩建太学后在太学附近形成的"槐市"。汉武帝设立太学后,学生规模不断扩大,至成帝时,人数已达数千之众。众多太学生聚集一地,扩大了对书籍的需求,于是,在太学旁形成了包括买卖书籍在内的综合性贸易集市"槐市"。槐市位于长安城东南,因其地多槐树而得名。集市每半月一次,文士在此交流学术思想,互通有无,对当时的官方教育起了积极的作用。更始元年(23),太学在战乱中解散,槐市随之消失。①

6. 魏晋南北朝时期

魏晋南北朝是一段混乱的历史,自公元 291 年八王之乱起到公元 581 年隋朝完成全国统一,历时 290 年。魏晋南北朝时期,由于纸的发明与普及,才真正进入公众传播的新时代。从此,书籍著作可以进入社会自由流通,供读者传播和阅读。书籍成为联系作者与读者的桥梁和媒介。随着书籍面向公众传播,作品的社会影响迅速扩大,著述与作者名声的关系更为密切,书与社会的关系也进一步密切。

关于这个时期的书籍总数,杨家骆有进一步的统计:三国时期为 1122 部 4562 卷,两晋为 2348 部 14887 卷,南北朝为 7094 部 50855 卷。②

---

① 槐市,见"百度百科",http://baike.baidu.com/。
② 杨家骆:《中国古今著作名数之统计》,《新中华》,1946 年第 7 期。

（1）文学书籍绽放。魏晋南北朝是中国文学发展史上一个充满活力的创新期，诗、赋、小说等体裁，都有极大的发展。文学创作足以提高著述事业的社会地位，鼓舞作者从事著述的热情与积极性，从而引起整个社会人生价值观念的改变，文学的观念也就渐渐产生了。

这期间涌现了一些杰出的作家和作品，如曹植、阮籍、庾信、陶渊明在学习汉乐府的过程中将五言古诗推向高峰，出现了咏怀诗、咏史诗、游仙诗、玄言诗、宫体诗，以及陶渊明创造的田园诗，谢灵运开创的山水诗等；抒情小赋的发展及其所采取的骈俪形式，使汉赋在新的条件下得到发展。文学理论和文学批评异常地繁荣，如曹丕（魏）《典论·论文》、陆机（西晋）《文赋》、刘勰（梁）《文心雕龙》、钟嵘（梁）《诗品》等论著。文学总集也大量涌现，如魏文帝曹丕的《建安七子集》、萧统（梁）《文选》、徐陵（陈）《玉台新咏》。所谓总集，是总汇多人作品为一书。总集的出版，反映一个时期有众多作者。《隋书·经籍志》说："右一百七部，二千二百一十三卷。通计亡书，合二百四十九部，五千二百二十四卷。"所谓别集，是总汇一个人的多种作品而成，也叫文集。别集的出版，反映一个作者有多篇作品。别集的出版，是魏晋南北朝时期才开始出现的，而且数量众多。《隋书·经籍志》说："右四百三十七部，四千三百八十一卷。通计亡书，合八百八十六部，八千一百二十六卷。"这个数据是惊人的。

《文选》又称《昭明文选》，是中国现存最早的一部汉族诗文总集，由南朝梁武帝的长子萧统组织文人共同编选。萧统死后谥"昭明"，所以他主编的这部文选称作《昭明文选》，共60卷，分为赋、诗、骚、七、诏、册、令、教、文、表、上书、启、弹事、笺、奏记、书、檄、对问、设论、辞、序、颂、赞、符命、史论、史述赞、论、连珠、箴、铭、诔、哀、碑文、墓志、行状、吊文、祭文等类别。《文选》所选作家上起先秦，下至梁初（以"不录存者"的原则没有收入当时尚健在的作家），作品则以"事出于沉思，义归乎翰藻"为原则，没有收入经、史、子书。

《玉台新咏》是继《昭明文选》之后，于公元6世纪编成的一部上继《诗经》《楚辞》下至南朝梁代的汉族诗歌总集，历来认为是南朝徐陵在梁中叶时所编。收诗769篇，计有五言诗8卷，歌行1卷，五言四句诗1卷，共为10卷。除第9卷中的《越人歌》相传作于春秋战国之间外，其余都是自汉迄梁的作品。内容中多收录男女感情的记述表达，以及日常生活的方方面面。

魏晋南北朝时期，文言小说采用文言，篇幅短小，记叙社会上流传的奇异故事，人物的逸闻逸事或其只言片语。著名的有《搜神记》《世说新语》。

文学家族的大量出现也是值得注意的现象。例如：三曹（曹操及其子曹丕、曹植）；阮瑀及其子阮籍；嵇康及其子嵇绍、绍从子嵇含；三张（张载及其弟张协、张亢），二陆（陆机、陆云兄弟），两潘（潘岳及其从子潘尼）；傅玄及其子傅咸；谢安及其孙谢混，谢混及其族子谢灵运、谢瞻、谢晦、谢曜，谢灵运及其族弟谢惠连、其同族的谢朓；萧衍及其子萧纲、萧绎。文学家族的大量出现与门阀制度有直接的关系，文学乃至文化集中在少数世家大族手中，与政治的权力一起世代相传。①

洛阳纸贵，说的就是魏晋南北朝，图书贸易进一步发展，名人新书、新作问世后，往往即行传抄。《晋书·左思传》："于是豪贵之家竞相传写，洛阳为之纸贵。"就是说他写的《三都赋》，把三国时魏都邺城、蜀都成都、吴都南京写入赋中，融入了大量的历史、地理、物产、风俗人情资料，耗费十年时间，得到了张华、皇甫谧等人的赞赏，名噪一时，争相抄诵。

（2）道教书籍大量涌现。道教从张道陵创教至东晋约200年，所造经书并不多。魏晋南北朝，道教勃兴，为了满足战乱时期民众的精神寄托，饱读儒释经典的士族知识分子或假神仙之手或假之先人遗篇，大造经典。也有的从形式到内容都模仿佛经，改换佛家术语，大量吸收佛教教义，如涅槃轮回、因果报应等等，加以改造，成为道教教义的一部分。还有的抄袭或改造谶纬符图、方技、医药著作，造制为道经。于是，道书大量涌现，理论趋于完善，东晋葛洪作《抱朴子》，自称当时所见的道书仅282种，至刘宋陆修静订《三国经书目录》时，共著录道教经书及药方符图1228卷，其中1090卷已行于世。

（3）佛教的传播与佛典的翻译。魏晋南北朝时期，国家处于四分五裂的状态，各方霸主连年征战，百姓生活困苦，渴望安定的幸福生活和精神上的解脱。又加上统治者大力提倡、推广，佛教和道教得以迅速传播和快速发展。大批经典戒律被翻译研究，佛教僧团与寺院普遍建立，"南朝四百八十寺，多少楼台烟雨中"。

三国时吴国孙权在建业设建初寺，东晋元帝时曾诏佛僧入内殿讲经。南北朝君主多信佛，梁武帝皈依佛法迎达摩于广州大弘佛法，且三次舍身同泰寺。很多君主均曾舍其宫苑以造佛寺。北魏诸帝以僧人为国师，大力建寺造塔。文成帝更凿山西云冈石窟，孝文帝开洛阳龙门石窟。君主好佛，天下风从。

经书翻译出版自然应运而生。

东汉末摄摩腾和竺法兰开始来华译经，其后有安世高、支娄迦谶等译经。到

---

① 魏亚南北朝文学，见"百度百科"，http://baike.baidu.com/。

魏晋时,大规模的译场出现。敦煌的竺法护在长安建寺专心译经四十余年,从者达数千人,共译出了 175 部经书。后秦时西域龟兹人鸠摩罗什受聘至长安,始传译大乘经典。他的译场有八百多僧人助理,名逍遥园,为国立的大译场,共译出经论 94 部,425 卷。佛驮跋陀(觉贤大师)译经,把华严、僧祇律凡 15 部 117 卷,与罗什、昙无谶被称为六朝三大哲。

曹魏朱士行发愿西行抵于阗得梵本,遣弟子携经回中土,为西行取经的第一人。此后,华僧留学天竺蔚然成风。法显远赴天竺,历经水陆二路而取经。华僧之译经更易为中国人所接受和了解。

印度的文学、声韵、音乐、舞蹈、建筑、绘画、雕塑、医学等,亦伴佛教同来,对汉固有的文化产生了一定的影响。

佛经翻译使汉语增添了不少新的词汇和成语,如涅槃、般若、刹那、伽蓝等,梵文拼音的输入使汉语的四声切韵得以逐渐产生。又南北朝的小说多有以佛教为题材。佛教建筑亦使中国建筑增加了不少光彩,举世知名的敦煌、云岗、龙门等三大佛教石窟都始凿于此时。

(4)史籍编纂。自东汉末年战乱以后,官府控制史学局面已被突破,私人修史大量涌现。同时史学著作还突破了传统的纪传体体裁,出现新的部门和新的体制,这充分表明这一时期书籍出版风气之盛,书籍出版领域大大拓展。在这一历史时期中,先后或同时建立了许多王朝(政权),差不多每一个王朝都有后人为之写的断代史。"二十四史"在这一历史时期就占十一种。此外,还有著名的方域史和历史地理方面的著作,也是重要史籍。

正史:《后汉书》《三国志》及裴注、《晋书》《宋书》《南齐书》《梁书》《陈书》《魏书》《北齐书》《北周书》《隋书》《南史》《北史》。

方志:《魏略》(鱼豢)、《华阳国志》(常璩)、《十六国春秋》(崔鸿)、《邺中记》(陆翙)、《水经注》(郦道元)、《洛阳伽蓝记》(杨衒之)、《荆楚岁时记》(宗懔)。

人物风习志:《人物志》(刘邵)、《世说新语》(刘义庆)、《金楼子》(梁元帝萧绎)、《颜氏家训》(颜之推)。

律书和农书:《九朝律考》(程树德)、《南方草木状》(西晋·嵇含)、《齐民要术》(贾思勰)。

博物志:《博物志》(张华)、《搜神记》(干宝)、《搜神后记》(题晋陶潜撰)、《异苑》(刘宋·刘敬叔)、《殷芸小说》(梁·殷芸)。

(5)藏书。这个时期是我国书史上由简册过渡到写本书的时期,纸张的应用,减轻了书籍载体的重量,使书籍的书写、携带、流传更为方便,得书容易,藏书家增多,藏书量也大为增加。但毕竟单本流传,范围很小,容易逸失,于是,就出现了职业抄书人,即佣书。而佣书的大量出现,又促进了书籍的买卖。书籍的买卖在汉代已见记载,魏晋南北朝时期得到极大的发展。设肆坐卖和沿途贩卖均见于记载。《南史·江夏王锋传》载,武帝时,藩邸严急,诸王不得读异书,五经之外,唯得看孝子图而已。锋乃密遣人于市里街巷买图籍,期月之间,殆将备矣。

由于私人著述较盛,文人儒士往往在利用其他渠道资料的同时,自己也注意收藏某一方面的资料,很多文人学士既是撰述家又是藏书家。

西晋末年,八王之乱终致天下大乱,一些藏书家背负典籍迁徙江南,扭转了私家藏书地域分布格局,改变了以往集中京城附近和以北方中原地区为主的状况,形成了南北两条不同的发展线索。东晋以后,南方在政治、经济及社会文明程度方面均优于北方,因而有些残留在北方的书籍,也逐渐流入江南,使南方书籍在原有基础上又增加了携带过江和残存流入两种来源,藏书家随之增多。

东晋立国之初,国家藏书甚少,不得不从私家处借抄,以补所缺。南朝私家藏书承接东晋发展余绪,私家藏书有了明显进步,藏书家人数增多,藏书数量与质量较前有所提高,其中尤以梁朝为甚。

梁末战乱,私家藏书损失惨重,到了陈朝,国力更加衰弱,同一时期北朝日益强盛,私家藏书重心逐渐转到北方。北方在西晋灭亡之后,私家藏书由盛而衰。十六国时期,战事频仍,私家藏书活动几乎难觅踪迹。进入北朝以后,战争有所减少,私家藏书才又重新兴起。

著名的有:西晋张华有书30车,秘书监挚虞整理官书时,曾依据张华的藏本来加以校正。西晋时钱塘(今杭州)人范蔚有书7000卷,远近常常有百余人到他家来阅看书籍。梁朝的任昉藏书万卷,其中有的是宫廷图书所没有的。梁武帝的驸马张缵有书2万卷,差不多就是当时最大的藏书家了。

史载,国藏图书也是几经盛衰。西晋初年,秘书监荀勖主持整理秘府图书,编了一本名为《晋中经簿》(或称《中经新簿》)的目录。他创立了四部分类法:甲部为儒家经典,乙部为诸子学说和技艺方面书籍,丙部为史书,丁部为诗文集等。根据这次整理,西晋皇家藏书共计29945卷。

东晋建都建业(或称建康、金陵,今南京)之初,秘书省的著作郎李充查点官中藏书,凡荀勖《新簿》所列书籍只剩了3014卷。当时朝廷征集图书,重新登记。李充把荀勖所分四部中的乙丙两部互易位置,此后以甲(经)、乙(史)、丙(子)、丁

(集)为序的图书四部分类法就长期固定下来了。

梁初由秘书监任昉主持整理,在宫内文德殿列藏四部书23106卷,另在华林园收藏大批佛教经籍。梁武帝晚年迷于佛教,政事昏乱,侯景趁机叛乱,金陵城内东官的几百橱图书被焚一空。其子梁元帝收集金陵文德殿及其他各处藏书共7万卷,移藏于江陵,又从私人藏书者那里借抄了所缺的图书。梁元帝承圣三年十一月末,北朝西魏军攻破江陵,梁元帝投降,不久被杀。梁元帝在投降前夕,命舍人高善宝把所聚古今图书14万卷付之一炬。

(6)出版刊行体制的变化。前代由秘书省藏书校书、缮写,其刊刻的书仅供朝廷自己使用,不用于出售。冯道五代瀛州景城(今河北交河东北)人。历仕后唐、后晋(契丹)、后汉、后周四朝十君,拜相二十余年,主持校定了《九经》文字,雕版印书,世称"五代监本",为我国官府正式刻印书籍之始。《九经》的校雠与刻印由国子监主持,最后由国子监向公众出售。国子监就成为校书、复制、售书三者合一的出版机构。

7. 隋唐图书的发展

隋唐时期是我国封建文化的高峰期。它开放开明,让儒、佛、道三教并举,增进了政治的开放和民族的融合,促进了经济和文化艺术的繁荣。有光耀千古的文坛,最突出的是诗歌;有五彩缤纷的艺术,书法和绘画成就辉煌,敦煌莫高窟是世界最大的艺术宝库之一。

中国传统的儒学文化得到了整理,道教文化在政府扶植下有了发展,从印度传入的佛教,受到中国传统文化礼俗的巨大影响而中国化了。在隋唐时期佛教发展达到兴盛的顶峰,佛学水平超过了印度,并使中国取代了印度成为世界佛教的中心。

文化政策相对开明,文禁较少,又使这时的科学技术、天文历算进步突出,文学艺术百花齐放、绚丽多彩,诗、词、散文、传奇小说、变文、音乐、舞蹈、书法、绘画、雕塑,都有巨大成就,并影响着后世与世界各国。

中外文化交流频繁。唐代文化远播海外,对伊朗、日本、高丽、南亚次大陆、阿拉伯、东罗马帝国乃至非洲都有深远的影响。丝绸古道之上,中国的丝绸、瓷器、造纸术、印刷术西传,印度、中亚文化也给中国文化发展以深远的影响,如服饰、习俗、饮食、语言、艺术、科学、历法、数学、医药、各种宗教、物产纷纷传入中国。

这些势必迎来图书出版的繁荣。

(1)馆藏图书的收集与整理。隋朝建国之初,在全国开展了民间献书活动。

至炀帝继位,将秘阁藏书限写 50 副本,又大加搜集,藏于洛阳观文殿,计有 89663 卷,除其重复猥杂,得正御本 37000 余卷,编成《隋大业正御书目录》9 卷。

玄宗开元三年(715 年)褚无量奏请缮写刊校,征集编校,整毕四部书成,令百官入乾元殿东廊观书,无不叹骇。又协助洛阳人元行冲进行图书目录的编辑,完成《群书四部录》200 卷、序例 1 卷,共著录图书 2655 部,48169 卷。后毋煚又添加,遂成《古今书录》,分为 4 部,45 类,著录图书 3060 部 51852 卷,藏于乾元殿。毋氏还编有《开元内外经录》计 10 卷,著录佛,道经籍 2500 余部,9500 余卷。据《通考》记载:开元年间,长安、洛阳"两都聚书四部,以甲乙丙丁为次,列经、史、子、集四库,其本有正有副,轴、带、帙、竿皆异色别之"。国家所藏四部书已达 56476 卷。

玄宗改乾元院为丽正修书院,改修书馆为丽正殿直学士。又设置弘文馆,既是皇家图书的收藏、整理之所,也是一所贵族学校,一般只招收京官职事三品以上。中书门下侍郎及皇亲国戚等子孙。鼎盛时期,总计国家藏书已达 71485 卷。

但是,隋唐五代时期馆藏图书的流失也很严重。隋炀帝时巡幸江都,载去大批图书随船出发,不料翻没运河中;在运往长安途中经砥柱舟覆,尽亡其书;安史乱后,两都覆没,乾元旧籍,亡散殆尽;唐末黄巢起义再陷两京,宫庙寺署,焚荡殆尽,曩时遗籍,尺简无存。[①]

(2)雕版印刷。唐代社会稳定、经济繁荣和文化发达,造纸术、摹拓术和制墨术日臻成熟。社会大众对各种图书的大量需求,主要有三类,即佛经、历书和科举应试图书。五代时期,我国历史上第一次大规模由政府刻印书籍,如诸色人等要写经书,并须依所印敕本,不得更杂本交错。图书传统的手抄、刻石等制作方式,遂为印刷术所取代。在古代印章术和拓印术的启发下,人们产生了雕版复印的创意。

现知最重要的印刷字书、小学图书贸易是晚唐中书舍人柳仳《家训序》中的记载:"又有字书、小学,率雕版印纸","尝在蜀时,书肆中阅印板小学"。宋人王应麟《困学纪闻·经说篇》亦云:"唐末益州始有墨板,多术数书、小学。"

(3)手抄。参加科举考试的士人,所需的儒家图书多自己手抄。如《旧唐书·柳公绰传》记载:柳仲郢曾手抄儒家《九经》等多部经史著作,汇成一部 30 卷的类书,称之曰《柳氏自备》。也有的雇人佣书。佣书,即帮人抄书。在唐代,佣书是很

---

① 来学斋:《隋唐五代时期洛阳的图书与出版业》,《中州今古》,1989 年第 4 期。

多读书人养家糊口的一种手段。如白居易《效陶潜体诗十六首》其一云："西舍有贫者,匹夫配匹妇。布裙行赁春,短褐做佣书;以此求口食,一饱欣有余。"另据宋《宣和书谱·正书》记载:唐末女子吴彩鸾"以小楷书《唐韵》,一部市五千钱,为糊口计"。

（4）书肆繁荣。书肆,又称书坊、书林、书铺、书堂、书棚等,是民间用来图书贸易的场所。唐代图书业呈现"写本"与"印本"混杂,"写本时代"向"印本时代"过渡的特点。

长安的书肆集中在东、西二市。新旧《唐书》中多有"市书""书肆"的记载。如徐文远被掳于长安,家贫无以自给,其兄休赁书为事,文远日阅书于肆,博览五经,尤精《春秋左氏传》。吕向工草隶,能一笔环写百字,若萦发然,也号连锦书,疆志于学,每卖药,即市阅书,遂通古今。

洛阳的书肆也很发达。《九经》于洛阳刻成后,即在全国雕印卖之。官印官卖在我国图书史上开辟了新纪元,它是图书生产、流通的一个重要方式,对雕版印刷事业的发展和加速图书流通起到了极大促进作用。

据《旧唐书·经籍志》载:"开元时,甲乙丙丁（经史子集）四部书,各为一库,置知书官八人分掌之。凡四部库书,两京各一本,共一二万五千九百六卷,皆以益州麻纸写。"可见益州生产纸张的质量和规模。加上四川地区少遭兵燹,社会安定,人文荟萃,文化发达,书肆及图书贸易也相应发达兴盛起来。其书多阴阳杂记、占梦、相宅、九宫五纬之流,又有字书、小学,多雕板印纸。

进入书肆的书籍,多为以下六类:一是儒家经典、科举考试用书,唐代在隋朝科举制的基础上,有了继承与发展,在进士科外又增加秀才、明经、明法诸史等科。科考用书也成为书肆的必备图书。包括童蒙读物,即初入学的儿童读物,包括小学、字书、韵书和"兔园策"之类;儒家经典,常考的儒经有九部:《易经》《尚书》《诗经》《周礼》《仪礼》《礼记》《春秋左氏传》《公羊传》《谷梁传》。二是语言文字类图书,唐代名家诗集等一般都通过书肆售卖,广为流通深受读者喜爱;作诗及文章所需的语文工具书,如《诗韵》《玉篇》等也在书肆畅销。三是宗教类图书,为了满足广大佛教僧尼信众诵经、供经的需求,书肆组织大量人力抄、刻佛经,以便售卖。四是历日、占卜等杂书类,满足农民农业生产活动的需求。五是传奇小说类,多涉及爱情、历史、政治、豪侠、神怪等诸多方面,深受文人和识字市民的喜爱。六是书法字帖,唐代是中国书法史上的鼎盛时期,皇亲贵族、文人学士等都对书法艺术备加推崇,而练字所用的名家字帖也是书肆畅销品种。七是医学书籍《新集备急灸经一卷》就是据"京中李家"书肆的刻本抄写而来的。很多出版商将流行于当时各家灸经汇集成卷,以供原缺医少药的偏远州县救急治病所用。①

(5)唐朝太宗、高宗时期玄奘大师的译经代表了中国古代佛经翻译的最高水平。玄奘自太宗贞观三年经西域前往印度求学佛经,于贞观十九年回到长安,历时16年。他从印度带回大量梵文佛经,共计657部。玄奘在长安慈恩寺和弘福寺设立庞大译场,组织翻译佛经近20年。他一个人就翻译出74部(1341卷)。在翻译组织工作方面,玄奘分工细致,设有专人负责"证梵语"(解读原文),"笔受"(形成文字),"证义"(复核校对)、"润文"(文句修饰)等程序,往往数十人同时翻译一部经典。

自宋以后,佛经翻译逐渐减少,但由于雕版印刷技术的广泛应用,佛经的印刷和流通速度得以加快。北宋开宝年间,宋朝官方主持完成了《开宝藏》,这是中国第一部刻本佛教大藏经。

(6)唐代私家藏书在万卷以上者就有近20家,其中韦述、苏弁等人所藏达2万多卷,宋代雕版印刷大兴,刻书成风,私藏之风渐盛,明代更是愈见其烈,至清代则达到了极盛时期。明清两代的知名藏书家多以千计,各家所藏动辄几万卷,甚至达到几十万卷。

(7)大量的文学出版物。科举制度在客观上刺激了儒家经典和童蒙读物的大量出现,同时,也使得诗歌、散文和传奇小说等文学作品空前繁荣。首先,唐人诗集大量出现。据明朝胡震亨《唐音癸签》卷三十统计,唐诗别集总数有691家、共8000余卷。唐代可考诗文作者6500人,不少人生前就有诗集问世。散文创作是唐代文人展示文学才华的又一重要手段。唐人文集流传至今的仍有240多种,唐代古文运动的倡导者韩愈、柳宗元、李观、欧阳詹、张籍、李翱、李汉、皇甫湜、沈亚之、孙樵等,他们在参加科举考试过程中,都曾创作过许多精品散文。在唐代,知识分子为了尽快考中进士,开始用诗歌、散文进行创作,后来用的太多了,人们觉得不新鲜,于是就用传奇文——小说来写作,反而一新耳目,获得了特殊的效果。据冯沅君先生统计,现存唐传奇约60种,有姓名可考的作者48人。

(8)《隋书·经籍志》在中国图书史上的影响巨大,几乎是对唐以前书籍情况的综述,包括书籍的历史、相关人物事件、出版、管理体制、图书分类、数据、价值评析等各方面的内容,史料性强,等于一部唐前中国书籍史。

---

① 王建辉:《出版与近代文明》,河南大学出版社2006版。

8.宋元两代的图书状况

(1)宋代图书业繁盛的原因。宋代在我国图书发展史上有着重要的地位。宋代书籍出版业的发展和繁荣,是政治、经济、社会与文化全面发展的产物。社会的进步,为出版业的发展提供了良好的空间、环境及条件和因素。

宋代立国之初,即确立了以文立国、以文治国的基本国策。终宋之世,未改初衷。宋太宗倡言:"夫教化之本,治乱之源,苟无书籍,何以取法?"宋朝诸帝以天子之威,躬亲示范,在访书、藏书、著书、雕书(印书)、读书方面不遗余力,将之作为实行文治的主要方略。

宋朝建立了一整套文官制度,建立了一支庞大的以文士为主要官员与职员的官僚队伍,形成了一个庞大的文人官僚体系。著书、藏书、雕书、印书、交流书,凡此种种,正是文人雅士最基本的学习方式、生活方式乃至工作方式,这就是出版的主流人群。宋朝编纂并出版的举世闻名的四大类书《太平广记》《太平御览》《文苑英华》《册府元龟》,所有参与编纂的人员,无一不是文人官员。宋代的著名作者,如欧阳修、王安石、司马光、苏轼、朱熹、洪迈,都是文人官员。

这种风气势必影响民风,形成全民对知识的渴望、对读书的向往。

宋朝扩大、创新并完善了科举制度,宋代自太祖建隆元年(960 年)至度宗咸淳十年(1274 年),314 年间,举行科举考试 119 次,登科总人数为 92808 名。科举制度成了一种学习制度,极大推动了出版业的发展。

宋代教育体系完备。宋人耐得翁在《都城纪胜·三教外地》中形容道:"自有文武两学,宗学、京学、县学之外,其余分校、家塾、舍馆、书会,每一里巷一二所,弦诵之声,往往相闻。遇大比之岁,间有登第补中舍选者。"据不完全统计,在中央官学外,宋朝有州学 234 所,占州数的 72%;有县学 516 所,占县数的 44%。全国学校林立,不仅城市中建有各类学校,而且在广大农村,乃至穷乡僻壤也有多种村学、乡学、私塾、义学、家馆、冬学等。由于印刷术普及等原因,宋代教育的发达远远超过前代。在乡村农民中,如《百家姓》《千字文》之类的识字课本,有一定程度的普及。不少地区利用农闲举办冬学,由穷书生教农家子弟识字。福州一地解试,宋哲宗时每次参加考试者已达 3000 人,宋孝宗时增至 2 万人。南宋时,福建建宁府(今建瓯)每次参加解试者达 1 万余人,连小小的兴化也达 6000 人,反映了教育的普及程度。这些教育,都对教材和书籍有极大的现实教学需求。

宋代私人办学得到很大发展,一些学者、儒生纷纷设立"精舍""书院",教授生徒。宋初著名的四大书院是白鹿洞(今江西庐山)、岳麓(今湖南善化岳麓山)、应天(今河南商丘)、嵩阳(今河南登封)或石鼓(今湖南衡阳石鼓山)书院。此外,茅山(今江苏南京三茅山)书院,亦颇有名。这些书院大多得到政府的资助与奖励,如赐额、赐书、赐学田等,也有私人捐赠学田和房屋。书院规模都较小,学生数十至数百人。北宋中期以后,书院逐渐衰落。南宋时,儒学受佛教寺院宣传教义的影响,书院大兴。朱熹首先于淳熙六年(1179)兴复白鹿洞书院,次年竣工,并置学田,聘主讲,亲订规约,即著名的《白鹿洞规》,还常亲去授课,质疑问难。绍熙五年(1194),朱熹恢复并扩建岳麓书院,学生达千余人。朱熹以白鹿洞书院作为研讨、传布理学的中心,其建置、规约,乃至讲授、辩难等方式,无不受禅宗寺院的影响。各地儒学家的书院先后建立,如陆九渊的象山书院、吕祖谦的丽泽书院,等等。南宋先后兴建的书院总数达300所以上,书院大多得到官方的支持。书院与州县官学,成为南宋地方的主要教育机构,书院大多又是理学的传布中心,理学因而益盛。

九经为《周易》《尚书》《毛诗》《礼记》《周礼》《仪礼》《春秋》《公羊传》《谷梁传》,为贡举必考科目。州县学校得到皇帝赐《九经》,在中国历史上是第一次。皇帝给地方学校赐教科书,对州县学的发展壮大和州县学的藏书制度的建立、完善起了不可估量的作用。

最重要的是宋代城市繁荣,其城市文化如书画、说书、表演、贸易、集市、商贩、店面等非常繁盛。两宋都城开封、临安全盛时期都是人口逾百万的当时世界上最大最繁华的城市。苏州、成都、鄂州、泉州等城市的人口数量超过了40万。洛阳、大名、江宁、潭州、福州、广州,居民数当在10万以上。大都市之外,宋朝还形成了大量的城镇中心。县以上城市总量至少在1150个以上;人口在1万以下的城镇,总数大约3000个。北宋小镇的总数突破了1900个;南宋小镇的总量,至少有1200~1300个。南宋集市约有4000多个,北宋集市大约有5000~6000个。[①]

(2)宋代雕版印刷术的广泛应用。宋代的手工业和科技的进步,使得雕版印刷、活字印刷技术成熟。宋朝雕版印刷业以及与之密切相关的造纸、制墨、雕镂等手工业也获得了新的发展。北宋《清明上河图》上即有雕版印刷手工业的身影。印刷术、造纸技术、制墨技术等相关技术齐头并进,推动了印刷业的发展。印刷业的发展及书籍的大量生产,促进了中国对以往一切知识的聚积、提炼、区分和推广,促进了宋人的精神生产及精神生活,开启了对传统经典多重诠释之风,从而形

---

① 田建平:《宋代书籍出版业发展与繁荣原因探析》,《出版发行研究》,2010年第2期。

成了中国历史上特有的宋代精神、思想、文化与学术的风范。

宋王朝是我国历史上藏书建设较多的朝代，历代君主对馆阁建设都投入了较大的财力，虽然经过了天灾、战祸，大量的藏书没能留存下来，但在当时，丰富的馆阁藏书对宋代的经济、文化发展起到了一定的促进作用。如宋立国时，国子监所藏经版不到 4000 块，至景德二年（1005），仅 45 年时间，藏版已有 10 万多块。宋代国子监设书库官，负责刻书并售书。

（3）书坊林立。书坊，既是刻版印刷的作坊，又是书店。北宋东京相国寺书市，殿后专售书籍、图画等。刊刻三大中心①，均书坊林立。

宋人叶梦得说："今天下印书，以杭州为上，蜀本次之，福建最下。京师比岁印版，殆不减杭州，但纸不佳。"可见宋代是我国古代雕版印刷事业普遍发展的时代，全国各地都有刻书、印书活动，并先后形成三大刻书中心，所刻书籍各具特色。

北宋初期，四川刻书上承唐、五代，最为兴盛；四川地区自唐代印刷事业发达，积累了丰富经验。宋初政府令四川承担雕刻大藏经，足以体现四川地区雄厚的经济基础以及刻版、印刷技术力量。四川刻本也由此驰誉全国。南宋之后，四川刻书中心由成都向眉山转移。四川转运使井宪孟主持刻印《宋书》《齐书》《梁书》《陈书》《魏书》《北齐书》《北周书》七部史书，为世间著名的蜀刻大字本"眉山七史"。南宋中叶，眉山有坊刻本《册府元龟》发行。坊间承担刻版印刷上千卷巨著，证明宋代四川地区民间刻书事业的发达、繁荣。

蜀刻本多以监本为依据翻雕、重刻，注重校勘。蜀刻本内容、印刷均为上乘，但是极少流传下来。

北宋后期，浙江地区刻书最为精美。浙江地区北宋时经济繁荣，杭州为国子监刻了不少书籍，两浙东路和西路的广大地区刻书事业也很兴盛发达。南宋时杭州成为首都，官、私、坊刻书事业大大发展。王国维《五代两宋监本考》载，宋代监本有 182 种，其中大半为杭州刻印。

当时，临安（今杭州）城内棚北大街、众安桥修文坊、太庙前私人书肆林立，出现了陈氏、尹家、郭家、荣家等著名刻书铺。由于刻印工匠技术纯熟，纸墨工料多选上等，许多虽系"书棚本"，仍不失刻印精美。

除临安刻书最多、最精之外，浙江其他地区也都刻书并留传于后世。据王国

① 《宋代三大刻书中心》，国图空间，http://www.nlc.gov.cn/newgtkj/tssc/kyjs/201109/t20110920_s1185.htm。

维《两浙古刊本考》记载,杭州府刻版有 182 种,而嘉兴、湖州、宁波等地就有刻书300 余种,大部分为宋版书中之佳品。

南宋时代,福建刻书数量之多居全国首位。宋代福建刻书业主要集中在建阳和福州两地,前者以坊肆刻书著称,后者以寺院刻藏经闻名。此外,福建其他地方也有刻书并留传下来,如建宁知府吴革于咸淳元年(1265 年)刻朱熹《周易本义》十二卷(今藏国家图书馆)。

建阳地处闽北武夷群山中,竹木茂盛,造纸事业发达,为雕版印书提供了有利条件。《福建通志》称:“建阳、崇安接界处有书坊村,村皆以印书籍为业。”书坊乡、书坊镇至今犹在。建阳书肆刻书主要集中在建阳麻沙镇和崇化坊,所刻世称“建本”。

建阳坊肆刻书最著名的是建安余氏一族。从宋代到明代累世从事刻书事业,历经数百年不衰。与其同时或稍后,书坊镇还有熊、陈、郑、叶等数家,在其东北二十里的麻沙镇还有刘氏、蔡氏、虞氏等。

福州是宋代刻印宗教书籍的中心之一。佛教经典《崇宁万寿大藏》和《毗卢大藏》、道家经典《万寿道藏》,总数近两万多卷的浩大工程在同一地方完成,足以证明福州地区刻书事业的繁荣与昌盛。

除以上三大中心地区外,宋代刻书较多的地方还有汴梁(开封)、建康、潭州、徽州、吉州、抚州、潮州以及河南、江苏、江西、湖南、安徽等地区。

(4)品牌意识与广告意识。为了在书业竞争中凸显优势,有的刻书者或书坊会在书中刻上自己的名字,或者书坊的名称、地址,有的则会用较长的文字宣传刻印质量,以招揽读者。这就是最早的书籍广告。

主要形式是刻书的牌记。宋代刻书,无论官刻、家刻、坊刻,常在书前、书尾或序后、目录后,或内文卷后,刻一牌记,记录刊印者姓名堂号、雕版时间地点、内容简介等。牌记是刻书家的字号标志,最初是为了便于读者识别,后来逐渐发展成版权记录。牌记有条状、碑状、椭圆形状等,有的加墨栏边框,因此又称墨围、碑牌、墨记、书牌子、木记、木牌等。如陈宅书籍铺有“临安府睦亲坊陈宅经籍铺印”“临安府棚北性亲坊巷口陈解元宅刊”“绍兴九年三月临安府刻印”“甲申岁刊于白鹭洲书院”“宝庆乙酉广东漕司锓板”“刘氏天香书院之记”“绍兴九年三月临安府雕印”“婺州市门巷唐宅刊”等。①

---

① 夏宝君:《宋代书籍广告的形式与传播特色》,《编辑之友》,2011 年第 6 期。

（5）官修官刻馆藏。一是官修史书。如《旧五代史》《新唐书》《新五代史》《唐会要》《五代会要》《西汉会要》《东汉会要》《九国志》《南唐书》《资治通鉴》《通鉴纪事本末》《续资治通鉴长编》《皇宋通鉴长编纪事本末》《太平治迹统类》《三朝北盟会编》《建炎以来系年要录》《东都事略》《宋史全文》《中兴两朝圣政》《两朝纲目备要》《宋季三朝政要》《日历》《会要》《宋太宗实录》《通志》《文献通考》；二是方志。宋代方志有多种地理总志，记载宋朝统治区域概貌，专记州、县、镇的地方志，也大量出现。《太平寰宇记》，增设风俗、人物、土产等门。《元丰九域志》分路记载州、县户口、乡镇、土贡额数。《舆地纪胜》，多记山川名胜。《方舆胜览》详于名胜、诗赋、序记。传世的州、县、镇志尚有二十多种，少则数卷，多至百卷。如《长安志》《淳熙三山志》《吴郡志》《嘉定赤城志》《景定建康志》《咸淳临安志》《澉水志》、孟元老《东京梦华录》、周密《武林旧事》、吴自牧《梦粱录》，分别记载北宋末开封和南宋临安的繁华景况，为研究宋代城市生活提供了丰富的资料。

《宋会要》，共500卷，宋代特设"会要所"修撰《会要》。《宋会要》就是由宋朝本朝史官编写的。"会要"是当朝史官收集当时诏书奏章原文，分类编排，史料价值很高，先后修纂十次，成书2200卷余。《宋会要》备载宋代典章制度，卷帙浩繁，原书久逸。分为帝系、后妃、乐、礼、舆服、仪制、瑞异、运历、崇儒、职官、选举、食货、刑法、兵、方域、蕃夷、道释等17门，这是关于宋朝本朝历史非常珍贵的资料，可惜的是藏书阁里失火，这些《宋会要》书籍很多都被烧了，只留下残余的几本。

《文选》是部影响深远的总集，入宋后被反复刊刻，形成了五臣本、李善单注本、六臣本、六家本等不同形式、不同系统的数十个版本。

《太平御览》是宋代一部著名的类书，为北宋李昉、李穆、徐铉等学者奉敕编纂，始于太平兴国二年（977）三月，成书于太平兴国八年（983）十月。《太平御览》采以群书类集之，凡分五十五部五百五十门而编为千卷，所以初名为《太平总类》。书成之后，宋太宗日览三卷，一岁而读周，所以又更名为《太平御览》。全书以天、地、人、事、物为序，分成五十五部，可谓包罗古今万象。书中共引用古书一千多种，保存了大量宋以前的文献资料，但其中十之七八已经亡逸，更使本书显得弥足珍贵，是汉民族传统文化的宝贵遗产。

《册府元龟》作为后世帝王治国理政的借鉴。"册府"是帝王藏书的地方，"元龟"是大龟，古代用以占卜国家大事。全书共1000卷，分帝王、闰位等31部，部下再分门，共有1100多门。《册府元龟》将历代君臣事迹，自上古至于五代，按照人物阶层身份，分门别类，先后排列，目的是"为将来典法，使开卷者动有资益"。采撷铨择了经、史、《国语》《管子》《孟子》《韩非子》《淮南子》《晏子春秋》《吕氏春秋》《韩诗外传》和历代类书、《修文殿御览》,分类编纂。用编年体和列传体相结合,共勒成1104门。门有小序,述其指归。分为帝王、闰位、僭伪、列国君、储宫、宗室、外戚、宰辅、将帅、台省、邦计、宪官、谏诤、词臣、国史、掌礼、学校、刑法、卿监、环卫、铨选、贡举、奉使、内臣、牧守、令长、宫臣、幕府、陪臣、总录、外臣等31部。部有总序,言其经制。历8年成书,总计有1000卷。

《文苑英华》是北宋四大部书之一,古代汉族诗文总集。文学类书。宋太宗赵炅命李昉、徐铉、宋白及苏易简等二十余人共同编纂。为一部继《文选》之后的总集。上继《文选》,起自萧梁,下讫晚唐五代,选录作家两千余人,作品近两万篇,按文体分赋、诗、歌行、杂文、中书制诰、翰林制诰等三十九类(如把谥册和哀册合并则为三十八类)。每类之中又按题材分若干子目,如赋类下分天象、岁时、地、水、帝德、京都等四十二小类。书中约十分之一是南北朝作品,十分之九是唐人作品,多数是根据当时流传不多的抄本诗文集收录的,《文苑英华》中收录不少诏诰、书判、表疏、碑志,保存了不少有价值的文献资料,校记里还附注有别本的异文,可以用以辑补校勘唐人的诗文集。

《太平广记》是古代汉族文言小说的第一部总集。全书500卷,目录10卷,取材于汉代至宋初的野史传说及道经、释藏等为主的杂著,属于类书。宋代李昉、扈蒙、李穆、徐铉、赵邻几、王克贞、宋白、吕文仲等12人奉宋太宗之命编纂。开始于太平兴国二年(977年),次年(978年)完成。因成书于宋太平兴国年间,和《太平御览》同时编纂,所以叫作《太平广记》。《太平广记》对于后世汉族文学发展的影响很大。宋代以后,唐人小说单行本已逐渐散失,话本、杂剧、诸宫调等多从《太平广记》一书中选取题材、转引故事,加以敷演;说话人至以"幼习《太平广记》"为标榜(《醉翁谈录·小说开辟》)。宋人蔡蕃茄曾节取书中的资料,编为《鹿革事类》《鹿革文类》各30卷。明人冯梦龙又据本书改编为《太平广记钞》80卷。明清人编的《古今说海》《五朝小说》《说郛》(陶珽重编本)、《唐人说荟》等书,则往往转引《太平广记》而改题篇目。

官刻主要是国子监刻书。继五代之后,宋朝政府刻书仍由国子监负责承担,国子监既是最高学府、国家的教育管理机构,又是中央政府刻书的主要单位。其所刻书,世称"监本"。宋代中央政府各机关部门也都刻书,如崇文院、秘书监、太史局、德寿殿、左司廊局等殿、院、监、司、局。有些部门则刻些与本职权相关的专业书籍。但是总的情况是,各部门刻书,仍以经、史著作为主。还有地方官刻。如公使库刻书。公使库是宋代地方上接待中央来往官吏安寓的地方。相当现代的招待所。这种部门,由于较殷实的经济力量,加之往来客寓都是政府官员,因此多附庸风雅,从事刻书印书,再如各路使司刻书。政府在各路设置茶盐司、安抚司、转运司、提刑司等机构主管茶盐专卖、民政、水路转运、财政税收、提点刑狱诉讼等事务。这些机构,掌握着各地方的政治经济命脉,有较雄厚的力量和条件,也竞相从事刻书、印书。

此外,还有各州(府、县)刻书以及州(府、军)郡、县学刻书,书院本。

崇文院是宋代储藏图书的官署。唐太宗贞观中设崇文馆,为太子学馆,置学士等官,掌管东宫经籍图书,以教授诸生。北宋建立后,沿袭唐代旧制,以汴京(今开封)之昭文馆、史馆、集贤院为三馆,称为西馆。太平兴国三年(978),建三馆书院,迁储三馆书籍,赐名崇文院。端拱元年(988),就崇文院中堂建秘阁,仍与三馆总称崇文院。

院内东廊为昭文书库,南廊为集贤书库,西廊为史馆书库(又分经、史、子、集四库),共藏正副本图书8万多卷。抽取珍善藏本别建秘阁,分设"内藏西库",进一步扩大藏书。真宗大中祥符八年(1015),崇文院失火,损失严重。之后陆续征集,典藏又有所恢复。仁宗景间(1034～1037),王尧臣、张观、欧阳修、宋庠、宋祁诸人奉诏整理图籍,编撰《崇文总目》,著录四部图书凡30669卷。其中每类图书皆有叙录,每种书皆有解题,是中国较早的解题书目。

《宋史》艺文志记载的多为官藏。其中经类十:一曰《易》类,二曰《书》类,三曰《诗》类,四曰《礼》类,五曰《乐》类,六曰《春秋》类,七曰《孝经》类,八曰《论语》类,九曰经解类,十曰小学类。史类十三:一曰正史类,二曰编年类,三曰别史类,四曰史钞类,五曰故事类,六曰职官类,七曰传记类,八曰仪注类,九曰刑法类,十曰目录类,十一曰谱牒类,十二曰地理类,十三曰霸史类。子类十七:一曰儒家类,二曰道家类释氏及神仙,三曰法家类,四曰名家类,五曰墨家类,六曰纵横家类,七曰农家类,八曰杂家类,九曰小说家类,十曰天文类,十一曰五行类,十二曰蓍龟类,十三曰历算类,十四曰兵书类,十五曰杂艺术类,十六曰类事类,十七曰医书类。集类四:一曰楚辞类,二曰别集类,三曰总集类,四曰文史类。

(6)私撰私藏。私人撰写出版:一是笔记。据今人编纂的《全宋笔记》一、二、三、四、五、六编,收入256种。如洪迈《容斋随笔》、周密《癸辛杂识》、周《清波杂志》、王观国《学林》、岳珂《桯史》、罗大经《鹤林玉露》、王辟之《渑水燕谈录》、欧阳修《归田录》、何《春渚纪闻》、彭某《墨客挥犀》(已纂录《续墨客挥犀》十卷)、赵令田寺《侯鲭录》、叶梦得《石林燕语》、陆游《老学庵笔记》、龚明之《中吴纪闻》等。

二是文集。宋人撰著的文集内容丰富,包罗万象,是研究宋代社会各方面不可或缺的第一手资料。宋代宽松的文化政策和先进的雕版印刷术,使宋人著述得以及时和广泛地传播。据《宋史·艺文志》及其他目录资料记载,宋人文集约有1000余种,流传至今尚有700余种。

三是科举、经书、蒙学等市场畅销书。在宋代,随着雕版印刷的普及和图书编纂的繁荣,私人建造藏书楼之风日盛。"藏书楼"术语应当在南宋淳熙元年(1174)以前就已出现。在曹勋所著《松隐文集》卷十七中载有一首名为《观月藏书楼》的绝句。尽管藏书楼作为一种藏书实体是古已有之,但藏书楼这一特定名称是唐宋之际才见于记载,并于明清之际开始普遍在社会上盛行的。

据《宋史》志157载,陈贻范著有《颍川庆善楼家藏书目》二卷。张允迪为广东东莞人,广东曲江张九龄之弟张九皋之后,其藏书处所名为"拥书楼",扁额"拥书"二大字"盖菊坡笔也"。铅山县令章谦亨于绍定初年重修县学时"缮藏书楼"。扬州州学藏书楼的修建者是两淮安抚制置使印应雷。[①]

(7)宋代对图书业的管理。随着印刷术的日益发达,书肆兴起,宋代刻书事业越来越兴旺,书籍的流通传播也越来越广泛、深入。此时,政府开始对民间刻书实行管理和限制。最初,针对社会上出现的某些现象,发布禁止擅刻条令。之后,政府设立禁书机构。颁布审查书籍程序、刻印管理办法以及对违犯者惩处等系统的管理原则规定,并形成了严格制度。

元代是中国历史上一个由少数民族即蒙古族统治者建立起来的王朝。为了巩固政权,元代统治者十分重视吸收汉族文化,重视思想传播,重视图书出版事业。元代的统治者充分认识到文化典籍对加强思想统治的重要性,对图书的搜罗与出版管理采取了积极有效的措施。

元代的印刷出版事业,可以分为官府、学校、民间和寺院四个系统。[②]

元代中央政府内设兴文署,"掌雕印文书",有署令、署丞,下设校理、楷书、掌记等工作人员,雕字匠40名,印匠16名。后又设置兴文署和广成局两个正式出版机构。元朝后期,文宗图帖睦尔爱好中原传统文化,为此设置奎章阁学士院、艺文监等机构。艺文监下有广成局。

---

① 江向东:《"藏书楼"术语宋代文献记载考》,《大学图书馆学报》,2012年第3期。
② 陈高华:《元代出版史概述》,《历史教学》,2005年第1期。

元代地方政制,分行省、路、府、州、县,行省不设学校,路、府、州、县均有儒学。地方的学校(包括各级官学和书院)在书籍出版方面起着重要的作用。元代的地方学校,一般都有学田和房产,可以收取地租和房租维持学校的各项开支。有的地方学校田产众多,除了日常开支外还有盈余,便可用来刻书。

地方儒学和书院刊刻的书籍,以经、史居多,前代或当代名人的诗文集亦占相当比重,此外有医书、字书、类书等。元代民间出版事业相当兴旺。可分私宅印书和书肆印书两种,以书肆为主。最发达的地区是福建的建宁路建阳县,建阳书坊名称可考者近 40 家,其中著名的有余氏勤有堂、刘氏翠岩精舍、刘氏日新堂、虞氏务本堂、郑氏宗文堂等。这种情况,继续到元代。建阳之外,杭州、大都、平阳等地,都有相当规模的书坊。此外,其他地区亦有一些印书坊肆。坊行所刻,一是医书,二是学校和科举应试用书,三是日用类书,四是通俗文艺作品。

元代是一个多民族朝代,政府提倡使用多种民族语言文字。印刷出版各种民族文字的书籍,是元代出版业的一大特色。元政府曾组织力量将一些儒家经典翻译成八思巴体蒙古文或畏兀式蒙古文,其中有的还印刷出版,见于记载的如《通鉴》《大学衍义》《孝经》《列女传》等。

13 世纪末至 14 世纪初,东平(今山东东平)人王桢任旌德(今安徽旌德)县尹,制作木活字,用来刊印《旌德县志》,获得成功。他在自己的著作《农书》后面,附载《造活字印书法》一文,概括地叙述刻字、修字、贮字、排字和印刷的工艺流程,这是中国印刷史的一篇珍贵文献。

9. 明清时期的出版业①

(1)民间刊刻为主体

刻书业向民间开放,宋代已经确立,元代受挫,明初开始重放光芒。明清两代,除继续刊行经史,又将子部与集部都刊印了,其中多为民间刻本。大众文化类出版物异军突起,异彩纷呈,成为明清书商对中国出版之一大贡献。明清两代的民间刻书业遍布全国各地,如南京、北京、杭州、苏州、湖州、徽州、建阳、常州、无锡、南丰、婺源以及永州、西安、贵阳等。全国民间刻书的能力与总量都超过官府,新技术多为民间发明,精品多为民间刻本。

明清时期,徽州地区的出版业取得了空前的辉煌成就,徽州成为全国出版业的四大中心之一。出版业在徽州地区的形成,和徽商的大力推动是分不开的。徽

---

① 刘光裕:《明清是中国古代出版的鼎盛时期》,《出版史料》,2008 年第 3 期。

商有着敏锐的市场意识,并且本身就具有一定的文化品位和审美情趣,而且他们拥有雄厚的资金,因此在徽商的努力下,徽州地区的出版业从无到有,从普通的刻书到追求书籍的质量和艺术水平,从作坊式生产到合作式的经营,最终在中国出版史上留下了浓墨重彩的一笔。

明清时期,苏州的出版业出现了两个持续百年的高潮。其兴盛的背景因素包括重商主义影响、商品经济繁荣、印刷术等技术创新发展、工商业市镇发展。

(2)"禁书"与"文字狱"

以民间为主,必然注重经济效益市场效益,也就必定会出现乱改乱砍、乱力怪神、黄书泛滥、侵占版权的情况。故明清两代,出现了"禁书"与"文字狱"。

明代禁天文图谶、邪教异说;禁亵渎帝王圣贤的词曲、小说、纪闻,特别是《水浒传》;禁冒犯程朱理学,同这个学说相对立的学术著作被斥为"异端邪说",屡遭查禁;禁民间私刻历书,伪造者依律处斩,有能告捕者,官给赏银五十两;禁亵渎帝王圣贤的纪闻,因事干宫禁、擅修国史而遭限禁的有安都的《十九史节略》、周玄玮的《泾林续记》、陈建所纂《皇明资治通纪》;在教育教材和八股考试辅导材料中,禁八股文选本、禁官颁教材违制改制。

清朝除了民族、统治的以外,在书籍的内容上,只要触犯宗教禁忌或文化、道德上的禁忌或批评时政的,都有可能导致书籍被禁止出版、持有与贩卖。甚至随着政治形势的改变,某些书被查禁。专家统计,清朝禁书,无论是在数量上还是次数上,都远远大于明朝。其中,违碍书籍的数量约是明朝的29.2倍,科举时文约是明朝的27.2倍,剧本小说是明的10.2倍,妖书约是明朝的8倍,禁书总数约为明朝的12.6倍。

有人指出,《四库全书》的修著工作其实也就是一次大规模的禁书运动。在这次禁书中遭到销毁的图书有近3000种,几乎与收进《四库全书》的图书等量齐观。更何况在乾隆皇帝三令五申下令收缴违碍书籍之时,更不知道有多少私人藏书家为了免于刑戮而自毁图书,这种情况下被毁的书籍更是难以统计的。[①]

我国古代的文字狱以清代最甚,清代统治者大兴文字狱,目的在于压制汉人的民族反抗意识,树立清朝统治的权威,加强中央专制集权,这种文化专制政策,造成社会恐怖,从而禁锢了思想,摧残了人才,严重阻碍了中国社会的发展和进步。

---

① 李璇:《明清两朝的禁书与思想专制》,吉林大学,2009年4月。

清朝文字狱的开端,起于顺治四年——广东和尚函可身携一本纪录抗清志士悲壮事迹的史稿《变记》,被南京城门的清兵查获,在严刑折磨一年后,定谳流放沈阳。次年,又有毛重倬等坊刻制艺序案,毛重倬为坊刻制艺所写的序文不书"顺治"年号,被大学士刚林认为是"目无本朝",为有关"正统"的"不赦之条"。由此规定:"自今闱中墨牍必经词臣造订,礼臣校阅,方许刊行,其余房社杂稿概行禁止。"从此诞生了清朝言论检查官,开始了中国的言论出版审查专制。① 庄廷鑨明史案将《明史》案一干"人犯"70 余人(为《明史》写序的、校对的,甚至卖书的、买书的、刻字印刷的以及当地官吏),在弼教坊同时或凌迟、或杖毙、或绞死,数百人充军。山东黄培诗案 14 人被捕入狱,被处斩。顾炎武也为此被囚禁了近七个月。有清一代,文字狱案不下百起。

(3)明清刻书数量多

缪咏禾根据《明代版刻综录》《中国古代善本书目》《地方志综录》、小说书目、戏曲书目等多种资料,估计明代刻书的总数为 35000 种左右。《清史稿·艺文志》的 9633 种、武作成《清史稿艺文志补编》的 10438 种、王绍曾《清史稿艺文志拾遗》的 54880 种,三者相加,并无重复,总数为 74951 种,其中除小部分抄本与前代刻本外,绝大部分是清刻。

(4)在校书、刻印、发行诸方面取得巨大成就

在发行方面,南京、湖州等地刊行的小说、戏曲,风靡全国,长期占领全国市场,由此知书商在发行方面的非凡成就。为了扩展市场,除靠长途贩运,有些书商还直接在外地设立分店;士人刻书后公开售书者越来越多,或模仿书商开书店,或委托别人代售。

在刻印方面,到明代后期毛晋自己就镌刻了十余万块书板,等于宋初倾一国之力所刻书板;清代民间刊行大部头书已是司空见惯,像《墨海金壶》727 卷、《学津讨原》1048 卷、《知不足斋丛书》781 卷、《函海》852 卷等。并且创造应用印刷字体宋体字,发明并应用套印技术。明清刻本的卷面艺术比宋刻更丰富。再加版画的成熟,明清刻本中的精品大都成为独具一格的艺术品。

我国晚清以前的书籍出版过程,一般是先校书,后刻印,再发行。可以约请名人编辑刊行,如明代书商约请冯梦龙编辑并刊行《三言》等;也可以作品由作者出资刊刻问世,或亲友代为出资。大部分官民出版机构的基本业务就是刊刻经典文

① 文字狱,见"百度百科",http://baike.baidu.com/。

献与前代名著,亦即刊刻古籍。凡刻古籍,必以校书为先。故书籍校雠遂成为重要的编辑工作。

清代刻书,以讲究精校精刻闻名于史。校雠作为一门学问,与文字音韵、训诂名物、历史文化、版本知识等关系密切,清代著名校勘家有卢文、载震、钱大昕、段玉裁、王念孙、王引之、阮元、顾广圻等。

(5)书商加强了权益的保护

有采用专号标志的,如万历年间浙江萧山来氏宝印斋刻本《宣和印史》其书前牌记上言明"恐有赝本,用汉佩双印印蜕,慧眼辨之";福建熊氏种德堂刻本《历朝纪要纲鉴》书前云"四方君子玉石辨焉,请认种德堂牌记",告白上还有该堂八卦标识;福建黄仁溥源泰堂刻本《新刻皇明经世要略》书前告白云"此编初刻自本堂,买者须认源泰为记"。也有的在扉页或者卷末页上标明版权字样,如《唐诗类苑》明万历刻本扉页上刻有"陈衙藏板,翻刻必究"字样;《新镌海内奇观》扉页上刻有"武林杨衙夷白堂精刻,各坊不许翻刻"字样;《初刻拍案惊奇》明崇祯元年尚友堂刻本扉页有"本衙藏,翻刻必究"字样。[①]

(6)明朝的《永乐大典》和清朝的《四库全书》

《永乐大典》编撰于大明永乐年间,为内阁首辅解缙总编的一部中国古典集大成的旷世大典,初名《文献大成》,是中国百科全书式的文献集,全书 22937 卷(目录占 60 卷),11095 册,约 3.7 亿字,汇集了古今图书七八千种,对收录书籍未做任何修改,采用兼收并取方式,保持书籍原始内容,显示了古代汉族文化的光辉成就。但《永乐大典》除了正本尚未确定是否存在永陵外,永乐副本却惨遭浩劫,大多亡于战火。咸丰十年(1860 年),英法联军侵占北京,翰林院遭劫掠,丢失大量《永乐大典》。光绪二十六年(1900 年)翰林院被义和团的拳民焚毁,《永乐大典》损坏三百余册。今存不到 800 卷:现今中国国家图书馆珍藏 161 册,另外美国国会图书馆藏有 40 册,英国各地包括英国图书馆、英国牛津大学图书馆、英国伦敦大学东方语言学校、英国剑桥大学等存有 51 册,德国汉堡大学图书馆、德国科隆大学图书馆、德国柏林人种博物馆等存有 5 册,日本国会图书馆、日本东洋文库、日本京都大学人文科学研究所、日本京都大学附属图书馆、日本三理图书馆、日本静培堂文库、日本斯道文训、日本大阪府立图书馆、日本武田长兵卫、日本石黑传六、日本小川广己和韩国旧京李王职文库亦有搜集,中国台湾故宫博物院则存有 62

---

①　李曙豪:《中国明代的版权意识》,《出版史料》,2010 年第 2 期。

册。

《四库全书》是在乾隆皇帝的主持下,由纪昀等 360 多位高官、学者编撰,3800 多人抄写,费时 13 年编成。丛书分经、史、子、集四部,故名四库。共有 3500 多种书,7.9 万卷,3.6 万册,约 8 亿字,基本上囊括了中国古代所有图书,故称"全书"。

经部收录儒家"十三经"及相关著作,包括易类、书类、诗类、礼类、春秋类、孝经类、五经总义类、四书类、乐类、小学类等 10 个大类,其中礼类又分周礼、仪礼、礼记、三礼总义、通礼、杂礼书 6 属,小学类又分训诂、字书、韵书 3 属。

史部收录史书,包括正史类、编年类、纪事本末类、杂史类、别史类、诏令奏议类、传记类、史钞类、载记类、时令类、地理类、职官类、政书类、目录类、史评类等 15 个大类,其中诏令奏议类又分诏令、奏议 2 属,传记类又分圣贤、名人、总录、杂录、别录 5 属,地理类又分宫殿疏、总志、都会郡县、河渠、边防、山川、古迹、杂记、游记、外记 10 属,职官类又分官制、官箴 2 属,政书类又分通制、典礼、邦计、军政、法令、考工 6 属,目录类又分经籍、金石 2 属。

子部收录诸子百家著作和类书,包括儒家类、兵家类、法家类、农家类、医家类、天文算法类、术数类、艺术类、谱录类、杂家类、类书类、小说家类、释家类、道家类等 14 大类,其中天文算法类又分推步、算书 2 属,术数类又分数学、占侯、相宅相墓、占卜、命书相书、阴阳五行、杂技术 7 属,艺术类又分书画、琴谱、篆刻、杂技 4 属,谱录类又分器物、食谱、草木鸟兽虫鱼 3 属,杂家类又分杂学、杂考、杂说、杂品、杂纂、杂编 6 属,小说家类又分杂事、异闻、琐语 3 属。

集部收录诗文词总集和专集等,包括楚辞、别集、总集、诗文评、词曲等 5 个大类,其中词曲类又分词集、词选、词话、词谱词韵、南北曲 5 属。除了章回小说、戏剧著作之外,以上门类基本上包括了社会上流布的各种图书。就著者而言,包括妇女、僧人、道家、宦官、军人、帝王、外国人等在内的各类人物的著作。

当年,乾隆皇帝命人手抄了七部《四库全书》,下令分别藏于全国各地。先抄好的 4 部分贮于紫禁城文渊阁、辽宁沈阳文溯阁、圆明园文源阁、河北承德文津阁,这就是所谓的"北四阁"。后抄好的 3 部分贮扬州文汇阁、镇江文宗阁和杭州文澜阁珍藏,这就是所谓的"南三阁"。文源阁本在 1860 年英法联军攻占北京,火烧圆明园时被焚毁,文宗、文汇阁本在太平天国运动期间被毁;杭州文澜阁藏书楼 1861 年在太平军第二次攻占杭州时倒塌,所藏《四库全书》散落民间,后由藏书家丁氏兄弟收拾、整理、补抄,才抢救回原书的四分之一。如今《四库全书》只存 3 套半,其中文渊阁本原藏北京故宫,后经上海、南京转运至台湾,现藏台北故宫博物院。文溯阁本 1922 年险些被卖给日本人,现藏甘肃省图书馆。文津阁本于 1950年由中国政府下令调拨到中国国家图书馆,这是唯一一套原架原函原书保存的版本。而文澜阁本则藏于浙江省图书馆。①

（7）明清藏书家

明代藏书家与藏书楼有安璇罨书楼、曹学佺石仓、晁瑮宝文堂、陈继儒宝颜堂、高濂妙赏楼、归有光世美堂、何良俊清森阁、胡应麟二酉山房、陆容式斋、毛晋汲古阁与目耕楼、茅坤白华楼、钱谦益绛云楼与拂水山房、宋濂青萝山房、王世贞小酉馆与尔雅楼、杨慎双桂堂等近百家。清代更多,有藏书家大多对其书筑楼深藏,秘不示人,所以钱谦益绛云楼一场大火,很多珍贵文献在人间消失。明季的藏书大家兼大出版家毛晋则又不同。其藏书八万四千余册,蔚为大观。他允许别人前来抄写阅读。另外,他有功于书林至巨者在于汲古阁的刻书。铁琴铜剑楼传至第三代主人瞿秉渊、瞿秉清手中时,太平天国崛起,社会动荡不安,江南各藏书家多遭兵燹,甚至连范氏天一阁也未能幸免,战火烧近常熟时,兄弟二人携书迁徙,前后 4 年,其书无恙。迁徙途中,兄弟俩闻有名家散出之异书,必不惜重价以充实库藏。

清代学者洪亮吉将藏书家分为 5 种:一是"推求本原,是正缺失"的考订家;二是"辨其版片,注其错伪"的校雠家;三是"搜采异本,补石室金匮遗亡,备通人博士浏览"的收藏家;四是"第求精本,独嗜宋刻"的鉴赏家;五是"贱售旧家中落所藏,要求善价于富门嗜书者"的所谓掠贩家。洪氏所说的考订家等,无一不具有专门之学,就连他最瞧不起的"掠贩家"也大多有"眼别真赝,心知古今,闽本蜀本一不得欺,宋椠元椠见而即识"的过硬本领。其实洪氏所说仍有偏颇,古代藏书家除了具有考订、校雠、收藏、鉴赏的功夫,许多人同时还是文学家、史学家、思想家、政治家和版本目录校勘学家,如赵明诚与李清照、元好问、杨士奇、王世贞、黄宗羲等人便是。

清代,江苏常熟的瞿绍基、山东聊城的杨以增、浙江吴兴的陆心源、浙江杭州的丁丙被称为四大私人藏书家。瞿绍基（1772～1830）,字厚培,一字荫棠,江苏常熟人,其书楼名"铁琴铜剑楼",它的形成与发展,经历了瞿家几代人的努力。瞿绍基没有做大官,但酷爱读书,多收藏宋元善本,在南塘（常熟）建起"恬裕书室",历经 10 年,藏书 10 多万卷。

---

① 四库全书,见"百度百科",http://baike.baidu.com/。

杨以增(1787~1856),字益之,号至堂,别号东樵,山东聊城人。他认为书如海,2000年来古籍如源,故为其书楼取名"海源阁"。海源阁,藏书既丰富,又极为珍贵。曾在战乱中买了藏书家汪士钟的藏书。杨家经过祖孙三代的苦心经营,藏书约2336部,208300卷。在这些藏书中,仅宋元版本就有464部,11300多卷,可见其价值之高。

陆心源(1834~1894),字刚甫,号存斋,晚号潜园老人,浙江吴兴人。他花了几十年的时间,藏书约15万卷。在他的藏书中,宋版书甚多。与有名的天一阁相比,数量多两倍,珍贵品种也比它多。有宋版书200多种,元版书400多种。可惜的是,陆的儿子陆树藩不太看书,损坏较多,后因家道中落,全书部卖给了日本人,使许多珍贵图书流失。

丁丙(1832~1899),字松生,一字嘉鱼,号松存,钱塘(今浙江杭州)人。因丁丙的祖父丁国典想到他北宋时的先祖有书8000卷,为继续祖志,将书楼题名为"八千卷楼"。丁的父亲丁英,用重金买了几万卷书,他哥哥丁申,节衣缩食,积20年,聚八万卷。他们兄弟俩保留了祖父的"八千卷楼",又重修了小八千卷楼、后八千卷楼,总名叫嘉惠堂。八千卷楼藏《四库全书》已录书目,约3500部;小八千卷楼,专藏善本,约2000多种,有宋元本200多件;后八千卷楼藏书8000多种,为《四库全书》没有收入的书,总藏书约20万卷。据说,丁丙最大的功劳是保护了文渊阁的《四库全书》。当时,太平军进杭州,丁氏兄弟看到镇上包食物用的四库全书的书页,便冒着生命危险到文渊阁将书偷运到上海,战后,经人修补共有8万多卷。

常熟翁同龢藏书被列为明清九大藏书之一,翁氏藏书积六世、历时160余年,翁氏后人万戈2000年通过中国嘉德国际拍卖有限公司将精品80种、542册转让给上海图书馆,这些精品被誉为迄今为止我国从国外收购到的一批数量最多、品相最好、种类最全、价值最高的珍稀古籍善本书。

10. 民国时期的出版业

民国时期的出版业,一是五四新文化运动给出版业带来的突变;二是国民革命军北伐胜利后建立的南京国民政府从形式上实现了全国统一,给随后十年出版业的兴盛提供了良好的外部环境;三是抗日战争的全面爆发,出版业在战火中生存发展。

(1)出版量大

民国初年,全国已有各类出版机构50余家,仅创办的期刊就达238种,整个民国时期,特别是抗战前,中国出版事业发展的速度是令人刮目的。仅就上海商务印书馆而言,1911 年至 1920 年,计出版图书 1107 种;1921 年至 1930 年,2011 种;而 1931 年至 1940 年,则多达 5377 种。再就报纸而言,1934 年 877 种,1935 年则达 1000 种,1936 年发展至 1049 种。①

(2)民营为主

商务印书馆、中华书局、世界书局、大东书局、开明书店是 20 世纪 30 年代初中期的五大教科书出版商,其总部均设在上海。到抗战前,南京有正中书局的崛起。正中书局挟官书局之威,在教科书出版上迎头赶上,被时人称为第六大书局。至抗战爆发后,国民政府教育部为了推行国定本教科书,指定商务印书馆、中华书局、正中书局、世界书局、大东书局、开明书店以及贵阳的文通书局等七家出版单位,在重庆联合组成“国定本中小学教科书七家联合供应处”(简称“七联处”)。于是,又有七大出版机构之说。②

(3)商务印书馆以积累文化、介绍西学、开发民智为宗旨

中华书局总编辑舒新城说:“我们之求于营业之中发展文化事业,于发展文化事业中维持营业,亦即发展文化与公司生存并重之方针。”开明书店把出版发行图书作为人类文化财富的积累和传播,作为一种教育事业。各家根据自己的经营宗旨,在经营范围上,只销售总公司出版独具特色的本版图书。如商务印书馆的《汉译丛书》《万有文库》《小学生文库》,编辑态度严谨,具学术文化品位,对介绍西学、开发民智的作用为世人所公认。中华书局的《古今图书集成》对弘扬传统文化起积极作用。开明书店以出版茅盾、老舍、叶圣陶、巴金等著名作家的文学作品为主。茅盾的《子夜》《蚀》,巴金的《家》等作品在青年学生中流传甚广。正中书局以孙中山的《三民主义》《建国方略》《建国大纲》为常备书,但销量很少。古典文学作品有《唐宋词选》《元明清曲选》《乐府诗集》等。

(4)教材的竞争

几家出版社都在教科书的编辑、出版、印刷、发行上奋力竞争,各显其能。竞争的结果,商务的《范氏大代数》、中华的《三 S 平面几何》、开明的《英语读本》和《国文课本》在教育界均享有较高声誉,为学校广泛采用。抗战胜利后,教育部将小学和初中文、史课本改为统编教材,称为“国定本”,其余为教育部审定的各种版

① 赵长林:《论民国时期出版业发展中图书馆的作用》,《出版发行研究》,2014 年第 10 期。
② 吴永贵:《民国出版史》,福建人民出版社 2011 年版。

本称"审定本"。国定本的发行数量根据各家权力和经济实力按比例分配,其顺序为正中、商务、中华、开明、世界、大东、交通等,又称"七联",其中以正中、商务、中华三家分配较大。虽然经过分配,但暗中的竞争却很激烈,如请客吃饭送礼、给经办人回扣等。当时书业工会规定销售折扣为 8 折,对学校为 9 折,但有的给到 6 折。从整个教科书发行数量来说,以商务、中华两家老字号为最。[①]

第二节　国外出版业给我们的借鉴

一、美国的出版业

1. 政策推动

"二战"中,有将近 1200 万美国人应征入伍,他们在服役期间大多数是在等待中度过,正好可借着看书打发时间,因此在此期间阅读人数激增。1944 年,美国政府颁布《退伍军人法案》,为 1000 余万退伍老兵提供免费的高等教育机会,到 1956 年该法案结束时,220 多万人因此受益,从而培育了一代大学生和稳定的中产阶层,为美国图书出版业提供了雄厚的读者基础,因此这段时期也被称为美国图书出版业的黄金时期。

美国不仅是全球印刷业最发达的国家,其图书出版业也是名列世界前茅。虽然传统图书业受到信息化、网络化、数字化的冲击和影响,但美国的图书出版业依然坚挺。2012 年美国市场图书总销售额为 271 亿美元;大众图书销售接近 150.5 亿美元,达到总销售额的 55%,较前一年增长 9.69 亿美元,这其中电子书销售贡献大约为 20%。

目前,美国拥有全球规模最大的出版业和出版市场,占有全球图书销售的30%,在世界图书出版业中的地位举足轻重,甚至左右世界图书出版业发展走向。美国图书出版业扩大读者、打造畅销书、组建大型传媒集团、发展个体出版、自由定价、保护版权等系列措施值得各国借鉴。

2. 宽松的管理

从管理体制上看,美国不但没有全国统一的政府出版管理机构,也没有地方

---

① 《中华民国时期出版业的扩张》,新浪博客,2008 年 8 月 6 日,http://blog. sina. com. cn/s/blog_4c01c1c50100alrq. html。

管理机构,只有出版社的编辑老总才掌握图书出版大权,政府官员是无权审查图书内容的。故美国的出版社多如牛毛,按 2008 年的统计,全美约有 6.3 万家出版机构。在美国登记成立出版社与成立其他私人公司一样,手续十分简单,一般在所在州、郡或市登记后,交数十美元即可。①

在版权法规方面,美国是世界上第一个开展文化立法的国家,严格实施版权保护战略,制定了众多的版权保护法律,并予以严格落实。1909 年制定的《版权法》,使版权保护期限进一步延长到 95 年至 120 年或者作者去世后 70 年。为适应当前数字技术和网络环境的时代特点,美国政府又开始实施数字化版权保护战略,对《版权法》做了重要的补充和修订,推出了《跨世纪数字版权法》《电子盗版禁止法》等,并积极加入以《伯尔尼公约》为代表的国际版权保护体系,为美国版权产品和版权产业在海外提供更好的保护。目前美国已形成了世界上最为详尽、全球保护范围最广的版权保护法律体系。在知识产权得到法律严格保护与政府不干预出版的良好环境下,美国的出版业发展迅速,根据美国出版商协会的统计,2008 年美国的图书销售额为 243 亿美元,2009 年虽然比前一年下跌 1.8%,但也达到 239 亿美元,平均每人年度购买图书费用 80 美元。

3. 行业协会自律

美国的图书出版行业,虽然政府"不管",但行业自己有自己的组织,并且运作良好。著名的有两个:一个是出版者的联合组织,称为美国出版商协会;另外一个是书店的联合组织,称为美国书商协会。

根据美国出版商协会的划分,美国的图书市场大致分为普通类、通俗类、中小学教材类、高等教育类、专业类以及国际类六大类。最主要的有 6 家,分别为兰登书屋、企鹅集团、西蒙与舒斯特、阿歇特图书集团、哈珀·柯林斯、麦克米伦。在 6 家图书出版机构中,有 4 家是外商独资企业:兰登书屋属于德国媒体巨头贝塔斯曼集团,阿歇特图书集团为法国跨传媒巨头拉加代尔所有,企鹅集团属于英国皮尔森集团,麦克米伦出版社属于德国格奥尔格冯霍尔茨布林克出版集团。

4. 种类繁多

据美国 Bowker 图书行业统计,2010 年传统出版商生产的图书数量达到316480 种。但是非传统图书增长达到 276 万美元,这些图书几乎完全在网上销售,

---

① 《美国图书出版业概览》,新浪博客,2010 年 9 月 3 日,http://blog.sina.com.cn/s/blog_62a085c20100lx10.html。

绝大多数是由专门从事公共领域工作的再版公司按需生产。高等教育类销售额达 43 亿美元,专业书籍的销售额为 33 亿美元,而大众通俗类书籍的销售额约为 10 亿美元。从这个数据中可以看到,大中小学类书籍的销售额,比成年人加上少年人以及通俗类书籍的总和还多。美国书籍销售的一个很大特点是学校类图书的定价较高,尤其是大学教材,定价吓人,单价往往上百美元,两三百美元一本也是常见。

5. 自由定价

美国图书业的一大特征是打折销售。20 世纪 80 年代之后,美国在反托拉斯体系下,为保护图书市场的自由竞争和自由贸易,废除了以前的图书固定价值销售模式,确立起图书自由价格模式。坚持以市场竞争机制为导向的自由价格模式,授予书店一定的零售定价权,有力激活了美国的图书市场。

6. 传媒大亨的吞并

美国的许多出版社和图书业是由私人经营的,都隶属于一些大型的出版公司。大型出版社完成了从分散的家族式出版机构向大型传媒集团的垄断集中,大多成为了大型传媒集团的一部分。如时代华纳拥有布朗出版社,迪斯尼拥有希伯伦出版社,维亚康姆/哥伦比亚广播公司拥有西蒙与舒斯特出版社,贝塔斯曼集团收购了兰登书屋,默多克新闻集团掌管了哈珀·柯林斯出版社。这五大集团已经控制了美国图书销售市场的 80%。

在美国,图书是大文化产业的组成部分,呈现出多业态的特点。文字作品可改编成电影、电视剧,然后制成 DVD 出版,是文化产业链的环节之一。这样的产业形态和传媒巨头的出现息息相关。

7. 培育消费市场

一是在国内开拓婴儿潮市场,并且主要的网上书店采取措施扩大国内消费群体;二是培育国际市场,美国图书出版业的购书群体在全世界都在稳步扩大之中,2012 年美国电子图书对外贸易增长近 10 亿美元,国际读者市场成为推动美国网上书店可持续发展的动力之一。

8. 发掘电子书潜力

亚马逊公司的 Kindle、索尼公司的 Sony Reader 以及 iPhone 等带阅读功能的智能手机等一大批电子阅读器将走俏市场。2012 年,美国图书销售总额达到 71 亿美元,较上年增长 6.2%。其中,电子书销售额为 15.4 亿美元。

二、英国的出版业

英国虽然版图狭小,人口只有 6200 万,却是出版大国和出版强国,是出版业市场化程度最高的国家之一。全英国注册的出版社有两万余家,活跃的出版社(公司)约有 2400 家,每年出版新书超过 12 万种。若加上再版的书籍,英国每年印刷的书籍种类超过 100 万种,年销售图书超过 50 亿英镑。出版业是英国创意产业中最大的行业。

根据 2006 年的统计,英国国内图书市场总价值位列世界第 5 位,位居美国、德国、日本和中国之后。从人口总数来看,这 4 个国家分别是英国的 6 倍、1.3 倍、2 倍和 22 倍。美国国内图书市场占世界图书市场总价值的 30%,而中国和英国则分别占 5%。英国图书市场和法国、意大利等国家的图书市场规模相当。

1. 出版社历史悠久,名社众多

英国是现代出版业的发源地,拥有世界上出版历史最悠久且始终保持活力的出版社,如创立于 1584 年的剑桥大学出版社以及创立于 1585 年的牛津大学出版社,它们现在仍然保持年出书 1000 种以上、期刊 80 种以上。20 世纪 20 年代,年度营业额仅次于食品、机械、化工、电器、车辆,居第 5 位。这个时期,出版业开始趋向大型化与专业化。

全国拥有的 2400 多家出版社中,大部分是只出版年鉴或地方手册的非商业出版社,具有一定规模的商业出版社仅 380 家,它们的年度营业额却占全国图书出版营业总额的 95%,其中 40 家年度出书在 100 种以上。出版社主要集中在伦敦,其次是爱丁堡、格拉斯哥、牛津、剑桥。主要的大型出版社有:培格曼出版公司、朗曼出版集团公司、麦克米伦出版公司、联合图书出版公司、柯林斯出版公司、海纳曼出版集团公司、国际汤姆森出版公司、格拉夫顿图书公司。主要的政府出版机构是皇家出版局。著名的大学出版社有牛津大学出版社、剑桥大学出版社。

2. 发行渠道成熟

英国书刊的发行渠道主要是出版商—书商—读者、出版商—批发商—书商—读者、出版商—读者。由出版商直接销售给书商的图书,占国内图书营业额的 52% 左右;出版商销售给图书馆供应商,由其转销图书馆的占 15% 左右;出版商销售给教科书代理商和图书俱乐部的占 17% 左右;出版商销售给图书批发商的占 16% 左右。最大的图书与期刊批发公司是布莱克韦尔公司,该公司有一整套为大学、研究所、图书馆服务的职能部门,能为它们订购各种图书、期刊、文献。全国共有约 12 万家书店,其中大中型书店 3000 多家。最大的书店是福伊尔公司、史密斯公司。全国约有 30 个图书俱乐部,最大的图书俱乐部是伙伴图书俱乐部、图书俱乐部、世界图书俱乐部。

3. 政府定位准确

在英国,成立出版社不需要政府特别许可,只需具备一定的资金,到政府有关部门登记,领取营业执照即可营业。英国政府没有统一管理出版业的专门机构,对出版社的成立实行登记注册制。政府在伦敦设有出版登记所,负责全国出版社的登记工作。英国政府对出版社的数量没有限制,对出版社出什么样的书以及经营情况不予干涉。

英国政府对出版业的管理采取的是以法律手段为主。英国的相关法规有《安妮法》,以法律的形式对版权进行保护,经过近三百年的发展和完善,版权贸易已成为英国出版业的支柱,英国是美国之后的第二大版权输出国。其他还有《淫秽出版物法》《消费者保护法》《图书贸易法》《图书贸易限制法》等。

英国政府对图书的出口贸易一般不征税,而且还通过相应的政府英国文化委员会、艺术委员会、海外贸易部、外交部、海外拓展局等部门对有关活动进行长期的资助。

4. 重视国际市场,立足全球经营

由于历史和语言的原因,英国长期以来一直是世界上出版物出口比例最高的国家之一。其原因之一是英语已成为全球性商业和科技语言,每年全世界出版的图书中有 25% 左右是英文图书。随着世界经济、科技的进一步发展、全球化的加剧,英文图书需求量还在增加,为英国出版业向世界扩张提供了市场需求和驱动力。另一个原因是英国和英联邦成员、英国和其过去的殖民地国家的传统关系,以及英国具有良好的文化教育传统,使得这些国家基本沿用了英国的教育系统,英国的图书出版在这些国家拥有良好的市场。

因此,英国的图书出版公司对选题的策划,充分考虑了国际市场的需要,强调"不要出 20 本书,每本书只卖 2000 册;而要出 3 本书,每本至少卖 30000 册"的精品策划理念,并且设有专门的文化委员会支持英国图书出版业的出口和版权输出。英国文化委员会每年都有一笔上百万英镑的图书推广资金,鼓励与资助英国出版公司在海外举办和参加各种图书展览。英国海外贸易局每年也向一些英国出版公司提供几十万英镑的图书出口补贴。英国的出版公司也都非常热衷于图书版权的输出,直接在国外设立分公司或者出版社分部,有的还通过直接收购或

兼并重组国外出版公司的渠道打入国际图书市场。2006 年,英国图书出口金额占行业总额的 36%,销售数量为总册数的 40%,是世界上图书出口额最大的国家,主要出口美国、澳大利亚、荷兰、德国、日本、新加坡以及中国香港地区。

大多数出版集团和大型出版社都定位在国际化出版,极力向海外扩张。图书的设计通常采取"一书多版"的方式,即在出版英语版的同时,大力出版诸如德语、法语、西班牙语、意大利语、汉语等不同语种的版本,以降低成本,获取更大利润,增强国际竞争力。20 世纪 90 年代以后许多出版集团先后在美国、法国、德国和澳大利亚成立了分公司。为开拓中国的图书市场,DK 出版公司在北京设立了办事机构,以加强与中国出版社的版权贸易和合作出版。

5. 强调专业化

即大型出版集团坚持走专业化的道路,在最有竞争力的领域出版核心出版物,使自己出版社商标成为"最可靠信息的标志"。如培生集团虽然出版大众读物、专业图书、工具书等,但就其集团自身而言,教材、国际英语和外国语出版仍然是核心,其他出版物由其成员公司出版。出版基督教图书的牛津狮子出版社也无人能够取代。

6. 销售无定价

英国图书销售主要有直销、寄销、批发、会员购买等方式,图书零售不是按照图书的定价销售,图书的零售价格由零售商自己确定。出版社根据图书的成本、目标利润、市场需求、图书的类别等在图书上标明"建议价格",按照这个价格以一定的折扣批发给零售店。各零售店根据自己所处地域、读者情况、图书情况等自行确定图书零售价格。一般情况下,因大众读物深受读者喜爱,市场销售情况良好,因此,大众读物,特别是新版的大众读物,按照图书"建议价格"销售,在一个或几个销售周期过去后,零售商就以打折扣的方式销售。而教育、科技、工具书等,在不同的地域、街市、书店等,其零售价格完全由书店经营者自己确定。零售价格取消统一定价后,每个图书经销商都以自己的方式参与市场竞争,把主要的精力和资源优势投入到优秀图书的销售上。①

7. 经典名著多

仅以企鹅出版社为例,自该公司 1935 年创办以来,奥斯汀的小说共卖了 1000

①　驻英使馆经商处:《英国出版业调研》,中华人民共和国商务部官网,2012 年 2 月 14 日,http://www.mofcom.gov.cn/aarticle/i/ck/201202/20120207965543.html。

万册,其中《傲慢与偏见》卖了 200 万册。2004 年,企鹅出版一个"伟大的思想"系列,收录一些开创性的百余页随笔和政论,其经典作者包括柏拉图、尼采、奥威尔和阿伦特等。这个系列每本封面各不相同,但都醒目有趣。2005 年,企鹅创办 70周年纪念,该公司出版了"企鹅 70"系列,精选现代大师的小经典,迄今已总共卖出250 万册。世界十大名著,多由英国出版:英国女作家奥斯汀的《傲慢与偏见》位列榜首,名列第二的是莎士比亚的《哈姆雷特》,第三位是俄国 19 世纪作家陀斯妥耶夫斯基的《罪与罚》,第四位是狄更斯的《远大前程》,第五位是托尔斯泰的《战争与和平》,第六位是马克·吐温的《哈克贝利·费恩历险记》,第七位是艾米莉·勃朗特的《呼啸山庄》,古罗马诗人荷马的史诗《奥德赛》及《伊利亚特》排名第八和第九,第十位则是夏洛蒂·勃朗特的《简·爱》。其他名著还有《双城记》《雾都孤儿》《大卫·科波菲尔》《查太莱夫人的情人》《恋爱中的女人》《名利场》《德伯家的苔丝》《王尔德童话》等。

三、德国的出版业

德国图书出版量在世界上仅次于美国,占第二位。法兰克福和莱比锡是德国图书出版业中心。每年一届的法兰克福国际图书博览会是世界上最大规模、最具影响力的图书界盛会之一。全德注册出版社(包含杂志社在内)多达 16000 家,成规模的出版社 2000 家左右,每年新书品种 8 万以上,居世界第 3 位,每年市场销售图书品种 100 万种,销售总额为 180 亿德国马克。

2005 年在德国出版的图书中有 6132 种是从其他语种翻译成德语的,一半以上的新译书(60%)是从英语翻译成德语的,从德语翻译成其他语种的图书共有7491 种。东欧和东亚国家成为最大买家,其中 2005 年占首位的是翻译成波兰语的图书,共 604 种,其次是翻译成捷克语的 557 种,译成汉语的 555 种。[1] 2007 年德国商业街图书销售额增长 3.9%,销售额达 82 亿美元。2010 年图书销售总额接近98 亿欧元。

1. 图书出版业三巨头

他们是贝塔斯曼集团(Bertelsmann GmbH)、霍尔茨布林克集团(Holtzbrinck)和施普林格集团(Springer Verlag),都是由家族创业而逐步走向现代化市场运作体制的典型代表。

---

[1]　德国出版业,见"中文百科",http://www.zwbk.org/。

2.法定价格

自1982年起,法国实行统一书价制,德国也以法律形式实行图书定价制。德国非常重视图书作为文化产品的特殊意义,因此认为图书不应与普通商品一样打折销售。2002年,图书定价终于从行业协议发展到以立法形式来保证。按照图书定价制的规定,除了破损书、二手书之外,打折售书在德国是违法的。新书在出版18个月后才允许打折销售。从2005年开始,为了规范市场,德国出版商与书商协会严格规定了俱乐部版本的出版时间和打折幅度。

3.成熟的中间商,图书销售市场发展完善

全德有零售商5000家,加上难以计数的报刊亭、超市、加油站等零售点,在一个8200万人口、35万平方千米的国家里,组成了密集的图书销售网络,万人以上的城市就有一家正规的书店。大型连锁店已成规模,并有不断扩大之势。

出版社制作完成图书后,交由中间商代理销售,中间商再分销给全国各地的零售店,中间商在《全德可供书目》百万种图书中选择图书,从出版社购入、仓储,根据订单配发零售店。德国大约有10多家中间商,排名前6家的中间商的市场占有率为80%。中间商减少了图书销售中的环节,降低了销售成本,提高了图书销售效率。出版社由业务员联系书商,了解市场行情,进行市场调查,分析市场的发展走向,传达书商对出版社的要求和建议,以便出版社在图书包装、定价、印量等方面作出正确的决定。

4.注重宣传推介

出版社高度重视图书的扩销、宣传任务还有两个重点:一是每年春秋两季都要印制精美的颜色图书目录,摘要系统介绍出版社的重点书和新书,发到大的零售店;二是不失时机地利用一年一次的法兰克福书展进一步宣传本社图书。

5.德国的优良阅读传统

18世纪中叶,政府采取激励政策进行了一次历时25年的"读书热"洗礼,史称"阅读革命",形成了全民读书的良好习惯。德国人无论是人均读书量,还是人均购书量,均居世界各国前列。近1/3的德国人每年的图书阅读量在18本以上,人均年购书量5.05本。在德国8300万的总人口中,平均每10000人就有一个书店或书亭,每7200人就有一座图书馆。84%的母亲陪儿童阅读,圣诞节礼物首选图书,各个书店都有儿童阅读坐席。

6.很多人文出版社出版了大量优秀的社会科学出版物

在德国文学、神学、哲学等人文知识出版领域,享有崇高声誉和威望的苏尔坎

普出版社,迄今为止出版了 15000 种图书,多为包括黑塞、布莱希特、哈贝马斯、阿多诺、福柯、德里达等众多西方思想家的著作,并先后出版了"苏尔坎普藏书系列""苏尔坎普版图书系列""苏尔坎普口袋书系列"和"苏尔坎普学术口袋书系列"等4 套大型丛书,将 20 世纪世界现代经典书目、德语文学与理论中的经典著作、社会学和哲学中的代表性图书尽数囊括其中。费舍尔出版社则出版了托马斯·曼、帕斯捷尔纳克、马尔克斯、卡夫卡、弗洛依德、博尔赫斯等人的经典作品。罗沃尔特出版社,则持有包括保罗·奥斯特、劳伦斯、海明威、约翰·厄尔文、诺曼·梅勒、纳博科夫、托马斯·品钦、克劳德·西曼、约翰·厄普代克、萨特、加缪和耶利内克等著名作家作品的出版权。雷克拉姆出版社出版的口袋本"万有文库"丛书,则大量收集了当时被压迫民族作家的作品,对鲁迅等当时世界进步作家产生过积极影响。这套"万有文库"丛书虽然成本低廉,但却编校精心、风靡全德、流传甚广,甚至对包括商务印书馆名著译丛、辽宁教育出版社新世纪万有文库等在内的中国丛书出版体例,都产生了较大影响。①

四、法国的出版业

法国约有 6000 家出版社,较大的有 331 家,其中 51 家的图书出版量占全国的83%。大型出版社有阿歇特出版公司、欧洲出版交流公司、城市出版公司、拉鲁斯出版社、费尔南·纳唐出版社、弗拉马里翁出版社。主要的政府出版机构有法国文献局、国家科学研究中心出版社。其他著名的出版社有博尔达出版公司、马松出版公司、埃罗尔出版社、瑟伊尔出版社、维戈出版社、迪迪埃出版社和法兰西大学出版社。

根据法国文化部与法国国家图书中心联合发布的法国图书出版和销售的年度数据,2007 年,法国出版图书 63761 种。根据法国出版商协会的统计,2006 年法国图书销售额为 44 亿美元,销售册数为 4.7 亿册。

1. 政府重视

法国政府非常重视出版产业的发展,在政府中设立了专门的出版管理机构。法国管理出版企业的政府机构是文化和交流部下设的图书与阅览司,主管法国的商业出版社和书商以及国家的图书馆(由教育部主管的大学图书馆除外)。图书

---

① 杨状振、舒三友:《哲学王国里的浪漫诗情和人文飘带——德国人文社科书籍的出版与发行》,《出版视角》,2008 年第 9 期。

阅览司的主要活动是通过法国国家出版中心来实现对出版产业在税收、投资、补贴等方面的优惠政策。国家出版中心属于政府机构,主要的资金来源是出版产业(尤其是图书)的税收收入。除此之外,法国的地方政府对出版产业也会提供相应的支持。2004 年由法国文化和通信部支持的全国赞助图书和阅读计划项目资金达 3.73 亿欧元,主要有三项任务,其中第一项优先资助的是作者、出版社和独立书店,第二和第三项是对图书馆的资助。

法国政府近年来逐步降低了对出版物的税收。自 20 世纪 80 年代以来,法国政府对图书、期刊、报纸征收的是 7% 的增值税。从 20 世纪 90 年代开始,法国政府将图书的税率由原来的 7% 下调到了 5.5%,对报纸的税率为 2.1%,期刊为 4%,音像出版物为 33.33%,对出口图书免征增值税。法国出版物与一般消费品的赋税有着很大的差别,大约只是一般消费品税率的 1/3。

2. 法定价格

1981 年,法国文化部长通过了要求图书定价销售的《雅克朗法》,从而使定价制在法国正式实施。1982 年至今,实行的是统一书价,即由出版商确定图书的价格,并将书价印在书上,所有书商必须按照统一书价出售,不能随意改变价格出售。统一书价制度保护了中小出版商的利益,使其在具有较强实力的大型出版商面前依然能够保持繁荣的局面,从而促进了图书销售市场的健康发展。

五、日本的出版业

1986 年日本拥有出版社 4183 家,其中资本 5000 万至 1 亿日元的 88 家,1 亿日元以上的 103 家。年度出书 100 种以上的出版社 61 家,年度出书 50 至 100 种的有 78 家,其余近 4000 家年度出书不足 50 种。2008 年日本的出版社减少到 3979 家,出版从业人员在 10 万人左右。主要的大型出版社有讲谈社、岩波书店、小学馆、平凡社、集英社、学习研究社、三省堂、丸善等。主要的政府出版机构是大藏省印刷局。

1. 图书杂志并重

出版社通常同时涉足图书和杂志领域,而且通过同样的渠道发行。在日本,出版公司之间的并购很少发生。

2. 委托代销制

日本在出版流通领域实行在一定期间内自由退货的委托代销制,即"在可退货还款的前提下,委托经销商、书店在规定期限内销售出版物"的制度。一般说来,流通利润的分配方式是书店占商品价格的 22% 至 24%,经销商占 8%。为了减少退货率,从 2008 年年底开始,日本小学馆、讲谈社等 10 家大中型出版社联手推出全新的责任销售制,将出版社与书店的利益捆绑在一起,有利于改善退货率。

3. 动漫产业链

动漫产业是日本文化产业的重要支柱之一,日本动漫产业年产值在国民经济中位列第六。日本动漫业是囊括杂志、图书、音像等多领域的综合产业,并涉及玩具、电子游戏、文具、食品、服装、广告、服务等领域。2007 年,日本通过动画片、漫画书和电子游戏三者的商业组合实现超过 90 亿美元的营业额。

日本动漫产业链的运营模式可以分为以下几个步骤:漫画的创作→杂志、图书的出版发行→影视动画片的生产→电视台和电影院的播出和放映→音像制品的发行→衍生产品的开发和营销。其生产制作与开发是一个有机的整体,在这一过程中,前一个阶段是后一个阶段的基础,后一个步骤对前一个步骤又有一定的促进作用,各个环节相互带动,将动漫出版物的价值开发到最大。日本是最大的漫画出口国,主要出口市场是欧洲、美国和亚洲。欧洲是日本漫画在海外的最大主顾,尤其是法国占了日本漫画在欧洲总营业收入的 2/3。日本漫画同样在美国市场上占据了重要的地位。另外,据不完全统计,日本漫画在中国内地市场占有60% 以上的份额。

日本漫画杂志在漫画出版物中最具代表性,影响最大。其按发行周期可分为周刊、双周刊、月刊、双月刊、季刊、不定期刊等。按年龄指向分为少年、少女、男性、女性 4 类。周刊连载速度最快,每次连载少则十余页,多则二三十页。漫画在杂志上连载后,根据受欢迎程度发行单行本。

讲谈社、小学馆和集英社被誉为日本漫画三雄。集英社 1968 年创办的《周刊少年 JUMP》被称为少年漫画王者,历来被视为日本男孩必读的日本模式漫画杂志,拥有数百万忠实读者,尽管目前发行量严重下滑,但在漫画刊物中依然一枝独秀。

第三节　我国新时期出版业的发展

一、发展阶段的划分

改革开放以来,我国图书出版业所取得的成就有目共睹。经过 30 多年的市场化转型,我国出版业的政府规制较计划经济时期已经有了很大变化;但由于它所遵循的意识形态,即出版业作为党和国家的"喉舌",应该"为人民服务、为社会主义服务",始终没有发生变化,所以它与其他市场经济国家相比有根本的不同。大致可以分为四个阶段[①]:

第一阶段:1978～1985 年。在这一期间,中国图书市场总量经历了一个井喷式的超常规增长阶段,图书总印数和总印张数的年环比增长率持续保持在 10% 左右,最高年份超过了 16%。如此之长的增长周期,如此之高的增长速度,在世界图书出版史上也是罕见的。

第二阶段:1986～1994 年。1985 年之后,中国出版业高速增长的势头不复存在。1986 年,中国图书出版总量猛跌,总印数和总印张数分别比上年下降了 22.08% 和 22.03%。之后的 7 年,中国图书出版总量始终未超过 1985 年的最高点。一是市场化进程对行政垄断地位的冲击,带来了出版业超额利润的降低。二是利润从体制内流向体制外,特别是流向众多的民营文化公司或工作室。三是大众出版比重的上升降低了出版业总体利润水平。

第三阶段:1995～2004 年。中国出版业经过漫长的调整,随着中国国民经济水平的迅速提高和持续快速增长,进入了一个新的增长阶段。其间,中国出版人进行了持续的改革探索和实践。从发行中盘建设、现代物流体系培育、超级书店开设、连锁书店经营,一直到集团化建设和出版单位转企改制等等,中国出版业的改革正一步一个脚印地向前推进。与此同时,数字化进程的加速和互联网的迅猛扩张,不仅对出版业的发展提出了新的挑战,更是提供了新的机遇。

第四个阶段:最近十年的改革阶段。现代出版社一般有三种类型。一是政府

[①]　陈昕:《当前中国出版业的发展状况与需要解决的六大问题》,中国图书出版网 2005 年 5 月 23 日,http://chuban.cc/gj/cbsd/20070115_15754.html。

出版机构,一般附属于政府某个部门,没有独立的主体地位,其出版物是为社会公益事业服务的,大都免费派送。二是经营性的非盈利组织,发达国家的大学出版社一般采用这种企业形态,如美国哈佛商学院出版公司、英国牛津大学出版公司、英国剑桥大学出版公司等都是这样的企业。这类出版企业也完全采取公司制的形态,其运营与其他公司制企业并无不同,只是其出版的内容更多地偏重于学术和文化,因此,政府对这类出版企业给予免缴所得税的优惠政策予以扶植,但同时也规定其公司利润不得用于股东分红,而必须继续用于教育和文化事业。三是股份有限公司,其中有的是上市公司。这类企业是发达国家出版企业的主流形态,所有的大型出版集团均采用这种形态,如美国三大教育出版集团——培生教育出版集团、麦格劳·希尔出版集团、汤姆森出版集团都是上市的股份有限公司。这类出版企业的市场销售占发达国家出版市场的90%左右。

目前,经营性图书和音像出版单位已基本完成转企改制,非时政类报刊出版单位转企改制全面启动,120多家新闻出版企业集团成功组建,49家新闻出版企业成功上市。民营文化工作室有序参与出版策划服务,非公有资本和外资已全面进入印刷、复制、发行和新媒体硬件制作等领域,参与国际竞争是企业内在的发展冲动,不再是"被"走出去。经过改革,制约新闻出版业发展的体制性障碍得到进一步消除,新闻出版业的实力和竞争力大增。目前,我国日报总发行量居世界第一位,图书出版品种和总印数居世界第一位,电子出版物总量居世界第二位,印刷业年产值居世界第三位。2010年,新闻出版业总产出达到1.27万亿元。

二、现行的管理体系[①]

我国出版管理体系是在法律框架下形成的。2002年国务院颁布的《出版管理条例》设定了我国政府管理出版业的基本目标:"加强对出版活动的管理,发展和繁荣有中国特色社会主义出版事业,保障公民依法行使出版自由的权利,促进社会主义精神文明和物质文明建设。"同时,该条例还对出版管理的政府机构职能予以明确规定:"国务院出版行政部门负责全国的出版活动的监督管理工作。国务院其他有关部门按照国务院规定的职责分工,负责有关的出版活动的监督管理工作。县级以上地方各级人民政府负责出版管理的行政部门(以下简称出版行政部

---

① 张新华:《我国出版业规制的现状与不足》,中国高校人文社会科学信息网,2010年12月12日,ht-tp://www.sinoss.net/2010/1212/29213.html。

门)负责本行政区域内出版活动的监督管理工作。县级以上地方各级人民政府其他有关部门在各自的职责范围内,负责有关的出版活动的监督管理工作。"其中,国务院出版行政部门是国家新闻出版广电总局,地方出版管理部门是地方各级政府的新闻出版广电局(包括省、市、县三级)。

国家新闻出版广电总局作为全国出版业管理的政府主体,其职能先后有所调整。根据 2008 年 7 月国务院发布的《国家新闻出版总署(国家版权局)主要职责内设机构和人员编制规定》,新闻出版广电总局的主要职能包括十三项:(1)起草新闻出版、著作权管理的法律法规草案,拟订新闻出版业的方针政策,制定新闻出版、著作权管理的规章并组织实施。(2)制定新闻出版事业、产业发展规划、调控目标和产业政策并指导实施,制定全国出版、印刷、复制、发行和出版物进出口单位总量、结构、布局的规划并组织实施,推进新闻出版领域的体制机制改革。(3)监管出版活动,组织查处严重违规出版物和重大违法违规出版活动,指导对从事出版活动的民办机构的监管工作。(4)负责对新闻出版单位进行行业监管,实施准入和退出管理。(5)负责出版物内容监管,组织指导党和国家重要文件文献、重点出版物和教科书的出版、印制和发行工作,制定国家古籍整理出版规划并承担组织协调工作。(6)负责对互联网出版活动和开办手机书刊、手机文学业务进行审批和监管。(7)拟订出版物市场"扫黄打非"计划并组织实施,组织查处非法出版物和非法出版活动的大案要案。(8)拟订出版物市场的调控政策、措施并指导实施,指导对出版物市场经营活动的监管工作。(9)负责全国新闻单位记者证的监制管理,负责国内报刊社、通讯社分支机构和记者站的监管,组织查处重大新闻违法活动。(10)负责印刷业的监管。(11)负责著作权管理工作,组织查处有重大影响的著作权侵权案件和涉外侵权案件,负责处理涉外著作权关系和有关著作权国际条约应对事务。(12)组织开展新闻出版和著作权对外交流与合作的有关工作,负责出版物的进口管理工作,协调、推动出版物的进出口。(13)承办党中央、国务院交办的其他事项。

地方出版管理主体是地方的出版行政部门,包括省、市、县三级新闻出版广电局,但以省级为主。它们在国家新闻出版广电总局的领导下,对本地区出版业依法实施管理。根据《出版管理条例》第六条的规定:"县级以上地方各级人民政府负责出版管理的行政部门(以下简称出版行政部门)负责本行政区域内出版活动的监督管理工作。县级以上地方各级人民政府其他有关部门在各自的职责范围内,负责有关的出版活动的监督管理工作。"《出版管理条例》第二十一条规定:"出版行政部门应当加强对本行政区域内出版单位出版活动的日常监督管理。出版单位应当按照国务院出版行政部门的规定,将从事出版活动的情况向出版行政部门提出书面报告。"对于出版业的日常管理,基本上按照"属地管理"原则,由出版机构所在行政区域内的省、自治区、直辖市、计划单列市新闻出版广电局进行管理,军队系统的出版机构由军内出版管理部门管理。

三、实施的相关法规[①]

新时期以来,我国出版业经历了一个从单纯的行政规制向行政规制与法律规制相结合的发展过程。20 世纪 90 年代,我国先后颁布实施了以《中华人民共和国著作权法》《音像制品管理条例》《出版管理条例》等为代表的出版业法律法规;在我国加入 WTO 前后,我国一方面对原有的出版法律法规进行修订,另一方面新颁布实施了《印刷业管理条例》《出版物市场管理规定》等法规;近年来,我国又颁布了《行政许可法》《公务员法》等规范政府和国家公务人员行为的法律。至今,我国已经建立起比较完整的法律法规体系,使政府对出版管理行为有法可依。

在我国出版业的法律体系中,有关著作权和出版的法律法规处于核心地位,也是我国出版业政府管理的主要法律依据规制,其中主要的法律法规有《出版管理条例》《中华人民共和国著作权法著作权》《中华人民共和国著作权法实施条例》《印刷业管理条例》《图书出版管理规定》《出版管理行政处罚实施办法》《出版物市场管理规定》《新闻出版统计管理办法》《书号实名申领管理办法(试行)》。

同时,一些地方立法机关也根据本地区实际情况,制定颁布了一些地方性法规、规章。这些法律法规成为中国出版业政府管理体系的重要组成部分,对出版业行政管理机构转变职能,加强行政监督,提供了有效的法律依据和手段,同时,对规范出版业经营行为,促进出版业发展起到了重要的保障作用。

四、法人准入制度[②]

目前我国出版业管理的基本内容是:(1)出版社的设立实行审批制。设立出版社,由其主办单位向所在地省、自治区、直辖市人民政府出版行政部门提出申

---

①　张新华:《我国出版业规制的现状与不足》,中国高校人文社会科学信息网,2010 年 12 月 12 日,http://www.sinoss.net/2010/1212/29213.html。

②　张新华:《我国出版业规制的现状与不足》,中国高校人文社会科学信息网,2010 年 12 月 12 日,http://www.sinoss.net/2010/1212/29213.html。

请,省、自治区、直辖市人民政府出版行政部门审核同意后,报国务院出版行政部门审批。(2)原则上禁止设立非国有出版社或者国有出版社的非国有化改制。(3)审批出版社的合并及其他资产重组行为。(4)原则上禁止设立中外合资或外资出版社,禁止创办中外合资的报纸、期刊和出版社等传媒机构。由于我国对出版社数量和结构实行总体控制,所以新闻出版广电总局在实行进入许可制度时,一般遵循两个原则:一是独占许可,即在中央和各个地区(省级行政区划),一个出版领域只批准一家出版社;二是严格限制的少数进入许可,即在各个地区只允许少数几家出版社存在。这两个原则最早可以追溯到新中国成立初期,除在1958年"大跃进"期间被突破外,一直被严格遵守。根据这一原则,中央各部委、全国性团体大都建立了与自身业务相关的出版机构;各省、自治区、直辖市则根据地区平衡的原则,各自设立了本地区的综合性社会科学出版社、专业科学技术、文艺、美术、教育、少儿、古籍类出版社,民族地区还建立了民族出版社,各经济特区、计划单列市也成立了自己的综合性出版社。高等院校则根据"为高等院校的教学、科研服务"这一原则,以"出版高校教材、教学参考书、其他教学用书和有关的学术专著为任务"组建自己的出版社。另外,军队系统也成立了出版社。

在"法人准入"之外,2008年,原新闻出版总署颁布实施了《书号实名申领管理办法》,对出版社所出版的所有图书都以实名申领方式发放书号,实行"书号准入"或"产品准入";同年,原新闻出版总署颁布实施了《出版专业技术人员职业资格管理规定》,对图书责任编辑等岗位的准入条件和注册办法进行明确规定,基本上建立起了职业准入和岗位准入制度。

五、内容审查与备案制度①

为加强对出版工作的宏观把握、引导和监督,目前我国在实行事后审查制度的同时,继续实行出版计划和选题计划的申报备案制度,对涉及国家机密和国家安全等方面的重大选题,继续实行选题和原稿同时备案制度。即大体上包括:(1)出版计划备案制度。规定出版社的年度计划,应经省级出版行政部门转报国务院出版行政部门备案。(2)重大选题备案制度。目前,所谓"重大选题"的出版物包括:我国有关党和国家主要领导人工作和生活情况,中国共产党党史,中华人民共

---

① 张新华:《我国出版业规制的现状与不足》,中国高校人文社会科学信息网,2010年12月12日,http://www.sinoss.net/2010/1212/29213.html。

和国国史,中国人民解放军军史,涉及"文化大革命",涉及中华人民共和国国界的各类地图,涉及外交、宗教等。这些选题范围的出版物,必须由经国家新闻出版广电总局批准的相应业务范围的出版社出版,它们出版上述选题必须严格按照《出版管理条例》和国家新闻出版署有关具体规定,履行备案手续。上述两个方面在《出版管理条例》(第二十条)中都有明确规定:"图书出版社、音像出版社和电子出版物出版社的年度出版计划及涉及国家安全、社会安定等方面的重大选题,应当经所在地省、自治区、直辖市人民政府出版行政部门审核后报国务院出版行政部门备案;涉及重大选题,未在出版前报备案的出版物,不得出版。"(3)责任编辑制度,即出版物的编辑出版者须负责出版物内容。出版机构出版的每一件出版物,都必须有其责任编辑,责任编辑对该出版物的编辑出版是否符合国家的政策、法规具体负责;出版机构对该机构的出版物整体负责;选题审批机关对审批工作负责。

在事后审查方面,我国建立了出版物审读制度。1994 年,原国家新闻出版总署下发了《关于加强图书审读工作的通知》,其中指出出版物审读指的是"政府出版管理部门对出版物的社会效果进行的检查,是对出版物是否符合四项基本原则、党的方针政策,是否符合国家的法律、法规及有关的规章制度,是否符合当今社会道德规范的要求,是否有利于社会主义精神文明和物质文明建设等做出的有一定权威性的评价"。从审读的具体对象来说,出版物审读可以分为选题审读、书稿审读和样书审读。可以说,该项制度集中体现了我国出版内容规制的事先审查与事后审查相结合的特点。

六、书号控制措施[①]

书号控制,即以书号的方式,对各出版机构出版物及其种类、数量实行计划控制。我国出版管理的根本目的,是保障、促进社会主义出版业的繁荣和发展。表现在具体实践、执行中,就必须对出版物的总量、结构进行宏观规划和调整,从国家、社会的发展需要来扶持某些地区、某些种类出版物的出版。

自 20 世纪 90 年代中期以来,我国每一个出版机构的出版物种类和数量都通过原新闻出版总署定额发放的书号进行限制,在各出版机构之间基本上采取平均

---

① 张新华:《我国出版业规制的现状与不足》,中国高校人文社会科学信息网,2010 年 12 月 12 日,ht-tp://www.sinoss.net/2010/1212/29213.html。

分配的方式。《出版管理条例》(第二十二条)规定,"出版单位不得向任何单位或者个人出售或者以其他形式转让本单位的名称、书号、刊号或者版号、版面,并不得出租本单位的名称、刊号"。对于违反这一规定的行为,则主要采取追惩制的方式予以自治。根据原新闻出版总署 1997 年 1 月发布的《关于严格禁止买卖书号、刊号、版号等问题的若干规定》,"严禁出版单位买卖书号、刊号、版号。凡是以管理费、书号费、刊号费、版号费或其他名义收取费用,出让国家出版行政部门赋予的权力,给外单位或个人提供书号、刊号、版号和办理有关手续,放弃编辑、校对、印刷、复制、发行等任何一个环节的职责,使其以出版单位的名义牟利,均按买卖书号、刊号、版号查处";"严禁任何单位和个人以任何名义直接或间接地购买书号、刊号、版号,并参与出版、印刷、复制、发行等活动。凡购买书号、刊号、版号从事的出版活动均属非法出版活动,坚决予以取缔"。

在对书号使用严格限制的同时,国家对那些带有明显的社会公益性,对国家、对社会发展具有重要意义的出版物,通过制定重点出版物出版规划,给予鼓励和支持。另外,对于教科书、少数民族语言文字出版物、盲文出版物则给予政策支持。

2008 年,原国家新闻出版总署发布《书号实名申领管理办法(试行)》,对书号管理方式进行改革,在北京、上海等地的一些出版社开始实行网上书号实名申领制度,2009 年在全国全面推行。

七、出版社的经营范围

对出版业的出版、印刷、发行等子行业以及不同类别的出版社进行明确分工,使其各司其职,是新中国出版体制的一个传统。目前,新闻出版广电总局仍然通过审批各出版社经营范围的方式,严格规定各出版社的经营领域,确定各出版社之间的产品分工,严格限制出版社的经营范围。

确定各出版社经营范围的主要原则是:既设立一定数量的综合性出版社,又按照专业大类设立若干专业性出版社,并且在地理布局上和系统布局上力求平衡。同时,新闻出版广电总局对各部委和行业协会、群众团体、高校和军队所属的出版社,按照其主管部门的专业特点,对地方出版社按照其类别,分别限定了其出书范围。各个出版社的出书范围未经新闻出版广电总局批准,不得任意改变。不同性质的出版社,要按照各自的分工和特点,确定出书范围。各类专业出版社,要集中力量出好有关本专业的图书;各大学出版社,要根据各自的教学和科研任务安排出书。各出版社都不得越出确定的出书范围。所有出版社必须严格遵守专业分工,按照重新登记所核定的出书范围出书。超分工、超范围出书,将视情节轻重,给予没收利润、罚款等处分。

八、教材出版的专项规定[①]

过去,我国中小学教材是由国家投资,指定人民教育出版社编写并出版的。为了保证全国各地课前到书,人民教育出版社把出版物制成胶片,分发各省出版局,由出版局指定当地印刷厂印刷。之后,各省出版局把教材总价的3%至4%的租型费上缴给人教社。2001年,为加强中小学教材用书管理,降低教材价格,减轻学生家长的负担,我国开始改革中小学教材的出版发行体制。2001年修订颁布的《出版管理条例》第三十一条规定:"中学小学教科书由国务院教育行政部门审定或者组织审定,其出版、印刷、发行单位由省级以上人民政府出版行政部门、教育行政部门会同价格主管部门以招标或者其他公开、公正的方式确定;其他任何单位或者个人不得从事中学小学教科书的出版、印刷、发行业务。具体办法和实施步骤由国务院出版行政部门会同国务院教育行政部门、价格主管部门规定。"

2001年教育部出台了《中小学教材编写审定管理暂行办法》,对中小学教材的编写要求、审定程序进行了严格限定。其中,教材的编写、审定,实行国务院教育行政部门和省级教育行政部门两级管理,国务院教育行政部门负责国家课程教材的编写和审定管理;省级教育行政部门负责地方课程教材的编写和审定管理。经全国中小学教材审定委员会审定通过的教材,经国务院教育行政部门批准后,列入全国中小学教学用书目录,供学校选用。经省级中小学教材审定委员会审定通过的教材,经省级教育行政部门批准后,列入本省(自治区、直辖市)中小学教学用书目录,供学校使用。

根据2005年颁布的《中小学教材出版招标投标试点实施办法(修订)》,教材出版招标标的项目,是指列入国务院和省、自治区、直辖市教育行政部门审定颁发的《中小学教学用书目录》中的中小学教材在本区域内的出版权。教材招标的招标人是省、自治区和直辖市人民政府,由省级新闻出版行政部门会同教育出版部门和价格主管部门具体组织实施,面向全部试点地区内具有中小学教材出版资质

[①] 张新华:《我国出版业规制的现状与不足》,中国高校人文社会科学信息网,2010年12月12日,http://www.sinoss.net/2010/1212/29213.html。

的出版单位和招标教材原创出版单位进行招标。中小学教材的发行招标制度依照《中小学教材发行招标投标试点实施办法(修订)》执行,在原则、招标人和招标程序上与出版招标制度基本相同。

2001 年 6 月国务院办公厅批转的原国家体改办和国家计委以及教育部、原新闻出版总署等联合提交的《关于降低中小学教材价格深化教材管理体制改革的意见的通知》,要求教材按照保本微利原则,以租型、出版、发行等环节发生的行业平均成本和 5% 的成本利润率为基础,核定教材印张绝对金额,进一步核减教材价格,并且还要求推广经济实用型教材。2001 年 6 月,原国家计委、教育部、原新闻出版总署共同制定颁布了《中小学教材价格管理办法》和《关于中小学教材印张中准价等有关事项的通知》,规定了我国中小学教材价格规制的具体内容,如零售价格、印张中准价格及其浮动幅度、租型费的标准、特殊教材价格标准等。

九、激励性规制[①]

我国政府对出版业实行了一系列的激励规制措施。根据《出版管理条例》,其基本原则包括:(1)国家支持、鼓励下列优秀的、重点的出版物的出版:对阐述、传播宪法确定的基本原则有重大作用的,对在人民中进行爱国主义、集体主义、社会主义教育和弘扬社会公德、职业道德、家庭美德有重要意义的,对弘扬民族优秀文化和及时反映国内外新的科学文化成果有重大贡献的,具有重要思想价值、科学价值或者文化艺术价值的;(2)国家对教科书的出版发行予以保障;(3)国家扶持少数民族语言文字出版物和盲文出版物的出版发行;(4)国家对在少数民族地区、边疆地区、经济不发达地区和在农村发行出版物,实行优惠政策。

在激励手段上,包括税收优惠、经济资助、评奖、申报出版项目等。

十、改革之路

出版社在完成转企改制的基础上,按照"三改一加强"的要求,继续深化新闻出版体制改革,加快建立完善的现代企业制度,继续打造和培育一批国内一流、国际知名的大型出版传媒集团。

(1)要完善法人治理结构。按照《公司法》要求,健全董事会、监事会和经营管

---

① 张新华:《我国出版业规制的现状与不足》,中国高校人文社会科学信息网,2010 年 12 月 12 日,http://www.sinoss.net/2010/1212/29213.html。

理层,探索建立职业经理人制度,明确所有者、经营者各自职责,形成符合现代企业制度要求、体现文化企业特点的资产组织形式和经营管理模式,通过有效的制度安排,提高企业的市场竞争能力。

(2)要加快转换内部经营机制。继续深化以劳动、人事和分配三项制度为核心的内部改革,建立完善的企业职工考评制度和激励制度,建立符合意识形态管理要求和现代企业特征的国有出版传媒企业领导班子考核制度,并将考核结果作为确定经营者薪酬标准和职务任免的重要依据。

(3)要积极推进股份制改造。通过引入其他行业大型国有企业作为战略投资者,出版传媒集团之间联合重组、参股等方式进行股份制改造,实现股权多元化。

(4)要加强与民间资本开展合作。出版传媒集团可按照《新闻出版总署关于支持民间资本参与出版经营活动的实施细则》要求,与民间资本开展深层次的产品合作、项目合作、资本合作。

第四节　出版业集团化的发展启示

一、集团必须专业化

出版集团必须专业化。即沿着大众出版、教育出版和专业出版三大方向发展,出版集团的三种业务分界很清楚,主线突出,交叉不多。

为了能在世界出版市场上占据领先地位,西方出版巨头都将自己的注意力集中在少数市场领域。比如,贝塔斯曼为了专注于大众出版的核心业务,1998年购得美国大型大众读物出版公司蓝登书屋,然后将自己下属的、赢利能力很强的学术出版公司斯普林格进行出售。励德爱思唯尔1997年将其大众读物领域的业务卖了出去,其目标就是要成为市场上主导科技、法律和商业信息的出版公司。

二、集团必须上市

上市作为一种资本运营手段,在国外出版业历史悠久。美国出版史学家John Tebbel在其专著《美国图书出版史》中,把1950年到1980年这一时期称为出版业的"巨变期",因为在这个阶段,美国出版界爆发了一股势头强劲的企业上市狂潮,通过上市融资,一批著名的出版企业相继得以壮大和发展,为出版业的发展奠定了资金后盾。

根据中国证监会行业分类,传播与文化产业中的出版业上市公司从 2008 年的 8 家发展到 2012 年的 11 家。他们分别是中原大地传媒、天舟文化、国学时代、中文传媒、时代出版、浙报传媒、长江传媒、中南传媒、凤凰传媒、出版传媒、ST 传媒。其中,国有控股 9 家,民营公司 2 家。

中原大地传媒股份有限公司是位于河南的大型传媒公司,于 2011 年 12 月 2 日借壳 ST 鑫安在深圳交易所上市,股票代码 000719。公司系中原出版传媒集团将资产注入 ST 鑫安后获得现有传媒资产。公司控股股东中原出版传媒集团(控股 75.78%)是河南省最大的文化产业集团。经营范围:对新闻、出版、教育、文化、广播、电影、电视节目等进行互联网信息服务;国内广告策划、代理、制作、发布;媒体运营策划、平面设计制作;电子网络工程;对所属企业图书、期刊、报、电子出版物、音像制品、网络出版物、新兴媒体、框架媒体和其他媒介产品的编辑、印制、发行进行经营管理;对版权贸易、中小学教材出版租赁、印刷发行、大中专教材研发进行经营管理;资产管理、资本运营、实业投资;文化创意、策划;技术服务;承办展览展销。

天舟文化,全名天舟文化股份有限公司,是一家以青少年图书和文化产品为重点,集内容策划、发行服务于一体的民营股份制企业。天舟文化从创始人肖志鸿先生 20 世纪 80 年代初开办的一个小书店起步,到 2003 年组建公司,2008 年完成股份制改造,2010 年在深圳创业板上市,成为中国民营出版传媒第一股。公司是湖南第一家具有出版物全国总发行资质的民营企业,总资产 6 亿元,年发行码洋近 6 亿元,2009 年成为中国民营书业十大实力机构,2010 年荣获新闻出版总署"中国出版政府奖——先进出版单位"。天舟文化经营图书、报纸、期刊、电子出版物总发行;文化用品、办公用品、文教科研仪器、工艺品、文化艺术品销售;教育、教学软件和信息系统开发、电化教学仪器智能化综合布线;设计、制作、发布户外广告;文化项目策划;书刊项目的设计、策划;著作权代理;教育咨询服务(以工商部门核准为准)。采取"内容策划 + 发行服务"的经营模式,以内容提供商与发行服务商的身份参与出版产业。内容策划业务主要由其在北京、浙江、南京、长沙等地的分子公司实施,包括选题策划、内容开发、版权代理、作家经纪等。天舟文化聘请了教育部原副部长张天保先生担任天舟教科院的名誉院长。天舟文化的产品与品牌包括三大板块,第一是中小学生学习用书,包括红魔英语、天舟学练王等系列品牌;第二是青少年读物,包括阅读点亮童年、原创新童话、俪制青春、网游动漫等系列品牌;第三是社科文艺图书。

江西省出版集团公司成立于1993年,是拥有130多家成员单位,员工逾万名的大型国有出版传媒集团。集团现已形成以图书、报纸、期刊、音像、电子等出版物的出版、发行、印刷复制、物资贸易等传统主业,与数字及新媒体出版、艺术品经营、影视剧生产、现代物流、文化金融、文化科技和文化地产等新兴业态相结合的经营格局。2006年,集团完成企业工商注册,成为全国文化体制改革试点单位。2010年,集团整合出版全产业链,实现中文天地出版传媒股份有限公司成功上市(简称"中文传媒",股票代码600373);2013和2014年,集团整合非上市企业资源,组建华章天地传媒投资有限公司和华章文化置业有限公司,大力实施"一体两翼、互动发展、一业为主、多元支撑"发展战略。"一体"是江西省出版集团公司,是集团公司的战略决策中心、宏观管控中心、资源配置中心。"两翼":一是已上市企业——中文天地出版传媒股份有限公司,全方位、全介质、全产业链提供文化产品和服务;二是集团公司未上市板块,以华章天地传媒投资有限公司和华章文化置业有限公司为主,主要在文化金融、文化科技、文化地产和资产经营等领域进行新的拓展。"两翼"相辅相成,互动发展,通过战略架构的提升,抓住转型升级、机制创新、并购重组三个重点,进一步深化改革、实干创新,取得了较好的经济效益和社会效益。2013年集团实现营业收入118.72亿元、净利润7.30亿元、总资产141.91亿元、净资产70.17亿元。

凤凰传媒位于江苏南京,是中国最大的出版发行企业之一,出版集团经济规模连续多年位列国内出版行业首位,图书发行规模已经连续19年保持全国第一,是除人教社以外,唯一拥有完整的自有产权教材产品体系的地区传媒集团。2010年销售收入54.1亿元,净利润6.6亿元。连续第五年入选"全国文化企业30强",主要经济指标位列30强之首;被国际出版咨询公司评为全球出版业50强,排名第23位。在世界品牌实验室发布的"2011年中国500最具价值品牌"中居第242位。集团现有员工近11000人,直属子公司24家,其中,出版社9家,新建出版公司3家,集团共有各类报刊24种,其中最大的发行量超过100万份。集团与海外20多个国家和地区的出版商经常保持合作关系,已与国际多家著名的出版机构和出版研究机构建立了战略合作关系,近年来合作出版和版权贸易图书2000余种。

目前,我国出版企业上市运作的方式主要有如下几种:

(1)直接上市。2007年5月,四川新华文轩连锁股份有限公司在香港上市,成为第一家通过 IPO 方式在香港联合交易所主板挂牌上市的国有大型出版物发行企业。

2007 年 12 月 21 日,中国内地出版传媒第一股——辽宁出版传媒股份有限公司在上海证券交易所挂牌上市。"出版传媒"并不是我国内地第一家上市的传媒企业,但却是内地第一家被核准带着编辑业务和经营业务一同整体上市的传媒企业。整体上市后,"出版传媒"做出了具有创新性的制度安排——"出版决策权"与其他编辑业务分离;确立国有资本绝对控股原则;把出版业的意识形态属性和社会效益第一的原则充分体现在法人治理结构之中。

(2)买壳上市或借壳上市。买壳上市不必经过漫长的审批、登记、公开发行手续,可在较短时间内达到上市目的。借壳上市一般发生在母、子公司之间,借壳与买壳的区别在于:借壳上市的公司已经预先通过子公司获得了对上市公司的控制权,即先实现了买壳,然后再实施借壳。

在辽宁出版传媒之前,A 股市场的多家传媒类上市公司都是通过买壳的方式实现上市的。2006 年,上海新华书店系统借壳华联超市,使"新华传媒"成为新华书店系统首家改制上市公司和中国内地股票市场上第一家出版发行企业。2007 年 11 月 30 日,江苏凤凰出版传媒集团成为秦皇岛耀华玻璃股份有限公司国有股权转让的受让方,借壳上市工作全面展开。

(3)参股上市。出版业参股上市公司的案例很多,如 2000 年,中国大百科全书出版社参股"福建南纸",江西三家出版单位作为战略投资者,参与晨鸣纸业新股配售。此两案例标志着从中央到地方,出版社开始介入资本市场。而银行股的走强带动了参股银行板块的急升,江苏凤凰出版传媒集团参股江苏银行股份有限公司、南京证券有限公司两家金融机构,给出版企业上市提供了另一种思路:出版企业可以将部分产业资本与金融资本相结合,强化后续发展实力。

三、集团必须多元化经营

多元化经营包括相关性产业和非相关性产业开拓两种方向。在进行非相关性产业开拓方面,我国媒介资本涉足的经营领域有娱乐、房地产、旅游、餐饮、贸易等项目,但多元化经营的整体状况不是很好,经营得好的,其多种经营收入约占总收入的 2%,盈亏持平的居多,还有部分"赔本"。如上海思考乐书局陷入困境的主要原因就是主要投资方上海永正企业将 4000 万元贷款用于其他关联产业的投资,其中包括网吧、游乐场等四五个产业实体,但其经营状况并不乐观,投资不易收回,直接导致书店运营资金难以为继。有学者提醒说,媒体由于缺乏多种经营的管理经验、市场经验、人力资源,在多种经营上还应保持谨慎的态度,以保证自己主营业务的核心竞争力。

在进行相关产业开拓方面,应走图书、报刊、广播电视、数字化产品开发之路,将同样内容用不同媒体形式进行包装转化,最大限度地推向市场和占领市场,这样才能取得良好的成效。

四、出版业必须"走出去"①

我国每年几十万种的图书出版品种中,大多只是针对国内市场,很少有站在国际市场的高度来进行打造的。

究其原因,文化差异是一个重要因素。东西方文化差异确实客观存在,而国际市场对文化的需求也是客观存在的。特别是随着经济全球化趋势的深入发展,中国越来越受到国际社会的关注,国际上对汉语学习以及中国文化方面的需求越来越强烈,通过学习汉语来了解中国的外国人也越来越多,可以预计汉语学习产品在未来国际市场具有良好前景。2010 年浙江教育出版社为国外初学汉语者打造的《中国书法艺术和硬笔书法指导》,用浅显的文字简要介绍了中国书法艺术的起源以及篆书、隶书、草书、行书、楷书等 5 种字体的形成,同时提供了部分常用汉字的书写指导。该书出版后被罗马尼亚孔子学院选为教材,在 2011 年国家汉办举办的孔子学院大会上受到了众多中外方院长好评,目前又出版了希腊语版,斯瓦西里语版与肯尼亚内罗毕大学出版社也谈成合作出版意向。由此可见,我们的产品要走出去,需要进行充分市场调研,分析国际市场需求,比较国外读者的阅读消费习惯,在此基础上积极策划,精心打造并逐步推出适合国际市场销售的产品。

因此,我们必须培育国际市场。我们的版权、图书要走出国门有难度,除了产品本身的先天不足外,还与出版业开拓国际市场的能力与经验不足有关。

一是要建立有效的国际销售渠道,积极参与国际竞争。目前我国大多数出版企业尚缺乏足够的资金与能力来构筑自己的海外营销网络,要积极与国际图书销售企业或文化公司进行实物贸易合作,也要与全球性或区域性大型连锁书店建立良好的合作关系,还要努力探索网络书店等新型出版物销售渠道,全方位拓展国

---

① 《对我国出版业"走出去"的思考》,新华网,2011 年 8 月 24 日,http://news. xinhuanet. com/newme-dia/2011－08/24/c_121901820_3. htm。

际实物营销渠道,促进和推动产品的出口。出版企业在与国外公司进行实物贸易中,要主动参与营销,定期与合作公司精心策划各种营销活动,精心准备产品介绍书,从国外读者对图书产品需求的角度努力展示好产品的内涵,提高我国出版物在国际市场上的认可度。有能力的出版企业,则要建立自己的国际营销渠道。如浙江出版联合集团新华书店博库书城继布鲁克林分店成功开业后,第二家曼哈顿分店又在纽约成功开业。出版企业也可与国内外相关行业联手拓宽领域,打造品牌。全世界目前有300多家孔子学院,300多个孔子学堂,还有众多由华人华侨创办的华文学校,这些都是很好的学习汉语和传播中国文化的渠道。出版企业应积极主动与这些海外教育机构联手,建立起中文学习网络。作为出版企业,推动文化的传播必须寻求适合销售的渠道,从而真正使出版的产品到达需要这些产品的人的手中。

二是必须狠抓出版人队伍建设。无论是打造适销对路的产品,还是建立广泛的营销渠道,这些过程均不能脱离人的作用。因此,出版人队伍建设是关键,必须大力构建人才体系。

三是必须高度重视外贸公司与图书贸易队伍建设。由专业外销业务员负责一个区域或者一个国家的业务,参加各种境外的商品交易会是图书外贸公司工作很重要的一部分,而全国从事外贸的出版企业只有区区10多家,参加国际书展等活动往往形式大于内容,浩浩荡荡几百人的参展大军里只有几十人是真正做业务的。并且很少有出版社专门去挖掘外向型的经营管理人才、版权贸易或图书贸易人才,适合国际出版业人才的短缺已成为目前制约国内出版社对外合作业务发展的瓶颈。目前,一个出版社能有一个专业的版权贸易人才已经算得上是重视这项工作了,更多的出版社则是由总编室或编务室的人员代办。出版企业应努力培养一支既懂出版又懂版权贸易或者通晓市场营销的队伍。规模大的出版社要像国外出版社一样成立国际部负责相关事务。

第四章　中国影视产业史

第一节　电影的起始与发展

一、国外电影的大致历程

有了光,才有影。电影是一种光影艺术。有人认为,如果要谈电影,就要上溯到我国汉代出现的灯影戏及之后出现的皮影戏。但是,真正意义上的电影,出现在 1895 年 12 月 28 日,法国卢米尔兄弟在巴黎卡普辛路 14 号咖啡馆放映成功之后。1893 年,T. A. 爱迪生发明电影视镜并创建"囚车"摄影场,被视为美国电影史的开端。1896 年,维太放映机的推出开始了美国电影的群众性放映时代。

19 世纪末 20 世纪初,美国的城市工业发展和中下层居民迅速增多,电影成为适应城市平民需要的一种大众娱乐。它最初在歌舞游乐场内放映,随后进入小剧场,在剧目演出之后放映。1905 年在匹兹堡出现的镍币影院(入场券为 5 美分镍币)很快遍及美国所有城镇,到 1910 年每周的电影观众多达 3600 万人次。当时影片都是单本一部的,产量每月 400 部,主要制片基地在纽约,如爱迪生公司、比沃格拉夫公司和维太格拉夫公司。

1903 年埃德温·鲍特的《一个美国消防员的生活》和《火车大劫案》,使电影从一种新奇的事物发展为一门艺术。影片中使用了剪辑技巧,鲍特成为用交叉剪辑手法造成戏剧效果的第一位导演。

此后,由于电影的收益高,竞争逐渐变得激烈。1897 年,爱迪生即为争夺专利进行诉讼,到 1908 年,成立了由爱迪生控制的电影专利公司,公司拥有 16 项专利权。到 1910 年,电影专利公司垄断了美国电影的制作、发行和放映。独立制片商为摆脱专利公司的垄断,相继到远离纽约和芝加哥的洛杉机郊外小镇好莱坞去拍片,那里自然条件得天独厚,又临近墨西哥边境,一旦专利公司提出诉讼便可逃离。

大卫·格里菲斯于1907年加入比沃格拉夫公司,次年导演了第一部影片《陶丽历险记》。至1912年他已为该公司摄制了近400部影片,把拍片重心逐渐移向好莱坞,并发现和培养了许多后来的著名演员,如麦克·塞纳特、玛丽·壁克馥和吉许姐妹等。

随着电视业的发展,特别是网络、手机的普及,美国电影的黄金时代结束之后,各大公司从80年代中期开始解体或转产,海斯法典也被正式废除。随之出现了微型影院、艺术影院、汽车影院等。独立制片及动漫等实验电影在穷途末路进程中有了新的发展。

二、国外著名的电影公司

国外电影公司有"八大"之说。八大有两种不同的说法,早期的八大是指环球、派拉蒙、米高梅、联美、雷电华、华纳、福斯克、哥伦比亚。但雷电华倒闭了,米高梅和联美合并,因此最开始的八大早已名存实亡。

还有一种说法是美国八大电影公司,指的是华纳、哥伦比亚、20世纪福克斯、派拉蒙、环球、联美、米高梅、华特迪斯尼。华纳兄弟影片公司的代表作品有《哈利·波特》《窈窕淑女》《卡萨布兰卡》《蝙蝠侠》《黑客帝国》《超人》《剑鱼行》。派拉蒙影业公司的代表作品有《泰坦尼克号》(与20世纪福克斯电影公司合拍)《教父》《夺宝奇兵》《阿甘正传》《变形金刚》《碟中谍》《变脸》《拯救大兵瑞恩》《楚门的世界》《怪物史莱克》《勇敢的心》。哥伦比亚影业公司的代表作品有《肖申克的救赎》《蜘蛛侠》《精灵鼠小弟》《霹雳天使》《功夫》《卧虎藏龙》。环球影业的代表作品有《大白鲨》《E.T外星人》《侏罗纪公园》《木乃伊》《角斗士》《谍影重重》《美国派》《哈姆莱特》《回到未来》。华特迪士尼影片公司的代表作品有《加勒比海盗》《海底总动员》《纳尼亚传奇》《国家宝藏》。20世纪福克斯电影公司的代表作品有《泰坦尼克号》(与派拉蒙影业公司合拍)《最长的一天》《星球大战》《埃及艳后》《音乐之声》《独立日》《小鬼当家》《X战警》《冰河世纪》。联美电影公司的代表作品有《摩登时代》《大独裁者》《淘金记》。米高梅电影公司的代表作品有《机械战警》《人猿泰山》、007系列、《猫和老鼠》。

著名的唱片公司有:(1)华纳:20世纪全球五大唱片集团之一,隶属于拥有好莱坞华纳兄弟影片公司、《时代》杂志、《财富》杂志、CNN 有线电视新闻网等传媒巨子的时代华纳集团公司,1930 年因收购了 Brunswick 唱片公司而顺利进军唱片业。随后又分别于 1968 年和 1970 年兼并了 Atlantic 和 Elektra Nonesuch 两家唱片公司,并成立了华纳唱片集团(简称 WEA)。近年来,Wea 先后将法国 Erato 公司、德国 Teldec 公司、芬兰 Finlandia 公司收归帐下。2000 年随时代华纳被美国在线(AOL)出资 1600 亿美元合并,并随即又出资 200 亿美元与英国 EMI 唱片公司合并,组成了全世界规模最大的唱片集团。旗下拥有麦当娜、恩雅、All‑4‑One、Peter Paul & Mary、R. E. M、The Smith、Green Day、Jewel、Cher、Prince 等众多流行巨星。我国台湾的 UFO(飞碟唱片)、大陆的麦田音乐制作公司和普莱音乐也在 Wea 旗下。(2)环球:20 世纪全球最大的唱片(音像制品制作、出版、发行)集团,1972 年由德国 Polydor International(德国 DG 唱片公司 1941 年以后的国际业务名称)与荷兰 Phonogram(荷兰 Philips 唱片公司当时的名称)联合组建,又先后收购了美国 A&M 公司、Motion 公司、英国 Island 公司,成为一个规模庞大的"唱片帝国",在全球几十个国家设有子公司发行各种类型的音像制品。

第二节　我国电影的发展历程

一、新中国成立前的电影业

中国电影发展从电影放映开始。1896 年,卢米埃尔兄弟雇用了二十个助手前往五大洲去放映电影,电影开始传入中国。随后,很多欧美商人见中国的放映业有利可图,纷纷来华投资。他们经营放映业,修建及发展连锁式影院,甚至在中国建立电影企业摄制影片。

中国人首次自己放电影是 1903 年在北京。中国商人林祝三从欧美回国,携带放映机和影片,在打磨厂乐天茶园放映电影,这是中国人从国外自运电影在国内放映的开始。此后,在北京前门外的大栅栏大观楼戏院、西单市场内的文明茶园、东安市场内的吉祥戏院、西城新丰市场里的和声戏院,相继都有电影放映。

1905 年,北京丰泰照相馆的任庆泰为了给京剧老旦谭鑫培祝寿,拍摄了一段由他主演的京剧《定军山》的部分场面。这一年也因此被公认为是中国电影的诞生日。也就是说,中国电影一开始,就和中国传统的戏曲和说唱艺术结合起来,发展出一套独特的电影类型。但是最早尝试拍摄这种电影类型的丰泰照相馆只属于小本经营，算不上是电影机构。

1909 年由美国商人本杰明·布拉斯基经营的亚细亚影戏公司，为中国最早的外商投资的制片机构，先后拍摄短片《西太后》和《不幸儿》，在香港拍摄短片《瓦盆伸冤》和《偷烧鸡》。1912 年由上海南洋人寿保险公司经理等人接办，1913 年，张石川、郑正秋等组织新民公司承包了亚细亚影戏公司的编剧、导演、雇用演员等工作，完成了《难夫难妻》《活无常》《五福临门》《一夜不安》《老少易妻》等多部短故事片，还拍了新闻《上海战争》和《茶花女》。

1916 年由张石川、管海峰集资于上海徐家汇创办了幻仙，租用意大利侨民阿·劳罗的器材和摄影场拍片。这是中国第一家在经济上摆脱外国商人的自主影片公司。摄制的影片《黑籍冤魂》，以同名文明戏为蓝本，由张石川、管海峰任导演，抨击鸦片流毒，具有警世作用，是中国故事片创作短片到长片的过渡性作品。

此外，还有"中国""上海""新亚"等，由于他们的成员多是来自戏剧舞台，所以当时的电影题材和内容大多源于中国戏曲和文明戏。此外，他们也开始拍摄剧情短片和长片，对电影这种艺术作出了最初步的探索和尝试。

1918 年，商务印书馆的夏粹芳、张元济等人在上海创办成立了专门的电影制作发行部门活动影戏部，标志着中国电影制片业进入了一个新的阶段。陈春生、任彭年、杨小仲等一批当时最优秀的电影人成为商务电影的中坚力量，他们以"抵制外来有伤风化之品，冀为通俗教育之助""表彰吾国文化"为宗旨，生产了风景、时事（新闻）、教育、古剧（戏曲）、新剧等各类电影数十部，一时成为民族电影兴起的一面旗帜。1920 年摄制完成的新剧《车中盗》，改编自当时流行的美国侦探小说《焦头烂额》中的一章，带来了巨大的成功，并且成为中国电影史上的第一部类型片；在 1926 年，商务印书馆最终将活动影戏部独立出去，组成国光影片公司，商务印书馆的电影活动就此终结，而国光也在一年之后宣布停办。1932 年，在日寇的炮火中，商务印书馆的电影拷贝和几乎所有文件一起被毁，商务印书馆在电影业的最后痕迹就此消失。

到 20 世纪 30 年代，中国共产党领导的进步戏剧家在上海成立了统一战线组织中国左翼戏剧家联盟，简称剧联。辛酉剧社、戏剧协社、南国社、艺术剧社、摩登社等参与其中。刘保罗、赵铭彝、于伶等曾担任党团书记，郑君里负责宣传。核心人物有潘汉年、冯雪峰、郑伯奇、沈端先、田汉等。1936 年初剧联自动宣告解散。

1922 年 3 月，张石川、郑正秋、周剑云等人在上海成立了明星电影公司，先后拍摄了《孤儿救祖记》《玉梨魂》《火烧红莲寺》《啼笑因缘》《春蚕》《十字街头》等著名影片。至1937年因抗战而停止营业,明星公司在近16年时间里推出了200多部影片,是当时中国营业时间最长的电影公司,也是中国电影业最早出现的"霸主"。

联华影业制片印刷有限公司在1930年由罗明佑的华北电影有限公司、黎民伟的民新影片公司、吴性栽的大中华百合影片公司和但杜宇的上海影戏公司等合并而成,最初全名为"联华影业制片印刷有限公司"。1932年后改称联华影业公司。总管理处在香港,上海设分理处,北平设分厂。旗下有著名导演孙瑜、费穆、史东山、卜万苍,著名演员阮玲玉、金焰、黎莉莉、王人美、陈燕燕、高占飞等。1936年8月,联华影业公司由吴性栽组织的银团华安公司接办,黎民伟退出并恢复民新影片公司。吴性栽成立华安总管理处,但对外仍沿用联华的名义,1937年8月由于抗战爆发而停办。出品了揭露官场黑暗的《故都春梦》和批判封建门第观念、提倡自由恋爱的《野草闲花》,上海第一部以反对日本帝国主义侵略为内容的故事片《共赴国难》,第一部著名的左翼电影《三个摩登女性》以及《天明》《城市之夜》《都会的早晨》《小玩意》等影片,第一批国防电影《狼山喋血记》《王老五》《青年进行曲》等。先后摄制故事片77部,长戏曲片1部,短故事片多部,以及动画片《狗侦探》《国人速醒》等。蔡楚生编导的《渔光曲》不仅在国内创上座最高纪录,而且在1935年莫斯科国际电影节上获得了荣誉奖状。

艺花公司,由黄金荣于1933年在上海创办,主要影片有《民族生存》《中国海的怒潮》《黄金时代》《逃亡》《凯歌》等。

电通影片公司,是中国早期左翼私营电影企业名,1934年由司徒逸民等在上海创建,经营电影录音器材。1934年,中国共产党的电影小组派司徒慧敏参与。夏衍、田汉等领导公司的电影创作,司徒慧敏担任摄影场主任;拍摄了《桃李劫》《风云儿女》《自由神》《都市风光》等经典影片。电影公司编导有袁牧之、应云卫、许幸之等;摄影师有吴印咸、吴蔚云等;主要演员有陈波儿、王人美、王莹等;音乐家聂耳、吕骥、贺绿汀也参与制作,该公司在1935年年底停办。

邵氏兄弟(邵醉翁、邵邨人、邵仁枚、邵逸夫)于1925年6月在上海虹口横浜桥成立了天一影业公司,后来搬到了甘世东路(今嘉善路甘村对面),抗战开始后,天一影业公司转移到南洋发展。

天一公司在成立之初就以明确的市场取向获得了商业上的成功,虽是后起者,它却成功地引领了"稗史片""古装片"等风潮。这些制片路线也给"天一"在

20 世纪后半叶的继承者"邵氏兄弟"电影公司打上了烙印，就是"一只眼盯着艺术、一只眼盯着商业"。和当时那些热衷于"明星制""风月题材"的欧化电影公司不同，"天一"早期的电影基本上是以"时事"和"稗史"题材为主的，拍摄了第一部故事片《立地成佛》，此后几年投拍了超过 100 部影片，其中一半以上取材于"水浒""三国""西游""施公案""三言二拍"，以及其他取之不尽的乡村野史、民间稗闻。比如江南地区广为流传的《珍珠塔》《白蛇传》均拍了 3 集，风靡一时；《乾隆游江南》更是拍了 7 集之多。在其后香港电视的蓬勃发展过程中，同样由邵氏家族控股的香港无线电视台成立之初，在其新盖的"清水湾"电视城摄影棚内大量生产这种"稗史剧"，成功吸引了大批女性观众、家庭观众收看，大赚收视率。公司虽是家族企业，制片、导演、编剧、摄影、发行却都有专门分工，环节井然。①

20 世纪 30 年代无声片即没有声音、只有形象的影片，也称默片，艺术性很高。而中国第一部有声片《歌女红牡丹》于 1931 年诞生。1936 年前后，有声电影完全取代默片，完全的有声片逐渐取代配音片。《姊妹花》《貂禅》《渔光曲》三部影片曾经分别创下连映 60、70、80 天的纪录。1937 年 7 月 24 日《马路天使》在上海金城大戏院开始了它连续 21 天的首轮公映，近 10 万人次观看了《马路天使》这部"卖座最盛、舆论最佳之巨片"。

这个时期著名的编剧有夏衍、田汉、蔡楚生、吴永刚、袁牧之等。著名的演员有上海《良友》电影杂志刊登的胡蝶、徐来、陈燕燕、阮玲玉、王人美、袁美云、黎明晖、叶秋心八明星；著名的电影有《神女》《马路天使》《渔光曲》等。导演有郑正秋、张石川、但杜宇、任彭年、沈浮、史东山、邵醉翁、何非光、杨小仲等。

20 世纪 20 年代中期以后，杨耐梅、张织云、宣景琳、陈玉梅、胡蝶、阮玲玉、陈云裳以及金焰、高占非、刘琼等电影明星开始影响中国影迷。此时出现了大量中外明星趣闻逸事的文字图片以及许多定位明确、设计专业的影迷杂志。据不完全统计，从 1925 年到 1937 年，就有 120 种以上的电影杂志问世，其中包括《好莱坞周刊》《电影明星画刊》《银幕与摩登》《明星家庭》《影迷周报》《影迷新报》《影城》《花絮》《明星特写》等大多数电影杂志，都是比较有名的影迷读物。20 世纪 30 年代的上海，电影明星的魅力更是无处不在。街上的广告招贴画里满是电影明星的身影；胡蝶为某布料作的广告洋溢着旧月份牌的风格；滑稽明星殷秀岑、韩兰根为

---

① 李多钰主编：《中国电影百年》（上编），中国广播电视出版社 2005 年版。

某种胃药耍贫嘴;力士香皂那时的广告照上是陈燕燕。[①]

1933 年《明星日报》陈蝶衣发起举行的"影后大选举",评选结果,胡蝶夺得影后的桂冠。

抗战期间的电影发展分前后两个时期。抗战救亡期间有《狂流》《中华儿女》《十字街头》《保卫我们的土地》《八百壮士》《保家乡》《中华儿女》《长空万里》等故事片、纪录片鼓舞斗志、弘扬爱国主义;抗战结束后,《松花江上》《恋爱之道》《八千里路云和月》《一江春水向东流》等又深刻揭示社会矛盾和本质,形成现实主义的创作潮流。

抗战结束后,言情、侦探、恐怖、艳情、古装、武侠等类型成为电影市场的主控形态。著名影片有《长恨歌》《花样年华》《天堂口》《上海伦巴》《紫蝴蝶》《危险关系》《胭脂扣》《人约黄昏》《丽人行》《乌鸦与麻雀》《哀乐中年》《街头巷尾》《小城之春》《万家灯火》《艳阳天》《姊妹劫》《天堂春梦》《夜店》《松花江上》《一江春水向东流(上、下)》《太太万岁》《遥远的爱》《恋爱之道》《红楼梦》《渔家女》《塞上风云》《铁扇公主》《家》《夜深沉》《理发师》《半生缘》《夜半歌声》《茉莉花开》《风声》《阮玲玉》《武则天》《木兰从军》《还乡日记》《王老五》《董小宛》《三笑》《梁山伯与祝英台》《凤凰于飞》《银海千秋》等。

在日本占领区,日本帝国主义于 1937 年 8 月 21 日在长春成立"满洲映画株式会社"(简称满映)。后在北平(今北京)成立华北电影股份有限公司。1939 年于上海成立中华电影股份有限公司。太平洋战争爆发后,日伪将新华等几家影片公司合并,成立中华联合制片有限公司(简称中联)。1943 年 5 月 12 日将以上电影机构合并,成立中华电影联合股份有限公司(简称华影)。中联和华影在 4 年中拍摄近 130 部故事片,有宣扬所谓"中日亲善""共存共荣"的《春江遗恨》等影片,也拍摄了不少以恋爱为主的影片。

在抗日根据地,1938 年,在八路军总政治部领导下,由延安电影团袁牧之担任编导,吴印咸、徐肖冰、吴本立担任摄影,用仅有的两部摄影机拍摄长纪录片《延安与八路军》。1942 年又完成长纪录片《生产与战斗结合起来》,以及一些反映当时延安重大社会政治生活的新闻片。还建立了一个放映队,在陕甘宁边区、晋绥边区前线一带放映电影。新四军淮北根据地于 1942 年购得 16 毫米摄影机,拍摄了

---

① 《中国电影三十年代之只为明星狂》,360doc 图书馆,2013 年 4 月 14 日,http://www.360doc.com/content/13/0414/14/2075819_278192022.shtml。

有关新四军生活的影片素材,1946 年剪接完成长纪录片《新四军的部队生活》。这就形成了延安记录电影学派。在解放区,1946 年成立延安电影制片厂。1947 年以该厂部分人员为基础,组成西北电影工学队前往东北。1946 年 10 月在晋察冀军区成立华北电影队。1946 年长春解放后,中共中央东北局指派舒群、田方等人接管满映。1946 年 10 月成立东北电影制片厂(简称东影),在极其艰苦的条件下,完成 17 辑大型新闻纪录片《民主东北》,以及木偶片《皇帝梦》、科教片《预防鼠疫》、短故事片《留下他打老蒋》、动画片《瓮中捉鳖》、翻译片《普通一兵》。1949 年 4 月,东影迁回长春,1955 年改为长春电影制片厂。北平、上海解放后,在北平、上海军事管制委员会领导下,接管了在北平、上海的国民党制片机构,分别成立北平电影制片厂(后改为北京电影制片厂)和上海电影制片厂。1949 年 4 月,成立中央电影事业管理局,担负领导全国电影工作的任务。①

20 世纪 40 年代末是中国早期喜剧电影丰收的季节,《太太万岁》《假凤虚凰》《三毛流浪记》《乌鸦与麻雀》等,属于讽刺喜剧。万籁鸣、万古蟾绘制完成的动画片《铁扇公主》是中国第一部较长的动画片。

解放战争爆发后,先后来港的有何非光、朱石麟、卜万仓、但杜宇、任彭年、舒适、周璇、胡蝶、殷明珠等著名的导演明星,内地资本和人才的涌入也为百废待兴的香港电影业注入了一股活力。战后初期,蒋伯英成立了大中华影业公司,拍摄了香港光复后的第一部影片《芦花翻白燕子飞》。李永祖同制片家张善琨合作,创办了"永华",明星云集的大片《国魂》和《清宫秘史》等就诞生于此。而张善琨随后脱离"永华"成立的"旧长城"也出品了《荡妇心》《血染海棠红》《一代妖姬》等影片。

20 世纪 30 ~ 40 年代著名导演有费穆、蔡楚生、孙瑜、袁牧之、郑君里、吴永刚、程步高、沈西苓、史东山、桑弧、汤晓丹等。

沈浮(1905 ~ 1994),又名沈哀鹃,天津人。1924 年考入天津渤海公司当演员,1933 年进入联华影业公司,编辑《联华画报》,继而担任编导,先后编剧了影片《出路》《狼山喋血记》《天作之合》等并导演了一批话剧。1948 年他进入昆仑公司,编导了影片《万家灯火》《希望在人间》,并担任《乌鸦与麻雀》的编剧。20 世纪 50 年代后,沈浮编导的影片有《李时珍》《老兵新传》《万紫千红总是春》《北国江南》等,其中不乏中国电影史上的经典之作。

---

① 中国电影,见"百度百科",http://baike.baidu.com/。

郑君里（1911～1969），1911 年 12 月 6 日生于上海。祖籍广东香山县人。1929 年夏，在南国社参加《莎乐美》《卡门》等剧的演出，与陈白尘等创办《摩登》戏剧半月刊。1931 年参加左翼戏剧家联盟，起草《最近行动纲领——现阶段对于白色区域戏剧运动的领导纲领》。同时，他还加入摩登剧社、大道剧社，演出《乞丐与国王》《血衣》《乱钟》等剧。1932 年，他加入联华影业公司为一名基本演员，先后在《火山情血》《奋斗》《大路》《新女性》《迷途的羔羊》等近 20 部影片中担任主要或重要角色，并参加上海业余剧人协会，演出《娜拉》《大雷雨》等剧。1940 年，在重庆加入中国电影制片厂，任新闻影片部主任，历时两年，赴西北、西南地区拍摄各兄弟民族团结抗战的长纪录片《民族万岁》。1943 年，他参加中国艺术剧社，导演了《戏剧春秋》《祖国》等剧。抗战胜利后回到上海，任昆仑影业公司编导委员会委员。1947 年，他与蔡楚生合作编导《一江春水向东流》，与孙瑜执导了《宋景诗》，执导的还有《乌鸦与麻雀》《林则徐》《聂耳》《枯木逢春》等。

费穆（1906～1951），生于上海，病逝于中国香港。中国早期著名电影导演，代表作有 1932 指导的《城市之夜》，1936 指导的《狼山喋血记》，1948 年指导的《小城之春》。创办新艺剧团和国风剧团，导演了《杨贵妃》《秋海棠》《浮生六记》《清宫怨》等话剧。1947 年，他执导了由京剧大师梅兰芳主演的戏曲片《生死恨》，这是中国第一部彩色影片。1949 年 5 月去香港，创办龙马影片公司，执导影片《江湖儿女》，片未竟而病逝。

孙瑜（1900～1990），生于重庆，四川省自贡市贡井人。他导演的《故都春梦》《野草闲花》《野玫瑰》《火山情血》《天明》《小玩意》《体育皇后》《大路》，成为无声电影的典范。抗日战争爆发后，孙瑜与家人回了重庆并拍摄了《长空万里》《火的洗礼》。《武训传》于 1950 年年底完成。1951 年 2 月，影片在上海和南京公映，十分受人欢迎。孙瑜带片进京放映，周恩来、朱德等出席观摩，评价甚好。后又导演《乘风破浪》《鲁班的传说》。

吴永刚（1907～1982），江苏吴县人。1934 年，在田汉的支持下，吴永刚编导的处女作《神女》问世，这是一部具有高度艺术成就的默片，成为中国电影史上的经典影片之一。后又导演了《浪淘沙》《壮志凌云》《离恨天》《铁窗红泪》《岳飞精忠报国》《忠义之家》《终身大事》《迎春曲》，导演话剧《花溅泪》《明末遗恨》。新中国成立后导演了《碧玉簪》《尤三姐》《刘三姐》《巴山夜雨》等。

蔡楚生（1906～1968），出生于上海，广东省潮阳县人，任郑正秋的助理导演和副导演，协助拍摄了《战地小同胞》（1929）、《碎琴楼》（1930）、《桃花湖》（1930）、

《红泪影》（1931）等 6 部影片。1931 年夏，加入联华影业公司，正式担任编剧、导演。先后创作了《南国之春》（1932）和《粉红色的梦》（1932）。联合编导了反映"一·二八"事变的故事影片《共赴国难》（1932），导演了《新女性》《迷途的羔羊》和《王老五》等影片。编导了表现上海人民在沦陷区进行不屈斗争的影片《孤岛天堂》（1939）和歌颂香港工人热情支持抗战的影片《前程万里》（1941）。1947 年，与郑君里合作编导《一江春水向东流》。

郑正秋（1889~1935），原名郑芳泽，号伯常，广东汕头人，卒于上海。他是中国电影事业的开拓者，我国最早的电影编剧和导演之一。郑正秋在青年时期积极从事新剧评工作，1913 年涉足影坛，编剧并参与导演了中国第一部短故事片《难夫难妻》。1922 年与张石川等创建明星影片公司，担任编剧、导演。主要编导作品有《劳工之爱情》《玉梨魂》《姊妹花》等共 53 部影片。

袁牧之（1909~1978），原名袁家莱，1909 年 3 月 3 日生于浙江宁波。1934年，袁牧之编剧并主演了《桃李劫》。1935 年他自编自导的《都市风光》是中国电影史上第一部音乐喜剧故事片。袁牧之在影片《风云儿女》中扮演了主人公——一个由沉沦到觉醒，最后走上抗战前线的青年——辛白华。1936 年，袁牧之转入明星影片公司，主演了影片《生死同心》。1937 年，他编导的《马路天使》成为中国电影史上的经典之作。这部由赵丹、周璇主演的影片被认为是中国有声电影艺术走向成熟的标志。1937 年抗日战争爆发，袁牧之任话剧《保卫芦沟桥》导演委员会成员。1938 年，在汉口中国电影制片厂主演《八百壮士》。同年 8 月奔赴延安，在八路军总政治部直属的延安电影团负责创作领导工作，编导有大型历史记录片《延安与八路军》等。

这一时期，著名影星新星有：秦怡，在《无名氏》中饰演的国英；黄宗英，主演喜剧《甜姐儿》；张瑞芳，主演《松花江上》中的农村女性；白杨，在《十字街头》中扮演的充满幻想的青年女性；上官云珠，因成功塑造性格迥异的电影人物形象而蜚声影坛；舒绣文，在《一江春水向东流》中饰演的泼辣自私的交际花；此外，还有赵丹、金焰等男星。

这个时期创刊的杂志有《电影杂志》《影迷俱乐部》《影剧》《影戏杂志》等，以及《申报》《良友》等的相关版面。

20 世纪 30~40 年代的电影歌曲也很有成就。这一时期的著名作曲家有孙成壁、严工上、任光、黄自、高天栖、黎锦晖、吕骥、聂耳、贺绿汀、冼星海、陈歌辛、刘雪庵、严华、黎锦光、姚敏、李七牛、金玉谷、梁乐音、顾家辉等，词作者有安娥、顾仲彝、王乾白、孙师毅、唐纳、高季琳、田汉、孙瑜、范烟桥、欧阳予倩、吴村、朱石麟、李隽青、魏如晦、程小青、陈蝶衣、陶秦、吴祖光等,他们为电影歌曲的繁荣做出了杰出的贡献。还有胡蝶、胡萍、阮玲玉、王人美、龚秋霞、周璇、李丽华、白虹、顾兰君、张翠红、郎毓秀、赵丹、梅熹、严华、白云等电影演员对电影歌曲的成功诠释,以及明月歌剧社、梅花歌舞团、联华影业公司音乐歌舞班、金星戏剧电影训练班等团体对电影歌舞人才的输送和培养,都是中国早期电影歌曲、歌唱片得以不断发展并取得较高成就的关键之所在。其中周璇主演的歌唱片就有《马路天使》(1937)、《三星伴月》(1938)、《孟姜女》(1939)、《李三娘》(1939)、《新地狱》(1939)、《七重天》(1939)、《董小宛》(1939)、《三笑》(1940)、《孟丽君》(1940)、《苏三艳史》(1940)、《西厢记》(1940)、《黑天堂》(1940)、《天涯歌女》(1940)、《梦断关山》(1941)、《梅妃》(1941)、《夜深沉》(1941)、《解语花》(1941)、《恼人春色》(1941)、《渔家女》(1943)、《鸾凤和鸣》(1944)、《凤凰于飞》(1945)、《长相思》(1946)、《各有千秋》(1946)、《莫负青春》(1947)、《歌女之歌》(1947)、《花外流莺》(1947)、《彩虹曲》(1949)等,它们大都获得了较高的票房收入。[①]

影响最大的是《渔光曲》中的《渔光曲》、《马路天使》中的《天涯歌女》、《桃李劫》中的《毕业歌》、《风云儿女》中的《义勇军进行曲》。《义勇军进行曲》后来成为我国的国歌。

二、新中国成立后 30 年的电影历程

1. 1949 年新中国成立后的 17 年间

新中国成立后,中国电影事业的发展进入一个新时期。20 世纪 50 年代初期,上海原各私营电影制片厂联合组建为公私合营的上海联合电影制片厂,于 1953 年并入上海电影制片厂。这样,故事片的生产完全由长春、北京、上海 3 家国营厂承担。为了培养人才,上海、北京先后成立电影学校,北京的电影学校后成为中国唯一的高等电影专业学府——北京电影学院。与此同时,成立了中国电影发行放映公司,筹建了保定电影胶片厂,南京、哈尔滨、上海都建立了电影机械厂,以及八一电影机械厂和北京电影洗印厂等电影工业企业。

新中国电影从 1949 年制作第一部以工人阶级作为解放了的主人翁的影片

---

① 李道新:《作为类型的中国早期歌唱片——以 30 ~ 40 年代周璇主演的影片为例兼与同期好莱坞歌舞片相比较》,《当代电影》,2000 年第 6 期。

《桥》开始,在很短的时间,拍摄了《白毛女》《钢铁战士》《上饶集中营》《新儿女英雄传》《翠岗红旗》《我这一辈子》《腐蚀》等优秀故事片,以及新闻纪录片《百万雄师过大江》《红旗漫卷西风》等。1957 年文化部举办了新中国成立后第一次优秀影片评奖,奖励了 1949 年至 1955 年摄制的《南征北战》《智取华山》《渡江侦察记》《鸡毛信》《董存瑞》《祝福》《李时珍》《神笔》《淡水养鱼》等 69 部优秀影片。1959 年形成一个繁荣时期,拍摄了《林则徐》《聂耳》《万水千山》《青春之歌》《林家铺子》《老兵新传》《五朵金花》等题材风格多样、在思想与艺术上达到了较高统一的影片。到 1965 年,形成新中国成立后的第二个电影创作高潮,生产了《甲午风云》《革命家庭》《红旗谱》《舞台姐妹》《小兵张嘎》《英雄儿女》《农奴》《白求恩大夫》《早春二月》《杨门女将》等优秀影片,以及优秀美术片《大闹天宫》《小蝌蚪找妈妈》等。与此同时,电影放映单位从 1949 年的 400 多个发展到 1965 年的 20363 个。到 1965 年为止,中国电影发行放映公司共发行 1213 部长短影片。中国自己的电影工业也已具备相当规模,可以生产洗印、录音、摄影、放映机等各种设备、器材,并基本达到自给。

这期间,拍摄了《南征北战》《英雄儿女》《小兵张嘎》等革命战争题材的影片,塑造出王成、董存瑞等一系列激励人心的英雄人物形象;同时还拍摄出《永不消失的电波》《英雄虎胆》《秘密图纸》等扣人心弦的反特题材影片;还有爱情片《柳堡的故事》《我们村里的年轻人》等;《祝福》等改编自现、当代文学名著的影片也取得了成效。此外,在这期间,还出了《林家铺子》《早春二月》等艺术精品,并涌现出《白毛女》《珊瑚颂》《洪湖赤卫队》《江姐》《刘三姐》《阿诗玛》《祝福》《林家铺子》《红日》《海岛女民兵》等一大批现实主义和浪漫主义相结合的优秀作品,塑造了一大批具有浓郁民族风格的银幕形象,形成了新中国电影发展的第一次高潮。

2．"文革"十年

1966 年 6 月 1 日的社论《横扫一切牛鬼蛇神》的发表,使中国电影进入了文革电影时期。这是一个政治、文化革命的时期,电影为政治服务的色彩浓厚。

这一时期的戏曲片有:《游乡》(河南曲剧)、《借牛》(汉剧)、《送粮》(祁剧)、《沙家浜》(现代京剧样板戏)、《智取威虎山》(京剧)、《沙家浜》(京剧)、《红灯记》(京剧)、《白毛女》(革命现代舞剧)、《奇袭白虎团》(京剧)、《海港》(京剧)、《龙江颂》(京剧)、《红色娘子军》(京剧)、《红灯记》(钢琴伴唱)、《黄河》(钢琴协奏曲)、《沙家浜》(革命交响乐)、《红色娘子军》(舞剧)、《沙家浜》(粤剧)、《半篮花生》(越剧)、《杜鹃山》(京剧)、《园丁之歌》(湘剧高腔)、《送货路上》(湖南花鼓戏)、

《平原作战》(京剧)、《草原儿女》(舞剧)、《沂蒙颂》(舞剧)、《红灯记》(维吾尔语歌剧)、《人老心红》(淮剧)、《拣煤渣》(淮剧)、《磐石湾》(京剧)、《我们都是向阳花》(歌舞)、《节振国》(京剧)、《管得好》(吕剧)、《半边天》(吕剧)、《三定桩》(莱芜梆子)、《百花争艳》(音乐歌舞)、《红军不怕远征难》(长征组歌)、《小店春早》(黄梅戏)、《审椅子》(革命现代京剧)、《追报表》(楚剧)、《苗岭风雷》(京剧)、《红云岗》(京剧)、《红霞万朵》(黄梅戏)、《宝莲灯》(湖南花鼓戏)、《两张图纸》(湖南花鼓戏)、《江姐》(歌剧)、《闯王旗》(汉剧)、《祥林嫂》(越剧)、《蝶恋花》(舞剧)等。

动画、剪纸等儿童片有:《放学以后》(动画)、《万吨水压机战歌》(剪纸)、《小号手》(动画)、《东海小哨兵》(剪纸)、《不差半分毫》(剪纸)、《小八路》(木偶)、《带响的弓箭》(剪纸)、《骏马飞腾》(木偶)、《大潮汛之夜》(动画片)、《渡口》(动画)、《出发之前》(剪纸)、《主课》(木偶片)、《金色的大雁》(剪纸)、《试航》(动画片)、《大橹的故事》(木偶)、《长在屋里的竹笋》(水墨剪纸)、《树苗》(木偶片)、《芦荡小英雄》(剪纸)、《山羊回了家》(剪纸)、《两只小孔雀》(动画)、《小石柱》(动画)、《战旗似火》(动画片)等。

故事片、纪录片有:《火红的年代》《艳阳天》《青松岭》《战洪图》《侦察兵》《闪闪的红星》《南征北战》(重拍)、《钢铁巨人》《无影灯下颂银针》《一副保险带》《向阳院的故事》《渡江侦察记》(重拍)、《创业》《平原游击队》(重拍)、《激战无名川》《车轮滚滚》《烽火少年》《海霞》《春苗》《第二个春天》《红雨》《战船台》《长城新曲》《小螺号》《小将》《决裂》《金光大道》(上集)、《黄河少年》《碧海红波》《沸腾的群山》《难忘的战斗》《沙漠的春天》《阿勇》《年青的一代》(重拍)、《雷雨之前》《牛角石》《阿夏河的秘密》《长空雄鹰》《金锁》《开山的人》《枫树湾》《南海风云》《雁鸣湖畔》《山花》《芒果之歌》《新风歌》《锁龙湖》(上集)、《南海长城》《青春似火》《山村新人》《江水滔滔》《寄托》《山里红梅》《征途》《海上明珠》《金光大道》(中集)、《主课》《春潮急》《南疆春早》《反击》《同志感谢你》《女交通员》《十月风云》《黑三角》《战地黄花》《我们是八路军》《祖国啊母亲》《延河战火》《熊迹》《蓝天防线》《大刀记》《渔岛怒潮》《暗礁》《欢庆伟大的胜利》《春天》《青春》《希望》《渭水新歌》《连心坝》《万水千山》《万里征途》《两张发票》《火红的岩标》《补课》《奥金玛》《风云岛》《闯王旗》《祥林嫂》《狐狸打猎人》《山伢子》《两张布告》《歌声飞出五指山》《西瓜炮》《小白鸽》《奇怪的病号》《像不像》《画廊一夜》《蓝色的海湾》《两只小孔雀》《东港谍影》《灯》《失去记忆的人》《山寨火种》《拔哥的故事》

《不平静的日子》《蔡文姬》《丁龙镇》《豹子湾的战斗》《两个小八路》《猎字 99 号》《火娃》《斗鲨》《萨里玛珂》《峥嵘岁月》《并非一个人的故事》《走在战争前面》《严峻的历程》《沙漠驼铃》《平鹰坟》《六盘山》《孔雀飞来阿佤山》《九龙滩》《风雨里程》《儿子孙子和种子》《蒙根花》《巨澜》《春歌》《大河奔流》《奴隶的女儿》《瑶山春》《冰山雪莲》《特殊任务》等。

3. 导演与演员队伍

导演主要有谢晋、谢铁骊、凌子风、崔嵬、成荫、水华、郭维、鲁韧、王炎、谢飞、吴贻弓、吴天明、黄蜀芹、滕文骥、丁荫楠、郑洞天、颜学恕、张暖忻、胡柄榴等。

演员主要有田华、张瑞芳、秦怡、赵丹、白杨、葛存壮、谢芳、陈玉梅、董霖、韩非、刘琼、李纬、上官云珠、孙道临、王晓棠、于蓝、王丹凤、冯喆、韩涛、周文彬、许还山、陈述等。

4. 香港电影的发展

在 1949 年新中国成立之后,香港国语电影界形成了"左派"和"右派",以"长城""凤凰""新联"为代表的左派电影公司在与右派的角逐中一方面延续着中国主流进步电影的传统,另一方面也促进了香港国语片市场的良性竞争。战后,海外市场的需求,为香港制片业吸引到了大量的投资,但同时也助长了香港影坛粗制滥造的歪风邪气。"七日鲜"和"云吞面导演"之风对香港电影的发展造成了极为恶劣的影响,因而也就诞生了香港电影史上著名的"清洁运动"。吴楚帆、黄曼梨、白燕、关文清等 164 位影人联合签名,发表了"尽一己之责,期对国家民族有所贡献,不负社会之期望,停止拍摄违背国家民族利益,危害社会,毒化人心的影片"的宣言。

从 20 世纪 50 年代中期开始,随着港英政府"积极不干预政策"的鼓励和"左右"政治势力影响减弱,香港电影迎来了它自由发展的黄金时期。从此,有人开始将香港这块弹丸之地冠之以"东方好莱坞"的头衔。在这一时期,"电懋"和"邵氏兄弟"在争夺市场方面进行着激烈的竞争。"电懋"以拍摄时装片为主,如《四千金》《曼波女郎》《空中小姐》《香车美人》等;而"邵氏"则延续了前身"天一"公司的创作传统,提出了"大中华文化圈"的发展战略,积极制作《貂蝉》《杨贵妃》《江山美人》《梁山伯与祝英台》等古装片,并且在香港掀起了一股持续了十年之久的"黄梅调电影热潮"。凭借这股热潮,"邵氏"也在两强之争中始终处于优势地位。为了逆转不利的局势,"电懋"的掌门人陆运涛亲自上阵,先是花重金从"邵氏"挖走了林黛、乐蒂的当红明星,又说服李丽华和严俊自组公司,最后策反李翰祥带着凌波等一批"邵氏"的演职人员远走台湾,组建了"国联"。同时,两公司大闹"双胞胎案",争拍同一题材的影片抢占市场。这种恶性竞争直到 1964 年双方签订"君子协定"才宣告结束。不久,陆运涛意外辞世,"电懋"也无力再和"邵氏"抗争,香港电影的格局就此从"楚汉相争"变成了"邵氏"的一家独大①。

三、改革开放 36 年的电影业发展

1979 年 10 月邓小平代表党中央肯定了文化大革命前 17 年的文艺路线,总结了历史的经验教训,纠正了过去提出的"文艺服从政治、文艺从属政治"的偏颇提法,重申执行双百方针。电影业又迎来了春天。

1. 机制体制建设

电影厂在原有的基础上陆续增建八一电影制片厂、儿童电影制片厂、珠江电影制片厂、西安电影制片厂、峨嵋电影制片厂、潇湘电影制片厂、内蒙古电影制片厂、天山电影制片厂、福建电影制片厂、广西电影制片厂、青年电影制片厂、深圳影业公司、云南电影制片厂 13 个主要生产故事片的电影制片厂和中央新闻纪录电影制片厂、北京科学教育电影制片厂、上海科学教育电影制片厂、上海美术电影制片厂、上海电影译制厂和中国农业电影制片厂。

1958 年在北京建立了中国电影资料馆,1989 年在该馆基础上建立了中国电影艺术研究中心,并创办《当代电影》和《电影信息报》。电影工业和科研方面都有相当大的发展。国产电影器材已基本上可以满足放映和制片的需要,还研制成功了立体电影、环幕电影等。全国放映单位已达 14 万之多,比 1949 年增长了 350 倍。1960 年成立了中国电影工作者协会,1979 年改组为中国电影家协会,颁发电影金鸡奖;影协下设中国电影出版社;还编辑出版《大众电影》,举办电影百花奖评选活动。自 1980 年起每年由文化部(1986 年起改由广播电影电视部)对上年度的优秀影片颁发政府奖。

2. 基本分期

1979~2013 年,这 35 年大致可分为 4 个阶段:

(1)经历十年"文革"浩劫,中国电影走出低潮,拍摄出《小花》《人到中年》等一大批人情味的、反映改革实践、针砭社会时弊的优秀影片。

(2)20 世纪 80 年代末到 90 年代初,《开国大典》《大决战》等重大革命历史题

---

① 中国电影,见"百度百科",http://baike.baidu.com/。

材影片和《焦裕禄》《凤凰琴》等现实题材影片,形成了第二次高潮。进入 20 世纪 90 年代,中国电影先后实施了影视合流改革、电影精品工程、农村电影放映工程、电影股份制、集团化改革等主要措施,艺术质量和形式都有崭新的突破和提高。除《焦裕禄》《孔繁森》《离开雷锋的日子》《喜莲》《那山那人那狗》等作品外,还出现了《不见不散》等贺岁片、喜剧片的新样式,涌现出一大批新生力量。这个时期有三个特点:一是坚持和发展革命的现实主义道路,坚决执行双百方针,题材广泛,反映生活中各类矛盾有一定的深度和广度,如《天云山传奇》《喜盈门》《人到中年》《高山下的花环》《血,总是热的》《伤逝》《骆驼祥子》等影片。二是尊重艺术的客观规律,创造出各种真实生动的银幕形象,塑造了各类不同的典型性格,如《南昌起义》《西安事变》《廖仲恺》等影片对革命领导人进行了多角度的刻画,对蒋介石等历史人物能实事求是地按照历史本来面目表现。三是在风格与样式上趋于多样化。由于题材领域的扩展,使艺术家们可以自由地发挥自己的才能和特长,探索自己最适宜的风格、样式,表现最完美的内容。尤其引人注目的是一批中青年编导拍摄了一批有一定实验意义的探索性影片,如《黄土地》《青春祭》《良家妇女》《黑炮事件》《猎场札撒》《老井》《红高粱》《秋菊打官司》《香魂女》《霸王别姬》等。在电影创作繁荣的同时,电影理论研究也空前活跃,并在相当多的创作人员中产生影响①。

(3)进入新世纪,中国电影形成了国有、集体、民营多种所有制协调发展的新格局,电影发展走上了良性循环的轨道。《邓小平》《可可西里》《台湾往事》等力作取得了社会效益和经济效益的双丰收,《英雄》《神话》《震撼》等国产大片共同占据了中国市场的主导地位,并在世界影坛创造了中国电影的票房奇迹。中国有 30 多部影片在 40 多个国际电影节上获奖,标志着第三次发展高潮的到来。中国第一部获得德国柏林国际电影节最高奖项"金熊奖"的电影是《红高粱》,导演是张艺谋;中国第一部获得意大利威尼斯国际电影节最高奖项"金狮奖"的电影是《悲情城市》,导演是侯孝贤;中国第一部获得法国戛纳国际电影节最高奖项"金棕榈奖"的电影是《霸王别姬》,导演是陈凯歌;中国第一次提名奥斯卡最佳外语片的电影是《菊豆》,导演是张艺谋;中国第一次获得奥斯卡最佳外语片的电影是《卧虎藏龙》,导演是李安。

(4)2010 年之后,电影业进入多元发展的利好时期。2011 年,中国电影年产量

---

① 中国电影,见"百度百科",http://baike.baidu.com/。

超580部,票房总量为130亿人民币,同比增长28.93%。按美元汇率,中国市场票房大约为20亿美金,仅次于近百亿美金的北美市场、约25亿美金的日本市场之后,成为全球第三大电影市场。内地城市影院观影人次达3.7亿,观众规模增幅约29%,与票房增长比例大致相当。观众总人次在印度、北美市场之后居全球第三位。全年共有55部影片销往22个国家和地区,总收入20.46亿元,近8年来首次出现明显下降。电视收入估计约22亿元。电影综合收入约173.6亿元人民币。在全年影院上映的200多部影片中,共有35部中外电影票房收入过亿,约占年度总票房的70%。其中20部国产影片票房过亿(包括上年度开始上映的《非诚勿扰2》),票房之和超过40亿元,占年度国产影片票房份额近2/3,其中7部影片票房超过2亿元。全年票房排名前五名中,《变形金刚3》以10.8亿元成为年度票房冠军,《功夫熊猫2》票房超过6亿元成为票房亚军。截至2011年12月31日,《金陵十三钗》以4.67亿元成为年度国产影片票房冠军。按照电影局公布数据,国产影片票房总额70.31亿元,占全年总票房53.61%,份额比例为近年来最低。

　　大量诉求各异的资金进入电影生产领域,电影产量居高不下。中国内地全年生产各类电影共计791部,包括故事影片558部、动画片24部、纪录片26部、科教片76部、特种影片5部、电影频道出品数字电影102部。中国已成为世界电影生产的数量大国。由于银幕增加,电视频道、视频网站和新媒体平台对内容需求的扩大,不仅故事片产量提升,而且分众电影、小众电影、微电影、网络电影等特殊影片的生产也更加活跃。

　　2011年全国新增影院803家,新增银幕数3030块,平均每天新增8.3块银幕,全国城市影院银幕总数突破9200块,增幅约50%。其中90%的银幕具备数字放映条件。3D数字银幕已增加至约4700块,IMAX银幕则达到61块。3D银幕总数居全球第二。

　　2011年年底,全国农村已组建农村数字电影院线246条,数字放映队47692支,形成了遍布全国农村的数字电影放映格局。本年度全国农村放映影片812.3万场,观众17.53亿人次。在总局数字节目管理中心平台上,为农村放映提供的影片数量达2400多部。这是世界上规模最大的公益放映平台。尽管在直播卫星、互联网、有线电视网如此普及的大背景下,农村电影放映的模式和效果值得分析,但农村公益放映客观上既为电影内容提供了公共购买,同时也为电影市场培育了潜在观众。

　　发展因素首先是政策推动。2011年,在文化大发展大繁荣的背景下,政府制定的一系列扶植文化产业的宏观政策对电影发挥着效力,资本市场在政策引导下也更加关注电影行业。宏观政策的支持和微观市场的活跃,促使电影行业在资本支持下,向全产业链方向迈进。

基于内地电影市场的良性发展和长远利益,2011 年 11 月 29 日,广电总局电影局下发了一份《促进电影制片发行放映协调发展的指导意见》,其中"电影院的首轮分账比例不超过 50%""影院年度租金原则上不超过年票房的 15%""电影院广告放映经营权逐步回归到电影院,制片方不再经营贴片广告"三条意见,引起业界的广泛关注。尽管这些意见并没有强制性作用,但对于电影产业链的利益分配、保护内容生产机构的利益、规范电影市场有一定的引导作用。

2011 年 12 月 15 日,国务院发布《中华人民共和国电影产业促进法(征求意见稿)》。作为国内首次通过法律形式对促进电影产业的发展进行的立法实践,意见稿从降低电影产业的市场准入门槛,减少电影生产和发行的行政审批,明确财政、税收、金融扶持政策等多方面深入推进电影产业的发展与产业体系的逐渐完善。

其次,资本整合。资本市场对电影行业的资源整合影响更加明显。银行等金融机构加大对电影企业提供信贷支持的力度。民生银行以版权质押的方式为《金陵十三钗》的拍摄和宣传提供贷款 1.5 亿元。北京银行朝外支行以影片质押、院线等作为担保的方式一次性贷款给博纳影业 1 亿元,用于《龙门飞甲》等影视作品的拍摄。风险投资、私募资本等机构进一步从资本层面深度介入中国电影产业的发展,由以往主要集中在电影项目与电影制作层面转向规模性的战略投资和产业投资布局。影视基金规模越来越大,专业化水平也逐渐提升。2011 年 4 月 23 日,建银国际文化产业股权投资基金在京正式启动,投资人包括中国出版集团公司、中国电影集团等,小马奔腾成为此基金投资的首家文化企业。国内电影企业纷纷开始市场重组、资源整合。小马奔腾入股顶级特效制作公司——Digital Domain 数字王国,成为内地首家入股全球顶级特效公司的电影制作公司。华谊、博纳共同参股北美华狮电影发行公司。内地电影公司与好莱坞电影公司的合作方式也更加多元化。

再次,上市公司发挥了极大作用。中影、上影、博纳、光线、华谊、小马奔腾、星美影业等企业在 2011 年度依然是中国电影产业的主要力量。资源的整合正在进行中,企业规模积累和品牌建构都尚待时日。上海东方传媒集团有限公司(SMG)的"动画品牌"与新画面的"张艺谋品牌"也是中国电影产业的重要部分。

最后,新媒体的进入。新媒体入股影视公司、投资电影制作发行成为 2011 年电影市场投资的热点。2011 年 4 月 14 日,腾讯公司正式设立 5 亿元规模的影视投资基金。腾讯第一次向互联网及 IT 产业以外的行业跨界发展。两部国产动画电影《摩尔庄园》和《洛克王国》在以网络游戏为内容的电影细分市场中继续深耕细作,体现新媒体在电影制作和发行上的整合资源优势。

盛大集团的盛大华影盛视是影片《龙门飞甲》的重要投资方之一,凭借盛大的丰富资源希望在《龙门飞甲》的新媒体及后产品开发中发掘和延伸影片的周边产品,涉及游戏、文学、微电影等多元化的市场。《龙门飞甲》对于中国电影市场不仅是一部贺岁档商业大片,也是国产电影首次以观众和网络用户为目标人群,将国际标准的 3D 技术与中国武侠题材相结合的突破与尝试。

2011 年度动画电影市场活跃,年度上映 15 部影片。在《功夫熊猫 2》《蓝精灵》《赛车总动员 2》等进口动画大片进入市场竞争的背景中,国产动画片质量、数量及票房等整体表现较前一年有很大改观。近几年来动画电影市场越来越活跃,投放的产品也越来越多。除传统的《喜羊羊与灰太狼》系列以外,2011 年度多部国产动画影片受到市场关注。《兔侠传奇》《藏獒多吉》《魁拔》《赛尔号之寻找凤凰神兽》《摩尔庄园冰世纪》《洛克王国圣龙骑士》等集中上映,显示了中国动画的集体力量。其中《熊猫总动员》《喜羊羊与灰太狼之兔年顶呱呱》《赛尔号》《洛克王国》《摩尔庄园》《兔侠传奇》等 6 部影片的票房成绩超过千万,数量之多为近年来之最。

新媒体企业投资动画电影成为 2011 年度动画电影生产的热点。年度票房超过 3000 万元的 3 部以网络游戏为内容的国产动画电影《摩尔庄园》《赛尔号》和《洛克王国》分别由淘米网和腾讯公司参与投资出品。其中由儿童网络游戏改编、投资不超过 2000 万元人民币的《摩尔庄园》票房收入达 4345 万元人民币;《赛尔号之寻找凤凰神兽》是以儿童网络社区游戏基础改编的动画电影,在《变形金刚3》《哈利·波特 7》(下)同期上映的市场中实现首映周票房 2769 万元,累计票房 4295 万元;国庆档期间上映的根据网络游戏改编的《洛克王国圣龙骑士》利用"亲子"营销策略,实现票房 3500 万元。

由于 3D 单银幕票房产出平均高于普通 2D 银幕,同时数字银幕改造为 3D 银幕成本也比较低,中国目前是全球 3D 数字银幕增长最快的国家,2008 年至 2010 年 3 年间内地共上映 3D 影片 22 部,平均票价为 42.5 元,而 2011 年全年上映的 3D 影片则超过了 30 部。进口 3D 大片严重挤压了原本就在资金和技术方面处于劣势的国产影片的市场生存空间,国产 3D 动画影片《兔侠传奇》《五月天追梦》等票房差强人意。贺岁档期上映的合拍商业大片《龙门飞甲》创造了 4.12 亿元国产 3D 影片的票房新纪录。

万达、中影星美、上海联和、深圳中影南方新干线,四条院线总收入均超过 10 亿元,占内地年度总票房的 42%;年度票房 5 亿~8 亿元左右的 5 条院线为广州金逸珠江院线、北京新影联、广东大地电影院线、浙江时代和四川太平洋院线,票房收入约 30 亿元,占内地总票房的 1/4 强;第三梯队的票房收入占年度总票房的 10%,由辽宁北方、浙江横店院线、时代华夏金典、河南奥斯卡组成,4 条院线年度票房收入均在 3 亿元左右。

在票房的区域分布上,广东、北京、上海排名位列三甲。东北、北部、西部、中部大部分人口密集的省区,电影票房还未能进入全国前 10 位。

2012 年,仅前 10 个月就生产了 638 部国产电影,票房 133 亿,无论产量还是票房都超过了去年。从 2003 年中国电影市场化改革开始,连续 10 年的高速市场扩张带来了中国电影票房的一路狂飙突进,从年票房 10 亿一路飞涨到 2011 年的 130 亿,而 2012 年国内总票房则达到 160 亿元人民币。

国内对好莱坞大片的引进政策进行了调整,每年增加了 14 部美国片引进名额。同时提高了好莱坞电影在国内的分成比例,从 13% 提高到 25%。这种开闸放水式的电影政策变化,导致好莱坞大片在市场上对中国电影直接形成冲击,使得 2012 年绝大部分国产大片的市场表现低于预期。

中国电影在国有大片厂生产模式崩溃之后,从作坊式制作重新开始,通过这十年的市场磨练,正在艰难地向工业化体系进行着探索。在这个不断市场化的过程中,中国电影获得了很多,也丢弃了很多。

2013 年年产故事片 638 部,较 2012 年虽减少 107 部,但票房增长 54.32%,总票房达到 217.69 亿,这些数据背后是产业的进一步成熟。

3. 导演与演员

著名导演有张艺谋、陈凯歌、田壮壮、霍建起、顾长卫、吴子牛、黄建新、李少红、冯小宁、贾樟柯、王全安、姜文、王小帅、张元、娄烨、陆川、张杨、何平等。

著名演员有朱时茂、张铁林、张国立、王铁成、王姬、宋春丽、李雪健、古月、陈道明、陈宝国、陈冲、葛优、达式常、牛振华、雷恪生、白灵、申军谊、宁静、刘佩琦、吕丽萍、孙海英、张丰毅、蒋雯丽、倪萍、姜武、王啸晓、倪大宏、陈小艺、李琦、何赛飞、瞿颖、郭达、李云娟、孙淳、尤勇、廖学秋、张世、李琳、傅彪、石国庆、王学圻、陈道明、陶泽如、潘虹、高明、郑大年、智一桐、娜仁花、周里京、陈学刚、韩炳杰、王志文、冯巩、陈佩斯、赵本山、濮存昕、李媛媛、李保田、斯琴高娃、巩俐、唐国强、刘晓庆、陈冲、李小龙、章子怡、刘威、成龙、李连杰、周润发、梁朝伟、刘德华、吴京、洪金宝、元彪、甄子丹、周迅、舒淇、林心如、赵薇、张柏芝、刘嘉玲、张曼玉、章子怡、徐静蕾、陆毅、刘烨、陈坤、宁静、黄磊、秦海璐、高发、戴春荣、刘江、章子怡、赵薇、蒋宝英、余男、周杰、张延、侯勇、张嘉译、范冰冰、张涵予、李冰冰、王志飞、吴刚、王学兵、闫妮、袁泉、夏雨、刘乃艺、董洁、段奕宏、张雨绮、张静初、郭涛、姚晨、刘晓虎、苗圃、王茜华、成泰燊、白冰、富大龙、景甜、凌潇肃、孙菲菲、喻恩泰、马伊琍、文章、傅淼、姚鲁、王宝强、海青、佟大为、高圆圆、魏敏芝、窦骁、周冬雨、付辛博、吕星等。

4. 各种电影奖项

中国电影金鸡奖。始创于 1981 年中国农历鸡年。它是由中国电影家协会主办的,由电影艺术家、电影评论家参与评选的专业性电影奖。奖杯以金鸡啼晓象征百家争鸣,同时亦包含着激励电影工作者闻鸡舞、奋发前进的意义。该奖每年评选一次。

大众电影百花奖。始创于 1962 年,1964 年停办,1980 年恢复举办。它是由中国电影家协会所属《大众电影》杂志社主办的,经由广大观众投票产生的群众性电影奖。它以百花盛开象征影坛繁荣,鼓舞电影工作者为广大群众创作出更好的影片。该奖每年评选一次。

中国电影华表奖。是中国电影的政府荣誉奖,其奖杯采用的是北京天安门城楼前的华表造型,每年由广播电影电视部对前一年度完成的各片种影片进行评选。华表奖的前身是文化部优秀影片奖,始评于 1957 年。中断了 22 年后,从 1979 年继续进行评奖活动,一年一届。1985 年文化部电影局整建制划归广播电影电视部后,更名为广播电影电视部优秀影片奖。除 1986 年与 1987 年、1989 年与 1990 年合并评奖外,仍为一年一届,1994 年开始启用现名。

香港电影金像奖。于 1982 年由《电影双周刊》创办。这是从《电影双周刊》每年邀请影评人评选十大电影的扩大和延续。目的是通过评选与颁奖形式,对表现优异的电影工作者加以表扬,同时亦检讨过去一年电影的成绩,亦希望藉此促进香港电影的繁荣,提高观众的欣赏水平。1982 年与香港电台合作举办第一届的颁奖礼,当时只有十大华语及外语片奖及五个奖项。其后与星岛报业合办第二届与第三届,以后就由《电影双周刊》独力举办。

台湾电影金马奖。是台湾为促进华语片制作事业,对优良华语片以及优秀电影工作者所提供的一项竞赛奖励。该奖创办于 1962 年,由台湾"中华民国电影事业发展基金会"赞助,每年举办一届(其中 1964、1974 年停办),主要评选对象为台湾电影,后扩展了香港电影,90 年代后将大陆电影也纳入评选范围。它是一个世界华语电影年度评选的奖项,至 1999 年一共举办了 36 届,奖励了许多优良华语影片及优秀的电影工作者,成为华语影片制作事业最崇高的荣誉指标之一,也直接或间接地带动了整体电影事业的发展,对华人电影事业有很大的帮助和鼓励作用。

华语电影传媒大奖。由南方都市报发起。创办于 2001 年,旨在通过两岸三地电影人的交流,电影的多方面对比,创造一个更开放、活泼、新锐的电影评论环境,全面推动中国电影的创造。

5. 电影节

上海国际电影节。是中国国内第一个国际电影节,每年 6 月在中国上海举行。上海国际电影节由中国国家广播电影电视总局及上海市人民政府联合主办,上海文化广影视集团国际大型活动办公室承办。电影节在 1993 年首次举办,1994年获得国际电影制片人协会承认,每年 6 月上旬举行,是中国唯一的一个 A 类国际电影节,最高奖名称为"金爵奖",下设 8 个奖项,都由来自各国的国际评委评审产生。上海国际电影节共分为 4 个主要部分,包括竞赛部分金爵奖、国际电影展览放映、国际电影交易市场,及金爵国际电影论坛暨亚洲新人奖评选。电影节举办至今,已经吸引了世界各洲 60 多个国家和地区、3823 部影片的报名,959 部影片展映。

中国长春电影节。创办于 1992 年,是经中华人民共和国广播电影电视部批准举办的具有国际性的国家级电影节。每两年举办一次。由中华人民共和国广播电影电视部、吉林省人民政府、长春市人民政府主办;长春市人民政府、广播电影电视部电影事业管理局、吉林省文化厅、中国电影发行放映输出输入公司、中国电影合作制片公司和长春电影制片厂联合承办。设下列奖项:最佳华语故事片奖(包括合拍故事片)、最佳外语故事片奖、优秀华语故事片奖、优秀外语故事片奖、最佳编剧奖、最佳导演奖、最佳男主角奖、最佳女主角奖、最佳男配角奖、最佳女配角奖。对获奖者,电影节组委会分别颁发金鹿杯、银鹿杯、证书和奖金。

北京大学生电影节。是由北京师范大学艺术系、广电总局电影频道节目制作中心、中国电影资料馆、北京电视台影视部、中国电影报社、北京市电影公司、北京新影联影业有限责任公司、中国电影基金会、北京市学生联合会等多家单位联合主办的一项大型文化活动。创办于 1993 年,历届有多部获奖影片后来在国内政府奖、金鸡奖、百花奖和东京、柏林、西班牙等国际电影节获得各种奖项。以"青春激情、学术品位、文化意识"为宗旨,以"大学生办、大学生看、大学生评"为特色,在教育、文化和影视三界有着广泛深远的影响。

台北电影节。由台北市政府主办、台北市文化局承办,台湾电影文化协会、台湾艺术大学执办。始于 1998 年,每年一届。是台湾地区重要的电影盛会,从第四届开始把主题定位于"城市、市民、学生",并由以国际城市为主题的"城市影展"、以"台北电影奖""台北主题奖"为况赛单元的"市民影展"以及以国内外学生作品为主的"国际学生电影金狮奖"三部分组成。

第三节　著名的电影公司

一、邵氏、寰亚、英皇、华谊与嘉禾

1. 邵氏兄弟(香港)有限公司

1958 年,邵逸夫与邵仁枚成立"邵氏电影公司",在香港制作电影,邵逸夫任总裁。1961 年,位于九龙清水湾的邵氏影城于 12 月 6 日正式启用。1970 年,邵氏兄弟踏足当时发展迅速的电视行业,与无线电视合作,培训艺员。20 世纪 90 年代末期,本身已拥有嘉禾、金公主和德宝三间电影公司影片永久版权的卫星电视(STAR TV,即"星空传媒集团")曾多次出价洽购 760 部邵氏电影的永久版权,以壮大其中文片库的实力,但邵氏拒绝,最后,邵氏于 2000 年宣布将该批电影的永久版权以 4 亿港元的价钱售予由马来西亚收费电视台 ASTRO 旗下的"天映娱乐",该公司并花费 2 亿港元作数位复修。

邵氏与中国星电影公司合作投资 11 亿港元,建成了位于将军澳工业村的"香港电影城",影城设施包括后期制作中心、行政大楼、摄影厂、电影院及展览厅等。

邵氏遵循的是一条更为纯粹的商业制片路线,在选材时都切准了市民观众的喜爱和情趣,选择通俗性和娱乐性较强的题材。他们利用 1957 年中国内地黄梅戏电影《天仙配》在香港公映引起的轰动,重用导演李翰祥拍摄了多部古装题材的黄梅调电影,如《江山美人》(1959)和《梁山伯与祝英台》(1963)。邵氏兄弟(香港)有限公司的影片以古装武侠片、功夫片、宫闱片居多,《江山美人》《后门》《万古流芳》《蓝与黑》和《珊珊》曾先后获得第 6 届、第 7 届、第 12 届、第 13 届和第 14

届亚洲影展最佳影片奖;《梁山伯与祝英台》(黄梅调)获得第7届旧金山国际电影节优秀奖和第2届台湾金马奖的最佳影片奖;利用导演胡金铨、张彻、楚原确立新派武侠片风格,功夫片《少林三十六房》和《中华丈夫》分别在第24届、第25届亚洲影展上获奖;古装武侠片《大醉侠》《独臂刀》《万人斩》和宫闱片《倾国倾城》《武则天》《杨贵妃》等都受到观众的欢迎。20世纪80年代中期起,重视现代题材,代表作有《男与女》《倾城之恋》《表错七日情》和《女人心》等。其他经典电影还有《醉马骝》(2003)、《马永贞》(1997)、《变脸》(1996)、《没有老公的日子》(1995)、《无味神探》(1995)、《破坏之王》(1994)、《珠光宝气》(1994)、《爱的世界》(1990)、《神勇双妹唛》(1989)、《法中情》(1988)、《今夜星光灿烂》(1988)、《七小福》(1988)、《教头发威》(1985)、《女人心》(1985)、《现代豪放女》(1985)、《花街时代》(1985)、《锦衣卫》(1984)、《新飞狐外传》(1984)、《我为你狂》(1984)、《鹿鼎记》(1983)、《三闯少林》(1983)、《掌门人》(1983)、《少林传人》(1983)、《杨过与小龙女》(1983)、《人皮灯笼》(1982)、《魔界》(1982)、《神雕侠侣》(1982)、《八十二家房客》(1982)、《南北狮王》(1981)、《书剑恩仇录》(1981)、《神打》《魔剑侠情》(1981)、《蛊》(1981)、《少林与武当》(1980)、《亡命杂技队》(1980)、《连城诀》(1980)、《飞狐外传》(1980)、《少林英雄榜》(1979)、《街市英雄》(1979)、《销魂玉》(1979)、《少林三十六房》(1978)、《俏探女娇娃》(1977)、《红楼春梦》(1977)、《楚留香》(1977)、《洪熙官》(1977)、《乾隆下江南》(1977)、《天龙八部》(1977)、《金玉良缘红楼梦》(1977)、《射雕英雄传》(1977)、《倾国倾城》(1975)、《金瓶双艳》(1974)等。

2. 寰亚电影

寰亚电影是一家以香港为基地的亚洲电影投资公司,1994年由七位香港电影人士创办,第一部电影《我和春天有个约会》便夺得当年香港电影金像奖"最佳剧本"。其后9年,寰亚电影不单票房成绩优异,还赢得了80个国际电影节奖项。2002年,寰亚电影机和香港电影幕后精英拍摄的《无间道》,取得5600万港币票房,打破了香港电影史的获奖纪录。

寰亚电影于2009年在内地成立全资公司,包括由上海电影集团有限公司、寰亚电影有限公司及北京国立常升影视文化传播公司共同投资成立了上海寰亚文化发展有限公司,由上海电影集团有限公司、寰亚电影有限公司及北京国立常升影视文化传播公司共同投资成立的上影文化发展上海有限公司。它以电影院线经营和以电影频道为媒体的影视传播宣传为主营业务,兼营影视相关产品和业务,形成制片、发行、放映一体化,是目前最具规模和实力的电影公司之一。寰亚电影代理的电影库在亚洲保持着制作及发行华语电影的领导地位。

代表作有《紫雨风暴》《心动》《无间道》系列、《大事件》《龙凤斗智》《头文字D》《天下无贼》《赤裸特工》《暴劫倾情》《日光峡谷》《七月十三之龙婆》《周渔的火车》《半支烟》《魔幻厨房》《江湖》《老鼠爱上猫》《最后判决》《飞虎》《豪情盖天》《人间色相》《韩城攻略》《童梦奇缘》《诅咒》《夜宴》等。

3. 英皇电影

英皇电影即香港英皇娱乐集团有限公司,是英皇集团的一家下属子公司。英皇集团成立于 1942 年,从一间钟表零售店铺,发展成为涉足地产、酒店、金融、娱乐、电影、出版印刷、饮食及零售的多元化的上市公司集团。

英皇娱乐集团有限公司主要从事音乐制作及经销、电影制作及发行、艺人管理及表演项目制作业务,旗下著名艺人包括谢霆锋、容祖儿、古巨基及 Twins、库子等。

4. 华谊兄弟

华谊兄弟是中国大陆一家知名综合性娱乐集团,由王忠军、王忠磊兄弟在1994 年创立,开始时是由投资冯小刚、姜文的电影而进入电影行业,因每年投资冯小刚的贺岁片而声名鹊起,随后全面投入传媒产业,投资及运营电影、电视剧、艺人经纪、唱片、娱乐营销等领域,在这些领域都取得了不错的成绩,并且在 2005 年成立华谊兄弟传媒集团。

代表作有:2008 年《功夫之王》(罗伯·民可夫导演,成龙、李连杰、刘亦菲、李冰冰、迈克·安哥拉诺主演);《李米的猜想》(曹保平导演,周迅、邓超、王宝强、张涵予主演)。2009 年《游龙戏凤》(刘伟强导演,刘德华、舒淇、张涵予、何韵诗主演);《拉贝日记》(佛罗瑞·加仑伯格导演,乌尔里奇·图库尔、丹尼尔·布鲁赫、张静初、香川照之主演);《追影》(吴镇宇、麦子善导演,吴镇宇、吴佩慈、房祖名、谢娜、党淇瀚主演);《风声》(陈国富、高群书导演,周迅、李冰冰、张涵予、黄晓明、苏有朋主演)。2010 年《全城热恋》(夏永康、陈国辉导演,张学友、刘若英、谢霆锋、徐熙媛、徐若瑄、吴彦祖、井柏然、Angelababy、付辛博、段奕宏、诗雅主演);《唐山大地震》(冯小刚导演,徐帆、张静初、李晨、陈道明、陆毅、王子文、张子枫、张家骏等主演);《歌舞青春》(陈士争导演,张峻宁、袁成杰、马梓涵、顾璇、刘晏辰、林琪主演);《线人》(林超贤导演,张家辉、谢霆锋、桂纶镁、陆毅、廖启智、苗圃主演);《狄仁杰之通天帝国》(徐克导演,刘德华、梁家辉、李冰冰、刘嘉玲、邓超、姚橹、吴耀汉、让·米歇尔·卡萨诺瓦主演);《西风烈》(高群书导演,段奕宏、吴镇宇、夏雨、吴京、余男、杨采妮、倪大红主演);《非诚勿扰2》(冯小刚导演,葛优、舒淇、姚晨、赵晨浩、热力兄弟、安以轩等主演);《新少林寺》(陈木胜导演,刘德华、成龙、范冰冰、余少群、谢霆锋主演)。

5. 嘉禾公司

1970年,邹文怀先生、何冠昌先生和梁风先生共同创建了嘉禾公司,并于1994年成为香港的上市公司,是目前于华人市场具有影响力的电影娱乐公司。嘉禾集电影融资、发行、戏院经营及电影冲印业务为一体。

禾电影有限公司电影发行业务是嘉禾的主要核心业务之一。透过其下之嘉乐院线,本公司于香港华语片发行市场占有重要一席位。公司除发行华语片外,嘉禾还以其下之泛亚影业或以联营形式积极购买优质的独立影片版权于亚洲区域(包括中国内地、香港、台湾及新加坡)发行。近年,泛亚影业逐步增强其电影版权购买业务。《死亡笔记1、2》及《连体阴》在香港及台湾成绩相当理想,而《章鱼惊魂》及《极地狮杀》在中国内地亦十分叫座。李小龙、成龙的老电影都是出自于这家公司。

二、中影集团

中国电影集团公司简称中影集团,是经国务院批准,于1999年由原中国电影公司、北京电影制片厂、中国儿童电影制片厂、中国电影合作制片公司、中国电影器材公司、电影卫星频道节目中心、北京电影洗印录像技术厂、华韵影视光盘有限责任公司等8家单位组成,是以影视产业为依托,多种产业综合发展的国内一流的大型电影集团。中影集团的发展战略是创造品牌、占领市场、立足国内、走向世界。

集团创作生产了《横空出世》《张思德》《花妖新娘》《无极》《云水谣》《我们俩》《六月男孩》《看车人的七月》《宝葫芦的秘密》等200多部影片。其中《无极》《功夫》《满城尽带黄金甲》《霍元甲》《夜宴》《十面埋伏》等商业巨片,均超亿元票房。

中影集团电影数字制作基地(国家电影数字工程)是国家"十一五"文化发展规划纲要中的重大文化产业项目,也是北京市首批文化创意产业项目之一,被列为2008年北京人文奥运工程项目,可满足各种影视制作需求,为全世界的影视制作人提供一站式、高品质的服务。

中影集团通过参股的方式,组建了七条电影院线,签约加盟影院达400多家,票房占全国市场份额的一半左右。目前,中影集团正在组建一条控股院线,目标是百家影院、规范化管理、规模化运作、优质化服务、提高控制力和影响力。

中影集团是全国唯一拥有影片进口权的公司,与100多个国家和地区的400多家电影机构有着密切的业务往来。中影集团还致力于国产影片的对外输出,其每年举办的"北京放映",是目前全国唯一一个国产影片的国际展销市场,成为海外了解中国电影文化的重要窗口。

中影集团的成员单位电影卫星频道节目制作中心(CCTV–6),是唯一的国家级专业电影频道,每天播出10部中外故事影片和各类动画片、纪录片、专题片。近年来,该频道承办了中国电影华表奖、金鸡百花电影节等大型电影庆典活动,并在奥斯卡金像奖等国际重大电影颁奖典礼当天做全程转播。1999年,电影频道开始组织拍摄数字电影,用于电视播映,产量达每年110部左右。

三、华亿、中博、博纳与华纳

1. 保利华亿

2003年12月17日,中国保利华亿传媒宣告成立,保利华亿传媒公司是保利集团旗下的由保利文化艺术公司与华亿传媒(原北大华亿)合作创建的一家大型传媒企业。它拥有两个内容平台(影视制作、广告制作)和一个播出平台(旅游卫视),通过资源的有效整合,最终形成了业务体系,包括频道经营、电影制作、电视剧制作、影视专业发行、广告运营演艺经纪服务等。中国保利华亿传媒以跨国传媒文化产业集团为目标,拥有九大公司。(1)海视旅游卫视传媒有限责任公司是由海南广播电视台和保利华亿传媒控股有限公司共同组建成立。保利华亿承担旅游卫视的经营管理。旅游卫视是经中国广电总局批准的中国境内唯一一家以旅游休闲为主要内容的专业化卫星电视频道。(2)东方神龙影业有限公司是由中国保利集团公司和长影集团有限责任公司合作组建的大型影视公司。其作品有《漂亮女邻居》《都市女警官》《老鼠爱上猫》《无间道2》《无间道3》《美人草》《孔雀》《一封陌生女人的来信》等。(3)北京保利博纳电影发行有限公司为国内最大的电影发行民营企业,并成为国内首家获国家广电总局电影局颁发"电影发行许可证"的民营公司。(4)北京鑫宝源影视投资有限公司是一家集拍摄、制作、发行、演员经纪等业务为一体的影视公司,拥有著名导演赵宝刚为创作主体的几支创作小组。其作品有《一场风花雪月的事》《无雪的冬天》《男人离婚》《永不瞑目》《像雾像雨又像风》《金蚕丝雨》《浮华背后》《拿什么拯救你，我的爱人》等。（5）北京英氏影视艺术有限责任公司，主要从事影视剧的策划、创作和拍摄工作，以艺术总监英达导演为核心。其作品有《我爱我家》《候车大厅》《新72家房客》《中国餐馆》《闲人马大姐》《东北一家人》《欢乐青春》《候车室的故事》《西安虎家》《售楼处的故事》《带着孩子结婚》等。（6）华亿联盟公司是保利华亿旗下以影视剧策划、投资和发行业务为主的公司。（7）北京华亿山和水广告有限公司，是一家国内专业的电视广告制作、代理公司。（8）华亿星源公司主要从事演艺、音乐、广告、演出等领域事业的经纪代理、策划开发和对签约艺员的包装、培训和整体管理。（9）华亿千思广告公司致力于影视作品前后期商业运作的开发，将影视娱乐资源与客户产品行销及广告活动相结合，创造性地提出了"娱乐整合行销"的概念。

2. 中博传媒

是中国第一批取得影视制作特许资质，专业从事影视投资、制作与发行，以及新媒体内容制作、传播与互动了大量颇具影响力的影视作品的传媒公司。自1999年成立以来，公司投资制作的电影《危险关系》入选2012年第65届戛纳电影节导演双周单元、2012年第37届多伦多电影节主展映单元及2012年第17届釜山国际电影节GALA大师单元；投资制作的电影《成都，我爱你》获邀成为2009年第66届威尼斯电影节闭幕电影，投资制作的电影《鬼子来了》获2000年第53届戛纳电影节评委会大奖；投资制作的韩国电影《哭泣的拳头》获2005年第58届戛纳电影节国际评论家协会奖。中博传媒是目前中国唯一三次获得法国戛纳电影节大奖的传媒机构。中博传媒还投资发行了张艺谋电影《英雄》《十面埋伏》《满城尽带黄金甲》《三枪拍案惊奇》《山楂树之恋》以及陈凯歌电影《无极》等众多国内大片。

3. 保利博纳

北京保利博纳电影发行有限公司是中国最大规模的以电影发行为龙头的现代股份制企业。其前身为北京博纳文化交流有限公司，成立于1999年，是国内首家获国家广电总局电影局颁发"电影发行许可证"的民营公司。2003年11月20日，公司与中国保利集团旗下的东方神龙影业公司资金重组，成立北京保利博纳电影发行有限公司，依托保利集团的雄厚背景，成功发行了近百部国产和合拍影片，累计票房达7亿人民币，连续4年占全国市场份额的20%以上。保利博纳还将业务向纵深拓展，成立博纳电影传媒，依托电影传媒资源，服务于广告客户；成立演艺经纪公司，致力打造新一代明星艺人；涉足电影制作，投资拍摄影片；投资院线，积极向电影终端拓展，参股投资20家多厅影城，拥有超过200块银幕。发行影片《大笑江湖》《寻枪》《邓小平》《双雄》《飞鹰》《美人草》《千机变 2》《韩城攻略》《孔雀》《一个陌生女人的来信》《头文字 D》《七夜》《求求你，表扬我》《神话》《电影往事》《再说一次我爱你》《诅咒》《无穷动》《天生一对》《雏菊》《伊莎贝拉》《十全九美》《大魔术师》《台北飘雪》《激战》等。

4. 华纳横店影视集团

该公司由中国最大的国有电影企业集团中国电影集团公司、世界闻名和全球公认的娱乐电影业巨头美国华纳兄弟影业公司和中国电影电视行业最大的民营企业横店集团共同投资成立。中影集团、华纳中华横公司与上影集团联合发行了都市青春情感片《第 601 个电话》，影片汇集了大陆港台的人气明星张柏芝、周笔畅和胡歌等人，该片已于 2006 年 8 月 18 日在国内上映。和横店集团分别以 4 : 3 : 3 的比例持股，涵盖了外资、国资和民资三种不同资本形式。《保持通话》改编自好莱坞电影《玩命手机》，在内地于 2008 年 9 月 28 日上映。中影华纳横店与导演宁浩再度合作的电影《疯狂的赛车》与 2009 年 1 月 20 日上映。作为贺岁强档，《疯狂的赛车》也表现出了强大的实力，最终取得票房过亿的佳绩，观影人次达到了363.95 万。

四、其他电影集团和电影制片厂

1. 中国人民解放军八一电影制片厂

是中国唯一的军队电影制片厂，从 1951 年 3 月筹建以来，拍摄各类题材电影作品 2400 余部。其中有故事影片 240 余部，如《冲破黎明前的黑暗》《柳堡的故事》《英雄虎胆》《永不消逝的电波》《回民支队》《战上海》《林海雪原》《地道战》《野火春风斗古城》《闪闪的红星》《归心似箭》《四渡赤水》《风雨下钟山》《巍巍昆仑》《大决战》《大转折》《大进军》《冲出亚马逊》《惊涛骇浪》《惊心动魄》《情暖万家》；在纪念抗日战争胜利 60 周年时，推出了《太行山上》《八路军》；在纪念红军长征胜利 70 周年时，推出了《我的长征》《雄关漫道》；在纪念建军 80 周年时，推出了《八月一日》《士兵突击》等一系列屡获大奖的优秀影视作品，产生了巨大的社会影响。

2. 上海电影集团

上海电影(集团)有限公司(简称上影集团)由上海电影制片厂、上海美术电影制片厂、上海电影译制厂、上海科学教育电影制片厂、上海电影技术厂、上海联和电影院线、上海东方影视发行公司、上海东方电影频道、上海影视乐园、上海美术设计公司、银星皇冠假日酒店等单位组成，是目前中国最具规模和实力的现代电影集团之一。自2003年全面推进转企改革以来，上影集团坚持"开放促改革、合作促发展"战略，倡导多片种繁荣，以影视产品创作、生产、宣传、销售、发行、放映等为主营业务，兼营影视相关产业，初步形成了电影电视剧制片、发行放映、技术服务、媒体传播、拍摄基地和电影教学等相互支撑的完整产业链。上海电影集团公司出品故事片、美术片、科教片、译制片、电视电影、电视剧、电视专题片、广告片、纪录片、资料片及电视综艺节目等各种类型的影视片。

长期以来，上影的优秀作品受到国内外广大华语影视观众的喜爱和欢迎。仅故事片就荣膺500多个国内外奖项。出品的部分电影和电视剧有《邓小平1928》《生死抉择》《红河谷》《紧急迫降》《美丽上海》《城南旧事》《一江春水向东流》《2046》等。

上影对外合作制片公司，是上影集团公司下属专门负责与国（境）外制片公司进行联合制作的专业机构。二十年来，公司先后与美国、法国、德国、韩国、日本、加拿大、澳大利亚等国家以及中国香港、台湾等地区的许多影视公司合作，成功地拍摄了《太阳帝国》《红色小提琴》《阮玲玉》《风月》《上海大饭店》《军火》《地下铁》《2046》《世界》《伯爵夫人》等50多部具有影响的故事片以及《风云》《光明世界》等十多部制作精良的电视连续剧。

上海联和电影院线有限责任公司（简称联和院线）隶属于上海电影（集团）有限公司，是一家拥有193家影院、935块银幕（其中有8块IMAX巨幕）、176882个座位、分布于22省81个市的跨省院线公司。2011年联和院线的总票房为13.35亿元，占据全国电影市场10%以上的份额，在全国30多条电影院线名列三甲。上影永华电影城共有12个专业电影厅，由美国华纳兄弟公司参与设计，厅数为上海电影院之最，全部实现了3D放映技术。其中包括上海首家数字4D影厅和1个VIP厅，并实现了TMS全数字、全自动放映，可同时容纳1603名观众。

上海东方影视发行有限责任公司是上海电影（集团）有限公司旗下的专业影视发行机构。公司成立于1994年——中国电影产业改革之初，由原上海电影制片厂宣发部独立组建而成，是全国第一家由制片厂经营的影视发行公司。主要经营范围包括：电影发行、放映，电视节目制作、发行，影视新媒体版权的销售，设计、制作各类广告，利用自有媒体发布广告等。发行了大量优秀的国产影片和多部叫座的外国影片，如《飞天舞》《紧急迫降》《生死抉择》《地下铁》《天下无双》《东京审判》《邓小平1928》《东方大港》《蓝莓之夜》《风云诀》《葫芦兄弟》《大灌篮》《画皮》《喜洋洋与灰太狼》《高考 1977》《铁人》《黑猫警长》《唐伯虎点秋香 2》《锦衣卫》《赵氏孤儿》等几百部国产片,以及《拯救大兵瑞恩》《临时特工》《侏罗纪公园》《玩具总动员》等美国分账大片。

上海电影发展总公司成立于 1992 年,隶属上海电影(集团)有限公司,是由上海新光影艺苑有限公司、上海梦影酒楼、专业材料分公司、上海车墩影视公寓、上影物业管理有限公司、上海影业房地产经营公司、昆山菲尔房地产开发有限公司等多家单位组成的一家集电影放映、客房、餐饮、感光材料销售、电影资料素材制作、房地产开发于一体的综合性经营单位。

3. 珠影集团

珠江电影集团由珠江电影制片有限公司和广东省电影公司于 2008 年 6 月重组合并成立。珠江电影制片有限公司前身是广为人知的珠江电影制片厂,筹建于1956 年,作为新中国诞生初期的六大电影制片厂之一,先后拍摄影片 1000 余部,培养和造就了一大批国内外知名的艺术家,屡获"华表奖""金鸡奖""百花奖""五个一工程奖"等国内国际大奖。

广东省电影公司创建于 1953 年,是广东省电影发行放映的龙头企业和广东省首批文化产业示范基地。集团组建以来,始终坚持以内容生产为核心、以终端建设为重点、以平台打造为依托,形成了影视生产、资产运营、演艺培训三大业务板块为主,新媒体、文化地产等齐头并进的发展格局。总部设有 7 个职能部门、1个直属机构,拥有 8 个全资子公司、2 个控股子公司、1 个参股子公司。

近年来,集团投拍了影片 30 多部、电视剧 1000 多集,发行影片 50 多部。旗下的中影南方电影新干线在全国电影院线内地发行综合排名位居前列,共有影城218 家、荧幕数 1199 张。珠江交响乐团和珠江电影频道更已成为广东亮丽的文化名片,珠影文化广场建设得到省内外许多城市的普遍赞誉。南方(珠海)影视城占地面积超过 3 平方千米,致力打造成中国南方最大的影视基地。

4. 北京电影学院青年电影制片厂

其前身是北京电影学院实验电影制片厂,建于 1958 年。至 1966 年,共摄制《父子俩》《大木匠》《穿山巨龙》等 19 部短片和一部长故事片《夺印》。1979 年,该厂组织了以中日友好为题材的彩色故事片《樱》的拍摄,并改名为北京电影学院青年电影制片厂。1980~1981 年,又相继拍摄了故事片《沙鸥》和《邻居》。《沙鸥》获得第 2 届电影金鸡奖的优秀青年导演奖和录音奖;《邻居》获最佳故事片奖和道具奖。上述 3 部影片,均获文化部优秀影片奖。青年厂还先后拍摄了《竹》《舞恋》

（与峨影合拍）、《端盘子的姑娘》《百合花》《陈奂生进城》（与潇湘厂合作）、《青山夕照》《我们的田野》《青春祭》《见习律师》《湘女萧萧》《成吉思汗》（同内蒙古厂合拍）等影片。

5. 长影集团

即长春电影制片厂。长春电影制片厂是新中国第一家电影制片厂，是新中国电影事业的摇篮，创造了新中国电影史上的七个第一。先后拍摄故事影片900多部，译制各国影片1000多部。《五朵金花》《上甘岭》《英雄儿女》《刘三姐》等一大批优秀作品影响了几代人的成长。但在计划经济向市场经济转型过程中，由于体制、机制、观念等方面出现严重不适应，遇到空前危机，到1997年时，已连续六年亏损，濒临倒闭。1998年，在吉林省委、省政府的支持下，长影在全国率先探索并启动了改革，历经八年时间，完成八件大事，到2005年年初，在全国电影业中第一家完成改革。长影由改革前连续六年亏损到2011年实现税后净利润6500万元，创长影建厂以来历史新高；影片生产由改革前年产3～5部到2011年年产53部，增长了10倍多；总资产由改革前的2.5亿元到2011年末的20亿元，增长了8倍。

2008年，长影从实际出发，决定发挥多年来农村题材电影创作的传统优势，走差异化电影创作之路，立足服务"三农"，申请设立全国第一家国家级农村题材电影创作基地。这一设想得到中宣部、广电总局、财政部和吉林省委、省政府的大力支持，同年7月获得批准，并设立1亿元农村题材电影发展基金。4年来，在全国六大区设立6个联络站共征集剧本1300多个，拍摄完成影片130余部，提前一年完成刘云山部长和中宣部交给长影的任务。《云上学堂》《北极雪》《斗牛》《大太阳》《信义兄弟》等一批优秀影片先后走进院线、走向乡村，受到业内专家和广大观众的普遍认可。

2012年8月25日，在第11届长春电影节上，《辛亥革命》获得电影节最重要奖项——最佳华语故事片奖，《大太阳》获得最佳女主角奖。同时《辛亥革命》获得最佳男配角提名奖，《大太阳》还获得了最佳导演奖和最佳女配角奖提名奖。

6. 峨眉电影制片厂

峨眉电影制片厂建于1958年，经过50多年的发展，已经成为当代中国电影的重要基地之一。几十年来，峨影先后共摄制了各种类型影片、电视剧共计400余部（集）。先后计有20余部故事片、电视剧及科教片在国际、国内获得过50余次奖项。如《达吉和她的父亲》《被爱情遗忘的角落》《内当家》《红衣少女》《焦裕禄》《被告山杠爷》《京都球侠》《巧奔妙逃》《让子弹飞》《大武生》《观音山》。

7. 天山电影制片厂

这是新疆的电影制片厂,从1956年筹建,1958年投产。它的第一部作品是纪录片《朱总司令视察新疆》。1959年摄制的《阳光照耀着新疆》是它的第一部彩色纪录片。它的第一部故事片《两代人》则拍摄于1960年。这个厂里工作着众多的不同民族的电影工作者,其中有维吾尔、哈萨克、塔吉克、乌兹别克、塔塔尔、锡伯、回、满和汉族。少数民族占总数之半,占全部创作人员的80%。创作生产了100多部故事片,40余部280多集电视剧、专题片,译制了2600余部维吾尔语、哈萨克语故事片、电视剧、广播剧,如《阿娜尔罕》《向导》《不当演员的姑娘》等。

8. 潇湘电影集团

即潇湘电影制片厂。1958年,湖南省人民委员会决定新建湖南的电影制片厂。1961年年底,湖南电影制片厂停办。1977年湖南电影制片厂再次成立。2003年6月,以潇湘电影制片厂为主体而组建的潇湘电影集团正式成立,跻身中国七大电影集团之一。《候补队员》(1983),荣获1984年第4届金鸡奖的特别奖;《湘西剿匪记》(1987)堪称80年代国产影片中的经典之作;《那山那人那狗》(和北京电影制片厂联合制作,1998)获得1999年金鸡奖、最佳演员及最佳影片奖;《新龙门客栈》(和香港思远影业公司联合制作,1992)是著名导演徐克的作品;《国歌》1998年12月26日开机摄制,1999年获得第五届华表奖优秀故事片。其他还有《毛泽东和他的儿子》《刘少奇的44天》《秋收起义》《故园秋色》等。

9. 西部电影集团

或称"西影",前身为西安电影制片厂,1956年筹建,1958年成立。西部电影集团是中国六大电影集团之一,是国家电影产业布局的四大集团之一,是中国以生产故事片为主的电影企业。在全国电影制片单位中,西影第一个在国际A级电影节获得最高奖项,获国际奖项数量位居全国第一,影片出口量全国第一。总共获得国内外奖项300多项,出口影片80多部,占中国大陆出口国的所有电影总量的1/4还多。代表影片有《霸王别姬》《老井》《红高粱》《图雅的婚事》《美丽的大脚》《我的一九一九》《大话西游》系列等。其他如《草原风暴》《碧空银花》《桃花扇》《天山的红花》《生活的颤音》《第十个弹孔》《西安事变》《没有航标的河流》《默默的小理河》《人生》《野山》《天地英雄》《惊蛰》《日出日落》《情癫大圣》《爱亦无声》《雪花那个飘》《女检察官》《阿妹的诺言》《老港正传》《盗马贼》《黑炮事件》《黄土地》《双旗镇刀客》《大话西游之月光宝盒》《大话西游之大圣娶亲》《大话西游之情癫大圣》《团圆》《郎在对门唱山歌》《白鹿原》《欲望大明宫》等都多次获奖。

获得过柏林国际电影节金熊奖的有张艺谋导演的《红高粱》、谢飞导演的《香魂女》、王全安导演的《图雅的婚事》；获得过意大利威尼斯国际电影节金狮奖的影片有张艺谋导演的《秋菊打官司》和《一个都不能少》；获得法国戛纳国际电影节奖项的影片有陈凯歌导演的《霸王别姬》、张艺谋的《活着》和《摇啊摇！摇到外婆桥》。

第四节　动漫电影的发展

我国的动画片历史源远流长，从 20 世纪 60 年代开始一直到 20 世纪 80 年代中期，不仅种类繁多，而且内容和艺术性都远高于同一时期的日本和美国，特别是日本很多的早期动画都受到我国动画的影响。但是从 20 世纪 90 年代起，我国的动画开始走向衰落，现在充斥在中国动漫市场上的很多是日本和美国的动画。

一、动漫先驱

20 世纪中国的动漫产业先驱是万氏三兄弟（万超尘、万古蟾、万籁鸣）。他们开始研究动画制作，于 1936 年创作了中国第一部有声动画《骆驼献舞》；1941 年，受到美国动画的影响，制作了中国第一部大型动画《铁扇公主》，在世界电影史上，它是名列美国《白雪公主》《小人国》和《木偶奇遇记》之后的第四部动画艺术片，标志着中国当时的动画水平已接近世界的领先水平。

二、蓬勃发展期

新中国成立后，中国的动画事业得到了非常快速的发展，不但作品多，而且精品也多。从 1950 年的一部动画，发展到 20 世纪 60 年代每年制作十多部动画，其中特别值得一提的就是 1961 年至 1964 年制作的《大闹天宫》。《大闹天宫》可说是当时国内动画的颠峰之作，从人物、动作、画面、声效等达到了当时世界的最高水平。1947 年，我国制作了第一部木偶动画《皇帝梦》；1958 年，我国拍摄第一部剪纸动画《猪八戒吃西瓜》；1960 年，完成了第一部水墨画动画片《小蝌蚪找妈妈》；1962 年，第一部折纸动画《一棵白菜》完成。新的动画形式的加入，使中国的动画事业达到了一个顶峰。

1957 年上海美术电影制片厂建立，特伟任厂长，有两百多人。有万籁鸣、万古蟾、万超尘、钱家骏、虞哲光、章超群、雷雨、金近、马国良、包蕾等一大批著名艺术家、文学家先后加入到这一行列当中,为中国的动画事业发展做出巨大的贡献。他们创作了《宝莲灯》《气球上的五星期》《马可波罗回香都》《哎哟,妈妈》。

三、严重影响期

"文革"期间,动画行业自然也受到了很大的冲击,如上美影 1972 年至 1976 年间拍摄的 17 部动画如《小号手》《小八路》《东海小哨兵》等都有过重的写实主义和教育目的,这使动画片被定位为给小朋友看的充满教育意义的课外教材,这种思想不仅延续下来而且还在大部分人心里深深地扎根,也就是这个观念才造成了后来的动画片的尴尬地位。

四、繁荣昌盛期

改革开放之后,动画片制作进入繁荣期,在 1978 年到 1989 年的十年间,这些制片单位就制作了 219 部动画片,如《哪吒闹海》《金猴降妖》《天书奇谭》等;电视动画片也有了《葫芦兄弟》《黑猫警长》《阿凡提的故事》,艺术片、教育片均有明显进展。当时制作的中国动画系列片如《邋遢大王历险记》《三毛流浪记》《黑猫警长》等动画并不比国外动画系列片逊色,人物场景设计贴近生活,动作刻画细腻生动,故事情节也扣人心弦。

20 世纪 90 年代初,各大动画制作厂家开始与国际动画业展开交流与合作,数字生产手段取代了以往的手工绘制方式,大大提高了制作效率,各种体制制作单位的多元化发展,制作的数量有所增加,各种专业和多能人才进入这个行业,使制作数量比以往也有较大提高。

1981 年中国引进了第一部国外动画系列片《铁臂阿童木》之后,越来越多的国外动画进入中国市场,如《蓝精灵》《一休哥》《米老鼠和唐老鸭》等商业动画,以其生动的人物形象、有趣的故事情节、精良的制作技术迅速吸引了中国孩子们的眼球,对中国的动画产业造成了巨大的冲击。

五、冲击期

1995 年起中国电影放映公司对动画片不再采用统购统销的计划政策,把动画推向市场,改变了动画片的生产状态和经营方式,确立了社会效益和经济效益双赢的观念,给动画行业商业化和发展带来了绝好机会。但是,大量引入了欧美日本动画片,而国产动画片在比较之下无论内容、画面、人物形象等方面都显露出了严重的不足。

一是内容的低龄化。国产动画片目标观影年龄层为学龄前小朋友,适合 6 至 12 岁低龄观众。其内容简单,符合低龄观众心里,但对成人吸引力较弱,画质也略粗糙。无论影片多么幽默,针对低龄小观众市场的国产动画儿童题材类影片总是把现在的孩子看得过于幼稚,忽视了他们接收的信息量,也忽视了陪他们观看的家长们的感受。

二是主题的教育化。低龄化势必带来的苍白说教和空洞内容,不但撵走了成年观众,也赶走了为数不少的小朋友。

三是比较劣势。中日动画片对比,国产动画片劣势明显。日本动画题材一般由漫画、游戏或小说改编;中国动画多取材于历史故事,或由编剧原创;日本动画在固定档一周播出一集,影响时间跨度长,便于商业操作及按观众要求修改;中国动画全剧集完成后才能申领动画许可证;日本动画有清晰的分级制度,并由映伦等机构审查;中国动画基本没有分级审查制度,一般由广电总局负责审查。而日本动画倾向全年龄,不像中国只准对儿童,因此观看人群范围较大。

六、黄金时代

从进入新世纪以来,我国的动漫产业进入黄金时代。

广电总局一共批准建立了 19 个国家动漫基地。国家首批动漫产业基地 9 个:上海美术电影制片厂、中央电视台中国国际电视总公司、三辰卡通集团、中国电影集团公司、湖南金鹰卡通有限公司、杭州高新技术开发区动画产业园、常州影视动画产业有限公司、上海炫动卡通卫视传媒娱乐有限公司、南方动画节目联合制作中心;广电总局批准建立了第二批共 6 个国家动画产业基地:深圳市动画制作中心、大连高新技术产业园区动画产业园、苏州工业园区动漫产业园、无锡太湖数码动画影视创业园、长影集团有限责任公司、江通动画股份有限公司。4 个教学研究基地为中国传媒大学、北京电影学院、吉林艺术学院动画学院、中国美术学院等。

中国移动手机动漫基地于 2010 年 4 月 26 日正式落户厦门,是中国移动九大增值业务基地之一,也是继音乐、阅读、视频和游戏之后中国移动服务数字文化领域的又一举措。围绕"For Mobile"的核心理念,中国移动手机动漫基地通过"动漫手机化"的内容浏览和"手机动漫化"的数字衍生品,不仅给消费者带来国内外优秀的动漫作品,还通过动漫元素结合手机通信的全新演绎为客户提供良好的卡通生活体验,为客户提供集"新媒体、新体验、新文化"于一体的生活方式。目前现有的业务和产品有彩漫、动漫杂志(每日一笑、时事天下、漫话天下、日韩动漫)、主题、讲故事、动画点播、漫画点播、动漫 3 元包、动漫 5 元包、手机动漫 WAP 网站、手机动漫 WEB 网站、手机动漫客户端等。

　　大量动漫片纷纷涌现:《蓝猫淘气三千问》《我为歌狂》《龙刀奇缘》《魔豆传奇》《喜羊羊与灰太狼》《围棋少年》《梦里人》《虹猫蓝兔七侠传》《秦时明月之百步飞剑》《豆儿》系列、《TICO(缇可)冬季篇》《云端的日子》《虹猫仗剑走天涯》《茗记》《秦时明月之夜尽天明》《大唐西游记》《虹猫蓝兔光明剑》《十万个为什么》《风云决》《我叫 MT》《李献计历险记》《打,打个大西瓜》《小米的森林》《月尘》《TICO(缇可)春季篇》《莫莫》《喱喱日记》《西游记 2010 动画版》《秦时明月之诸子百家》《茗记 2 - 初织恋》《茗记 3 - 取舍》《天上掉下个猪八戒》《黑客阻击手》《色啦》《大耳朵图图》《梦里人》《丁丁战猴王》《哈哈镜花缘》《中华美德》《蓝皮鼠大脸猫》《魔方大厦》《大英雄狄青》《熊猫京京》《没头脑和不高兴》《大草原上的小老鼠》《小蝌蚪找妈妈》《善良的夏吾冬》《蝴蝶泉》《海尔兄弟》《雪孩子》《骄傲的将军》《兰花花》《渔童》《天眼》《麻雀选大王》《崂山道士》《西游漫记》《十二生肖》《九色鹿》《三毛流浪记》《舒克和贝塔》《过猴山》《魔豆传奇》《太空特警》《淘气的金丝猴》《天降小子》《太阳之子》《动画迷宫》《森林一族》《未来百年》《巨蛋之迷》《神龙卫士》《新三字经》《神医华佗》《音乐船》《浑元》《月亮街》《娇娇和晶晶》《白雪公主与青蛙王子》《快乐家家车》《宝贝疙瘩叮呱呱》《蚂蚁与大象》《封神榜传奇》《关东三宝》《奇奇漂流记》《积木鸡》《杰杰熊与迪迪鸟》《三只小狐狸》《日月潭》《小贝流浪记》《小精灵灰豆》《小老虎康康》《小虎还乡》《隐身探长》《小神仙和小仙女》《妖树与松鼠》《巴布卡》《小猪哼哼》《方脸爷爷圆脸奶奶》《济公》《大战千年虫》《怪城历险记》《老鼠嫁女》《草人》《十二全家福的神奇世界》《小草帽》《小熊猫学木匠》《宝葫芦的秘密》《鸭子侦探》《西西瓜瓜历险记》《快乐的数字》《天才发明家》《小不点》《围棋少年》《熊猫小胖》《父与子》《卡通娃》《三十六计》《辣椒先生》《星星探长》《旱牛与牧童》《葫芦小金刚》《聪明的笨小猪》《笨笨蛋蛋与飞机》《孙小圣与猪小能》《长鼻子丑八怪》《狐狸分饼》《超级球迷》《五子说》《包强大战寿司人》《封神榜传奇》《雏鹰在行动》《风尘小游侠》《怪城》《红孩儿传奇》《小草帽》《小和尚》《猩猩探长》《钟点父子》《魔鬼芯片》《白玉堂》《财宝小狐狸》《Q 版三国》《没头脑和不高兴》《隋唐英雄传》《白鸽岛》《哪吒传奇》《可可可心一家人》《小鼠一家亲》《二十六个秘密》《魔笛奇遇记》《蔬菜宝宝》《大头儿子小头爸爸》《天眼小神童》《小恐龙寻根历险记》《唐诗故事》《顽童时代》《东东》《四辈儿》《游击神兵》《Q城宝贝》《咪咪羊》《智谋家族》《抗日小奇兵》《精灵世纪》《东方神娃》《精灵酷小贝》《中国男孩》《八仙寻宝记》《巴布熊猫》《快乐小勇士》《马兰花》《帽儿山的鬼子兵》《憨八龟的故事》《奇奇颗颗历险记》《王家四宝》《老夫子》《顽皮东东》《小鲤鱼历险记》《西岳奇童》《海贝贝》《福娃奥运漫游记》《大山里的红小鬼》《消防大本营》《丛林奇遇》《福娃娃开心游记》《果冻宝贝》《哈皮父子》《老呆和小呆》《火星娃勇闯魔晶岛》《四个超级插班生》《星际飚车王》《露露与猪猪》《三毛》《神兵小将》《魔幻仙踪》《小青天司徒公》《独脚乐园》《乌兰其其格》《小红军长征记》《超女娃娃》《吉娃娃和他的伙伴们》《宝葫芦的秘密》《翠星草》《精卫填海》《小小武工队》《赤松威龙》《海螺湾》《幸福大街一号》《企鹅部落》《福五鼠之三十六计》《中国古代科学家》《劲爆战士》《魔法波鲁1》《猪猪侠勇闯未来之城》《游击神兵》《大梦王小书包》《晶莹小子》《乒乓旋风》《小卓玛》《淘气包马小跳》《羊羊运动会》《巴拉邦》《我为运动狂》《小小双面镜》《探索地球村》《葫芦兄弟》《龙娃》《麦兜武当》《猪猪侠》《棒棒堂》《麋鹿传奇》《追风少年》《美猴王》《开心小镇》《诺诺森林》《熊出没》《小鸡不好惹》《芭芭拉小魔仙》《果宝特攻》《赛尔号》《泡芙小姐》《龙胜奇兵》《潜艇总动员》《西游释厄转》等。

2013年国产动画电影集中爆发。国内涌现出近百家动画电影制作发行企业，而观影人群的快速增多和终端市场的迅速扩容，均为动画电影的大发展创造了条件。据《中国动漫产业发展报告（2013）》，我国动漫产业2012年总产值达759.94亿元，较2011年增长22.23%，动漫产业用户呈现快速增长趋势。

为了扶持国产动画，国家相关部门确实做了大量工作，国家广电总局更是动用行政力量，下发了《关于促进我国动画创作发展的具体措施》，强制各电视频道的黄金时段必须播出国产动画片。

中国动画用于电视播出时都需要申领动画许可证。其中第一个汉字是颁发机构的缩写，各省级广电为该省简称；动审字后是颁发年份；号数有3位，表示该机构向该动画发出的是第几个许可证；不得在两个机构为同一动画申领；撤销的许可证号一般不再使用。

动画电影的核心竞争力之一是动画形象的塑造。《昆塔：盒子总动员》中的几个主要形象，比如"孩子王"菠菜、"小吃货"奶泡泡、"野性公主"嘎嘎等，中国观众喜欢，国外的观众也并不陌生。《我是狼》特别强调了动画形象创意和技术之间完美结合的重要性。《魁拔》系列电影强调动画电影除了形象塑造外，还应该打造动画电影、系列电视、动漫书以及相关衍生品等的"全产业链动画"。

2014 年,中国手机动漫市场规模达 30 亿元。且随着移动互联网的进一步发展,未来手机动漫的用户规模和市场潜力还将持续快速增长。动漫在移动终端的发展成为新媒体动漫的主要途径,将成为中国动漫产业发展的重要突破口。目前苹果应用商店和 GooglePlay 商店中,类似漫库、布卡漫画等动漫类的 App 应用超过千款。全国动漫爱好人群近 2 亿,其中 54.3% 的人对手机动漫感兴趣,有 58% 的用户愿意每月支付超过 5 元的使用费。

我国动漫产业未来的发展趋势为:

首先,手机动漫的扶持政策和行业标准逐步完善。文化部陆续发布了《手机(移动终端)动漫内容要求》《手机(移动终端)动漫运营服务要求》《手机(移动终端)动漫用户服务规范》和《手机动漫文件格式》4 个标准体系,成为新媒体动漫产业发展的未来指南。4G 牌照的发放,共同推动我国动漫数字化升级。

其次,大力发展手机动漫彩信、手机动漫杂志、动漫网游、动漫社区制作,玩偶、iPhone 4 外设、iPad 外设、android 高端手机外设等动漫线下衍生品版权授权、开发支撑。

最后,动漫原创版权提供(包括中国移动动漫基地、中国移动游戏基地、中国移动互联网基地、中国移动音乐基地、中国移动阅读基地等),通过运营商基地做手机动漫版权发行,通过 iPhone、iPad、android 做智能机用户版权发行。通过 XTone 打造的网络动漫形象发行平台、动漫漫画发行平台、动漫休闲游戏发行平台、网络动漫游戏发行平台、社区动漫休闲游戏发行平台做网络动漫发行。

第五节　广播公司的发展与商业电视广播

一、我国广播事业的发展

广播是利用有线和无线电等通信手段,通过播音和收听等方式进行的新闻传播活动。广播是中国新闻事业的重要组成部分。

1.初创

美国匹兹堡 KDKA 广播电台于 1920 年 11 月 2 日正式开始广播,这被公认是世界上第一座广播电台。

中国的广播事业最早是由外国人创办的。1923 年 1 月,美国人 E. G. 奥斯邦创办的中国无线电公司所属广播电台开始在上海播音,这是中国境内的第一座广播电台。当时播出内容有《大陆报》提供的新闻,主要是娱乐节目,星期日设有宗教祈祷节目。开播第四天,播出孙中山先生《和平统一宣言》,孙中山对《大陆报》记者说,欢迎广播促进中国各地与世界的团结。由于它没有经过中国政府批准,当年 4 月停播。随后,美商新孚洋行、开洛公司等也相继在上海设立广播电台。北洋政府主管无线电事宜的交通部以其违反《电信条例》规定,曾多次勒令拆除。

北洋政府交通部于 1924 年 8 月公布了《装用广播无线电接收机暂行规则》,这是中国历史上第一个关于无线电广播的规则,规定允许民间装设收音机,从而改变了原来严加禁止的做法,客观上促进了中国广播事业的发展。

1926 年 10 月,中国第一座自办广播电台——哈尔滨广播电台开始播音。哈尔滨广播电台的呼号是 XOH,发射功率 100 瓦(后增加到 1000 瓦),播音内容有新闻、音乐、演讲和物价报告等。这是中国人自办的第一座广播电台,是奉系军阀的官办电台。

与此同时,在上海、北京等地出现了私营商业电台,其中最早的一座是上海新新公司广播电台,创办于 1927 年 3 月。其发射功率 50 瓦,主要播送唱片,转播南方戏曲,以推销无线电器材。同年年底,北京燕声广播电台开始播音。

初创时期的中国广播事业,设备简陋,规模很小,收听范围只限于广播电台所在地区附近。特别是由于收音机价格昂贵,一台简单的矿石收音机也要大洋八十多元,拥有收音机的多为外侨、官僚、买办、富商。1928 年,全国约有各式收音机 1 万台左右,其中,上海就集中有几千台。当时广播传媒在社会的影响不大。①

2. 通讯社

1926 年全国有通讯社 7 家,有一定影响的是国闻通讯社和申时电讯社。国闻通讯社于 1921 年 8 月在上海成立,胡政之任社长。其先后在汉口、北京、沈阳等大中城市设立分社或聘有特约访员。国闻通讯社长 1924 年 8 月创办了《国闻周报》。1926 年新记公司大公报社成立后,该社及《国闻周报》迁往天津,实际上成为大公报社的附属机构。国闻通讯社至 1936 年停办,《国闻周报》出至 1937 年 12 月停刊。申时电讯社在 1924 年 11 月成立于上海,由《申报》和《时事新报》部分同仁联合创办,张竹平任社长。1928 年增加资本成为正式通讯社,先后在南京、汉

① 《新中国新闻事业史课后练习答案》,三亿文库,http://3y.uu456.com/bp－e822563310661ed9ad51f317－5.html。

口、天津、香港等地设立分社,1937 年上海沦陷时停办。

　　3. 国民党政府的广播事业

　　南京国民党政府于 1928 年 8 月开办中央广播电台,作为官方的宣传机构。到 1937 年 6 月,国民党统治地区共有广播电台 78 座,发射电力总计 100 多千瓦,估计全国有收音机 20 万台左右。

　　国民党政府于 1936 年 2 月成立了中央广播事业指导委员会,由陈果夫任主任委员,同时制定和公布了一系列关于管理广播电台和审查节目的法令。凡是违反国民党当局的禁令,如宣传共产主义和进步思想、主张抗日反对妥协的节目,都必须"修正"或"全部禁止",否则,即分别给予警告、停播或吊销执照的严厉处分。

　　抗日战争爆发后,官办广播事业的重心西移。1938 年 3 月,中央广播电台在重庆恢复播音。1939 年 2 月,建立了国际广播电台,负责对国外宣传。同时,又在昆明、兰州和贵阳等地新建了一些广播电台。

　　抗日战争结束后,国民党当局接收了一批日伪广播电台,民营广播电台也有所恢复和发展。据 1947 年 9 月统计,国民党统治地区共有广播电台 131 座,发射电力总计约 460 千瓦。收音机拥有量在 100 万台左右。

　　中国广播公司是中国广播事业的先驱,1928 年成立于南京丁家桥,当时称为中央广播电台,后改名为中央广播事业管理处。1947 年,再改组为中国广播股份有限公司,简称"中广"(BCC)。1949 年中华民国政府内战失利迁往台湾,中广公司随迁。它是台湾最大的广播业者之一。该公司原先为中国国民党之党营事业,后由国民党党营事业华夏投资公司、中国时报系控股的"荣丽投资公司"拥有,现由著名媒体人赵少康经营。中广的运作体制完整,在董监事会、董事长之下,共设四部三处、一中心及九个地方分台。"四部"为节目企划部、新闻部、业务行销部、广告管理部;"三处"为工程处、管理处、财务处。另设有制播中心。

　　4. 中国共产党领导的广播事业

　　1940 年 12 月,延安新华广播电台开始播音,揭开了中国广播史的新篇章。抗日战争胜利后,除延安新华广播电台外,影响较大的还有张家口、邯郸、东北和华东等新华广播电台。

　　在中共中央和毛泽东、周恩来、朱德的关怀下,形成了人民广播事业的光荣传统,即自力更生、艰苦奋斗的创业精神,实事求是、严肃认真的宣传作风以及联系实际、联系群众的工作方法。解放区的广播在国民党统治区拥有众多的听众,对中国人民解放事业的胜利做出了重要贡献。

1949 年 6 月,中共中央决定成立中央广播事业管理处,管理并领导全国广播事业。随着解放战争的节节胜利,据 1949 年 9 月统计,全国各地已有人民广播电台近 40 座。

5. 新中国的广播事业

新中国的广播电台,主要部分由各革命根据地的新华广播电台改名而来,如中央人民广播电台,在 1949 年 12 月 5 日由"北平新华广播电台"改名而来,而"北平新华广播电台"又在 1949 年 3 月 25 日由"陕北新华广播电台"改名而来;上海人民广播电台,其前身是"上海新华广播电台",组建于解放军南下途中,1949 年 5 月 27 日上海解放时改为"上海人民广播电台"。另小部分则是接管、改造了旧中国的城市电台而来。

从 1953 年起,中国开始有计划地发展广播事业,终于建成了一个相当完整的由中央和地方、无线和有线、调幅和调频相结合的广播宣传网。至 1987 年,共有各级广播电台 386 座,市、县级有线广播站 2576 座,收音机 2.6067 亿台,有线广播喇叭 8316 万只。其中,中央人民广播电台是对国内广播的中心,中国国际广播电台则承担了对国外广播的繁重任务。有线广播网遍布千家万户,随着广播发射电力和频率的不断增加以及地方广播台、站的转播,全国广播人口覆盖率达到 68.3%,绝大部分地区都可以收听到广播。

新中国的广播事业是由国家统一经营的,由中华人民共和国广播电影电视部(1982 年以前为中央广播事业局)领导和管理,现为国家广播电影电视总局统一领导和管理。到 1984 年年底,全国建立了省、自治区、直辖市级广播电视厅(局)29 个,地区、省辖市级广播电视局(处)350 个,县级广播电视局 1700 多个。

1983 年 10 月,中共中央的通知强调指出:广播电视是教育、鼓舞全党、全军和全国各族人民建设社会主义物质文明和精神文明的最强大的现代化工具,也是党和政府联系群众的最有效的工具之一。

1983 年召开的第 11 次全国广播工作会议,根据党的十二大提出的总路线总任务,着重讨论了改革广播电视工作和发展广播电视事业的一系列方针。会议提出要以新闻改革为重点,推动广播电视宣传的全面改革;要从实际出发,实行中央、省(市)、地区(市)、县(市)"四级办广播,四级办电视,四级混合覆盖"的方针,适当加快广播电视事业建设的步伐。

新时期的广播事业继承和发扬了革命战争年代人民广播事业的优良传统,在新的历史时期担负了传播新闻、沟通情况、宣传思想、影响群众、反映舆论、引导舆论、传授知识、提供文化娱乐和为听众服务的重大任务。对内对外广播在传播马列主义、毛泽东思想,动员和鼓舞全国各族人民积极投身于社会主义事业,介绍中国对外政策和报道中国政治、经济、文化状况等方面做了大量工作,受到了国内外广大听众的欢迎和信任。

1979 年 1 月 28 日,上海电视台播出了介绍与推销参桂补酒的广告片,这是我国内地的第一个电视广告。同年 12 月,央视同时在两个频道中出现了商业广告。1980 年 1 月 1 日,中央人民广播电台播出了第一条广告。此后,各级广播电视台纷纷效仿,广告逐渐成为广播电视节目中的常规内容。1983 年,第十一次全国广播电视会议确立了要"以新闻改革为突破口",要"开展多种经营,广开财源"的方针。1985 年,国务院在有关文件中正式将广播电视业列入第三产业,广播电视的产业属性开始被人们逐渐认识。

1986 年 12 月珠江广播电台推行"主持人直播、大时段、开放式"运作模式以及随后中央人民广播电台的改革称为"中国广播改革的第一个里程碑";而 1992 年10 月东方广播电台"全天 24 小时直播状态,加强热线电话运用"的运作模式称为"中国广播改革的第二个里程碑";随后,东广新闻台的开播则是"中国广播改革的第三个里程碑"。"珠江模式"和"东广模式"是以"主持人直播、大时段、开放式"以及"全天 24 小时直播,加强热线电话的运用"的样式,给人耳目一新的感觉,并且丰富了内容广播不仅要从事宣传、提供娱乐,还必须提供信息、介绍知识。广播新闻报道必须在扩大报道面、增加信息量、提高信息质上狠下功夫。广播电台增设频率,特别提供经济信息为主的新频率,一些"商品信息""股市行情""金融动向"等栏目纷纷出台。广播新闻的报道形式更加丰富多彩,现场直播、广播评论、广播追踪报道与连续报道等深度报道也迅速崛起,使广播新闻的面貌焕然一新。[①]

1999 年,进入了广播电视产业化改革的关键时期。产业化要求一要宣传,二要经营。广播电视产业经营活动的最终目的就是要有盈利,保证广播电视产业既有自身发展的实力,又有实力去完成党和国家的宣传任务。1999 年出台了关于组建有线电视网络公司的有关规定,为收费电视(包括数字化电视)的发展作好了一定的政策上的准备。2000 年关于广播电视系统组建广播电视集团的有关规定,为广播电视产业化作好了机构方面的准备。

---

① 张骏德:《试论新中国广播事业 60 年的历史经验》,人民网,2009 年 10 月 9 日,http://media. people. com. cn/GB/10164744. html。

遵照中央关于文化体制改革试点工作的部署和中办发［2003］21号文件的要求，制定了《广播影视体制改革试点工作实施方案》及配套的相关文件并下发执行，审核批复了浙江广电集团、山东广电总台、南京广电集团、厦门电视台、深圳电视台和中国电影集团公司、长春电视集团公司等7家试点单位的实施方案，审核批复了广东南方广播影视传媒集团和峨眉电影集团组建方案，试点单位和已经成立的广电集团的体制改革试点工作全面展开。

明确了广播电视产业的定位。对于广播电视产业（也包括其他媒介产业），改变传统的单一的喉舌工具的定位，明确广播电视的二重性，确立广播电视产业的宣传、娱乐、服务、经营等职能，这既解决了受众的疑问，实现了经营的目的，又实现了宣传任务，真正地把广播电视产业作为一种信息产业经营好。

采用了正确的广播电视产业经营策略。广播电视产业经营策略是复杂多样的，但是概括起来可区分三类：一类是广播电视产业内部的经营策略，比如节目经营策略（包括广告、电视剧等）、信息经营策略、技术经营策略、辐射化经营策略、人力资源经营策略、无形资产经营策略、品牌经营策略、本土化经营策略、外向型经营策略等；一类是相关行业经营策略，主要是指网络经营策略；一类是广播电视产业以外的但对广播电视产业发展有益的经营策略，既可以经营信息产业，又可以经营物质产业，还可以经营其他对社会有益的服务行业等。

坚持正确的方向，完成党交给的宣传任务，与发展市场化的新闻传媒业经济、创造良好可观的经济效益，完全可以并行不悖、一举两得。新闻传媒作为特殊的企业，大部分已经自收自支、自负盈亏、自我发展。广播电视确立了"四次剥离"式的广电系统改革思路：网台分营（内容与网络）、制播分离（制作与播出）、频道分营（新闻与娱乐）、报道与宣传分离。

随着手机电视、网络电视等新媒介的诞生，宽带环境已经成为各方虎视眈眈的"中间地带"。目前，正在朝着这样的方向努力：树立现代化的广播电视传媒产业观念；广播电视传媒经营集团化、多元化；内容特色化；全面提高广播电视节目质量，注重社会伦理，节目防止媚俗化；深化广播电视传媒业的改革，建立完善有序的节目销售市场；全面推进数字化进程；覆盖全球化；建立优秀的广播电视产业队伍。

二、世界著名广播公司

世界著名的广播公司主要有：全国广播公司（National Broadcasting Company，

NBC)、美国广播公司(America Broadcasting Company,ABC)、哥伦比亚广播公司(Columbia Broadcasting System,CBS)、英国广播公司(British Broadcasting Company,BBC)、日本广播协会(Nippon Hoso Kyolai,NHK,又译为日本放送协会)、法国电视一台(Television Francais 1,T.F.1)、俄罗斯公共电视台(ORT)、德国公共广播联盟(ARD,德广联)、意大利广播电视公司(RAI)、卢森堡广播电视公司(RTL)等。

全国广播公司是美国一家主流广播电视网络公司,简称"NBC",总部位于纽约的洛克菲勒中心,以孔雀为标记。目前它是传媒集团 NBC 环球的一部分,向下属 200 多家美国电视台提供节目。NBC 于 1926 年由美国无线电公司(RCA)成立。1986 年,RCA 被通用电气(GE)收购,NBC 也随之被购买。NBC 曾于 20 世纪 60 年代参与投资香港无线电视(TVB),但持股量极少,更于后来退出。NBC 在 2004 年与法国的维旺迪环球旗下的娱乐部门合并之后,将其原先的"全国广播公司"变更为"NBC 环球",但在一些节目中 NBC 仍会使用它"全国广播公司"的全称。截至 2004 年,公司在纽约、洛杉矶、芝加哥、华盛顿和迈阿密等城市拥有直属电视台,并在全美有附属电视台 200 多家。NBC 每年制作和播出大量的新闻、体育娱乐节目及电视剧,其中《大西洋底来的人》(1977 年)、《仁心仁术》(ER)、《老友记》(Friends)、《威尔与格蕾丝》(Will & Grace)等电视剧集为我国观众所熟悉。但是近年来 NBC 陷入低谷,2003 年到 2006 年 NBC 电视台只推出了 5 部成功的剧集,而且收视主体也十分不稳定。

美国广播公司是美国三大电视网络之一,1995 年被迪士尼公司兼并。

哥伦比亚广播公司是美国三大电视网络之一,成立于 1927 年,其新闻节目在美国影响很大。1995 年被西屋电气公司收购。

英国广播公司是英国一家由政府资助但独立运作的公共媒体,成立于 1922 年 10 月 18 日。在 1955 年英国独立电视台和 1973 年英国独立电台成立。除了媒体业务,BBC 还提供书籍出版、报刊、英语教学、交响乐团和互联网新闻服务。

世界著名的新闻通讯社有美联社、路透社、法新社、国际文传电讯社、道琼斯金融通讯社、彭博新闻社、德新社、日本共同通讯社、俄罗斯国际文传电讯的独立的通讯社、塔斯社(原称苏联通讯社,现在简称俄通社)、安莎社(全称全国报纸联合通讯社,意大利半官方通讯社)、意大利新闻社、新华社、合众国际社等。

第六节　我国电视业的发展

1904 年,英国人贝尔威尔和德国人柯隆发明了一次电传一张照片的电视技术,每传一张照片需要 10 分钟。1924 年,英国和德国科学家几乎同时运用机械扫描方式成功地传出了静止图像,但有线机械电视传播的距离和范围非常有限,图像也相当粗糙。1923 年,俄裔美国科学家兹沃里金申请到光电显像管、电视发射器及电视接收器的专利,他发明的全面性的"电子电视"发收系统,成为现代电视技术的先驱。1929 年美国科学家伊夫斯在纽约和华盛顿之间播送 50 行的彩色电视图像,发明了彩色电视机。1933 年兹沃里金又研制成功可供电视摄像用的摄像管和显像管,完成了使电视摄像与显像完全电子化的过程,至此,现代电视系统基本成型。1936 年 11 月 2 日,英国广播公司在伦敦郊外的亚历山大宫,播出了一场颇具规模的歌舞节目,并首次开办每天 2 小时的电视广播。

一、电视机的发展

1958 年,我国第一台黑白电视机北京牌 14 英寸黑白电视机在天津 712 厂诞生。1970 年 12 月 26 日,我国第一台彩色电视机在同一地点诞生,从此拉开了中国彩电生产的序幕。

1978 年,国家批准引进第一条彩电生产线,定点在原上海电视机厂即现在的上广电集团,并于 1982 年 10 月份竣工投产。不久,国内第一个彩管厂咸阳彩虹厂成立。这期间我国彩电业迅速升温,并很快形成规模,全国引进大大小小彩电生产线 100 多条,并涌现熊猫、金星、牡丹、飞跃等一大批国产品牌。

1985 年,中国电视机产量已达 1663 万台,超过了美国,仅次于日本,成为电视机生产第二大国。但由于我国电视机市场受结构、价格、消费能力等条件的限制,电视机普及率还很低,城乡每百户拥有电视机量分别只有 17.2 台和 0.8 台。

1987 年,我国电视机产量已达 1934 万台,超过了日本,成为世界最大的电视机生产国。

1993 年,TCL 在上半年就开始推出"TCL 王牌"大屏幕彩电,29 英寸彩电的市场价格在 6000 元左右,到年底已经售出 10 多万台。1996 年 3 月,长虹向全国发布了第一次大规模降价的宣言——降低彩电价格8%至18%,两个月后,康佳随后跟进,打响了彩电业历史上规模空前的价格战。当年 4 月,长虹的销售额跃居市场第一,国产品牌通过价格战将国外品牌大量的市场份额夺到了手中。这场降价战后来也导致整个中国彩电业的大洗牌,几十家彩电生产厂商从此退出。

1999 年,消费级等离子彩电出现在国内商场。当时 40 英寸等离子彩电的价格在十几万元。2001 年,中国彩电业大面积亏损,康佳、厦华、高路华亏损,长虹每股赢利只有 1 分钱,这种局面直到 2002 年才通过技术提升得以扭转。

2002 年,长虹宣布研制成功了中国首台屏幕最大的液晶电视。其屏幕尺寸大大突破 22 英寸的传统业界极限,屏幕尺寸达到了 30 英寸,当时被誉为"中国第一屏"。2002 年,TCL 发动等离子电视"普及风暴",开启了等离子电视走向消费者家庭的大门。海信随即跟进。

2003 年 4 月,倪润峰掀起背投普及计划,背投电视最高降幅达 40%。

2004 年,美国开始对中国彩电实施反倾销,导致中国彩电无法直接进入美国市场。

2004 年,中国彩电总销量是 3500 万台,其中平板电视销量不过区区 40 万台,占整个彩电产品的 1.14%。2004 年 10 月开始,平板电视在国内几个主要大城市市场的销售额首次超过了传统 CRT(模拟)彩电。

2005 年上半年,我国平板彩电的销售量达到 72.5 万台,同比增长 260%;城市家庭液晶电视拥有率达到了 3.56%,等离子电视拥有率也达到了 2.81%。

二、电视剧的发展

中国第一座电视台——北京电视台(中央电视台的前身)在 1958 年 5 月 1 日开始播出,同年 6 月 15 日,播放了中国第一部电视剧《一口菜饼子》。1958 年至 1966 年,仅北京电视台就播放了几十部直播电视剧。

"文化大革命"使电视剧的发展陷于停顿。这一时期我国唯一一部电视剧是《帝国主义的反修斗争》;中国第一部连续剧是《射雕英雄传》(1976 年)。

1976 年后,中国电视剧取得长足的进步。1980 年,中国第一电视剧奖——飞天奖创建;1981 年播放了中国第一部电视连续剧《敌后十八年》;1985 年年产电视剧一千多部,其中有许多上乘之作,如单本剧《新岸》《新闻启示录》《走向远方》等,连续剧《武松》《今夜有暴风雪》《寻找回来的世界》《四世同堂》等。

1980 年至 1999 年,中国的电视剧产业蓬勃发展。作为整个文化艺术系统的一个重要组成部分,中国电视剧艺术在这一阶段获得了审美意识的自觉,开始了对中国特色电视剧艺术规律的探索和开拓。电视剧艺术在新时期获得了一个良好的开端,年产量由 1978 年的 10 余集发展到 1979 年的 30 余集,再发展到 1980 年的 80 余集。中国电视剧送中央电视台播出的年产量,由 1981 年的 110 集激增到 1986 年的 1500 集。

自 1987 年起,鉴于前一阶段电视剧生产中出现了不少平庸之作,有关管理部门制定实施了"提高质量、控制数量"的方针,取得明显效果,使不能在中央电视台播出的劣次产品由 1986 年的 500 集下降到 1990 年的 24 集。特别是这一阶段,出现了堪称电视剧艺术精品的《秋白之死》和根据古典名著改编的长篇连续剧《西游记》、根据现代文学名著改编的《围城》。

伴随着中国电视剧走向成熟的历程,中国电视剧开始逐步走向世界。《红楼梦》《西游记》《武松》《济公》《诸葛亮》《甄三》《努尔哈赤》《末代皇帝》《宋庆龄和她的姊妹们》《围城》等都先后在美国、日本及欧洲、东南亚国家播映。中国也开始选送电视剧参评国际电视节,《太阳有七种颜色》《小木屋》《小船》《穷街》等作品都分别在参赛的国际电视节上获奖。

1992 年央视及时调整思维,以 350 万元价格购买了《爱你没商量》的播映权,后来又用黄金时段的广告时间换取了《北京人在纽约》的播映权。随后,中国国际电视总公司以 1000 万元购买了 30 集电视剧《武则天》的国内版权,随剧征集广告,用电视台的广告时间来交换电视播映权。这种"贴片广告"的方式,在很长时期内都是中国电视剧市场化的重要途径。

20 世纪 90 年代以来的中国电视电视剧生产进入了繁荣阶段,规模急剧增长,精品佳作迭出。据国家广电总局社会管理司统计,到 1998 年,国产电视剧的生产数量为 682 部 9780 集;1999 年全国上报的题材规划剧目有 989 部 15812 集,当年批准发行播出 371 部 6227 集;2001 年的电视剧规划数量年初就达到了 22000 集。

三、电视业发展趋势

电视游戏市场潜力巨大。智能电视大屏幕的发展趋势,为重度游戏提供了相比 PC 端更好的视觉体验,随着智能电视技术水平的提高,重度游戏将逐渐登上电视屏幕。2014 年较 2013 年游戏类应用增长将近 1 倍,预测未来 2 年下载量将达到 30% 左右。国内未来电视游戏市场潜力巨大,2017 年规模或超 300 亿。

业内人士表示:智能电视游戏市场面临缺少优质游戏、支付环节不畅通和用户体验不佳三大行业难题,欲突破这瓶颈,研发优质游戏、提升软硬件基础是必经之路。具备硬件推动能力的游戏平台有更多行业话语权,盈利模式可以借鉴网络移动游戏行业成熟的收费模式。

彩电行业高端化趋势明显。据中国报告大厅发布的 2014~2018 年国产彩电行业未来前景预测报告显示,产品均价持续走低,但包括土地、劳动力、物流、运输等资源价格以及上游面板的价格都没有明显的下降,这给企业的盈利带来了一定的压力。而企业化解压力的重要举措之一就是力推产品结构向"高、大、智"的转型升级。

"行业跨界、品牌谋变"引领趋势。2014 年,彩电和 IT 企业跨界竞合加速,电商、O2O、三四级市场活跃度提升。宇博智业市场研究中心认为,中国彩电企业应着重在产品结构升级、品相聚焦、渠道建设三方面发力,并在保证利润的前提下,通过互联网工具减少产品从制造向用户传递过程中的价值流失。在渠道方面,农村市场原有分销体系将会向零售体系转化,主要有以下 3 方面因素:首先,随着国家城镇化建设的推进,农村市场城市化成为一个趋势。按照国家新型城镇化规划,2017 年,城镇市场规模将为农村市场的 3 倍,2020 年城镇化率将达到 60%。其次,交通网络基础建设快速发展,缩短了农村分销层级和渠道距离,零售能力要求提升。再次,电子商务的发展进一步打破了四级分销价格体系,加速分销体系转变。

第七节　我国广播电视业的管理

一、《广播电视管理条例》

1997 年 9 月 1 日起施行的《广播电视管理条例》用于在中华人民共和国境内设立广播电台、电视台和采编、制作、播放、传输广播电视节目等活动。

广播电视事业应当坚持为人民服务、为社会主义服务的方向,坚持正确的舆论导向。国家发展广播电视事业。县级以上人民政府应当将广播电视事业纳入国民经济和社会发展规划,并根据需要和财力逐步增加投入,提高广播电视覆盖率。国家支持农村广播电视事业的发展。国家扶持民族自治地方和边远贫困地区发展广播电视事业。

县级以上地方人民政府负责广播电视行政管理工作的部门或者机构(以下统

称广播电视行政部门）负责本行政区域内的广播电视管理工作。

广播电台、电视台由县、不设区的市以上人民政府广播电视行政部门设立，其中教育电视台可以由设区的市、自治州以上人民政府教育行政部门设立。其他任何单位和个人不得设立广播电台、电视台。国家禁止设立外资经营、中外合资经营和中外合作经营的广播电台、电视台。

建成的广播电台、电视台，经国务院广播电视行政部门审查符合条件的，发给广播电台、电视台许可证。广播电台、电视台应当按照许可证载明的台名、台标、节目设置范围和节目套数等事项制作、播放节目。

国务院广播电视行政部门应当对全国广播电视传输覆盖网按照国家的统一标准实行统一规划，并实行分级建设和开发。县级以上地方人民政府广播电视行政部门应当按照国家有关规定，组建和管理本行政区域内的广播电视传输覆盖网。建广播电视传输覆盖网，包括充分利用国家现有的公用通信等各种网络资源，应当确保广播电视节目传输质量和畅通。广播电视传输覆盖网，由广播电视发射台、转播台（包括差转台、收转台，下同）、广播电视卫星、卫星上行站、卫星收转站、微波站、监测台（站）及有线广播电视传输覆盖网等构成。

电视台利用卫星方式传输广播电视节目，应当符合国家规定的条件，并经国务院广播电视行政部门审核批准。安装和使用卫星广播电视地面接收设施，应当按照国家有关规定向省、自治区、直辖市人民政府广播电视行政部门申领许可证。进口境外卫星广播电视节目解码器、解压器及其他卫星广播电视地面接收设施，应当经国务院广播电视行政部门审查同意。

禁止任何单位和个人侵占、哄抢或者以其他方式破坏广播电视传输覆盖网的设施。任何单位和个人不得侵占、干扰广播电视专用频率，不得擅自截传、干扰、解扰广播电视信号。

县级以上人民政府广播电视行政部门应当采取卫星传送、无线转播、有线广播、有线电视等多种方式，提高农村广播电视覆盖率。

广播电视节目由广播电台、电视台和省级以上人民政府广播电视行政部门批准设立的广播电视节目制作经营单位制作。广播电台、电视台不得播放未取得广播电视节目制作经营许可的单位制作的广播电视节目。禁止制作、播放载有下列内容的节目：危害国家的统一、主权和领土完整的；危害国家的安全、荣誉和利益的；煽动民族分裂，破坏民族团结的；泄露国家秘密的；诽谤、侮辱他人的；宣扬淫秽、迷信或者渲染暴力的；法律、行政法规规定禁止的其他内容。

广播电台、电视台应当使用规范的语言文字。广播电台、电视台应当推广全国通用的普通话。

举办国际性、全国性的广播电视节目交流、交易活动,应当经国务院广播电视行政部门批准,并由指定的单位承办。举办区域性广播电视节目交流、交易活动,应当经举办地的省、自治区、直辖市人民政府广播电视行政部门批准,并由指定的单位承办。对享有著作权的广播电视节目的播放和使用,依照《中华人民共和国著作权法》的规定办理。

二、《广播电视广告播出管理办法》

2010年1月1日起施行《广播电视广告播出管理办法》,禁止含有下列内容:反对宪法确定的基本原则的;危害国家统一、主权和领土完整,危害国家安全,或者损害国家荣誉和利益的;煽动民族仇恨、民族歧视,侵害民族风俗习惯,伤害民族感情,破坏民族团结,违反宗教政策的;扰乱社会秩序,破坏社会稳定的;宣扬邪教、淫秽、赌博、暴力、迷信,危害社会公德或者民族优秀文化传统的;侮辱、歧视或者诽谤他人,侵害他人合法权益的;诱使未成年人产生不良行为或者不良价值观,危害其身心健康的;使用绝对化语言,欺骗、误导公众,故意使用错别字或者篡改成语的;商业广告中使用、变相使用中华人民共和国国旗、国徽、国歌,使用、变相使用国家领导人、领袖人物的名义、形象、声音、名言、字体或者国家机关和国家机关工作人员的名义、形象的;药品、医疗器械、医疗和健康资讯类广告中含有宣传治愈率、有效率,或者以医生、专家、患者、公众人物等形象做疗效证明的;法律、行政法规和国家有关规定禁止的其他内容。禁止以新闻报道形式发布的广告:烟草制品广告,处方药品广告,治疗恶性肿瘤、肝病、性病或者提高性功能的药品、食品、医疗器械、医疗广告,姓名解析、运程分析、缘份测试、交友聊天等声讯服务广告,出现"母乳代用品"用语的乳制品广告,法律、行政法规和国家有关规定禁止播出的其他广告。

时政新闻类节(栏)目不得以企业或者产品名称等冠名。有关人物专访、企业专题报道等节目中不得含有地址和联系方式等内容;投资咨询、金融理财和连锁加盟等具有投资性质的广告,应当含有"投资有风险"等警示内容;除福利彩票、体育彩票等依法批准的广告外,不得播出其他具有博彩性质的广告。

广播电视广告播出不得影响广播电视节目的完整性。除在节目自然段的间歇外,不得随意插播广告。播出机构每套节目每小时商业广告播出时长不得超过

12 分钟。其中,广播电台在 11:00 至 13:00 之间、电视台在 19:00 至 21:00 之间,商业广告播出总时长不得超过 18 分钟。播出机构每套节目每日公益广告播出时长不得少于商业广告时长的 3%。其中,广播电台在 11:00 至 13:00 之间、电视台在 19:00 至 21:00 之间,公益广告播出数量不得少于 4 条(次)。播出电视剧时,可以在每集(以 45 分钟计)中插播 2 次商业广告,每次时长不得超过 1 分 30 秒。其中,在 19:00 至 21:00 之间播出电视剧时,每集中可以插播 1 次商业广告,时长不得超过 1 分钟。在电影、电视剧中插播商业广告,应当对广告时长进行提示。除电影、电视剧剧场或者节(栏)目冠名标识外,禁止播出任何形式的挂角广告。电影、电视剧剧场或者节(栏)目不得以治疗皮肤病、癫痫、痔疮、脚气、妇科、生殖泌尿系统等疾病的药品或者医疗机构作冠名。播出商业广告应当尊重公众生活习惯。在 6:30 至 7:30、11:30 至 12:30 以及 18:30 至 20:00 的公众用餐时间,不得播出治疗皮肤病、痔疮、脚气、妇科、生殖泌尿系统等疾病的药品、医疗器械、医疗和妇女卫生用品广告。

三、《广播电视视频点播业务管理办法》

2004 年 8 月 10 日起施行的《广播电视视频点播业务管理办法》,要求国家对视频点播业务实行许可制度。未经许可,任何机构和个人均不得开办视频点播业务。

开办视频点播业务须申报和取得《广播电视视频点播业务许可证》。

视频点播节目禁止载有下列内容:反对宪法确定的基本原则的;危害国家统一、主权和领土完整的;泄露国家秘密、危害国家安全或者损害国家荣誉和利益的;煽动民族仇恨、民族歧视,破坏民族团结,或者侵害民族风俗、习惯的;宣扬邪教、迷信的;扰乱社会秩序,破坏社会稳定的;宣扬淫秽、赌博、暴力或者教唆犯罪的;侮辱或者诽谤他人,侵害他人合法权益的;危害社会公德或者民族优秀文化传统的;有法律、行政法规和国家规定禁止的其他内容的。

用于视频点播业务的节目,应符合《著作权法》的规定;应以国产节目为主。

四、其他法规政策

我国政府对媒体的控制着力于制作发行,从源头上进行控制。例如《广电总局关于 2009 年 7 月全国拍摄制作电视剧备案公示的通知》指出:"请各级广播影视行政管理部门加强对所辖动画制作机构的指导和培训,进一步明确《国产电视动画片制作备案公示管理制度暂行规定》中的要求,同时加强对报备剧目的审查工作,切实履行备案管理职责。中外合拍动画片要按照《中外合作制作电视剧管理规定》的要求,申请立项后,方可制作。"

对内容播出方面的管制较为突出。在我国政府对媒体的管制中,内容管制是核心,除了关于对播出内容的直接限制的通知外,在对正面提倡和批评禁止方面也有提及。例如在 2009 年 3 月 31 日下达的《广电总局:加强互联网视听节目内容管理的通知》,《通知》就加强互联网(含移动互联网)视听节目内容管理问题做出了相关规定,包括对节目内容、应急处理机制、节目版权等,主要还是对于节目中不得出现的内容做出了明确的规定。

随着我国媒介产业化的发展,对于我国媒介产业的产权关注逐渐增多,包括对媒介产权、媒介融资、媒介机构改革等方面问题的界定逐渐增多。在我国,媒介为国家所有,严格禁止或限制媒介的产权交易,禁止或严格限制业外资本进入媒介领域。在目前的电视媒介法律体系下,包括《关于引进、播出境外电视节目的管理规定》《中外合作制作电视剧(录像片)管理规定》《影视制作经营机构管理暂行规定》《广播电台电视台设立审批管理办法》等涉及该方面问题界定。

第五章　中国广告产业史

第一节　我国广告业的起始与发展

一、中国传统广告业①

1. 中国传统广告的发展历程

原始社会进入奴隶社会后,随着社会对信息传播的需求和商品经济的产生,广告开始萌芽。在漫长的封建社会里,由于以自给自足的自然经济为主,商品生产和交流都很落后,广告的发展也很缓慢。近代资本主义生产方式到明朝才开始萌芽,以小商小贩的地方性商业和长途贩运式商业为主。叫卖、实物展示、幌子、招牌、文字、商店的门面装潢和印刷品形式的广告,是主要形式。

2. 中国传统广告的主要形式

(1)叫卖。包括音响广告(响器)、口头广告。叫卖是我国最早出现的广告,在西周时代便出现了。到宋代,音响广告随着社会经济的发展而得到了很大发展。这时的音响广告是声音与音乐的结合,把人类原始的吆喝叫卖声与歌谣、快板、词曲相结合,更加悦耳动听并更具诱导性。

(2)实物广告。即摆放实物,也是当时交换推销商品的一种最原始的广告形式之一。

(3)标记广告。也是我国古老的广告形式之一。由于其文字是印刻在实物上

---

① 《自考中外广告史复习资料》,三亿文库,http://3y. uu456. com/bp – c99fc1fd910ef12d2af9e724 – 2. html。

的,它兼有实物广告和文字商标广告的职能。

(4)招牌。最初是一种无字的布帘,多用以指示店铺的名称和字号,可称为店标。包括悬帜广告、悬物广告、灯笼广告。

(5)幌子。原指布幔,后被引申为酒旗的别称。

(6)店面装饰。由于店铺林立,店铺的门面修饰也成为广告竞争的主要形式。

(7)品名广告。以产品的能工巧匠的名称或与商品有关的故事情节、历史背景来命名商品,从而形成了商品命名广告。通过商品命名广告的宣传介绍,可以给顾客牢固的印象,便于了解和购买。如"王麻子"剪刀、"狗不理"包子。

(8)印刷广告。印刷术的发明,使得具有近代广告特点的印刷广告出现了。北宋时期(960～1127)济南刘家针铺所用的广告铜板雕刻,现存于中国历史博物馆,它是我国商标与广告的珍贵历史文物。这块广告铜板是目前世界上最早的印刷广告实物,比西方公认的最早的印刷广告——1473 年英国第一个出版商凯克斯顿为宣传宗教内容的书籍而印制的广告还早三四百年。据有关材料记载,我国最早的广告画至少在南宋时期就已出现。

明清时代的知识分子已逐步脱开自命儒雅脱俗的传统思想,开始涉足广告领域,以自己的文字专长直接为商业广告服务。他们题写招牌文字,撰写广告对联。清代以后对联广告更为流行,各个行业都有自己的专用对联,成为商业广告的一种宣传形式。他们推销新书新作,垂青木刻年画,使明清时代的广告形式具有浓郁的知识性、趣味性,并形成了我国独特的民族风格和民族气派。

二、中国近代广告业①

1. 中国近代广告业的发展进程

鸦片战争以后,洋货广告反客为主,占据主要地位,形成各帝国主义进行广告竞争的局面。由于沿海与内地在经济发展程度上的差距,广告水平的地区差异越来越大,形成先进的广告媒介与传统的广告媒介并存的局面。

从五四运动至 20 世纪 30 年代前后,民族工商业经济与洋货展开了激烈的竞争,使广告发展到一个兴盛的阶段。现代广告不仅是民族资产阶级与帝国主义在经济领域展开斗争的工具,还在一定程度上推动了商业经济的发展。五四运动前

---

① 《自考中外广告史复习资料》,三亿文库,http://3y.uu456.com/bp－c99fc1fd910ef12d2af9e724－2.html。

后,具有初步共产主义思想的先进分子创办了许多刊物,除进行政治宣传之外,也开展广告宣传,提倡国货,抵制洋货。本时期广告事业发展的主要标志在于媒介的多样化和广告公司的兴起,以及对广告产业的研究和教学。

从20世纪30年代初到抗战前夕,是旧中国广告业最鼎盛时期。这时广告逐渐被社会人士和工商业界所重视,世界广告业的新技术、新材料不断传进中国,广告媒介更为发达,广告公司业务更为专业化,被称为"十里洋场"的上海成为各国商人经商的基地,也是旧中国广告业繁荣的缩影。

抗日战争爆发后,上海广告业逐渐萧条,上海、南京、汉口的报馆相继内迁,多集中于重庆,继续刊登广告业务。中共主办的报刊不以收取广告费为主要目的,而是为了宣传马列主义思想的同时扩大党的政治影响,以服务于社会、服务于人民。

抗战胜利后,原来一些停刊的报纸相继复刊,各种宣传媒介又活跃起来,商业广告逐渐恢复。广告的制作更加讲究,彩色图画逐渐被引入广告作品。全国各大中城市普遍开设了广告公司或广告社,我国的广告业已经初具规模。

2. 中国近代广告业的主要形式

(1)路牌广告和招贴广告。路牌广告多画在墙上,以文字为主,形式十分简单。招贴广告一般在海外印刷,再运到中国张贴。

(2)报纸广告。早在唐代初期,便诞生了最早的报纸《邸报》。近代以后,在中国境内出版的第一份中文杂志是1833年8月(道光十三年七月)在广州创办的《东西洋考每月统记传》,也是中文刊物最早登载"行情物价表"之类商情的刊物。戊戌维新前后,华人主办的报纸与外国人主办的报纸不同之处在于华人主办的报纸多登国货广告,利用广告形式同帝国主义列强进行斗争。戊戌维新运动时期,广告还是以文字为主,没有图饰。清末的官方报刊为了适应当时的潮流,改变过去官方报纸不登工商广告的惯例,开始有限度地刊登一些广告。1918年中的某一天,上海各报头版同时刊印一个红色的大鸡蛋,这是我国报纸第一次套色印刷。这是民族工业福昌烟草公司新生产的"小囡"牌香烟,请大家吃庆祝小囡降生的"喜蛋"。"五四"以后,广告种类已从商务广告扩展到社会、文化、交通等其他用途的广告,广告在报纸版面中的地位急速上升,有的甚至占报纸版面一半以上。

(3)刊物广告。鸦片战争之后,首开中文刊物登广告之先河的是1853年8月由英国传教士在香港创办的《遐迩贯珍》中文杂志。

(4)月历牌。上海作为中国最大最开放的城市,大批欧美资本大量流入。外国资本家很快借鉴和运用了中国传统的民间年画中配有月历节气的"历画"样式，融入商品广告，这就是月历牌的由来。月历牌的画面除了商品宣传外，表现的大都是中国传统题材形象，或中国传统山水，或仕女人物，或戏曲故事等场面。后来则发展为时装美女。

3. 中国近代广告产业的形成

报刊广告蓬勃发展以后，广告主与广告经营者逐渐分离，从而促使广告代理商的出现。广告代理商最早是以报馆广告代理人和版面买卖人的形式出现，后来演变为各种广告社、广告公司的形式。

1911 年，世界广告学会在美国成立，万国函授学堂上海办事处曾与我国广告界人士联合发起组织过"中国广告公会"，它是我国广告史上最早与世界广告学会有联系的唯一全国性广告机构。

1927 年，上海有 6 家广告社组织成立了"中华广告公会"，这是广告同业最早的组织。当时组织广告公会，主要是为解决同业之间的纠纷和争取共同的利益。

4. 中国近代广告产业的特点

一是广告的媒体载体与内容十分丰富。报刊广告内容有了扩大，百货、纸烟、电影、医药、银行、书籍及个人通告充满报刊各版。广告的版面安排、编辑水平有所提高，不仅有文字说明，还有彩色画面进行图解。

霓虹灯和车船广告相当流行。广告路牌分布在铁路沿线和城市要道，穷乡僻壤也有油漆广告的踪迹。广告月份牌销量数以百万计。此外还有邮政广告、店内广告、剧场广告、空中广告等，其中占有重要地位的是书籍广告。

二是广告的艺术水平有了很大的提高。广告经营者已注意研究消费者的心理，追求广告的艺术性和实用性的结合。随着广告业进入到一个新的发展阶段，涌现出一批优秀的广告设计人才，形成了广告美术行业。

三是广告学研究与教育的产生。我国的广告研究与教育可以追溯到五四时期。我国最早的广告研究团体是 1918 年成立的北京大学新闻学研究会，它把广告作为新闻学研究和教学的组成部分。我国最早出版的广告学研究专著，是由甘永龙编译的《广告须知》，该书于 1918 年 6 月由商务印书馆初版。20 世纪三四十年代，广告事业的发展推动了广告学研究和教学的开展，不少大学开设了广告课程，并有出国专攻广告的留学生。

四是革命报刊注重广告宣传。五四运动以后报纸刊登广告最为活跃。这些广告不仅宣传了自己的政治主张，而且广告收入成为报馆的经济收入和职工福利的一个重要来源。广告的重要版面多是留给进步书刊和国货做广告,以进行反帝反封建和爱国主义的宣传。广告的内容在为政治斗争服务的同时,也刊登中国厂商的广告,提倡国民买国货,借以抵制洋货,反对帝国主义的经济侵略。

五是广告媒介多样化。(1)1922 年年底,美商 E. G. 奥斯邦利用旅日张姓华侨的资本,在上海设立了中国境内第一座广播电台——奥斯邦电台,1923 年 1 月 23 日正式开播。从此,广播在中国逐渐成为第二大广告媒介而得以迅速发展。中国人自己设立的第一家电台是由新新公司创办的,1927 年 3 月 18 日正式开播。广播电台的出现是现代广告史上的又一件大事。它标志着广告在更广阔的空间,向更众多的消费者传播商品信息。(2)路牌广告。(3)橱窗广告。我国现代橱窗广告大约开始于 20 世纪 20 年代初。(4)霓虹灯广告。国外第一架霓虹灯广告开始于 1910 年,是由法国 G. 克劳特公司装置在巴黎皇宫的。上海于 1926 年在南京东路伊文思图公司的橱窗内首次出现霓虹灯,这是宣传"皇家牌(ROYAL)打印机"的英文广告吊灯。此外,车身广告、小册子广告、样品广告等也在这一时期出现。

三、新中国 30 年的广告业

1. 新中国初期的广告业(1949~1952)

1949 年,天津市公用局率先公布了"管理广告商规则"。这一时期各地发布的广告管理法规,对广告内容提出必须以"纯正为主""凡工厂、商店推销商品之广告宣传必须以品质、效能、使用方法做纯正之介绍,不得虚伪夸大"。并明确规定了广告媒介、商品种类、不同部门的广告管理范围。

加强对广告行业的领导。首先是政府对私营广告业进行了初步整顿;其次是对广告媒介进行整顿;此外,还利用广告同业公会加强了行业管理。

重视发挥广播广告的作用。为了有效地利用广告这一舆论工具,解放初人民政府就很重视对广播广告的管理。在中央广播事业局的指示下,1952 年 9 月华北五省二市广播电台在天津召开经验交流会。会议要求必须把广播广告宣传与国家的经济政策、工商业发展情况和群众的需要密切结合起来。这次会议是新中国成立以来国家行政部门召开的第一次有影响的广播广告工作会议,有利于当时广播事业的健康发展。

发展实用性的广告传播形式。新中国成立初期的广告,在内容上是紧紧围绕党在三年恢复时期的中心工作展开的。广告在巩固新生政权方面发挥了有益的作用。当时广告内容侧重于政治宣传和时事宣传。在广告形式上,一方面保留了过去那些行之有效的广告宣传手段,此外还根据方便企业和消费者的原则,发展一些实用、低价格、针对性强的广告形式。如以零售商店为对象的商品目录、商品知识说明书及案头印刷广告等;以城市消费者为对象的商店橱窗广告;以广大农村为对象的年画、门对、春牛图等传统形式的广告。还有包装盒、包装袋、传单以及书签、扇子、日历、月历等实用的广告。

2. 社会主义改造时期的广告业(1953～1956)

由于以计划经济为主,市场相对稳定,企业竞争趋于缓和,许多企业无须再做广告,这使人们对社会主义条件下还要不要广告都心中无数。1956 年社会主义改造基本完成后,广告事业又有了一定的恢复和发展。

组建国营广告公司。国家对广告行业实行了公私合营,把分散的各自经营的私营广告公司改造成为国营的广告公司。一批国营广告公司的建立,使得广告的服务对象、宣传内容及其作用发生了根本变化。

进一步加强对广告的管理。为加强广告管理,许多地方政府对原有的广告管理法规进行了补充和修改,有的发布了新的广告管理法规,或者改进了管理办法等。

中央领导关心广告工作。1956 年 5 月,刘少奇同志在视察中央广告事业局时,对当时轻视广告的思想提出了批评,肯定了广告对社会主义经济建设的积极作用。少奇同志的讲话,说明了国家对广告事业的关心,有力推动了下一阶段广告事业的发展。

3. 社会主义改造基本完成后的广告(1957～1965)

在 1957 年以后,在党的"八大"以经济建设为中心的指导下,我国的工农业生产得到了发展,广告业也随之有了一定的发展。

1957 年 12 月,在布拉格召开了国际广告工作会议,13 个社会主义国家参加了会议,我国商业部派代表以观察员的身份出席。会议做出了题为"从人民利益出发,发展社会主义商业广告"的决议,提出了社会主义商业广告的基本任务,并认为社会主义广告的基本特征是"思想性、真实性和具体性"。这个时期广告结合国家政策和政治运动来宣传商品是显著特点。

本时期的广告媒介在原有的基础上发展了传单、票板、海报、报贴、标签、包装盒、日历、火柴盒等广告形式。并允许在火车站内外陈设广告,在车厢的图书、杂志、硬书夹、棋盘、扑克盒、餐车食谱、壁挂、风景画以及售货员提箱上都可以做广告。

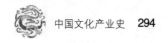

4."文化革命"中的广告(1966～1976)

所有的商品广告基本停顿。许多传统的老字号、牌匾被当作"封、资、修的黑货"砸碎。广告做为商品生产和商品交换的宣传工具被彻底否定。广告管理工作停顿,工商行政管理部门和其他广告管理部门及机构也被撤消。①

四、新时期的广告业

1.我国新时期广告业的开端

1979 年是中国现代广告事业的新纪元,称为广告"元年"。1979 年 1 月 4 号,《天津日报》率先恢复商业广告,在当天报纸的第三版,最新刊登了天津牙膏厂五种牙膏产品广告。1979 年 1 月 28 日,上海电视台播出了我们大陆地区第一条电视商业广告(参桂补酒);3 月 5 日,上海人民广播电视台成为第一个恢复广播广告业务的广播电台;3 月 15 日,上海电视台播出了第一条外商广告(瑞士雷达表)。1979 年 11 月 8 日中国共产党历史上第一个直接指导广告事业的文件《关于报刊、广播、电视刊登和播放外国商品广告的通知》由中共中央宣传部发出。

2.广告业迅速发展

广告业规模不断扩大,表现为从业人员和经营单位的数量增加;广告营业额以前所未有的速度增长;广告媒介迅速发展,出现许多新兴的广告媒体;广告法规和广告管理体系初步形成;广告教育人才培养体系成熟,许多大专院校开设相关课程;广告业经营水平和服务质量显著提高,开始全面推行广告代理制,广告业日益专业化、科学化与现代化。1981 年,全国有广告经营单位 2300 家,从业人员16000人,营业总额 1.2 亿元;1998 年年底,全国有广告经营单位 61730 家,从业人员 578876 人,营业总额达到 537.8 亿元,相较 1981 年情况分别增长 26 倍、36 倍、448 倍。与广告业恢复初期相比,广告人员的行业素质,广告的科技含量,广告人员的管理水平都有明显提高。

20 世纪 90 年代中期以来,媒介日趋多元化。电视台增开频道,增设栏目,各地方纷纷成立有线电视台,开办经济台,节目上卫星,这些变化逐渐减弱了电视媒介的垄断地位,形成竞争环境。报纸是我国第二大媒介,也发生重大变化。报业集团的出现改变了原来报社的经营机制,使一社多报、一社多刊。中央报纸增开

---

①　《自考中外广告史复习资料》,三亿文库,http://3y. uu456. com/bp－c99fc1fd910ef12d2af9e724－2. html。

地方版,有些地方出现了购物指南、直邮报等信息类报纸,使报纸广告市场展开更加激烈的竞争。网上广告的出现更加拓宽了广告市场,使广告主又多了一种传播途径的选择。

20世纪90年代后期,竞争迫使广告公司正确定位,扬长避短。那些不顾主客观条件盲目张罗国内外广告业务,搞全方位经营的广告公司渐渐少了,而有特色的专业广告公司多了。出现了营销策划型、客户代理型、媒介代理型、专业制作型(又分影视广告制作和平面广告制作)、技术服务型、信息咨询型、综合服务型等专业公司。一些本土广告公司直接服务于外国大客户并得到赞扬。

国内外新的广告制作发布技术、设备、材料、工艺以及新的媒体被引进和广泛运用,使平面和影视广告制作经历了一场革命。先进的桌面系统和印刷设备的使用使报纸、刊物、招贴以及其他印刷品广告更加精美,也为创意的表现提供更大的空间;影视广告前期特别是后期特技制作的一流设备和技术在一些大城市普遍使用,大大改变了我国影视广告的落后面貌;户外广告广泛采用电子喷绘、丝网印刷、静电仿真技术,使那些手绘广告渐渐退出城市。许多大城市因为许多精美的户外广告变得更加亮丽。

改革开放以来,我国沿海地区经济发展较快,其发展程度明显高于中部和西部地区。据统计,1998年广告经营额在前10名的省、自治区、直辖市有8名在沿海地区。北京、上海、广东、江苏、浙江、山东、福建、辽宁广告营业额的总和达到420亿元,占全国广告营业总额的78%,北京、上海、广东三地的广告营业占总营业额的50.8%。不仅如此,广告的先进技术和人才也基本上集中在经济较发达的地区。

据有关部门统计,1999年全国广告经营额达到622.05亿元,较上年增长15.66%。广告经营、兼营单位达到64882户,广告从业人员587474人,分别比上年增长5.11%和1.49%。广告从业人员平均营业额达到10.59万元,增长13.99%,发展态势令人喜悦。

2003年,是中国广告业又一个高速发展的年头。统计显示,2003年全国共有广告经营单位10.18万户,比上年增加1.22万户,增长13.66%;广告从业人员87.14万人,增加11.5万人,增长15.20%;广告营业额达到1078.68亿元,比上年增加175.54亿元,增长19.44%,占国民生产总值的0.92%。

2004年,全国广告公司为76210户,比上年增加9857户,增长14.8%,广告公司占广告经营单位总数的67.1%。广告公司从业人员达641654人,增加49007

人,增加 8.2%,占广告从业人员总数的 70.2%。广告营业额达 565.2 亿元,增加 120.4 亿元,增长 27%。据中国广告协会最新出炉的《2004 年中国广告业统计数据分析》反映,2004 年,电视、广播、报纸、杂志广告经营额为 575.5 亿元,占广告经营单位经营总额的 45.5%。其中,电视经营额为 291.5 亿元,占广告经营单位经营额的 23%;广播经营额为 32.9 亿元,占广告经营单位经营总额的 2.6%;报纸经营额为 230.7 亿元,占广告经营单位经营总额的 18.2%;杂志广告经营额为 20.3 亿元,占广告经营单位经营总额的 1.6%。

房地产广告已经连续保持投放量的第一位。2004 年,房地产广告经营额为 125.31 亿元,占全部广告经营额的 10%,药品和食品广告仍然处在第二、第三的位置,广告经营额分别为 122.39 亿元、107.04 亿元。

2005 年,全国共有广告经营单位 125394 户,比上年增加 11886 户,增长 10.5%。

2006 年,全国共有广告经营单位 143129 户;广告从业人员 1040099 人,比上年增加 99684 人,增长 10.6%;全国广告经营额达 1573 亿元。

2006 年,电视台、报纸、广播、杂志四大传统媒体广告经营额为 797.9 亿元,占广告经营单位经营总额 50.7%。我国不仅有电视、广播、报纸、杂志等广告形式,而且新闻广告、店铺广告、交通广告等也重新活跃,文艺广告、邮寄广告、馈赠广告和商业展览会、博览会也开始较大规模地登上广告产业的舞台,而网络广告则以迅猛的发展速度成为我国广告业新的发展领域。此外,路牌广告、霓虹灯广告等户外广告以及销点广告也在大城市中普及。各种名录、产品目录和宣传册也起到了对广告宣传的补充作用。电子信息对广告业的渗透极为引人注目;由于传播媒介多样化,广告形式不断创新,广告影响日益扩大;现代广告,比以往任何时候都更加注重广告的效果测定和信息反馈,并使调查活动成为一种行业行为。广告活动呈现世界化、全球化的态势。

2006 年,中国网络营销市场规模为 60.1 亿元,新浪以 9.5 亿网络营销收入占中国网络营销市场比重为 15.8%,百度以 8.4 亿网络营销收入占 14.0%,搜狐以 6.5 亿占 10.8%。中国主要网络媒体收入累计占整个网络营销市场比例近六成。值得注意的是,百度竞价排名在 2006 年获得超常规发展,其网络营销收入快速超过搜狐,逼近新浪。2007 年中国网络广告市场规模达到 62 亿元,比 2006 年增长 33%;2008 年网络广告市场受北京奥运会因素影响,市场规模达到 98 亿,获得 57% 的增长率。调查显示,中国已经超越日本跃居全球广告业第二位,在广告收入的媒体结构方面,中国的电视广告以81%的比例占绝对统治地位,而报纸广告只占了17%。剩余的2%由户外广告、海报广告、大众刊物广告和互联网广告瓜分。2007年中国广告市场的增长放缓,整体投放同比增幅仅为9%,低于中国国内生产总值11.4%的同比增长,为近年来最低增幅;因受奥运蓄势、主要行业广告投放疲态以及新媒体广告分流等诸多影响,传统媒体广告市场刊例花费增长幅度进一步收缩,广告花费总量达3120亿元人民币。

受北京奥运会的影响,中国网络广告市场继续发展,2008年的增长率仍达到50%。

根据国家工商行政管理总局办公厅统计中心公布的数据,2010年中国广告经营额达2340.51亿元,高于国内生产总值(GDP)10.3%的增速。广告经营单位与从业人员规模继续稳步增长,全国共有广告经营单位243445户,广告从业人员1480525人。

2010年广告投放量前五位的行业依次是房地产、食品、汽车、化妆品、药品,其中药品行业继2009年被食品行业超越之后,2010年涨幅继续缩小,已经排在汽车和化妆品之后。化妆品行业的投放额以35.40%成为增长幅度最大的行业,其次是服装服饰27.37%、家用电器21.04%、食品17.07%、汽车16.99%。

电视台、报社、广播电台、期刊社等传统媒体经营额均实现了不同程度的上涨。最高的是电视台,2010年实现26.79%的涨幅,远高于2009年的6.92%。广播电台增长7.37%,高于2009年的5.16%,稳步上涨。期刊社在经营单位数量缩减8.20%的情况下,经营额实现6.08%的增长。根据中国广告协会互动营销分会的数据,互联网广告继2009年突破百亿元之后,2010年的增长幅度高达70%,达到185亿元,逼近200亿元。互联网广告在广告业中的比例不断扩大,逐步接近10%。

2012年,全球数字广告开支为1028亿美元,相较于与2011年的872亿美元增长了17.8%。[①]

广告市场进一步净化。国家工商行政管理总局在全国查处违法广告案件46889件,工商总局多次发布对全国部分媒体广告发布情况的监测,对监测抽查发现的部分严重违法的药品、医疗、保健食品、化妆品及美容服务类广告进行了曝

---

① 《2010年中国广告业发展报告》,中国网,2011年7月1日,http://news.china.com.cn/2011-07/01/content_22899348_3.htm。

光。

我国网络广告业发展迅速。2012 年中国网络广告市场规模达到 753.1 亿元，较 2011 年增长 46.8%，网络广告市场进入相对平稳的增长期。2013 年，国内网络广告市场规模达到 1100 亿元，同比增长 46.1%，整体保持平稳增长。2014 年以来，资本力量在网络广告行业出手愈加频繁，一系列上市、融资、并购行为将网络广告行业推向风口。近年来，网络广告市场中兴起大数据、RTB 热潮，国内 DSP 广告公司大量涌现，网络广告产业链不断变革，新营销技术不断演进，以此提升广告的精准投放水平。网民、广告主、广告公司及媒体的变革纷纷推动着网络广告整体市场的前进，网络广告市场将继续领跑整体广告行业增长。未来，互联网、移动互联网和广播电视网络的相互融合，电脑屏、手机屏和电视屏的无缝连接，都是中国互联网领域发展的趋势。同样，更精准的搜索匹配，针对性更强的动态投放展示，更丰富的表达形式，以及线上和线下多渠道的并行推送也都会是中国互联网广告的发展方向。

3. 广告组织

中国对外贸易广告协会于 1981 年 8 月成立，其会刊是《国际广告》；中国广告协会于 1983 年在北京成立，是全国性的广告行业组织；中国广告协会学术委员会于 1987 年 8 月在湖北沙市成立；1987 年 5 月，中国广告协会和中国对外经济贸易广告协会共同组成"国际广告协会中国分会"。

4. 广告教育和广告专业出版物的发展

《中国广告》1981 年在上海创刊，并正式发行；1985 年，中国对外经济贸易广告协会会刊《国际广告》杂志在上海创刊，这是继《中国广告》之后的第二本大型广告杂志；1994 年，经国家出版总署批准，中国广告协会会刊《现代广告》杂志创刊。

1983 年，经教育部批准，我国第一个广告学专业在厦门大学新闻传播系创办，1984 年 9 月正式招收本科生；1993 年、1995 年，北京广播学院新闻系广告专业，厦门大学新闻传播系分别开始招收广告学研究方向的硕士研究生。

广告学是在许多边缘学科的基础上发展起来的一门综合性新型学科。广告知识涉及经济学、市场学、传播学、美学、统计学、文学等诸多学科和领域。广告传播的方式又是以科学与艺术结合的形式表现出来的。我国广告教育已呈现出经贸型、艺术型、新闻传播型等多元化的结构模式，这些培养模式适合我国广告业对人才多方面的需求。厦门大学广告学专业是属于新闻传播型的，突出广告是一种信息传播，其他经贸型、艺术型的院校都有各自的特点与专长。

5. 广告管理法规的发展

1980 年,国务院明确授权广告业隶属于国家工商行政管理局管理。《广告管理暂行条例》于 1982 年 2 月 6 日由国务院颁布,是新中国成立以来第一个全国性综合广告管理法规。1982 年 6 月,国家工商行政管理总局依据《广告管理暂行条例》制定的《广告管理暂行条例实施细则》正式发布。从 1982 年到 1987 年这五年的时间里,我国广告基本上以《广告管理暂行条例》和《广告暂行管理暂行条例实施细则》为依据的。《广告管理条例》于 1987 年 10 月 26 日正式颁布,12 月起实施,这标志着我国广告管理法规进一步健全和完善。1994 年 10 月 27 日,经第八届全国人民代表大会常务委员会审议通过《中华人民共和国广告法》,从 1995 年 2 月 1 日起施行。

6. 广告业逐步走向专业化、科学化与现代化

广告业新技术新材料开发应用取得初步成果。电子、激光、网络、信息等新技术和新材料被逐步推广应用;广告业被列入国家第三产业发展规划之中,广告业确定为人才密集、知识密集、技术密集的高新技术产业。

7. 广告媒介发展

报纸类——日报、周报、早报、晚报、综合报纸、专业报纸、中央报纸、地方报纸、中文报纸、外文报纸、文摘报纸、电视节目报纸。

杂志类——按时间划分周刊、半月刊、月刊、双月刊、季刊;按内容划分综合杂志、专业杂志、学术杂志、大众杂志、青年杂志、妇女杂志、老年杂志、儿童杂志、画报等。

电视类——中央台、地方台、综合台、商业台、教育台、经济台、新闻台、娱乐台、电影台、闭路台、有线台、高清台、数字台、3D 台。

广播类——中央台、地方台、差转台、调频台、调幅台、长波台、短波台、国际台、普通台、方言台。

邮递类——信件、明信片、说明书、商品目录、产品样本。

户外类——路牌、招牌、海报、充气模拟物、传单、空中气球、彩幅。

交通类——公共汽车、出租车、专用广告车、火车、轮船、飞机。

录像类——录像带、软磁碟、激光视盘。

电子类——灯箱、霓虹灯、电子显示广告牌、大屏幕电视墙、影院。

店铺类——店堂门面、墙壁、柜台、橱窗、广告牌、旗帜、标语、幌子、活人彩带。

包装类——内外包装盒及标签、附带小样品、包装用纸、包装塑料袋。

书籍类——日历、挂历、工商名录、电话簿、年鉴、列车时刻表、小册子、专业书籍、学术书籍。

网络类——手机、网络。

第二节　著名广告公司的经营之道

一、全球广告趋势与大公司的兼并

1. 未来广告的地位与作用日益提高

未来广告业在经济、政治、文化各个领域都将有着广阔的前景。20 世纪 80 年代的广告只是起着引导消费的作用。20 世纪 90 年代以后的广告则是以现代科技手段和设备武装的、着力开发潜在市场、向消费者提供全方位服务、培养新的生活方式和现代水平的广告。广告的作用也越来越大，可以为现代社会提供全面的信息服务，也可以在社会的政治生活中发挥着作用，并且在未来经济方面的影响将越来越大。同时，在社会文化方面也能提高人们精神文明水准。

1986 年在第 30 届世界广告大会上，美国广告界知名人士辖诺·贝蒂·范德努特以《文化的艺术和科学》为题作了长篇发言，主题是创造人类共同的文化，沟通不同文化的联系和交流，促进世界各国不同文化的相互理解。

2. 广告新观念的革命

第一，广告宣传突出了社会责任感，"企业是地球的公民""企业是社会一员，是社会的组成部分"。广告成为企业与社会沟通的一种手段。

第二，广告宣传突出人生、人格的价值，除了提供信息、诱发需求、刺激购买意愿之外，最重要的是强调生活，如何满足人的生活需要；强调引导，怎样使人们生活得高质量。它既包括物质生活、生活方式，也包括人生价值观念、社会责任、处事原则等。产品的销售由以"物"为中心转变到以"人"为中心上来。

第三，"软性广告"更能满足消费者的需要，广告的表现形式，保持新鲜感，标新立异。运用微笑和亲切的手法来诉求，以获得良好效果。

第四，广告的个性化更为突出，"地方化""个性化""情景化""特色"将充满活力。广告的统一性只适合于在经济、文化、法律相近的国家，但这也只是广告内容的统一，而广告形式是很难统一的。

3. 高科技发展对广告业的促进

信息时代的到来对广告行业即将产生的深刻影响。高科技领域以微电子技术、信息技术、新材料、网络技术、手机等新媒体等为主要内容。高科技促进了现代信息通信技术的发展,使广告媒介技术进入空前繁荣的发展时期,主要有电话、录音、录像、文图传真、计算机、移动通信、卫星通信、激光、电子广告牌、光纤空中广告等。21 世纪最主要的广告媒介是集电话、电视、计算机等功能于一体的信息网络系统。

4. 广告业的国际化趋势明显

第二次世界大战以后,工业品市场、高新技术、产出市场、信息市场和高档消费品市场的全球一体化,必然迫使各个国家的广告业走上国际化的道路。世界跨国广告公司应运而生。一是整个欧美广告市场为几个超级集团所瓜分,二是许多老牌广告公司被吸收进垄断集团之中发展集团化、国际化、具有规模优势并能提供整体服务的大型广告代理公司。

二、国外广告公司购并与抢占中国之道

WPP——英国最大的广告与传播集团,全球广告业收入排名第 3 位,下属主要公司有 Ogilvy & Mather,奥美 O&M;智威汤逊 Walter Thompson;电扬;传力媒体;尚扬媒介;博雅公关;伟达公关。年收入 58 亿美元的 WPP 集团迫于市场压力,积极开展对外并购。继 2000 年～2001 年接连吞并扬雅(Young & Rubicam,世界排名 14 位,2002 年收入 4.42 亿美元)和 Tempus 广告集团后,2003 年又以极低的代价买下 Cordiant。WPP 旗下拥有 60 多家传播服务公司,业务囊括了市场研究、公共关系、互动行销、视觉管理和咨询等领域。继 2002 年 6 月集团旗下的奥美公关购并中国公关公司北京西岸,组成西岸奥美信息咨询服务公司,成为在中国最大的公关公司后,又于同年 11 月收购曾是中国最大的广告公司的上海广告有限公司 25% 股权。2003 年 3 月,WPP 下属广告公司之一,即拥有"亚洲最佳创意公司"美誉的新加坡百帝广告中国办事处在上海开业;WPP 同期在华开业的子公司还有上海同盟广告公司。2003 年 6 月 WPP 在与第 4 大广告集团"阳狮"及主要债权人"赛伯乐"(Cerberus)的竞标中胜出,以 4.45 亿美元收购陷入财务危机的 Cordiant(全球第 9 大广告集团)。至此,WPP 的广告客户将涵盖喜力啤酒、亨氏食品、诺基亚、罗氏制药、辉瑞、福特汽车、英美烟草、美国远通、AT&T、格兰素史克、IBM、雀巢、联合利华和菲利浦—莫利斯等超大型跨国公司的知名品牌。

智威汤逊——作为全球最老的一家广告代理公司,智威汤逊擅长大众品牌的创建与传播。2002 年排名全球广告代理公司第 4 名。1992 年,该公司通过与北京"中乔广告"合资(外方控股 80%)进入中国市场。目前,该公司正准备以收购的方式进一步加强在广州市场的业务能力。

传立媒体——由上海奥美和智威汤逊—中乔媒介部门合并而成的传立媒体(MindShare)中国公司,成立于 1997 年 11 月,统管奥美、智威汤逊、尚扬媒介(Media Edge:CIA)、灵立媒体与 Maximize 的媒介购买。

奥美环球(Ogilvy & Mather Worldwide)——过去 50 年来,奥美帮助许多跨国企业建立了品牌,如美国运通、西尔斯(Sears)、福特、壳牌、芭比、旁氏、多芬(Dove)、麦斯威尔、IBM、摩托罗拉、联合利华和柯达等。1991 年,奥美与中国内地最大的国有广告公司上海广告公司合资成立了"上海奥美"。目前,奥美中国已在上海、北京、广州、香港、台湾等地开设办事处,员工达 1500 余名。目前其在中国的客户包括 IBM、摩托罗拉、宝马、壳牌、中美史克、柯达、肯德基、上海大众、联合利华和统一食品等。

Interpublic——美国第二大广告与传播集团,全球广告业收入排名第 2 位,下属主要公司麦肯·光明、灵狮、博达大桥、盟诺、万博宣伟公关、高诚公关 Interpublic Group of Companies(IPG)。2002 年 11 月,Interpublic 下属的全球最大专业从事媒体广告谈判的盟诺公司(Magna)成立中国公司,这家掌控着 400 亿美元年广告投放量的公司在中国市场投放约 20 亿元。1991 年,麦肯与光明报业集团在北京合资成立麦肯·光明广告有限公司,次年在上海、广州成立分公司,构成了其在 131 个国家 191 家广告代理网络中的一个重要结点。

灵狮——1993 年设立上海办事处,1996 年 8 月,该公司与光明日报社在上海合资组建上海灵狮广告有限公司。目前,灵狮在北京与广州各有一个办事处。

阳狮集团——法国最大的广告与传播集团,全球广告业收入排名第 4 位,下属主要公司阳狮中国、盛世长城、李奥贝纳、实力传播、星传媒体。1998 年,阳狮集团通过收购在华港资广告公司恒威(Ad-Link),在国际广告与传播集团中最晚进入中国市场。

实力传播——在华规模最大的媒体购买公司,是全球第 4 大媒体购买公司。实力传播于 1996 年进入中国,2001 年实力以 6.09 亿美元的媒介承揽额在中国市场位居榜首。目前,该公司在上海、北京、广州、香港和台湾设有办事处,大中华区员工超过 500 人。实力传播从 2003 年开始向客户提出优化投资回报的承诺,以整合传播为手段,帮助客户达成更好的投资效果,由此,公司正式从媒介公司转型为传播公司,关注对象从媒介转为客户的目标消费者,目标也从帮助客户用最低成本达到最广泛的传播变成为其实现最佳的营销投资回报。

电通——日本最大的广告与传播集团电通全球广告业收入排名第5位。下属主要公司电通传媒、电通公关、Beacon Communications。在华组织结构北京电通由三方合资,日本电通占51%的股份、中国国际广告公司占47%的股份、大诚广告占2%的股份。电通株式会社(Dentsu)成立于1901年,总部位于东京,是全球最大的广告代理公司。在日本电视广告媒体市场,电通控制了40%以上份额,但其海外业务的收入比例不到总额的5%。2000年以来,该公司开始对外扩张,通过与阳狮换股拓展欧美广告市场。于1994年5月正式进入中国市场,与中国国际广告公司及民营企业大诚广告合资成立了北京电通;为避免同时管理竞争品牌,电通在华还组建了北京东方日海、上海东派广告2家合资企业。北京电通还引进了"全方位信息交流服务",促进中国企业与市场更加密切地交流,具体涉及媒介、组织策划、筹划协调和咨询等业务领域。

灵智整合行销传播集团——在华规模最大的整合品牌服务商,该公司与《广州日报》合资成立灵智大洋广告公司(后更名为灵智整合行销传播),控股70%,在北京、上海、广州设有分支机构。该公司通过收购本地市场行销服务公司"精实"70%的股份,迅速确立了在华业务优势。此外,灵智还于1999年和传立媒体合作成立灵立媒体,2000年成立灵智医学传播,逐步形成完整的网络。2002年末灵智大洋与精实整合行销充分利用双方优势,成立"品牌小组",为客户提供度身定制的广告代理、市场调研、公关活动、品牌推广、活动行销和渠道管理等系列服务。

精信环球——最具独立性的广告与传播集团,全球广告业收入排名第7位,下属主要公司精信广告、Grey Direct、GCI、领先媒体、安可公关。该公司为宝洁服务的时间超过40年。2002年精信环球收入12亿美元,排名全球第7大广告与传播集团,其中精信广告以收入5.86亿美元,排名广告代理公司第12名。领先媒体(MediaCom Worldwide)2002年以123亿美元的承揽额排名全球第9位,在网络媒体领域排名第二位。

博报堂——日本最具创意的广告集团,全球广告业收入排名第8位。1996年9月与上海广告有限公司合资成立上海博报堂广告公司,并于1998年和2000年先后在北京和广州设分公司。

旭通——日本第三大广告与传播集团,全球广告业收入排名第 10 位下属主要公司:旭通广告、ADK。ADK 于 1993 年 2 月进入中国,与上海一百(集团)有限公司合资成立上海旭通广告公司。除上海旭通外,旭通在上海还拥有两家公司:第一企划和上海广告装潢公司。其中第一企划系被旭通日本总部整体收购,第一企划在上海、北京、成都、广州开设的 4 家公司。目前,旭通在中国共有 10 家分支机构,上海 3 家、北京 4 家、广州 2 家、成都 1 家。

三、国内广告公司的经营之道

1. 盛世经营之道

盛世长城国际广告公司是 SAATCHI & SAATCHI 和中国航天工业部中国长城工业总公司合资的公司,由国家对外经济贸易部批准,成立于 1992 年 8 月。盛世长城经过不断探索和努力,由小到大,发展壮大。盛世长城国际广告公司坚持"创意就是生命,人才决定一切"。公司创作的广告作品经常获得国内外各种广告比赛的奖项。盛世长城认为,一个品牌要获得成功就必须成为"LOVEMARKS"(至爱品牌),赢得消费者的爱。"LOVEMARKS"能带给消费者一种超越想象的内心体验,创造出一种亲密无间的不可代替的情感联系。盛世长城的目标就是帮助客户品牌创造爱来赢得消费者的心,从而让消费者爱上这个品牌。玉兰油、海飞丝、帮宝适、达能、乐百氏、脉动、金龙鱼、中英人寿和中国移动,等等。

它锐意打造世界级的广告作品:每年制作超过 150 支电视广告,在全球超过20 个城市拍摄广告,并和来自法国、日本、韩国、澳洲、马来西亚等全球顶尖电视导演长期合作。三大主题会议室(唐朝、HIGH - TEC、婴儿)、创意工作区、休闲娱乐区、咖啡馆、画廊、健身中心等组成了它的创意梦工厂。

2. 中小广告公司经营之道

工作分工和守时管理。分工管理主要是指每件工作都要分工到具体的人员,即一一对应分工,做到相互合作且流畅的完成。守时管理主要是指各项工作要准时的完成,即要求或答应什么时候完成的工作,就必须在什么时候或之前完成,不要拖延。

工作氛围管理。主要是指整间公司日常工作的氛围营造的管理,这一点十分的重要。有的广告公司工作氛围死气沉沉,老板不准员工讲话、听歌、走动等,让人觉得很压抑,工作质量与效率自然就别期望了;而有的广告公司则太松散了,大声说话、歌声此起彼伏……整个公司仿如一个演艺场,这样的工作氛围,大家是

"开心",但工作效率同样有限得很。事实上,要想拥有优良的工作氛围,老板的和蔼为人和氛围调理能力显得十分的重要,要做到让员工觉得在这里工作得愉快、轻松和富有效率。

工作人性化管理。广告公司更需要人性化的管理。例如早晨上班,早到与迟到都很难说,如果把标准控制得非常严格,实际上对公司本身并没有什么好处,因为很多迟到并不是员工故意而为的,往往是因为加了班,结果严格执行马上让员工有了叛逆心理,工作积极性自然就降下来了。因此,这方面应该人性化控制人性化处理,否则以小失大。又如犯错误:工作中出现错误是在所难免的,而这种错误往往是不经意出现的。因此,管理层理应理智处理,宽容教导处理是比较理智的,严肃处理对犯错者是一种伤害,更可怕的会波及公司其他的员工,结果大家都害怕了,也就没有心思好好工作了。另外,广告公司的"餐桌聚会"也应该人性化的管理。一种情况是老板吝啬得历害,而且不把员工当人看;另一种情况是和员工都是哥们儿,无论有客户没客户,都经常一起吃饭聊天,结果一个月"餐桌聚会"的费用就花费很多。

服务品质是做活公司的关键。广告公司作为服务型企业,提供优质服务本是最为基础和擅长的。但是,很多中小型广告公司生活艰难,最终症结就是服务品质太次,从而导致了客户的流失和业务拓展的艰难。中小型广告公司想要良好的发展,必须把各项服务品质一一提升上来,让客户满意,更让市场认可。

创意和设计。创意和设计对于广告创作来说都是至关重要的。创意的应用范围是非常广阔的,除了设计需要创意外,文案创作、策划创作、管理工作、终端执行等众多方面都需要创意。所以,不要把创意的应用局限于平面广告和影视广告的创作。每件事都需要有独特的视觉,以崭新的、更为高效率的工作方式将其实现。创意要求的是真正的创意,设计也一样。优质的设计对良好的品牌传播和创意、文案一起起着重要的作用。很多中小型广告公司碰到的如客户发火、拒绝付款、提前中止年度广告代理合同等情况,大多数都与设计质量不过硬有着密切的关系。

中小型广告公司和中小型企业广告应下狠功夫把设计质量提升上来,尤其是排版、色彩、字体等最为基本的要素,把整体排版制作质量提升上去了,再谈创意,最终将整体设计水平提升上来。

另外,创意设计必须围绕着品牌的核心要素进行设计,这样才不会"离题万里",才会对品牌的传播和产品的促进销售带来正面的影响。

客户服务。客户服务人员不是单纯的打电话联络,送取稿件,更重要的是要能为客户着想,替客户开拓市场推广发展的思路,引导客户更好的将品牌传播和产品推广。只有这样,客户才会更信任你,从而使客户与公司合作更密切。

守时观念。守时非常的重要,这也是诚信表现中非常重要的一点。因为大家面对的都是市场,市场是不等人的。计划什么时候应该完成的事情,必须按时完成,以确保按时将相关产品投放市场,达到预期推介效果。一旦拖延,后果将不堪设想。

优秀执行力。优秀执行力虽然属于广告服务的后期或末尾工作,但客户却非常重要。因为所有的前期工作和投资,都将在最终市场执行中表现出来,是对企业有促进作用,还是作用不明显,还是"帮了倒忙"?优秀的执行力若继承了优秀的策划、设计等工作,必将带给客户满意的结果。

第三节　广告管理与规范

广告管理与规范指的是对广告活动和广告业的计划、协调、控制和监督,它包括广告行政与法制管理、广告行业自律、广告经营者经营管理与社会监督等。

一、《中华人民共和国广告法》

本法所称广告,是指商品经营者或者服务提供者通过一定媒介和形式直接或者间接地介绍自己所推销的商品或者服务的商业广告。本法所称广告主,是指为推销商品或者服务,自行或者委托他人设计、制作、发布广告的自然人、法人或者其他组织。本法所称广告经营者,是指受委托提供广告设计、制作、代理服务的自然人、法人或者其他组织。本法所称广告发布者,是指为广告主或者广告主委托的广告经营者发布广告的自然人、法人或者其他组织。

广告应当真实、合法,以健康的表现形式表达广告内容,符合社会主义精神文明建设和弘扬中华民族优秀传统文化的要求。广告主、广告经营者、广告发布者从事广告活动,应当遵守法律法规,诚实信用、公平竞争。

县级以上人民政府工商行政管理部门是广告监督管理机关。

广告内容应当有利于人民的身心健康,促进商品和服务质量的提高,保护消费者的合法权益,遵守社会公德和职业道德,维护国家的尊严和利益。广告不得损害未成年人和残疾人的身心健康。

广告中对商品的性能、功能、产地、用途、质量、成分、价格、生产者、有效期限、允诺等或者对服务的内容、提供者、形式、质量、价格、允诺等有表示的,应当准确、清楚、明白。广告中表明推销商品或者服务附带赠送的,应当标明所附带赠送商品或者服务的品种、规格、数量、期限和方式。广告使用数据、统计资料、调查结果、文摘、引用语等引证内容的,应当真实、准确,并表明出处。

广告不得贬低其他生产经营者的商品或者服务。

医疗、药品、医疗器械广告不得有下列内容:表示功效、安全性的断言或者保证;说明治愈率或者有效率;与其他药品、医疗器械的功效和安全性或者其他医疗机构比较;利用广告代言人作推荐、证明;法律、行政法规规定禁止的其他内容。

农药、兽药、饲料和饲料添加剂广告不得有下列内容:表示功效、安全性的断言或者保证;利用科研单位、学术机构、技术推广机构、行业协会或者专业人士、用户的名义或者形象作推荐、证明;说明有效率;违反安全使用规程的文字、语言或者画面;法律、行政法规规定禁止的其他内容。

禁止在大众传播媒介或者公共场所、公共交通工具、户外发布烟草广告。禁止向未成年人发送任何形式的烟草广告。禁止利用其他商品或者服务的广告、公益广告,宣传烟草制品名称、商标、包装、装潢以及类似内容。烟草制品生产者或者销售者发布的迁址、更名、招聘等启事中,不得含有烟草制品名称、商标、包装、装潢以及类似内容。

酒类广告不得含有下列内容:诱导、怂恿饮酒或者宣传无节制饮酒;出现饮酒的动作;表现驾驶车、船、飞机等活动;明示或者暗示饮酒有消除紧张和焦虑、增加体力等功效。

教育、培训广告不得含有下列内容:对升学、通过考试、获得学位学历或者合格证书,或者对教育、培训的效果作出明示或者暗示的保证性承诺;明示或者暗示有相关考试机构或者其工作人员、考试命题人员参与教育、培训;利用科研单位、学术机构、教育机构、行业协会、专业人士、受益者的名义或者形象作推荐、证明。

招商等有投资回报预期的商品或者服务广告,应当对可能存在的风险以及风险责任承担有合理提示或者警示,并不得含有下列内容:对未来效果、收益或者与其相关的情况作出保证性承诺,明示或者暗示保本、无风险或者保收益等,国家另有规定的除外;利用学术机构、行业协会、专业人士、受益者的名义或者形象作推荐、证明。

房地产广告,房源信息应当真实,面积应当表明为建筑面积或者套内建筑面积,并不得含有下列内容:升值或者投资回报的承诺;以项目到达某一具体参照物的所需时间表示项目位置;违反国家有关价格管理的规定;对规划或者建设中的交通、商业、文化教育设施以及其他市政条件作误导宣传。

农作物种子、林木种子、草种子、种畜禽、水产苗种和种养殖广告关于品种名称、生产性能、生长量或者产量、品质、抗性、特殊使用价值、经济价值、适宜种植或者养殖的范围和条件等方面的表述应当真实、清楚、明白,并不得含有下列内容:作科学上无法验证的断言;表示功效的断言或者保证;对经济效益进行分析、预测或者作保证性承诺;利用科研单位、学术机构、技术推广机构、行业协会或者专业人士、用户的名义或者形象作推荐、证明。

广告以虚假或者引人误解的内容欺骗、误导消费者的,构成虚假广告。

广告有下列情形之一的,为虚假广告:商品或者服务不存在的;商品的性能、功能、产地、用途、质量、规格、成分、价格、生产者、有效期限、销售状况、曾获荣誉等信息,或者服务的内容、提供者、形式、质量、价格、销售状况、曾获荣誉等信息,以及与商品或者服务有关的允诺等信息与实际情况不符,对购买行为有实质性影响的;使用虚构、伪造或者无法验证的科研成果、统计资料、调查结果、文摘、引用语等信息作证明材料的;虚构使用商品或者接受服务的效果的;以虚假或者引人误解的内容欺骗、误导消费者的其他情形。

二、《广告管理条例施行细则》

于 2004 年 11 月 30 日以国家工商行政管理总局令第 18 号公布;根据 2011 年 12 月 12 日中华人民共和国国家工商行政管理总局令第 58 号公布的《国家工商行政管理总局关于按照〈中华人民共和国行政强制法〉修改有关规章的决定》修改。《细则》共 28 条,自 2005 年 1 月 1 日起施行。

《条例》第二条规定的管理范围包括:利用报纸、期刊、图书、名录等刊登广告。利用广播、电视、电影、录像、幻灯等播映广告。利用街道、广场、机场、车站、码头等的建筑物或空间设置路牌、霓虹灯、电子显示牌、橱窗、灯箱、墙壁等广告。利用影剧院、体育场(馆)、文化馆、展览馆、宾馆、饭店、游乐场、商场等场所内外设置、张贴广告。利用车、船、飞机等交通工具设置、绘制、张贴广告。通过邮局邮寄各类广告宣传品。利用馈赠实物进行广告宣传。利用其他媒介和形式刊播、设置、张贴广告。

三、《户外广告登记管理规定》

工商行政管理总局局务会议决定修改，自 2006 年 7 月 1 日起施行。本规定所称户外广告是指利用户外场所、空间、设施等发布的广告。

户外广告由发布地县级以上工商行政管理机关登记管理。

发布下列广告应当依照本规定向工商行政管理机关申请户外广告登记，领取《户外广告登记证》：利用户外场所、空间、设施发布的，以展示牌、电子显示装置、灯箱、霓虹灯为载体的广告；利用交通工具、水上漂浮物、升空器具、充气物、模型表面绘制、张贴、悬挂的广告；在地下铁道设施，城市轨道交通设施，地下通道，以及车站、码头、机场候机楼内外设置的广告；法律、法规和国家工商行政管理总局规定应当登记的其他形式的户外广告。

第六章　中国演艺产业史

　　我国几千年的文化发展历程中,表演艺术是历史传统最为深厚的文化产品,它涵盖了音乐、戏剧、舞蹈、曲艺、杂技等表演活动。在我国表演艺术历史悠久,城乡演出市场潜力巨大使得我国具备成为演艺业强国的条件。演艺业将成为我国文化产业中发展最迅速、普及率最高、对相关下游文化产业的发展影响最大的核心产业之一。

第一节　我国古代的演艺市场

一、演出市场的概念与构成要素

　　所谓演出市场,是指演出活动在交换过程中形成的各种关系的总和。它既包括有形的演出场所、演员和观众,也包括参与演出活动的主体之间即艺术产品生产者、经营者和消费者之间的关系。①

　　演出市场的主体是从事演出交易活动的组织和个人。根据其作用不同,大致可分为演出行业生产经营者、演出市场消费者和演出市场管理者等三种类型。其中演出行业生产经营者即各类营业性演出单位(文艺表演团体、演出场所和演出经纪机构),是目前我国最重要的演出市场主体。演出市场客体是指各类营业性演出节目,包括音乐、戏剧、舞蹈、杂技、魔术、马戏、曲艺、木偶、皮影、朗诵、民间文

---

① 演出市场,见"百度百科",http://baike.baidu.com/。

艺、模特、服饰等。消费者有高雅、通俗的;有大众、小众的;有城市、乡村的。演出市场主体之间、客体之间及主体与客体之间、主客体与消费者之间多重关系的相互作用共同构成了完整的演出市场。① 管理者则是我国的行政机构(即文化部门),它代表政府出台相关法规制度,制定改革方案,带领我国演出市场走出国门。

二、中国演艺市场的起源

表演艺术是最古老的艺术形态之一。从文献记载来看,我国的演艺市场起源于古代的歌舞。古代原始歌舞又多是与劳动丰收有关系,又加上万物有灵的的观念,与原始宗教仪式娱神的目的有直接的关联。《书经.舜典》上说:"予击石附石,百兽率舞。"所谓百兽率舞,就是装扮成百兽的样子舞蹈,祈求打猎收获多多,或者是打猎回来为了酬谢神祇,并且是鼓之舞之。《山海经·海内经》关于"帝俊有子八人,是始有歌舞"的记述等,都是对早期表演艺术传说的追记。《书经.舜典》中有命夔"典乐教胄子"的记载,说的是歌舞已经进入了教育体系。《吕氏春秋·古乐》篇中还说:"葛天氏之乐,三人操牛尾。投足而歌八阕。"可想象出当时人们边唱歌边跳舞的情形。《孔子家语·观乡》说:"子贡观于蜡。孔子曰:'赐也,乐乎?'对曰:'一国之人皆若狂,赐未知其为乐也。'孔子曰:'百日之劳,一日之乐,一日之泽,非尔所知也。'"可以看出这完全是劳动农民一年辛苦后的欢乐,可见歌舞已经在节日里进入了千家万户和百姓生活,具有明显的全民性了。《吕氏春秋·古乐》中记载,"命皋陶作为夏龠九成,以昭其功","汤乃命伊尹作为《大护》,歌《晨露》,修《九招》《六列》,以见其善"。说的是歌舞已经成为统治阶级统治的一个手段,进入了政治舞台。

因此,明人杨慎在《升庵集》(卷四十四)中针对楚辞之《九歌》,说"女乐之兴,本由巫觋……观楚辞《九歌》所言巫以悦神,其衣被情态与今倡优何异!"清代纳兰性德《渌水亭杂识》云:"梁时大云之乐,作一老翁演述西域神仙变化之事,优伶实始于此。"王国维在《宋元戏曲考》中提出:"歌舞之兴,其始于古之巫乎? 巫之兴也,盖在上古之世。""后世戏剧,当自巫、优二者出。""巫以乐神,优以乐人,巫以歌舞为主,优以调谑为主,巫以女为之,而优以男为之。至若优孟之为孙叔敖衣冠,而楚王欲以为相,优施一舞,而孔子谓其笑君,则于言语之外,其调戏亦以动作行之,与后世之优颇复相类。"《楚语》云:"古者民神不杂,民之精爽不携贰者,而又

---

① 《演出经纪人培训教材》编委会:《演出经纪人培训教材》,中国演出家协会 2010 年版,第 6 页。

能齐肃衷正……如此，则明神降之。在男曰觋，在女曰巫，及少皞之衰，九黎乱德，明神杂糅，不可方物。夫人作享，家为巫史。"周贻白的《中国戏剧史长编》将中国戏剧的最早源头溯至"周秦的乐舞"。闻一多在《什么是九歌》中认为："严格的讲，二千年前《楚辞》时代的人们对《九歌》的态度，并没有什么差别，同是欣赏艺术，所差的是，他们是在祭坛前观剧——一种雏形的歌舞剧。我们则只能从纸上欣赏剧中的歌辞罢了。"张庚、郭汉城主编的《中国戏曲通史》开篇首句也说："中国戏曲的起源可以上溯到原始时代的歌舞。"

三、古代演艺市场的发展

1. 中国古代演艺市场由三部分演出群体组成

一是以宫廷、官府、官僚、贵族以及地主、富豪家庭供养为主的官方表演艺术。夏、商、周三代都有宫廷表演艺术。传说周公把黄帝、尧、舜、禹和商汤王等五代宫廷乐舞整理恢复起来创制了歌颂周武王灭商的《大武》，合称"六代舞"。而贵族家庭乐舞称为散乐。秦代专门设有乐府，汉武帝时乐府人员达 800 人，乐府负责掌管宗庙宴会的雅乐，也负责采集民间俗乐。此后形成制度，历代王朝都曾设立相应机构。隋代集有《九部乐》，供宫廷演出。唐代因袭隋制，设有乐部，唐玄宗李隆基还专门设立了教练宫廷乐舞艺人的地方，即"梨园"，后世便将艺人统称"梨园弟子"。宋代设有教坊，明代设有教坊司，清代设立南府，后改为升平署，都是管理宫廷演出的机构。

二是以巫术、传教为主的宗教表演艺术。巫术活动经常使用歌舞。在我国，如具有宗教图腾色彩的傩舞。巫舞历久不衰，《周官·司巫》就有关于"若国大旱，则帅巫而舞雩"的记述。秦代以后，除了带有巫术、图腾色彩的原始宗教表演艺术以外，随着道教产生、佛教的传入，也产生了相应的宗教表演艺术。隋唐时期寺院乐舞就很活跃，寺院中有俗讲和散乐，内容多为演绎经文，俗称"变文"，还有歌唱，都是为了宣传佛教教义。

这些宫廷、寺院的乐舞及其他演出活动为中国艺术史铸就了辉煌的篇章，但它们属于政治、宗教活动的部分，本身没有作为商品进入市场交易。

三是民间表演艺术。民间表演艺术比较普遍，周代就有官府派人收集民间诗歌的采风制度，《诗经》就是这种制度的最大成果。

2. 中国古代演艺形式丰富多彩

戏剧随着时代的变迁不断发展、变化、完善，已成为人类辉煌的文明史中不可或缺的一个组成部分。

远古的先民早在穴居时代就用"傩戏"来讲述他们的故事,传达他们的喜悦、哀愁、希望。

一是先秦的俳优。"优"是指由贵族篡养起来,专供他们声色之娱的职业艺人,有时也称为"倡优"或"俳优"。"优"都是由男子充任的。据说,夏桀时代就有了倡优。刘向《古列女传·孽嬖传·夏桀末喜》中记载:"桀……收倡优侏儒狎徒能为奇伟戏者,聚之于旁,造烂漫之乐。"关于优的记载,最初见于《国语·郑语》史伯对郑桓公说周幽王"侏儒、戚施实御在侧"。三国时期的韦昭注:"侏儒、戚施皆优笑之人。"可见就是当时的俳优。春秋时代,优孟扮为孙叔敖而与楚庄王相问答一事,向来被人们认为是中国戏剧的开端。宋人高承《事物纪原·俳优》引《列女传》说:"夏桀既弃礼仪,求倡优侏儒,而为奇伟之戏。"清人焦循亦持此说:"优之为伎也,善肖人之形容,动人之欢笑,与今无异耳。""春秋战国之俳优,如晋之优施、楚之优孟,既为戏剧之滥觞。顾以歌舞及戏谑为事,尚未演历史故事。自汉以后,始间演之。降及南北朝,遂合歌舞以演一事,但以事实至简,仅具戏剧轮廓,谓之为戏,不如谓之为舞也。"①

二是汉代的百戏和角牴。百戏是古代对散在民间的乐舞、杂技、武术等各种表演艺术的统称。在秦汉以及其后很长的一段时期,主要作为民间业余的演出活动。《史记》的《滑稽列传》,说节目在宫廷里演出,由弄臣为国王表演滑稽节目,进行讽喻。虽然也有小规模的演出活动,但只能说出现了演出市场的萌芽。

角牴指的是《东海黄公》《总会仙唱》这类节目,它们都是一种戏剧演出,有演员表演,有故事贯穿,有观众参与。张衡在《西京赋》中是这样记载的:"东海黄公,赤刀粤祝,靠厌(伏)白虎,卒不能救,狭邪作蛊,于是不售。"东晋葛洪在《西京杂记》中也有记载:"有东海人黄公,少时为术,能制御蛇虎……秦末有白虎见于东海,黄公乃以赤刀往厌(伏)之。术既不行,乃为虎所杀。俗用以为戏,汉帝亦取以为角牴之戏焉。"东海黄公的演出形式属角牴戏,演员通过戴白虎面具进行角力相扑表演故事,它显然已不是单纯的竞技比赛,而是"戏",因为角牴是在戏剧规定情景中完成的,输赢早已内定了。

三是鼓吹。鼓吹是汉魏六朝开始盛行的一种重要乐种,源自北方少数民族地区,主要演奏乐器为打击乐器和吹奏乐曲,如鼓、茄、箫等,因此称为"鼓吹"。曹操

曾令缪袭根据西汉以来的鼓吹曲调，填写一些反映当时历史事件的歌词，如《战荥阳》《克宫渡》等。北魏在太武帝统一北中国以后，曾大量接受先进的汉族音乐文化。鼓吹乐也就在这个时期利用鲜卑族民歌曲调，填新词"凡一百五十章"，叫作"真人代歌"，亦称"北歌"。后来南朝的统治者陈后主，还专门派宫女去学习这种"北歌"，于宴会时演奏，称为"代北"。从《乐府诗集》所收的汉代鼓吹乐的歌词来看，如写女子与无情无义的负心男人决绝的《有所恩》，写女子坚贞不渝爱情的《上邪》，写诅咒统治阶级发动侵略战争的《战城南》等曲，原都是各地的民歌。

四是唐代的歌舞戏。《旧唐书·音乐志》载：歌舞戏有大面、拨头、踏摇娘、窟垒子等戏。汉唐间，随东西方交通之开拓、经济文化交流之频繁，西域文化艺术中的歌舞戏，逐步传入中原，成为我国戏剧的重要源流之一。六朝时候西域诸如龟兹、康国等及伊斯兰或印度乐舞东来，有人认为"杂戏"也进入了中土。无论汉代的百戏还是唐代的乐舞，西域成分都占相当比重，尤其在唐代，戏剧的因素渗入乐舞之中。《旧唐书》中仅举"拨头"一戏，曰："拨头出西域，胡人为猛兽所噬，其子求兽杀之，为此舞以象之也。"崔令钦《教坊记》中的《踏摇娘》载："北齐有人姓苏，实不仕，而自号为郎中，嗜饮酗酒，每醉辄殴其妻，妻衔悲，诉于邻里，时人弄之。丈夫着妇人衣，徐步入场，行歌，每一迭，旁人齐声和之云：'踏摇和来！踏摇娘苦和来！'以其且步且歌故谓之'踏谣'，以其称冤，故言苦。及其夫至，则作殴斗之状，以为笑乐。"

五是杂剧。到了宋、金、元时期，随着商品经济和城市商业、手工业的发展，逐渐产生了职业艺人和商业性的演出团体。与此同时，也就出现了大量供各种伎艺人用的表演台，被称为露台。宋代的露台，乃是百艺群工竞呈奇伎的场所。露台四周彩结栏槛。后来瓦舍勾栏兴起，露台这种形式成为勾栏的重要组成部分。在表演台周围设栏杆，这个传统从唐代开始，经过宋代一直保持到近代。"勾栏""瓦肆"是商业集中点和娱乐场所，设有舞台、乐棚、看棚，大的能容纳数千人，后世中国的剧场形制在这里已基本具备。这里以演杂剧为主，同时还有相扑、影戏、曲艺、说书、魔术、杂技等表演。据北宋孟元老《东京梦华录》记载，东京汴梁有"大小勾栏五十余座"，"不以风雨寒暑，看棚诸人，日日如是"，"奇术异能，歌舞百戏，鳞鳞相切，乐声嘈杂十数里"。这从一个侧面说明，当时的民间演出市场已经相当发达。

每一种艺术都有特殊的表现手段，从而构成形象的外在形态。作为一种综合艺术，宋元戏剧融化了多种艺术的表现手段，它们在综合体中直接的、外在的表现是:文学,主要指剧本;造型艺术,主要指布景、灯光、道具、服装、化妆;音乐,主要指戏剧演出中的音响、插曲、配乐等,在戏曲、歌剧中,还包括曲调、演唱等;舞蹈,主要指舞剧、戏曲艺术中包含的舞蹈成分,在话剧中转化为演员的表演艺术——动作艺术。

宋、金、元时期古戏台遗迹和遗物,近年来在平阳(今山西临汾)一带发现多处。这些古戏台都是中国传统的木构建筑,有的距今已有千年的历史。有的古戏台本身就是寺庙建筑的一部分,所以又称"庙台"。农村庙台多为砖木桔构,比城市勾栏戏台要坚固,有的还相当雄伟。当时在这些戏台进行的戏曲演出活动,起着酬神、娱人的双重作用。

六是明清戏曲。宋元以后,以戏曲为主体的表演艺术不断繁荣发展。明清两朝,各种地方戏曲大量产生,也出现了一大批以演出为谋生手段的艺人戏班,并形成了行业组织。这一时期不但搭建了大量的临时性、半临时性戏台,而且在固定性剧场建筑上也有很大提高。明、清间的固定性剧场大体上可分庙台、私人宅第戏台、宫廷剧场和营业性戏园。

演出市场终于在民间占据群众文化生活的主导地位,演戏、看戏成了中国演出活动的代名词。凡迎春、祝寿、庆贺、婚丧、贺节、祈雨、许愿还愿,皆搬演戏曲。

第二节　我国现当代演艺市场的发展

鸦片战争后,西方话剧、舞剧、歌剧等艺术形式传入我国,又创造了中国特色的歌舞剧。1949 年 7 月在北京召开的第一届中华全国戏剧工作者代表大会,为新中国的戏剧发展制定了明确的方针,提出了新的任务。

中华人民共和国成立以后,在战争年代形成的文工团的基础上,在对旧有的民营剧团进行"改人、改戏、改制"的社会主义改造基础上,吸收苏联对剧院团的管理模式,形成了以国有艺术表演团体和剧场为主体的计划演出体制。1951 年发布的《政务院关于戏曲改革工作的批示》,不仅对戏曲的方针、思想内容、创作提出了新的要求,而且也对旧戏班社中不合理的制度、剧团和剧场的所有制机构的改造提出了要求。经过改造,一大批全民和集体所有制的剧团、剧场建立起来了,全国兴建了大批正规的剧场和戏剧院,同时还兴建了芭蕾舞、交响乐、歌剧等新的演出团体,创制和改编上演了许多深受群众欢迎的节目。从中央到地方,各级文化部门负责对演出活动进行行政管理。

一方面，国家投资进行了大规模的基础建设和人才培养，为中国演出市场的繁荣奠定了物质和人才基础。另一方面，计划管理模式使得演出的生产、消费受到了行政干预的巨大影响，市场规律不能充分发挥作用，特别是"文化大革命"时期，许多剧团、剧场被解散和关闭，演员下放，演出被当作政治宣传的工具，严重破坏了艺术生产力的发展。

一、话剧的发展

20世纪初留日学生与中国民族民主运动相呼应，受日本"新派剧"（即"壮士芝居"）的影响，较正规地介绍欧洲式的话剧，推进了中国话剧的产生。早期影响最大的戏剧团体是"春柳社"。"春柳社"是留日学生的组织，其影响最大的，也是在中国创作的第一个剧本是《黑奴吁天录》。这是曾孝谷根据林纾翻译的美国斯陀夫人的小说改编而成的七幕剧，剧本充满反对民族压迫的正义情感。1912年在上海组织的新剧同志会，演出的剧目有《家庭恩怨记》《不如归》《猛回头》《社会钟》《热血》《鸳鸯剑》等。欧阳予倩是春柳社的参加者之一。此后，进化团、新民社、民鸣社、开明社、启民社等职业剧团先后成立。进化团是1910年由任天知领导的，所演出的剧目有《孽海花》《宦海潮》《官场现形记》《恨海》《秋瑾》《徐锡麟》等。

五四以来的优秀剧目有郭沫若的《棠棣之花》《屈原》，曹禺的《雷雨》《日出》《家》，夏衍的《法西斯细菌》《上海屋檐下》，田汉的《名优之死》，以及《阿Q正传》等。

新中国成立，政府开始对来自老解放区和原国统区的众多演出团体进行改组重建，将它们分别设置为各大中城市里的专业话剧院团。相继建立了中国青年艺术剧院、北京人民艺术剧院、上海人民艺术剧院、东北人民艺术剧院等专业话剧院团。与此同时，中央重点配套组建了中央戏剧学院和上海戏剧学院两所高等话剧学府。文化部倡导在有条件的剧院建立总导演制，任命孙维世为中国青年艺术剧院总导演，焦菊隐为北京人民艺术剧院总导演，黄佐临为上海人民艺术剧院总导演。

新中国的话剧创作热情反映新生活，讴歌民主革命胜利和社会主义建设的功绩，塑造新的革命英雄人物，代表性剧目有揭示新旧社会对比的《龙须沟》，表现农民新人成长的《战斗里成长》，写工业生活的《在新事物面前》，反映农村伟大变革的《春风吹到诺敏河》,表现抗美援朝题材的《钢铁运输兵》等。《万水千山》《马兰花》《不能走那条路》《在康布尔草原上》《明朗的天》《冲破黎明前的黑暗》等,都取得了很大的成功。还演出了《钦差大臣》《大雷雨》《万尼亚舅舅》《小市民》《怒吼吧,中国!》《钢铁是怎样炼成的》《丹娘》《曙光照耀着莫斯科》《哈姆雷特》《罗密欧与朱丽叶》《娜拉》等众多世界名剧。

1978年,中共中央十一届三中全会召开,中国迈入一个新的历史时期。转折关头,话剧发挥了介入现实短平快的特点,率先创作了一批及时反映政治潮汛和重大社会主题的作品,如《枫叶红了的时候》《于无声处》《丹心谱》《报春花》《救救他》《权与法》《血,总是热的》《灰色王国的黎明》等作品,先后引起轰动,酝酿并促动了时代的反思,迎来了创作上的高峰期,一大批现实主义的优秀作品先后呈现于舞台——《狗儿爷涅槃》《小井胡同》《天下第一楼》《田野又是青纱帐》《昨天、今天和明天》《榆树屯风情》《黑色的石头》《大雪地》《桑树坪纪事》《西安事变》《陈毅市长》《彭大将军》等成为新时期话剧的经典剧目。后来来自西方现代戏剧的象征主义、表现主义、荒诞派、残酷戏剧、质朴戏剧、"间离"戏剧等蜂拥而入,出现了小剧场戏剧三部曲《绝对信号》《车站》《野人》《对十五桩离婚案的调查》《街上流行红裙子》《一个死者对生者的访问》《红房间、白房间、黑房间》《屋外有热流》《挂在墙上的老B》《魔方》《山祭》等剧目。小剧场戏剧的成功,使独立制作人获得了生长的空间,并进而成为90年代最重要的话剧现象。一时之间,伴随着一些小剧场话剧的赢利,林兆华戏剧工作室、牟森的戏剧车间、孟京辉的"穿帮剧社",以及"蛙"实验剧团、"火狐狸剧社""星期六戏剧工作室"等纷纷涌现出来,在戏剧与市场之间搭起了一座座沟通的桥梁。

1991年中宣部组织了"五个一工程"奖,同一年,文化部设立了文华奖。出现了《天边有一簇圣火》《男人兵阵》《女兵连来了个男家属》《炮震》《老兵》《虎距钟山》《绿荫里的红塑料桶》《"厄尔尼诺"报告》《岁月风景》《洗礼》《李大钊》《商鞅》《生死场》《天下第一楼》《沧海争流》《孔繁森》等剧目;城市话剧也逐渐多起来,如《留守女士》《大西洋电话》《OK股票》《同船过渡》《热线电话》《爱情泡泡》《午夜心情》《离婚了别来找我》《鱼人》《鸟人》《棋人》《雨过天晴》《非常麻将》等。

两个亿的国家舞台艺术精品工程和2007年话剧百年展演活动的平台上,话剧在题材、样式、风格上的独特价值得以充分体现。而贺岁戏的经营和亲子剧场的推出,则使话剧一步步跨越了市场经济条件下生存层面的困境,向着更高和更长远的目标挺进,出现了大量精品之作,如《商鞅》《立秋》《生死场》《父亲》《黄土

谣》《我在天堂等你》《郭双印连他乡党》《矸子山的男人和女人》等。①

二、舞剧与歌剧的发展

舞剧作为舞蹈、戏剧、音乐相结合的表演形式,在我国历史上源远流长。但作为一门独立的艺术形式,中国舞剧于 20 世纪 30 年代方才初见端倪。从某种意义上说,经过"外来艺术"的引进和吴晓邦、戴爱莲、梁伦等新舞蹈艺术先驱的探索,才形成了相对完整的中国民族舞剧艺术。1939 年~1949 年,中国舞剧一共才不足 10 部,1949 年~1979 年则出现了 100 多部,1979 年~2009 年则有 300 多部,到 2011 年年初为止一共 500 多部,数量上为世界第一。优秀作品如《宝莲灯》《牛郎织女》《刘海砍樵》《后羿与嫦娥》《小刀会》《梁山伯与祝英台》《五朵红云》《鱼美人》《红楼梦》《祝福》《繁漪》《鸣凤之死》等,同时涌现了《奔月》《人参女》《咪依鲁》(彝族)、《丝路花雨》《胭脂扣》《阿诗玛》《边城》《虎门魂》《阿姐鼓》《阿炳》《闪闪的红星》《妈勒访天边》《大梦敦煌》《野斑马》《风雨红棉》《文成公主》《铜雀伎》等。②

歌剧是将音乐(声乐与器乐)、戏剧(剧本与表演)、文学(诗歌)、舞蹈(民间舞与芭蕾)、舞台美术等融为一体的综合性艺术,通常由咏叹调、宣叙调、重唱、合唱、序曲、间奏曲、舞蹈场面等组成(有时也用说白和朗诵)。歌剧在 17 世纪,即 1600 年前后才出现在意大利的佛罗伦萨,它源自古希腊戏剧的剧场音乐。

1919 年~1944 年新歌剧的出现,或受"五四"新文化的影响,或是为了适应反对帝国主义的爱国斗争的需要。前者,如黎锦晖的儿童歌剧《麻雀与小孩》《葡萄仙子》《小小画家》等,在倡导科学、民主精神上,在艺术形式通俗化、民族化上,都做出了有益贡献;后者,如聂耳的《扬子江暴风雨》、向隅的《农村曲》、冼星海的《军民大生产》等,都在反映群众革命斗争的内容上、在借鉴西洋歌剧的经验上、在艺术形式民族化的问题上进行了宝贵的尝试。

1944 年延安文艺座谈会之后一大批秧歌剧,如《兄妹开荒》《夫妻识字》为新歌剧的创作开辟了正确的道路。此后,《白毛女》《刘胡兰》《赤叶河》又获成功。中华人民共和国成立之后,进一步探索新歌剧的创作经验,《小二黑结婚》《王贵与

① 刘彦君:《新中国话剧 60 年:沟通过去与未来》,中国网,2009 年 9 月 29 日,http://www.china.com.cn/culture/wenhua60/2009 - 09/29/content_18624674.htm。

② 罗斌:《新中国舞剧及其精神》,《艺术评论》,2011 年第 1 期。

李香香》《草原之歌》等相继问世。

1956年～1975年，遵循了"百花齐放，百鸟争鸣"方针，进一步大胆探索新歌剧的创作经验，如《红珊瑚》《红霞》《洪湖赤卫队》《江姐》《阿依古丽》《窦娥冤》等。1976年之后，新歌剧又有了新的突破，如《伤逝》《芳草心》《第一百个新娘》等。新时期有《护花神》《伤逝》《原野》《仰天长啸》《阿里郎》《归去来》《马可波罗》《安重根》《楚霸王》《孙武》《张骞》《苍原》《鹰》《阿美姑娘》《我们现代的年轻人》《风流年华》《友谊与爱情的传说》等。

在近代演艺市场上，上海、北京等地相继建起了一批拥有现代化演出设备的剧场（如1866年上海建成的兰心剧场）。

三、戏剧的发展

1904年，中国第一个专门的戏剧刊物《二十世纪大舞台》创刊。柳亚子在《发刊词》中说明创刊目的是"戏剧改良"，"以霓裳羽衣之曲，演玉树铜驼之史"，鼓动作家创作中国古代种族压迫的历史题材，同时宣传外国民族独立和沦亡的历史。在《新小说》《新民丛报》《二十世纪大舞台》《绣像小说》《月月小说》《小说月报》等刊物上，出现了大量传奇、杂剧和乱弹剧本。如《爱国魂》演文天祥抗元事，《悬罄猿》演张煌言抗清事，《轩亭冤》《开国奇冤》谱秋瑾及徐锡麟案件，《断头台》《血海花》演法国革命故事。还有解放妇女、提倡女权的作品，如蒋景缄的《侠女魂》、柳亚子的《松陵新女儿》、玉桥的《广东新女儿》、大雄的《女中华》、挽澜的《同情梦》等。

京剧进一步成熟，现存京剧传统剧目有12000多种，其中有不少优秀的剧目。如《群英会》《宇宙锋》《庆顶珠》（即《打渔杀家》）、《四进士》《安天会》《红鬃烈马》《玉堂春》《连升店》等。汪笑侬改编《哭祖庙》《将相和》《党人碑》《骂王朗》《长乐老》《受禅台》《博浪椎》等。

著名的京剧演员有：生等男角有前三鼎甲程长庚、张二奎、余三胜；后三鼎甲谭鑫培、汪桂芬、孙菊仙；前四大须生余叔岩、言菊朋、高庆奎、马连良；后四大须生马连良、谭富英、杨宝森、奚啸伯；还有周信芳（麒麟童）、唐韵笙、刘鸿声。他们都培养了多个弟子，形成了自己的派别。如老谭派王月芳、贾洪林、刘喜春、李鑫甫、余叔岩（无生不谭之说）；余派孟小冬（女）、杨宝忠、谭富英、李少春、王少楼、吴彦衡、陈少霖、杨宝森；汪派王凤卿、何玉蓉（女）、恩晓峰（女）；言派奚啸伯、言少朋，再传言兴朋、任德川、李家载；新谭派马长礼、高宝贤、殷宝忠、谭元寿；杨派朱云鹏、汪正华、程正泰、叶蓬；奚派欧阳中石、李伯培、张荣培，再传张建国、张军强、张建峰；高派李和曾、李盛藻、李宗义、白家麟；马派言少朋、王和霖、王金璐、迟金声、张学津、冯志孝、张克让、李万春、梁益鸣、关正明、马少良、李慕良、马长礼、申凤梅、朱禀谦、安云武、杨汝震、李宝春；麒派高百岁、小麒童、周少麒、陈鹤峰、萧润增。其他派与其他行当的弟子李少春、袁世海、赵晓岚等。

旦角著名演员有王瑶卿，梅、尚、程、荀四大名旦，雪艳琴、新艳秋、章遏云、张君秋、杜近芳、陈德霖、魏莲芳、杨畹农、张春秋、荀令香、尚长麒、李世济、王吟秋、赵荣琛、新艳秋、李玉茹；再传：张曼玲、钟荣、陈琪、张火丁、杨荣环、周百穗、孙明珠；再传：尚慧敏、李莉、鞠小苏、童芷苓、吴素秋、许翰英、李薇华、赵燕侠、李玉茹、张正芳、赵慧秋、荀令莱、李妙春、宋长荣、刘长瑜、孙毓敏、张君秋、薛亚萍、张学敏、温如华、关静兰、杨淑蕊、张萍、徐碧云、毕谷云、筱翠花、崔熹云、刘盛莲、李丹林、陈永玲、黄桂秋、王熙春、朱永康、张敏智、赵燕侠、赵道英、张雏燕、闫桂祥、童芷苓、李静、童小苓等。

其他角色的名家有：龚云甫、罗福山、李多奎、卧云居士、文亮臣、孙甫亭、孙振泉、李金泉、李盛泉、何佩森、王晓琳、王晶华、王梦云、李鸣岩、赵鸣华、李重华、林丽娟、兰文云、赵葆秀、李宏、裘桂仙、金秀山、黄润甫、郝寿臣、侯喜瑞、金少山、裘盛戎、王泉奎、赵文奎、娄有奎、方荣翔等。

梅兰芳演绎了京剧的灵魂，是民族的大师，国粹的塑造者，为中华民族传统文化的传播做出了不可磨灭的贡献。他的代表剧目有京剧《贵妃醉酒》《霸王别姬》，昆曲有《游园惊梦》《断桥》等。1930年1~7月，他曾率承华社剧团部分演员经日本横滨、加拿大维多利亚赴美国演出，先后在西雅图、芝加哥、华盛顿、纽约、旧金山、洛杉矶、圣地亚哥、檀香山等地演出72天。美国波摩拿学院、南加利福尼亚大学分别授予梅兰芳文学荣誉博士学位。梅兰芳的弟子颇多，著名的弟子及梅派传人有：魏莲芳、李斐叔、李世芳、李毓芳、刘元彤、张君秋、言慧珠、杜近芳、李玉茹、丁至云、罗蕙兰、顾正秋、杨荣环、梅葆玖、舒昌玉、沈小梅、陈正薇、杨秋玲、张春秋、李玉芙、李炳淑、夏慧华、李经文、杨葆荣、张晶、梁维玲等。

地方戏曲也有大量的奠基者、发展者和名角。如越剧，发源于浙江嵊州，发祥于上海，繁荣于全国，流传于世界，在发展中汲取了昆曲、话剧、绍剧等特色剧种之大成，经历了由男子越剧为主到由女子越剧为主的历史性演变，并成为首批国家级非物质文化遗产名录。1928年1月起，女班蜂拥来沪；至1941年下半年增至36个。女子越剧的著名演员几乎都荟萃于上海。1938年起，多数戏班、剧团称"越剧"。最有名的演员旦角为"三花一娟一桂",即施银花、赵瑞花、王杏花、姚水娟、筱丹桂,小生为屠杏花、竺素娥、马樟花;青年演员如袁雪芬、尹桂芳、范瑞娟、傅全香、徐玉兰、王文娟等,都已崭露头角。主要剧目有《梁山伯与祝英台》《碧玉簪》《孟丽君》《香妃》。1946 年 9 月,越剧十姐妹袁雪芬、尹桂芳、筱丹桂、范瑞娟、傅全香、徐玉兰、竺水招、张桂凤、徐天红、吴小楼联合义演《山河恋》。20 世纪 50 ~ 60 年代前期是越剧的黄金时期,创造出了一批有重大影响的艺术精品,如《梁山伯与祝英台》《西厢记》《红楼梦》《祥林嫂》等,在国内外都获得巨大声誉,《情探》《李娃传》《追鱼》《春香传》《碧玉簪》《孔雀东南飞》《何文秀》《彩楼记》《打金枝》《血手印》《李秀英》等成为优秀保留剧目,其中《梁山伯与祝英台》《情探》《追鱼》《碧玉簪》《红楼梦》还被摄成电影,使越剧进一步风靡大江南北。除西藏、广东、广西等少数省、自治区外,全国都有专业剧团有 280 多个,业余剧团更有成千上万。80 年代中期后,各地越剧团纷纷撤销,在浙江尚有 28 个,西安、兰州、重庆、南昌等一些较有影响的剧团也相继撤销。有的则名存实亡,国营专业剧团仅存 35 个左右。但民间职业剧团纷纷兴起,不胜统计。

其他各省具有大量的地方剧种、剧团活跃在百年近代戏曲舞台上:

北京市:京剧、北方昆曲、西路评剧、北京曲剧;

河北省:河北梆子、评剧、丝弦、保定老调、哈哈腔、河北乱弹、武安平调、武安落子、西调、隆尧秧歌、唐剧、深泽坠子、安国老调、上四调、保定皮影、唐山皮影、冀南皮影戏、贤寓调、碰板调、十不闲莲花落、固义傩戏、海兴南锣、定州秧歌戏、张家口赛戏、蔚州梆子、高腔、横歧调、新颖调、南辛庄木偶戏、临漳西狄邱落子、诗赋弦、东路二人台、邢台西调、肃宁武术戏、邢台弦子腔、怀安软秧歌、邢台坠子戏、肥乡罗戏、邢台淮调;

山东省:山东梆子、枣梆、莱芜梆子、东路梆子、柳子戏、柳琴戏、罗子戏、大弦子戏、五音戏、吕剧、茂腔、柳腔、灯腔、四平调、东路肘鼓子、坠剧、渔鼓、五音戏;

青海省:青海藏戏、青海平弦戏;

安徽省:黄梅戏、青阳腔、沙河调、岳西高腔、目连戏、安徽傩戏、庐剧、安徽端公戏、泗洲戏、宿州坠子、含弓戏、芜湖梨簧戏、文南词、花鼓戏;推剧、嗨字戏、洪山戏;

江苏省:昆曲、淮剧、扬剧、通剧、锡剧、苏剧、淮海戏、丹剧、丁丁腔、海门山歌剧、淮红剧、苏州评弹;

上海市:沪剧、滑稽戏、奉贤山歌剧;

浙江省:越剧、婺剧、绍剧、新昌调腔、宁海平调、松阳高腔、永康醒感戏、温州昆曲、金华昆腔戏、台州乱弹、诸暨乱弹、瓯剧、和剧、杭剧、甬剧、湖剧、姚剧、睦剧;

江西省:赣剧、弋阳腔、盱河戏、东河戏、宁河戏、瑞河戏、宜黄戏、花灯戏、采茶戏;

福建省:梨园戏、高甲戏、平讲戏、闽剧、庶民戏、词明戏、莆仙戏、大腔戏、闽西汉剧、北路戏、梅林戏、右词南剑调、小腔戏、三角戏、打城戏、芗剧、闽西山歌戏、肩膀戏、采茶戏、竹马戏、南词戏、游春戏;

台湾省:歌仔戏;

广东省:粤剧、潮剧、白字戏、采茶戏、花鼓戏、雷剧、正字戏、汉剧、西秦戏、花朝戏;

海南省:琼剧、临剧;

湖南省:湘剧、祁剧、汉剧、巴陵戏、湘昆、花鼓戏、花灯戏、阳戏、苗戏、师道戏、新晃侗族傩戏;

河南省:豫剧、河南越调、梆子、大平调、大弦戏、罗戏、罗卷戏、河南曲剧、道情、二夹弦、五调腔、花鼓戏、河南坠子、乐腔;

湖北省:汉剧、荆河戏、南剧、湖北越调、二黄、高腔、楚剧、花鼓戏、采茶戏、梁山调、堂戏、文曲戏、鄂西柳子戏;

山西省:蒲州梆子、中路梆子、北路梆子、上党梆子、锣鼓杂戏、耍孩儿、灵邱罗罗、上党皮黄、上党落子、永济道情、洪洞道情、临县道情、晋北道情、襄武秧歌、壶关秧歌、沁源秧歌、祁太秧歌、繁峙秧歌、朔县秧歌、孝义碗碗腔、曲沃碗碗腔、弦子腔、凤台小戏;

内蒙古自治区:内蒙大秧歌、二人台、漫瀚剧;

辽宁省:海城喇叭戏、辽南影调戏、蒙古剧、彩扮莲花落、二人转;

吉林省:二人转、吉剧、新城戏、黄龙戏;

黑龙江省:龙江剧、二人转;

陕西省:秦腔、汉调二黄、阿宫腔、合阳跳戏、合阳线腔、眉户腔、陕西碗碗腔、陕西老腔、陕南端公戏、陕西道情、弦板腔、陕南花鼓戏、安康弦子戏;

甘肃省:陇剧、高山剧、影子腔、甘南藏戏;

新疆维吾尔自治区:新疆曲子戏;

广西壮族自治区:桂剧、邕剧、丝弦戏、师公戏、彩调、牛娘剧、桂南采茶戏、壮剧、苗戏、侗戏;

云南省：滇剧、云南花灯戏、昆明曲剧、关索剧、傣剧、白剧、彝剧、云南壮剧；

贵州省：黔剧、贵州本地梆子、贵州花灯剧、贵州侗戏、贵州布依戏、贵州苗戏、安顺地戏；

西藏自治区：藏戏。

前述的二百多个戏曲剧种中，在近一个世纪以来，流布最广泛、观众群最多的有五个剧种，即京剧、评剧、豫剧、越剧、黄梅戏，被称为五大剧种。

第三节　我国当下演艺市场的发展

改革开放后，我国演出市场在经历了20世纪80年代的突飞猛进、急剧扩张阶段，以及接踵而来的国内演出徘徊不前甚至不断滑坡，港台与国外入境致使市场畸形发达、泡沫繁荣阶段以后，已走向稳步发展的道路，规范有序而又充满生机活力的演出市场体系正在形成，初步呈现出良好的整体发展态势。

一、法规政策的引导

2008年5月出台的《国家发展改革委关于构建合理演出市场体系促进演出市场繁荣发展协作机制各部门任务与分工方案的意见》，是整合了近年来很多的相关法规政策的综合性文件，对演艺市场的发展起到了指导性作用。

一是强化了公益演出，满足民众的精神需求。要求国有演出单位切实担负起公共文化服务的职能和责任，逐步建立起以国有演出单位为主体、以国有演出场所为中心的公益性演出长效机制。建立国有演出单位公益性演出绩效考核制度，确保国有演出单位每年的公益性、低票价演出场次，做到"月月有公益场，场场有低价票"。鼓励国有文艺表演团体创作面向中低收入人群的小成本演出剧目，鼓励国有演出场所举办公益性、低票价的演出。各级财政增加对到城市社区、农村、工矿企业等基层进行公益性演出的补贴。

二是拓宽演出市场，促进演出市场繁荣发展。鼓励社会资本投资成立文艺表演团体、开办演出经纪机构、兴建演出场所、举办演出活动，鼓励社会资本以投资、参股、控股、并购等形式，参与国有文艺表演团体和演出场所的公司制改建，适度引进境外资本以合资、合作的方式成立演出经纪机构、兴建演出场所，投资国内演出项目。放宽民营文艺表演团体市场准入条件，简化民营文艺表演团体演出审批手续,加强民营文艺表演团体人才培养。加大对服务农民、服务基层的民营文艺表演团体在人员培训、演出场地和演出器材方面的支持。开发旅游演出市场、大众化娱乐演出市场、戏剧曲艺类专业小剧场等多场次、低价位演出市场,建立结构合理的多层次演出市场供给体系。提高演出经纪公司的经营管理水平,建立演出院线体系。对成立院线的演出经营单位或演出项目给予政策优惠和资金扶持。充分开发利用现有场馆,维修、改建、开发闲置场所,通过自主经营、租赁经营等方式,盘活国有演出场所资产。

三是规范演出市场秩序,优化演出环境。禁止政府部门及其所属事业单位利用公款邀请演艺明星举办营业性演出活动,减少节庆大型演出活动的数量和规模。禁止政府部门工作人员索要赠票,禁止公款购买演出门票用于个人消费。打击演出市场制贩假票、倒卖门票的不法行为。加强和改进大型演出活动安全管理工作,合理配置安保力量,减少安保成本。加强行业协会建设,完善相关制度,促进行业自律。限制团体购票的最低折扣幅度,规范演出票务公司经营。依法处理以次充好、内容低俗、秩序混乱的演出活动。规范演出宣传,打击虚假违法演出广告。

二、近十年演艺市场发展状况

2005 年 1 月,国家《文化及相关产业统计指标体系框架》发布实施。文化部制定了《关于促进商业演出展览文化产品出口的通知》和《国家商业演出展览产品出国指导目录》,一批在国际演艺市场有一定市场潜力和影响的项目入选该目录。财政部、海关总署、国家税务总局连续发布两个文件,出台了一系列关于文化体制改革中经营性文化事业单位转制为企业的若干阶段性税收优惠政策,而在文件所附的"政府鼓励的文化企业范围"名单中,"文艺表演团体,文化、艺术、演出经纪企业"排名前二。

2005 年 7 月 7 日,国务院总理温家宝签署了《国务院第 439 号令》,公布了新修订的《营业性演出管理条例》。作为对八年前国务院发布施行的同一法规的修订文本,这项法规的最大变化,是从制度安排的角度把国家关于放宽非公资本进入文化产业领域的新政策,迅速落实到了演艺领域。2004 年京城共有民间艺术表演团体 135 家、演艺经纪机构 138 家、营业性演出场所 76 家;上海市 2005 年就有近 20 家民营剧团登记注册;浙江的民营剧团已经发展到 452 个,从业人员 1.5 万余名,而一大批季节性剧团还不计算在内,这 452 个民营剧团全年为农民演出的场次达到 15.8 万场,观众人数近 1.6 亿人次,营业额约 3.88 亿元。

2005 年度北京艺术表演场馆共演出 27000 场,仅国有艺术表演团体和国有演艺场所的总产出即达 4.8122 亿元,增加值为 2.3995 亿元;2005 年上海市国有艺术表演团体和演出场馆总产出为 5.4936 亿元,增加值为 4.5048 亿元,均超过北京而位居全国第一。国内外演艺机构十分青睐上海成熟的演艺市场。2005 年浙江演出总量达到 6.6 万场,观众 3511 万人次,演出总收入 11426 万元。以上海越剧院赴杭州演出为例,按目前门票价格出票七成就能盈利,而该院在杭州"越剧大舞台"上座率均超八成。2005 年江苏全省演出总场次达到 3.9 万场。2005 年,长三角地区仅国有演艺团体的总收入,就达到了 13.8768 亿元,总增加值达到 9.6388 亿元。2005 年广东省国有艺术表演团体和场馆的演艺总产出达到 4.4979 亿元,增加值为 2.7673 亿元,其演艺总产出自 2002 年以来连续四年保持在 4.3 亿元以上。

2006 年 4 月 25 日,北京市文化局和北京国资公司携手运作,北京市演出公司和北京市对外文化交流公司资产重组,合并改制为有限责任公司。一些省市如浙江杭州、云南丽江也同步展开试点。文化部的统计数据表明,2005 年全国事业剧团为 2494 个,而 2004 年是 2568 个,比 2003 年减少了 74 个;而 2005 年全国在册的国有企业剧团,则从 2004 年的 12 个猛增到 305 个。

2008 年奥运会,给北京的演艺市场带来了更大的发展。北京演艺市场包括演唱会、音乐类(音乐会、音乐剧、歌剧等)、话剧类、京剧类、地方戏曲(昆曲、昆剧、越剧等)、曲艺类(相声、评书等)、歌舞类(歌舞、舞剧等)、儿童类(儿童剧、木偶剧等)、杂技类和综艺类十大演出类型。2008 年共演出剧目近 1600 台,1.38 万场,涉外演出 622 场,演出台数以西城区居多,演出场次以宣武区最多,音乐类演出台数最多,话剧演出场次最多,全年平均每月演出 1184 场,平均每台剧目演出 4 场,平均最高票价 615 元,最低票价 87 元。全年旅游演出共演出 6067 场,占演出总数的 45.3%,旅游演出的类型以京剧和杂技为主,占到总数的 60% 以上。

2011 年上海世博会,全球演艺绽放中国舞台。6 个月间,在 5.28 平方千米的世博园区,33 个演出场地同台开展了 2.2 万场演艺活动。三年一度的中国艺术节第三届有 10 台文化部重点资助精品剧目、18 台文化部常演剧目、65 台文华奖专业参评剧目、229 台群星奖参评剧目,还有 100 台优秀剧目参加首届中国(广州)优秀舞台艺术演出交易会。曹禺百年诞辰,曹禺先生的 4 部经典剧作《雷雨》《日出》《原野》和《北京人》,在北京、天津、上海、湖北潜江等地由不同的演出团体以不同

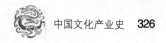

的形式陆续演出。

京剧入选"世遗",全国京剧优秀剧目展演活动拉开帷幕,来自全国26个省、市、自治区的45台京剧剧目在京集中展演。地方戏曲仍然是各地大众参加文化娱乐活动的主要消费对象。农民"看演出"的比例高达47.4%,"唱卡拉OK"的比例为26.3%。面对"更喜欢哪种文化娱乐活动"的问题,50%的被调查者选择了"外地或城里的文艺团体送戏下乡",36.8%的被调查者选择"当地农民自编自演的节目",13.2%的被调查者选择"能够亲身参与的活动"。

2010年下半年演出行业上市成为热点话题引起业界关注。中国木偶剧院、上海城市演艺股份有限公司、杭州宋城集团、西安秦腔剧院有限公司、福建演艺集团、湖南红太阳演艺集团等业内知名单位纷纷成为中国演艺第一股的有力竞争者。最终杭州宋城集团拔得头筹。

民营市场显露光芒。由北京民营资本投资的《十二乐坊》在市场上一举成名,随后《九凤鸣乐》乘着女子十二乐坊改革带来的"新民乐运动"乘势而起。其他如《印象·丽江》、"纳西古乐"、《丽水金沙》等魅力型旅游演艺产品带来的长效市场效益。①

2012年,我国演出市场继续保持增长态势,全年演出总场次达200.9万场,比2011年增长了10%。2012年全国共有演出团体13000余家,其中有演出团体完成改制的有2102家;民营演出团体10000余家,比2011年增加2000余家,增长幅度为25%。2012年全国演出经纪机构共3059家,经中国演出行业协会核发《演出经纪资格证》的演出经纪人员约34270人。演出经纪机构自营、代理或提供中介服务演出总计19.7万场,各项收入总计79.1亿元。2012年全国共有专业剧场1966家,其中:全额拨款1129家,差额拨款36家,自收自支801家。剧场演出总场次35.1万场,观众总人数440百万人次,票房总收入69.8亿元。剧场演出中各艺术门类演出场次的占比排序依次为:曲艺杂技(28.6%)、少儿演出(22%)、戏剧(21.8%)、音乐(15.9%)、舞蹈(11.7%);票房收入的占比排序依次为:音乐(69.4%)、戏剧(14.7%)、曲艺杂技(6.7%)、舞蹈(5.0%)、少儿演出(4.2%)。

2013年对于中国演出市场是转折年,"八项规定""禁奢令"、高新科技应用对市场都有较大的影响。我国演出市场总经济规模为463.00亿元,与2012年同项

---

① 陈鹏、蒋嫦、钟军:《2011年中国演艺品牌报告》,红网,2011年4月22日,http://hn.rednet.cn/c/2011/04/22/2240531.htm。

指标统计收入相比下降 9.0%,其中票房收入为 131.08 亿元,同比下降 2.9%,政府补贴、广告赞助、衍生产品、主体配套设施及其他服务性收入同比下降 9.6%,我国演出市场步入转型升级轨道。在 2013 年简政放权政策大背景下,民营演出企业积极打造自主项目,塑造企业品牌形象,逐步由传统依赖项目一次性收入的粗放型经营方式,向以品牌带动的集约型经营发展方向转变,并呈现专业化、连锁化、国际化发展态势。2013 年国内音乐类演出总场次 1.65 万场,票房总收入达 43.06 亿,占演出市场票房总收入的 32.8%,居各类型演出票房收入首位。在专业剧场举办的演出中,舞蹈类演出共 6200 余场,票房总收入为 7.18 亿,与上年相比,舞蹈类演出呈下滑趋势,总场次及上座率均有所下降;话剧演出总场次为 1.12 万场,占专业剧场演出总场次的 15.1%,票房收入 15.94 亿元,平均票价和上座率均比上年有所上升;戏曲演出 1.53 万场,票房收入 9.08 亿元;曲艺、杂技类演出总场次为 8500 场,票房收入 6.22 亿元。

三、推动转企改制,建立演艺市场

深入推进文化体制改革,促进文化事业全面繁荣和文化产业快速发展,关系到全面建设小康社会奋斗目标的实现,关系到中国特色社会主义事业的总体布局,关系到中华民族的伟大复兴。

1985 年,中央办公厅、国务院办公厅批转了文化部《关于艺术表演团体的改革意见》,要求改革全国专业艺术表演团体数量过多、布局不合理的状况,在大中城市,专业艺术表演团体要精简,重复设置的院团要合并或撤销,对市县专业文艺团体设置也提出了调整的要求。

在 1988 年国务院批转文化部《关于加快和深化艺术表演团体体制改革的意见》和 1989 年中共中央《关于进一步繁荣文艺的若干意见》中,提出了实行"双轨制"的具体改革意见,即一轨为国家扶持的少数全民所有制院团,另一轨为多种所有制的艺术团体。国家主办的全民所有制艺术表演团体要少而精,这些院团应当是代表国家和民族艺术水平的,或带有实验性的,或具有特殊的历史保留价值的,或是少数民族地区的;大多数艺术表演团体实行多种所有制形式,由社会各种力量主办。

1987 年文化部、公安部、国家工商行政管理局发布了《关于改进舞会管理的通知》,正式认可营业性舞会等文化娱乐经营性活动。1988 年文化部、国家工商行政管理局发布《关于加强文化市场管理工作的通知》,正式提出"文化市场"的概念,同时明确了文化市场的管理范围、任务、原则和方针。这标志着我国"文化市场"的地位正式得到承认。1989年国务院批准在文化部设置文化市场管理局,全国文化市场管理体系开始建立。

2000年10月,中国共产党第十五届五中全会通过的《中共中央关于制定国民经济和社会发展第十个五年计划的建议》,其中第一次在中央正式文件里提出了"文化产业"这一概念,要求完善文化产业政策,加强文化市场建设和管理,推动有关文化产业的发展。组建文化集团是这一阶段文化体制改革的突破口。到2002年年初,共组建了包括中国广电集团和中国出版集团在内的文化集团70多家,从地域上讲,涵盖到北京、上海、广东、江苏、浙江、四川等地;从经营主要业务上讲,有报业集团38家、出版集团10家、发行集团5家、广电集团12家、电影集团5家。在电影改革中还组建了电影院线30多条。艺术演出院团则主要是进行了演出补贴改革和考评聘任制改革。

2003年6月,包括深圳在内的9个地区和35个文化单位成为文化体制改革试点。试点地区和单位积极培育市场主体,深化内部改革,转变政府职能,建立市场体系。

江苏省丹阳市戏剧总团是由锡剧团和丹剧团合并而来。2005年第一批事业单位改革后,面向市场,按照群众和市场需求生产艺术产品,增加演出场次,把市场定位调整到了乡村和社区,送戏到农民家门口,迈出了市场化经营的第一步,每年实现盈利近20万元。中国木偶艺术剧院是全国首批转企改制的国有院团之一。他们创作的大型原创奇幻剧《猴王》自2008年5月1日公演到2010年近两年时间,演出200场,收入1028.26万元。

2005年年底,中共中央、国务院下发《关于深化文化体制改革的若干意见》。2006年3月,中央召开全国文化体制改革工作会议,新确定了全国89个地区和170个单位作为文化体制改革试点。文化体制改革在稳步推进的基础上,走上全面推开的新里程。

2006年9月,中共中央办公厅、国务院办公厅印发《国家"十一五"时期文化发展规划纲要》,对"十一五"时期文化发展的指导思想、方针原则、目标任务作出全面阐述,对进一步加快文化建设、推动文化体制改革作出部署。

2007年11月,党的十七大从中国特色社会主义事业"四位一体"总体布局的战略高度,提出兴起社会主义文化建设新高潮、推动社会主义文化大发展大繁荣的战略任务。

随后,我国文化产业规模迅速壮大,文化及相关产业的增加值占国内生产总值的比重不断提高。据国家统计局的报告,2008 年,我国文化产业增加值达到 7630 亿元,比 2004 年增加了 4190 亿元;文化产业增加值占同期 GDP 的 2.43%,比 2004 年提高了近 0.3 个百分点。东北风二人转剧团更是风生水起。

2009 年 7 月,我国第一部文化产业专项规划——《文化产业振兴规划》由国务院常务会议审议通过。这是继钢铁、汽车、纺织等十大产业振兴规划后出台的又一重要产业振兴规划,标志着文化产业已上升为国家战略性产业。

两个月后,拍摄了众多"商业大片"的华谊兄弟传媒股份有限公司创业板上市申请获证监会批准通过,成为内地第一家成功上市的影视制作公司。虽然这是资本市场上的一件寻常事,但却是中国文化产业发展的一大步。

北京儿童艺术剧院股份有限公司在原北京市儿童艺术剧团基础上自 2004 年 1 月转企改制成为股份制现代企业,在新的运行机制下迸发出了活力。转制当年创收 2163 万元,其中营业收入 1568 万元,是转制前的 18 倍。继 2006 年北京儿艺在云南昆明建立全国第一个儿童剧基地后,2008 年,他们与江苏无锡广电集团联手,建立了"星辰儿童梦剧场",开始实施儿童剧演出连锁经营。2010 年 4 月,北京儿艺与吉林省 3 家演艺企业联合成立的吉林京演儿艺联合剧院有限公司挂牌成立,标志着作为文艺院团体制改革先行者的北京儿艺,在跨地区重组、演出院线建设方面又迈出了坚实一步。

北京歌剧舞剧院转企改制一步到位,新成立由首都旅游集团控股,歌华集团、北京电视台、北京三奇广告有限公司联合投资的北京歌剧舞剧有限责任公司。

总之,从演出市场主体来看,初步形成了演出团体、演出公司与演出场所三类演出经济实体分工配合协作发展的主导格局;在横向上,除了国有演出单位,集体、个人、股份制等形式的演出实体不断产生发展,出现了多种经济成分并存共荣的局面;从演出体制来看,传统的计划演出体制正在向市场演出体制转变。国有演出单位基本实现由事业型向企业型转变,由福利型、供给型向经营型、效益型转变。专业演出团体普遍实施以市场为导向的内部体制改革,并且取得成效,正在由单纯的演出生产单位转变成市场经济体制下的演出生产经营单位。国有演出公司多数实现了管理权与经营权的分离,经营能力迅速提高,涌现了一批具有较强经济实力的大型演出公司,并且已经自成网络,形成了演出市场的基础构架,成为演出流通环节的中坚力量。许多国有演出场所以演出为主业,积极开展多种经营。演出市场正在由计划经济体制向市场体制稳步转型。

从演出类型来看,营业演出取代计划演出成为整个演出活动的主要部类,部分计划演出开始具有营业性质,向着营业演出的方向演变。晋京汇演日益转变成为演出展销。计划演出包括政府举办的艺术节、评奖、汇演、调演和节庆演出等,虽然所占比例不大,但规模大,水平高,影响广泛,具有强烈的代表性、示范性、导向性。营业性演出作为满足广大人民群众演出消费的主要形式,愈来愈成为演出单位生存和发展的基础。

在政府的提倡与扶持下,高雅艺术与民族优秀艺术的演出场所和观众人次大幅度增长,社会反响强烈;通俗艺术演出继续保持保持强劲的发展势头,演出市场的品类结构逐渐得到优化。区域之间加强协作,力求优势互补,在全国演出市场的平面上凸现区域市场,进而引导沿海演出市场向内地延伸。沿海与内地的交流演出逐渐增加。中西部地区发挥自有优势,注重地方特色,扬长避短,努力振兴当地演出市场。演出市场的地区布局趋于合理。专业演出团体走向剧场小舞台,迈向社会大舞台,积极为经济建设服务,为各行各业服务,演出场地由剧场扩展到体育场馆、歌舞娱乐场所、旅游景点,扩展到部队、学校、厂矿、企业,扩展到农村广阔天地,演出形式日益多样化。农村演出市场在专业演出团体与民间剧团、民间艺人的双重推动下走向活跃。国外来华演出与国内演出团体出国演出健康发展,促进了中外文化交流。

随着现代科学技术的发展,广播影视音像和网络、手机媒体等大众视听媒介越来越成为人们文化消费的主要途径,在文化市场的总体份额中所占比例日益扩大,地位逐渐上升,给演出市场的发展带来了危机和挑战。另一方面,我国演出市场仍然处于起步和培育阶段,还不完善和成熟,整体上还不够繁荣,演出不景气的状况还没有得到根本改变;适应市场经济体制的演出经营管理体制与运行机制还没有充分建立起来,还缺乏具有时代深度和强烈艺术震撼力的经典之作,还存在许多需要解决的问题。①

2010 年上半年,148 家中央部门和单位出版社已有 102 家核销事业编制。地方需要转企改制的出版单位已基本完成任务,全国近 3000 家新华书店已有 2900 多家转企改制,需转企改制的 35 家电影制片厂已全部完成任务,204 家省市电影公司、293 家影院以及 58 家电视剧制作机构完成转企改制任务。转企改制的国有

---

① 柳士发:《国内演出市场的发展、现状和改革方向》,豆丁网,http://www.docin.com/p-800917977.html。

文艺院团总数达 228 家,新增数即达 106 家。

2010 年,北京市全市 82 家营业性演出场所共演出近 2 万场,实现演出收入 10.9 亿元;北京儿艺、北京歌舞剧院、中国木偶剧团、中国杂技团等四家转制院团演出场次比转制前翻了一番多,营业收入比转制前增加了两倍多。

2010 年开始,全国转企改制的国有文艺院团总数为 228 家,国有院团和民营院团在市场上同台竞争、各展其长,为整个演艺业注入了生机。各省演艺集团正式挂牌。根据改革方案,省戏剧院、歌舞剧院、杂技团、话剧院、大剧院由事业单位转制为企业,成为集团的全资子公司;省歌舞剧院所属交响乐团、民乐团等合并,与省京剧院分别保留事业性质,实行企业化管理,由集团代管;省演出总公司为集团分公司,由集团直接管理运营。2009 年 9 月 8 日,北京保利剧院正式进驻合肥天鹅湖大剧院,组建合肥保利大剧院管理有限公司,并承诺全年的演出要达到 100 场以上。2010 年 2 月 22 日,由安徽省直属演艺院团和安徽大剧院、安徽省演出总公司组成的安徽演艺集团公司正式挂牌成立。

2010 年,江苏、安徽、陕西、河北四省已基本完成国有文艺院团改革任务。山西、辽宁有 60% 的国有文艺院团完成转企改制,宁夏完成省级国有文艺院团转企改制任务。河北大厂评剧歌舞团整体转制为国有独资有限责任公司,建立现代企业制度,促进了艺术生产力新的解放,固定资产达到 1000 万元;辽宁省营口市艺术剧院有限责任公司挂牌后,4 个月的演出收入比改革前全年总收入还多 110%;江苏昆剧院转企转制后,新版昆剧《1699·桃花扇》一炮打响,在全国巡回演出,备受年轻人的追捧,一场戏将昆曲变成了一座"流动的博物馆"。

一些地区将转企改制与资源重组结合起来,纷纷组建演艺集团公司,积极打造区域性龙头演艺企业。截至目前,全国已组建 50 多家演艺集团公司,演艺企业规模不断扩大,实力不断增强,产业链不断延伸,市场开拓能力不断提升。这不仅扩大了国有文艺院团的市场占有率,而且为演艺产业健康有序的发展起到了引领和示范作用。

为切实推动国有文艺院团改革,一些地方加大了对转制院团的财政投入和政策扶持力度。北京、河北、山西、辽宁、四川、江苏、安徽、重庆、陕西、云南等省市分别出台扶持院团改革发展的保障政策。江苏省级财政每年安排 1000 万元专项资金,用于解决省直院团转制后的退休人员事企待遇差问题。河北省级财政每年拨款 1000 万元用作艺术精品生产专项基金,通过演出补贴、政府采购等形式扶持院团走向市场。

大批民营院团,紧紧抓住文化体制改革机遇,不断发展壮大,焕发出蓬勃生机。天津市刘荣升京剧团挖掘整理优秀传统剧目,坚持在中小剧场低票价演出,在服务基层、服务群众中迸发新的生机;山西清徐嫦娥文化艺术有限公司坚持面向农村、服务农民,年演出 1500 余场,年收入近千万元;河南小皇后豫剧团成立 18 年来,演出近万场,观众达数千万人次。①

四、加大改革力度,推动市场转型

十八届三中全会提出,继续推进国有经营性文化单位转企改制,加快公司制、股份制改造。推动文化企业跨地区、跨行业、跨所有制兼并重组,提高文化产业规模化、集约化、专业化水平。根据十八届三中全会中央全面深化改革的要求,下一步国家要完善文化管理体制。按照政企分开、政事分开原则,推动政府部门由办文化向管文化转变。

过去完成改制的上千家文艺院团,只是初步到位,向市场的转轨并未完成,这包括引入一些民资股份,特别是市场机制还未建立。很多单位目前对于如何走市场,仍在探索之中。

2014 年是市场化转型年,各个文化演出单位,应该加紧面向市场,而原来的政府对演出市场的采购将逐步退出。文化部部长蔡武指出,限制奢侈消费,引发部分改制后的文艺表演团体、剧场、演出公司出现了演出场次和收入大幅下降的现象。今后的数年将是各类演出企业的转型期和阵痛期。到2012 年全国 2013 家承担改革任务的文化系统国有文艺院团完成改革任务的有 2100 家,占总数的 99% 以上,其中转企改制占 61% ,另有 39% 被注销或者划转。而中国爱乐乐团,以及中国国家交响乐团、中央芭蕾舞团等代表国家水平的文化团体,其文化演出收入下降尽管很大,但是因为这部分演出团体并未改制,运转仍主要是财政负担。

如何推动大转型?

第一,完善相关政策。相关的政策包括建立健全现代文化市场体系。完善文化市场准入和退出机制,鼓励各类市场主体公平竞争、优胜劣汰,促进文化资源在全国范围内流动。继续推进国有经营性文化单位转企改制,加快公司制、股份制改造。推动文化企业跨地区、跨行业、跨所有制兼并重组,提高文化产业规模化、集约化、专业化水平。同时,鼓励非公有制文化企业发展,降低社会资本进入门

---

① 文化体制改革,见"百度百科",http://baike.baidu.com/。

槛,允许以控股形式参与国有影视制作机构、文艺院团改制经营。完善文化经济政策,扩大政府文化资助和文化采购,加强版权保护。

第二,转变思路。过去很多演出单位花几百万,就是为了赢得政府领导人士的高兴,或者为了获得一个奖项,或者为了申请一个经费进而进行演出,很少考虑市场,下一步需要直接面向市场。在这方面政府短期还不能在财政上"断奶",需要扶上马,送一程。

对于目前相当多遭遇市场困境的一些文化演出单位,要转换思路,比如以后可以增加在学校的演出次数,特别是可以小众化演出。并且一些交流性的演出不能以营利为目的。很多国外的演出单位来华演出甚至只需要机票和住宿,不需要演出费用,主要是以文化交流为目的。中国的文化演出社团也应该借鉴。

第三,开拓市场。文化演出单位其实仍存在一些采购,比如企业,只是现在经济形势不是很好,购买的数量下降,下一步文化演出单位,需要做的事是降低价格,增加质量,根据需要来安排演出。

2013 年尽管整个北京的演出收入和人次都在下降,但是音乐剧和儿童剧演出收入在增加,比如 2013 年音乐剧收入是 1.2 亿元,比 2012 年 6354 万元,有较大提高。市场和政府部门的采购不一样,比如一般家庭为了子女教育成长,会自己掏钱看儿童剧,但是价格不能太高。

国家级的文化演出单位,其实也不是完全靠政府财政,这只占 1/3,其余分别来自商业演出以及企业赞助。但是中国目前依靠企业进行赞助的条件还不完全具备。

中国居民对于文艺演出等消费的潜力远远没有发挥出来。比如根据文化部相关单位的研究,目前中国文化消费的潜力有 4 万亿,但是 2013 年中国文化消费的实际规模是 1.6 万亿左右。下一步要提高居民的收入,做好社保工作,让居民进行文化消费无后顾之忧。同时文化部提出了实施居民文化消费卡计划、文化消费信息提供公共平台构建等方面的政策建议,预备与多家部门一起来推动文化消费的发展。

第四,加大投入。很多剧院也不必改制后完全都交给市场,比如大部分省,或者一些县都有本地戏剧,有的属于小众,出于文化传承保护的目的,仍需要当地财政兜底。

第五,形成品牌。安徽、江苏、山东交界,录制了大量的民间小戏、小唱、地方剧目,利用地方电视台、录像播放、收音机等,形成了地方文化品牌。县级电视台戏曲频道,播放了大量的时段的地方剧种,吸引了中老年一部分受众。

云南籍著名舞蹈家杨丽萍领衔创作演出、民营资本投资的大型原生态歌舞《云南映像》在国内外一炮走红,使彩云之南这片高原热土成为了西部地区文化产业的领头羊。

广西借助电影《刘三姐》的广泛影响而精心打造的大型天然实景演出《印象刘三姐》广受欢迎,为桂林山水旅游业注入了迷人的人文魅力;与此同时,广西充分开发壮族文化资源,以民歌为纽带,精心举办一年一度的广西国际民歌节,一台央视直播的《大地飞歌》综合文艺晚会享誉中外。

中原农业大省河南宝丰民间职业剧团的发展规模和效益震惊全国。宝丰赵庄乡全乡有 632 个职业剧团常年在全国巡演,从事文化服务业的专业户 2000 多个,年创收超过亿元。如今宝丰魔术文化节已连续举办三届。全县魔术、杂技、歌舞等民间演艺团体已发展到 1400 多个,从业人员 5.5 万余人,占全县总人口的 1/8,年收人达 3.3 亿元的宝丰民营演艺业,已成为这个传统农业县的支柱性产业。

第六,借鉴美国演艺市场发展经验。美国是个演艺大国,演出市场层次多元,品种多样,注重营销,整体运作机制规范、成熟,商业化程度高,演艺产品具有较强的国际竞争力。美国表演艺术组织基本分为舞台剧、舞蹈和音乐三大类。1997 年经济普查数字显示:美国有 15286 个演艺组织,其中音乐类(含歌剧)团体为数最多,有 4635 个,占演艺业总量的 30.3%:舞台剧和舞蹈类团体分别有 2809 个和 515 个,分别占演艺业总量的 18.4% 和 3.4%;其余的 47.9% 则归为"其他演艺、娱乐组织和戏剧创作类",如流行音乐、演艺管理或经纪机构等。以演艺市场从业者的营利和非营利性质来分,美国 52.7% 的剧团、70.5% 的舞蹈团和 87% 的古典乐团及歌剧院属非营利运作,收入靠自身票房和投资等营业性收入;吸纳社会捐赠;政府补助。美非营利性演艺单位的规模普遍变小,演艺市场被划分得更细,特定市场群体增加。其中从事流行音乐、爵士乐、乡村音乐和少数民族音乐等"非古典音乐"的团体或企业的市场集中度最低。全美现约有数千家演出场所,其中加州、纽约和俄亥俄州的拥有量最多。从演出场地的总体分布情况来看,大城市、小城镇、郊区和乡村的拥有比例分别为 36%、36%、12% 和 16%,城乡差别并不十分明显。这与各地政府重视文化设施建设和美国高校演出场所发挥了重要调节作用密切相关。许多剧院、音乐厅和多功能演艺中心的建成有赖于地方政府的财政补助和社会捐赠。美演艺市场节目品种多样,但上演次数最多的应属音乐和舞蹈类节目,其中音乐多以摇滚乐和爵士乐为主,舞蹈则多为现代舞和民族舞。有趣的是,美国小城市和乡村的芭蕾舞演出场次居然比大城市还多,而这些地方对现代舞表演的需求则相对不足。这说明城乡观众的欣赏品味有所差异,后者或许更喜欢观看较为传统的节目。另外,电子音像产品变得愈加小巧轻便,内容日趋丰富。人们现在可以通过广播、MP3、家用多媒体电脑和家庭影院、手机等多种方式欣赏音乐、歌剧和各种文艺表演,在家中就可进行文化休闲活动,与到演出场所观看现场表演相比,不但舒适方便,而且减少了许多不必要的支出。还有一点,就是少数"演艺明星"的收入远远高于同行业者。社会大众、尤其是年轻一代对"明星"的兴趣和追求有增无减,促成了"明星市场"的繁荣和"明星们"的暴富。国际著名的演艺场合百老汇剧院林立,是演出场所的密集之地。在百老汇表演内容多以经典剧目为主,表演的基调为黑色,同时保持着夸张、幽默、风趣、自然、轻松、活泼的风格。

第七,实施"走出去"战略。2010 年,我国的演艺业和国际间的交流继续扩大和加强。2010 年年初天创国际演艺公司在文化部的支持下,一举收购了位于美国密苏里州的白宫剧院。自 2010 年 7 月至 11 月 30 日,作为驻场演出的舞台剧《功夫传奇》在这个"直销平台"上共演出 236 场,在美国中部演艺市场上站稳了脚跟。11 月月底至 12 月月初,中国对外文化集团公司的品牌项目"中华风韵"在美国巡演,实行市场化的宣传和营销,改变了过去以赠票为主的做法。2010 年,该公司向全球 40 个国家和地区的 130 余座城市派出展览项目 66 起,演出项目 57 起,共演出 6000 余场,其中商业演出项目占 58% 以上。功夫舞台剧《武林时空》、杂技舞台剧《如梦》、超级多媒体梦幻剧《时空之旅》和现代舞剧《舞动无界》深受外国观众欢迎,成为文化出口项目中的佼佼者。

目前,中国已经和世界上 140 多个国家签订了双边交流协定,和近千个文化演艺团体、文化组织有定期的文化交流和合作关系,这成为文化交流的有力保证。同时在政府的支持下,一些知名文化演出公司在海外实施"本土化"战略,抢占国际文化竞争的主动权。在中国驻外使馆文化处、中国文化中心等机构的协助下,这些文化企业将进一步适应国际规则,获得更多来自国际市场的机遇。①

---

① 陈鹏、蒋嫱、钟军:《2011 年中国演艺品牌报告》,红网,2011 年 4 月 22 日,http://hn. rednet. cn/c/2011/04/22/2240531. htm。

第四节　推动演艺市场的发展

一、确立发展方向

我国演艺市场可以分为三大发展方向与发展阵营：

第一，北京、上海、广州是中国经济、文化发展的活跃城市，其演艺事业的发展也在全国范围内走在了前列。同时，随着今年5月份广州大剧院的建成，国内首次出现国家大剧院、上海大剧院、广州大剧院三家国家级剧院三足鼎立的局势，三大剧院签署战略合作协议，必将形成地域性演出的繁荣发展态势；另外，三大国家级音乐产业园区已确定在北京、上海、广州三地建立，这些音乐产业园区是集音乐团队的聚集、音乐作品的创作、宣传推广和对外演出等于一体的集聚地，必将对演出市场区域分布起到明显的带动作用。北京、上海、广州已经成为全国演出市场的第一阵营。

第二，云南、浙江、湖南、辽宁、天津、四川等地的演出市场出现大繁荣景象，并且都有自己的特色化发展行业。云南旅游演出业已经建立了多个全国知名品牌，如最具代表的《云南印象》；浙江民营戏剧发达，农村演出市场的繁荣程度在全国位居前列；湖南娱乐性演出在全国的影响力巨大；天津的相声和四川名人大型演出效应都在全国有一定的影响力。这些省市逐渐成为全国演出市场的第二阵营。

第三，随着全国大型演出剧团转企改制的大力推进，陕西、安徽等地在安徽演艺集团、重庆演艺集团、陕西演艺集团、西安演艺集团、山西演艺集团等演出集团的推动下，演出市场非常活跃，发展潜力巨大。演出市场的专业化定位和全国品牌打造成为演出市场第三阵营主要的发展方向和目标。①

二、重视演艺市场的拉动

第一，建设文化城市。以北京演艺市场为例。随着北京建设世界城市步伐的加快，丰富城市内涵、提升城市品质、完善城市产业结构、繁荣城市文化市场成为

---

① 章诵兰：《剧团改革与模式创新共促演艺产业繁荣昌盛》，前瞻网，2012年2月16日，http://www.qianzhan.com/andyst/detail/220/201216－363d17i28252549c.html。

北京建设世界城市进程中的重要环节。世界城市的建设离不开文化,北京作为全国文化中心和历史文化古都,发挥着文化示范、文化渗透、文化融合和文化服务的功能。北京近两年重点扶持的文化产业包括文艺演出、出版发行和版权贸易、广播影视节目制作和交易、动漫游戏研发制作、广告和会展、古玩和艺术品交易等。然而到目前为止,只有演艺产业在集聚发展方面仍处于空白状态。政策环境成为演艺产业繁荣的重要推力。

第二,提升民众的消费水平。北京居民收入水平近几年来明显上升。据统计,北京城镇居民的人均可支配收入从2005年的17653元上升至2009年的26738元,有20%的高收入者人均可支配收入达到50816元。2009年城乡居民恩格尔系数分别降低到了37%和43%左右,文教娱乐的家庭消费支出所占比重越来越大。由此可见,北京城市居民已经逐渐告别"生存型"消费,正在向"发展型"和"享受型"的精神文化消费转变。而演艺、影视等文化创意产业正成为居民消费结构转型升级的重要产业支撑。消费环境成为演艺产业繁荣的重要拉力。

第三,满足民众的文化需求。根据道略演出数据库监测数据显示,2009年,北京市营业性演出场所共演出16836场,比2008年增长了20多个百分点,增长率出现大幅反弹;2010年上半年北京市营业性演出7701场,同比增长7.68%;可以预测2010年北京市营业性演出可达到18000场左右。其中,音乐类、歌舞类、儿童剧类演出增长速度最快。2009年北京市全年演出收入约10亿元,比2008年增长59.49%。其中国家大剧院等15个综合型多功能演出场所演出收入达46171.1万元,占46%;鸟巢、工体、首体等8个大型体育场馆也成为演出主力,演出收入为23178万元,占23%。

2009年全市营业性演出场所共吸引观众1167万人次,比2008年增加44%,其中音乐类演出观众人数最多,达到286万人次,占全年观众总人次的24.76%,是2007年的近3倍。由此可见,观众对音乐类演出关注较大。①

三、建立多种形式的演出市场

第一,以国内演出团体为主,以外国演出团体与港台演出团体及个人演出为辅。

第二,公益性演出以国有团体为主,营业性演出团体以民营团体为主。据统

---

① 石锐、刘瑞雪:北京市演出市场发展现状及趋势分析,文化产业研究网,2011。

计,北京地区从事营业性文艺表演的团体共计202家,其中国有团体59家,占北京演出团体总数的29.2%;民营等团体143家,占团体总数的70.8%。北京民营话剧团体是北京营业性演出团体的绝对主体。近几年,北京演出市场打造出了一批品牌民营剧团,包括戏逍堂戏剧工作室、开心麻花、雷子乐笑工厂、孟京辉戏剧工作室、林兆华戏剧工作室等。民营话剧团体正在北京演出市场上进行着一项又一项创新和突破。

第三,在第一阵营以话剧、京剧为主;在其他阵营以民族的、区域的艺术表演形式为主。北京营业性演出团体以话剧类表演团体为主。话剧类表演团体是北京市文艺表演团体的主体,所占比例近40%,而话剧表演团体中,民营剧团又占据了绝大部分。据统计,从2009年1月1日起至2010年3月8日,北京演出市场有427个不同的话剧剧目上演,平均1天有1部新剧登台。其次为音乐类表演团体,包括音乐剧、歌剧、音乐会等表演团体,占据所有表演团体的32.5%。其余依次为歌舞类、儿童剧类、京剧类、地方戏曲类表演团体。

第四,逐渐改变单一的盈利模式,不断延伸产业链纵向环节。演出团体收入由纯演出收入转向动漫、图书、服装、玩具、食品、主题公园等多个领域。例如,北京木偶剧院,从单一经营木偶演出向儿童娱乐业发展,正在形成木偶演出、影视、动漫、图书、网络、玩具一体化的文化产业链,打造中国儿童文化创意产业园。

第五,推动剧场运作和戏剧制作相结合的"场制合一"模式。"场制合一"模式在很大程度上缓解了缺乏场地和资金的演出团体的创作压力,对精致优秀作品的问世起到很大的推动作用。目前,北京杂技团、繁星小剧场、中国木偶剧院、蜂巢剧场和北青盈之宝剧场等都在完善和推动"场制合一"的演出市场模式。

第六,以小剧场为主体。以西城区、海淀区、东城区和怀柔区等区域为核心的演艺聚集区进入了全面建设阶段,演艺聚集区以小剧场群的建设为主。例如,西城区将重点建设天桥演艺聚集区,规划建立天桥表演艺术中心、东方演艺城两个大型演艺剧场和30个左右小剧场群,发展戏曲、相声、杂技、话剧、歌舞剧、儿童剧等多种业态的演艺形式;海淀区将重点建设西山文化创意大道演艺聚集区,规划建设10多个小剧场群;东城区将启动王府井(包括儿艺、人艺等在内)、东二环(包括保利剧院、蜂巢剧场在内)、银街、隆福寺和交道口五大剧场群建设等。

四、建设院线联盟

在市场经济环境下,演出行业与其他产业部门一样,形成了自己的产业链形态,包括演出院团、演出商、票务销售和演出场所等环节。但是,目前我国演出行业中各参与主体的经营情况都不甚乐观。2008年,位于产业链上游的演出团体的总收入80.3亿元,位于产业链下游的演出场所的艺术演出总收入仅为2.86亿元。可见面临产业规模小,产业链内部联动不充分,市场活跃度不高。

"院线"指的是经营者为发展和保护其经营利益,在某些城市或地区,掌握相当数量的电影院,建立放映网络,借以垄断某国或某一电影制片公司新版影片的公映。这种运作模式在电影产业中的成功运用,已经充分证明了它的优势。自2002年我国开放电影发行以来,电影院线制发展迅速。截至2009年,国家广电总局电影局认可的院线有37条。截至2010年国内六大院线合计票房30.3亿元,占全国总票房的62.6%。

演出产业也开始借助这一模式,力求通过产业链上各环节的联合组成新的组织形式,实现演出市场的规模经济效应,激发演出市场的活力。

目前国内较为成熟的演出院线模式包括直营模式、加盟模式和联盟模式。直营模式的代表是北京保利剧院管理有限公司对旗下17家剧院,以及中演演出院线对其旗舰剧院——广州大剧院的经营管理。加盟模式的代表是中演演出院线对除广州大剧院以外的其他剧院的经营管理。联盟模式的代表是各地区剧团或剧院组成的演出联盟。目前五大省际联盟包括:北方剧院联盟、西部演出联盟、东部剧院联盟、长三角演艺联盟、珠三角演艺联盟。省内演出联盟有安徽演出联盟和江西演出院线联盟。[1]

北京剧院全国院线联盟情况[2]:

剧院名称	情况简介
保利剧院	已经有全国范围内的17家剧院联盟,包括2010年新加入的马鞍山大剧院和青岛大剧院。
中演院线	中演演出院线公司与广州歌剧院等22家加盟单位签署合作协议。由此中演院线拥有超过3万个坐席,年3000场次演出及330万观众。
东方百老汇	已与杭州剧院、宁波大剧院、南京人民大会堂、武汉剧院、上海美琪大剧院、安徽大剧院、北展剧场、西安索菲特人民大厦、天津大剧院等剧院签订了长期战略合作协议。

---

① 毕秋灵、黄淼:《院线制——中国演出市场新引擎》,见"百度文库",http://wenku.baidu.com/。

② 石锐、刘瑞雪:北京市演出市场发展现状及趋势分析,文化产业研究网,2011。

剧院名称	情况简介
国家话剧院	目前已有 8 个剧场加盟国家话剧院,其中包括北京区域的海淀剧院、天桥剧场、民族宫大剧院等 7 家剧院,此外国家大剧院建立了与上海大剧院的双边战略合作伙伴关系,并与香港、台湾、新加坡和日本等亚洲一流剧院进行合作。
北京儿童艺术剧院	计划在全国 10 个主要城市建立由北京儿艺控股的子公司,与深圳市演出公司、深圳市少年宫联合成立"深圳市假日经典小剧场",于今年 4 月与长春市华晟文化传播有限公司组建吉林京演儿艺剧院联盟。
中国木偶剧院	朝阳区管庄社区汉高天弘少儿培训机构东区小剧场作为中国木偶剧院的连锁经营剧场上演木偶剧目。

五、发展演出经纪机构

目前,我国的演出经纪机构和商演为主的经营业务是以民企为主的。目前北京演出经纪机构已经发展为国有及国有控股、民营及民营控股、中外合资、外资独资等多种企业类型。其中民营及民营控股演出经纪机构 512 家,占到总数的88%;国有及国有控股的演出经纪机构为 69 家,占到总数的 12%。此外,据统计,北京演出经纪机构的主要业务集中在大型商业演出领域,运作的演出项目主要集中在歌舞类、音乐类和演唱会类演出,分别占总数的 29%、25% 和 24%。

近几年来,演出业等文化产业发展迅速,一些风险投资资金逐步转向文化产业,转向演出业;另外,文化产业领域的一些龙头企业开始加快上市引资的步伐,如北京木偶剧院已于 2012 年登陆创业板。这意味着北京演艺行业正逐渐走向成熟,也催生了稳定成熟的经纪公司商业运营模式。

演出经纪公司的经营模式由以项目操作为主的粗放型经营向以品牌打造为主的集约型经营转变已成为一种必然。演出经纪公司将控制除演出场所以外的整个演出产业链,对单纯从事中介业务的经纪公司形成冲击。可以预见,未来演出经纪机构将面临一次巨大的重新整合和调整,固守项目型经营的传统经纪公司将逐步退出市场。①

---

① 石锐、刘瑞雪:北京市演出市场发展现状及趋势分析,文化产业研究网,2011.

六、建设票务网络

目前,我国演艺票务公司整体规模较小,专业票务网站以多票种销售为主。例如,北京的演出票务公司总共有 100 多家,以小规模票务公司为主,上规模的票务公司不到 10 家。另外,非专业性票务公司所占比重较大,票务经营只是非专业性票务公司的部分业务。另外,北京演出票务的专业网站有 75 个(不包括可售票的演出场馆和演出经纪机构的网站)。其中业务不限于演出票务的网站有 53 家,占总数的 71%,大多数票务网站销售的票种不只是演出票,一般还销售体育赛事票和电影票,此外还有部分网站同时销售火车票、机票、旅游票等。在这 75 家票务网站中实现异地连锁的有 12 家,占总数的 16%,大多数票务网站还只是在北京开展业务①。

---

① 石锐、刘瑞雪:北京市演出市场发展现状及趋势分析,文化产业研究网,2011.

第七章　中国旅游与会展产业史

第一节　旅游的起始与旅游的发展

一、旅游活动产生和发展阶段

人类自诞生以来,就总是反复地迁徙,从某种意义上说,这就开始了人类历史上最早的旅行。直到19世纪中叶,托马斯库克创办世界上第一家旅行社,真正意义上的人类旅行活动才开始。

1. 迁徙、旅行与旅游

迁徙是人们出于谋生的目的,或者出于自然原因或人为原因的威胁而被迫离开定居地,在新的定居点定居下来,而不再回到原来的定居点。

旅行是离开常住地在外地短时间停留,其外出的目的可以是多种多样的。它是一般空间流动过程。

旅游是有动机内涵的,外出的目的是为了满足精神文化需求,是旅行和游览的统一体。有旅游必定有旅行,有旅行不一定有旅游。

2. 古代旅行的三个时期

人类的古代旅行阶段,可以分为三个时期。旅游前阶段,时间约为原始社会末期到19世纪中期;近代旅游阶段,时间约为19世纪中期至第二次世界大战结束;现代旅游阶段,时间约为第二次世界大战结束至今。

(1)古埃及旅行及旅游

古埃及旅行及旅游的活动包括商务旅行、宗教旅行、求学旅行、节庆旅行、帝王巡游与观光旅行、海上探险旅行。

（2）古希腊旅行及旅游

古希腊旅行及旅游得益于希腊优越的地理环境,便捷的对外交流,适宜于户外活动的气候,高度发达的民主政治、奴隶制经济以及繁荣的文化。

（3）古罗马旅行及旅游

古罗马地区具备高度发达的奴隶制,极度繁荣的社会经济,四通八达的交通,商务旅行、宗教旅行、消遣娱乐旅行、海滨旅行等众多的旅行需求。

（4）欧洲中世纪旅行及旅游

主要包括宗教旅行、商务旅行、国王巡游、求学旅行、休闲旅游、外交旅游、节庆旅游、考察与探险旅行、自然观光旅游。

（5）中国封建社会时期的旅行发展情况

中国封建社会具备良好的社会环境与文化、科技创造,水路、陆上运输发展迅速。其旅行包括文史考察、世人漫游、公务旅行、宗教旅行、帝王巡游等丰富的旅行活动。西汉的张骞奉命西行开辟中原通往西域的丝绸之路;士人漫游的突出代表是以一些名士骚客为代表的知识分子李白、杜甫、柳宗元、陆游、苏轼等漫游全国;唐朝的玄奘及鉴真两位高僧是宗教旅行活动的代表;郑和七下西洋是当时航海旅行的典型;明代医学家李时珍的药物考察和地理学家徐霞客的地学考是科学考察的典型;秦朝的秦始皇及历代多数帝王都曾巡游天下。

3. 近代旅游业的兴起

世界近代旅游的兴起是工业革命和工业发展的产物。如以休闲为目的的温泉旅游和海滨旅游快速发展起来;酷爱自然、崇尚自然、回归自然的浪漫主义时代精神为未来旅游的大发展打下思想基础;海外大旅行也满足了经济发展的知识与文化需求。

当然,真正民众旅游时代的到来是因为世界和平了,交流增多了,交通工具进步了,旅游胜地得到迅速开发和发展了。从二次世界大战后的世界旅游业来看,全世界的国际旅游者从 1950 年的 2500 万人次增加到 2000 年的 6.87 亿人次;1998 年旅游业创造的收入占世界生产总值的 8%（5040 亿美元）,1983 年至 1998年,国际旅游业的增长率是同期世界 GDP 增长率的 1.5 倍。

二、中国旅游起始与发展①

1.先秦旅游的类型与旅游思想

（1）旅游类型

一是皇帝巡游。当黄帝政权稳固后，就开始"旁行天下"了。为此，他发明了舟车，使旅行更为方便。安徽的黔山就因黄帝的游玩驻留而被称为黄山。

继黄帝之后，尧、舜、禹的旅行，是与军事征服、被泽天下分不开的，因此，军事征讨四方，叫"巡""狩"，如"舜巡苍梧"，并最终战死于苍梧之野。其妻娥皇、女英闻讯循迹寻夫，也身投潇湘，并由此产生了湘妃竹的传说。也有的是为了求仙成神，是为"神游"。传说尧去西方拜见西王母，此后到西方拜见西王母成为了华夏帝王的西游情结，还有的则纯粹是为了游乐。夏朝太康是历史上第一个因游玩而丧国的国君，他整天耽于游猎。继位两年后的一天，他带着宠妃和亲信去游猎，竟然一去十旬不归，且不知去向，朝野为之一片混乱。后羿乘机造反，夺取了政权。

周朝开始，"巡狩"成为"幸临"的一种制度，即作为对地方政府的奖赏，同时也是为了炫耀帝王的威风。周代昭王姬瑕及其子穆王姬满、其孙厉王姬胡、厉王儿子姬静、幽王宫涅，都曾经临幸各地。

二是祭祀路神。出门行路之时，要祭祀路神，叫"祖"。祖是古代饯行的一种隆重仪式，祭路神后，在路上设宴为人送行。故称饯行为祖道。

关于路神的来历，最早可追溯到东汉应劭，他在《风俗通义·祀典》云："《礼传》共工之子曰脩，好远游，舟车所至，足迹所达，靡不穷览，故祀以为祖神。"崔寔《四民月令》"正月"条本注："祖，道神，黄帝之子曰累祖，好远游，死道路，故祀以为道神。"即说嫘祖为道神。《汉书·景十三王传·临江闵王荣》颜师古注："昔黄帝之子纍祖好远游而死于道，故后人以为行神也。"古人每当外出旅游时，都要先祭祀路神，是为祖道，或祖饯。

三是游学。春秋时期，私人办学兴起，为了相互之间的交流，游学风气也因此兴起。孔子经常携弟子游学。有着高尚文化情操、强烈求知欲望与较高审美素养的文人，在审视大自然的过程中，不忘寻觅大好河山中蕴藏的自然美，借此培养自身的高尚品格，这就是寓教于游。孔子也曾经拜访过老子，是为相互切磋，或为拜

---

① 《中国旅游史话》，360doc 个人图书馆，2014 年 5 月 30 日，http://www.360doc.com/content/14/0530/23/1241083_382419290.shtml。

师求学。

四是游说。春秋战国时期，各诸侯国争霸，士阶层活跃。他们不只著书立说，还要四处兜售自己的治国思想。孔子在鲁国惨淡经营几十年，当上了司空、司寇，本想能一展自己的政治抱负，谁知齐国赠送给鲁定公 80 个美女、120 匹好马，把鲁定公弄得晕晕乎乎，早不把孔子放在心中。孔子一怒之下，道不合不与为谋，于是带上弟子周游列国。

五是禊祭。是古人在春秋二季所举行的临水祓除不详的祭事。属于古代汉族习俗，殷周以来，巫觋的遗风仍有留传，禊即其一。《周礼·春官》云："女巫掌岁时，祓除衅俗。""上巳兰亭修禊事，一年春色又杨花。""漂泊天隅佳节，追随花下群贤。只欠山阴修禊帖，却比兰亭有管弦。唤起杜陵饥客恨，人在长安曲水边。"即于夏历三月上旬的巳日，魏以后始固定为三月三日，到水边嬉游。由女巫导演，于三月上巳沐浴除灾祈福。汉代应劭的《风俗通义》把禊列为祀典，说："禊，洁也。"即在春日万物生长蠢动易生疾病时，于水上洗濯防病疗病。《后汉书·礼仪志》即有"被禊"，被是古代除灾祈福仪式，此志曰："是月上巳，官民皆洁于东流水上，曰洗濯被除，去宿垢，为大洁。"去宿垢，是除去旧病。这里刘昭作注说："韩诗曰郑国之俗，三月上巳溱洧两水之上，招魂续魄，秉兰草被除不祥。"所以后汉被禊还学古代女巫用香薰花草沐浴，去病患，除鬼魅，作祈禳。而禊的另一说法是，挚虞说汉章帝时平原徐肇三月初生三女至三日俱亡，所以举行被禊，因为有灾，洗濯消灾祈福。

据史料记载，公元 353 年的三月初三是古代春天的修禊日，40 多位全国军政高官应东道主会稽内史王羲之的邀请，聚于会稽郡山阴城的兰亭，饮酒、写诗、观山、赏水，后来王羲之汇集各人的诗文编成集子，并乘兴作《兰亭集序》。

此后，历代雅士仿效兰亭修禊，往往在园林中，建有流杯亭。於亭中地面石板上凿出弯弯曲曲的沟槽，并引水入渠。参加宴会的人来到石渠两侧，把盛满酒的木制酒杯或青瓷羽觞从上游放下，任其飘流，杯飘到谁面前，即饮酒赋诗。如北京南海的流水音、潭柘寺的猗玕亭。另一种，是水渠设在开敞的地面上而不设亭，如圆明园中的坐石临流。

六是合独。《管子·入国》云："凡国都皆有掌媒，丈夫无妻曰鳏，妇人无夫曰寡，取鳏寡而合和之……此之谓合独。"清方苞《周官辨伪二》："管子合独之政，乃取鳏寡而官配之。"每年旧历三月三，男男女女云集溱水、洧水边，招魂续魄，祈求吉祥。这便为青年男女谈情说爱、互诉倾慕、馈赠信物甚至野合提供了方便。《周礼》中所说的"以仲春之月会男女,是月也,奔者不禁"。《诗经》中的《溱洧》云:"溱与洧,方涣涣兮。士与女,方秉蕳兮。女曰观乎?士曰既且。且往观乎?洧之外,洵訏于且乐。维士与女,伊其相谑,赠之以勺药。溱与洧,浏其清矣。士与女,殷其盈矣。女曰观乎?士曰既且。且往观乎?洧之外,洵訏于且乐。维士与女,伊其将谑,赠之以勺药。"这就是三月三日民间上巳节溱洧河畔男女青年游春相戏,互结情好风俗的写照。

（2）旅游思想

一是孔子旅游观。第一,父母在,不远游,游必有方。重人伦、当孝子,提倡郊游,将郊游看作是修养身心、陶冶性情的生活方式。"登东山而小鲁,登泰山而小天下"就是这种旅游思想的体现。第二,智者乐水,仁者乐山。主张游山观水,用山水比喻象征人的道德精神。到大自然中去旅游赏美,美化心灵与激发艺术灵感。

二是老庄旅游观。以老庄为代表的早期道家先哲们认为,道法自然,美在自然,天放而成,天机独得。旅游就是人们投身于大自然中,获得悠然自得的感受和精神上的满足与自由,并认为这种感受和精神上的满足和自由来自于自然界的天然美。他提出了中华民族自然审美意识的主要原则,即崇尚朴素、淡雅和自然,热爱自然,尊重自然,提倡人与自然和谐相处。

三是庄子逍遥游。在庄子看来,现实中的旅游是不自由的,他受着种种条件的限制,不自由的旅游不是真正的旅游,真正的旅游应该是神与物游,即具有自由性和非功利性,雀跃而游,不知所求。大鹏扶摇直上九万里,借旅游寄托自己的理想,将现实与虚幻结合,达到天地与我并生、万物与我为一的美好境界。

2. 秦汉时期的旅游

秦汉时期,随着生产力的发展,道路的扩展,由皇帝巡游带动,旅游呈现出多元开放之特色。

（1）大修官道

原六国道路各不相接,大小不一,关隘重重。秦统一六国后,要求天下车同轨,拆除各处的关隘险阻,修筑道路。当时以咸阳为中心修驰道两条,一条向东直达黄海边,一条向西直达东海边。路宽70米,中间为御道,两边为人行道,道边植树,每5千米设一亭,食宿邮传设施皆配套建成。后又从咸阳向西北到九原(今包头)修直道,全程约1400千米。在通往西南的方向上修有五尺道,抵达云南曲靖。南向则于岭南修新道四条。另外,秦始皇还修了灵渠水路,沟通长江水系和漓江水系。

（2）巡游天下

公元前219年秦始皇听从齐鲁儒生封禅学说，带领三万人的封禅队伍，从长安出发，浩浩荡荡，一路东行，用了三个月的时间，来到泰山脚下，凿山开道，摆开仪仗，十分隆重地登上泰山山顶去祭祀上帝，是为"封"；在泰山脚下祭祀地，是为"禅"，表示自己出自于天命。

秦始皇称帝的第二年，便开始巡游，先后共进行5次远途巡游。勒石记功，立石歌颂自己的功德。命徐福出海寻求仙丹，开辟了中国到日本的航路。他自己最终也是死在旅途上。

汉武帝在位几十年共巡游30次，开辟了许多道路，建设了许多驿站，为出游的发展做出重大贡献；同时，四处立石刻碑，留下许多文物古迹，增加了巡游地的文化内涵，丰富了现代旅游的文化内容。

（3）出使西域

张骞于公元前138年和公元前119年，两次出使西域。第一次历时12年，到达大月氏，即今阿富汗；第二次到达中亚。两次出使，为丝绸之路的开通做好了铺垫。

后来班超受汉明帝之命，率36名随从出使西域，袭击匈奴使者100多人，经过30余年的努力消除匈奴的干扰，挫败匈奴对南道各国的控制，使之尽归于汉，重新恢复了丝绸之路。

丝绸之路全长1000多千米，设立有驿站，备有马车、骆驼供人使用。丝绸之路开辟了商贸旅行的先河。

（4）学术行游

司马迁为了写一部真实可信、内容丰富的历史巨著，决定出外旅行，进行历史事实的考证。可为学术之游。

3. 魏晋南北朝的旅游

魏晋南北朝历经360年混战，生灵涂炭。而知识分子则对现实非常失望，寄托自然山水，在欣赏自然山水时达到一种忘我的境界。

（1）玄游

玄，指精深奥妙的哲理，即老子所谓"玄之又玄，众妙之门"。玄游即在山水之中寻求哲理。之后王弼、郭象等人倡导的以老庄思想为本的哲学称之为玄学。玄学论有无，折名理，主清净，重自然，强调万物一体，师友造化。当时的文人，不管出身势族或寒门,皆漠视俗务,清谈玄虚,适意自然,钟情山水,形成了一种旨在参悟玄机、印证玄理和陶冶自然之情、自然之性的游览山水的风尚,以对应司马懿对曹氏集团及其附庸的文人雅士的虐杀。这反映了文人雅士逃避现实,在政治失意、精神空虚、思想痛苦时,转向自然山水以抒发感情,寻找平衡,与田园郊野为友的高雅情怀。阮籍、嵇康、向秀、刘伶、阮咸、王戎、山涛等结为"竹林七贤",常常千里相聚会,联袂出游,于碧绿幽静竹林里肆意酣畅;陶渊明、谢灵运、王羲之等在玄游之中创立了我国古代的山水田园诗派,创造了书法艺术的巅峰;贾思勰借漫游写成了农书《齐民要术》;郦道元则写成了著名地理著作《水经注》。

(2)释游和仙游

释游是一种佛教徒为传经、取经或居静修行、坐谈佛理或朝拜佛陀所开展的旅游活动。在魏晋南北朝时社会动乱,兵荒马乱,佛教以其大慈大悲、普济众生、因果报应的教义赢得了各层次人群的信仰,释游因之盛行。

释游有两种形式:一是为传经、取经开展的,代表人物有佛图澄、鸠摩罗什、达摩、朱士行、法显;二是为居静休闲、清谈佛理而开展的,代表人物有于法兰、支道林、释道安、慧远等。

仙游是人们追求成仙而辗转奇山异水的一种活动。仙游的产生与道教密切相关。道教追求长生不老、肉身成仙。要达到这个目标,只有两个办法,一是养气服食,二是仙人点化。养气服食必须寻觅奇山异水。葛洪、陆修静、陶弘景为了收集道教的神术仙方,广游大江南北。

魏晋南北朝时期宗教旅游的开展,形成了独特的宗教景观,并产生了宗教旅游文化。工整的、肃然的道观,香火缭绕、辉煌的寺院,雄伟的石窟,庄严的浮屠等宗教建筑艺术,遍布于祖国各地,给多元化的旅游文化增添了庄严的宗教内容。

六朝时开发出来的道教名山有青城山、罗浮山、茅山、龙虎山等。佛教名山有五台山、普陀山、峨眉山、九华山。石窟有甘肃敦煌莫高窟、云冈石窟、龙门石窟、新疆龟兹石窟等。

4. 隋唐时期的旅游

(1)皇帝奢侈之旅

隋炀帝为了能去江南旅游,开凿大运河,发明龙舟,在位13年竟然三次下江南,四次游塞北。

唐玄宗每年10月移驾骊山温泉宫,即华清宫,年底才回长安。他对封禅也十分热衷,曾到泰山封禅。

武则天泰山封禅的队伍长达 100 多千米,从洛阳出发耗时 12 个月才达到泰山。后来又封嵩山。

(2)文人诗画之旅

山水田园诗。为唐代诗歌流派,是对东晋陶渊明诗歌风格的继承。山水田园派以山水等自然景观为主要描写对象,歌咏田园生活,大多以农村的景物和农民、牧人、渔父等的劳动为题材。诗人们以自然山水或农村自然景物、田园生活为吟咏对象,把细腻的笔触投向静谧的山林、悠闲的田野,创造出一种田园牧歌式的生活,借以表达对现实的不满,对宁静平和生活的向往。

山水田园派的代表人物有盛唐的王维、孟浩然、储光羲、常建等,中唐的韦应物、柳宗元等。其中以王维成就为高。他是诗人,又是画家,能以画理通之于诗,诗中有画,画中有诗,于李杜之外,别立一宗,对后世影响很大。他善于发现和捕捉自然景物的形象特征和状态,以画家的绘画技巧去构图和选择色彩,并将诗人对自然的独特的情感体验、审美感受及精神境界融入到景物之中,创造出优雅秀美的艺术境界。其中有些诗在幽邃、寂静、空灵的艺术境界中,直接透入了禅宗佛理的观照,是禅意、禅趣在诗境中的艺术体现,如《渭川田家》《山居秋暝》《终南山》《鸟鸣涧》《鹿柴》《竹里馆》《辛夷坞》等。

孟浩然的诗歌以山水诗居多,或写游历所见各地山水景色,或写家乡自然风光。其中往往在抒写孤高的情怀中夹杂着失意的情绪,在以景自娱中融入了旅愁乡思的情怀,如《宿建德江》《临洞庭湖赠张丞相》《江上思归》等。他的田园诗主要是写隐居生活的高雅情怀和闲情逸致,如《过故人庄》《游精思观回王白云在后》等。

柳宗元的山水田园诗,善于表现孤峭高洁的境界,寄托精神上深刻的痛苦,在艺术上很有特色,如《溪居》《江雪》。

边塞诗。边塞诗是以边疆地区汉族军民生活和自然风光为题材的诗。一般认为,边塞诗初步发展于汉魏六朝时代,隋代开始兴盛,唐即进入发展的黄金时代。一些有切身边塞生活经历和军旅生活体验的作家,以亲历的见闻来写作;另一些诗人用乐府旧题来进行翻新创作。边塞诗参与人数之多,诗作数量之大,为前代所未见。据统计,唐以前的边塞诗,现存不到二百首,而《全唐诗》中所收的边塞诗就达两千余首。其中有些宏伟的篇章不但是汉族文学的宝贵财富,而且极具历史意义。初唐四杰之一的骆宾王是初唐写作边塞诗较多的诗人,他的边塞诗题材开阔,内容包括边塞风光,边疆战士的艰苦生活,杀敌报国、建功立业的抱负和边疆将士思乡的情思。内容不仅涵盖了盛唐边塞诗的大多领域,而且格调高亢。此后其他著名诗人如杨炯、陈子昂、杜审言、陆游等人也创作边塞诗。边塞诗创作一时蔚为风气。边塞诗代表人物是王昌龄、岑参、李贺。作品如高适《燕歌行》,岑参《白雪歌送武判官归京》《走马川行奉送封大夫出师西征》,李白的《关山月》《塞下曲》六首、《战城南》《北风行》等,杜甫的《兵车行》《前出塞九首》《后出塞六首》等,王昌龄的《出塞》《从军行》,王之涣的《出塞》,王翰的《凉州词》,王维的《使至塞上》《老将行》等。

游诗侠。古代的豪杰,高尚者路见不平,拔刀相助,一诺千金,存亡死生;恶劣者或呼朋引类,招摇过市,或武断乡曲,称霸一方。其中喜欢遨游天下者,便是游侠。游侠起源于也大盛于春秋战国时代,汉唐有一定的发展,而在晚清达到一个高峰。游侠诗主要集中在汉唐和晚清,如王维《少年行》《从军行》《老将行》《陇头吟》《使至塞上》等。

唐人写游侠生活或游侠的生活态度,唐代的游侠大多是青年人,故诗歌也往往用乐府旧题中的"结客少年场行""邯郸少年行""少年行"等。唐人写到游侠时都充满了一股青春气息,表达许多文人向往在战争中建立功业的志向。如李白《少年行》《侠客行》《行行游且猎》,郭震名作《宝剑篇》,孟浩然《同储十二洛阳道中作》。青春、宝剑、酒、走马、报仇、杀人是以游侠为题材的唐诗中屡屡出现的意象。

李白在四川学习,在湖北结婚,在山东安家,在安徽去世。李白北边去过赵、魏、燕、晋,西边去过陕西歧山,也到过洛阳,他南下则有了《梦游天姥吟留别》《寒山寺》等名篇。

上任、辞官、返乡、搬迁,从华州、洛阳、秦州、同谷到成都、梓州、阆州、夔州,又到衡州、潭州……杜甫的一生,是流浪的一生,在一个地方多则住上三年两载,少则仨月俩月,而且是拖家带口。一路的漂泊,饥寒交迫,每日都要为温饱发愁。他的一个儿子就是活活饿死的。所以,杜甫创作了大量的民生诗歌名作。他把所有细微的生活,苦难的遭遇都用诗歌表达出来,"三吏""三别"、《茅屋为秋风所破歌》《闻官军收河南河北》等诗作把一个时代一个民族的痛淋漓尽致地描摹出来。他被后人尊为"诗圣",其诗被称为"诗史"。

(3)发达的宗教之旅

贞观十五年(641)文成公主入藏,带去佛像、佛经等,使汉地佛教传入藏地。

玄奘(602~664)13岁出家,遍读佛典。因觉得当时佛典多有出入之处,令人迷惑，于是决定去印度取经。贞观元年时，他一人从长安出发，西行五万里，历时 19 年，到印度取真经，历经艰辛到达印度佛教中心那烂陀寺。玄奘拜住持戒贤为师，后升至该寺副主讲。在贞观十九年回到长安，共带回佛舍利 150 粒、佛像 7 尊、经论 657 部。其后，玄奘在唐太宗支持下在长安大慈恩寺设译经场，与弟子等人专心翻译所带回的佛典。玄奘的译典著作有《大般若经》《心经》《解深密经》《瑜伽师地论》《成唯识论》等。所著《大唐西域记》十二卷，记述他西游亲身经历的 110 个国家及传闻的 28 个国家的山川、地邑、物产、习俗等。

义净十四岁出家，即仰慕法显、玄奘西行求法的高风，从慧智禅师受具足戒。唐高宗咸亨元年（670），他在长安曾和同学处一、弘祎等相约西游；但处一未能成行，弘祎亦至江宁而中止。后来他途经丹阳，有玄逵同行。翌年，他在扬州坐夏，遇着将赴龚州上任的州官冯孝诠，一同去广州，得到冯氏的资助，这年十一月间，他从广州搭乘波斯商船泛海南行。这时只有他弟子善行相随。他们海行二十天到达室利佛逝（今苏门答腊），停留了六个月，在此学习。而后善行因病返国，他即孤身泛海前行，经末罗瑜（后改隶室利佛逝）、羯荼等国，于咸亨四年（673）二月到达东印耽摩梨底国，和另一住在那里多年的唐僧大乘灯相遇，停留一年，学习梵语。其后，他们一同随着商侣前往中印，瞻礼各处圣迹。往来各地参学，经历三十余国，留学那烂陀寺历时十一载，曾向那烂陀寺宝师子等当时著名大德学习，研究过瑜伽、中观、因明和俱舍，并和道琳法师屡入坛场，最后求得梵本三藏近四百部，合五十余万颂，方才言旋。武周垂拱三年（687），他归途重经室利佛逝，就在那里停留二年多，从事译述。他为了求得纸墨和写手，曾于永昌元年（689）随商船回到广州，获贞固律师等的相助，仍于是年十一月返回室利佛逝，随授随译，并抄补梵本。天授二年（691），他遣大津回国，把自己在室利佛逝新译的经论及所撰《南海寄归传》等送回。到了证圣元年（695），他才偕贞固、道宏离开室利佛逝，归抵洛阳，受到盛大的欢迎。

新罗和日本的学僧很多来中国学习并得到各宗大师的传承，归国开宗。新罗在唐初有义湘学法于智俨，太贤、道伦受学于玄奘之门，后来还有惠日从惠果传胎藏密法，法朗得法于禅师道信，其弟子信行又受北宗禅于志空（普寂门人），道义受南宗禅于智藏（道一门人）。他们分别在国内传贤首、慈恩、密宗、禅宗之学，禅宗还蔚成禅门九山，极一时之盛。日本学僧入唐求学之风尤盛。唐初，道昭、智达、智通来从玄奘受学，其后又有智凤、玄昉来从智周受学，归国后分为南寺、北寺两传法相之学，而成立专宗。又先有道璇赴日讲《华严》等经，继而新罗审详从贤首学法,授之日僧良辨,而成华严宗。又日僧道光先入唐学南山律,后鉴真律师赴日传戒,成立了律宗。这些宗派都建立在日本奈良时代(710~774),连同先前传入日本的三论宗、成实宗,又附随法相学传入的俱舍宗,并称为奈良六宗。其后日都由奈良迁去平安,而入平安时代,又有最澄入唐从天台宗道邃、行满受学,归国创天台宗。又空海入唐从惠果受两部秘法,归创真言宗,于是日本的佛教便备具规模了。①

鉴真(688~763)14 岁随父于扬州大云寺出家,从智满禅师为沙弥。26 岁,鉴真成为了精通佛教律宗学说的有名的和尚回到扬州,并以这里为中心,开始了他此后三十年在淮南地区广泛的宗教活动和社会活动。55 岁时,鉴真住扬州大明寺,为众讲律。

天宝元年(742 年),日本僧人荣睿、普照受日本佛教界和政府的委托,延请鉴真去日传戒,鉴真欣然应允。从当年开始至天宝七载,7 年中,鉴真先后五次率众东渡,由于海上风浪、触礁、沉船、牺牲以及某些地方官员的阻挠而失败;尤其是第五次遭到恶风怒涛的袭击,在海上漂了 14 天,最后漂到海南岛的振州(今崖县)。返途时鉴真突发眼疾,双目失明。但他东渡弘法之志弥坚,从未动摇。天宝十二载从扬州(今瓜洲镇入江口处)出发,第六次东渡,终于到达了日本九州,次年二月至平城京(今奈良)实现了东渡宏愿。此后鉴真在日本辛勤不懈地活动了十年,传播了唐代多方面的文化成就,被日本人民誉为"文化之父""律宗之祖"。

(4)频繁的国际交流

唐朝正值封建社会的繁荣时期,具有先进的政治制度、安定的社会环境、繁荣的经济、光辉灿烂的文化,是当时东西方文化交流的中心,对世界各国特别是周边国家具有强烈的吸引力。而且唐朝实行较为开放的外交政策。唐政府中有鸿胪寺等机构专门接待外国使节和来宾,许多地方设有商馆接待外商,另设有互市监、市舶司等掌管对外贸易。唐政府接受外国的留学生,又将大批的使臣、僧侣派往国外进行回访。很多波斯、阿拉伯的商人在中国定居,他们的生活习惯、宗教信仰,都受到应有的尊重,在唐朝的外国人,可以有自己的礼拜寺、专用墓地,也可以参加科举考试,授予相应官职,甚至亡国的波斯国王和王子也得到应有的待遇。

唐朝海路对外交往的发展,首先表现在海上交通路线的开辟与利用。在唐代,取道南海前往西方的人数和航海路线都有所增加,直航能力也有所加强,形成

---

① 唐代佛教,见"百度百科",http://baike.baidu.com/。

了南海交通发展和繁荣的局面,并表现出了取代陆路交通地位的趋势。义净在室利佛室期间,撰写了《大唐西域求法高僧传》和《南海寄归内法传》两部直接反映唐代对外交往的重要著作。由于唐朝东南海上交通的发展,在海外诸国中,"唐"逐渐成为了"中国"的代称。

较之前代,唐朝人对非洲的了解更加全面和准确。贾耽在广州通海夷道中,明确记述了由非洲东海岸向西北通往波斯湾的航线。杜佑在《通典》中记述唐代大秦国的情况时,附录了杜环《经行记》中有关大秦的记载,并记录了女国与摩邻两个国家。对非洲最详尽的记载当属段成式《酉阳杂俎》。他记载的非洲国家主要有孝亿国(Siut,埃及南部)、仍建国(Utica,北非突尼斯沿海古城)、悉怛国(不详,或指 Sudan)、怛干国(Dakhel Oasis,撒哈剌沙漠中的沙岛)、勿斯离国(Misr,埃及)等国。①

与此同时,唐朝通过黄海和东海海域与朝鲜半岛和日本的交流也得到了较大的发展,为东亚汉文化圈的形成提供了良好的交通条件。

长安是唐朝的国都,各国使者宾客都需要到长安来进行政治活动。出国使者或外来使人,从这里输出唐朝的文化典籍和器物,同时也将外国文化传到长安。长安与国外通道有两条:一条是海路,南海联接东南亚诸国以至天竺,东海可通日本与新罗。南海路以广州为出入的要冲。广州北与洛阳、长安相联,交通稳便。另一条是通西域的陆路。隋时西域诸国在张掖互市。出玉门关有三条大道。北道自伊吾经突厥汗庭远达拂菻。中道起高昌、龟兹、疏勒、逾葱岭,经康、曹、安等昭武九姓国,至波斯。南道起鄯善、于阗,经吐火罗,至北天竺。三道入玉门关,经兰州,归于长安。

日本的遣唐使是日本皇室派往唐朝的使节,他们往返于中日之间,是中日经济文化交流的重要媒介。此时的日本则处于奴隶社会瓦解,封建制度确立、巩固的时期。唐朝高度发达的经济文化有利于促进日本社会的发展,对日本具有强烈的吸引力。遣唐使团开始不超过 200 人,8 世纪初起,人数倍增,多达 550 人以上。遣唐使团组织完备,有大使、副使、判官、录事,还有翻译、医师、阴阳师、画师、史生、射手、船师、音乐长、声音生、玉生、锻生、铸生、细工生、船匠、舵师、水手长、水手以及留学生、学问僧。遣唐使给唐朝带来珍珠绢、琥珀、玛瑙等贵重礼品。唐朝回送高级丝织品、瓷器、乐器、文化典籍等。留学生、学问僧来唐学习,结交中国朋

---

① 唐朝的对外文化交流,http://zhidao.baidu.com/link? ur。

友,他们居留唐朝,有的达三五十年,他们将中国的典章制度、天文、历法、音乐、美术、舞蹈、建筑、雕刻、生产技术、生活习俗带到日本,推动了日本政治、经济、文化的发展。日本留学生中最知名的是吉备真备、阿部仲麻吕,学问僧最知名的是空海。吉备真备回国后,用汉字楷体偏旁创造了"片假名",学问僧空海不仅将佛教密宗带回日本,而且用汉字草体偏旁创造了"平假名",使日本文化逐渐走上了独立发展的道路。阿部仲麻吕开元初入唐,时年 20 岁,在唐朝名晁衡(朝衡)。他潜心研究唐朝文化,后在唐为官,先后任左补阙、秘书监、左散骑常侍。他与唐朝著名诗人李白、王维交往甚密。

真腊国在今柬埔寨境内,与唐朝贸易频繁,唐朝的巨型帆船带去大批中国物品,在真腊行销的中国货品有金、银、缣帛、漆器、瓷器、水银、纸札、硫磺、焰硝、檀香、白芷、麝香、麻布、雨伞、铁锡、铜盘、水珠、桐油、簸箕、木梳、针等。真腊船只也驶至中国港口,主要在广州进行贸易。真腊的音乐、扶南音乐舞蹈传入唐朝,唐朝设有扶南乐。真腊乐舞丰富了唐朝歌舞内容。

尼泊尔在当时称尼婆罗。吐蕃松赞干布曾娶尼婆罗公主为妻。吐蕃与尼婆罗在佛教、绘画、建筑等方面都互有影响。尼婆罗与唐朝关系也很密切。唐朝由陆路去印度的僧人,往往取道尼婆罗。唐朝高僧玄奘去印度时,于贞观九年(635)到尼婆罗探求佛学,参谒释迦牟尼的诞生地迦毗罗卫国,访问了加德满都。贞观二十一年(647)尼婆罗遣使入唐,带来了波棱(菠菜)、浑提葱、酢菜。中国的造纸术也在这时传入尼泊尔。

印度、巴基斯坦、孟加拉,当时统称天竺。唐初,中天竺王尸罗逸多(即戒日王)征服了天竺五部(即东西南北中五天竺)以后,不时遣使与唐通好。唐太宗也派梁怀璥、王玄策等出使报聘。唐与天竺贸易往来频繁。孟加拉、印度半岛东西两岸常有唐朝商船泊港,天竺商船也到广州、泉州进行贸易。唐朝输往天竺的商品有麝香、纻丝、色绢、瓷器、铜钱;天竺输入的物品有宝石、珍珠、棉布、胡椒。中印友好往来和经济文化交流,促进了中印文化的发展。中国的纸和造纸术传入印度,从此印度结束了用白桦树皮和贝叶写字的时代。唐太宗也派人到中天竺摩揭陀学习制糖技术。由于佛教经典的翻译,在唐朝产生了与佛教密切有关的变文,敦煌、云岗、麦积山、洛阳龙门石窟的壁画、雕塑,都受到印度北部犍陀罗艺术风格的影响。此外,天竺的天文、历法、医学、音韵学、音乐、舞蹈、绘画、建筑,都对唐朝产生了一定的影响。唐朝十部乐中便有天竺乐,舞蹈中也有天竺舞成分。

斯里兰卡在唐朝史籍中称狮子国。唐高宗和唐玄宗时,狮子国分别遣使来唐,送来了大珠、钿金、宝璎、象牙等。当时广州的外国船,以狮子国的为最大,每年来多次。这说明中国和斯里兰卡在唐朝时期贸易关系是很密切的。

中亚锡尔河以南至阿姆河一带的康、安、石、曹、米、何、史、火寻、戊地"昭武九姓国",同唐朝保持着密切的联系。在唐灭西突厥以后,九国名义上附属于唐,但唐朝并不干预他们的内政。昭武九国善商贾,他们同唐朝经济文化交流十分频繁。九国中有的人为唐朝立了军功,在唐朝为官。石国、康国的胡腾舞、胡旋舞、柘枝舞传入长安,为唐人喜爱。

波斯萨珊王朝与隋唐王朝关系密切。7世纪中,波斯为大食所灭,波斯王卑路斯及其子泥涅斯,先后定居长安,客死唐朝。波斯亡后,其西部部分犹存,与唐朝保持着密切关系,多次与唐通好。当时有许多波斯人流亡至唐,在中国落户。波斯商人遍于各地,长安、洛阳、扬州、广州都有他们开设的波斯胡店,以经营宝石、珊瑚、玛瑙、香料、药材驰名。唐朝的丝绸、瓷器、纸输入波斯,波斯的菠菜、波斯枣传入唐朝。

永徽二年(651),大食遣使与唐通好,此后148年间,大食遣使来唐达36次。大食所辖阿拉伯一带商人到唐朝的也不少,长安、洛阳、广州、扬州、泉州都有他们的足迹,有的还在中国定居,在唐朝为官。大中二年(848)大食商人的后裔李彦升中进士,是中阿友好关系史上的一段佳话。

新罗与唐贸易往来十分频繁。新罗来唐商人很多,北起登州、莱州(今山东掖县),南至楚州、扬州,都有他们的足迹。楚州有新罗会馆,山东半岛的赤山、登州、莱州有新罗坊、新罗所,专门接待新罗客商。当时来往于中朝日本的船只多达数十艘。新罗商人运至唐朝牛黄、人参、海豹皮、朝霞绸、金、银等物,占唐朝进口物产的首位,丰富了中国人民的生活。他们贩回丝绸、瓷器、茶叶、书籍等。新罗派遣大批留学生到长安学习,唐朝的外国留学生,以新罗最多。开成五年(840年),学成归国的新罗学生"共一百五人"不少新罗学生还参加唐朝进士科考试,从长庆元年(821)至唐末,中举的新罗学生有58人。①

(5)大量的亭台楼阁景观建设

亭是在周代是设立在边防要塞上的小堡垒,设有亭吏。秦汉时亭成为维护地方治安的基层组织。魏晋南北朝时,代替亭制而起的驿。以后,亭和驿逐渐废弃,

---

① 《唐朝的国际关系——国际地位》,新浪博客,2009年11月24日,http://blog.sina.com.cn/s/blog_632566690100fp3e.html。

但民间仍有在交通要道修筑亭的习俗,作为旅途休息之用,也作为迎宾送客的礼仪场所,大约每隔五里、十里设有一个,五里为短亭,十里为长亭。而在唐朝时,亭作为园林建筑必不可少的一部分出现,有圆形、方形、六角形、八角形、梅花形和扇形等多种形状,常常建在山上、水旁、花间、桥上,可以供人们遮阳避雨、休息观景,使园中的风景更加美丽,如醉翁亭、陶然亭、沧浪亭等。

台是一种高而平的建筑。台在我国的历史也很悠久。商朝纣王筑鹿台,与宫女们裸体跳舞,酒池肉林。周代文王也建了灵台。再如汉武帝的未央宫太液池柏梁台,建筑章宫的神明台、通天台、凉风台,长乐宫的鱼池台、酒池台。唐玄宗天宝三年(744),李白、杜甫、高适三个大诗人同游汴州,共饮于开封吹台。豁然台(江苏常德)台前半围,由巨型秦砖砌成半墙,墙上垛口数孔,游人至此,古坛浮空,竹廊通幽。《登金陵凤凰台》是唐代伟大诗人李白登金陵(今江苏南京)凤凰台而创作的怀古抒情之作。凤凰台在金陵凤凰山上,相传南朝刘宋永嘉年间有凤凰集于此山,乃筑台,山和台亦由此得名。

楼,重屋也。王之涣的《鹳雀楼》,在山西永济境内古蒲州城外西南的黄河岸边。自唐朝始,岳阳楼便逐步成为历代游客和风流韵士游览观光、吟诗作赋的胜地。此时的巴陵城已改为岳阳城,巴陵城楼也随之称为岳阳楼了。崔颢有《黄鹤楼》,为三国吴黄武二年(223)修建。《芙蓉楼送辛渐》是唐朝诗人王昌龄的一首送别诗。芙蓉楼原名西北楼,遗址在润州(今江苏镇江)西北,登临可以俯瞰长江,遥望江北。这些楼阁,都为唐代著名的旅游景点。

阁是台阶较高的房屋。滕王阁始建于唐永徽四年(653),为唐高祖李渊之子李元婴任洪州都督时所创建。王勃在此创作了《滕王阁序》。

塔是一种高耸型点式建筑。大小雁塔,原名慈恩塔,在唐代是进士金榜题名的地方。唐朝设科举考试,进士科考最难考,录取人数很少。考中进士的人先在曲江举行宴会,叫作曲江宴会。然后集中到慈恩塔,推派擅长书法的人把考中者的名字刻在砖上,叫作雁塔题名。

5. 宋代的旅游

(1)忧患之旅

宋朝建立伊始,士大夫就有民族生存的焦虑之感。这是因为传统上的中原战略要地燕云十六州尚在契丹控制之下。宋朝感觉到生存受到北方强敌的威胁。北宋中期(仁宗、英宗、神宗时期),西夏又开始崛起,不断侵扰宋王朝,且在宋仁宗时建国称帝。宋朝不仅燕云十六州无法收复,且西北地区又陷入西夏之手,汉民族的存亡危机更加严重。这对当时士大夫的影响非常深刻。北宋晚期(哲宗至徽宗时期),外部形势发生进一步变化。金朝兴起,内部党争激烈。全身避祸之风炽烈,由忧患天下转向忧患人生。为此,许多人忧愤而出游。如寇准的《岳阳楼记》《江上渔者》,岳飞《满江红·写怀》。陆游的爱国诗歌也都是忧患中的漫游之作。

(2)理学之旅

理学之旅指的是因游及理,因景言理。战国时期思想界是百家争鸣;汉武帝"废黜百家,独尊儒术",儒家思想开始占统治地位。唐宋时期,一些儒学思想家吸取佛、道新的思想,发展形成儒家新的思想体系,其中以程颐和朱熹为代表的哲学思想称为"理学"。宋明都是理学的朝代,由于程朱理学的"天下之物,莫不有理"的首创,文人旅游讲究从景物中格物致知。

宋代理学家充分发挥了书院的学术传播功能,开创了中国古代学术传播的新阶段。他们使书院在讲学、藏书、祭祀、课程设置、教学管理等方面更加制度化、正规化,从而脱离传统私学,确定了其在中国古代教育史上的特殊地位。同时,书院教育与理学传播的结合,极大地拓展了理学的发展空间,为理学得到社会各阶层的认可,超越其他学派上升为南宋后期乃至明清的官方统治思想做出了重要贡献,两者的结合对后世儒学和教育事业的发展也产生了深远影响。

周敦颐就曾讲学于濂溪书堂及濂山、濂宗等书院;"二程"常到嵩阳书院讲学,各地学者慕名而来,多时有生徒数百人,他们还接受邀请,到应天书院、伊皋书院讲学;另一理学大儒张载也曾在关中百泉书院讲学传道;理学派"二程"著名的门人弟子如杨时、谢良佐、尹等均自出私塾讲学,他们成为后来理学发展的中坚力量。杨时讲学的书院很多,包括无锡东林书院、慈溪、常州等地所建龟山书院、毗陵书院、昆陵书院等。吕祖谦讲学于丽泽书院;朱熹创建、讲学的书院有寒泉精舍、考亭书院、武夷精舍、云谷晦庵草堂、白鹿洞书院、岳麓书院、兴贤书院、城南书院、溪山书院、螺峰书院等。

(3)文学之旅

宋代重文,诗、词、游记、题记、匾额、楹联、地理方志、笔记盛行。

宋代是游记文学的兴盛期。这一时期,游记作家辈出不穷,其中不仅有苏舜钦、欧阳修、范仲淹、苏轼、秦观、陆游、范成大等诗文名家,而且有朱熹、陆九渊等著名学者,以及范仲淹、王安石等大政治家。他们留下了不少流光溢彩、千古传诵的游记作品。

很多游记散文都是作者旅游行踪的真实记录,是游览过程的一种具体而又形象的表现和记录,是旅游审美的感受结晶。景以人传,景以文传,旅游文学丰富了旅游文化,丰富了旅游景点的文化内涵,提高了旅游景点的知名度。

宋代游记又受理学影响,有以记游为辅而重在说理的,如王安石的《游褒禅山记》、苏轼的《石钟山记》;有侧重抒情写景、描绘自然风光的,如朱熹的《百丈山记》、范成大的《峨眉山行记》;有清新简洁、流畅明丽的,如秦观的《龙井题名记》;也有纵横恣肆、气魄宏大的,如苏轼的《前后赤壁赋》、范仲淹的《岳阳楼记》;更有陆游的《入蜀记》,以日记体形式状景物,记古迹,叙风俗,作考证,抒情感,内容丰富,笔法自如,从而开创了一种日记体游记。

宋代游记还有很多名篇,如王禹偁的《黄州新建小竹楼记》、曾巩的《墨池记》、苏舜钦的《沧浪亭记》、晁补之的《新城游北山记》、吕祖谦的《游兰亭记》、程端明的《游金华三洞记》、王质的《游东林山记》以及与金朝文学家元好问的《济南行记》等。

随着商业的发达和都市的繁荣,宋代出现了专门记叙都市生活与风俗习惯的笔记,孟元老的《东京梦华录》、灌圃耐得翁的《都城纪胜》、西湖老人的《西湖老人繁胜录》、吴自牧的《梦粱录》、周密的《武林旧事》等,就是这类著作。除《东京梦华录》追述北宋汴梁的情况外,其他四书,皆写南宋的临安。材料有的采自地方志和其他杂书,有的出于作者的游览见闻。

使用诗词记录游乐情景的更多。诗歌如王禹偁的《村行》,林逋的《秋日西湖闲泛》,梅尧臣的《鲁山山行》和《东溪》,欧阳修的《伊川独游》,苏舜钦的《初游沧浪亭》,王安石的《登飞来峰》和《泊船瓜州》,苏轼的《饮湖上初晴后雨》和《题西林壁》,陈师道的《十七日观潮》以及陆游的《游山西村》等都是景、情、理水乳交融的优秀旅游诗作。词作如较为突出的有潘阆的 10 首《酒泉子》,欧阳修泛舟颍州(今安徽阜阳)西湖所作的《采桑子·轻舟短棹西湖好》,李清照在建康(今南京)游湖所作的《怨王孙·湖上风来波浩渺》,吴潜的《水调歌头·焦山》,汪莘的《沁园春·忆黄山》,张孝祥的《念奴娇·过洞庭》,吴文英的《望江南·三月暮》,辛弃疾登建康赏心亭、江西郁孤台、京口北固亭时所作的怀古词,还有孙浩然的《离亭燕·一带江山如画》、康与之的《诉衷情令·长安怀古》、张孝祥的《水调歌头·过岳阳楼作》、吴潜的《满江红·豫章滕王阁》、方岳的《水调歌头·平山堂用东坡韵》、汪元量的《莺啼序·金陵故都最好》等,也都是这类词中的优秀之作。①

6. 元朝的旅游

1279 年强大的蒙古国入主中原建立起元朝。元朝辽阔的疆土和相对便利的交通,为中西方之间的交往提供了极大的方便,给国际旅游带来了利好。

(1)马可·波罗

马可·波罗 17 岁时离开出生地——威尼斯,来到大都之后,受到了元世祖忽必烈的亲切接见,并得到忽必烈的宠信而被留在宫廷服务。他多次奉命出使各地,特别是乘船沿大运河南下巡视,途经淮安、高邮、扬州、镇江、苏州、杭州等运河城市时,这些城市的无比繁华和优美风光,给他留下了极为深刻而美好的印象。

游历了 25 年后,他把东方故事写在《马可波罗游记》里。全书共四卷,问世后被大量翻译、出版,成为中世纪最畅销、对欧洲人影响最大的游记著作。马可波罗遂引发 15～16 世纪欧洲航海家寻觅东方世界的热潮。

(2)鄂多立克

鄂多立克大约于 1314 年从威尼斯起航开始了其东方之旅。经君士坦丁堡、特拉比松、埃尔兹伦、大不里士、孙丹尼牙、喀山、耶兹特、百世玻里、设拉子、巴格达等国家,经广州入中国,游历泉州、福州、明州、杭州、金陵、扬州、北京等地,取道西藏回国。后在病榻上口述东游经历,由他人笔录成书《鄂多立克东游录》。

由于他对研究中世纪中西交通所做出的贡献,1881 年,国际地理学会在威尼斯建立他的铜像,以示崇敬。

(3)伊本·贝图达

伊本·贝图达,摩洛哥的穆斯林学者,大旅行家。20 岁左右时,他出发去麦加朝圣,从此开始,他踏上了一条长达 117000 千米的旅途,经过了现在 44 个国家的国土。他的旅行见闻被记录成书,称为《伊本·拔图塔游记》。

他经过马六甲海峡,沿着越南海岸北上,最后到达了元朝时中国的主要港口泉州。从泉州出发,他又去了杭州。贝图达沿着京杭大运河一直北上去了北京,他在中国的时间是 1336 年至 1349 年。

伊本·贝图达在旅行记中,对中国的泉州、广州、杭州、大都等大城市作了比较详细的记述,详细记录了各城伊斯兰教徒的情况。关于当时中国与印度、波斯

---

① 余东林:《简论宋代游记文学的特点》,《文学教育》,2014 年第 9 期。http://www.xzbu.com/9/view
-5861710.htm。

湾和阿拉伯半岛各地的贸易,以及中国航海船的构造等情况,书中也都有不少记载。此书对研究元代中外关系、中国伊斯兰教历史和西北诸汗国历史,都有很重要的参考价值。

(4)汪大渊

汪大渊是南昌人,19 岁随商人出海远航,历时 5 年。至顺元年(1330),汪大渊首次从泉州搭乘商船出海远航,历经海南岛、占城、马六甲、爪哇、苏门答腊、缅甸、印度、波斯、阿拉伯、埃及,横渡地中海到摩洛哥,再回到埃及,出红海到索马里、莫桑比克,横渡印度洋回到斯里兰卡、苏门答腊、爪哇,经澳洲到加里曼丹、菲律宾返回泉州,前后历时 5 年。至元三年(1337),汪大渊再次从泉州出航,历经南洋群岛、阿拉伯海、波斯湾、红海、地中海、非洲的莫桑比克海峡及澳大利亚各地,至元五年(1339)返回泉州。他游历了多个国家和地区,到达阿拉伯和东非海岸,直至红海和地中海南岸,是中国古代旅游史上足迹最广的旅行家。

1349 年他写了《岛夷志略》,史料价值很高。《岛夷志略》分为 100 条,其中 99条为其亲历,涉及国家和地区达 220 余个,对研究元代中西交通和海道诸国历史、地理有重要参考价值,引起世界重视。1867 年以后,西方许多学者研究该书,并将其译成多种文字流传,公认其对世界历史、地理的伟大贡献。

书中记载了台湾、澎湖是我国的神圣领土,当时台湾属澎湖、澎湖属泉州晋江县,盐课、税收归晋江县。书中多处记载了华侨在海外的情况,如:泉州吴宅商人居住于古里地闷(今帝汶岛);元朝出征爪哇部队有一部分官兵仍留在勾栏山(今格兰岛);在沙里八丹(今印度东岸的讷加帕塔姆),有中国人在 1267 年建的中国式砖塔,上刻汉字“咸淳三年八月华工”;真腊有唐人;今加里曼丹岛上坤甸“尤敬爱唐人”;龙牙门(今新加坡)“男女兼中国人居之”;甚至马鲁涧(今伊朗西北部的马腊格)的酋长,是中国临漳人,姓陈,等等。

(5)周达观

周达观(1266~1346),号草庭逸民,浙江温州人。1295 年奉旨出使真腊,周达观的任务是要沟通两国的关系,使之成为元帝国的附庸国,出游带有很强的政治性。在顺利完成使命后,他不忘休闲旅游,饱览了柬埔寨的风土人情,并写下了《真腊风土记》。

《真腊风土记》全书约 8500 字。书中有描绘真腊国都吴哥城的建筑和雕刻艺术,详细叙述了当地居民的生活、经济、文化习俗、语言,并记载了真腊的山川、物产等,其中还记载了当时居住在真腊的海外华人的状况,其时他们被称为“唐人”。

卷首是"总叙"，其他内容分40则：城郭、宫室、服饰、官属、三教、人物、产妇、室女、奴婢、语言、野人、文字、正朔时序、争讼、病癫、死亡、耕种、山川、出产、贸易、欲得唐货、草木、飞鸟、走兽、蔬菜、鱼龙、酝酿、盐醋酱曲、桑蚕、器用、车轿、舟楫、属郡、村落、取胆、异事、澡浴、流寓、军马、国主出入。记载内容详细并翔实可靠，很有历史研究的价值。

7. 明清的旅游

（1）士林游风兴起

明朝统治阶级为了加强统治，行文字狱，设锦衣卫，一时人心惶惶。为避免灾难，不少文人及官员放弃仕途，归隐于山水，做富贵闲人，游哉于自然之中。因此士林游风兴起。

袁宏道，字中郎，公安（今湖北公安）人。与兄宗道、弟中道并有才名，时称"三袁"。他们深受李贽等人思想的影响，追求个性自由，反对伪道学对人性的束缚。袁宏道于万历二十年（1592）中进士。不仕，与兄宗道、弟中道遍游楚中。万历二十三年（1595年）任吴县令，饶有政绩。不久辞官而去，游览江南名胜。后又授顺天教授，补礼部仪制司主事。两年后又辞官返里，卜居柳浪湖畔，潜学著文，并作庐山、桃源之游。袁中道也写了很多游记文，如《游石首绣林山记》《游鸣凤山记》《金粟园记》《玉泉涧游记》等。

晚明王思任，山阴（今浙江绍兴）人。幼年聪颖，二十岁中进士之后，一生三仕三黜，五十年内有一半闲居在野。他曾三次出任知县，也担任过袁州推官、刑部及工部主事等职。鲁王监国时任礼部尚书。他也以游记散文著名，明丽清新，往往于诙谐中含讽世之意。代表作有《天姥》《孤屿》《游北固山记》《观泰山记》《游五台山记》等。

唐寅字伯虎，又字子畏，以字行，号六如居士、桃花庵主、鲁国唐生、逃禅仙吏等，苏州吴县（今江苏省苏州市）人，明朝著名的画家、诗人。据说他于明宪宗成化六年庚寅年寅月寅日寅时生，故取名为寅。29岁参加应天府公试，得中第一名"解元"。30岁赴京会试，却受考场舞弊案牵连被罚。此后遂绝意进取，以卖画为生。有《骑驴归思图》《山路松声图》《事茗图》《王蜀宫妓图》《李端端落籍图》《临水芙蓉图》《秋风纨扇图》《百美图》《枯槎鸲鹆图》《两岸峰青图》《看泉听风图》《牡丹仕女图》《震泽烟树图》《吹箫图》《班姬团扇图》《杏花茅屋图》等绘画作品传世。漫游名山大川，后筑室于桃花坞，致力于绘画，生活放浪，与祝允明、文征明、徐祯卿称"吴中四才子"。

王士性，明代人文地理学家。字恒叔，号太初，又号元白道人，是一位杰出的人文地理学家。著有《五岳游草》《广游记》《广志绎》《吏隐堂集》《东湖志》等。

袁枚，字子才，号简斋，晚年自号仓山居士、随园主人、随园老人，钱塘（今浙江杭州）人。乾隆四年进士，选庶吉士；曾外放江南地区任县令，先后于江苏历任溧水、江宁、江浦、沭阳任县令七年，为官勤政颇有名声，奈仕途不顺，无意吏禄；于乾隆十四年（1749）辞官隐居于南京小仓山随园，四十岁即告归。在江宁小仓山下筑随园，吟咏其中。广收诗弟子，女弟子尤众。

六十五岁以后，袁枚开始喜欢上了游山玩水，游遍名山大川，如浙江的天台、雁荡、四明、雪窦等山，安徽黄山，江西庐山及广东、广西、湖南、福建等地，喜爱品茶的他自然也会尝遍各地名茶，并且将它一一记载下来。

（2）寓游于学

如徐霞客《徐霞客游记》、李时珍《本草纲目》。顾炎武、沈得潜、姚鼐等写的一些笔记，也都是在游历中考查中记录的一些成果。

（3）下西洋与通西域

郑和下西洋：原名马和，云南人，回族，伊斯兰教徒。11 岁入宫为太监，"靖难之役"中因功受赏，升为太监首领。受封时因当时有谚语"马不登殿"，成祖便赐予他郑姓，故名郑和。1405 年成祖首派郑和下西洋，一是寻找惠帝的下落以绝后患，二是"耀兵异域"，树大明天子之威，安抚海外臣民，共先后 7 次下西洋。

8. 近代旅游

1840 年封闭已久的国门被西方列强打开之后，在中西文明激烈交锋的背景下，中国人开始迈出国门，寻求与世界科学与民主文化接轨，寻找改良与革命的良方。

1847 年林鍼第一次出洋，目睹美国工业革命后的经济繁荣景象、奇妙的异国风土人情和丰富多彩的西方文化；1886 年清政府以官员斌椿为首，组织人员游历欧洲诸国，深感各法奇巧，匪夷所思；1876 年派工商业代表团，到西方国家考查。

梁启超、康有为、詹天佑、严复、孙中山、秋瑾等人为了追求真理，救亡图存，振兴中华民族，或留洋，或访学。

最重要的是，旅游活动逐渐演化为一种大众化的社会活动，旅游服务业逐渐成为一个独立的行业，并作为一个独立的经济部门而发展。

（1）交通工具的机械化

火车的问世，缩短了长途旅行的时间，并且一次可运送更多的人。1825 年，英国斯托克顿和达林顿之间的铁路通车,1830 年客货混合列车正式往来于利物浦和曼彻斯特之间。大型化、高速化轮船的出现,又进一步打通了海上旅行的通道,如 1930 年快速巨轮玛丽皇后号满载货物和 2000 名旅客从英国的南安普敦出发,只花了 5 天就到了美国的纽约。18 世纪下半叶,又出现了铁路、海路联运,火车和轮船的设备条件也日趋完善。

（2）解放了生产力

由于社会化机器大生产,解放了大量的劳动力,人们有了足够的时间和经济财富,对旅游的渴望也变得更加强烈了,于是旅游人数迅速增长。英国托马斯·库克正是迎合了这种需求,在世界上首创旅游营业机构。1841 年 7 月 5 日他组织了世界上第一次团体火车旅行,5 年后又组织了 350 人去苏格兰旅游,第一次设置随团旅行导游。继库克之后,世界各地也相继出现旅游代理商。其中美国的捷运旅行社还在 1891 年首次发行旅行支票,打破国际币制不同的障碍。由此,旅游业开始真正确立了自己的地位,它以自己独特的经济活动成为国民经济的一个重要组成部分。

（3）和平的环境

第二次世界大战后,由于飞机、汽车、轮船等交通工具的发达,世界各民族之间和各国之间的发展相互关联,在和平发展的大环境下,出国旅游也变得越来越容易,手续也越来越简便。世界旅游业以前所未有的速度迅猛发展,大众化特征更加突出。美国、日本及欧洲国家,平均每人每年都要外出旅游一次乃至多次。

（4）旅游体系日臻完备

旅游作为一个新兴行业,其服务和产业体系也逐步完善。交通、住宿、饮食、金融、商业、娱乐等一系列行业逐渐由一个旅游公司、旅行社或其他旅游团体的组织者融入产业发展中,旅游设备和服务配套日臻齐全完善。

三、新中国的旅游事业

新中国成立后到改革开放前的 30 年间,我国旅游业主要局限在为外交和民间往来活动服务的入境旅游,国内旅游基本是一张白纸。1978 年,我国接待入境旅游人数为 180 万人,仅占世界的 0.7%,居世界第 41 位;入境旅游收入 2.6 亿美元,仅占世界的 0.038%,居世界第 47 位。1978 年党的十一届三中全会确立改革开放政策,旅游业才算真正起步。

新中国成立后,我国还没有专业经营的旅游业,当时有关外事部门仅仅是承担全部外宾的生活招待任务。1953 年 10 月中国国际旅行社成立,但只办理国际联运业务,没有真正的旅游业务。随着我国对外关系的改善与发展,有关部门制定了接待规划,初步与外国一些旅游机构建立了联系,开展了接待自费旅游者业务。接待的主要对象是当时社会主义国家的旅游者,如苏联、蒙古和东欧各国等游客。当时华侨、港澳同胞回国探亲旅游人数也骤增,一些主要城市相继成立了华侨旅行服务社。

1964 年中央成立了旅行游览事业管理局。为了打破国外对我国政治、经济、文化的全面封锁,扩大我国与世界各国人民之间的友好往来,我国旅游事业开始向西方国家开放。但受当时的政治影响,纯粹强调政治作用,旅游业的经济效益问题还没有提到议事日程上来,所有费用都是靠财政开支。

进入新时期,旅游业得到了迅速发展。1978 年中国旅游局改为中国旅行游览事业管理总局,1982 年改为国家旅游局。下属有接待外国旅游者为主的国际旅行社等;团中央也成立了青年旅游部。国外来华旅游者包括华侨、港澳台同胞迅猛增长。为适应旅游发展的需要,我国开始开设旅游专科学校,培养翻译、导游和饭店、旅行社等方面的管理人才,已初步形成了一个全国旅游教育体系。

1986 年 1 月中央召开了第一次全国旅游工作会议,提出:"旅游事业应该成为我国经济建设的重要组成部分,要把发展旅游业作为我国国民经济发展战略的一个方面来考虑,列入国民经济发展计划。"在这次会议上,首先制定了我国旅游发展计划,对旅游资源开发、旅游院校建设、会议中心和购物中心的建设等提出了具体的要求,要对开发旅游环境特别是在硬件上加大力度。在狠抓"硬件"的同时,又特别指出提高和改善"软件"的质量,即提高旅游队伍的素质,包括翻译、导游人员、服务人员的素质,提高管理水平和服务质量。

这次全国旅游会议标志着我国旅游事业真正走上了经济建设事业发展的轨道,旅游事业进入大发展阶段。一是旅行社发展迅速,线路、行程、食宿、游览等,以全包的价格为游客提供全程的服务。二是旅游业成为很多地方的龙头产业。三是旅游在各个行业内部也自成体系,应有尽有。四是旅游产品逐渐丰富,如文化旅游、健康旅游、冒险旅游、恋爱旅游、民俗风情旅游、会议旅游、贸易旅游、汽车旅游等。五是旅游政策法规也逐步完善。六是中国进入旅游大国行列,以每年 10% 的增长率,巩固了世界旅游业前列国家之一的地位。1979 年至 2007 年,中国的国际旅游收入由 2.6 亿美元增加到 419.2 亿美元,增长了 160 倍,世界排名由 1980 年的 34 位上升至第 5 位。2007 年国内旅游人数和旅游收入分别达到 16.1

亿人次和7770.6亿元,比1990年分别增长4.8倍和44.7倍。2009年跃升至世界第4位。

2009年以后,中国旅游进入规模发展新阶段。2009年国务院《关于加快发展旅游业的意见》将旅游业定位为国民经济的战略性支柱产业和人民群众更加满意的现代服务业,旅游业进入战略性发展机遇期。2009年中国旅游业总体保持了平稳较快增长,旅游总收入为1.29万亿元,增长11.3%,旅游业竞争力在世界排名位列第47位,比2008年上升15位,是133个国家和地区中上升最快的国家。据中国旅游研究院预测,2010年旅游业总收入达1.44万亿元。

大众消费能力持续提升。随着国民经济持续快速发展,居民收入水平和消费需求提升,旅游成为国民重要生活方式和"大众消费"重要载体。2010年,中国GDP达39.8万亿元,按平均汇率折算达到58791亿美元,超过日本成为全球第二大经济体,人均GDP超过4000美元。从2006年到2010年,中国国内旅游人数从13.9亿人次增长到21.0亿人次,增加了51.1%。

旅游发展环境也不断得到优化。一是城镇化持续推进,旅游环境优化,消费主体壮大。2009年年末中国城镇人口达6.22亿,城镇化率为46.6%,到2015年城镇人口比例超过60%。二是交通基础设施改善,旅游可达性增强。1979年至2008年,中国交通运输业累计完成投资74246亿元,年均增长19.9%,网络里程从1978年的123.5万千米增加到2008年的473.18万千米,增长2.8倍,目前已基本形成由铁路、公路、民航和水运组成的综合交通网络体系。三是社会保障体系建设完善,居民旅游休闲消费需求将进一步释放。截至2009年,全国参加城镇基本养老保险、基本医疗保险和失业保险的人数分别达2.19亿人、3.17亿人和1.24亿人,全国纳入了农村低保、参加农村合作医疗的农民分别达4284.3万和8.15亿人,覆盖城乡的保障体系基本形成。四是带薪休假制度深化落实,工休制度渐趋科学合理。新的休假制度形成了2个黄金周加5个小长假的固定假日制度安排,全年节假日达115天,已接近发达国家水平。四是政府主导。主导表现在积极制定政策、完善旅游法制、搞好旅游发展规划、确定投资方向、为旅游发展营造良好环境等方面。旅游产业的发展得到了政府的有力推动、领导和协调,以国务院文件方式确定的推进海南国际旅游岛建设、加快建设海西经济区等25个区域性国家战略,都把发展旅游业作为重要内容之一。地方政府主导旅游业发展格局已经形成,对旅游业发展高度重视,纷纷出台促进旅游业发展的政策,制定关于旅游业发展的地方性法规及政府规章,加大了政策引导力度,为旅游业发展营造了良好的政策环境和法制环境。地方政府还进一步强化了对旅游业发展的主导作用,如海南建设国际旅游岛,广东推出国民休闲计划,云南实施旅游二次创业,河北建设环京津休闲度假带,江苏、浙江等地发放旅游消费券,海南和北京成立旅游委员会,天津发展旅游装备制造业,山东打造好客山东的旅游品牌,张家界建设世界精品旅游目的地,承德等多个城市建设国际旅游城市等,极大地推动了当地旅游业的发展。截至 2009 年,全国有 27 个省区市把旅游业作为支柱产业或第三产业的龙头。

更可贵的是,第一,政府部门尤其是各级旅游行政主管部门确立了服务为先的理念,协调社会各方面力量,创造有利于旅游发展的大环境,通过基础设施建设、投资决策导向、形象策划和市场推广及旅游环境培育来服务于旅游业。第二,由以行政手段为主转向以法律手段为主,用法律法规而不是长官意志管理规范旅游产业,以避免旅游管理的随意性和旅游发展的不确定性,使旅游产业在法律法规的规制下获得持续、稳定的发展。法规政策制定和完善;旅游资源保护;消费者权益保护。三是旅游法规建设进一步强化,出台了新的《旅行社条例》,旅游立法工作启动。标准化管理已成为旅游行业管理的重要手段,20 多项旅游标准逐步颁布实施。5A 级景区、白金五星级饭店先后产生,初步建立了对地方旅游业与旅游企业发展的分类指导机制。四是旅游部门的横向、纵向合作力度进一步增强,形成了常态化的工作机制。旅游部门与文化、农业、商业、工业、体育、环保、林业、气象、金融等部门合作更加紧密,旅游产业与文化产业、体育产业等相关产业融合不断深化,形成了旅游产业融合发展的大格局。

区域旅游合作方兴未艾。长江三角洲、珠江三角洲、环渤海经济区、长江沿线、丝绸之路等旅游区域依托中心城市展开了联合宣传推广、旅游线路对接、促进要素流动、规范市场管理等多层次、各具特色的区域合作。区域旅游发展格局渐趋成熟,无障碍旅游区和跨区域旅游合作已成为旅游业发展方向的重要模式。

我国旅游产品转型初步实现。逐渐从观光旅游占绝对主体地位转向观光、度假休闲和专项旅游协调发展。旅游市场化程度不断提高,初步培育了中国港中旅集团、中国国旅集团、中青旅集团、华侨城集团、首都旅游集团、锦江旅游集团、岭南国际集团、开元旅业集团、春秋旅游集团、携程集团、如家酒店集团、七天酒店集团等一批有竞争力的大型旅游集团和旅游知名企业。

旅游规模发展迅速。一是旅游产品体系不断完善。截至 2009 年,全国共有星级饭店 1.6 万余家,各类旅行社 2.1 万家,旅游景点 2 万余家,农家乐 130 万家。

二是多样化市场需求逐步发育。已经形成以国内市场为主体、三大市场协调发展的格局;旅游消费逐渐从观光旅游占据绝对主体地位向观光旅游、休闲度假和专项旅游并举发展。三是新型业态不断涌现。随着旅游市场化程度不断提高,培育了一批大型旅游集团和旅游知名品牌,出现了经济型酒店、旅游电子商务等新业态,产业竞争力逐步增强。旅游投融资体系不断完善,度假产品、专项旅游产品、旅游新业态成为投资热点。旅游业与文化产业、房地产业等产业融合度不断提高,实现互利共赢。四是综合性发展功能日益显现。中国旅游直接就业总人数已达1100万,每年新增直接就业人数约50万,加上间接就业达6500万,占全社会就业总人数的7%。全国红色旅游综合收入突破1000亿元,成为许多革命老区经济发展的动力。迅速发展的乡村旅游对新农村建设和农民增收具有积极的促进作用。2009年中国乡村旅游年收入已经超过2300亿元,提供农村旅游就业岗位超过1000万人。五是国际化交流合作步伐加快。中国公民出境旅游持续升温,经国务院批准的中国公民出国旅游目的地国家和地区总数达到139个,已经实施的有104个。伴随国家政经合作,以周边地缘为依托进行的大图们江、大湄公河、东北亚、中日韩等区域旅游合作成效显著,全面实现睦邻友好,基本形成与世界旅游交融、服务大国外交的格局。此外,中文已成为世界旅游组织的官方语言之一,中国旅游行业加入太平洋亚洲旅行协会(PATA),成为全球旅游界举足轻重的力量。

第二节　我国主要旅游景区

一、历史文化名城

我国的历史文化名城,包括以下7种类型:一是历史古都型,即以都城时代的历史遗存物、古都的风貌为特点,如北京、西安等。二是传统风貌型,即保留一个或几个历史时期积淀的有相对完整建筑群的城市,如大理、平遥等。三是一般史迹型,即以分散在全城各处的文物古迹为历史传统体现主要方式的城市,如长沙、济南等。四是近代史迹型,即以近代史上建筑群和重大历史事件发生地为其显著特色的城市,如上海、遵义等。五是地域特色型,即由个性鲜明的民族风情或地方文化构成城市风貌主体的城市,如丽江、拉萨等。六是风景名胜型,即由建筑与山水环境的叠加而显示出鲜明个性特征的城市,如苏州、桂林等。七是特殊职能型,即城市中的某种职能在历史上占有极突出的地位,如盐城自贡、瓷都景德镇等。

国务院于 1982 年、1986 年和 1994 年先后公布了三批国家历史文化名城,共 99 座。此后,分别于 2001 年增补 2 座,2004 年增补 1 座,2005 年增补 1 座,2007 年增补 7 座,2009 年增补 1 座,2010 年增补 1 座,2011 年增补 6 座,2012 年增补 2 座,2013 年增补 4 座,共计 124 座。

第一批 24 座国家历史文化名城:北京、洛阳、开封、南京、承德、大同、泉州、景德镇、曲阜、扬州、苏州、杭州、绍兴、长沙、广州、桂林、成都、遵义、昆明、大理、拉萨、西安、延安。

第二批 38 座国家历史文化名城:商丘、天津、保定、济南、安阳、南阳、武汉、襄阳、潮州、重庆、阆中、宜宾、自贡、镇远县、丽江、日喀则、韩城、榆林、武威、张掖、敦煌、银川、喀什、呼和浩特、上海、徐州、平遥县、沈阳、镇江、常熟、淮安、宁波、歙县、寿县、亳州、福州、漳州、南昌。

第三批 37 座国家历史文化名城:正定县、邯郸、临淄区、浚县、随州、钟祥、岳阳、肇庆、佛山、梅州、雷州、柳州、琼山区(后纳入海口)、乐山、都江堰、泸州、建水县、巍山县、江孜县、咸阳、汉中、郑州、天水、同仁县、新绛县、代县、祁县、吉林、哈尔滨、集安、衢州、临海、长汀县、赣州、青岛、聊城、邹城。

增补:无锡、南通、安庆、绩溪县、宜兴、金华、嘉兴、濮阳、太原、泰州、泰安、蓬莱、烟台、中山市、北海、山海关区、凤凰、海口(把琼山纳入一起)、会理县、会泽县、吐鲁番、特克斯县、库车县、伊宁、青州。

二、世界遗产名录

世界文化遗产属于世界遗产范畴,世界文化遗产全称为"世界文化和自然遗产",1972 年,联合国教科文组织在巴黎通过了《保护世界文化和自然遗产公约》,成立联合国科教文组织世界遗产委员会,其宗旨在促进各国和各国人民之间的合作,为合理保护和恢复全人类共同的遗产做出积极的贡献。

世界遗产分为自然遗产、文化遗产、自然遗产与文化遗产混合体(即双重遗产)、文化景观以及非物质遗产等 5 类。截至 2008 年,全世界共有世界遗产 878 处,其中文化遗产 679 处、自然遗产 174 处,世界文化遗产与自然遗产合体(双重遗产)25 处,这些遗产共分布在全世界 145 个国家和地区。自 2007 年 11 月起,已经有 185 个国家和地区签署了世界遗产公约。

截至 2011 年 6 月 24 日,中国已有 41 处世界遗产,仅次于意大利(45 处)和西班牙(43 处),居世界第三位。世界文化遗产中文化遗产 29 项(其中文化景观 3 项),自然遗产 8 项,文化和自然双重遗产 4 项。

中国的世界文化自然双重遗产:泰山(山东,1987.12);黄山(安徽,1990.12);峨眉山和乐山大佛(四川,1996.12);武夷山(福建,1999.12)。

中国的世界自然遗产:武陵源风景名胜区;九寨沟风景名胜区;黄龙风景名胜区;三江并流;三清山风景名胜区;四川卧龙熊猫保护基地;中国南方喀斯特;中国丹霞。

中国的世界文化遗产:周口店北京猿人遗址(北京,1987.12);长城(北京,1987.12);敦煌莫高窟(甘肃,1987.12);明清皇宫(北京故宫,1987.12;沈阳故宫,2004.7);秦始皇陵及兵马俑坑(陕西,1987.12);承德避暑山庄及周围寺庙(河北,1994.12);曲阜孔府、孔庙、孔林(山东,1994.12);武当山古建筑群(湖北,1994.12);布达拉宫(大昭寺、罗布林卡)(西藏,1994.12);福建土楼(福建,2008.7);丽江古城(云南,1997.12);平遥古城(山西,1997.12);苏州古典园林(江苏,1997.12);颐和园(北京,1998.11);天坛(北京,1998.11);大足石刻(重庆,1999.12);明清皇家陵寝(明显陵、清东陵、清西陵,2000.11;明孝陵、十三陵,2003.7;盛京三陵,2004.7);皖南古村落(西递、宏村)(安徽,2000.11);龙门石窟(河南,2000.11);都江堰—青城山(四川,2000.11);云冈石窟(山西,2001.12);高句丽王城、王陵及贵族墓葬(吉林,辽宁,2004.7);澳门历史城区(澳门,2005);安阳殷墟(河南,2006.7);开平碉楼与古村落(广东,2007.6);登封天地之中历史建筑群(河南,2010.8)。

中国的世界文化景观名单:庐山(江西,1996.12);五台山(山西,2009.6);杭州西湖文化遗产(浙江,杭州,2011.6)。

中国的世界非物质文化遗产名录:昆曲(2001);中国古琴艺术(2003);新疆维吾尔木卡姆艺术、蒙古族长调民歌(与蒙古国联合申报)(2005);中国蚕桑丝织技艺、福建南音、南京云锦、安徽宣纸、贵州侗族大歌、广东粤剧、《格萨尔》史诗、浙江龙泉青瓷、青海热贡艺术、藏戏、新疆《玛纳斯》、蒙古族呼麦、甘肃花儿、西安鼓乐、朝鲜族农乐舞、书法篆刻、剪纸、雕版印刷、传统木结构营造技艺、端午节、妈祖信俗(2009);京剧、中医针灸(2010);皮影戏(2011);中国珠算(2013)。

三、著名的旅游景区

1. 丽江

丽江市区中心海拔高度为 2418 米,与同为第二批国家历史文化名城的四川阆中、山西平遥、安徽歙县并称为保存最为完好的四大古城。丽江自古就是一个多民族聚居的地方,共有 12 个世居民族,其中纳西族 23.37 万人,彝族 20.14 万人,傈僳族 10.62 万人。其中纳西族占古城区及玉龙县(即原丽江县)总人口的57.7%。丽江旅游景点有玉龙雪山、大研古城、云杉坪、白水河、甘海子、冰塔林、束河古镇、拉海市、虎跳峡、泸沽湖、丽江木府、东巴万神园、四方街、印象丽江、玉水寨、梅里雪山、万古楼。

2. 三亚

三亚市位于海南岛最南端,因三亚河(古名临川水)有三亚东、西两河至此会合,成丫字形,故取名三亚,东邻陵水县,西接乐东县,北毗保亭县,南临南海及三沙市,陆地总面积 1919.58 平方千米,海域总面积 6000 平方千米,人口 68.5 万,是一个黎、苗、回、汉多民族聚居的地区。三亚是中国最南部的滨海旅游城市,是海南省南部的中心城市和交通通信枢纽,是中国东南沿海对外开放黄金海岸线上最南端的对外贸易重要口岸。

三亚是一个多湾的海滨城市,19 个海湾就像 19 颗明珠串在 209 千米长的海岸线上。天涯海角位于三亚西南方的天涯湾,离市区 20 多千米。这里青山碧水、银滩巨磊、椰树红豆,浑然一体,简直是一首韵味无穷的热带海滨风情诗。

3. 崖州古城

崖州古城位于现海南岛三亚市崖城镇,古称三亚为崖州,"崖州在何处,生渡鬼门关。"唐宋两代流放到崖州的大臣就是李德裕、赵鼎、胡铨等四五十人。他们只见山遮海拦,前路已尽,这就怀疑已经走到了天的边缘、海的尽头,"天涯海角"的名称由此而来。

4. 黄山

黄山位于安徽省黄山市,地跨市内黟县、休宁县和黄山区、徽州区,面积 1078 平方千米。黄山为三山五岳中三山之一。日出、奇松、怪石、云海、温泉素称"黄山五绝",令海内外游人叹为观止。黄山不仅以奇伟俏丽、灵秀多姿著称于世,还是一座资源丰富、生态完整,具有重要科学和生态环境价值的国家级风景名胜区。观日出最佳地点有:清凉台、曙光亭、狮子峰、始信峰、丹霞峰、光明顶、鳌鱼峰、玉

屏楼。看晚霞最佳地点有:排云亭、丹霞峰、飞来石、光明顶、狮子峰。看云海最佳
地点有:玉屏楼观前海、清凉台观后海、白鹅岭观东海、排云亭看西海、光明顶看天
海。看雪景最佳地点有:北海、西海、天海、玉屏楼、松谷、云谷和温泉。

5. 九寨沟

九寨沟位于四川西北部的阿坝藏族、羌族自治州九寨沟县境内,地处岷山山
脉南段尕尔纳峰北麓,是长江水系嘉陵江源头一条支沟,海拔 2000～4300 米。九
寨沟一年四季均适宜旅游,尤以秋季为最佳。

九寨沟以神妙、奇幻、美艳绝伦而成为世界鲜见、中国唯一的拥有"世界自然
遗产"和"世界生物圈保护区"两项国际桂冠的胜地。九寨沟是个佳景荟萃、神妙
奇幻的风光明珠,当空鸟瞰,翠海、飞瀑、彩林、雪峰浑然如画,相映成趣。游览观
光,步步是景,步移景换,各处景色,一日数变。原始的天然美景,闪烁着迷人的魅
力。还有与其交相辉映的藏族文化的衬托、融合。

九寨沟已开树正、日则、则查洼、扎如4条旅游风景线,长60余千米,景观分布
在树正、诺日朗、剑岩、长海、扎如、天海六大景区,以三沟一百一十八海为代表,包
括五滩十二瀑、十流数十泉等水景为主要景点,与九寨十二峰联合组成高山河谷
自然景观。九寨沟四季景色迷人,动植物资源丰富,种类繁多,原始森林遍布,栖
息着大熊猫等十多种稀有和珍贵的野生动物。远望雪峰林立,高耸云天,终年白
雪皑皑,加上藏家木楼、晾架经幡、栈桥、磨房、传统习俗及神话传说构成的人文景
观,被誉为"美丽的童话世界"。

6. 桂林山水

桂林是举世闻名的旅游城市,甲天下的山水勾勒出一幅唯美的中国画卷,乘
一叶竹筏漂荡于漓江之上,犹如置身百里画廊,充满着诗情画意。同时它也是世
界著名的风景游览城市和历史文化名城以及广西壮族自治区最重要的旅游城市。

桂林处处皆胜景,漓江山水堪称其中的典范。漓江风光尤以桂林阳朔为最,
"桂林山水甲天下,阳朔山水甲桂林;群峰倒影山浮水,无山无水不入神"高度概括
了阳朔自然风光的美。缕缕阳光从云中穿过,江中波光粼粼,与群山倒影交相辉
映,令人疑是到了仙境。如果说北方的山是豪迈、厚重的,那么桂林的山则显得
妩媚、秀美。玉女峰婷婷玉立,巧梳云鬓;望夫崖凝神远眺,深情守候;赶考的书
童、跳龙门的鲤鱼、盘旋的田螺、绿洲的骆驼,形态各异,变化万千,令游人目不暇
接。"画山"的九匹马,在导游的引导与娓娓讲述中,更是令桂林的山出神入化到
了极点,使游人真切地领略到了桂林山水的神奇、秀美。

7. 鼓浪屿

鼓浪屿位于厦门岛西南面,原名"圆沙洲",别名"圆洲仔",明朝改称"鼓浪屿"。乃因岛西南方有一礁石,每当涨潮水涌,浪击礁石,声似擂鼓,人们称"鼓浪石",鼓浪屿因此而得名。鼓浪屿有许多幽谷、峭崖、沙滩、礁石、峭壁、岩峰,外形奇丽俊秀,其街道纵横交错,清洁幽静,空气新鲜,岛上树木苍翠,繁花似锦,小楼红瓦与绿树相映,格外漂亮。鼓浪屿有许多浓烈的欧陆风格的建筑,被称为是"建筑的博览馆"。鼓浪屿又被称为"音乐家摇篮""钢琴之岛",漫步海滩上经常会听到钢琴的美妙的音符传来,钢琴声与海浪声相互应答,音乐,已成为鼓浪屿一道绚丽的风景线。另外这里还是明末英雄郑成功屯兵的地方。

8. 长城

万里长城是中国古代的伟大建筑,是中华民族的象征。修筑长城的历史可以追溯到公元前9世纪,其主要目的在于防御北方民族的侵袭。公元前221年,秦始皇统一中国后,将统一前北方互相争斗的诸侯小国各自建造的长城衔接起来,形成穿山越岭的北方边界的屏障,长达5000多千米,是抵御来自北方蒙古大草原上游牧民族骑兵袭击的壁垒,也是秦始皇自身权力和荣耀的一个有利证明。汉武帝也曾多次修筑长城,用以保护河套、陇西等地,加强东西方交流,其长度达到了10000余千米。到明代,为防止前朝(元)残留势力南下,也不断修筑北方长城,全长达7300多千米,整个工程延续了200多年。在中国历史的其他时期,统治者也不同程度地修筑了长城,长度相加超过50000千米。因此,长城是"上下两千年,纵横十万里"的伟大工程奇迹。2007年7月7日,长城成为世界新七大奇迹之一。

9. 张家界

张家界是中国湖南省的省辖地级市,位于湖南西北部、澧水中上游,属武陵山脉腹地,为中国最重要的旅游城市之一。1982年9月,张家界成为中国第一个国家森林公园;1988年8月,武陵源被列入国家第二批40处重点风景名胜区之内;1992年,由张家界国家森林公园、索溪峪风景区、天子山风景区三大景区构成的武陵源自然风景区被联合国教科文组织列入《世界自然遗产名录》。

10. 布达拉宫

布达拉宫享有"世界屋脊上的明珠"的美誉。公元641年松赞干布迎娶唐朝文成公主后,欣喜之余,为公主造了布达拉宫。自公元7世纪起,布达拉宫就成为达赖喇嘛的冬宫。

布达拉宫是一个巨大珍库。优美而又独具匠心的建筑、华美绚丽的装饰、与天然美景间的和谐融洽,使布达拉宫在历史和宗教特色之外平添几分风采。悠久的历史、神秘的传说、雄伟的建筑、珍贵的文物、永不停歇地环绕在它四周的朝圣者,一起构成了布达拉宫的生命。

11.西湖

"上有天堂,下有苏杭。"而杭州的天堂地位,多半是由于西湖。有西湖有十景——苏堤春晓、曲苑风荷、平湖秋月、断桥残雪、柳浪闻莺、花港观鱼、雷峰夕照、双峰插云、南屏晚钟、三潭印月,而"苏堤春晓"为十景之首。苏堤由苏东坡在杭州做官时修成,堤上种满了香樟树等植物,全年常绿,春天时堤上桃花盛开,令人心旷神怡。为纪念白居易而命名的白堤同样值得一看,它的特点是一株柳树一株桃,每到春天桃红柳绿时,游人走在白堤上时似在画中行。西湖一年四季都有美景,春天的桃柳、夏天的荷花、秋天的明月、冬天的寒梅,令人陶醉。风味特产有西湖绸伞形制精巧,色彩绚丽,是西湖特产之一。西湖龙井"色绿、香郁、味醇、形美",是茶叶中的佳品。

第三节　旅游法规

一、我国旅游法规的范围

旅游法规是指由国家制定或认可,体现发展旅游业的意志,以国家强制力保证实施的涉及旅游活动的行为准则。我国旅游法规的内容主要应包括以下三方面:

1.规范旅游市场主体行为的法规

在旅游活动中,旅游市场主体的权利和义务是其从事旅游活动必备的前提和条件。为了维护旅游活动中各市场主体的权利和义务,保障其在权利受到侵犯时能得到充分的法律保护,就必须建立和完善规范市场主体行为的法规,创造一种平等竞争的市场法制环境。目前,我国已颁布的规范旅游市场主体行为的法规主要有:一是规范旅游者行为的法规,如《民法通则》《公民出入境管理法》《外国人出入境管理法》《消费者权益保护法》等;二是规范旅游经营者行为的法规,如《公司法》《价格法》《合同法》及有关旅行社、宾馆饭店、旅游景区(景点)、旅游车船等方面的法规。

2. 规范旅游市场秩序的法规

在市场经济体制中,旅游市场主体的活动及旅游市场机制的运行都要求具有正常、规范的旅游市场秩序,否则就会阻碍旅游市场机制的有效发挥。从目前看,规范旅游市场秩序的法规主要有:一是有关旅游市场进出的法规,即对各旅游市场主体进出市场的审查、成立、管理、破产等法律法规,如《公司法》《破产法》《旅行社管理条例》《导游人员管理条例》《风景名胜区管理条例》等;二是有关旅游市场竞争秩序的法规,即规范旅游市场竞争行为,维护公平的市场竞争秩序,促使各市场主体公平地参与市场竞争的法规,如《产品质量法》《反不正当竞争法》《食品卫生法》《道路安全法》《航空法》等;三是有关旅游市场交易秩序的法规,即规范旅游市场的交易秩序,明确各市场主体在交易中的权利和责任的有关法律法规,如《合同法》《价格法》《保险法》等。

3. 规范旅游宏观管理的法规

旅游经济是一种法制经济,因此必须通过建立和完善有关旅游宏观管理的法规,使旅游宏观管理建立在充分运用法律手段的基础上。具体讲,有关旅游宏观管理的法规主要有:一是规范政府管理行为,创造良好的旅游活动和旅游经济运行环境的法规,如《行政许可法》《行政诉讼法》《行政复议法》《行政处罚法》等;二是有关加强旅游宏观调控能力的法规,如旅游价格、税收、外汇、信贷及开发建设等方面的法规,其既保证国家对旅游经济的宏观调控,又为旅游企业经营的规范性、灵活性、自主性提供法制保障;三是有关促进旅游业对外开放的法规,如加大旅游业利用外资、引进技术、扩大交流和对外合作方面的法规等。

二、我国旅游立法的过程

1. 旅行社的立法

20 世纪 70 年代末到 80 年代初,我国只有零星的、单项的、涉及旅游商品经营管理、旅游参观点管理、旅游企业外汇管理、旅游涉外人员守则、旅游机票船票购买等国家有关部门规范性的政策文件。1985 年 5 月 11 日,国务院颁布了《旅行社管理暂行条例》,这是我国第一个关于旅游业管理的行政法规,标志着我国旅游立法工作从此进入了建设性发展阶段。

1996 年 10 月 15 日,经修改,国务院正式发布了《旅行社管理条例》;此间国家旅游局相继配套出台了《旅行社管理条例实施细则》《旅行社质量保护金暂行规定》《全国旅游质量监督管理所的机构组织与管理暂行办法》《旅行社经理资格管理规定》,国家旅游局和外经贸部发布了《中外合资旅行社试点暂行办法》等。为适应我国加入 WTO 后新形势的变化,2001 年 12 月 11 日,国务院又修订了《旅行社管理条例》,增加了有关《外商投资旅行社》的内容。

2. 导游的立法

1995 年 5 月 14 日,国务院发布了《导游人员管理条例》,这是旅游行业的第二部行政法规,明确了导游资格考试制度、导游证制度、导游分等定级、导游工作职责与处罚,为建立政治业务素质双过硬的导游队伍提供了法律保障。为贯彻好这个条例,国家旅游局 1999 年 8 月出台了《导游证管理办法》,2001 年 12 月出台了《导游人员管理实施办法》,增加了对导游实行分级管理、登记制度、记分管理、年审管理的规定,强化了对导游人员的日常管理。国务院这两个行政法规和国家旅游局制定的相关部门规章、规范性文件的出台为旅游业法制建设奠定了重要的基础。

3. 涉外旅游的立法

1997 年 7 月 1 日,经国务院批准,出台了《中国公民自费出国旅游管理暂行办法》。经过 5 年的发展,为了适应数以千万计的中国公民出国出境旅游的需要,国务院决定 2002 年 7 月 1 日起实施《中国公民出国旅游管理办法》。这是旅游行业的第三部行政法规,从管理手段上向法制化方向迈出一大步。根据新的管理办法,全国出境游组团社由 67 家扩大到 528 家;10 月 28 日,国家旅游局又发布了《出境旅游领队人员管理办法》,使出国游管理更加有法可依、有章可循。

4. 国家旅游大法

2013 年 10 月 1 日起施行的《旅游法》,为国家大法。主要是为了保障旅游者和旅游经营者的合法权益,规范旅游市场秩序,保护和合理利用旅游资源,促进旅游业持续健康发展。

《旅游法》规定了旅游业大范围:在中华人民共和国境内的和在中华人民共和国境内组织到境外的游览、度假、休闲等形式的旅游活动以及为旅游活动提供相关服务的经营活动。《旅游法》表明了国家对旅游事业的态度:国家发展旅游事业,完善旅游公共服务,依法保护旅游者在旅游活动中的权利。《旅游法》提出了对旅游业发展应当遵循社会效益、经济效益和生态效益相统一的原则。国家鼓励旅游发展的要求:鼓励各类市场主体在有效保护旅游资源的前提下,依法合理利用旅游资源;利用公共资源建设的游览场所应当体现公益性质。国家倡导健康、文明、环保的旅游方式,支持和鼓励各类社会机构开展旅游公益宣传,对促进旅游业发展做出突出贡献的单位和个人给予奖励。国家建立健全旅游服务标准和市场规则,禁止行业垄断和地区垄断。旅游经营者应当诚信经营,公平竞争,承担社会责任,为旅游者提供安全、健康、卫生、方便的旅游服务。国务院建立健全旅游综合协调机制,对旅游业发展进行综合协调。

第四节　会展产业的发展

会展是指会议、展览、大型活动等集体性的商业或非商业活动的简称。其概念内涵是指在一定地域空间,许多人聚集在一起形成的、定期或不定期、制度或非制度的传递和交流信息的群众性社会活动,其概念的外延包括各种类型的博览会、展销活动、大中小型会议、文化活动、节庆活动等。特定主题的会展是指围绕特定主题集合多人在特定时空的集聚交流活动。狭义的会展仅指展览会和会议;广义的会展是会议、展览会、节事活动和各类产业与行业相关展览的统称。会议、展览会、博览会、交易会、展销会、展示会等都是会展活动的基本形式,世界博览会为最典型的会展活动,目前国内会展产业链已经相当完善。

一、国内会展的起源与发展

关于展览的起源,目前尚无统一的看法。大致有“市集演变”说、“巫术礼仪与祭祀”说及“物物交换”说等。“市集演变”说认为,贸易性的展览无论在中国还是外国,都由市集演变而来。欧洲是由城邦的传统市集发展演变而成,这一演变发生在15世纪,莱比锡市集演变为莱比锡样品市集(即莱比锡博览会)是贸易性展览起源的代表。“巫术礼仪与祭祀”说认为,展览作为一种艺术形式,来源于原始人的万物有灵观念,原始人对自然神和祖宗神的崇拜祭祀活动,是展览艺术的雏形和起源。“物物交换”说认为,展览的起源可以追溯到原始社会产生物物交换的初期,在物与物进行相互交换的初级方式中开始存在“摆”和“看”形式,逐步从物物交换扩大到精神和文化的领域。因此,展览是随着社会的经济、政治、文化的进步而产生发展的,是围绕着人们物质和精神两个方面的需要而存在和发展完善的。

中国的展览史可以追溯到2000多年前。《易经》记载:“日中为市,致天下之民,聚天下之货,交易而退,各得其所。”

在历史长河中,展览也是分期发展的,一般说来,原始社会和奴隶社会出现的具有展览形态的活动,如悬挂图腾、物物交换等,是展览的萌芽时期。到了封建社会,由于展示手段逐渐丰富,展示规模不断扩大(如庙会、祭祀展览等),展览便走向壮大时期。到了资本主义社会(在中国是到了半殖民地半封建社会),资本主义经济开始形成,刺激着各种宣传媒介和信息事业,展览也逐步走向多样化,功能也日益扩大,这是展览的成长时期。

展览的发展,主要是随着社会生产力的发展而发展的。例如原始社会,生产力极其落后,展览只能是原始形态的展示,如很粗糙的岩画、纹身、图腾崇拜、物物交换的地摊和简单的叫卖,因此出现了"敬天神、颂祖宗"的祭祀展览。展品较为丰富,有牲畜、酒食等;展具较为考究,有陶器、铁器,甚至器物上还有铭文;展出时还有钟鼓音乐、歌舞染渲等,成为综合性的展示艺术活动。

到了封建社会,随着生产力的发展,宣传性展览便有了大型洞窟绘画、华丽的壁画、武器陈列、绣像陈列(如麒麟阁功臣像、凌烟阁功臣图等)。宗庙和祭祀展览也更为丰富和隆重,次数也更为频繁。贸易展览就出现"列肆十里"的街市和庆会。尤其是庙会和集市,不仅定期举行,还伴有文艺表演(如歌舞、杂耍、戏剧等)。随着货币的发展和流通,这种贸易展览也由物物交换上升到货币结算,使展览发生了质的变化。

到了资本社会,生产力更加发展,也就出现了大型博览会,甚至是世界性的博览会。其规模和形式空前壮大,在各地还出现了各种不同类型的博物馆、陈列馆。随着科技的发展,展览在形式上、内容上都有了重大的革新的突破,如融声、光、电于一体的综合表现手法,甚至出现列车展览、汽车展览、轮船展览、飞机展览(即把展品装在大型运输工具上,到处流动,供人参观),还有仅仅是放映录像或张贴图表,甚至采用电传交流的贸易展览等。

改革开放30多年来,我国会展业在各城市发展迅速,形成了环渤海、长三角、珠三角、东北、中西部五个会展经济产业带。

环渤海会展经济带:以北京为中心,以天津等城市为重点,其会展业发展早、规模大、数量多,专业化、国际化程度高,门类齐全,知名品牌展会集中,辐射广。

长三角会展经济带:以上海为中心,以南京、杭州等城市为依托的会展产业带已经形成。该产业带起点高、政府支持力度大、规划布局合理、贸易色彩浓厚,受区位优势、产业结构影响大,发展潜力巨大。

珠三角会展经济带:以广州为中心,以广州交易会为助推器,以深圳等会展城市群为依托,形成了国际化和现代化程度高、会展产业结构特色突出、会展地域及产业分布密集的会展经济带。

东北会展经济带:以大连为中心,以沈阳、长春等城市为重点的会展经济带,依托东北工业基地的产业优势及东北亚的区位优势,形成了长春的汽博会、沈阳的制博会、大连的服装展等品牌展会。

中西部会展经济带:以成都为中心,以贵阳、郑州、重庆等城市为重点的会展经济带,通过不断发展,现已形成了成都的西部国际博览会、重庆的高交会、郑州的全国商品交易会等品牌展会。

随着经济的快速增长,中国内地已成为全球发展最快的展览市场。到2006年年末,中国共拥有2000平方米以上的各类会展中心和展览场馆170家,可用于展览的总面积达536.58万平方米,其中近2/3为室内展馆,1/3为室外展馆。展览总面积已居世界前列。

在会展业蓬勃发展的同时,行业也存在一些问题,如市场化程度低、不正当竞争猖獗、缺乏品牌会展、诚信缺失等。针对这些问题,政府也出台了相应的措施,提出会展业发展的建议,以及行业建立协会等来规范我国会展业的发展,取得了不错的成绩。

随着我国经济的快速发展,会展业在国家的发展地位越来越重要,国外会展企业不断地进入我国。截至2011年12月底,我国现有会展场馆269个,室内展览面积超过715.14万平方米,室外展览面积403.75万平方米,总展览面积1118.89万平方米。2011年新建成会展场馆17个,室内总展览面积为56.22万平方米,总建筑面积179.67万平方米。

会展经济能够带动第三产业的综合发展。具体来看,会展业不仅能带来场租费、搭建费等直接收入,而且还能拉动或间接带动数十个行业的发展,如商业购物、餐饮、住宿、娱乐、交通、通信、广告、旅游、印刷、房地产等。不仅能积聚人气,而且能促进各大产业的发展,对一个城市或地区经济发展和社会进步产生重大影响和催化作用,一个好的会展对经济拉动效应能达到1:9。

二、国外会展的起源与发展

会展业在世界范围内的存在已有相当长的历史。会展业的起源可以追溯到原始社会,至今已有几千年的历史了。工业革命以后,会展业的发展比较迅速。经过近一百年来的蓬勃发展,会展业的成熟度日益增加。纵观历史,国际会展的发展大体上经过了三个阶段，即萌芽阶段、起步阶段和快速发展阶段。

1. 萌芽阶段

欧洲被公认为国际会展业的发源地，而欧洲的会展活动起源于中世纪的集市，如古希腊的奴隶市场及古罗马的米市、油市等，在当时人们自发地将商品拿到集市上进行展览和交易。随着社会的发展，逐步出现了跨地区的集市及国际集市交易会。公元 629 年在法国圣丹尼斯举办的交易会是目前被认为的世界上最早的国际集市交易会。而大规模的集市贸易活动起始于 12 世纪左右，以法国的香槟集市为代表。香槟集市位于法国的东北部，地处北欧诸国与地中海的商业要道上，是当时欧洲最重要的集贸中心之一。在 15 世纪初，以莱比锡为代表的一些德国城市就已经成为著名的展览城市了。

2. 起步阶段

17 世纪以后的工业革命，使欧洲进入了以机械化大生产为特征的工业化时代。相对于集市，工业展览会有着严密的组织体系，其规模也突破地方的局限性，成为跨地区乃至跨国家的展览活动。

1798 年，法国政府组织了世界上第一个工业产品大众展。这次展览会被公认为是近代工业展览会的开端。随后，英国于 1851 年在伦敦举办了首届世界博览会——万国博览会。这次规模宏大的博览会在海德公园的水晶宫展馆举行，展出面积接近十万平方米，参展商多达 1.7 万家，其中一半以上来自其他国家。

3. 快速发展阶段

19 世纪末期，欧洲的展览业逐渐进入了快速发展阶段，即现代贸易展览会和博览会阶段。1890 年在德国莱比锡举行的样品博览会是这一阶段开端的重要标志。作为现代贸易和博览会的早期形式，样品博览会以展示为手段，以交易为目的，同时具有集市的市场性及工业展览的展示性。第二次世界大战前期，综合性贸易展览会得以充分发展。从第二次世界大战后期延续至今，是专业展览会出现和成长的阶段。展览已经发展为贸易和宣传性质的展览，包括交易会、贸易洽谈会、看样订货会等。

欧洲是目前会展业当之无愧的龙头，其会展活动素来以数量众多、规模庞大、贸易性高和管理专业化而著称。北美的会展业比较发达，其总体发展水平仅次于欧洲。亚太地区的会展业发展迅速，市场前景广阔，是国际会展业的新生力量。而拉美和非洲虽然有少数国家会展活动发展势头良好，但大部分地区的会展业尚处在起步阶段。

作为会展业的发源地,现在整个欧洲占了世界会展市场的一半左右。据国际会议协会(ICCA)统计,2005 年世界上举办会议最多的前 10 个国家中有 8 个在欧洲。2005 年举办会议最多的前 10 个国际型大都市有 7 个在欧洲,其中奥地利首都维也纳位居榜首。而地处欧洲中心的德国则以其先进的场馆设施和优质的服务管理位列世界展览强国之首。世界上最大的 4 个展览中心有 3 个在德国,另外世界十大知名展览公司中有 6 个是德国的公司。

法国是欧洲的另一个会展大国。其首都巴黎不但是著名的"展览之都",而且是世界第一大国际会议中心。巴黎每年举办的展览多达 150 多个,而其所接待的国际会议可以达到全球国际市场的 2.61%、欧洲市场的 4.62%。位于欧洲南部的意大利每年举办展览活动多达 700 多个,是欧洲办展最多的国家。

位列世界三大展场之一的米兰国际展览中心,拥有 38 个展馆,其占地面积超过 65 万平方米。

而另一个欧洲主要展览中心——波罗尼亚则拥有 74 座展厅,每年平均举办 15 个国际领先的专业展览会。

此外,作为东欧会展龙头的俄罗斯也以举办各种专业展览见长,该国每年展览业的收入可以达到 2 亿~3 亿美元。

强大的经济实力和巨大的国内市场,使以美国和加拿大为代表的北美洲会展业的发展水平处于世界领先地位。这两个国家每年平均举办近万个展览会,其中净展出面积超过 460 平方米的展览会约有 4300 个,参展商 120 万家,参观者近 7500 万人。举办展览最多的北美城市包括拉斯维加斯、多伦多、芝加哥、纽约、奥兰多、达拉斯、亚特兰大、新奥尔良、旧金山和波士顿等。

大洋洲地区的会展强国是承办 2000 年悉尼奥运会的澳大利亚。悉尼奥运会可谓是澳大利亚会展发展史上的重要里程碑。此次盛会不但给澳洲带来了超过 60 亿澳元的经济收入,而且大幅度地推动了亚太地区会展业的发展,使其在国际会议市场上所占的份额由 3% 提高到了 7%。澳大利亚目前有 107 个展览馆、106 家展览会主办机构、120 家展览会服务机构。该国每年大约举办 300 个大型展览会,吸引超过 5 万家参展商和 660 万名参观者。据估算,该国每年展览行业的平均收入大约为 25 亿澳元,因而会展业在其国民经济中的比重日益突出。

作为世界会展业的后起之秀,亚洲的会展业发展十分迅速,目前该地区会展经济的规模仅次于欧洲和北美,位居世界第三。这一地区的会展业增长速度快、辐射面广、专业门类齐全、具有很大的市场潜力和很好的发展前景。中国、日本、新加坡是亚洲会展经济的中心。

目前中国内地、香港及新加坡的会展业竞争激烈,逐渐形成了亚洲会展市场上三足鼎立的局势。中国内地的会展市场最广阔,其发展空间远大于中国香港和新加坡。而相对于其他国家和地区,中国香港具有五大发展会展业的优势,即地理位置优势、资源优势、产业优势、管理优势及服务优势。同时,该地区在举办以贸易出口为主的品牌展览会上具有丰富的经验。

起步于20世纪70年代,新加坡的会展业在政府的大力扶植下发展迅速。一流的展馆和服务使新加坡连续17年成为亚洲举办会展的首选地区,而该国举办国际展览会的规模和次数也位居亚洲之首。

此外,雄厚的经济实力、先进的技术设施及周到的服务对推动亚洲的另一会展强国——日本的会展业达到世界领先水平起到了关键作用。

拉丁美洲和非洲的会展业发展很不平衡。除了巴西、阿根廷和墨西哥以外,其他拉美国家的会展经济都处在起步阶段。在非洲,会展业相对发达的国家则只有埃及和南非。巴西每年约举办500个会展活动,其收入可达到8亿美金,占整个拉美会展收入的40%;阿根廷和墨西哥每年大约举办近300个会展活动,其收入分别为4亿和2.5亿美元。近年来,埃及的会展规模和国际性日渐增加,每年可以举办大约30个国际型会展活动。

三、我国会展发展现状

2012年商务部服务贸易和商贸服务业司公布的数字,反映了目前会展业发展的基本的状况[①]:

1. 展览业稳步发展

2012年全国共举办展出面积5000平方米以上的展览会7189场,较2011年增长5.3%;展出总面积8990万平方米,较2011年增长10.7%。

以展会类型来看,经贸类展会总面积约为6500万平方米,占全国展会总面积比重超过70%。以展会规模来看,规模展会持续增长,全国展出面积10万平方米以上的大型展会已经超过90个。此外,品牌展会发展迅速,截至目前,中国内地共有58个国际化专业展览会获得国际展览业协会(UFI)认证,数量位居世界第

---

① 《2012年中国会展业发展报告》,商务部服务贸易和商贸服务业司官网,2013年7月12日,hhttp://fms.mofcom.gov.cn/artideltongjiziliao/20130700198063.shtml。

四。

2012 年,我国会展业直接产值约 3500 亿人民币,较 2011 年增长 16.1%,占全国国内生产总值的 0.68%,占全国第三产业产值的 1.53%。

2012 年,我国会展业实现社会就业 2125 万人次,比 2011 年增长 7.3%;拉动相关产业收入 3.15 万亿人民币,比 2011 年增长 16.7%。

2. 地域发展状况

目前,我国会展业地域分布较为集中。北京、上海、广州三大一线会展中心城市优势明显,2012 年三个城市共举办展览会 1613 场,较 2011 年增长 16.9%,占全国比重约为 22.4%;展览面积合计 2500 万平方米,与 2011 年持平,占全国展览总面积的 27.8%。

北京的优势在于集聚众多全国性行业商、协、学会和国有大中型企事业单位,有利于汇聚行业力量、整合产业资源发展会展业;上海的优势则体现在城市的国际化程度较高,优越的金融环境有利于引进世界知名国际性展会、吸引外资展览企业投资发展;广州则侧重于发展以广交会为核心的进出口贸易展和电子、礼品等具有地域产业特色的专业展。以北京、上海、广州三大会展中心为核心,向周边地区辐射,分别形成了环渤海、长三角和珠三角会展经济圈。这三大会展经济圈无论从展会数量、展馆数量,还是可供展览面积、展会展出面积,都占全国总量的一半左右,形成了我国会展经济发展的中坚力量。

按省(自治区、直辖市)分析,2012 年全国展览活动按数量排名,前十位的依次是上海(806 场)、浙江(711 场)、广东(618 场)、山东(609 场)、江苏(550 场)、重庆(521 场)、北京(430 场)、辽宁(314 场)、河北(253 场)、吉林(238 场)。这十个省(自治区、直辖市)的展览总数量占全国总量的 70%,展出总面积占全国总面积的 71%,集聚了全国主要的会展业资源。

3. 国际化进程情况

我国加入 WTO 已有十多年,世界经济一体化进程的不断推进深刻影响着我国经济的发展格局。我国的会展业作为新兴的服务产业经济,必将顺应历史潮流,不断加快自身的国际化发展步伐,积极应对经济全球化过程中所带来的激烈竞争。

一方面,我国作为新兴的发展中国家,有坚实的产业基础和极具潜力的消费市场,是国际会展企业发展的重点区域之一。近些年来,以英国博闻、励德展览、德国法兰克福展览公司为代表的一批全球著名专业展览公司已经陆续进入我国,积极兼并收购在华项目,加速布局中国市场。以英国博闻公司为例,其子公司——亚洲博闻公司在2012年收购兼并了中国国际口腔器材展览会、上海酒业博览会和上海品牌服饰展览会等一批知名国内展会,截至2012年年底,在我国共运营53个商贸类展会,其中规模最大的10个展会展览净面积达55万平方米,参观人数38.5万人。

另一方面,我国作为贸易大国,2012年外贸的依存度达47%,外贸在推动我国经济社会发展的过程中发挥着不可替代作用。为配合我国外经贸战略转型升级,进一步推动我国产品走出国门,越来越多的企业倾向于借助国外展览平台走出国门,向外直接推介产品、开辟市场。据我国国际贸易促进委员会统计,2012年我国出国展览数量为1536个,比2006增长67%,同期展出面积也由31万平方米增长到69.3万平方米,增长超过120%。这些出国展览,不仅巩固了现有贸易合作伙伴关系,而且对开辟新兴市场、改善外经贸发展结构、推动多双边交流合作等方面都做出了重要贡献。

4. 展馆建设

随着我国会展经济持续升温,全国掀起新一轮的展馆建设热潮。在展馆的规划设计过程中,为充分发挥会展业特有的集聚、辐射带动效应,促进地方经济社会发展,各地不再以单纯展馆建设为目标,转而规划建设以会展场馆为核心、集酒店住宿、餐饮、购物、文化、旅游、休闲、娱乐等配套服务为一体的的会展综合体。据不完全统计,国内已经启动及在建的大型会展综合体项目包括:天津国家会展项目(建筑面积120万平方米)、上海国家会展项目(建筑面积147万平方米)、杭州国际博览中心(建筑面积84万平方米)、杭州国际金融会展中心(建筑面积83万平方米)、长沙国际会展中心(一期建筑面积40万平方米)、昆明滇池国际会展中心(总建筑面积约420万平方米,其中会展中心70万平方米)、绿地南昌国际博览城(总建筑面积约400万平米,其中会展中心20万平方米)、中国西部国际博览城(总建筑面积265万平方米,其中展览面积50万平方米)。这些项目将陆续于2015年之前建成完工。届时,全国可供展览总面积预计将至少增加300万平方米,各展馆之间的竞争将进一步加剧。

第八章　中国网络文化产业史

第一节　网络产业的形成与发展

什么是网络文化产业？2003 年文化部在中国文化报刊登《迎接信息文化产业的崛起——CI 产业宣言》论述了网络文化产业范畴，主要包含音乐、电影、游戏、动画和书籍等文化娱乐内容。

当前，我国网民的网络应用包括信息获取、商务交易、交流沟通、网络娱乐四个方面。商务交易实际是网络商业，尽管属网络经济范畴，但由于是在网络文化的背景下发生的，我们也要把它归纳到网络文化产业之下。所以，网络文化产业包括商务交易、信息获取、交流沟通、网络娱乐四个方面所形成的产业。

一、国外网络产业的形成与发展

1. Internet 的诞生

互联网（Internet），又称网际网路，或音译为因特网、英特网，是网络与网络之间所串连成的庞大网络，这些网络以一组通用的协议相连，形成逻辑上的单一巨大国际网络。

Internet 是一组全球信息资源的总汇。它是由于许多小的网络（子网）互联而成的一个逻辑网，每个子网中连接着若干台计算机（主机）。Internet 以相互交流信息资源为目的，基于一些共同的协议，并通过许多路由器和公共互联网而成，它是一个信息资源和资源共享的集合。

在有网络前，电脑一次只执行一样工作，这称为批处理（Batch Processing）。随着电脑体积越来越愈大，它们必需存放在有专门冷却设备的房间里，由专家进行接线。这意味着程序设计师无法直接操作电脑,导致许多时间被浪费,并产生了许多令人抓狂的程序错误。

1957 年,远程控制电脑的新模式(由终端机连接主机)让程序设计师可以直接控制电脑。与此同时出现了"时间共享"的机制,让众人可以分享处理器的运算能力。1957 年 10 月 4 日,在冷战的高峰之中,苏联发射了第一颗人造卫星。因为担心苏联在科技上的领先,美国在 1958 年 2 月成立了"先进防御研究计划局"(Defense Advanced Research Project Agency,DARPA)。成立初期,知识的传播只能由人来进行,为了加快知识的共享,同时避免研究课题的重复,DARPA 打算成立一个大型的电脑网络,以建立一个中央的数据共享系统。这个网络,便是之后鼎鼎有名的阿帕网(ARPANET)。

另外三个在此时建立的网络系统分别是 RAND Corporation 的军用网络概念、英国 NPL 的商用网络和法国的 CYCLADES 科学网络。ARPANET 的发展开始于 1966 年,当时的学校对直接开放自已的主机供其他电脑存取感到不放心,因此就在主机前放了另一台称作 IMP(Interface Message Processor)的电脑,负责和网络之间的沟通,而主机只负责程序的起动和数据库的存放。为了统一 IMP 之间的沟通,Network Working Group 发展了 NCP(Network Control Protocol)做为沟通的统一语言,稍后 NCP 由提供传输确认功能的 TCP(Transmission Control Protocol)所取代。

另一边,以商务为首要考虑的英国 NPL 网络预期会有大量的使用者和大量的信息流通。为了避免网络拥塞,档案的传送不是一次传送整个档案,而是将档案分成一个一个的小"封包",在接收端重组。这种机制称为"封包交换"。

1962 年,美国侦察机在古巴发现射程远达美国本土的导弹,这让美国担心对美国本土的核弹攻击即将到来。当时的网络采用的是中央化的系统架构,为了避免中央的服务器在攻击中被破坏,导致系统整个瘫痪,美国将军用网络设计成分布式的网络架构。

最后一个发展,来自法国的 CYCLADES 网络。CYCLADES 的经费远少于 ARPANET,因此节点数也少得多,基本上是很多小网络在独立运作的,不像 ARPANET 是连成一个大网络,因此开发的重点放在连结各小网络上面。这也是"因特网(Internet)"这个字的来由。这种连结很多小网络的架构,很多时候中间经过的电脑只是扮演中继站的角色,并不对经过的数据做重新处理。

电信商们则开发了 X.25 通信协议,做为终端的使用者联机到电信商的服务器时所用的协议。DARPA 的 TCP 是设计来连结网关器(Gateway)的,这个系统在融合了 ISO 订定的 OSI(Open System Interconnection)协议之后,就成为了今天的 TCP/IP 通信协议。TCP/IP 通信协议保证了网络间的兼容性,并将世界各地的众多网络合而为一,成为我们今天所熟知的 Internet。

1990 年 2 月 28 日 ARPANET 硬件被移除,但这时候 Internet 早已开枝散叶,无所不在了![①]

2. Internet 的发展

Internet 起源于美国,现在已是连通全世界的一个超级计算机互联网络。Internet 在美国分为三个层次:底层为大学校园网或企业网,上一层为地区网,最高层为全国主干网,如国家自然科学基金网 NSFnet(National Science Foundation Network)等主干网,它们连通了美国东西海岸,并通过海底电缆或卫星通信等手段连接到世界各国。

由于最初 Internet 是由政府部门投资建设的,所以它最初只是限于研究部门、学校和政府部门使用。除了以直接服务于研究部门和学校的商业应用之外,其他的商业行为是不允许的。20 世纪 90 年代初,当独立的商业网络开始发展起来,这种局面才被打破。这使得从一个商业站点发送信息到另一个商业站点而不经过政府资助的网络中枢成为可能。

1991 年,第一个连接互联网的友好接口在 Minnesota 大学被开发出来。当时学校只是想开发一个简单的菜单系统,可以通过局域网访问学校校园网上的文件和信息。解决了菜单、软件、服务器等技术问题之后,Internet 发展势头迅猛,成为一种不可抗拒的潮流。到 1996 年上半年为止,Internet 已连接 5 万多个网络,500万台计算机,拥有 5000 万个用户。从此,Internet 被现实生活广泛应用。在 Internet 上可以聊天、玩游戏、查阅东西等。更为重要的是在 Internet 上还可以进行广告宣传和购物。Internet 给现实生活带来很大的方便,因此也促使了一些新兴行业的诞生,如网络营销等。Internet 的影响正在日益影响着我们的生活。

Internet 的问题,特别是安全问题也不断出现,如虚假信息、网络欺诈、病毒与恶意软件、色情与暴力、网瘾、数据丢失、网络爆红、阴谋论、过于公开、过于商业化以及黑客攻击等。

---

① 引自 Andy Yang:《瘾科学:图解网络史》,Engadget 中国版,2009 年 2 月 19 日,http://cn.engadget.com/2009/02/18/history-of-the-internet/。

美国实行的是国家宽带计划。1993 年 2 月美国总统克林顿提出了"国家信息基础建设计划"。2009 年 2 月,在奥巴马政府批准的经济刺激计划中,宽带网建设是其经济振兴计划的五项内容之一,安排了 72 亿美元将用于宽带补贴和借贷计划。2010 年 3 月,美国联邦通信委员会向国会提交了国家宽带发展计划的提案,旨在将美国宽带网络速度在现有基础上提高 25 倍。该提案计划在未来 10 年内为宽带网络提供 500 Mbps 的带宽,在未来 5 年内为移动设备提供 300 Mbps 的带宽。2011 年 2 月 4 日美国白宫发表"美国创新战略"报告,阐述了总统奥巴马在国情咨文中提出"赢得未来"的构想。报告提出 5 项新计划,要求美国高速无线网络接入率达到 98%。目标与成效是保证在美国人人都有宽带接入。联邦通信委员会国家宽带发展计划的提案承诺使政府大楼、学校、图书馆和健康医疗设施的网络在 2020 年前达到约 1 Gbps 的速度,为美国民众提供免费或低价的无线宽带连接,使那些无法负担上网费用的人也能享受到互联网带来的便利。

日本是全球 FTTH 发展最好的国家,日本政府将 FTTH 的普及程度视为社会信息化先进程度的标志,为此日本政府积极推动 FTTH 的发展。2001 年日本开始实行"E – japan"计划;2004 年底,日本政府提出"U – japan"计划;2006 年 8 月日本又推出"新一代宽带发展战略 2010"。日本 IT 战略本部于 2009 年 7 月 6 日正式推出至 2015 年的中长期信息技术发展战略,该战略命名为"I – Japan 战略 2015"。本计划使得 3000 万家庭以能承受的价格得到超高速(30～100 Mbps)接入的目标在 2003 年提前实现。"U – Japan"计划的目的是使宽带接入广泛化,并加强 ICT 的应用及深化,利用 ICT 技术解决日本社会的各种问题。"I – Japan"战略要点是大力发展电子政府和电子地方自治体,推动医疗、健康和教育的电子化,它将使任何人无论何时何地都可以安全、放心且快速进行信息处理。

2003 年,韩国政府制定"IT839 战略规划",计划逐步发展 FTTx 替代现有的 DSL 网络,最终实现 U – Korea 的目标。2004 年,提出为期 6 年的 BCN 计划,该计划投入 804 亿美元,建设遍及全国的通信网络,其中最后一千米将全面走向 FTTH。2009 年 2 月,韩国广播通信委员会宣布,韩国政府和业界计划在 2012 年前总共投资 34 万亿韩元,在全国建成速度为目前 10 倍的光缆网络、无线宽带融合的网络(UBCN)。该网络建成后,有线网最高传输速率将达 1 Gbps,无线网平均传输速率将达 10 Mbps。2009 年 9 月,韩国召开《IT 韩国未来战略》报告会。会议决定未来 5 年内投资 189.3 万亿韩元发展信息核心战略产业,以实现信息产业与其他产业的融合,建成在 10 秒钟内即可下载完一部 DVD 级电影的千兆位宽带网。

欧盟在 2009 年 1 月提出了一项立法建议,在 2009～2010 年两年间,提供大约 10 亿欧元重点发展欧盟成员国偏远地区的互联网基础设施,将增加宽带接入列为重点。他们的目标是到 2013 年实现欧盟全部人口的宽带覆盖;到 2015 年,实现欧盟 50% 的购物和使用公共服务的行为通过在线方式实现;到 2020 年,欧盟最少一半的家庭宽带速率超过 100 Mbps。到 2012 年底欧洲约有 1400 万 FTTH 用户。

2006 年 6 月,新加坡推行了一项为期 10 年的计划,即"智慧国 2015 计划",政府共投资约 40 亿新元。2009 年 4 月,新加坡资讯通信发展管理局(IDA)宣布,全面将铺设 FTTH 网络,建设下一代全国宽带网络。

2009 年 10 月,芬兰交通和通讯部宣布:"从 2010 年 6 月开始,每位芬兰人都有权拥有至少 1 Mbps 的宽带连接。"芬兰将因此成为全球首个通过立法的形式保证宽带接入为公民权利的国家。到 2015 年年底前,要让至少 100 Mbps 速度的宽带接入成为芬兰人的法定权利。

二、国内网络的发展历程

中国互联网已经形成规模,互联网应用已走向多元化。互联网越来越深刻地改变着人们的学习、工作以及生活方式,甚至影响着整个社会进程。截至 2011 年 12 月底,中国网民数量达到 5.13 亿,互联网普及率达到 38.3%。

中国互联网络信息中心(CNNIC)在网上发布的新版《中国互联网发展大事记》,理清了我国互联网发展的历程如下:

1. 起始阶段(1986～1993),即电子邮件使用阶段

(1)网络文件的联通,即代理联通

1986 年,北京市计算机应用技术研究所实施的国际联网项目——中国学术网(Chinese Academic Network,CANET)启动,其合作伙伴是德国卡尔斯鲁厄大学(University of Karlsruhe)。1987 年 9 月,CANET 在北京计算机应用技术研究所内正式建成中国第一个国际互联网电子邮件节点,并于 9 月 14 日发出了中国第一封电子邮件"Across the Great Wall we can reach every corner in the world.(越过长城,走向世界。)",揭开了中国人使用互联网的序幕。这封电子邮件是通过意大利公用分组网 ITAPAC 设在北京侧的 PAD 机,经由意大利 ITAPAC 和德国 DATEX－P 分组网,实现了和德国卡尔斯鲁厄大学的连接,通信速率最初为 300 bps。1988 年年初,中国第一个 X.25 分组交换网 CNPAC 建成,当时覆盖北京、上海、广州、沈阳、西安、武汉、成都、南京、深圳等城市。1988 年 12 月,清华大学校园网采用胡道元

教授从加拿大 UBC 大学(University of British Columbia)引进的采用 X400 协议的电子邮件软件包,通过 X. 25 网与加拿大 UBC 大学相连,开通了电子邮件应用。1988 年,中国科学院高能物理研究所采用 X. 25 协议使该单位的 DECnet 成为西欧中心 DECnet 的延伸,实现了计算机国际远程连网以及与欧洲和北美地区的电子邮件通信。1989 年 5 月,中国研究网(CRN)通过当时邮电部的 X. 25 试验网(CNPAC)实现了与德国研究网(DFN)的互连。CRN 的成员包括位于北京的电子部第 15 研究所和电子部电子科学研究院、位于成都的电子部第 30 研究所、位于石家庄的电子部第 54 研究所、位于上海的复旦大学和上海交通大学、位于南京的东南大学等单位。CRN 提供符合 X. 400(MHS)标准的电子邮件、符合 FTAM 标准的文件传送、符合 X. 500 标准的目录服务等功能,并能够通过德国 DFN 的网关与 Internet 沟通。

(2)国内主干网建设与校园网建设

1989 年 10 月,国家计委利用世界银行贷款重点学科项目——国内命名为"中关村地区教育与科研示范网络"、世界银行命名为"National Computing and Networking Facility of China"(简称 NCFC)正式立项启动。NCFC 是由世界银行贷款"重点学科发展项目"中的一个高技术信息基础设施项目,由国家计委、中国科学院、国家自然科学基金会、国家教委配套投资和支持。本项目由中国科学院主持,联合北京大学、清华大学共同实施。当时立项的主要目标就是通过北京大学、清华大学和中科院三个单位的合作,搞好 NCFC 主干网和三个院校网的建设。1990 年 11 月 28 日,钱天白教授代表中国正式在 SRI – NIC(Stanford Research Institute´s Network Information Center)注册登记了中国的顶级域名 CN,并且从此开通了使用中国顶级域名 CN 的国际电子邮件服务,自此中国的网络有了自己的身份标志。由于当时中国尚未实现与国际互联网的全功能联接,中国 CN 顶级域名服务器暂时建在了德国卡尔斯鲁厄大学。1991 年,中国科学院高能物理研究所采用 DECNET 协议,以 X. 25 方式连入美国斯坦福线性加速器中心(SLAC)的 LIVEMORE 实验室,并开通了电子邮件应用。1992 年 6 月,在日本神户举行的 INET92 年会上,中国科学院钱华林研究员约见美国国家科学基金会国际联网部负责人,第一次正式讨论中国连入 Internet 的问题,但被告知,由于网上有很多美国的政府机构,中国接入 Internet 有政治障碍。1992 年 12 月底,清华大学校园网(TUNET)建成并投入使用,是中国第一个采用 TCP/IP 体系结构的校园网,主干网首次成功采用 FDDI 技术,在网络规模、技术水平以及网络应用等方面处于国内领先水平。

1992 年年底,NCFC 工程的院校网,即中科院院网(CASNET,连接了中关村地区 30 多个研究所及三里河中科院院部)、清华大学校园网(TUNET)和北京大学校园网(PUNET)全部完成建设。

(3)与 Internet 专线接入

1993 年 3 月 2 日,中国科学院高能物理研究所租用 AT&T 公司的国际卫星信道接入美国斯坦福线性加速器中心(SLAC)的 64K 专线正式开通。专线开通后,美国政府以 Internet 上有许多科技信息和其他各种资源,不能让社会主义国家接入为由,只允许这条专线进入美国能源网而不能连接到其他地方。尽管如此,这条专线仍是中国部分连入 Internet 的第一根专线。专线开通后,国家基金委大力配合并投资 30 万元,使各个学科的重大课题负责人能够拨号连入高能所的这根专线,几百名科学家得以在国内使用电子邮件。

2. 全面建设国家信息网络阶段(1993～1997)

(1)主干网的建设

1993 年 3 月 12 日,时任国务院副总理朱镕基主持会议,提出和部署建设国家公用经济信息通信网(简称"金桥工程")。1993 年 4 月,中国科学院计算机网络信息中心召集在京部分网络专家调查了各国的域名体系,提出并确定了中国的域名体系。1993 年 6 月,NCFC 专家们在 INET93 会议上利用各种机会重申了中国连入 Internet 的要求,且就此问题与国际 Internet 界人士进行商议。INET93 会议后,钱华林研究员参加了 CCIRN(Coordinating Committee for Intercontinental Research Networking)会议,其中一项议程专门讨论中国连入 Internet 的问题,获得大部分到会人员的支持。这次会议对中国能够最终真正连入 Internet 起到了很大的推动作用。1993 年 8 月 27 日,时任国务院总理李鹏批准使用 300 万美元总理预备费支持启动金桥前期工程建设。1993 年 12 月 10 日,国务院批准成立国家经济信息化联席会议,时任国务院副总理邹家华任主席。1993 年 12 月,NCFC 主干网工程完工,采用高速光缆和路由器将三个院校网互连。

(2)与 Internet 全面连接

1994 年 4 月初,中美科技合作联委会在美国华盛顿举行。会前,中国科学院副院长胡启恒代表中方向美国国家科学基金会(NSF)重申连入 Internet 的要求,得到认可。1994 年 4 月 20 日,NCFC 工程通过美国 Sprint 公司连入 Internet 的 64K 国际专线开通,实现了与 Internet 的全功能连接。从此中国被国际上正式承认为真正拥有全功能 Internet 的国家。此事被中国新闻界评为 1994 年中国十大科技新闻之一,被国家统计公报列为中国1994年重大科技成就之一。

1994年5月15日,中国科学院高能物理研究所设立了国内第一个WEB服务器,推出中国第一套网页,内容除介绍中国高科技发展外,还有一个栏目叫"Tour in China"。此后,该栏目开始提供包括新闻、经济、文化、商贸等更为广泛的图文并茂的信息,并改名为《中国之窗》。

1994年5月21日,在钱天白教授和德国卡尔斯鲁厄大学的协助下,中国科学院计算机网络信息中心完成了中国国家顶级域名(CN)服务器的设置,改变了中国的CN顶级域名服务器一直放在国外的历史。由钱天白、钱华林分别担任中国CN域名的行政联络员和技术联络员。1994年5月,国家智能计算机研究开发中心开通曙光BBS站,这是中国大陆的第一个BBS站。1994年6月8日,国务院办公厅向各部委、各省市明传发电《国务院办公厅关于"三金工程"有关问题的通知》,"三金工程"即金桥、金关、金卡工程。自此,金桥前期工程建设全面展开。

1994年6月28日,在日本东京理科大学的大力协助下,北京化工大学开通了与Internet相连接的试运行专线。1994年7月初,由清华大学等六所高校建设的"中国教育和科研计算机网"试验网开通,该网络采用IP/x.25技术,连接北京、上海、广州、南京、西安五个城市,并通过NCFC的国际出口与Internet互联,成为运行TCP/IP协议的计算机互联网络。1994年8月,由国家计委投资、国家教委主持的中国教育和科研计算机网(CERNET)正式立项。该项目的目标是利用先进实用的计算机技术和网络通信技术,实现校园间的计算机联网和信息资源共享,并与国际学术计算机网络互联,建立功能齐全的网络管理系统。

1994年9月,邮电部电信总局与美国商务部签订中美双方关于国际互联网的协议,协议中规定电信总局将通过美国Sprint公司开通2条64K专线(一条在北京,另一条在上海)。中国公用计算机互联网(CHINANET)的建设开始启动。1994年11月,由NCFC管理委员会主办,中国科学院、北京大学、清华大学协办的亚太网络工作组(APNG)年会在清华大学召开。这是国际Internet界在中国召开的第一次亚太地区年会。

1995年1月,邮电部电信总局分别在北京、上海设立的通过美国Sprint公司接入美国的64K专线开通,并且通过电话网、DDN专线以及X.25网等方式开始向社会提供Internet接入服务。1995年1月,由国家教委主管主办的《神州学人》杂志,经中国教育和科研计算机网(CERNET)进入Internet,向广大在外留学人员及时传递新闻和信息,成为中国第一份中文电子杂志。1995年3月,中国科学院完成上海、合肥、武汉、南京四个分院的远程连接(使用 IP/X. 25 技术),开始了将 Internet 向全国扩展的第一步。1995 年 3 月,清华大学李星教授第一次当选亚太网络信息中心(APNIC)执行委员会委员。

1995 年 4 月,中国科学院启动京外单位联网工程(简称"百所联网"工程)。其目标是在北京地区已经入网的 30 多个研究所的基础上把网络扩展到全国 24 个城市,实现国内各学术机构的计算机互联并和 Internet 相连。在此基础上,网络不断扩展,逐步连接了中国科学院以外的一批科研院所和科技单位,成为一个面向科技用户、科技管理部门及与科技有关的政府部门服务的全国性网络,并改名为"中国科技网"(CSTNet)。1995 年 5 月,中国电信开始筹建中国公用计算机互联网(CHINANET)全国骨干网。1995 年 7 月,中国教育和科研计算机网(CERNET)第一条接连美国的 128K 国际专线开通;连接北京、上海、广州、南京、沈阳、西安、武汉、成都八个城市的 CERNET 主干网 DDN 信道同时开通,当时的速率为 64Kbps;并实现与 NCFC 互联。1995 年 8 月,金桥工程初步建成,在 24 省市开通联网(卫星网),并与国际网络实现互联。1995 年 12 月,中科院百所联网工程完成。

(3)加快建设国内网络,由教育科研应用扩展到信息传播

1995 年 12 月,"中国教育和科研计算机网(CERNET)示范工程"建设完成,该工程由中国自行设计、建设。1996 年 1 月 13 日,国务院信息化工作领导小组及其办公室成立,时任国务院副总理邹家华任领导小组组长。原国家经济信息化联席会议办公室改为国务院信息化工作领导小组办公室。1996 年 1 月,中国公用计算机互联网(CHINANET)全国骨干网建成并正式开通,全国范围的公用计算机互联网络开始提供服务。

1996 年 2 月 1 日,国务院第 195 号令发布了《中华人民共和国计算机信息网络国际联网管理暂行规定》。1996 年 2 月 27 日,外经贸部中国国际电子商务中心正式成立。1996 年 3 月,清华大学提交的适应不同国家和地区中文编码的汉字统一传输标准被 IETF 通过为 RFC1922,成为中国国内第一个被认可为 RFC 文件的提交协议。1996 年 4 月 9 日,邮电部发布《中国公用计算机互联网国际联网管理办法》,并自发布之日起实施。1996 年 6 月 3 日,电子工业部作出《关于计算机信息网络国际联网管理的有关决定》,将金桥网命名为"中国金桥信息网",授权吉通通信有限公司为中国金桥信息网的互联单位,负责互联网内接入单位和用户的联网管理,并为其提供服务。1996 年 7 月,国务院信息办组织有关部门的多名专家

对国家四大互联网络和近 30 家 ISP 的技术设施和管理现状进行调查,对网络管理的规范化起到了推动作用。1996 年 9 月 6 日,中国金桥信息网(CHINAGBN)连入美国的 256K 专线正式开通,开始提供专线集团用户的接入和个人用户的单点上网服务。1996 年 9 月 22 日,全国第一个城域网——上海热线正式开通试运行,标志着作为上海信息港主体工程的上海公共信息网正式建成。1996 年 9 月,国家计委正式批准金桥一期工程立项。1996 年 11 月 15 日,实华开公司在北京首都体育馆旁边开设了实华开网络咖啡屋,这是中国第一家网络咖啡屋。1996 年 11 月,CERNET 开通到美国的 2M 国际线路。同月,在德国总统访华期间开通了中德学术网络互联线路 CERNET – DFN,建立了中国大陆到欧洲的第一个 Internet 连接。1996 年 12 月,中国公众多媒体通信网(169 网)开始全面启动,广东视聆通、四川天府热线、上海热线作为首批站点正式开通。

1997 年 1 月 1 日,《人民日报》主办的人民网进入国际互联网络,这是中国开通的第一家中央重点新闻宣传网站。1997 年 2 月,瀛海威全国大网开通,3 个月内在北京、上海、广州、福州、深圳、西安、沈阳、哈尔滨 8 个城市开通,成为中国最早也是最大的民营 ISP、ICP。

1997 年 4 月 18 日至 21 日,全国信息化工作会议在深圳市召开。会议确定了国家信息化体系的定义、组成要素、指导方针、工作原则、奋斗目标、主要任务,并通过了"国家信息化九五规划和 2000 年远景目标",将中国互联网列入国家信息基础设施建设,并提出建立国家互联网信息中心和互联网交换中心。1997 年 5 月 20 日,国务院颁布了《国务院关于修改〈中华人民共和国计算机信息网络国际联网管理暂行规定〉的决定》,对《中华人民共和国计算机信息网络国际联网管理暂行规定》进行修正。1997 年 5 月 30 日,国务院信息化工作领导小组办公室发布《中国互联网络域名注册暂行管理办法》,授权中国科学院组建和管理中国互联网络信息中心(CNNIC),授权中国教育和科研计算机网网络中心与 CNNIC 签约并管理二级域名. edu. cn。1997 年 5 月 31 日,北京化工大学切断卫星专线,接入中国教育和科研计算机网(CERNET)。

1997 年 6 月 3 日,受国务院信息化工作领导小组办公室的委托,中国科学院在中国科学院计算机网络信息中心组建了中国互联网络信息中心(CNNIC),行使国家互联网络信息中心的职责。同日,国务院信息化工作领导小组办公室宣布成立中国互联网络信息中心(CNNIC)工作委员会。1997 年 10 月,中国公用计算机互联网(CHINANET)实现了与中国其他三个互联网络即中国科技网(CSTNET)、中国教育和科研计算机网(CERNET)、中国金桥信息网(CHINAGBN)的互连互通。1997年11月,中国互联网络信息中心(CNNIC)发布的第一次《中国互联网络发展状况统计报告》中指出:截止到1997年10月31日,中国共有上网计算机29.9万台,上网用户数62万,CN下注册的域名4066个,WWW站点约1500个,国际出口带宽25.408M。

3.加强网络的领导与管理工作阶段(1997~2001)

(1)网络安全与规范工作

1997年12月30日,公安部发布了由国务院批准的《计算机信息网络国际联网安全保护管理办法》。1998年3月6日,国务院信息化工作领导小组办公室发布《中华人民共和国计算机信息网络国际联网管理暂行规定实施办法》,并自颁布之日起施行。1998年3月,第九届全国人民代表大会第一次会议批准成立信息产业部,主管全国电子信息产品制造业、通信业和软件业,推进国民经济和社会服务信息化。1998年5月,经国家批准,同意建设中国长城互联网。1998年6月,CERNET正式参加下一代IP协议(IPv6)试验网6BONE。1998年7月,中国互联网络安全产品测评认证中心通过国务院信息化工作领导小组办公室验收,开始试运行。

1998年8月,公安部正式成立公共信息网络安全监察局,负责组织实施维护计算机网络安全、打击网上犯罪、对计算机信息系统安全保护情况进行监督管理。1999年1月22日,由中国电信和国家经贸委经济信息中心牵头、联合四十多家部委(办、局)信息主管部门在京共同举办政府上网工程启动大会,倡议发起了政府上网工程。

1999年1月,中国互联网络信息中心(CNNIC)发布的第三次《中国互联网络发展状况统计报告》指出:截止到1998年12月31日,中国共有上网计算机74.7万台,上网用户数210万,CN下注册的域名18396个,WWW站点约5300个,国际出口带宽143M256K。1999年1月,中国教育和科研计算机网(CERNET)的卫星主干网全线开通,大大提高了网络的运行速度。同月,中国科技网(CSTNET)开通了两套卫星系统,全面取代了IP/X.25,并用高速卫星信道连到了全国40多个城市。

1999年2月3日,由中国国际电子商务中心承担的"九五"国家重点科技攻关项目"商业电子信息安全认证系统",通过科技部和国家密码管理委员会的科技成果鉴定,并获得有关管理部门的信息安全产品销售许可,成为国内第一家自主开发、具有完全自主版权的电子商务 CA 安全认证系统。1999 年 2 月,中国国家信息安全测评认证中心(CNISTEC)正式运行。1999 年 4 月 15 日,国内 23 家有影响的网络媒体首次聚会,共商中国网络媒体发展大计,并原则通过了《中国新闻界网络媒体公约》,呼吁全社会重视和保护网上信息产权。1999 年 5 月,在清华大学网络工程研究中心成立了中国第一个安全事件应急响应组织 CCERT。

(2)互联网特别是网络商务的全面应用

1996 年至 1998 年,新浪、搜狐、网易三大门户网站不约而同地在内容上发力,争相提供新闻、BBS、电子邮件、搜索等基础性服务。这被看作是门户网站发展的初期,人们叫这些企业为 ICP。

1999 年 8 月,在全国高等学校招生工作中,六个省、市的 200 余所高校使用全国高校招生系统在 CERNET 上进行第一次网络招生获得成功。

1996 年早春的一天,张树新创办的瀛海威诞生了,中关村的广告牌为"中国人离信息高速公路有多远——向北 1500 米",丁磊就把邮箱挂在瀛海威上招兵买马开始组建网易,在瀛海威申请一个网络账号的费用是 1200 元,单纯开一个邮箱是320 元,马上就有 4 万网民浏览。丁磊用 7 个月写出了 163 邮箱,卖了 198 万,这也就为网易的创办打下了经济基础。

中国互联网之父马云,辞去大学英语教师的职业创办了中国第一家商业网站——中国黄页。他把公司的电话、简介加些图片放到网上,让更多的人去知道它。

博士张朝阳回国创办爱特信公司(搜狐前身),成为中国第一家以风险投资资金建立的互联网公司。

1997 年王志东的四通方力(新浪前身)引入 650 万美元的风险投资,成为国内IT 产业引进风险投资的首家企业。

高中生李想创办的显卡之家网站,每月收入 2 万,也就是现在在北京中关村国字号写字楼里的第一数字产品互动媒体——泡泡网。

1997 年夏天,王峻涛在网上建立了一个软件销售试验站点"软件港"。次年,Windows 98 中文版在国内首次采用网上预定。这一站点的建立,标志着电子商务这个海外概念正式落地中国。王峻涛随后也于 1999 年出任 8848 网董事长,并被业内公认为中国电子商务的开创者。

1999 年 9 月 6 日,中国国际电子商务应用博览会在北京举行。本届博览会由外经贸部和信息产业部主办,是首次由中国政府举办的电子商务应用博览会,也是中国第一次全面推出的电子商务技术与应用成果大型汇报会。

1999 年 9 月,招商银行率先在国内全面启动"一网通"网上银行服务,建立了由网上企业银行、网上个人银行、网上支付、网上证券及网上商城为核心的网络银行服务体系,并经中国人民银行批准首家开展网上个人银行业务,成为国内首先实现全国联通"网上银行"的商业银行。

2000 年,青岛海尔、广东美的、春兰集团和 TCL 在内的家电企业纷纷宣布进军电子商务。到了 2001 年,中国 B2B 网站达 1345 个,成交额为 1075 亿元,比 2000 年的 767.7 亿元增长了 40%。其中,家电业的交易额就达到 210 亿元以上,石油行业的交易额超过 165 亿元,信息产品、纺织服装和日用轻工产品的出口中,通过 B2B 达成的交易也都在 100 亿元左右。电子商务发展地域也在迅速扩大,从原先几乎局限于北京、上海、深圳、广州等极少数重点城市,开始向沿海及东部、中部各大城市发展。

1998 年联众网络游戏世界正式推出,开启了中国网络游戏的产业时代。《网络三国》或《万王之王》被认为是中国的第一款网游,而后者倾向于被认为是商业化比较成功的第一款。随后,《石器时代》《第四世界》《千年》等网络游戏接连上市。中国的网游业从此拉开了序幕。

1998 年,定位于 B2C 的 8848 和 C2C 的易趣成立。1999 年中华网在纳斯达克上市,是首个在美上市的中国概念股。李彦宏在妻子的鼓励下引资 120 万美元回国创立了人们通向互联网的窗口——百度。1999 年 11 月,当当网上书店成立;同年,B2B 模式的阿里巴巴网在杭州开张;2000 年 5 月,卓越网作为综合电子商务网站正式对外发布,不久以后贝塔斯曼入驻上海,搜狐也在综合性门户的基础上第一次加入了电子商城服务,新浪网选择了与合作伙伴合作推出购物频道。马云拒绝了雅虎、新浪的高薪邀请,带着"十八罗汉"在自己的家中创办了一家能为全世界中小企业服务的电子商务网站——阿里巴巴。马化腾在深圳创办了腾讯 QQ。陈天桥和弟弟陈大年凭借《传奇》这款 2D 游戏创造了世界网游史上的一个真正的传奇——盛大。QQ 综合开发服务产品,如聊天用 QQ,网购用拍拍,付款用财付通,看电影用 QQlive,打字用 QQ 输入法,上网用腾讯浏览器,下载用旋风。2008 年腾讯净利润达 27.84 亿元,其中增值服务占了近一半,同时也养活了上万个做 QQ 相关服务的站长。粗略计算,如果一个人把 QQ 的全部服务都开通的话,要近 2 亿元人民币。

从 2000 年下半年开始,互联网开始进入全球性的低谷期。这时候新浪、网易、搜狐这三家门户网站虽然先后登陆纳斯达克,但网站的本身并没有开始盈利。2000年底到2001年,一个又一个网站开始倒闭,如中公网、联想FM365网站、8848网站等。

(3)强化政府的推动、领导与管理

1999年12月23日,国家信息化工作领导小组成立,国务院前副总理吴邦国任组长,并将国家信息化办公室改名为国家信息化推进工作办公室。

2000年1月1日,由国家保密局发布的《计算机信息系统国际联网保密管理规定》开始施行。3月30日,北京国家级互联网交换中心开通,使中国主要互联网网间互通带宽由原来的不足10 Mbps提高到100 Mbps。

2000年3月30日,中国证监会发布《网上证券委托暂行管理办法》。5月17日,中国移动互联网(CMNET)投入运行。同日,中国移动正式推出"全球通WAP(无线应用协议)"服务。5月20日,中文域名协调联合会(CDNC)在北京成立,承担中文域名的民间协调和规范工作。6月21日,中国电子商务协会正式成立,推进电子商务在中国的应用与发展。7月1日,国家计委根据国务院授权指定中国采购与招标网www.chinabidding.gov.cn是发布政府招标公告唯一一家网络媒体。7月7日,由国家经贸委、信息产业部指导,中国电信集团公司与国家经贸委经济信息中心共同发起的企业上网工程正式启动。

2000年8月21日,第16届世界计算机大会在北京国际会议中心隆重举行,时任国家主席江泽民为大会题词并在开幕式上发表了重要讲话,主张制定国际互联网公约,共同加强信息安全管理,充分发挥互联网的积极作用。9月25日,国务院发布《中华人民共和国电信条例》,这是中国第一部管理电信业的综合性法规,标志着中国电信业的发展步入了法制化轨道。

2000年10月11日,中国共产党第十五届中央委员会第五次全体会议就信息化建设作出重大决策,全会审议并通过的《中共中央关于制定国民经济和社会发展第十个五年计划的建议》明确指出:"大力推进国民经济和社会信息化,是覆盖现代化建设全局的战略举措。以信息化带动工业化,发挥后发优势,实现社会生产力的跨越式发展。"11月1日,中国互联网络信息中心(CNNIC)发布《中文域名注册管理办法(试行)》和《中文域名争议解决办法(试行)》。11月6日,国务院新闻办公室、信息产业部发布《互联网站从事登载新闻业务管理暂行规定》;信息产业部发布《互联网电子公告服务管理规定》。11月7日,信息产业部发布《关于互联网中文域名管理的通告》,对境内中文域名注册服务和管理加以规范,并明确授权 CNNIC 为中文域名注册管理机构。11 月 7 日,中国互联网络信息中心(CNN-IC)中文域名注册系统全面升级,推出".CN"".中国"".公司"".网络"为后缀的中文域名服务。11 月 10 日,中国移动推出移动梦网计划,打造开放、合作、共赢的产业价值链。

2000 年 12 月 7 日,由文化部、共青团中央、广电总局、全国学联、国家信息化推进办公室、光明日报、中国电信、中国移动等单位共同发起的网络文明工程在京正式启动。网络文明工程的主题是文明上网、文明建网、文明网络。12 月 12 日,人民网、新华网、中国网、央视国际网、国际在线网、中国日报网、中青网等获得国务院新闻办公室批准进行登载新闻业务,率先成为获得登载新闻许可的重点新闻网站。12 月 28 日,九届全国人大常委会第十九次会议表决通过《全国人民代表大会常务委员会关于维护互联网安全的决定》。

2001 年 1 月 1 日,互联网"校校通"工程进入正式实施阶段。2 月初,中国电信开通 Internet 国际漫游业务。4 月 3 日,信息产业部、公安部、文化部、国家工商行政管理总局联合发布《互联网上网服务营业场所管理办法》,自即日起执行。4 月 13 日,信息产业部、公安部、文化部、国家工商行政管理总局部署开展网吧专项清理整顿工作。

2001 年 5 月 25 日,中国互联网协会在信息产业部的指导下,经民政部批准,由国内从事互联网行业的网络运营商、服务提供商、设备制造商、系统集成商以及科研、教育机构等 70 多家互联网从业者共同发起成立。5 月,经中央编制委员会批准,中国信息安全产品测评认证中心成立,主要负责对信息安全产品、信息系统安全、信息安全服务和信息安全专业人员进行国家认证。7 月,由清华大学、中国科学院计算机网络信息中心、北京大学、北京邮电大学、北京航空航天大学等单位建成了中国第一个下一代互联网学术研究网络。7 月 9 日,中国人民银行颁布《网上银行业务管理暂行办法》。7 月 11 日,中共中央在中南海怀仁堂举办法制讲座,内容是运用法律手段保障和促进信息网络健康发展。江泽民要求抓住机遇,加快发展中国的信息技术和网络技术,并在经济、社会、科技、国防、教育、文化、法律等方面积极加以运用。

2001 年 7 月 29 日,信息产业部公布国家信息化指标构成方案。《国民经济和社会发展第十个五年计划信息化重点专项规划》也在这个月出台。8 月 23 日,国家信息化领导小组重新组建,前中央政治局常委、国务院总理朱镕基任组长。国家计算机网络与信息安全管理中心组建"中国计算机网络应急处理协调中心"。9

月7日,《信息产业"十五"规划纲要》正式发布,这是国家确立信息化重大战略后的第一个行业规划。9月7日,国家信息化推进工作办公室发布《中国互联网络信息资源数量调查报告》,这是中国首次对网络信息资源进行调查。9月20日,信息产业部发布《互联网骨干网互联结算办法》。9月29日,信息产业部发布《互联网骨干网间互联服务暂行规定》《互联网骨干网间互联管理暂行规定》。10月27日,"信息网络传播权"正式列入第九届全国人民代表大会常务委员会第二十四次会议审议通过的修订后的《中华人民共和国著作权法》。11月4日,中国互联网络信息中心(CNNIC)推出通用网址服务。11月20日,中国电子政务应用示范工程通过论证。

2001年11月22日,共青团中央、教育部、文化部、国务院新闻办公室、全国青联、全国学联、全国少工委、中国青少年网络协会向社会正式推出《全国青少年网络文明公约》。12月3日,中国互联网络信息中心(CNNIC)第一次发布《中国互联网络带宽调查报告》。12月20日,由信息产业部、全国妇联、共青团中央、科技部、文化部主办的家庭上网工程正式启动。12月20日,信息产业部电信管理局发布《国家互联网交换中心结算业务规程》。12月22日,中国联通在北京宣布,中国联通CDMA移动通信网一期工程如期建成。12月25日,朱镕基主持召开了国家信息化领导小组第一次会议。

4. 网络产业飞速发展阶段(2002年至今)

据中国互联网络信息中心(CNNIC)发布的《中国互联网络发展状况统计报告》指出:2001年中国共有上网计算机约1254万台,上网用户数约3370万,CN下注册的域名127319个,WWW站点约277100个,国际出口带宽7597.5M。2008年我国网民数达到2.98亿人,互联网普及率达22.6%。宽带网民规模达到2.7亿人,占网民总体的90.6%。我国域名总数达到16826198个,其中CN域名数量达到13572326个,网站数约为2878000个,国际出口带宽约640286.67Mbps。2011中国网民规模突破5亿,达到5.13亿。IPv4地址数达3.3亿个,IPv6地址数为9398块/32,相比2010年底的401块/32大幅增长。域名总数为775万个,其中.CN域名数为353万个,网站数达230万个,国际出口带宽达1389529Mbps。截至2011年底,我国手机网民规模为3.56亿,3G用户达到1.28亿户,全年净增8137万户,3G基站总数达81.4万个。2012年中国网民数量达到5.64亿,移动用户数已超过11亿,其中3G用户超过2.2亿,3G用户渗透率达20%。以小米、华为、中兴为代表的国产智能手机出货量预计超过1亿部。手机网民达到4.2亿,占网民比例由上年的 69.3% 升至 74.5%。截至 2013 年 6 月底,我国手机网民规模达 4.64 亿。截至 2013 年 12 月,中国网民数量达到 6.18 亿,上网普及率达到 45.8%;手机上网网民 5 亿,占网民比例的 80.9%。

(1)政策、法规建设推动

2002 年 3 月 14 日,信息产业部第 9 次部务会议审议通过《中国互联网络域名管理办法》。3 月 26 日,中国互联网协会在北京发布《中国互联网行业自律公约》。5 月 17 日,文化部下发《关于加强网络文化市场管理的通知》。6 月 27 日,新闻出版总署和信息产业部联合出台《互联网出版管理暂行规定》。7 月 3 日,召开国家信息化领导小组第二次会议,审议通过了《国民经济和社会发展第十个五年计划信息化重点专项规划》《关于我国电子政务建设的指导意见》和《振兴软件产业行动纲要》。9 月 25 日,中国互联网络信息中心(CNNIC)发布了《域名注册实施细则》《域名争议解决办法》《域名注册服务机构认证办法》等文件。9 月 29 日,时任国务院总理朱镕基签发中华人民共和国国务院第 363 号令,公布《互联网上网服务营业场所管理条例》。11 月 1 日,由中国互联网协会、263 网络集团和新浪共同发起,中国互联网协会反垃圾邮件协调小组在京成立。

2003 年 5 月 10 日,文化部发布《互联网文化管理暂行规定》。6 月 5 日,文化部批准 10 家单位筹建全国性互联网上网服务营业场所连锁经营单位。9 月 27 日,亚太互联网研究联盟 APIRA(Asia - Pacific Internet Research Alliance)在北京成立,首批成员单位还有韩国互联网信息中心(KRNIC)、香港城市大学、澳门大学和台湾网路资讯中心(TWNIC)。8 月,国务院正式批复启动"中国下一代互联网示范工程"(China Next Generation Internet,CNGI)。

2004 年 6 月 10 日,由中国互联网协会互联网新闻信息服务工作委员会主办的违法和不良信息举报中心网站(net. china. cn)开通。7 月 16 日,全国打击淫秽色情网站专项行动电视电话会议召开。2004 年 7 月 21 日,由国家发展改革委员会等八部委领导的中国下一代互联网示范工程(CNGI)项目专家委员会正式成立。8 月 28 日,十届全国人大常委会第十一次会议表决通过《中华人民共和国电子签名法》。11 月 5 日,信息产业部公布新的《中国互联网络域名管理办法》。11 月 29 日,新浪、搜狐、网易公布了中国无线互联网行业诚信自律同盟的自律细则。

2005 年 1 月 28 日,中国互联网协会行业自律工作委员会网络版权联盟在北京成立。联盟致力于加强行业自律,推动互联网内容产业的健康、有序发展。2 月 8 日,信息产业部发布了《非经营性互联网信息服务备案管理办法》,将建立 ICP 备案信息、IP 地址使用信息、域名信息三个基础数据库,为加强互联网管理奠定基础。2 月 8 日,信息产业部发布《电子认证服务管理办法》。该办法与《电子签名法》同步实施,为我国电子认证服务业的发展奠定了基础。4 月底,上海文广新闻传媒集团下属上海电视台正式获国家广电总局批准开办以电视机、手持设备为接收终端的视听节目传播业务。这是广电总局在国内发放的首张 IPTV 业务经营牌照。9 月 25 日,国务院新闻办公室、信息产业部联合发布《互联网新闻信息服务管理规定》。11 月 7 日,北京奥组委宣布,搜狐成为北京 2008 年奥运会互联网内容服务赞助商,这是奥运会历史上第一次设立互联网内容赞助类别。11 月 3 日,温家宝总理主持召开国家信息化领导小组第五次会议,审议并原则通过了《国家信息化发展战略(2006～2020)》。7 月 1 日,经国务院第 135 次常务会议通过的《信息网络传播权保护条例》开始施行。

2006 年 2 月 21 日,信息产业部启动了阳光绿色网络工程系列活动,包括清除垃圾电子信息、治理违法不良信息、倡导绿色手机文化、打击非法网上服务、引导绿色上网行为等活动。3 月 19 日,国家信息化领导小组印发《国家电子政务总体框架》,制定了构建国家电子政务总体框架的要求与目标,描绘了我国电子政务总体结构形态,指出了我国电子政务未来一个阶段的价值取向和发展方向。3 月 30 日,中华人民共和国信息产业部颁布的《互联网电子邮件服务管理办法》开始施行。6 月,信息产业部决定在全国范围内开展治理和规范移动信息服务业务资费和收费行为专项活动。9～11 月,各省级通信管理局共查处违规移动增值服务商至少 245 家,上市的移动增值服务商在 2006 年利润大幅下滑。

2006 年 7 月 18 日,中华全国新闻工作者协会主办的第 16 届"中国新闻奖"揭晓,网络新闻作品首次纳入该奖评选,13 件网络新闻作品获奖。10 月 13 日,国际互联网技术规范制定组织 IETF 正式发布了由中国互联网络信息中心(CNNIC)主导制定的《中文域名注册和管理标准》。

2007 年 1 月 23 日,中共中央政治局就世界网络技术发展和中国网络文化建设与管理问题进行集体学习。2 月 15 日,文化部等 14 部委联合下发了《关于进一步加强网吧及网络游戏管理工作的通知》,首次对网络游戏中的虚拟货币交易进行规范。6 月 1 日,国家发展和改革委员会、国务院信息化工作办公室联合发布我国首部电子商务发展规划——《电子商务发展"十一五"规划》,首次在国家政策层面确立了发展电子商务的战略和任务。

2007 年 6 月 3～4 日,"全国网络文化建设和管理工作会议"在北京举行。这是一次包括中央外宣办、公安部、信息产业部及各省、自治区、直辖市宣传文化部门、互联网行业主管部门、监管部门和有关中央国家机关的重要会议。刘云山出席会议并讲话。他指出："建设中国特色网络文化是党中央从中国特色社会主义事业总体布局和文化发展战略出发作出的重大部署。加强网络文化建设和管理，是发展社会主义先进文化、满足人民群众日益增长的精神文化需求的迫切需要，是占领思想文化阵地、促进社会稳定和谐的迫切需要，是顺应人民群众强烈愿望、保护青少年身心健康的迫切需要，是树立国家良好形象、增强国家文化软实力的迫切需要。"7月，在中国股市热浪中号称天下第一博客的"带头大哥777"博主王晓被吉林警方刑事拘留，案件定性为新型涉众型经济犯罪。8月21日，《博客服务自律公约》在北京正式发布，该《公约》提倡实名制。10多家知名博客服务提供商在发布会现场共同签署了该公约。10月15日，时任国家主席胡锦涛在中国共产党第十七次全国代表大会报告中指出，全面认识工业化、信息化、城镇化、市场化、国际化深入发展的新形势新任务，大力推进信息化与工业化融合，加强网络文化建设和管理，营造良好网络环境，对信息化和互联网的发展提出明确要求。11月1日，《信息安全技术——信息安全风险评估规范》等七项信息安全国家标准正式实施。12月，《国民经济和社会发展信息化十一五规划》发布。12月24日，中国财政部、民政部、国家体育总局等三部委联合下发了《关于彩票机构利用互联网销售彩票有关问题的通知》，禁止利用互联网发行销售彩票，正在快速增长的彩票网络销售被紧急叫停。12月29日，国家广播电影电视总局、信息产业部联合发布《互联网视听节目服务管理规定》。

2008年2月25日，八部委联合印发《关于加强互联网地图和地理信息服务网站监管意见》，要求进一步加强对互联网地图和地理信息服务网站的监管。3月11日，根据第十一届全国人民代表大会第一次会议批准的国务院机构改革方案，设立工业和信息化部，为国务院组成部门。将原信息产业部和原国务院信息化工作办公室的职责划给工业和信息化部。工业和信息化部成为我国互联网的行业主管部门。4月28日，工业和信息化部委托中国互联网协会设立12321网络不良与垃圾信息举报受理中心，举报方式包括电话、网站、邮件、短信和移动互联网WAP网站共五种方式。6月20日，胡锦涛通过人民网强国论坛同网友在线交流。互联网作为信息交流的重要渠道，正受到中国党政高层越来越多的重视。7月2日，北京市工商局正式下发了《加强电子商务市场秩序监督管理意见》，要求盈利性网上商店必须到工商部门办理营业执照。9月28日国家税务总局对各市地税局批复,个人通过网络收购玩家的虚拟货币加价后向他人出售取得的收入,属于个人所得税应税所得,应按照财产转让所得项目缴纳20%的个人所得税。11～12月,中央电视台连续曝光国内两大搜索引擎百度和谷歌商业模式的弊端。该事件引发网民对搜索引擎的信任危机,搜索引擎竞价排名模式的利弊也成为社会舆论关注的热点。

　　2009年1月5日,国务院新闻办公室、工业和信息化部、公安部、文化部、工商行政管理总局、广播电影电视总局、新闻出版总署七部委在北京召开电视电话会议,部署在全国开展整治互联网低俗之风专项行动。1月6日,由中国互联网协会主办的首届中国网民文化节正式启动,内容涵盖与互联网相关的科技、运动、时尚、文化、动漫等领域。在这次大会上,9月14日被票选为网民节日期。1月7日,工业和信息化部为中国移动通信集团、中国电信集团公司和中国联合网络通信有限公司发放3张第三代移动通信(3G)牌照。2月28日,在十一届全国人大二次会议和全国政协十一届二次会议召开前夕,时任国务院总理温家宝与网友在线交流并接受中国政府网、新华网联合专访。5月19日,工业和信息化部下发了《关于计算机预装绿色上网过滤软件的通知》。6月26日,文化部、商务部联合下发《关于网络游戏虚拟货币交易管理工作》的通知,规定同一企业不能同时经营虚拟货币的发行与交易,并且虚拟货币不得用于购买实物。8月7日,温家宝在无锡微纳传感网工程技术研发中心视察,提出要尽快建立中国的传感信息中心。11月3日,温家宝发表了题为"让科技引领中国可持续发展"的讲话,指示要着力突破传感网、物联网的关键技术。8月18日,文化部下发《关于加强和改进网络音乐内容审查工作的通知》,规定经营单位经营网络音乐产品,须报文化部进行内容审查或备案。9月7日,中央机构编制委员会办公室印发中央编办对文化部、广电总局、新闻出版总署"三定"规定中有关动漫、网络游戏和文化市场综合执法的部分条文的解释,规定文化部负责动漫和网络游戏相关产业规划、产业基地、项目建设、会展交易和市场监管。国家广播电影电视总局负责对影视动漫和网络视听中的动漫节目进行管理。国家新闻出版总署负责在出版环节对动漫进行管理,对游戏出版物的网上出版发行进行前置审批。11月16日,全国扫黄打非办公室下发了《关于严厉打击手机网站制作、传播淫秽色情信息活动的紧急通知》。12月,中央对外宣传办公室、全国"扫黄打非"办公室、工业和信息化部、公安部、文化部、国务院国有资产监督管理委员会、国家工商总局、国家广播电影电视总局、新闻出版总署九部委在全国范围内联合开展深入整治互联网和手机媒体淫秽色情及低俗信息专项行动。12月初,广播电影电视总局在清理整顿违法、违规视听节目网站的过程中,关闭包括 BT 中国联盟在内的530多家 BT(BitTorrent)网站。12月26日,十一届全国人大常委会第十二次会议表决通过了《中华人民共和国侵权责任法》(2010年7月1日起施行)。该法首次规定了网络侵权问题及其处理原则。

2010年1月13日,温家宝主持召开国务院常务会议,决定加快推进电信网、广播电视网和互联网三网融合。6月30日,国务院三网融合工作协调小组审议批准,确定了第一批三网融合试点地区(城市)名单。3月,国家广播电影电视总局发放首批三张互联网电视牌照。5月31日,国家工商行政管理总局正式公布《网络商品交易及有关服务行为管理暂行办法》。6月3日,文化部公布《网络游戏管理暂行办法》,这是我国第一部针对网络游戏进行管理的部门规章。6月8日,国务院新闻办公室首次发表《中国互联网状况》白皮书,说明我国政府关于互联网的基本政策是积极利用、科学发展、依法管理、确保安全。6月14日,中国人民银行公布《非金融机构支付服务管理办法》。《办法》将网络支付纳入监管。10月9日,国家新闻出版总署出台《新闻出版总署关于发展电子书产业的意见》,提出要依法依规建立电子书行业准入制度,依法对从事电子书相关业务的企业实施分类审批和管理。10月29日,北京奇虎科技有限公司推出名为"扣扣保镖"的安全工具;11月3日,深圳市腾讯计算机系统有限公司指出"扣扣保镖"劫持了 QQ 的安全模块,并决定在装有360软件的电脑上停止运行 QQ 软件。11月4日,政府主管部门介入调查,在有关部门的干预下,双方的软件恢复兼容。

2011年3月起,百度文库、百度 MP3 等产品相继受到作家、出版业、音乐界代表及音像协会的侵权指控。12月,土豆网与优酷网就版权问题发生争端。12月16日,最高人民法院发布《关于充分发挥知识产权审判职能作用推动社会主义文化大发展大繁荣和促进经济自主协调发展若干问题的意见》。《意见》进一步明确了网络环境下的著作权侵权判定规则。5月,国家互联网信息办公室正式设立。这一机构的设立,其目的是进一步加强互联网建设、发展和管理,提高对网络虚拟社会的管理水平,体现出国家层面对互联网的高度重视。5月18日,中国人民银行下发首批27张第三方支付牌照《支付业务许可证》。11月,国家发改委就宽带接入问题对中国电信和中国联通展开反垄断调查。这是中华人民共和国反垄断法实施后,针对网络运营商发起的第一次反垄断调查。12月23日温家宝主持召开国务院常务会议,明确了我国发展下一代互联网的路线图和主要目标是2013年底前,开展国际互联网协议第6版网络小规模商用试点,形成成熟的商业模式和技术演进路线;2014 年至 2015 年,开展国际互联网协议第 6 版大规模部署和商用,实现国际互联网协议第 4 版与第 6 版主流业务互通。

2013 年 8 月 19 日在全国宣传思想工作会议讲话中,习近平同志指出:"互联网已经成为舆论斗争的主战场。根据形势发展需要,要把网上舆论工作作为宣传思想工作的重中之重来抓。"在今年中央网络安全和信息化领导小组第一次会议上,习近平指出:"做好网上舆论工作是一项长期任务,要创新改进网上宣传,运用网络传播规律,弘扬主旋律,激发正能量,大力培育和践行社会主义核心价值观,把握好网上舆论引导的时、度、效,使网络空间清朗起来。"

2014 年 2 月 27 日,中央网络安全和信息化领导小组宣告成立。习近平任组长,李克强、刘云山任副组长,这展现出新一代中国领导集体的睿智和远见,也预示着中国互联网将进入全新的发展时期。互联网时代,国家安全有了新的定义,没有互联网的安全,所谓国家安全也就无从谈起。国家成立网络安全和信息化小组既是国家安全的需要,又是国家发展稳定的需要。

(2)网络产业发展迅速

2002 年开始,互联网开始加速向传统产业和个人应用领域渗透,新浪等网络门户地位得以确立,大批网游公司上市催生网游淘金热,视频、SNS 吸引了风投,三大门户相继赢利。32 岁的丁磊也连续登上了中国首富的宝座。

2002 年 5 月 17 日,中国电信在广州启动"互联星空"计划,标志着 ISP 和 ICP 开始联合打造宽带互联网产业链。

2002 年 5 月 17 日,中国移动率先在全国范围内正式推出 GPRS 业务。11 月 18 日,中国移动通信与美国 AT&T Wireless 公司联合宣布,两公司 GPRS 国际漫游业务正式开通。2003 年 4 月 9 日,中国网通集团在北京向社会各届公布中国网通集团与中国电信集团的公众计算机互联网(CHINANET)实施拆分,并隆重推出中国网通集团新的业务品牌"宽带中国 CHINA169"。

2003 年 5 月,淘宝网诞生了,进军 C2C 领域,阿里巴巴宣布淘宝是其子公司。与易趣展开了竞争,接下来支付宝上线,成为国内最大的第三方独立支付平台。

2004 年 2 月 3 日至 18 日,新浪、搜狐和网易先后公布了 2003 年度的业绩报告,分别实现了 1.14 亿美元、8900 万美元和 8000 万美元的全年度营业收入,以及 3100 万美元、3900 万美元和 2600 万美元的全年度净利润,首次迎来了全年度盈利。2004 年 3 月 4 日,手机服务供应商掌上灵通在美国纳斯达克首次公开上市,成为首家完成 IPO 的中国专业 SP(服务提供商)。此后,TOM 互联网集团、盛大网络、腾讯公司、空中网、前程无忧网、金融界、e 龙、华友世纪和第九城市等网络公司在海外纷纷上市。中国互联网公司开始了自 2000 年以来的第二轮境外上市热潮。

　　2005 年 8 月 5 日,百度在纳斯达克成功上市,也算的上是中国互联网史上的一个里程碑。股票发行价为 27 美元,在首日的交易中,以 66 美元跳空开盘,股价最高达 151.21 美元,收盘价 122.54 美元,涨幅达 354%,创下 2000 年互联网泡沫以来五年间纳斯达克 IPO 首发上市日涨幅最高的纪录。百度的成功上市打破美国资本主义 200 多年来的历史,李彦宏也一夜成名,成为了偶像派的 CEO。百度一夜之间造就了 9 位亿万富翁、30 位千万富翁、400 位百万富翁。8 月 11 日,雅虎宣布以 10 亿美元以及雅虎中国的全部资产换取阿里巴巴 40% 的股份及 35% 的投票权,雅虎在中国的全部业务交给阿里巴巴经营管理,由此开创了国际互联网巨头的中国业务交由中国本地公司主导经营的先例。

　　2006 ~ 2007 年是中国互联网加速度成长的时期,阿里巴巴在香港成功上市。阿里巴巴上市,一举诞生了中国最高市值的互联网公司,这还不包括它旗下的淘宝、支付宝、阿里软件、中国雅虎、阿里妈妈和口碑网。完美时空、巨人网络、金山、网龙四大国内网游运营商也先后上市,中国网游产业在 2007 年催生了几个亿万富翁,以及数不过来的百万富翁。算上已经上市的网易、搜狐、盛大、九城、腾讯,中国网游运营商在 2007 年有 9 家上市。2007 年 2 月 28 日,中国最大的综合性平面媒体、中共中央机关报《人民日报》面向全国正式发行手机报,成为现代通信技术与新闻传媒融合的标志性事件。9 月 3 日至 6 日,TOM 在线先后从香港证券交易所和美国纳斯达克证券交易所退市,成为首家退市的中国概念股。11 月 1 日,上海巨人网络科技有限公司在美国纽约证券交易所挂牌,成为首家在纽约证券交易所上市的中国网络公司,并成为中国市值最高的网络游戏企业。12 月 4 日,美国纳斯达克证券交易所宣布,百度公司成为纳斯达克 100 指数和纳斯达克 100 平均加权指数的一部分。这是第一家入选纳斯达克 100 指数的中国公司。12 月 18 日,国际奥委会与中国中央电视台共同签署了“2008 年北京奥运会中国地区互联网和移动平台传播权”协议。这是奥运史上首次将互联网、手机等新媒体作为独立转播平台列入奥运会的转播体系。2007 年,腾讯、百度、阿里巴巴市值先后超过100 亿美元。中国互联网企业跻身全球最大互联网企业之列。2007 年,批批吉服饰上海有限公司(PPG)共获得 5000 万美元的国际风险投资,这种无店铺、无渠道的 B2C 新型电子商务直销模式体现了互联网的渠道价值,表明了传统产业与互联网的进一步融合。

2008 年杨致远先生辞去世界最大的门户网站雅虎 CEO。互联网之间的竞争趋于残酷。腾讯击败彩虹 QQ;百度有啊商城上线,2009 年 3 月将竞价排名改为百度推广,又推出了百度联盟;"学生的百度,白领的谷歌",2008 年 google 盈利 100 亿美元,百度却只有 goole 的 1/25——4 亿美元,但百度却占了中国搜索市场的 75%。12 月 22 日,新浪网宣布以约 13 亿美元收购分众传媒旗下的户外数字广告业务,这是目前中国互联网最大的一桩并购案。

2009 年 9 月 8 日,腾讯公司市值突破 300 亿美元,成为全球第三大市值的互联网公司。

2010 年 3 月 23 日,谷歌公司宣布将在中国的搜索服务由内地转至香港。

从 2010 年 3 月起,团购网站在中国逐渐兴起,网络团购具有折扣多、小额支付的优势。根据中国互联网络信息中心(CNNIC)统计,至 2010 年年底,中国网络团购用户数达到 1875 万人。

2011 年 4 月 12 日,百度应用平台正式全面开放;6 月 15 日,腾讯宣布开放八大平台;7 月 28 日,新浪微博开放平台正式上线;9 月 19 日阿里巴巴旗下淘宝商城宣布开放平台战略。2011 年中国互联网大企业纷纷宣布开放平台战略,改变了企业间原有的产业运营模式与竞争格局,竞争格局正向竞合转变。10 月 5 日,中华网向美国亚特兰大破产法庭提交破产申请。中华网于 1999 年在美国纳斯达克上市,是中国第一家赴美上市的互联网公司,同时也成为了第一家申请破产的中国赴美上市互联网企业。

2012 年是中国移动互联网爆发式增长的一年,移动网络从 3G 向 4G 升级,移动设备用户数超越台式电脑数,移动应用数量成倍增长,整个移动互联网行业呈现蓬勃发展态势,吸引了大量企业进入。随着智能手机性能提升及移动互联网发展,越来越多的网民开始使用手机接入互联网。截至 2012 年 12 月底,我国手机网民规模为 4.2 亿,在整体网民中占比 74.5%。其中,智能手机网民规模达 3.3 亿,在手机网民中占比达 79.0%,成为我国移动互联网发展的重要载体,商业潜力巨大,手机网民平均每天累计手机上网时长达 124 分钟,每天上网 4 小时以上的手机网民比例达 22.0%。我国手机应用逐渐从碎片化的阅读、通信等相对简单的应用向粘度较大、时长较长的视频、商务类应用发展,成为网民购物、社交、娱乐、媒体的综合性平台,呈现出较大经济效益。

在开放平台和应用商店模式的引领下,移动互联网在音乐、电商、游戏、搜索、位置服务、本地生活等领域的产业价值凸显。新浪开放微博平台,百度、搜狗开放搜索平台,淘宝、京东开放电商平台,支付宝、易宝支付开放支付平台,360开放工具平台,三大电信运营商也不断打造自己的业务及能力开放平台。平台开放、引入合作伙伴,基于平台合作共赢成为主流。

2012年,iPhone、iPod Touch和iPad平台上共有超过73万款应用上线,Google Play应用数量达70万,微软在2012年授权和发布了超过7.5万款新应用和游戏,国内的中国移动MM平台上应用接近15万,注册开发者超过370万;腾讯应用宝、91手机助手、360手机助手、天翼空间、安智市场等应用商店也蓬勃发展。应用商店成为了移动互联网应用的主要市场,成为了移动互联网发展的强大助推器。

值得注意的是,2012年微信用户数突破2亿,微信、米聊等OTT应用,正在对传统的话音、短信业务形成冲击,移动互联网业务对传统通信业务的挑战进一步加剧。

以终端、平台和服务为主要组成的移动互联网产业体系得到整体发展,正在极大改变中国互联网产业的格局,以及网民上网行为乃至生活方式,并进一步影响从政府、社会组织到各行各业的运行方式。

电子商务成为新兴的商业基础设施。京东商城、苏宁易购、国美网上商城"8.15"火爆;总销售额达到191亿元的由天猫和淘宝掀起的双11购物狂欢节、1.1亿用户、205万个扫货小分队瞄准的双12零点扫货,彰显出电子商务的力量。电子商务井喷,对消费市场的蚕食能力惊人。

2012年,阿里巴巴旗下的淘宝网和天猫的总交易额突破1万亿元。根据国家统计局数据,中国2011年GDP总额为47.2万亿元。与此相比,1万亿交易额约为GDP的2%。2011年全国消费品零售总额18.39万亿元,1万亿的交易额相当于其总量的5.4%。这一交易额仅次于广东、山东、江苏和浙江的消费品零售额,甚至超过了排名靠后的云南、贵州、甘肃、新疆、海南、宁夏和青海的总和。

(3)研讨与合作平台建设

网络发展平台,主要指的是论坛、会议、协会与合作组织。2002年11月25日,由信息产业部批准、中国互联网协会主办了第一届中国互联网大会暨展示会。

2002年10月26~31日,全球互联网地址、域名管理机构国际互联网络名字与编号分配公司(ICANN)在上海举办会议,这是ICANN会议第一次在中国举行。此次会议由中国互联网络信息中心(CNNIC)和中国互联网协会(ISC)共同承办。

2006年12月18日,中国电信、中国网通、中国联通、中华电信、韩国电信和美国 Verizon 公司六家运营商在北京宣布,共同建设跨太平洋直达光缆系统。

2009 年 8 月 26 日,由中国互联网络信息中心(CNNIC)承办的第 28 届亚太网络信息中心(APNIC)开放政策会议在北京召开。这是 APNIC 会议首次在中国大陆召开。

2010 年 6 月 25 日,第 38 届互联网名称与编号分配机构(ICANN)年会决议通过,将".中国"域名纳入全球互联网根域名体系。7 月 10 日,".中国"域名正式写入全球互联网根域名系统(DNS)。

2010 年 11 月 7 ~ 12 日,互联网工程任务组(IETF)第 79 次大会在北京召开。这是 IETF 会议首次在中国内地举行。

2014 年 11 月 19 日,首届世界互联网大会在浙江乌镇拉开帷幕,大会由国家互联网信息办公室和浙江省政府共同主办。毫无疑问,这次大会将是新中国成立以来举办的规模最大、层次最高的全球性互联网大会。首届世界互联网大会以"互联互通·共享共治"为主题,在这八字愿景之下,中国透过此次大会表述自己的主张:共同构建和平、安全、开放、合作的网络空间,建设多边、民主、透明的国际互联网治理体系。

(4)网络的影响力扩大,作用全面发挥

2003 年 3 月 20 日,湖北青年孙志刚在广州被收容并遭殴打致死。该事件首先被地方报纸媒体曝光后,我国各大网络媒体积极介入,引起社会广泛关注,互联网发挥了强大的媒体舆论监督作用,促使有关部门侦破此案。6 月 20 日,国务院发布《城市生活无着的流浪乞讨人员救助管理办法》,同时废止《城市流浪乞讨人员收容遣送办法》。网络媒体的影响力与地位逐步提高。

2003 年 8 月,网络游戏玩家李宏晨在北京市朝阳区人民法院对网络游戏《红月》的运营商北京北极冰科技发展有限公司提起诉讼。这是中国首例游戏玩家因虚拟装备丢失向游戏公司提起诉讼请求的案件,此案从法律上引出了网络中虚拟财产的界定问题。

2004 年 8 月 28 日,《电子签名法》正式通过实施,这部法律的初衷是促进安全可信的电子交易环境的建立,同时也将带动更多相关法规、法律的成熟和完善,被认为是推动和规范电子商务产业发展的一个新起点。

2005 年,以博客为代表的 Web2.0 概念推动了中国互联网的发展。Web2.0 概念的出现标志着互联网新媒体的发展进入新阶段。在其被广泛使用的同时,也催生出了一系列社会化的新事物,比如 Blog、RSS、WIKI、SNS 交友网络等。

由于网络游戏产业的快速发展,相应的监管措施必须应对发展太快所带来的问题,如全国各地不断出现网瘾少年;色情、赌博、暴力、愚昧迷信等不良内容也大量进入,使网络游戏泥沙俱下,一直是有关部门的重点治理对象。舆论中开始大量出现关于游戏本身及发展过程中带来的负面影响的争论。到2003、2004年,文化部等主管部门开始推出绿色网络游戏,酝酿游戏内容分级制度等呼声开始越来越高。2005年8月23日,在新闻出版署的牵头下,新浪、金山、盛大等7家知名网游厂商共同发表了《北京宣言》并签署《网络游戏防沉迷系统》责任书。提倡健康游戏时间,防止用户沉迷网络游戏。网络游戏市场也期待政策、法律法规完善的同时,也开始主动走向自律的道路。

2006年1月1日,中华人民共和国中央人民政府门户网站(www.gov.cn)正式开通。该网站是国务院和国务院各部门,以及各省、自治区、直辖市人民政府在国际互联网上发布政务信息和提供在线服务的综合平台。

2006年6月,向文波在其博客中发表"徐工并购:一个美丽的谎言"等三篇文章,披露凯雷集团收购徐工机械事件,引起巨大反响。凯雷集团收购徐工机械的价格被从3.75亿美元收购85%股份改写成2.33亿美元收购45%的股份,突显出小众传播的影响力。据中国互联网络信息中心(CNNIC)发布的《2006年中国博客调查报告》显示,截至2006年8月底,博客作者规模达到1748.5万人。

2007年5月开始,千龙网、新浪网、搜狐网、网易网、TOM网、中华网等11家网站举办"网上大讲堂"活动,以网络视频授课、文字实录以及与网民互动交流等方式,传播科学文化知识。至12月底,共举办330多期讲座,累计点击量突破1亿人次。

2008年1~2月,一批香港女艺人的不雅照片被泄露到网上,并迅速流传,被称为"艳照门"事件。该事件引发社会公众对网络环境净化及互联网上个人隐私保护问题的讨论。

在四川5.12抗震救灾报道中,人民网、新华网、中国新闻网、中央电视台网已发布抗震救灾新闻含图片、文字、音视频近几十万条,新浪网、搜狐网、网易网、腾讯网整合发布新闻133000条。上述八家网站新闻点击量达到116亿次,跟帖量达1063万条。互联网在新闻报道、寻亲、救助、捐款等抗震救灾过程中发挥了重要作用,标志着我国网络媒体的发展进入到了一个新的阶段。

2008年9月17日,温家宝对《有博客刊登举报信反映8月1日山西娄烦县山体滑坡事故瞒报死亡人数》做出批示,要求核查该起重大尾矿库溃坝事故。互联网的舆论监督功能进一步受到党政中央领导的重视。

从 2009 年下半年起,新浪网、搜狐网、网易网、人民网等门户网站纷纷开启或测试微博功能。微博吸引了社会名人、娱乐明星、企业机构和众多网民的加入,成为 2009 年热点互联网应用之一。互联网的舆论监督价值被广泛认知,躲猫猫、邓玉娇、天价烟、钓鱼执法等一系列事件因为网络曝光而成为社会关注的热点。2009 年人肉搜索也引起关注。

2010 年,网络舆论的社会影响力加深,王家岭矿难救援、方舟子打假、宜黄强拆自焚、李刚之子醉驾撞人等一系列事件通过网络曝光后引起社会的广泛关注。

2011 年初,微博打拐活动发起,"随手拍照解救乞讨儿童"的微博行动引起全国关注,形成强大的舆论传播力量。7 月 23 日"动车追尾事件"通过微博快速传播,引发热议。12 月 16 日,《北京市微博客发展管理若干规定》出台,规定任何组织或者个人注册微博客账号,应当使用真实身份信息。随后广州、深圳、上海、天津等地亦采取相同措施。2011 年我国微博客用户已达 2.5 亿,较上一年增长了296.0%。

最近几年,随着现代信息技术的飞速发展,互联网这一新兴媒体逐渐走入人们的生活和视野,成为群众行使知情权、表达权、参与权、监督权的重要渠道之一,并一举超越传统媒体成为我国社会舆论的主阵地。

网络舆情其表现方式主要为新闻评论、BBS 论坛、博客、播客、聚合新闻(RSS)、新闻跟帖及转帖等。网络社会所具有的虚拟性、匿名性、无边界和即时交互等特性,使网上舆情在价值传递、利益诉求等方面呈现多元化、非主流的特点。加上传统"把关人"作用的削弱,各种文化类型、思想意识、价值观念、生活准则、道德规范都可以找到立足之地,有积极健康的舆论,也有庸俗和灰色的舆论,以致网络舆论内容五花八门、异常丰富。网民在网上或隐匿身份、或现身说法,纵谈国事,嬉怒笑骂,交流思想,关注民生,多元化的交流为民众提供了宣泄的空间,也为搜集真实舆情提供了素材。由于网络空间中法律道德的约束较弱,如果网民缺乏自律,就会导致某些不负责任的言论,比如热衷于揭人隐私、谣言惑众,反社会倾向,偏激和非理性,群体盲从与冲动等。

互联网上还存在一些虚假信息。这些虚假信息损害了网络媒体的公信度,一旦被网民采信,就会给社会造成极大危害。目前,对网络不良信息传播的认定、取证等也没有明确规定。由于网络产品的特殊性,无法判断网络谣言、暴力、人身污蔑、网络色情等不良信息有待于进一步商议。

2013年9月9日最高法和最高检公布的《最高人民法院、最高人民检察院关于办理利用信息网络实施诽谤等刑事案件适用法律若干问题的解释》，明确了网络谣言在什么情况下构成犯罪。该司法解释于2013年9月10日起施行。网络谣言是指通过网络介质(如邮箱、聊天软件、社交网站、网络论坛等)而传播的没有事实依据的话语，主要涉及突发事件、公共领域、名人要员、颠覆传统、离经叛道等内容。

2013年8月，北京市公安机关打掉在网上蓄意造谣传谣、非法获利的网络推手公司，网络红人"秦火火""立二拆四"等因涉嫌犯罪被依法刑拘，其他省市也在开展类似打击网上蓄意造谣传谣的行动，并取得巨大成效。

(5)重视网络安全

随着互联网对政治、经济、社会生活的深入渗透和对其他产业的融合，一方面为产业发展提供了进一步发展的良好环境，另一方面，由于人们对互联网依赖度提高，也对互联网安全提出了更高的要求。病毒、攻击事件不时发生。据CNNIC统计，有84.8%的网民遇到过信息安全事件。互联网信息安全问题依然突出，信息安全状况不容乐观，各种黑色产业链屡禁不止，需要进一步规范互联网发展，加强对互联网的治理以及对用户信息和个人隐私信息的保护。

2003年8月11日，一种名为"冲击波"(WORM_MSBlast. A)的电脑蠕虫病毒从境外传入国内，短短几天内影响到全国绝大部分地区的用户。该病毒刷新了病毒历史纪录，成为病毒史上影响最广泛的病毒之一。国家有关部门采取有效措施控制了病毒的传播。

2006年10月26日，中国互联网协会成立反恶意软件协调工作组。11月16日，全国公安信息化建设项目金盾工程在北京正式通过国家竣工验收。

2006年底，名为"熊猫烧香"的病毒爆发，数百万台计算机遭到感染和破坏。调查显示，2006年的新病毒中90%以上带有明显的利益特征。病毒制作者从以炫耀技术为目的转向追求不正当利益。

2011年12月21日，开发者技术社区CSDN中600万用户的数据库信息被黑客公开，随后天涯网证实部分用户数据库泄露。用户信息泄露事件，引发网民对网络和信息安全的高度关注。

2012年5月，国务院发布《关于大力推进信息化发展和切实保障信息安全的若干意见》要求，"十二五"期间，要确保重要信息系统和基础信息网络安全，强化信息资源和个人信息保护，研究制定国家信息安全战略和规划，加强网络信任体系建设和密码保障,提升网络与信息安全监管能力。12 月 28 日,全国人大通过了《关于加强网络信息保护的决定》,从公民个人电子信息保护出发,对治理垃圾电子信息、网络身份管理以及网络服务提供者和网络用户的义务与责任、政府有关部门的监管职责等作出了明确规定。《决定》的发布,可以更好地保护网络信息安全,维护国家安全和公共利益。中央外宣办、工业和信息化部、公安部、国家工商总局等开展了清理整治网络黑市、网络水军、电讯诈骗等专项行动,有效净化了网络环境。针对安卓、iOS 等手机操作系统先后爆出短信欺诈漏洞,恶意软件、恶意广告代码、偷流量、侵犯用户隐私甚至盗取用户钱财等问题,工业和信息化部开展专项行动,加快建立健全移动互联网不良与恶意程序的举报、研判和处置机制。以上为进一步规范互联网发展、开展互联网治理、建立互联网健康、良性环境发挥了重要作用。

三、中国互联网产业的发展态势①

1. 互联网产业保持较快发展

2013 年,中国互联网发展迎来了重要战略机遇期。首先,国家出台"宽带中国"战略进一步加速中国网络基础设施建设和网络演进升级进程,网络基础设施服务能力大幅提升,网络带宽不断增长,接入手段日益丰富便捷。其次,3G、移动终端快速普及以及 4G 牌照发放,移动应用和服务爆发式增长,移动互联网创新热潮进一步释放,不断开辟着互联网发展的新空间。在此推动下,中国互联网继续保持较快发展。表现在近年来网络消费呈现出迅猛增长态势,2013 全年信息消费规模超过 2 万亿元,增长 25% 左右;一大批具有较强竞争实力的知名企业、上市公司不断涌现。58 同城、去哪儿、3G 门户、汽车之家等企业的上市引发中国互联网企业新一波上市浪潮。市值已突破 1000 亿美金;市值同比增长最快的唯品会同比增长率达到 674.0%,奇虎 360、携程网与搜房网的同比增长率也都在 200% 以上。

网络视频行业经过 2013 年的整合大潮,采用横向整合跨界业务融合方式,进一步整合产业链优势,形成更成熟的业务布局,从而加快实现盈利脚步。发展迅猛的移动互联网,使微信等社交网络新媒体作为新兴信息消费领域的主力军,以庞大的流量收入促进经济增长。电子商务、智能手机和智能电视的销量都成为拉

---

① 《2013 中国互联网产业发展综述》,见"百度文库",http://wenku.baidu.com/。

动中国经济增长新的亮点和热点,其重要作用会进一步显现。电子商务持续快速发展,传统行业电子商务应用水平持续提升,带来更多新的经济增长点。特别是在移动商务、跨境电子商务等领域,预期会有更多创新服务形态和商业模式出现,"互联网+"创业就业呼之欲出。

2. 互联网产业跨界融合渐成趋势

中国互联网产业跨界融合发展趋势进一步显现,开放合作、垂直融合的产业新格局正在形成。

一是产业链上下游的壁垒被进一步打破,电信运营商、内容和应用服务商、设备制造商、终端厂商、软件商等企业加速将自身业务向产业上下游延伸,通过企业并购、业务合作等形式,有针对性地打造硬件、软件、应用服务的一体化特色服务,以争抢移动互联网入口。特别是在互联网手机、互联网电视领域尤为明显。2013年1~10月,我国智能手机出货量达到3.48亿部,同比增长178%。2012~2013年前3个季度,互联网高清机顶盒累计出货量达到930万台。二是互联网与零售、金融等传统产业纵深跨界融合加速。传统商贸企业、大型渠道商、快速消费品企业等纷纷向互联网转型,推动了网络零售业快速发展;互联网加速向金融等传统领域进军,阿里巴巴、百度、腾讯等互联网企业纷纷推出金融服务或产品。支付宝占据48.8%的市场份额,财付通以18.7%的市场份额紧随其后,好易联、快钱、汇付天下、ChinaPay、易宝支付、环迅支付分列3~8位;2013年中国电商小贷累计贷款规模达到2300亿元。

3. 移动智能终端快速普及

移动智能终端快速普及,移动互联网用户持续增长,移动应用服务创新活跃,移动互联网终端平台应用和服务等产业链的各个环节迅猛发展,以前所未有的深度和广度推动着产业发展。2013年,中国移动互联网市场规模突破300亿元,移动互联网网民规模达6.52亿人。3G用户持续增速加快,截至2013年11月底,中国3G用户总数达3.87亿户,在移动电话用户中的渗透率达31.6%。

依托网络优势,4G将带动移动互联网渗透到更多传统领域,产业链也将得到进一步拓展和延伸,形成全新的产业集群。4G还将带动包括手机视频、视频分享、云存储、移动商务、视频通话等在内的新业务快速发展,加大促进移动互联网的繁荣。

移动互联网应用的蓬勃发展,正在创造着全新的商业消费模式。2013年前3个季度,中国移动搜索市场规模约为27.9亿元,移动游戏市场规模约为91.1亿元,移动支付市场交易规模达 4675.3 亿元;微信和国际品牌 WeChat 的合并月活跃帐户数达到 2.719 亿,比去年同期增长 124.3%;2013 年,苹果在中国区的手机应用数量超过 100 万。

4. 大数据应用市场蓄势待发

当前,中国云计算产业发展迅速,高效便捷的优势愈发显现,国内云计算市场需求进一步增长,用户需求也趋向多样化,云计算已成为信息产业新的增长点。2013 年,国内云计算市场收入规模达 1174.12 亿元人民币。

5. 网络环境整治加大

2013 年,两高出台司法解释,对利用信息网络实施诽谤等行为首次进行明确界定。随后,国家互联网信息办公室、公安部等多个部门联合整治网络谣言,网络谣言及网络暴力得到了有效遏制。针对网络发展新形势,政府主管部门、行业组织出台相应政策和举措。工业和信息化部发布的《电信和互联网用户个人信息保护规定》,进一步明确了电信业务经营者、互联网信息服务提供者,收集和使用用户个人信息的规则以及信息安全保障措施,从而进一步完善了电信和互联网行业的个人信息保护制度。

国家发改委针对金融、云计算与大数据、信息系统保密管理、工业控制等领域面临的信息安全实际需要,决定继续开展国家信息安全专项工作。中国互联网协会广泛组织业界签约《网络营销与互联网用户数据保护自律宣言》,牵头研究制定《互联网终端安全服务自律公约》,通过倡导行业自律构建良好的网络环境。

6. 构建安全网络任重道远

2013 年,"棱镜门"事件进一步凸显了国际、国内网络安全日益复杂严峻的形势。根据 12321 网络不良信息举报中心、中国互联网协会反垃圾信息中心和光芒网联合举办的《中国网民权益保护调查》显示,在过去的一年里,大部分网民权益受损比较轻微,54.8% 的网民损失在 100 元以内,或者没有金钱损失;损失在 100 元以上至 300 元的网民比例为 23.4%;约有 13.4% 的网民金钱损失在 600 元以上,权益受损比较严重。以人民币计算,中国网民的损失保守估计达 1491.5 亿元,其中时间损失估价 316 亿元,金钱损失 1789 亿元。经过专项行动治理、企业社会责任的提升和相关技术措施的推动,网络垃圾及不良信息得到了一定控制,但网民权益的保护力度还需进一步加强。

中共十八届三中全会审议通过的《中共中央关于全面深化改革若干重大问题的决定》提出,加大依法管理网络力度,加快完善互联网管理领导体制,确保国家

网络和信息安全,进而将网络和信息安全重要性提升到国家战略高度,进一步推动中国安全网络环境的构建进程。

第二节　主要网络产业与网络产品

一、互联网四大产业门类

互联网企业按服务类型或功能可以分为行业基础服务、商务应用、数字内容、制造业4个大类。

1. 行业基础服务类

指以日常常用的功能为主的产业,如新闻资讯、信息搜索、邮箱和信息撮合。新闻资讯包括综合门户如新浪、搜狐等;行业垂直资讯如中国化工网、搜房网等。信息搜索包括综合搜索如百度等;行业垂直搜索如去哪儿等。邮箱如网易等。信息撮合如58同城、赶集网等。

特点如下:一是行业基础服务类网站以用户免费为策略,吸引了大批个人用户;二是主要商业模式是通过广告等后端收费模式变现;三是设立一些收费项目或者 VIP 客户,收取一定的费用。

2. 商务应用类

主要指电子商务、人才招聘、网络教育和第三方支付等产业。

电子商务一是综合电商,如 B2B 即商家对商家的阿里巴巴、慧聪网;B2C 商家对个人的天猫、京东、易讯;C2C 个人对个人的淘宝网等。二是垂直电商,如凡客、携程、唯品会等。三是企业自建,如苏宁易购、国美商城等。

第三方支付公司众多,但支付业务主要依托电商平台,因此,形成规模的主要是支付宝、财付通和快钱等少数几家。

特点如下:一是连接买卖(服务)双方,客户既包括企业用户,也包括个人用户;二是用户在这类网站上主要获取商品或服务供销信息;三是具备较强的交易场景;四是向卖家收费;五是通过快递业实现交易行为。

3. 数字内容产业类

数字内容产业是伴随着互联网技术、多媒体技术的充分发展与应用而兴起的,如网络游戏、电脑动画、互联网视频音乐下载、电子图书馆和"数字学习"等,都

属于典型的数字内容产业。台湾数字内容包括以下八类:

内容软件:制作、管理、组织与传递数字内容的相关软件、工具或平台。

数字影音:数字化拍摄、传送、播放的数字影视及音频内容,包括数字电视、数字电影、数字音乐等。

电脑动画:运用计算机生成或协助制作的影像,广泛应用于娱乐与工商用途。

数字游戏:以信息平台提供声光娱乐,包括网络游戏、手机游戏、PC 单机游戏、电视游戏和掌机游戏等。

网络服务:提供网络内容、连线、储存、传递、播放等相关服务,包括内容服务、应用服务、平台服务及通信/网络增值服务等。

移动内容:运用移动通信网络为移动终端用户提供的信息、数据及服务。

数字出版典藏:包括数字出版、数字典藏、电子数据库等。

数字学习:将学习内容数字化后,以计算机等终端设备为辅助工具进行的学习活动,包括数字学习内容制作、工具软件、建置服务、课程服务等。

我们可以将其分为七个部分:网络资讯、信息检索、网络通信、网络社区、网络娱乐、与传统媒体结合的网络服务以及电子商务等。

4. 信息制造业

包含下一代通信网络、物联网、三网融合、新型平板显示、高性能集成电路和以云计算为代表的高端软件等相关产业。这些产业其实代表着全世界未来产业发展的方向,也是各国重点竞争的领域。

二、主要网络产业发展状况①

1. 新一代信息制造业

在移动互联网的带动下,通信设备行业发展最快。2013 年 1~12 月,我国通信设备行业出口额达 1773 亿美元,增长 18.7%;进口额 488 亿美元,增速21.1%。2014 年上半年,我国通信设备行业实现销售产值、出口交货值、内销产值分别增长16.4%、10.8% 和 21.7%,均高出全行业平均水平。大数据、智能城市、移动互联网和云计算成为年度热词。大中城市家庭的智能手机、平板电脑、智能电视拥有率已达到80%。家庭宽带接入、网络视频、网络购物等业务已成为信息消费的主

---

① 《互联网产业研究分析报告》,中国投资资讯网,http://www.ocn.com.cn/dm/hulianwangchanye-baogao.htm。

要增长点。信息网络及应用市场规模至少达到数万亿元,数字电视终端和服务未来 6 年累计可带动近 2 万亿元的产值。

2. 地理信息产业

地理信息产业是综合性高技术产业,如测绘服务业、卫星导航定位、航空航天遥感、地理信息系统、地图出版等核心产业。2012 年我国地理信息产业产值达到 2000 亿元,较上年增长 33.3%。2014 年 1 月,国务院办公厅发布《关于促进地理信息产业发展的意见》,提出通过政策推动,逐步形成地理信息获取、处理、应用为主的成熟产业链,形成若干个实力雄厚、具有国际竞争力的大型企业和龙头企业。

从 2011 年国家测绘地理信息局在北京建设国家地理信息科技产业园开始,至 2014 年已有黑龙江、西安、武汉、山东等地建设了产业基地,浙江、江苏、湖北、湖南、四川、江西、广西、云南、山西、陕西等地先后启动了产业园区建设。国家测绘地理信息局预计,未来 10 年,地理信息产业总产值将保持 25% 以上的年均增长率,到 2020 年形成万亿元的年产值。

3. 电子商务

电子商务实现了消费者的网上购物、商户之间的网上交易和在线电子支付以及各种商务活动、交易活动、金融活动和相关的综合服务活动。中国电子商务异军突起,正成为国际电子商务市场的重要力量。2012 年中国电子商务市场交易额突破 8 万亿元,同比增长 31.7%,其中跨境电子商务成为新的发展热点。2013 年中国电子商务市场交易规模达到 9.9 万亿元,同比增长 21.3%。2014 年上半年中国电子商务交易规模达到 6.4 万亿元,同比增长 26.7%。预计到 2015 年,我国规模以上企业应用电子商务比率将达 80% 以上;网络零售额相当于社会消费品零售总额的 9% 以上。服饰箱包、3C 产品、图书、美妆、食品、服饰、电器等等都有很好的表现,2013 年中国网络零售市场交易规模达 18851 亿元,较 2012 年增长 42.8%,占社会消费品零售总额的 8.04%。2014 年上半年中国网络零售市场交易规模达 10856 亿元,同比增长 43.9%。至 2014 年 6 月底,中国网络零售市场交易规模占到社会消费品零售总额的 8.7%,同比增长 27.9%。2014 年,中国网络购物市场开启上市热潮,聚美优品于 5 月 16 日在纽交所上市,京东于 5 月 22 日在纳斯达克上市,阿里巴巴于 9 月 19 日在纽交所上市。2012 年中国服装网络购物市场交易规模达 3050 亿元,同比增长 49.9%。2013 年我国服装网购市场交易规模达 4349 亿元,同比 2012 年的 3050 亿元增长了 42.6%,并占整个网购市场的 23.1%。2013 年服装鞋帽是网络购物市场最热门的销售品类,其购买人群占 75.

6%。由此可看出服装电子商务在中国发展的巨大空间与潜力。

至2014年7月,央行共发放过5批第三方支付牌照,目前已有269家公司获得支付牌照。但是,第三方支付的市场集中度较高。根据2013年的数据,支付宝以48.7%市场份额保持领先,财付通占19.4%,银联在线占11.2%,快钱占6.7%,汇付天下占5.8%,易宝支付占3.4%,环迅支付占2.9%,其他占1.9%。

4. 网络视频与网络电视

网络视频是指内容格式以WMV、RM、RMVB、FLV以及MOV等类型为主,可以在线通过Real Player、Windows Media Player、Flash、Quick Time及DivX等主流播放器播放的文件内容。截至2013年12月,中国网络视频用户规模达4.28亿,较2012年底增加5637万人,增长率为15.2%;网络视频使用率为69.3%,与2012年底相比增长3.4个百分点。截至2013年12月,我国手机视频用户规模为2.47亿,与2012年底相比增长了1.12亿人,增长率83.8%;网民使用率为49.3%,相比2012年底增长17.3个百分点,手机视频跃升至移动互联网第五大应用。2013年,中国在线视频市场规模达128.1亿元,同比增长41.9%。

网络电视(IPTV)也叫交互式网络电视,是利用宽带网的基础设施,以家用电视机(或计算机)作为主要终端设备,集互联网、多媒体、通信等多种技术于一体,通过互联网协议(IP)向家庭用户提供包括数字电视在内的多种交互式数字媒体服务的崭新技术。全球网络电视产业链已经日渐成熟,电信运营商、设备终端商、软件商等产业链条上的各方力量正在全力推进IPTV的市场化进程。与全球IPTV快速发展的大趋势一样,目前中国华东地区IPTV已经基本形成了产业规模,尤其以上海、江苏、浙江等地,基本形成了比较完整的产业链。2011年,中国IPTV用户数量达到1350万户;到2012年国内IPTV用户数突破2000万大关。截至2014年6月,全国IPTV用户达到3094万户,其中各地区业务发展差异明显,东部地区占据绝对优势。

5. 网络游戏产业

我国网络游戏产业呈现快速稳定的良好发展态势,不仅已经形成日渐完善的产业链和相对成熟的产业发展环境,而且本土原创网络游戏在实现由量变到质变跨越的同时,积极拓展海外市场。网络游戏在游戏品种、数量、题材类型、市场规模和从业人员数量等方面,都实现了持续快速的增长。由单一大型多人在线到网页游戏、社区游戏、手机网游等新品种不断地涌现,由以魔幻类游戏题材为主到益智、军事等游戏投放市场。

根据国家文化部的统计,2013 年,我国网络游戏市场规模(包括互联网游戏和移动网游戏市场)达到 819.1 亿元,同比增长 36.3%。其中,客户端游戏和网页游戏市场规模为 690.9 亿元,同比增长 28.9%;移动网游戏市场规模为 128.2 亿元,同比增长 97.2%。2014 年上半年,中国网络游戏市场环比增长 10%,全行业市场规模达到 518.1 亿元。在上半年中国网络游戏市场规模构成中,客户端游戏依然占据市场最大份额,达到 287.19 亿元;移动游戏在过去两年得到高速发展,至2014 上半年市场规模达到 125.19 亿元,超越网页游戏近 20 亿的规模,而移动游戏未来的增长速度将更加迅猛,成为拉动中国网络游戏市场增长的主要动力。

6. 网络教育产业

网络教育包括先进的数字化音频、视频技术,实现文字、图像和声音的同步传输,方便有效地实现交互式教学。从细分市场看,我国网络教育可分为基础教育、学历教育、职业培训、企业培训四个市场。基础教育起步于十年前,而学历教育则兴起于 1999 年~2000 年,肇始于各个大学的网络教育学院。随着互联网技术的飞速发展和中国网民数量的急剧增加,网络教育领域被赋予了新的成长商机,仅2012 年,相关市场规模便达到 723 亿元。随着中国的信息化程度、网民对网络教育认知程度、学历教育社会的认可度的提高,网络教育市场规模增长速度加快。伴随企业资金募集能力的增强和社会教育需求的持续增长,未来网络教育市场必定向多元化、服务国际化和经营品牌化方向发展。

7. 三网融合

三网融合是指电信网、广播电视网、互联网在向宽带通信网、数字电视网、下一代互联网演进过程中,三大网络通过技术改造使其技术功能趋于一致,业务范围趋于相同,网络互联互通,资源共享,能为用户提供语音、数据和广播电视等多种服务。从 2010 年跨出落实阶段的第一步之后,我国三网融合产业加速发展。到 2011 年,中国三网融合产业规模为 1671.38 亿元,同比增长 32.2%。2012 年我国发布《三网融合第二阶段试点地区(城市)名单》,进一步扩大三网融合的试点范围,加速了三网融合的发展。

2013 年,中国的广播电视事业进入快速发展期,省网基本完成整合。2013 年年底,三大电信运营商均获取了 4G 牌照,就此宣告中国 4G 移动网络时代的来临,同时也确立了智能手机成为三网融合终端的优势地位,也使得高清视频、视频APP、OTT 等大流量业务的移动应用有了发挥的平台。2014 年,我国三网融合进展加速。首先,2014 年 4 月中国广播电视网络有限公司正式挂牌,广电系在三网融合方面迈出实质性一步。其次,各项政策也不断推动三网融合进程:2014年政府工作报告明确提出,在全国推行三网融合;4月16日,国务院发布进一步支持文化企业发展的规定,为支持广电行业进一步深化三网融合的推进,在2014年1月1日至2016年12月31日期间,对广播电视运营服务企业收取的有线数字电视基本收视维护费和农村有线电视基本收视费免征增值税。

8. 移动互联网

移动互联网,就是将移动通信和互联网二者结合起来,成为一体。在近几年里,移动通信和互联网成为当今世界发展最快、市场潜力最大、前景最诱人的两大业务,它们的增长速度都是任何预测家未曾预料到的。

2013年,中国移动互联网市场规模达到1059.8亿元,同比增速81.2%,预计到2017年,市场规模将增长约4.5倍,接近6000亿。移动互联正在深刻影响人们的日常生活,移动互联网市场进入高速发展通道。2013年是移动互联网市场加速"重塑、培育、共建"的一年,4G的商用,虚拟运营商的进入,投资并购案增多,无不显示着移动互联网市场正在经历着深刻的行业变革与进化。各类玩家商业模式的探索渐出成效,将开启移动互联网市场规模快速增长的通道。2014年,伴随着终端价格的降低,移动网民的快速渗透和网络基础设施的日益完善,移动互联网市场将向内陆城市深度辐射。随着无线通信技术的发展,以及智能终端用户特别是智能手机用户的增加,我国移动互联网这座金矿将会越来越大,这将为整个产业链上的参与者提供更多的机会和挑战。

伴随着智能手机的兴起,我国手机游戏产业近几年发展很快,手机游戏用户规模保持稳步增长趋势。2012年中国手机游戏市场规模达到58.7亿元,同比增长79.0%。2013年中国移动游戏市场规模达到112.4亿元,同比增长246.9%,这一规模也占到了2013年全国游戏出版市场总规模的近八分之一。截至2014年6月,中国手机网络游戏用户规模为2.52亿,使用率从2013年年底的43.1%提升至47.8%。

9. 网络广告业

网络广告已经逐渐为人们所接受。

2012年中国网络广告市场规模达到753.1亿,较2011年增长46.8%,网络广告市场进入相对平稳的增长期。2013年国内网络广告市场规模达到1100亿元,同比增长46.1%,整体保持平稳增长。2014年以来,资本力量在网络广告行业出手愈加频繁,一系列上市、融资、并购行为将网络广告行业推向风口。互联网、移动互联网和广播电视网络的相互融合,电脑屏、手机屏和电视屏的无缝连接,都是中国互联网领域发展的趋势。同样,更精准的搜索匹配、针对性更强的动态投放展示、更丰富的表达形式,以及线上和线下多渠道的并行推送也都会是中国互联网广告的发展方向。

10. 企业社交网络业

企业社交网络,即企业级社会化软件,Enterprise Social Networks,简称 ESN,应用于企业的社交网络,也称之为"商务社交",帮助企业和公司的员工在内部实现更好的交流和协作,以提高公司的信息流通和效率。企业社交网络也包括外部社交网络业务用来提高企业知名度。不只微软,几乎所有的 IT 巨头都在试验和开发企业社交网络。IBM、甲骨文、SAP 等国际软件巨头都已在其 OA、CRM 中加入 Facebook、Twitter 类似的社交功能。

中国企业社交网络市场规模迅速扩大,达到 2680.5 万元。2012 年国内企业社交网络市场的增速再创新高。一些企业加快了在这方面探索的速度和投资力度,动作最大的是金蝶和用友。金蝶在 2014 年 1 月 9 日宣布,旗下云之家公有云产品将永久免费;2014 年 3 月份,金蝶又推出国内第一款社交化人力资源管理软件金蝶 s – HR。用友也在紧锣密鼓地进行布局,其全资子公司畅捷通正在全力构建"工作圈",主打商务社交领域。

第九章　中国创意产业史

第一节　创意产业的由来和发展

一、创意产业的定义

创意产业,又叫创造性产业、文化创意产业,指那些从个人的创造力、技能和天分中获取发展动力的企业,以及那些通过对知识产权的开发可创造潜在财富和就业机会的活动。它通常包括广告、建筑、园艺、艺术和古董市场、手工艺品、时尚设计、电影与录像、交互式互动软件、音乐、表演艺术、出版业、软件及计算机服务、电视和广播,等等。此外,还包括旅游、博物馆和美术馆、遗产和体育等。

创意产业的根本观念是通过"越界"即跨行业,促成不同行业、不同领域的重组与合作。通过越界,寻找新的增长点,推动文化发展与经济发展,并且通过在全社会推动创造性发展,来促进社会机制的改革创新。

二、创意产业的基本特点

发达国家创意产业可以定义为具有自主知识产权的创意性内容密集型产业,它有以下四方面含义:

第一,创意产业来自创造力和智力财产,因此又称作智力财产产业。霍金斯在《创意经济》中指出,创意经济的核心价值并不是来自于资本、土地,而是人们的想象力,所以工业经济价值标准,包括利息、利率的变化,与人脑中创意的方法是完全不同的。因此,就出现了知识产权的问题。如何维护对创意的所有权,需要平衡两个方面,一方面是制度,另一方面则是收益。

此外,创意人才尤其重要。创意企业人员主要是知识型劳动者,拥有能激发出创意灵感的设计高手和特殊专才。创意从业人员的工作有其特殊性和不可替代性,他们不断创造新观念、新技术和新的内容,职业能力既来自于个人经验积累,也来自于个人灵感的迸发。生产方式是以脑力与体力、手工与信息化等现代化手段相结合,实现智能生产与实时敏捷生产。在发达国家,随工业化的发展和后工业化社会的进步,教育和研发、文化、金融等众多领域的创意人群在人口中所占的比重正在增加。对于创意人才的培养、使用、考核等也将要求引入全新的机制。

第二,创意产业来自技术、经济和文化的交融,因此创意产业又称为内容密集型产业。文化创意产业与传统产业有很大不同,它实质是融合性的产业经济形态,除了文化、创意、科技等因素紧密融合外,几乎所有产业也都需要融入"创意"元素,从而"创意"生产也就成为各产业链的重要环节。霍金斯说,将各种不同的声音融入在一起,相互吸收,结果会更好。

因此,创意产业是高附加价值产业,具有很强的渗透性。创意产业的核心生产要素是信息、知识特别是文化和技术等无形资产,是具有自主知识产权的高附加价值产业。创意在这里是技术、经济和文化等相互交融的产物,创意产品是新思想、新技术、新内容的物化形式,特别是数字技术和文化、艺术交融和升华,技术产业化和文化产业化交互发展的结果,可以渗透到许多产业部门。正因为如此,创意产业很难从传统产业类型中完全分离开来。

第三,创意产业为创意人群发展创造力提供了根本的文化环境,因此又往往与文化产业概念交互使用。因此,创意产品是文化与技术相互交融、集成创新的产物,呈现出智能化、特色化、个性化、艺术化的特点。

一方面,创意产品有其相同的特性,即是以文化、创意为核心,运用知识和技术,产生出新的价值,电影、电视广播、录音带、音乐产业、出版业、视觉艺术产业等文化产品,是与新科技和传媒相结合的产品,达到大量生产并掀起全球性商品流动与竞争。另一方面,它又是创意灵感在特定行业的物化表现。如那些具有版权的产品,包括书、电影和音乐的出口能够比服装和汽车等制造业产品出口获得更多的利润。

第四,产业组织呈现集群化、网络化,企业组织呈现小型化、扁平化、个体化、灵活化的特点。因此,产业园区和产业集聚尤其重要。

创意产业已不再仅仅指个体设计师艺术家灵感突发,而是知识和社会文化传播构成与产业发展形态及社会运作方式的创新。创意产业的发展并不仅仅是个人和单个企业的行为,而是需要集体的互动和企业的地理集聚,形成集群化的环境。创意产业集群的特征是生活和工作结合,知识文化产品生产和消费的结合,有多样化的宽松环境和独特的本地特征,而且与世界各地有密切的联系。创意产业的企业则呈现出小型化、扁平化、个体化、灵活化的特点,"少量的大企业,大量的小企业"成为普遍现象。一个小的设计公司虽然只有几个到十几、二十人,但其设计创意人员占据主导地位,处于产业价值链的高端,对周边制造业能起到重要的带动作用。①

第五,创意产业的范围很广,重点领域有媒体业、艺术业、工业设计业、时尚产业、建筑设计业、网络信息业、软件业、咨询服务业、广告会展业、休闲娱乐业等。

三、创意产业的提出与成熟

1986 年,著名经济学家罗默(P. Romer)就曾撰文指出,新创意会衍生出无穷的新产品、新市场和财富创造的新机会,因此新创意才是推动一国经济成长的原动力。但将其作为一种国家产业政策和战略的创意产业理念的明确提出者是英国创意产业特别工作小组。1997 年英国大选之后,首相布莱尔提出"新英国"的构想,希望改变英国老工业帝国的陈旧落后的形象。作为"新英国"计划的一部分,工业设计、艺术设计等领域有着崇高的地位。布莱尔还着手成立了"创意产业专责小组",并亲自担任了主席,推进文化、个人原创力在经济中的贡献。

英国创意产业专责小组先后于 1998 年和 2001 年分别两次发表研究报告,分析英国创意产业的现状并提出发展战略。英国创意产业特别工作组对创意产业下了定义,将创意产业界定为"源自个人创意、技巧及才华,通过知识产权的开发和运用,具有创造财富和就业潜力的行业"。根据这个定义,英国将广告、建筑、艺术和文物交易、工艺品、设计、时装设计、电影、互动休闲软件、音乐、表演艺术、出版、软件、电视广播等行业确认为创意产业。

创意产业这个观念自在英国正式被正名,在几年内快速地被新加坡、澳大利亚、新西兰、我国的台湾与香港等国家和地区调整采用。我国的香港特区采用"创意工业"的说法,而且针对其具体内涵也随着时间的推移做过调整;台湾地区则采用"文化创意产业"的说法。

---

① 创意产业的特征,http://kjj. qinghe. gov. cn/web/kjj/2011/04/20/34387. shtml。

相对应的,早在 1990 年,美国国际知识产权联盟(简称 IIPA)已利用"版权产业"的概念来计算这一特定产业对美国整体经济的贡献。澳大利亚、加拿大等国也多以"版权产业"来统计该产业对各国的经济等贡献。

近几年,创意产业国际化发展趋势日益明显,文化创意产业国际贸易高速增长,成为世界贸易中最具活力的新兴产业之一。联合国贸易和发展会议及联合国开发计划署发布的《2008 年创意经济报告》显示,2005 年,全球创意产业的出口总额达 4244 亿美元,占世界贸易的 3.4%。其中,全球创意产品出口额超过 3300 亿美元,创意服务出口额达 890 亿美元。全球创意产品和服务贸易在 2000 年~2005年间的平均年增长率为 7%,形成了一股巨大的创意经济浪潮。

目前,发达国家主导着创意产业的国际贸易。2005 年,发达国家创意商品出口占 58%,创意商品进口占 81%。发达国家在国际竞争中的优势主要体现在附加值高、增长较快的创意领域,如影视、新媒体等产品的出口。2005 年,发达国家的音乐和影视作品出口占世界的 90%,美术、摄影等视觉艺术作品出口占世界的70%,设计和新媒体的出口占世界的 50% 以上。

约翰·霍金斯是国际创意产业界著名专家,英国经济学家,世界创意产业之父,版权、媒体及娱乐业研究方面的领军人物,知识产权宪章的负责人和提供创意及知识产权咨询的创意集团主席及创始人之一。他曾为美国广播公司、英国广播公司、中国中央电视台、欧盟委员会、联合国、IBM、韩国信息战略发展研究处、伦敦发展机构、新闻集团、日本公共广播电视台、星空电视、墨西哥 Televisa 电视台、时代华纳环球影视提供过咨询。他曾为包括澳大利亚、加拿大、中国、法国、意大利、日本、墨西哥、摩洛哥、波兰、新加坡、英国和美国在内的 20 多个国家的公司及政府提供咨询。在《创意经济》(2001)一书中他明确指出,全世界创意经济每天创造220 亿美元,并以 5% 的速度递增。在一些国家,增长的速度更快,美国达 14%,英国为 12%。纵观全球,发达国家的众多创意产品、营销、服务,吸引了全世界的眼球,形成了一股巨大的创意经济浪潮,席卷世界。各发达国家的创意产业以各自独擅的取向、领域和方式迅速发展,展现了一幅创意产业全球蜂起的热烈景象。从国际上创意创业的发展来看,英国、美国、澳大利亚、韩国、丹麦、荷兰、新加坡等国都是创意产业的典范国家,他们都有自己的发展特色,并产生了巨大的经济效益。

在英国,2000 年创意产业增加值已超过 500 亿英镑,占国内生产总值的7.9%,年增长率是其他产业的 3 倍,达到 9%;提供岗位 115 万个,占总就业人数的 4.1%。2001 年,根据英国文化媒体体育部发表的《创意产业专题报告》,当年英国创意产业的产值约为 1125 亿英镑,占 GDP 的 5%,已超过任何制造业对 GDP 的贡献;2001 年,创意产业占总增加值(GVA)的 8.2%。2002 年,英创意产业增加值达 809 亿英镑。创意产业成为英国第二大产业(仅次于金融服务业),创意产业行业内约有 122000 家公司在"部际商业注册机构"注册。到 2002 年 6 月,创意产业雇佣总人数为 190 万,其后继续增长,成为该国雇用就业人口的第一大产业。2003 年,英国首相战略小组指出,用就业和产出衡量,伦敦创意产业对经济发展的重要性已经超过了金融业。一年中伦敦的境内外游客在艺术文化方面的花费超过了 60 亿英镑。政府对创意产业采取了税收优惠等政策性扶持。创意产业成功推动了英国出口,有效地抵补了货物贸易逆差。借助创意产业,英国在经济上成功地实现了产业结构的优化和升级。如今,英国创意产业产值占国内生产总值的8% 左右。[①]

在美国,创意经济是知识经济的核心内容,更是其经济的重要表现形式,没有创意,就没有新经济。阿特金森和科特于 1998 年明确指出,美国新经济的本质,就是以知识及创意为本的经济,新经济就是知识经济,而创意经济则是知识经济的核心和动力。美国人发出了"资本的时代已经过去,创意的时代已经来临"的宣言。在美国,文化创意产业称为"版权产业",分为四大类,即核心版权产业、交叉版权产业、部分版权产业、边缘支撑产业。据统计,到 2001 年,美国的核心版权产业为国民经济贡献了 5351 亿美元左右,约占国内总产值的 5.24%。

美国政府鼓励各州、各地方以及企业拿出更多的资金来赞助和支持文化艺术事业,因此,各州、各地方都必须拨出相应的地方财政来与联邦政府的资金配套,加大对艺术的投入,推动艺术创新。从 1996 年开始,版权产品首次超过汽车、农业与航天业等其他传统产业,成为美国最大宗的出口产品,其中核心版权产业的出口额已达 601.8 亿美元。特别是美国的影视业和软件业发展迅速,在国际市场中优势明显。美国是世界电影业最发达的国家,美国电影市场年销售总额高达170 亿美元,占全球 85% 的份额,仅米老鼠和史努比两个动画产品在全球范围内的收益每年就超过 500 亿美元。美国也是称雄世界的软件大国,其软件销售额约占全球软件销售额的 2/3,几乎垄断了全球的操作系统及数据库市场。

---

① 金元浦:《当代文化创意产业的崛起》,新浪博客,2007 年 1 月 4 日,http://blog.sina.com.cn/s/blog_4bd5e6e2010006kb.html。

日本素有"动漫王国"之称,是世界上最大的动漫制作和输出国,目前全球播放的动漫作品中有60%以上出自日本,在欧洲这个比例更高,达到80%以上。在日本各种各样的文化产业当中,在电影院、电视台播放的各类动漫节目格外引人注目,各种动漫的人物形象充斥街头,早已超越了杂志和电视的范畴,渗透到日本社会的各个角落。

根据日本贸易振兴会公布的数据,2003年,销往美国的日本动漫片以及相关产品的总收入为43.59亿美元,是日本出口到美国的钢铁总收入的四倍。广义的动漫产业实际上已占日本GDP十多个百分点,成为超过汽车工业的盈利产业。日本的动漫产业已经以年营业额230万亿日元成为日本第二大支柱产业。

拥有430多家动漫制作公司的日本,培养了一批国际顶尖级的漫画大师和动漫导演以及大量兢兢业业工作在第一线的动画绘制者。电视和网络传媒的普及和发展,传播手段的不断完善,为日本动漫市场的发展和壮大奠定了良好的基础。快速扩张和高附加值使卡通产业成为推进资产增值的"资本孵化器"。

日本动漫市场的状态是制片人制作卡通动画片,代理商销售,影视系统播放,企业购买卡通动画产品形象并开发衍生产品,商家销售产品。按照国际惯例,卡通市场分3个层次:一是动画本身的播出市场;二是卡通图书和音像制品市场;三是卡通形象的衍生产品,包括服装、玩具、饮料、生活用品等。其中,最后一个层次比前两个层次的周期更长,市场反响更为深远。动画片本身不能是一个"孤独"的商品,相反应该是整个产业链和周边产品的广告。例如,日本东映集团等公司在投入制作一部动画片之前,已做好周边产品的开发规划;动画片放映之际,相关产品也开始热卖,资金回收、市场开拓、卡通形象推广等系列工作都同时开展。

在衍生产品的盈利模式下,日本在欧美动画市场甚至可以免费提供给电视台播出。而随着一批日本动画片在国际市场的成功,日本的动画风格形象逐渐成为国际时尚。在世界范围内掀起的日本卡通热使得好莱坞的电影公司争相购买日本动画片的电影改编版权。日本卡通产业的出口额急剧扩大。

1997年的亚洲金融危机促使韩国政府开始改革,提出"设计韩国"战略,把文化创意产业视为21世纪最重要的产业之一。为推动文化创意产业的发展,韩国政府还设立了文化产业局,并于1999年通过了《文化产业促进法》,明确鼓励文化、娱乐、内容等产业的发展。韩国成立了文化产业振兴院,作为辅助机构协助将文化创意内容衍生成文化产品。

从1999年到2001年的3年时间里,以韩国大众流行文化为代表的"韩流"一举进占中国文化娱乐市场。"韩流"文化出口主打产品为游戏、电视剧、电影。"韩流"文化产品出口不仅为韩国赚取了大笔外汇,更为国家形象的提升立下了汗马功劳。

在政府大力扶持下,韩国的文化创意产业发展迅速,游戏软件产业在1998年至2001年四年中增长一倍;电影出口在1995年至2001年六年中成长近50倍。尤其是数字内容产业已经超过传统的汽车产业,成为韩国的第一大产业。2005年韩国游戏产业市场规模达到43亿美元,其中网络游戏已经成为游戏市场的主导。目前,韩国占世界游戏市场的5.3%,其中网络游戏31.4%,手机游戏13.3%,PC游戏2.3%,电视游戏1%。

对于文化,法国与美国采取的管理模式完全不同,其在文化发展上不太信赖市场机制。法国以艺术大国自居,因此发展重点基本上是以文化和艺术为主轴。在第三共和时期,国家鼓励创作,政府试图在国家与个人涉及范围之间加以区分,国家负责必要公共事务的运作(如教育机构、文化资产机构);而个人、企业和市场经纪人则负责其他的事务。公共事务主要包括:维护和保护教育资产,建造纪念馆;制定文艺法规保护文化资产;全力发展博物馆设施;举办文化展览活动,其1889年和1990年的法国百年艺术展最为突出。

法国于1959年1月8日成立文化部,统一管辖文化及艺术领域之相关事务,文化部在政府团队的优势地位解决了文艺界先前的问题,文化部相继推出几个政策:将艺术家纳入社会安全制度、在国外举办法国艺术活动、国家文艺或当代艺术的推广。此文化行政机构在1959年设有文学艺术司音乐表演处、教育处、文学处、博物馆总司、建筑局,并接管来自教育部的文献局和工业部的国立电影中心。1961年增设戏剧、音乐和文化活动司。1962年增设艺术创作处和文物造册列管处。1964年增设古代文物遗址处和国立现代艺术中心。

作为创意产业重点行业之一的设计业在法国发展迅速,具有良好的国际声誉。法国设计业所涵盖的设计领域主要包括:产品设计、服装设计、时尚设计、企业形象设计、视觉传达设计、环境设计、包装设计、设计研究等。其中,产品设计占所有设计公司业务量的60%,是设计公司主要的业务内容,但是产品设计的利润率相对较低,包装设计利润率相对较高。据法国工业设计促进协会统计,法国设计业的年营业额约为30亿欧元。

法国绝大部分的设计公司位于巴黎。据法国工业设计促进协会的统计,巴黎聚集了全国55%的设计公司,提供了全国76%创意设计工作岗位。

四、创意产业的行业分类

英国是最早提倡创意产业的国家,他们列出 13 个行业:广告、建筑艺术、艺术品与文物交易、工艺品制作、时尚设计、时装设计、电影及影像制作、互动休闲软件、音乐制作、表演艺术、出版业、软件开发、电视广播。

美国将创意产业分为 6 类:文化艺术、音乐唱片、出版业、影视业、传媒业、网络服务业。

新加坡将创意产业分为 3 大类 13 个行业。第 1 类为艺术与文化,包括:摄影、表演及视觉艺术、艺术品与古董买卖、手工艺品;第 2 类为设计,包括:软件设计、广告设计、建筑设计、室内设计、平面产品及服装设计;第 3 类为媒体,包括:出版、广播、数字媒体、电影。

我国台湾地区的文化创意产业也分为 13 个行业:视觉艺术业、音乐与表演艺术业、文化展演设施业、工艺业、电影业、广播电视业、出版业、广告业、设计业、数字休闲娱乐业、设计品牌时尚业、建筑设计业、创意生活业。

上海正在兴建多个文化创意产业园区,他们涉及的行业有 11 个:工业设计、室内设计、建筑设计、广告设计、时装设计、动漫设计、网络媒体、时尚艺术、影视制作、品牌发布、工艺品制作。

从以上所列行业来看,大同小异,有些只是叫法不同,有些是将一个行业分成若干个行业。但应当明确,所有属于文化创意产业的行业,有两个必需的条件,缺一不可:一是同文化相关的创意;二是要能形成知识产权的科技行业,虽有发明创造能形成知识产权,但同文化无直接关系,也可以称文化创意产业;三是虽属文化产业范畴,但不具有知识产权的,如图书发行、电影放映、休闲健身娱乐活动、网吧等,也可以划作为文化创意产业。

根据国家统计局分类 2004 版《文化及相关产业指标体系框架》的界定,以新闻出版、广播影视、文化艺术为主的行业为文化产业核心层,以网络、旅游、休闲娱乐、经纪代理、广告会展等为主的新兴文化服务业为文化产业外围层,以文化用品、设备及相关文化产品生产和销售为主的行业为文化产业相关层。创意产业是"那些依个人创意、技能和天才,通过挖掘和开发智力财产以创造财富和就业机会的活动"。根据这个定义,创意产业包括广告、建筑、美术和古董交易、手工艺、设计、时尚、电影、互动休闲软件、音乐、表演艺术、出版、软件,以及电视、广播等诸多部门。

　　国家统计局的文化产业分类 2012 版分类更加明确：文化艺术［包括文艺创作与表演：文艺创作服务、文艺表演服务、其他文艺服务、艺术表演场馆；文物及文化保护（文物保护服务、民族民俗文化遗产保护服务）、博物馆、纪念馆、图书馆、档案馆；群众文化服务：群众文化场馆、其他群众文化活动其他文化艺术；文化研究与文化社团服务；文化艺术经纪代理］、新闻出版（包括新闻业；书、报、刊出版，制作，包装装潢，发行；音像及电子出版物出版发行、制作、复制、批发、零售、出租）、广播、电视、电影、软件、网络及计算机、广告会展、艺术品交易收藏与拍卖、工艺品销售、设计服务（包括建筑设计、工程勘察设计、城市规划、其他专业技术服务）、旅游、休闲娱乐、其他辅助服务［包括文化用品、设备及相关文化产品的生产、制造、销售、文化商务服务（如知识产权服务），模特服务，演员、艺术家经纪代理服务，文化活动组织、策划服务等］。

　　因此，我们将目前公认的文化创意产业的分类，同我国文化产业分类目录相比较，就发现许多是被涵盖的。如书刊出版和版权服务、音像制品出版、电子出版物出版、广播电视、电影制作、文艺创作与表演、网络文化服务、艺术品及收藏品拍卖、广告业、工艺美术品制造等。但另一方面，也有不少在目录中没有涉及，或不明细。比如涉及文化的设计行业（如建筑的外形设计及室内设计、时装设计、工业设计等），这些是文化创意产业的重要内容。但在文化产业分类目录中就没有涉及。还有些新兴的行业，如动漫制作、网络休闲互动、游戏软件、品牌创意、时尚生活艺术等，在原有目录中更未提到。

　　综合各种分类，我们大致上将其分为以下 12 个行业：

　　媒体业。是文化创意产业实现转型发展、能级提升的重点领域之一。在继续巩固媒体业传统优势地位的同时，加快媒体业与高新科技的融合发展，不断扩大媒体业对外传播力和影响力。发展创意创新能力强、制作技术先进、商业模式新颖的节目及广播电视剧制作企业。大力推动数字技术、网络技术在广播电视领域的应用，重视对智能电视产业链、3D 电视和激光电视等新技术的应用开发，大力发展手机电视、电子书、电子阅读器等手持移动新兴媒体。

　　新闻出版。建设数字出版发行平台，积极探索数字出版产业商业模式，发展纸质有声读物、电子书、手机报、数字报、电子阅报栏和网络出版物等多元新兴出版发行业态。

　　艺术业。是文化创意产品创作创新、展示、流通的关键领域。发挥文学创作基地、创意园区、画廊和艺术品经营、美术会展等市场的推动作用；不断创新开发适应城市特点和需求的原创舞台艺术作品;积极扶持动画电影、科教电影创作和生产,支持特种形式影片的研究和应用,鼓励创新观影形式;加强对基于移动通信平台的手机动漫产品的研发,积极推动动漫衍生产品的开发、生产,完善和拓展动漫产业链;充分发挥非物质文化遗产资源的特殊优势,合理利用非物质文化遗产代表性项目,开发具有区域、民族特色和市场潜力的文化产品、文化服务;大力培育发展艺术品展示、交易及拍卖机构,形成一流、高端艺术品展示及拍卖的集聚效应。

工业设计业。围绕新能源汽车、大型客机、支线飞机、高端船舶和海洋工程装备、轨道交通装备、大型工程机械、印刷机械、数控机床、游艇等的发展需要,鼓励加强产品和关键性零部件的外观、结构、功能等设计,提升产品质量、性能和附加值;围绕家用电器、生活日用品、工艺旅游纪念品、文体用品、食品、包装印刷等重点消费品领域,以绿色、节能、环保、智能化、时尚等为目标,提升企业和行业对设计的重视和设计水平。

时尚产业。是城市现代化和社会文明程度的重要标志,折射出一个城市的历史文化底蕴和时代气息。通过开放引进和本土原创培育,大力发展多样化的时尚产品及相关服务。推动传统经典产品或老字号产品与现代时尚元素的结合;推动具有自主知识产权的本土时尚产品走向世界;围绕服装服饰、日化用品、黄金珠宝首饰、家居用品、时尚数码消费品等领域进行创意;加大时尚地标、时尚人物、时尚品牌、时尚平台和时尚事件等要素资源的整合力度。如服装服饰龙头企业以自主品牌建设为核心,通过举办各类时尚产品的展示、交易、咨询、信息交流等活动;日用化学品围绕个性化、时尚美容以及旅游、户外活动等特殊需求,以研发、创意为手段;积极提升上海在家纺、家饰、家具、厨卫用具等家居用品领域的设计、营销能力;加强时尚设计与产业创意的对接,打造以手机、超薄电脑、数码相机、MP4、电玩电游等为支撑的现代时尚电子数码产业集群。

建筑设计业。包括聚焦景观及环境规划、绿化、居民小区、现代商业区街、商业中心、市政工程规划设计等重点领域城市规划设计;建筑设计业包括公用设施与民建设计;室内装饰设计以满足消费者审美意识、生活水平、生活层次的提高为目标;工程勘察设计包括房屋建设工程设计和道路、隧道、桥梁等工程设计。

网络信息业。网络信息业是依托网络数字技术手段实现信息化时代文化创意产业创新发展的重要领域。主要创意点为网络游戏、网络视听、数字出版产业及面向重点行业的信息服务业。研发体现中国传统文化特色、具有自主知识产权的网络游戏,推动研发单机版、基于 3G 网络的手机游戏;探索网络视听领域的新业务形态和新经营模式;形成贯穿数字内容制作、出版、印刷、传输发行和消费的数字出版全产业链;研发金融、航运、商贸等行业的应用软件,支持面向不同细分领域和客户。

软件业。发展具有自主知识产权的操作系统、数据库、中间件和办公软件,推动国产基础软件在医疗卫生、教育、社区服务、电子政务等行业的规模应用;聚焦航空、钢铁、汽车、船舶、石化等传统优势产业,打造一批具有行业特色和专业特点的工业软件;研发面向社会保障、医疗卫生、电子政务、智能交通、教育文化、社区、应急指挥、公共安全、农业等重点领域的完整软件产品和整体解决方案。

咨询服务业。发展各类智库、商务咨询、科技咨询、社会科学咨询等咨询服务。

广告业。发展广告创意策划、广告延伸服务,拓展培育基于移动通信、数字视频、互联网的新型广告发布媒介。

会展业。提升专业会议、展览会与博览会、大型节事赛事活动等领域的服务水平和服务能级,推进会展业向国际化、专业化、品牌化、信息化发展。

休闲娱乐业。发展大众娱乐、时尚娱乐、休闲娱乐、体验娱乐、数字娱乐,形成多层次的文化休闲娱乐消费市场;推进旅游休闲业的发展;满足居民提高生活质量、关注身体健康的需求,打造多层次、多品种、多形式、富有文化和创意内涵的休闲健身产业圈。

第二节　我国创意产业发展现状

一、强力的政策推动

自古以来,中国书法、画卷、古董收藏、民间剪纸、皮影、香包、茶道器具、诗词曲艺、戏剧、服装、刺绣、雕刻、工艺编制、艺术烹饪等,都属于文化的智力劳动,都具有创意产业的性质。

新时期以来,作为一个新兴产业,创意产业在中国已经引起了高度重视。20世纪 80 年代"文化产业"的概念从东亚传入中国。1985 年,国务院转发国家统计局《关于建立第三产业统计的报告》,把文化艺术作为第三产业的一个组成部分列入国民生产统计的项目中。这事实上确认了文化艺术可能具有"产业"性质。1991 年,国务院批转的《文化部关于文化事业若干经济政策意见的报告》正式提出了"文化经济"的概念。1992 年,国务院办公厅综合司编著的《重大战略决策——加快发展第三产业》一书,明确起用了"文化产业"的说法。这是现有资料中我国政府主管部门第一次使用"文化产业"的概念。2000 年 10 月,党的十五届五中全会在《中共中央关于制定国民经济和社会发展第十个五年计划的建议》中明确提出"完善文化产业政策,加强文化市场建设和管理,推动有关文化产业发展",第一次把"文化产业"写入中央文件。

2006 年 9 月 13 日出台的《国家"十一五"时期文化发展规划纲要》对文化创意产业的形态和业态进行了界定,明确提出了国家发展文化创意产业的主要任务,标志着国家已经将文化创意产业放在文化创新的高度进行了整体布局。

2004 年以来,广电总局出台了一系列政策,引导、规范、扶持、激励国产动画产业的发展,极大地推动了国产原创动画生产创作的繁荣和国产动画产业的突飞猛进。广电总局先后建立起国产电视动画片备案公示制度和发行许可制度,在坚持"双百"方针的同时严把导向关,确保影视动画创作生产的正确方向。自 2004 年以来,广电总局先后设立了 32 个少儿频道和 4 个动画频道,这些少儿频道、动画频道是国产电视动画片播出和扩大影响的最主要阵地,构成了国产动画播映体系的中坚力量。广电总局还制定了国产电视动画播出黄金时间和播出比例政策,为国产动画提供更好的播出时段和更大的播出平台,有效地推动了国产动画片的繁荣。通过建立国家动画产业基地和教学研究基地推动国产动画生产和教学研究的规模化、体系化。

2009 年国务院颁发的《文化产业振兴规划》更对文化创意产业的未来发展起到纲领性的指导和推动作用。北京、上海是中国创意产业的先锋。北京市"十一五"规划中明确提出要加快推动文化创意产业发展,使之成为首都经济的支柱产业,"十一五"期间,实现文化创意产业增加值年均增长 15%,到 2010 年,实现增加值占全市 GDP 的 12% 以上。上海是我国文化创意产业发展较早的地区,一直坚持"创意产业化,产业创意化"的理念,《上海 2004~2010 年文化发展规划纲要》明确提出发展创意产业。按照上海"十一五"规划,2010 年,上海文化创意产业的贡献占到全市 GDP 的 10% 以上。广州、深圳、杭州、南京、天津等六个城市是第二集团军。深圳市 2004 年推出的《深圳市实施文化立市战略规划纲要》提出建设"创意设计之都"的目标,重点发展创意设计相关产业,包括动漫、建筑设计、装饰设计、印刷、服装设计等产业。广州市将软件和动漫产业列为"十一五"期间广州高新技术产业发展的突破口，并出台了一系列专门政策扶持网游动漫产业的发展。重庆、青岛、长沙、苏州等城市也具有一定的发展基础，纷纷依托各自人才、区位及资源优势，积极推动文化创意产业的发展。

2012 年 2 月，文化部发布《"十二五"时期文化产业倍增计划》，将创意设计业作为文化系统"十二五"期间要发展的十一个重点行业门类之一，并明确了搞活创意设计市场、培育壮大创意设计类龙头企业、建设创意设计产业孵化器等主要举措，以及保护创意设计知识产权、培养创意设计产业人才等政策支持手段。在国家文化产业示范基地的评选命名中，文化部对创意设计类文化企业予以积极关注，授予一批创新能力强、产品富有创意文化内涵的文化企业"国家文化产业示范基地"的称号，激励其发挥引领、示范作用，引导、推动文化创意产业加快发展。4月 28～30 日，文化部与江苏省文化厅、苏州市人民政府共同主办"中国·苏州文化创意设计产业交易博览会"，着力打造文化创意设计产业资源集聚与交易合作的平台，积极发挥创意设计产业在文化产业中的前端引擎作用。5 月和 6 月，国家科技部、中宣部等多部门先后联合下发了《关于认定首批国家级文化和科技融合示范基地的通知》《国家文化科技创新工程纲要》。

2014 年 2 月 26 日，《国务院关于推进文化创意和设计服务与相关产业融合发展的若干意见》是对创意文化产业的纲领性文件。文件要求切实提高我国文化创意和设计服务整体质量水平和核心竞争力，大力推进与相关产业融合发展，更好地为经济结构调整、产业转型升级服务，为扩大国内需求、满足人民群众日益增长的物质文化需要服务，着力推进文化软件服务、建筑设计服务、专业设计服务、广告服务等文化创意和设计服务与装备制造业、消费品工业、建筑业、信息业、旅游业、农业和体育产业等重点领域融合发展，充分调动社会各方面积极性，促进技术创新、业态创新、内容创新、模式创新和管理创新，推进文化创意和设计服务产业化、专业化、集约化、品牌化发展，促进与相关产业深度融合，催生新技术、新工艺、新产品，满足新需求。

此外，《专利法》《商标法》《著作权法》《商标法实施细则》《著作权法实施细则》以及其他法律法规和相关规定，如《计算机软件保护条例》《关于计算机预装正版操作系统软件有关问题的通知》《关于政府部门购置计算机办公设备必须采购已预装正版操作系统软件产品的通知》等，基本构成了中国文化创意产业知识产权保护体系，为创意产业发展及其品牌建设保驾护航。

总括各项政策法规,主要推动以下创意文化产业的发展:

一是支持基于新技术、新工艺、新装备、新材料、新需求的设计应用研究,促进工业设计向高端综合设计服务转变,推动工业设计服务领域延伸和服务模式升级。汽车、飞机、船舶、轨道交通等装备制造业要加强产品的外观、结构、功能等设计能力建设。以打造品牌、提高质量为重点,推动生活日用品、礼仪休闲用品、家用电器、服装服饰、家居用品、数字产品、食品、文化体育用品等消费品工业向创新创造转变,增加多样化供给,引导消费升级。支持消费类产品提升新产品设计和研发能力,加强传统文化与现代时尚的融合,创新管理经营模式,以创意和设计引领商贸流通业创新,加强广告营销策划,增加消费品的文化内涵和附加值,健全品牌价值体系,形成一批综合实力强的自主品牌,提高整体效益和国际竞争力。

二是加快数字内容产业发展。推动文化产品和服务的生产、传播、消费的数字化、网络化进程,强化文化对信息产业的内容支撑、创意和设计提升,加快培育双向深度融合的新型业态。深入实施国家文化科技创新工程,支持利用数字技术、互联网、软件等高新技术支撑文化内容、装备、材料、工艺、系统的开发和利用,加快文化企业技术改造步伐。大力推动传统文化单位发展互联网新媒体,推动传统媒体和新兴媒体融合发展,提升先进文化互联网传播吸引力。深入挖掘优秀文化资源,推动动漫游戏等产业优化升级,打造民族品牌。推动动漫游戏与虚拟仿真技术在设计、制造等产业领域中的集成应用。全面推进三网融合,推动下一代广播电视网和交互式网络电视等服务平台建设,推动智慧社区、智慧家庭建设。加强通讯设备制造、网络运营、集成播控、内容服务单位间的互动合作。提高数字版权集约水平,健全智能终端产业服务体系,推动产品设计制造与内容服务、应用商店模式整合发展。推进数字电视终端制造业和数字家庭产业与内容服务业融合发展,提升全产业链竞争力。推进数字绿色印刷发展,引导印刷复制加工向综合创意和设计服务转变,推动新闻出版数字化转型和经营模式创新。

三是提升人居环境质量。坚持以人为本、安全集约、生态环保、传承创新的理念,进一步提高城乡规划、建筑设计、园林设计和装饰设计水平,完善优化功能,提升文化品位。注重对文物保护单位、历史文化名城名镇名村和传统村落的保护。加强城市建设设计和景观风貌规划,突出地域特色,有效保护历史文化街区和历史建筑,提高园林绿化、城市公共艺术的设计质量,建设功能完善、布局合理、形象鲜明的特色文化城市。加强村镇建设规划,培育村镇建筑设计市场,建设环境优美、设施完备、幸福文明的社会主义新农村。贯彻节能、节地、节水、节材的建筑设计理念,推进技术传承创新,积极发展绿色建筑。因地制宜融入文化元素,加快相关建筑标准规范的更新或修订。完善建筑、园林、城市设计、城乡规划等设计方案竞选制度,重视对文化内涵的审查。鼓励装饰设计创新,引领装饰产品和材料升级。

四是提升旅游发展文化内涵。坚持健康、文明、安全、环保的旅游休闲理念,以文化提升旅游的内涵质量,以旅游扩大文化的传播消费。支持开发康体、养生、运动、娱乐、体验等多样化、综合性旅游休闲产品,建设一批休闲街区、特色村镇、旅游度假区,打造便捷、舒适、健康的休闲空间,提升旅游产品开发和旅游服务设计的人性化、科学化水平,满足广大群众个性化旅游需求。加强自然、文化遗产地和非物质文化遗产的保护利用,大力发展红色旅游和特色文化旅游,推进文化资源向旅游产品转化,建设文化旅游精品。加快智慧旅游发展,促进旅游与互联网融合创新,支持开发具有地域特色和民族风情的旅游演艺精品和旅游商品,鼓励发展积极健康的特色旅游餐饮和主题酒店。

五是挖掘特色农业发展潜力。提高农业领域的创意和设计水平,推进农业与文化、科技、生态、旅游的融合。强化休闲农业与乡村旅游经营场所的创意和设计,建设集农耕体验、田园观光、教育展示、文化传承于一体的休闲农业园。注重农村文化资源挖掘,不断丰富农业产品、农事景观、环保包装、乡土文化等创意和设计,着力培育一批休闲农业知名品牌,提升农产品附加值,促进创意和设计产品产业化。发展楼宇农业、阳台农艺,进一步拓展休闲农业发展空间。支持专业农产品市场建设特色农产品展览展示馆(园),推进特色农产品文化宣传交流。建立健全地理标志的技术标准体系、质量保证体系与检测体系,扶持地理标志产品,加强地理标志和农产品商标的注册和保护。支持农业企业申报和推介绿色环保产品和原产地标记,鼓励利用信息技术创新具有地域文化特色的农产品营销模式。

六是拓展体育产业发展空间。积极培育体育健身市场,引导大众体育消费。丰富传统节庆活动内容,支持地方根据当地自然人文资源特色举办体育活动,策划打造影响力大、参与度高的精品赛事,推动体育竞赛表演业全面发展。鼓励发展体育服务组织,以赛事组织、场馆运营、技术培训、信息咨询、中介服务、体育保险等为重点,逐步扩大体育服务规模。推动与体育赛事相关版权的开发与保护,进一步放宽国内赛事转播权的市场竞争范围,探索建立与体育赛事相关的版权交易平台。加强体育产品品牌建设,开发科技含量高、拥有自主知识产权的体育产品,提升市场竞争力。促进体育衍生品创意和设计开发,推进相关产业发展。

七是提升文化产业整体实力。坚持正确的文化产品创作生产方向,着力提升文化产业各门类创意和设计水平及文化内涵,加快构建结构合理、门类齐全、科技含量高、富有创意、竞争力强的现代文化产业体系,推动文化产业快速发展。鼓励各地结合当地文化特色不断推出原创文化产品和服务,积极发展新的艺术样式,推动特色文化产业发展。强化与规范新兴网络文化业态,创新新兴网络文化服务模式,繁荣文学、艺术、影视、音乐创作与传播。加强舞美设计、舞台布景创意和舞台技术装备创新。坚持保护传承和创新发展相结合,促进艺术衍生产品、艺术授权产品的开发生产,加快工艺美术产品、传统手工艺品与现代科技和时代元素融合。完善博物馆、美术馆等公共文化设施功能,提高展陈水平。

二、迅猛的发展势头

近几年来,我国文化创意产业发展迅速,取得了较大成就。

2008 年,我国文化创意产业保持了稳步增长,涌现出一批增长速度快、自主创新能力强、市场应对有力的创意企业,这些创意产业的骨干企业在 2008 年主营业务收入增长率平均达到 79.23%,平均利润率达到 31%,成为抵御国际金融危机冲击的中坚力量。2009 年我国文化创意产业更是呈现出爆发式增长,上半年国内文化创意产业的增长率达到 17%,远高于 7.1% 的 GDP 增长水平。

就文化创意产业的某些行业来说,2008 年,中国电影产量达到 406 部,跻身世界前三名;电影票房攀升到创纪录的 42.15 亿元,同比增长 8.88 亿元,首次进入全球电影市场前 10 名;出版物印刷业销售产值 976.9 亿元,企业利润总额已达 50.2 亿元;网游产业实现销售收入 183.8 亿元,比 2007 年增长了 76.6%,同时还为电信、IT 等行业带来高达 478.4 亿元的直接收入。

2009 年是我国园区建设突飞猛进的一年。我国文化创意产业的重要发展特征之一是产业集聚发展,而文化创意产业园区则是产业集聚发展的重要依托和载体。文化创意产业园区的主要构成包括文化创意方面的企业、提供高新技术支持的企业、国际化的策划推广和信息咨询等中介机构以及从事文化创意产品生产和经营的公司等。这些相互接驳的企业在一定的地理范围内集群发展,构成立体的多重交织的产业链条,对提高创新能力和经济效益都具有实际意义。

截至 2009 年,北京市已通过认定挂牌的集聚区有 21 个,代表性园区有中关村创意产业先导基地、中国(怀柔)影视基地、北京 798 艺术区、北京 DRC 工业设计创意产业基地等。这些园区汇集了近万家文化企业,所形成的收入和税收以及带动的就业占据全市文化产业总数的绝大部分,并呈现出向周边辐射的态势,从主城区拓展到了 13 个区县,吸引了一大批龙头企业相继入驻。从产业规模看,据初步统计,北京文化创意产业规模以上近 8000 家,占全市规模以上企业总数的 13.7%。

广州市文化创意产业发展也较为迅速,它是 4 个国家网络游戏和动漫产业发展基地之一,已初步形成了以网络游戏、动漫、手机游戏和与游戏相关的产业链。广州市委、市政府提出"要像抓汽车产业一样抓动漫产业"。截至 2008 年年底,广东全省已建、在建和规划待建的文化创意产业园区 67 个,入驻企业 4000 多家,园区数量和入驻企业数量位居全国各省市前列,其中广州市占据了 34 个,如滨水创意产业带、荔湾广州设计港、天河国家网游动漫产业基地、从化动漫产业园等。这些园区大致可分创意设计(含动漫设计)、展示交易、旅游休闲和工艺制造四大类,其中,创意设计类(含动漫设计)占主导地位。

南京市建成文化创意产业园区 41 个,拥有数个国家级的动漫基地和园区,已连续两年扶持文化产业项目 53 个共约 1891.8 万元。代表性园区有创意东八区、南京 1865、南京石城现代艺术创意园、南京高新动漫等,其中创意东八区荣获 2007 中国创意产业最佳园区奖。

成都市已建成或在建主要文化创意产业园区有 13 个,代表性园区有画意村、红星路 35 号、蓝顶艺术中心、浓园国际艺术村等。

青岛市共建成文化创意产业园区 19 个,总投资额 119.7 亿元,总建筑面积超过了 150 万平方米。重点建设了中联创意广场、1919 创意园、中联 2.5 产业园、青岛国际工艺品城等一批文化创意产业园区,涵盖了创意设计、文化产品生产销售、影视动漫、休闲娱乐等重点文化行业,初步形成了青岛文化产业的集聚效应。

自从中央政府 2009 年出台《文化产业振兴规划》后,创意产业上升到国家战略,全国各地区政府从硬件设施与软件环境等方面支持和投入创意产业,使创意产业在规模与范围上取得较大的进展。各地政府纷纷以超过 10 亿以上乃至上百亿的项目来重大项目作为文化创意产业发展的重要引擎。10 亿级招商引资的文化创意产业项目比较多的是旅游、休闲类;百万亿以上的产业园区,如投资 150 亿的北京"中国乐谷",投资 100 亿元,占地面积 12 平方千米的内蒙古鄂尔多斯文化创意产业园。以创意农业、观光农业、休闲农业为指向的中国文化创意产业区域发展主流将逐步转移到各地的村镇区域。杭州西溪休闲观光农业园点共接待游客 117 万人次,营业收入突破亿元,并带动农产品销售超过 1500 万元。广告业已经进入了黄金期,2010 年年营业额超过 2000 亿元,年均增速达 30.8%,成为我国增长最快的行业之一。有 152 个地级及以上城市建有会展场馆,内地会展数量从 2006 年的 4050 个增加到 2010 年的 5040 个,增长率为 24%;中国内地会展业产值从 2006 年的约 600 亿元,增至今年约 1500 亿元,年均增长率达 26%。2010 年全年国产原创动画产量超过 20 万分钟;国产动画电影备案的有 46 部,公映 16 部,国产动漫产品出口迅速增长,今年已经突破 4 亿元。中国网游十年从 60 亿成长至 323.7 亿。中国处于网络文化应用终端的网络市场规模已高达 886 亿元,终端数 1316 万人。我国在境外举办了 100 次中国电影展,展映国产影片 578 部次;全年累计 63 部次影片在 25 个电影节上获得 89 个奖项;有 47 部国产影片销往 61 个国家和地区,海外票房和销售收入达 35.17 亿元人民币。

深圳女装自有品牌已有 1200 多个,产业实现产值超过 500 亿元,拥有女装企业 2300 多家。2010 年我国工艺业成绩非凡。皮革、毛皮、羽毛(绒)及其制品业增长为 19.6%,累计增长 17.1%,木材加工及木、竹、藤、棕、草制品业增长 20.4%,累计增长 22.2%,工艺品及其他制造业增长 10.4%,累计增长 17.2%。

2010 年中国艺术品异军突起,国内艺术品拍卖成交总额轻松入账 201.41 亿元,创造了历史性新高,在香港苏富比秋拍中,2800 件拍品总成交额突破 30 亿港元,中国书画总成交额达 4.07 亿港元。丽江旅游以 2.1 亿元收购印象旅游 51% 股权,成为国内"演艺第一股";旅游演出市场火热,大型实景演出投入动辄上亿元;中国音乐节数量飙升至 92 场。

2010 年软件产业实现软件业务收入 10902 亿元,同比增长 29.9%,并首次突破万亿元。全国软件产业实现出口收入 185 亿美元,同比增长 24.6%。

2011 年是中国文化创意产业投资走热的一年。新影联院线、大地院线、联合院线、金逸珠江院线等都在筹划上市,2010 年 12 月 22 日,规模高达 30 亿元人民币的湖南文化旅游产业投资基金在长沙成立。2011 年 1 月 19 日,由浙江天堂硅谷创业投资有限公司与宋城集团旗下的七弦股权投资管理有限公司合作的浙江首只文化产业基金举行路演。据介绍,该基金定位非常清晰——IPO 基金,注册资本 1 亿元,重点投资 2~3 个文化产业项目。目前双方初步有意向的项目包括稀缺资源景点、动漫原创版权等。三天后,规模高达 10 亿元人民币加 1 亿美元的影视文化发展基金——大摩华莱坞基金在无锡签约。2011 年 1 月底,中国 3D 荧幕为 2020 块;动漫衍生品市场,尤其是动漫衍生品授权企业盈利丰厚;数字出版等也具有极大的投资吸引力。

国内动漫产业链走向成熟。国内动漫行业可以大致分为三大部分:动画、漫画制作;动漫媒体(垂直影院、电视、杂志、互联网);增值业务、衍生品。2011年国产动画产量超过33万分钟,涵盖了众多知名动漫品牌和新兴动漫产品。同时在国内4.3亿网民中,75%的上网人群会在一年当中观看或者消费动漫产品。1.3亿手机网民几乎全部都会购买卡通手机饰品和下载相关的漫画动画手机主题或者铃声。2011年上半年多部动漫作品投入过千万,甚至过亿,衍生产品等增值业务规模扩大到千亿级别,"喜洋洋"系列动画的票房超越1.4亿元人民币。

从2003年的仅为307亿元,到2013年8月26日国家统计局公布的《2012年中国文化产业统计》数据中的18071亿元,中国文化产业增加值在短短的10年间增长了60倍,占GDP的比值达到了3.48%。10年间,文化与科技、金融、地产等产业不断融合、促进,展现了文化独特的魅力。据国家新闻出版广电总局《2012年新闻出版产业分析报告》显示,全国出版、印刷和发行服务2012年实现营业收入16635.3亿元,较2011年增加2066.7亿元,增长14.2%,取得了较快发展。15家国家新闻出版产业基地(园区)共实现营业收入777.2亿元,拥有资产总额793.6亿元,实现利润总额86.8亿元。其中9家国家数字出版基地(园区)共实现营业收入624.7亿元,较2011年同口径增长40.2%,占数字出版全部营业收入的32.3%;实现利润总额85.1亿元,同口径增长12.2%。营收与利润双双增长,产业积聚效应显现。

2012年是视频网站之间的并购潮。2012年3月优酷与土豆签订最终协议,以100%换股的方式合并成立新公司优酷土豆股份有限公司;2012年11月,百度宣布收购美国私募公司普罗维登斯资本所持有的爱奇艺股份……智能手机的普及开启手机游戏时代的新纪元,2013年开始呈现出手游公司的并购潮。根据EnfoDesk易观智库产业数据库发布的《2013年第三季度中国客户端网络游戏市场季度监测》数据显示,2013年第三季度中国客户端网络游戏市场整体规模达到141.64亿元,环比增长5.3%,同比增长21.4%。2013年发生了多起上市公司手游并购,如华谊兄弟收购银汉科技50.88%股权,凤凰传媒收购慕和网络64%股权,奥飞动漫收购方寸科技和爱乐游等,其中凤凰传媒收购慕和网络64%股权催生的"图书+游戏"模式,更是传统媒体并购新媒体融合的典型范例。

融资进入高潮期,2012年投融资总计5000亿元。在国家大力支持文化产业发展的有利政策环境下,根据公开信息的整理和测算,2016年文化产业投融资规模将突破1.2万亿元。中国已有18家出版传媒企业上市。随着国内IPO的重启,相信会有更多的出版传媒企业通过上市获取资金,进行项目创新经营。此外,国家新闻出版广电总局先后与中国银行、中国工商银行等签署战略合作协议,获得了上千亿元的授信支持。北京银行率先将文化创意产业列为最优先支持项目,仅2012年前十个月,累计审批通过3000多项"创意贷"近500亿元。2013年12月28日,贵州茅台酒厂白金酒有限责任公司与中国红十字基金会共同发起成立中国红十字基金会"中国原创文化公益基金",捐赠1.15亿元用于扶持民族原创文化创意产业发展、文化保护和文化产业扶贫。

作为中国商业地产品牌之一,万达广场的商业地产模式集购物、餐饮、文化、娱乐等多种功能于一体,以创新商业模式而领先。万达集团2012年对国内以及海外文化类企业资源进行了整合,在北京成立了万达文化产业集团,并于2012年9月投资26亿美元收购了美国AMC影院;2013年9月青岛投资500亿元建设的全球投资规模最大的影视产业基地——青岛东方影都开工;同年还投资35亿元在武汉建设全球唯一的电影科技乐园,汇聚4D影院、5D影院、飞行影院、互动影院等全球最新电影科技娱乐项目等,持续在文化领域做强做大。

2013年10月份在上海国际艺术节举办的戏剧创投交易会上,中外各方以多种形式达成超过255项合作意向,其中中国文化走出去项目意向为115项,引进来项目意向为82项,国内机构间合作项目达成意向为58项。105家国外机构参展,爱丁堡艺术节、墨尔本艺术节、维也纳艺术节、新加坡艺术节、奥普斯经纪公司、美国主要大学城演艺中心联盟、澳大利亚昆士兰艺术中心等国外主流买家超过40家,占国外机构总数的40%。

有着300多年发展历史的荣宝斋,以中国传统书画艺术品经营为主业。近七八年内,老字号的荣宝斋也由一家传统坐店经营、年销售收入2000万~3000万元的书画店发展成为年销售收入超10亿元(2013年),集书画经营、文房用品、木版水印、装裱修复、出版印刷、艺术品拍卖、典当、展览展示、美术教育培训等于一体的大型综合性文化企业。

以数字化高新科技为代表的创意产业新业态,正推动传统的、常态的文化产业向创意高端变革。除了Facebook、威客、博客、微博、微信等新样式外,还有大量的创意设计、动漫、风游、互联网经济、现代会展业、现代广告业、电子(数字)商务、网络电视台以及移动新媒体产业、手机增值业务(手机电影、手机动漫、手机网游、手机音乐、手机报刊、手机阅读、手机休闲娱乐)等。

微信是腾讯公司近两年来推出的一个为智能手机提供即时通信服务的免费

应用程序,目前注册用户量已经突破6亿。微信的基本功能包括聊天、添加好友、实时对讲机功能等。用户可以通过手机、平板和网页快速发送语音、视频、图片和文字。微信提供公众平台、朋友圈和消息推送等功能,用户可以通过摇一摇、搜索号码、附近的人、扫二维码方式添加好友和关注微信公众平台,同时微信帮将内容分享给好友以及将用户看到的精彩内容分享到微信朋友圈。[①]

2013年11月召开的十八届三中全会提出了完善文化管理体制、建立健全现代化文化市场体系、构建现代化公共文化体系的新要求,文化产业步入了全新发展时期。

三、各地的发展优势

1. 北京

首都作为全国政治文化中心,其在创意产业中的地位是其他城市无法替代的。近几年来北京的文化创意产业蓬勃发展,并且已经走在了全国城市的前列。由于政府部门的高度重视,一系列集聚的创意产业链已经逐步建立。此外北京数字娱乐示范基地、中关村创意产业先导基地、国家新媒体产业基地等六个创意产业园区已初步形成。2005年至2009年,北京市文化创意产业增加值年均增长19.7%。2009年北京市文化创意产业实现增加值1489.9亿元,占全市地区生产总值的12.3%,文化创意企业达到5万余家,其中规模以上的文化创意企业近8000家,从业人员114.9万人。文化创意产业对北京市经济增长的贡献率已经仅次于金融业,成为第二大支柱型产业。2012年,北京市文化创意产业龙头企业作用明显,全市规模以上文化创意产业活动单位数为8334个,收入达9285.8亿元,从业人员为104.3万人;其中非公有制及混合所有制企业单位数6912个,收入达7355.9亿元,从业人员83.4万人。在北京文化创意产业的九大行业中,除了"其他辅助服务行业"之外,增加值均实现了稳步提升;其中文化艺术业实现增加值76亿元,增长率为11.8%;广播、电视、电影业实现增加值154亿元,增长率达15.3%;新闻出版业总收入883亿元,同比增长16.9%;艺术品交易业总收入705.6亿元,同比增长43.4%;广告会展业总收入1256.8亿元,同比增长8.9%;设计服务业总收入443亿元,占整个北京文化创意产业总收入的4.3%;软件、网络及计算机服务业增加值1042.2亿元,增长率为14.2%,总收入达到3888.1亿元,

---

① 倪成、金霞:《2012～2013中国创意工业创新报告》,《中国出版传媒商报》,2014年1月10日。

从业人员达到 69.8 万人；旅游休闲娱乐业总收入 849 亿元，增长率高达 20%，收入占整个文化创意产业总收入的 8.2%。北京出版图书种类占全国的 43.4%，图书总印数占全国的 28.4%，新闻出版业在国内处于绝对的主导地位；北京在艺术演出场次、观众人数、演出收入等方面也远高于国内其他省、区、市；北京动漫游戏产业总产值排在全国第一位，影视动画生产总量约占全国总量的 7.1%，网络游戏规模以上企业总产值占全国游戏总产值的 25.9%，北京地区计算机软件著作权登记量占全国总登记量的 28%。全市完成文化创意产业投资 256.3 亿元，同比增长 40.7%，占全社会投资比重为 4.4%，比上年同期提高 1 个百分点；旅游休闲、软件网络、文化艺术三大领域投资增长迅猛，三大领域投资额合计占文化创意投资总额的 88.1%。北京市各区县投资总额超过 1 亿元以上的文化创意产业重点投资项目达 172 个，投资总额约 5596 亿元。30 个市级文化创意产业集聚区收入规模以及增长速度表现良好，专业化趋势越来越明显，国内外影响力持续提高。其中，北京 798 艺术区已成为展示中国当代艺术发展的形象窗口，北京 CBD 国际传媒产业集聚区 2012 年收入达 1400 亿元，成为全国首个年产值超 1000 亿元的文化传媒产业园区。①

2. 上海

据统计，目前上海市文化创意产业产值已经占到全市 GDP 的 7.5%。2005 年 4 月 28 日，上海市首批 18 家"创意产业集聚区"由市经委正式授牌，近 30 个国家和地区的 400 多家各类设计创意企业入驻这些园区内，集聚了 1 万多名创意人才，为上海开创了一个新型的充满无穷潜力的新产业。上海的目标是和伦敦、纽约、东京站在一起，成为"国际创意产业中心"。

上海市委、市政府出台了《关于加快本市文化产业发展的若干意见》（沪委发［2009］12 号）；在全国率先出台了《上海市金融支持文化产业发展繁荣的实施意见》（沪金融办通［2010］24 号）；率先编制了《上海创意产业"十一五"发展规划》，发布了《上海创意产业发展重点指南》，并在文化产业、创意产业导向资金的使用和管理、集聚区的认定和管理等方面相继颁布了一系列办法；2013 年又出台《上海市文化创意产业发展"十二五"规划》。

2010 年上海创意产业增加值占全市生产总值的 9.6%。上海形成了设计、网络信息服务、媒体、咨询策划等一批国内领先或具备比较优势的行业门类，至 2010

① 张京成、王国华：《北京文化创意产业 2013》，社会科学文献出版社 2014 年版。

年年底,经认定的文化产业园区有15个,创意产业集聚区达80个,总建筑面积突破270万平方米,入驻企业超过8200家,从业人员达15.5万余人,初步形成"一轴(延安高架主轴)、两河(黄浦江、苏州河)"的布局。黄浦区利用豫园的旅游资源,成立上海市工艺品旅游纪念品设计展示交易基地;卢湾区"8号桥"、广告湾、泰康路艺术街等综合性体验经济园区和以创意设计产业为主的创意产业基地;静安区昌平路990号和1000号,上海市新型广告动漫影视图片产业基地;徐汇区依托周边高校,建立"创意设计工厂""乐山软件园"和"虹桥软件园"等;长宁区天山路时尚产业园,以时尚艺术、服装设计、品牌发布等为主要特色;普陀区莫干山路50号,入驻了60多家画廊和艺术工作室,形成了别具一格的"春明文化都市园区";杨浦区黄浦江岸线15.5千米区域内,崛起集环境设计、建筑设计、工业设计、软件设计等原创设计于一体的现代服务业集聚区——上海滨江创意产业园;闸北区上海多媒体谷,已吸引了飞利浦(中国)投资公司、凤凰数码科技等40余家软件设计企业入驻。张江国家数字出版基地、国家音乐产业园区、国家绿色印刷产业示范园区、国家网络视听产业基地、国家动漫游戏产业示范区、环东华时尚产业基地、上海国际时尚中心、江南智造创意产业集聚区、昌平路时尚设计集聚带、碧海金沙文化旅游创意园、环同济建筑设计基地、国际黄金珠宝产业创意园区、上海迪士尼项目(一期)、上海国际汽车城设计研发港等一大批基地园区成效尤为显著。

2010年2月,上海成功加入联合国教科文组织"创意城市网络",被联合国教科文组织授予"设计之都"的称号。上海国际创意产业活动周已连续成功举办6届,国际知名度和影响力不断提升。上海已在新闻出版、广播影视、文化艺术、数字娱乐等领域,集聚了一批具有较强走出去能力的文化企业,文化产品和服务的国际贸易已连续多年实现顺差。

上海国际文化创意产业博览会集创意创新展览、论坛、奖项评选和发布等为一体,为文化创意产业展示、推介营造了环境、提供了平台、促进了交流、扩大了影响,培育了文化、时尚创意产品和服务的消费市场,加快了上海文化创意产业的发展。

节庆会展活动发挥了引领作用。如上海国际创意产业活动周、上海国际电影节、上海电视节、中国上海国际艺术节、上海旅游节、中国国际数码互动娱乐产品展览会、中国国际动漫游戏博览会、"上海之春"国际音乐节、上海双年展、上海艺术博览会、中国国际工业博览会、上海国际广告技术设备展览会、上海时装周、上海国际服装文化节、国际黄金珠宝展、上海购物节、上海国际印刷周、上海书展、上海国际室内设计节、上海汽车文化节、上海国际游艇展等一批重点节庆会展活动。

　　3.深圳

　　深圳的创意产业主要包括印刷、动漫、建筑、服装等,深圳在新闻出版、文化旅游、广告等一些重要的文化领域中具有比较优势,在全国处于领先地位。深圳的目标是"创意设计之都"。2011年深圳出台了《深圳文化创意产业振兴发展规划》,主要包括新闻出版、广播影视、创意设计、文化软件、动漫游戏、新媒体、文化信息服务、文化会展、演艺娱乐、文化旅游、非物质文化遗产开发、广告业、印刷复制、工艺美术等行业。深圳的产业发展态势迅猛。自2003年在全国率先确立"文化立市"战略以来,深圳文化创意产业以年均接近25%的速度快速发展,2010年文化创意产业增加值达726亿元,位居全国大中城市前列。2004年至2010年,文化创意产业增加值占全市GDP的比重由4.6%提高到7.6%,成为带动经济快速健康发展的重要引擎。

　　深圳动漫游戏业起步早、发展快,文化软件服务、互联网信息服务、数字电视、数字音乐发展势头良好,涌现出腾讯、A8音乐等一批知名领军企业,汇聚了大批文化创意人才。文化旅游引领国内潮流,华侨城集团、华强文化科技集团是中国最具创意和创新能力的知名文化旅游企业。深圳还是中国最大的高端印刷及黄金珠宝生产基地,占据了国内60%以上的市场份额。新闻出版、广播影视、文化会展等行业也都在全国具有较大的影响力。

　　深圳充分发挥高科技城市、金融中心城市和滨海旅游城市特色,深度挖掘、整合、联动相关产业资源,形成了"文化+科技""文化+金融""文化+旅游"等产业发展新模式。以高新技术创新文化生产方式的"文化+科技"模式,为文化创意产业高端起步、跨越发展奠定了强大的技术保障。以文化产权交易所、文化产业投资基金为主导的"文化+金融"模式,不断创新对文化企业的金融支持方式,构建了文化产权交易、文化产业投融资、文化企业孵化的重要平台。以主题公园、文化创意产业园区和基地为依托的"文化+旅游"模式,有效延伸了文化创意产业链。

　　集聚效应逐步显现。在政府的有力引导和推动下,深圳文化创意产业采用行业集聚、空间集中的发展策略,培育建设了一批文化创意产业重点项目,建立了田面"设计之都"创意产业园、华侨城LOFT创意产业园、怡景国家动漫画产业基地、大芬油画村、观澜版画原创产业基地等40多个具有一定规模和影响力的文化产业园区和基地,形成了区域发展特色,构建了较为合理的产业布局。

　　要素市场加快建立。深圳打造了全国唯一的国家级、国际化、综合性文化产业博览交易会,为文化创意产业发展提供高端平台和重要推力。在国内较早建立了文化产权交易所,参与发起设立了首支国家级大型文化产业投资基金。文化创意产业投资呈现多元化的发展格局,涵盖国有、民营、中外合资等多种模式。同时,深圳毗邻港澳,地处珠三角地区核心位置,面向国际、国内两个市场,可以更好地接受国内外先进的观念、体制、人才、金融、信息等辐射,推动文化创意产品和服务"走出去"。

产业环境不断优化。深圳作为全国首批文化体制改革综合性试点地区之一,不断推动文化体制机制创新,先后出台了《深圳市文化产业发展规划纲要(2007～2020)》《深圳市文化产业促进条例》《关于加快文化产业发展若干规定》《关于扶持动漫游戏产业发展的若干意见》《关于促进创意设计业发展的若干意见》《关于支持和促进深圳文化产权交易所发展的若干意见》等规划、法规和专项文件,把文化产业作为第四大支柱产业加以扶持,为产业发展提供了良好的环境和政策法规保障。

4. 杭州

自 2007 年以来,全市文创产业增加值年均增速高于全市 GDP 增速 6.1 个百分点。2010 年,全市文创产业增加值突破 700 亿元,达到 702 亿元,占全市 GDP 比重达 11.8%,同比增长 16.2%,高于全市 GDP 增速 4.2 个百分点,高于全市服务业增加值增速 3.9 个百分点,其中核心层实现增加值 460.36 亿元,占全部文化创意产业的 65.6%。全年全市文化创意产业限额以上企业资产总计 1914.89 亿元,同比增长 24.9%;从业人员为 28.06 万人,同比增长 13.9%。

2010 年,全市动漫游戏业完成原创动画片 42 部共 35008 分钟,同比增长 27.7%,年产量连续两年居全国各城市第一,有 47 部原创动漫游戏作品远销 90 多个国家和地区,实现境外销售额 1192 万美元,出口额同比增长 86%。浙大网新、阿里巴巴、浙江中南集团跻身全国民营企业 500 强。西泠拍卖的首位度不断提升,2010 年秋拍成交额突破 10 亿元,创历史新高。积极推动符合条件的文创企业上市融资,目前,认定中博展览、宇天科技、思美传媒等 10 家文创企业为创业板上市培育对象,其中顺网科技、华策影视、宋城旅游等 5 家企业成功登陆创业板,其余企业上市工作正在积极筹备中。

全市市级文创园总数达 16 家,文创特色楼宇 24 家。其中,截至 2010 年年底,首批认定的十大文创园区建成面积为 124.4 万平方米,同比增加 57.16 万平方米,增幅达 85.01%;使用面积为 52.77 万平方米,同比增加 11.54 万平方米,增幅达

27.99%;企业数量为1437家,同比增加600家,增幅达71.68%;就业人数为23074人,同比增加8042人,增幅达53.50%,园区的集聚效应得到不断提升。

截至2010年年底,已成功引进潘公凯、余华、约翰·霍金斯、刘恒、邹静之、赖声川、朱德庸、蔡志忠等一批国内外文化名人以不同方式入驻西溪创意产业园、之江文化创意园、白马湖生态创意城等园区。认定10家大学生创业孵化基地和14家大学生实训基地,共实训大学生5148人次。每月1次的"西湖创意市集""酷卖街·动漫市集""创意力量大讲堂"等活动,已经成为青年设计师、大学生创新创业和学习交流的重要平台。

中国国际动漫节实现永久落户杭州,至今已成功举办了六届,其中第六届动漫节共吸引了47个国家和地区的365家动漫企业参展,161万人次参加了动漫节各项活动,签约项目近200个,动画片意向成交量达13.28万分钟,成交总金额达106亿元。成功举办四届中国杭州文化创意产业博览会,其中2010年杭州文博会吸引16个国家及港澳台地区参展,国内外观众突破30万人次,完成签约项目36项,项目意向成交及意向投资额达32亿元,实际成交额及项目落地资金达13亿元。此外,还成功举办了国际雕塑年鉴展、CIOFF亚太民间艺术节等一批文化类会展项目。

西湖创意谷、山南国际设计创意产业园、南宋御街中北创意街区、西溪创意产业园、西湖数字娱乐产业园、创意良渚基地、运河天地文化创意园、乐富智汇园、杭州创新创业新天地、之江文化创意园、白马湖生态创意城、高新区国家动画产业基地、东方电子商务园、湘湖文化创意产业园、下沙大学科技园、分水制笔创意园区、阿里巴巴淘宝城、赛博工业创意园、467创意产业联盟、富阳银湖科创园等新兴园区集聚了众多企业。

5. 江苏

江苏省建成或在建的文化(创意)产业园区和示范基地超过100家,拥有3个国家级动画产业基地、7个国家级文化产业示范基地和27个省级文化产业示范基地。文化创意产业园区和基地已经成为中小文化企业的孵化器,引领、积聚效应正在显现,尤其是动漫企业的集聚效益最为明显。截至2009年年底,江苏拥有动漫企业300多家,超过80%的企业入驻省内3个国家级动画产业基地,促进了动漫企业的快速成长。2009年,江苏原创动漫片已突破4万分钟,居全国首位。其中,较为典型的创意产业园区有:江苏文化创意产业园(无锡)、江苏文化产业园(南京)、南京1949创意园、南京晨光1845创意产业园、南京数码动漫创业园、南京石城现代艺术创意园、南京创意东8区、西祠数字网络产业园、幕府三〇工园、苏州镇湖刺绣产业一条街、徐州文化产业园、无锡北仓门艺术中心、扬州工艺品街区等文化产业园区相继建成或正在兴建。特别是南京、无锡市将废旧的工厂、仓库改造为新颖别致的创意园区，吸引了不少艺术展览和论坛活动在此举办。南京市鼓楼区的石城现代艺术创意园（位于省政府大院西侧）正在打造成为别具一格的创意园区，内有吴为山、郑奇、丁伟等艺术大师的工作室，目前该园区已有从事古玩、字画、艺术摄影、服装品牌设计、书画拍卖等类型的40多家企业入驻。

截至2009年年底，江苏省共有文化产业机构4万家左右，其中企业规模1亿元以上的有300多家。江苏已基本形成出版发行、广播电视、文化旅游、工艺美术、演艺娱乐等优势文化产业门类。2009年江苏广播影视业总收入超过110亿元，稳居全国前三位。江苏工艺美术行业产值占全国总量的1/10。

第三节　创意产业发展案例

一、真人秀

什么是真人秀？参与电视节目的人得是"真人"，按照"事先确定好的规则"录制节目，录制中没有"台本"，但最后播出的内容一定经过剪辑加工和精编处理。内地第一档有影响力的"类真人秀"节目可以追溯到1991年，北京台播出的相亲节目《今晚我们相识》。每期8男8女如约而至，相向而坐，简单介绍后进入游戏环节，男女嘉宾各展才艺，只为博得"意中人"的垂青。《今晚我们相识》第一次让内地观众在电视上看到别人处对象的过程，这对当时国人的保守思想造成了非常大的冲击。

1995年台湾的相亲节目《非常男女》也一夜走红，并迅速席卷大陆，上海台的《相约星期六》、湖南台的《玫瑰之约》、山东台的《今日有约》相继开播。到2000年前后，国内各电视台跟风开办了30多档婚恋节目，其中又以湖南台的《玫瑰之约》最为火爆，大有后来居上的架势。其栏目冠名权，1998年还只是每年100万元，1999年就飙升至390万元。顶峰时期，其广告收益一年就有2000万~2500万元之多。

1998年，中央电视台财经频道花了400多万元购买了英国博彩娱乐节目

《GOBINGO》，将其改头换面成《幸运52》，2000年又跟进推出了《开心辞典》。来自普通家庭的参赛者为了"家庭梦想"在节目里答题，还能搬冰箱、搬彩电，这类益智闯关类真人秀非常符合中国观众重视家庭观念和亲情关系的口味，一经播出，便掀起收视高峰，一炮而红。

2003年，龙丹妮和她的团队就在湖南经视推出了一档男性选秀节目——《绝对男人》。没想到第一期播出后，收视率"高得吓人"，他们就做了一期又一期，一共十五期。第二年，龙丹妮又模仿《美国偶像》，制作了歌唱选秀节目《明星学院》。2004年趁热打铁，《超级女声》一炮而红，从海选到开始直播，观众守着电视看全程，16岁的小可爱张含韵一夜之间蜕变成国民妹妹；2005年的《超级女声》把选秀节目推向巅峰，创造了平均8%～10%的收视神话，成就选秀时代最成功的一年。根据央视—索福瑞媒介研究公司公布的2005年《超级女声》节目收视数据表明，在北京、上海、长沙等12个城市"收视率"调查中，"超女"平均收视率为8.54%，决赛期间平均都有11%的收视率。当晚收看"超女决战"的观众则一度超过2.8亿人，直逼3亿大关。也就是说，每5个中国人中就有一个在看"超女"。2012年大火的《中国好声音》第一季最高收视率也没达到6%。

继2005年《超级女声》获得成功之后，2006年草根选秀花开遍地。据不完全统计，当年此类电视节目超过了10个：央视《梦想中国》《星光大道》、东方卫视《我型我秀》《加油！好男儿》以及江苏卫视的《绝对唱响》、北京台的《红楼梦中人》……草根才艺选拔类真人秀在内地进入了一个爆发期。

从2006年开始，广电总局发布了一系列针对草根选秀的管控措施，从规定选手年龄不得低于18岁、摒除低俗内容、分赛区节目不得上星，到播出场次不得超过10场、不许场外短信投票，各省级、副省级电视台上星频道所有群众参与的选拔类活动不得在19:30至22:30时段播出。

随后电视台又开始打起明星的主意，《名师高徒》《名声大震》《舞林争霸》等一大批明星参与的真人秀开始出现。

2010年，两档节目让真人秀重回前台，一个是《非诚勿扰》，一个是《中国达人秀》。一个相亲，一个选秀，成功地把观众拉回到了电视机前。

到了2012年，《中国好声音》让人们对版权引进节目的概念一下子熟悉了很多。IPCN国际传媒公司是将《中国达人秀》和《中国好声音》这两个王牌节目引入国内的版权代理公司，2013年各台引进版权的综艺节目就有30档左右。版权方会提供几百页的节目"宝典"，从情节设计、场地、灯光、音乐、舞美到整个流程，连一封邀请函的写法都会详细说明,同时还会派专人进行现场指导,参与节目的制作、执行、营销等各个环节。于是,除了选手在舞台上的表演,我们在电视里还能看到他的短片,来讲叙身世、经历、父母、朋友,这种看似"纪实"的全面展示,让观众更容易产生代入感,也更容易喜欢上一个选手。

2013 年,《爸爸去哪儿》依靠温情和萌娃,成功抓住了观众的心。《来吧孩子》则直接把摄像机架进了产房。《爸爸回来了》《花儿与少年》《花样年华》相继推出。①

二、大型实景演出

实景演出为创意产品品牌,它以真山真水为演出舞台,以当地文化、民俗为主要内容,融合演艺界、商业界大师为创作团队创作出演出的内容。它是中国旅游业向人文旅游、文化旅游转型下的特殊产物。

2002 年起,实景演出创始人梅帅元创造了山水实景演出形式并邀请著名导演张艺谋合作在中国桂林制作并实施了中国第一部山水实景演出《印象·刘三姐》,创造了一个全新的演出形式,此项目成为中国文化产业重点项目。2007 年梅帅元邀请作曲家谭盾、舞蹈家黄豆豆、少林方丈释永信、著名学者易中天一起制作中国嵩山实景演出《禅宗少林·音乐大典》,此项目也成为中国文化产业重点项目,有中国城市名片称号。还有河南开封清明上河园的实景制作了《大宋·东京梦华》,及红色圣地实景演出《井冈山》。中国山东泰山实景演出《中华史书泰山封禅大典》、呼伦贝尔草原实景演出《成吉思汗》、中国张家界山水音乐剧《刘海砍樵》、中国都江堰实景演出《道解都江堰》等。河北省承德市上演的大型实景演出——《鼎盛王朝康熙大典》也是中国实景演出第一人梅帅元的最新力作,百家讲坛于丹、纪连海教授出任演出顾问,由著名文化投资人、山水实景演出制作人梅洪投资制作。这也是目前全球实景演出史上投资最大、规模最大、全球首部皇家文化主题的大型实景演出。该演出共动用超过两个亿的投资、近千名演员和两百匹战马。

从 2003 年开始,已经打造了包括桂林山水、丽江、西湖、海口和武夷山等在内的 6 个系列。2010 年《印象·大红袍》首演,上座率达 70% 以上,已实现盈利。

据不完全统计,目前大江南北中山水实景演出共有 43 台,演出规模和创造价值已达百亿元,开创了全新的商业模式。这是旅游与演艺融合、创新的经典案例。

---

① 舍予:真人秀 23 年变迁史,《辽宁职工报》2014 年 05 月 26 日 08 版。

三、莆田创造

莆田利用传统工艺,大力发展古典家具、金银器与油画,实现了持续高速增长,文化产业增加值占 GDP 比重为 8.4%,连续三年居全省首位。

在仙游工艺产业园的仙游工艺博览城内,超过 500 家厂商集聚一堂,红木家具、木雕等仙作工艺精品,一站式的采购平台,成为一个集商贸交易、会展会议、产品研发、物流配送、旅游观光、服务配套为一体的复合型高端工艺品产业基地。作为全国最重要红木集散地之一的仙游,古典家具高端产品占国内市场份额六成以上,是引领我国红木家具市场重要的风向标和晴雨表。2006 年,仙游荣获"中国古典工艺家具之都"称号后,以"仙作"古典工艺家具产业为主导的工艺美术产业发展随即驶入了"快车道",工艺企业数量、规模快速增加,质量、效益同步提升。2015 年,"仙作"产业产值有望突破 500 亿元。

莆田"打金人"的名号曾经誉满天下。秀屿区上塘银饰一条街就是莆田金银珠宝首饰行业的最好写照。上千米的长街,各种银饰琳琅满目。在这条街上,银饰交易量占全国的一半,每年全国各地来此进货的客商达 5 万多人次。有着商业和管理天赋的莆田人将珠宝销售的触角伸到所有可能伸到的地方。目前,莆田珠宝从业人员 12 万多人,开办的珠宝企业总数近 2 万家,占全国同类企业总数的三分之一,其所拥有的珠宝企业创造的产值或销售额每年不低于 1000 亿元,占全国珠宝业产值的三分之一,在国内市场的地位不言而喻。2007 年以来,广东、福州、北京、上海等地的莆籍金银珠宝玉石企业家、工艺大师纷纷回归。他们带回的不仅是资金,更重要的是技术和人才,正是在他们的拉动下,上塘珠宝城逐渐形成福建省最大的金银珠宝集散地,成为继深圳、义乌之后的全国第三大银饰交易市场,以银饰产业为龙头,集产品研发、生产、流通、培训为一体的国内最重要的金银珠宝首饰产业基地之一。

30 多年前,刘国泰在晋江当兵,认识了一些油画画师。头脑灵活的刘国泰从中看到商机,于是将油画技术带到了莆田,创办了油画工作室,根据国际市场需求,在保留和发扬传统国画艺术的同时,古为今用、洋为中用,创作出各种画派的商品画,产品销往海外各国,并逐渐发展成为一个新兴行业——油画产业。在莆田油画如火如荼发展之时,厦门的乌石浦以及深圳的大芬村都还没发展起来。据悉,如今在莆田,仅仙游就有油画师和画家 5 万余人,拥有直接出口的油画企业 10 多家,大型油画工作室 50 多家,产业年产值近 20 亿元。位于仙游工艺产业园的国际油画城建成后,将为仙游进一步形成产业集群优势和规模化优势,实现油画产业多样化、国际化发展,打造大型油画文化产业总部基地提供更广阔的平台。

古典工艺家具、金银珠宝、油画把传统文化、技艺与现代时尚融合创新,形成莆田特色文化产业,创造出越来越多的"莆田创造""莆田出品"。

四、文博会

1. 中国(深圳)国际文化产业博览交易会

由中华人民共和国文化部、国家新闻出版广电总局、广东省人民政府和深圳市人民政府联合主办,由深圳报业集团、深圳广播电影电视集团、深圳出版发行集团公司、深圳国际文化产业博览会有限公司承办的唯一国家级文化产业博览交易盛会,每年5月在深圳举行。

2011年文博会共吸引观众达354.05万人次,其中专业观众50.26万人次,同比增加28.83%。展会上,产业核心层和龙头企业更加突出,主会场龙头企业参展比例达56%,比上一届提升5个百分点;文化产业核心层参展率达92%,其成交总金额达417.69亿元。此外,4D球幕影院、陪伴型小机器人、交互式翻书机等"文化+科技"产品纷纷亮相本届文博会。截至文博会闭幕时,科技型文化产业成交额达440.71亿元,比上届增长36.95亿元,其中,合同成交250.91亿元。

第九届中国(深圳)国际文化产业博览交易会于2013年5月20日在深圳落下帷幕。截至5月19日,本届文博会前三天总成交额比上届同期增长15.85%,超亿元项目有157个。31个省区市及港澳台地区全部参展,2118家展商创意亮相。本届展会延续了供求两旺、交易活跃的局面,成交额更具实效性,合同成交再次远超意向成交,合同成交额占总成交额的63.98%,同比增长24.87%。海外展区比例首次突破10%,达到13.7%,吸引来自10多个国家和地区超过40个海外机构参展。截至2013年5月19日,共有来自93个国家和地区的14622名海外采购商参加本次文博会,参观各展馆和分会场的海外专业观众达到5.225万人次,文化出口交易额同比增长9.72%。

2. 中国北京国际文化创意产业博览会

此博览会是经国务院批准,由文化部、国家新闻出版广电总局和北京市政府共同主办,北京市委宣传部等26个委办局协办,北京市贸促会承办的国家级文化创意产业国际交流与合作盛会。以"点亮创意智慧,融入科技力量,焕发文化魅力,创造财富价值"为宗旨。

中国北京国际文化创意产业博览会为联合国教科文组织、国际视觉艺术协会、美国国际知识产权联盟、世界动漫协会、经合组织等国际组织和美国、英国、德国、法国、加拿大、意大利、瑞典、比利时、俄罗斯等国家和地区与中国政府和业界进行广泛交流,探讨文化创意产业发展的国际合作搭建平台。

自 2006 年 12 月 10 日首届文博会以"创意、科技、文化"为主题在京开幕至今,每年一届的文博会全方位地展示了中国文化创意产业的丰富资源、发展环境以及市场潜力,多层面地传播了世界文化创意产业的发展理念和成功经验。

2010 年北京文博会"激荡文化创新活力,促进发展方式转变"的理念不同于深圳文博会,北京文博会签约合作项目超过 1000 个,签约总额近 180 亿美元,而深圳文博会到今年交易额突破 1000 亿元。以"城市,让生活更美好"为主题的上海世博会,共迎超过 7000 万人次海内外游客,园区内演出 2 万多场,直接经济效益超过 800 亿元人民币,同时,开启了国人心智,建立了国人自信,培养了国民的责任意识。

在 2010 年的北京文博会,全国 30 个省区市派出代表团全面参与文博会活动;来自经合组织、国际知识产权联盟、联合国科教文组织、国际视觉艺术协会、世界动漫协会等十个国际组织和美国、英国、德国、西班牙、比利时、奥地利、波兰、日本、韩国、澳大利亚、阿根廷、智利等 30 个国家和地区的 48 个代表团组专程赴会,与中国政府和业界进行广泛交流,探讨文化创意产业的国际合作。

2012 年第七届文博会期间,签署文化创意产业项目协议和原创文化内容产品及艺术品交易总金额达 1089.53 亿元人民币,比上届增长 38.5%。其中,文化创意产业投资类项目协议总金额为 703.13 亿元人民币;艺术品交易 228.94 亿元人民币;原创文化内容产品成交 157.46 亿元人民币。另外,本届文博会上,还签署了银行授信文化产业项目金额 662 亿元人民币。

2013 年第八届展区分为工艺美术展区;动漫游戏舞台艺术非遗艺术品数字图书馆展区;广播电影电视展馆;台湾文创精品展馆;文物及博物馆相关文化创意产品展馆;文化创意产业集聚区展馆;文化旅游景区与旅游商品展馆;设计创意展区;青年文化创意与创新成果展区;新闻出版与版权贸易展区;创意礼品与艺术品交易展区;体育产业展馆;省市文化创意产业展馆;国际文化创意展区;城市雕塑艺术展区。

3. 中国西部文化产业博览会

此博览会是由国家文化部、国家新闻出版广电总局和陕西省人民政府共同主办,内蒙古、广西、重庆、四川、贵州、云南、西藏、甘肃、青海、宁夏、新疆等西部十二个省、自治区、直辖市协办国家级文化产业博览会。过去确定的原则是博览会由西部地区十二个省、自治区、市轮流承办。自 2005 年以来,已在云南省昆明市、四川省成都市和内蒙古自治区呼和浩特市先后举办了三届。出于提高文博会的市场化运作水平、扶持培育具有较强实力和竞争力的会展企业、提高招商招展的质量、打造西部文博会品牌,以及西安拥有诸多优厚便利条件等方面的考虑,文化部、新闻出版广电总局共同研究,建议今后中国西部文化产业博览会不再采取轮流举办的方式,可永久落户西安。经过组委会的审议,最终确定,中国西部文博会将永久落户西安,并且将原定的每年举办一届变更为两年举办一届。

2010 年展馆 A 馆为西部文化馆,包括:西部十二省、陕西十一地市以及文化产业类人才招聘会两个专区;B1 馆为国际合作馆,包括:国家级文化产业示范园区、文化产业体制改革区、国家级文化产业示范基地、国际文化产业交流区(含丝绸之路沿线)、港澳台文化产业交流区五个专区;B2 馆为数字传媒馆,包括:动漫、数字网络、影视传媒、出版、演艺等五个专区;B3 馆为创意文化馆,包括:文化旅游、国际创意设计、文物复仿、名家书画艺术、文教用品、非物质文化等六个专区;B4 馆为数字中国馆,包括:图书博览、文教用品、工艺美术三个专区。

4. 中国义乌文化产品交易博览会

此博览会创办于 2006 年,每年举办一届,2008 年被评为"中国最具影响力的文化行业品牌展会",2010 年升格为由国家文化部、浙江省人民政府主办,浙江省文化厅和义乌市人民政府承办的文体行业唯一外贸主导型国家级展会。

义乌文博会充分发挥义乌国际小商品集散中心的优势,坚持贯彻中央关于发展文化创意产业的有关精神,秉承国际化、专业化、市场化、规范化、精品化的办会办展理念,全面展示国内文化产业发展的丰硕成果,交流当今世界文化产业发展的最新理论和观点,以"打造文化产品交易平台、推动文化产业跨越发展"为主题,积极促进我国文化产品出口交易、文化信息交流、产业项目合作和文化产业发展。

2012 年义乌文博会设国际标准展位 2000 个,到会国内外专业采购商 60000 人以上,其中境外专业观众 4000 人以上,境外采购团队 30 个以上;实现经贸成交额 18 亿以上,其中外贸成交额占 50% 以上。

五、大芬油画村

大芬村是深圳市龙岗区布吉街道下辖的一个村民小组,占地面积为 0.4 平方千米,该村原住居民 300 多人。1989 年,香港画家黄江来到大芬,租用民房招募学生和画工进行油画的创作、临摹、收集和批量转销,由此将油画这种特殊产业带进了大芬村。随着越来越多的画家、画工进驻大芬村,"大芬油画"成了国内外知名的文化品牌。从 1998 年开始,区、镇两级政府开始把大芬油画村作为独特的文化产业品牌进行环境改造,对油画市场进行规范和引导,同时加大了宣传力度,将大芬油画村作为独特的文化产业品牌进行打造。大芬油画的销售以欧美及非洲为主,市场遍及全球。大芬油画村共有以油画为主的各类经营门店近 800 家,居住在大芬村内的画家、画工 5000 多人。大芬油画村以原创油画及复制艺术品加工为主,附带有国画、书法、工艺、雕刻及画框、颜料等配套产业的经营,形成了以大芬村为中心,辐射闽、粤、湘、赣及港、澳地区的油画产业圈。

　　大芬油画的崛起,使大芬这个没有工业企业的小村在 2003 年 1~5 月,销售额达到 5250 万元,其中出口 3150 万元,内销 2100 万元。预计 2004 年全年的销售额可达到 1.26 亿元。2012 年以来,布吉街道大芬油画村通过开拓国内外新市场,销售额不断增长。据大芬油画村管理办公室统计,该村 2011 年上半年销售额为 19.5 亿元,全年销售总额为 39 亿元;2012 年上半年,该村销售额达 31 亿元,同比增长 58%,其中,内销 20.15 亿元,同比增长 192%。

　　以批发为主,零售为辅。大芬油画村的成交方式主要有两种,一是承接油画、画框生产订单,批发交易;二是油画、画框的日常零售。而前者占到了大芬交易量的 80% 以上。批发接单主要是通过广交会、文博会等大型展会以及电子商务网络,零售业交易主要依靠大芬油画村的 700 多家门店,前来旅游参观的人群多是零售的主体客户。

　　以出口为主,内销为辅。大芬油画村 80% 的油画产品出口,大芬油画的市场遍及全球,其国外市场以欧洲、北美、中东、非洲、澳大利亚为主。随着生活水平和欣赏水平的提高,国内越来越多的居民逐渐接受用油画美化家庭的做法,特别是在国内一些大酒店用油画进行室内装修渐渐成为一种时尚。内销在大芬油画销售比例中呈现出加大的趋势。

　　以油画为主,国画书法及其他工艺品为辅。大芬油画村除了油画之外,还包含有其他艺术门类的经营,如国画、书法、雕塑、刺绣、漆画、景泰蓝等。在 776 家门店中,从事油画经营的有 583 家,从事国画、书法创作和销售的有 53 家,从事画框、颜料等相关配套产品经营的有 73 家,从事工艺、雕刻、刺绣、装饰、喷绘及书画培训的有 67 家。①

六、大黄鸭

大黄鸭(Rubber Duck)是由荷兰艺术家弗洛伦泰因·霍夫曼(Florentijn Hofman)以经典浴盆黄鸭仔为造型创作的巨型橡皮鸭艺术品系列。内地网友称之为香港小黄鸭,香港媒体称之为巨鸭。大黄鸭先后制作有多款,其中一只是世界上体积最大的橡皮鸭,尺寸为 26 米×20 米×32 米。

自 2007 年第一只大黄鸭诞生以来,霍夫曼带着他的作品从荷兰的阿姆斯特丹出发,到 2014 年 8 月,大黄鸭先后造访了 13 个国家地区的 22 个城市。大黄鸭在所到之处都受到了很大关注,也为当地的旅游及零售业带来了极大的商业效益。

自 2007 年问世以来,大黄鸭在世界各地受到了热烈欢迎。2013 年 5 月 2 日至 6 月 9 日,大黄鸭在香港维多利亚港与游客见面。其间除举办相关活动外,还推出了一批包括食物、精品在内的衍生产品。在北京,大黄鸭更是赢得了大量粉丝。从 9 月初进驻北京园博园,再到光临颐和园,"大黄鸭"在京展出的一个多月时间里,接待大黄鸭的两所公园,仅门票及其他收入就分别过亿。同时,来自全国各地的游客争相涌入北京与大黄鸭合影留念的行为背后,也为衍生品售卖、餐饮、住宿、交通等周边产业带来了巨大的经济效益。据估算,总收益超过 2 亿元。

七、微信

微信由深圳腾讯控股有限公司于 2010 年 10 月筹划启动,由腾讯广州研发中心产品团队打造。该团队经理张小龙所带领的团队曾成功开发过 Foxmail、QQ 邮箱等互联网项目。腾讯公司总裁马化腾在产品策划的邮件中确定了这款产品的名称叫作"微信"。

微信包含许多功能。聊天:支持发送语音短信、视频、图片(包括表情)和文字,支持多人群聊;添加好友:微信支持查找微信号、查看 QQ 好友添加好友、查看手机通讯录和分享微信号添加好友、摇一摇添加好友、二维码查找添加好友和漂流瓶接受好友等方式;实时对讲机功能:用户可以通过语音聊天室和一群人语音对讲,但与在群里发语音不同的是,这个聊天室的消息几乎是实时的,并且不会留

---

① 大芬油画村,见"百度百科",http://baike.baidu.com/。

下任何记录,在手机屏幕关闭的情况下也仍可进行实时聊天;微信支付是集成在微信客户端的支付功能,用户可以通过手机完成快速的支付流程,以绑定银行卡的快捷支付为基础;朋友圈:用户可以通过朋友圈发表文字和图片,同时可通过其他软件将文章或者音乐分享到朋友圈,用户可以对好友新发的照片进行"评论"或"赞",用户只能看自己好友的评论或赞;语音提醒:用户可以通过此功能被提醒打电话或是查看邮件;通讯录安全助手:开启后可上传手机通讯录至服务器,也可将之前上传的通讯录下载至手机;QQ 邮箱提醒:开启后可接收来自 QQ 邮箱的邮件,收到邮件后可直接回复或转发;私信助手:开启后可接收来自 QQ 微博的私信,收到私信后可直接回复;通过扔瓶子和捞瓶子来匿名交友;查看附近的人:微信将会根据您的地理位置找到在用户附近同样开启本功能的人;语音记事本:可以进行语音速记,还支持视频、图片、文字记事;微信摇一摇:是微信推出的一个随机交友应用,通过摇手机或点击按钮模拟摇一摇,可以匹配到同一时段触发该功能的微信用户,从而增加用户间的互动和微信粘度;群发助手:通过群发助手把消息发给多个人;微博阅读:可以通过微信来浏览腾讯微博内容;游戏中心:可以进入微信玩游戏(还可以和好友比高分),如"飞机大战"。

2012 年 3 月 29 日,微信用户突破 1 亿,耗时 433 天;2012 年 9 月 17 日,微信用户破 2 亿,耗时缩短至不到 6 个月;2013 年 1 月 15 日,微信用户达 3 亿;2013 年 7 月 25 日,微信的国内用户超过 4 亿;8 月 15 日,微信的海外用户超过了 1 亿;2013 年 8 月 5 日,微信 5.0 上线,"游戏中心""微信支付"等商业化功能推出;2013 年第四季度,微信月活跃用户数达到 3.55 亿(活跃定义:发送消息、登录游戏中心、更新朋友圈);2014 年 1 月 28 日,微信 5.2 发布,界面风格全新改版,顺应了扁平化的潮流;2014 年 2 月 20 日,腾讯宣布推出 QQ 浏览器微信版;2014 年 3 月 19 日,微信支付接口正式对外开放;2014 年 4 月 4 日,微信学院正式成立;2014 年 4 月 8 日,微信智能开放平台正式对外开放。